［監修］東京女子大学比較文化研究所・上海外国語大学日本研究センター

［全体編集］和田博文・高潔

コレクション・近代日本の中国都市体験

第9巻　天津

増井真琴・編

『コレクション・近代日本の中国都市体験』刊行にあたって

研究基盤の構築を目指して

和田博文

二〇二一年四月に東京女子大学比較文化研究所と上海外国語大学日本研究センターが研究所協定を結び、国際共同研究「近代日本の中国都市体験の研究」がスタートした。日本側は一一人、中国側は九人、合わせて二〇人の研究者が、中国の一七都市と、都市体験基本資料・旅行案内・内山書店をテーマに、三年間の共同研究を実施している。五回のシンポジウムで各テーマの研究発表を行い、活発な議論を積み重ねてきた。

国際共同研究には前段階がある。それは和田博文・王志松・高潔編『中国の都市の歴史的記憶』（二〇二二年九月、勉誠出版）で、日中二一人の研究者が、中国一六都市についての、日本語表象を明らかにしている。日本人が異文化体験を通して、自己や他者とどのように向き合ってきたのかというドラマは興味深い。ただこの本は論集なので、一次資料を共同で研究したわけではない。

本シリーズは復刻頁と編者執筆頁で構成している。前者は、単行本と雑誌掲載記事の二つである。単行本は稀覯本を基本として、復刻済みの本や、国会図書館デジタルライブラリーで読める本は、対象から外している。雑誌掲載記事は一年目にリストを作成して、その中から選定した。後者には、「エッセイ」「解題」「関連年表」「主要参考文献案内」を収録している。

コレクションの目標は、研究基盤の構築である。コレクションがスタート地点となって、日本人の中国都市体験や、中国主要都市の日本語表象の研究が、活性化することを願っている。

（わだ・ひろふみ　東京女子大学特任教授）

人を以て鑑と為す

高　潔

国際共同研究「近代日本の中国都市体験」は三年間の共同研究の期間を経て、全五回のシンポジウムを開催した。いよいよその成果となる『コレクション・近代日本の中国都市体験』全二〇巻の出版を迎えることとなる。

共同研究に参加する中国側九名の研究者にとって、一番大きな収穫は、日本語で記録された一次資料を通して、自分が現在実際住んでいる中国の各都市の近代史を、新たに考えてみる契機を与えられたことであった。最近、中国の都市では「シティー・ウォーク」が流行っているが、日本語による一次資料で都市のイメージを構築しながら、各都市の図書館で古い資料を調査し、「歴史建築」と札の付いている建物を一軒一軒見て回るなどの探索を重ねていくと、眼前にある都市の表情の奥底に埋もれていた、近代の面影が次第に現れてくる。

中国では、「上海学」「北京学」というように、特定の都市に関する研究がこの三四十年来盛んになってきたが、日本語で記録された一次資料を駆使する研究はまだ稀にみるものであった。中国人にとって、日本語による近代中国の都市表象は、どうしても侵略と植民のイメージが付き纏ってくるが、日本語の案内記や、都市概況の説明書は、当時の都市生活の事情が、詳しい数字や克明な記録を以て紹介されている。この共同研究で再発掘されたこれらの資料は、中国各都市の近代史の研究において、見過ごすことのできない重要なデータとなるだろう。

（こう・けつ　上海外国語大学教授）

凡　例

・本書は、東京女子大学比較文化研究所と上海外国語大学日本研究センターによって、二〇二一年〜二〇二四年に行われた国際共同研究「近代日本の中国都市体験の研究」に基づく復刻版資料集である。中国の主要一七都市についての未復刻、および閲覧の困難な一次資料を、巻ごとに都市単位で収録した。

・各巻ごとに編者によるエッセイ・解題・関連年表・主要参考文献を収録した。

・収録に際しては、A五判（210ミリ×148ミリ）に収まるよう適宜縮小した。収録巻の書誌については解題を参照されたい。

・二色以上の配色がなされているページはカラーで収録した。

・本巻作成にあたって、原資料の提供を、東京女子大学比較文化研究所、監修者の和田博文氏よりご提供いただいた。ここに記して深甚の謝意を表する。

目次

佐藤佐傳治 編『天津港』（天津海員倶楽部、一九二七年一〇月） 3
武田守信『天津案内　名勝写真解説』（日光堂書店、一九三四年一〇月） 125
『天津居留民団行政概要』（天津居留民団、一九三七年七月） 205
『営業出願ニ関スル心得』（在天津日本総領事館通商経済課、一九三九年八月） 311
『最近の北支金融事情』（在天津日本総領事館経済部、一九四〇年六月） 329
『天津主要商品相場及指数表』（在天津日本総領事館経済部、一九四一年八月） 447
『最高販売価格許可品目一覧表』（在天津日本総領事館経済部、一九四一年一〇月） 471
赤崎茂信 述『工業より観たる天津』（天津日本商工会議所、一九四一年一一月） 487
在天津日本総領事館経済部物価課
天津物資対策委員会物価分科会事務局 共編『最高販売価格申請の手引』（天津日本商工会議所、一九四二年二月） 513
中裕洋行『天津写真帖』 557
雑誌掲載記事 633

エッセイ・解題

関連年表・主要参考文献　　増井真琴

近代日本の天津体験——天津九ヶ国租界の興亡　1091

解題　1108／関連年表　1128／主要参考文献　1190

コレクション・近代日本の中国都市体験

●第9巻　天津

増井真琴・編

佐藤佐傳治　編

『天津港』

（天津海員倶楽部、一九二七年一〇月）

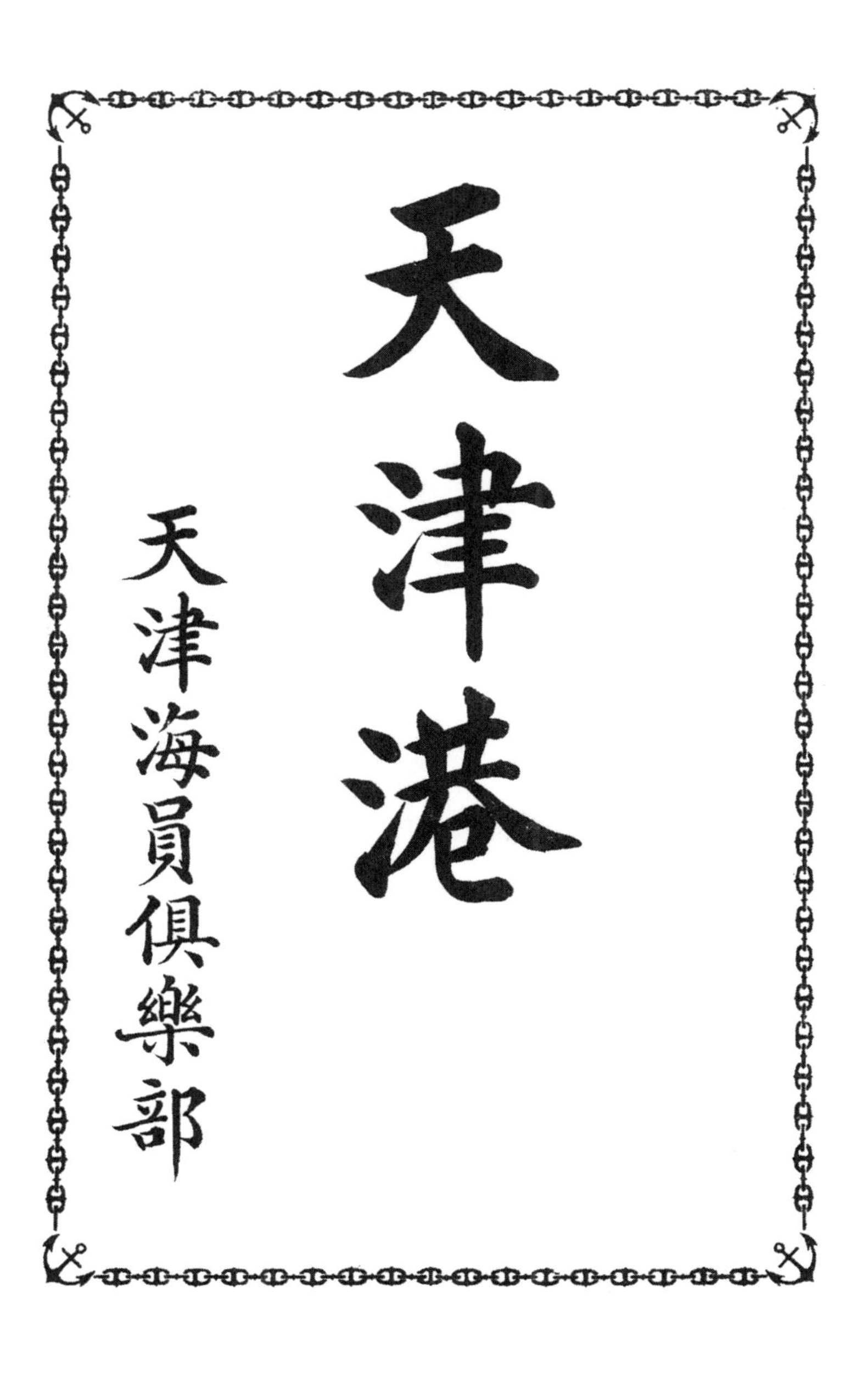
天津港
天津海員倶樂部

緒言

「和譯天津港々則」なる小冊子が、僅に二三ケ月の間に、出てしまつたについて、再版を希望せらるゝ方が二三あつた、それで此の希望者の意にも副ひ、且つ参考資料を二三記述して一書を發行することにした。

扨て愈々着手して見ると、あれも書きたし、是も載せたしと、中々纏りがつかなかつた、漸くの事に書き上げたのが、此書である。

元來文筆には極めて縁の遠い者の、書いたもので、讀者諸君の不滿に感ぜらるゝ點が多々あるであらうが、之れでも記述するのに拂つた苦心と努力とは恐らく其道の士の、夫れに幾倍かを要したのに違ひないと思つて居る、から云ふ點を諒解せられ御判讀を願ひたい。

本倶樂部の其後について一言述べて置きたい、今春二月の總會に於ける決議に基いて、民團當局者へ、本倶樂部家屋の新築用地として日本租界碼頭構內の土地貸下を請願した、民團側に於ても其趣意に贊成し、本倶樂部の希望通り承認せられた。尤も其位置などについては未だ確定して居ない、夫れが、きまり次第新築資金の募集にかゝる考へである。その時は是非各位の御援助を願ひたい。

昭和二年九月

天津海員倶樂部

天津港目次

大沽バー滿潮干潮時間表　卷頭
北砲台及バー燈船潮信號法圖　仝
海河內同時刻に於ける水面の圖　仝
大潮時の各地潮汐昇降曲線圖　仝
大正六年洪水時天津附近土砂沈澱及洗掘の圖　仝

▲天津港の現在と將來　一頁
一、天津附近は何うして淺くなつたか　一
二、過去に於て海河は今日の如く惡い狀態であつた事があるか　三
三、大正十五年度海河の狀態　五
大正十五年度滿干昇降量表　二

天津に於ける平均滿干表　二
北砲台に於ける平均滿干表　二
四、パーマネントチヤンネル　二
五、大沽バーの現況　一三
六、デキープホール　一七
七、デキープホールベンド　一八
八、海河内の航走　一九
九、結　論　二二

▲天津港と邦人　二三

▲天津港々則と其註釋　二四
一、錨　地　二四
二、航法に就て　二六

三、火藥類に就て　三八
四、傳染病に就て　三八
五、水路保存に就て　三九
六、雜　　則　四一
七、告　　示　四五
八、甲、大沽バー水道航法　四六
九、乙、デキプホール天津間　四九

▲天津港冬季航行心得の告示と其註釋　五五

大沽バー及白河内冬季航行心得並に渤海内氷の狀態通報樣式　五六
一、燈台船としての碎氷船　五六
二、氷の狀態　五七
三、細　　則　五九

▲天津港の設備と汽船の諸費用　六六

一、商港築造の大勢　六六
二、港灣の設備及其使用料　六七
三、荷役能力苦力賃及艀船曳船賃　七〇
四、水先案內人　七五
五、各租界に於ける費用　七六
六、海事關係官公署　八九
七、焚　料　炭　九二
八、代理店其他　九二
九、大沽沖荷役と艀船會社料金　九三
一〇、諸費用概括　一〇一

【目　次　終】

大沽バー滿潮干潮時間表

陰曆日	滿潮時	干潮時	陰曆日	滿潮時	干潮時
1	3.15 — 3.30	9.45 — 10.30	16	3.40 — 4.00	10.30 — 10.45
2	3.45 — 4.00	11.00 — 11.15	17	4.30 — 4.45	11.00 — 11.15
3	4.15 — 4.30	11.30 — 11.45	18	5.00 — 5.15	11.45 — 12.00
4	4.45 — 5.15	12.00 — 12.15	19	5.30 — 6.00	12.00 — 12.30
5	5.15 — 6.15	12.30 — 12.45	20	6.30 — 7.00	12.30 — 1.15
6	6.15 — 6.30	1.00 — 1.15	21	7.30 — 8.15	1.30 — 2.15
7	6.45 — 7.30	1.30 — 2.00	22	8.15 — 8.30	2.30 — 3.00
8	7.45 — 8.00	2.30 — 2.45	23	8.45 — 9.15	3.15 — 3.45
9	8.30 — 9.00	3.15 — 4.00	24	9.30 — 10.00	4.00 — 4.30
10	9.30 — 10.00	4.30 — 5.00	25	10.15 — 10.45	5.00 — 5.45
11	10.30 — 11.15	5.30 — 6.45	26	11.15 — 11.30	6.15 — 7.15
12	11.45 — 12.00	7.15 — 7.30	27	11.45 — 12.45	7.30 — 7.45
13	12.45 — 1.15	7.45 — 8.15	28	1.00 — 1.45	7.45 — 8.30
14	1.30 — 2.00	8.45 — 9.00	29	2.15 — 2.30	9.00 — 9.30
15	2.45 — 3.00	9.45 — 10.15	30	3.00 — 3.15	9.45 — 10.30

天津港の現在と將來

一、天津附近は何うして淺くなつたか

此問題は今春來吾等天津人士間に寄ると觸ると噂せられて居る極めてポプユラーなものであつて何人もよく知つて居るであらう、簡單に云へば永定河の土砂が、雪解けで急に增へた水勢の爲めに流下して沈澱した爲めである。毎年此雪解の頃には幾分淺くなるのであるが、船舶の出入に困難を來す程の塲合は餘りなかつた、何故今年は斯くも甚しく淺くなつたかと云ふと、今年一、二月頃に降雪が例年に比して多量であつた、それが堆積して居つたのが暖氣の爲め解けて一時に流れ出したのと、大正十三年の洪水の時破壞した永定河の護岸が昨秋迄に修理出來た爲め其附近に沈澱して居た土砂は流下し易い狀態に置かれたのである、そして多量の雪解けで增した水勢が、此の土砂を流下して來たのである。此二つの惡い理由の重なつた結果である。それで七八月の雨季には奧地より流下する大量の水で此の土砂を流して吳れるものと豫期して居た處案外今年は七月中例年に比し降雨少なく、その上天津港の爲めに最も好ましからぬ永定河の流域にのみ比較的多量の降雨あり、それがデルタに溜つて居る土砂を天津附近へ持つて來るに適當の水嵩であつたので、七月下旬に又々急激なる沈澱があ

つた。大連碼頭の少しく上方の附近は河床が實にT、D、（T、Dとは大沽データムの意であつて、普通大潮の干潮面である、天津地方の高低、深淺の標準面に用ひらるるものであつて、之を基準水面とも呼んで居る）下三呎位までになつて仕舞つた、事實は吾々の豫想を裏切つて却つて更に少ない吃水制限をしなければならなくなつた。

白河が斯の如く惡い狀態にあるのは、丁度人生の逆境時代にあるのと同じものであつて、今日急に人力を以て如何ともするを得ないのである。

尤も白河の今日ある禍根とも云ふべき永定河の土砂を海に流れ出さしめる、運河を別に開設して居たならば、勿論今日の逆境から免れては居るのであるが、それはそれで問題が別である。

人生に順境時代のある如く白河も過去數年間は先づ順境であつたし今後とても此の順境時代が必然やつて來て昨年迄の如く十七八呎の吃水の船が天津河岸に來り得る時代は確かにあるのである、況や白河の運命は人力を以て或程度迄左右し得る處のものであるから―浚渫をやつたり治水工事の施設などに依つて―決して悲觀し絕望視してはならない。

一部人士が說けるが如く海河（白河の下流天津より海迄の間を海河とも呼ふ）の將來を絕望的に視るのは全然素人觀たるの誇を免かれぬものである。之に關聯して日本碼頭築造の失敗を云々し今更當局者を非難攻撃するかの言を吐くものあるを耳にせるが、碼頭も立派に竣工したる今日、周圍の狀況如何に關せず何處までも積極政策に出で、碼頭利用に努力して投下した資金の回收に協力すべきであると信ずる。

二、過去に於て海河は今日の如く惡い狀態であつた事があるか

此問題は天津港の將來を案じて居る人々に取つては最も聞きたいものであらう、過去數十年の間に破壞的の大洪水が一八七一年一八九〇年及一九一七年の三回あつた、猶ほ此外にかなりの洪水が一八八七年一八八八年一八九四年一八九六年一九〇一年一九〇四年一九〇七年一九〇八年一九一一年一九一二年一九一三年一九一六年一九二四年及一九二五年と十數回もあつた、そして海河の河底は何回となく現在よりも遙かに高くなつたのである、今之れ等の內大洪水の一つであつて詳しい記錄のある大正六年度の大洪水時に於ける海河の河床の狀況を述べて此問題の答へとして置く。

大正六年の洪水と云へば其當時から居られる天津人士には忘れやうとしても忘れる事の出來ない大事件であつた、今日の海河を直に絕望視し悲觀說を立てて、騷ぎ廻はる人達は、日本租界の大部分が水びたりになつたのに驚いて、天津市街全滅の期來ると騷ぎに騷ぎぬいたの

（4）

は勿論である、併し海河の河床が今日の夫よりも、三呎も高くなつて居たのを知つて居る人は餘り澤山ないやうだ、七月初旬例の永定河の土砂がぽつ〳〵吾が海河に流入し始めた、七月三十一日に天津河岸一部の河底は大沽データムと同じ高さになつた（附圖參照）即ち今日の夫よりも三呎高くなつたのである、然かも十五日前には大沽データム下八呎の深さであつたのが埋つて仕舞つた、或る部分などは四十八時間に七八呎埋つたと云ふ記錄もある、そして津浦鐵道棧橋附近、二番堀割の上下及三番堀割の上方即ち今の新堀割と三番堀割の中間の河底は殆んど基準水面と同じ高さになつた。

八月六日には益々水量を增した結果天津河岸の河床は二呎ばかり掘れた、そして其土砂が二番三番堀割の中間に沈澱して幾個所も非常に淺い處が出來た。

八月中旬後は二番から三番の堀割迄の間は一時的とは云へ隨分淺くなつて基準水面よりも二呎も高い淺瀨が出來た程であつた、今よりも實に五呎高くなつたのである、斯の如く河底が高くなつても、あの兩岸に溢れる程の水量があつたので船舶は平氣で出入して居た、實は此時も吃水を十呎に制限せられたのであつたが、當時は船も小さかつたし、十年後の今日迄も記憶に殘る程の難儀はなかつた。

之れ程に高くなつて居た河床も奧地にたまつて居た大量の水が流下する絕えざる自然力に

押し流されて、日を追ふて深くなつた、大正七年には海河の水深は未曾有の深度を保つた、併し大沽バーが土砂の爲め埋つて仕舞つて滿潮時に十一二呎の船を通過せしめ得る程度になつた爲め、折角の海河の水深は利用出來なかつた。

「河が良い時はバーが悪く、バーが良い時は河が悪い」と云ふ情けない腹立たしい事實が天津港の繰り返した過去の歷史である、今日とても然りである、大沽バーは十七八呎の吃水船を出入せしめ得るに反し天津へは僅かに十二呎迄しか上れないのである。

以上述べた處に依つて、海河の將來を悲觀するの要なく寧ろ樂觀說を肯定すべきであると思はれるであらう、併し又漫りに樂觀してばかり居てはいけない、海河の逆境を生み出す彼の永定河の處分を、しない限りは又々今日の悲觀に泣される事をも覺悟して居なければならぬ

此の永定河の處分問題に就いては、當局者は着々準備研究し、財政困難の支那政府にも負擔し得る程度で有效なる方法に就いて計畫を立てて居ると聞く、成否は勿論未知數であらうが夫れは當局者に任かして置いて吾人は吾人の本職に向つて積極的に突進すべきだと思ふ。

三、大正十五年度海河の狀態

上記のやうに、海河は今春來急激なる變化を來した、現狀と昨年末の狀態とは比較にならら

（6）

ぬ程の距りがある、併し前項に掲げたやうに、海河の復舊は合理的に是認すべきものである以上、昨年の狀態を述べて置くのも全然無駄でもあるまい。

大正十五年の測深に依ると、普通滿潮面即ち基準水面上八呎に於て、船舶の通過し得る水深は左記のやうな狀態であつた。

舊オストリヤ橋より	天津錨地下端間	十九呎
天津錨地下端より	新堀割上端間	十七呎半
新堀割上端より	三番堀割上端間	十八呎
三番堀割上端より	四番堀割上端間	十九呎
四番堀割上端より	ストンリーチ上端間	二十一呎
ストンリーチより	葛沽間	二十呎半
葛沽より	南開間	二十二呎
南開より	新河間	二十二呎半
新河より	パウダリーチ間	二十五呎
パウタリーチより	塘沽間	二十六呎
塘沽より	大沽間	二十八呎

大沽より　　　　　　　　　　デキープホール間　　　　二十八呎半
大沽バー水道中心線　　　　　　　　　　　　　　　　　十　八　呎

大潮時で、潮昇量が十呎に達したとすれば、前記よりも更に二呎深くなる、であるから十八呎の吃水の船舶が、天津迄易々として溯航出來た譯である。

八月北嶺丸は十七呎十一吋の吃水で、又九月スクライマ號は十七呎四吋の吃水で天津河岸に到着した。更に十一月下旬一支那汽船は十七呎四吋の吃水で無事溯航して來た。

過去二十三年間の入港船舶數及吃水記錄は別表のやうであつて、此の間天津港發展の如何に大なるかを一見して知る事が出來る、そして海河改修の工程の偉大なる効果は毎年の吃水記錄に依つて明瞭に現れて居るではないか。

(8)

來港船舶數及吃水記錄

年　度	來港船舶數	バーを通過したる數	天津河岸到着數	天津迄の吃水記錄
1904	707		374	11呎 9
1905	795		395	11　7
1906	1017		444	
1907	856		513	13　6
1908	788		511	13　6
1909	1006		623	13　6
1910	992		607	
1911	1198		698	14　0
1912	943	654	620	13　9
1913	1001	731	703	14　0
1914	1147	831	814	14　8
1915	982	790	768	15　6
1916	866	696	658	14　8
1917	742	555	473	13　6
1918	759	575	529	14　3
1919	1024	855	747	15　6
1920	1154	1041	1002	16　11
1921	1415	1275	0231	16　3
1922	1370	1223	1172	17　4
1923	1447	1288	1269	16　10
1924	1502	1337	1311	17　6
1925	1896	1711	1702	18　3
1926	1889	1702	1665	17　11

大正十五年度低潮時に於ける海河内左記區間の最狭河幅を掲げる、満潮時に於ては左記よりも十呎乃至七十呎廣い。

日界河岸		二三五呎
佛界河岸		二六〇呎
英界河岸より	天津錨地下端間	三〇〇呎
天津錨地下端より	新堀割上端間	三三〇呎
新堀割上端より	三番堀割上端間	三五〇呎
三番堀割上端より	四番堀割上端間	四五〇呎
四番堀割上端より	ストンリーチ間	四七〇呎
ストンリーチより	葛沽間	五〇〇呎
葛沽より	南開間	五三〇呎
南開より	新河間	六〇〇呎
新河より	パウダーリーチ間	六二〇呎
パウダーリーチより	塘沽間	六一〇呎
塘沽より	大沽間	六〇〇呎

大沽より　北砲台迄　六〇〇呎
北砲台附近　八五〇呎

河幅も亦毎年幾分廣くなりつゝあるのである、大正三年九月號「海友」に載せてある海河の河幅と比較して見ると、それが明かに了解が出來るであらう即ち。

天津より第三堀割上部間　一八〇呎―二五〇呎
第三堀割　二〇〇呎―二四〇呎
第三堀割下部より第四堀割上部間　二〇〇呎―三一〇呎
第四堀割　一六〇呎―一九〇呎
第四堀割下部より葛沽間　三〇〇呎―三九〇呎
葛沽より塘沽間　三三〇呎―四五〇呎
塘沽より大沽間　三八〇呎―四五〇呎

但し右は普通滿潮時に於て十二呎以上の水深を有する水面の廣さである、併し大体に於て十五年度の廣さと比して其差の大なるに驚くであらう。

次ぎに天津港の潮汐に關する諸表を掲げて讀者の參考に供する。

大正十五年度滿干昇降量表

	一月	二月	三月	四月	五月	六月	七月	八月	九月	十月	十一月	十二月	本年度
北砲台													
滿潮 最高	9.10	9.00	10.00	10.00	10.70	10.60	13.00	11.40	10.70	11.30	12.C0	10.40	13.00
滿潮 平均	7.10	7.02	8.06	8.28	8.96	9.07	9.51	9.72	9.24	8.28	8.19	7.13	8.37
滿潮 最低	4.00	1.90	5.30	5.20	6.40	7.20	7.30	8.00	7.80	4.40	6.00	2.40	1.90
干潮 最高	5.60	2.20	3.20	4.40	4.00	3.50	4.40	4.60	5.10	5.80	6.60	4.10	6.60
干潮 平均	0.31	-0.18	0.79	0.92	1.24	1.58	1.73	2.06	1.95	1.20	1.13	0.45	1.10
干潮 最低	-1.40	-1.80	-0.70	-0.90	-1.00	-0.60	0.20	-0.10	0.40	-1.40	-0.50	-2.40	-2.40
昇降量 最高	9.20	9.70	9.20	10.10	10.90	10.50	11.50	11.30	9.80	10.00	10.90	11.00	11.50
昇降量 平均	6.70	7.20	7.27	7.36	7.72	7.49	7.78	7.66	7.29	7.08	7.06	6.68	7.27
昇降量 最低	3.30	2.50	3.90	2.40	4.40	4.70	4.30	4.40	2.70	1.40	3.10	2.90	1.40
海河工程局 天津工塲													
滿潮 最高	10.30	11.10	11.00	10.80	10.50	10.90	13.00	12.80	11.30	12.40	12.30	11.40	13.00
滿潮 平均	8.38	8.50	9.30	9.24	9.58	9.95	10.60	11.26	10.24	9.18	9.18	7.63	9.42
滿潮 最低	5.60	3.60	7.00	6.50	7.60	8.30	8.50	10.10	8.90	5.80	6.70	4.60	3.60
干潮 最高	6.30	6.20	6.0	5.10	5.00	5.40	8.50	7.10	6.30	7.10	7.80	4.40	8.50
干潮 平均	3.30	3.07	4.0	3.39	3.16	3.23	3.93	5.29	3.83	2.88	2.91	2.30	3.44
干潮 最低	1.50	0.10	2.0	1.30	1.20	1.20	1.20	3.60	1.90	0.10	1.10	0.20	0.10
昇降量 最高	7.00	8.20	7.10	7.50	8.50	9.00	8.80	7.70	7.90	8.10	9.90	8.70	9.90
昇降量 平均	5.08	5.43	5.30	5.85	6.42	6.72	6.67	5.97	6.40	6.29	6.28	5.33	5.98
昇降量 最低	2.60	0.60	2.30	3.20	4.10	4.50	3.40	3.80	3.60	2.20	2.40	1.50	0.60

天津に於ける平均満干表

T. D. を基準とす

年	一月		二月		三月		四月		五月		六月		七月		八月		九月		十月		十一月		十二月		平均	
	満潮	干潮	満潮	干潮	満潮	干潮	満潮	干潮	満潮	干潮	満潮	干潮	満潮	干潮	満潮	干潮	満潮	干潮	満潮	干潮	満潮	干潮	満潮	干潮	満潮	干潮
1919	7.92	4.84	8.59	4.32	9.81	5.27	9.33	3.62	9.46	3.39	7.85	3.62	10.66	5.67	11.56	8.35	10.59	6.70	9.91	5.40	9.02	4.04	8.24	3.27	9.41	4.87
1920	8.00	3.27	8.37	2.89	9.41	4.69	9.21	3.73	9.19	2.90	9.48	3.28	9.86	3.75	9.66	3.42	9.57	3.51	9.50	3.67	8.75	3.02	7.86	2.80	9.07	3.41
1921	6.76	3.07	8.24	2.61	8.76	3.13	8.85	2.91	9.09	2.96	9.44	3.16	9.94	3.47	11.20	5.00	10.35	4.27	9.70	3.55	8.24	2.52	7.89	2.56	9.04	3.27
1922	7.01	4.26	8.33	3.55	8.78	3.37	9.19	3.18	8.94	2.58	9.38	2.96	10.52	4.86	12.04	8.32	11.27	6.95	9.80	4.66	8.93	3.29	7.97	2.46	9.34	4.20
1923	7.60	3.10	8.66	2.72	9.51	3.97	9.48	3.45	9.36	2.77	9.50	2.77	9.84	3.40	11.60	5.59	11.00	5.79	9.77	4.33	8.59	3.32	7.87	2.66	9.40	3.65
1924	8.15	2.67	8.36	2.82	8.97	3.28	9.42	3.40	9.13	2.66	9.46	2.97	11.69	7.31	14.67	13.60	14.67	13.79	12.00	10.51	9.76	6.78	9.24	4 98	10.46	6.23
1925	9.25	4.34	8.97	3.80	9.15	3.92	9.17	3.82	9.82	3.92	10.05	4.17	10.98	5.60	12.80	11.10	11.46	8.40	10.62	7.19	9.82	6.03	8.45	4.09	10.05	5.53
1926	8.38	3.30	8.50	3.07	9.30	4.00	9.24	3.39	9.58	3.16	9.95	3.23	10.61	3.93	11.26	5.29	10.24	3.83	9.18	2.88	9.18	2.91	7.63	2.30	9.42	3.44
平均	7.88	3.61	8.50	3.22	9.21	3.95	9.24	3.44	9.32	3.04	9.39	3.27	10.51	4.75	11.85	7.58	11.14	6.65	10.06	5.27	9.04	3.99	8.14	3.14	9.52	4.32

平均満潮 9.52　平均干潮 4.32　平均水面 6.92　平均昇降量 5.20

北砲台に於ける平均満干表

T. D. を基準とす

年	一月		二月		三月		四月		五月		六月		七月		八月		九月		十月		十一月		十二月		平均	
	満潮	干潮	満潮	干潮	満潮	干潮	満潮	干潮	満潮	干潮	満潮	干潮	満潮	干潮	満潮	干潮	満潮	干潮	潮潮	干潮	満潮	干潮	満潮	干潮	満潮	干潮
1910	6.92	2.14	7.12	1.73	7.60	1.37	7.92	0.92	8.22	1.21	8.42	0.77	8.89	1.19	9.68	1.87	8.78	1.79	8.55	1.93	7.61	2.03	6.99	1.95	8.06	1.57
1911	7.30	2.43	6.95	1.41	7.81	1.41	8.23	1.12	8.54	0.62	8.57	0.57	9.22	1.08	9.67	1.72	10.43	2.09	8.48	2.22	7.22	2.24	7.22	1.44	8.30	1.53
1912	7.34	1.73	7.24	1.87	7.96	1.54	8.03	0.94	8.58	0.85	8.97	0.96	9.30	1.46	9.71	2.13	8.92	2.16	8.32	2.32	7.58	1.87	7.71	2.45	8.30	1.69
1913	7.51	2.53	7.52	2.15	7.61	1.29	8.01	1.46	8.13	1.54	8.87	2.02	9.04	2.13	9.35	2.33	8.92	1.84	8.62	1.58	7.54	1.36	6.75	1.75	8·16	1.83
1914	7.04	2.70	7.86	2.06	8.32	1.58	8.33	1.59	8.45	1.49	8.76	2.05	9.27	2.33	3.83	2.50	9.37	2.55	8.63	1.92	7.43	1.65	7.11	1.16	8.37	1.96
1915	7.05	2.00	7.15	3.40	7.62	1.17	8.48	1.80	8.70	1.62	9.04	2.00	9.49	2.36	9.53	2.01	8.89	1.88	8.63	1.78	7.78	1.28	7.66	1.15	8.33	1.87
1916	7.40	1.26	7.46	1.20	7.29	0.95	8.32	1.34	8.45	1.35	8.75	1.82	8.98	1.88	9.46	2.15	8.70	1.57	8.11	1.19	7.78	1.20	7.55	1.09	8.19	1.42
1917	6.37	1.14	6.96	1.44	7.65	0.68	7.89	0.79	8.06	1.11	8.61	1.59	9.21	1.95	9.61	2.42	9.19	2.04	8.49	2.48	7.64	1.99	6.45	1.08	8.01	1.56
1918	6.61	0.82	7.40	1.08	7.82	1.08	8.27	1.13	8.31	1.21	8.67	1.53	9.16	1.85	9.35	1.82	8.89	1.44	8.16	1.11	7.59	0.86	7.22	0.69	8.12	1.22
1919	7.15	1.84	7.45	1.30	8.01	1.10	8.29	1.05	8.74	1.58	9.00	1.88	9.37	1.98	9.62	1.81	8.95	1.58	8.29	1.10	7.70	0.96	6.98	0.74	8.30	1.41
1920	6.97	0.48	7.10	0.55	7.50	0.42	7.89	0.47	8.51	1.23	8.80	1.58	9.24	1.83	9.23	1.70	9.13	1.58	8.74	1.40	8.09	0.91	7.62	0.48	8.23	1.05
1921	6.93	0.14	7.47	0.32	7.73	0.53	8.11	0.82	8.55	1.32	8.94	1.53	9.22	1.73	9.75	1.49	9.32	1.55	8.96	1.33	7.46	0.51	7.19	0.32	8.30	0.94
1922	6.73	0.67	7.54	0.78	7.63	0.75	8.50	1.00	8.63	1.01	9.10	1.67	9.36	1.76	9.87	1.91	9.26	1.76	8.44	1.16	7.66	0.74	6.80	0.03	8.29	1.10
1923	6.65	0.05	7.49	0.23	7.90	0.50	8.60	0.90	8.95	1.19	9.14	1.64	9.25	2.00	9.74	1.88	9.35	1.62	8.50	1.06	7.37	0.60	6.95	0.13	8.32	0.98
1924	7.11	0.18	7.20	0.23	7.58	0.25	8.41	0.99	8.68	1.11	9.14	1.66	9.74	2.10	10.18	2.29	9.54	2.15	8.80	1.56	7.81	0.87	7.70	0.41	8.49	1.15
1925	7.93	0.72	7.74	0.43	8.09	0.69	8.28	0.86	9.03	1.57	9.29	1.74	9.82	2.15	10.00	2.31	9.61	2.03	8.82	1.57	8.12	1.28	6.89	0.35	8.64	1.31
1926	7.10	0.31	7.02	-0.18	8.06	0.79	8.28	0.92	8.96	1.24	9.07	1.58	9.51	1.73	9.72	2.06	9.24	1.95	8.28	1.20	8.19	1.13	7.13	0.45	8.37	1.10
平均	7.07	1.24	7.33	1.18	7.78	0.95	8.23	1.06	8.56	1.25	8.89	1.56	9.30	1.85	9.66	2.02	9.21	1.86	8.52	1.58	7.68	1.26	7.17	0.92	8.28	1.39

平均満潮 8.28　　平均干潮 1.39　　平均水面 4.83　　平均昇降量 6.89

卷頭に揭げたる、海河內同時刻に於ける水面の圖は北砲台（大沽バーも同じ）の滿潮時及潮昇最に基いて海河內各地の水面の高さと時間との關係を考察する好參考となる。尤も大潮小潮、天候の良不良等に依つて必ずしも圖の通りではない塲合のあるのは勿論である。

各地潮昇降曲線圖は滿潮前後に於ての潮の昇降の程度などを見て、大沽バーの通過、海河內の航走などに良い參考となり得ると信ずる。

前記二圖は最近のものに適當のものが、無いので遺憾ながら大正八年六月二十九日のを載せた次第である、新堀割の出來上る前のものである事を記憶して置かれたい。

四、バーマネントチヤンネル

天津港の將來を考慮せんとするものには、何よりも第一着に所謂パーマネントチヤンネルの工程及之れが竣工後の水道の深度如何などを知つて、之れに應じての施設に着眼せねばならぬ、目先きの利益ばかりに齷齪して居る時ではない、併し此の問題に就ては、實は既に〳〵遲いのであるが、袖手傍觀して居るよりは後れたりと雖も、猶ほ施設に着手して有利に展開し得るものが多々あるであらう。

所謂バーマネントチヤンネルとは海河工程局に於て數年前より計畫した、大沽バーの方向を水流の方向に應じて轉向し以て可成的多くの水深を得て彼の困難なる大沽沖荷役に苦しんで居る大型船を大沽又は塘沽迄入れ且つ沿岸航路船舶をして殆んど潮汐に顧慮する事なく出入せしめんとする目的を以て開設する大沽バー新水道の事である、此の新水道の工事は支那內亂の爲め交通機關の不圓滑なる運轉、貨車の不足などで豫定よりも後れたが、兩側の堤防築造も今年八月末終了して九月初旬から浚渫にかゝる事になつて居る、近き將來には此の新水道も竣工して大型船が大沽又は塘沽に這入て荷役をする樣になるであらう、此の新水道計畫を發表されて既に數年になるが新水道の完成後の塘沽地方を考慮に於て準備や施設をした邦人のあるのを未だ聞かない、最早議論したり、硏究したり、逡巡して居る時ではない、僅か三四ケ年餘の後には歐洲より亞米利加より來港する大型船舶が入河して來るのである。

此の點に關しては、數多の意見を聞いて居るが、本書としてそれを發表すべき性質のものでもなく、今日それを書いて居る暇もない。

三四年前丁氏の空想に近い考へであるとして發表した問題が最近の情勢から見て實現の可能性あるものとなつて來た、丁氏の空想とは將來日支貿易が益々增加し、船客の往來が盛んになつた時、日支兩國の主府と主府との海上連絡の使命を持つて居る、神戶門司天津間の航路は今日の客船では不充分になつて來て少くとも今日の內地大連航路型の優秀船で門司大沽間を二晝夜位で往來するやうな時代が來るものと云つて居る、現に大阪商船會社には長城長安長江の三優秀船を新造し今春來本航路に從事せしむるに至つた、此の優秀船は門司大沽間を二晝夜にて達し得るものである。愈々此の空想實現したとして考へて見ると、斯る大型船は天津海岸へは勿論來られない、若し溯航出來たとしても快速を主眼とする客船は時間の經濟上から此の厄介な海河を上せはしない、何うしても大沽か塘沽かに横着けする事になる、天津港に關係ある本邦海運業者たるものは、是非此の點に關して一考も二考も煩はすべきである。

五、大沽バーの現況

大沽バー水道水深は現在普通干潮面下九呎ある北砲台及バー燈船に掲げる潮汐信號は此水道水深を標準として行はれるのである、所謂大沽バーと稱するのは何の邊であるかと云ふと夫れは大沽燈台船より磁針北七十二度西の方向約二、二浬の處に黑ブイがある、其黑ブイとバー燈船との間を云ふのであつて長さは約一萬三千七百呎あり幅は百五十呎ある、前記バー水道水深九呎と云ふのは此百五十呎の幅の間を云ふのであつて、百五十呎外に南方に寄つても北方に寄つても直に二三呎淺いのである、此水道の指導標が陸岸に立ててあるから、夫れを目標にして容易に航過する事が出來る、黑ブイに近づいて西北西方の陸岸を見れば三對の指導標を發見し得る中心にあるは中心線の、南方にあるは南側線の、北方にあるは北側線の指導標である。即ち此の南北側線の間が百五十呎あるのであるから南北側線より外に出ない様に航走しなければならぬ。

水道の水深が干潮面下九呎あると云ふのは最も淺い處を指して云ふのであつて水道内で、中心線の如きは最も悪い場所でも、一呎位ひ夫れよりも深い程である、最も悪い處とは何の邊であるかと云へば、夫れは黒ブイとバー燈船との約中間二三千呎の間、南北側線に近い所は勿論中心線でも他の處と比較して一体に悪いのである、それから今一つ注意しなければならぬのは北側線の内端即ちバー燈船の少しく外方に於て北側線に近よると右の九呎ぎり〳〵しかないのである、其の外の場所は一般に一二呎餘裕がある、時に依つては必ずしも、さうでない場合もあるが大体に於て上記の様に心得て居れば間違はない。

黒ブイ附近は何の位の深さがあるかと云へば、黒ブイを中心として内方に二千七百呎位の半徑を以て畫いた圓内は信號して居る水深よりも深く即ち干潮面下九呎以上の水深がある、又黒ブイより内方約三千四百呎位の圓内は干潮面下八呎以上の水深があるから、信號して居る水深よりも一呎輕い吃水の船ならば黒ブイより約三千四百呎の間は必ずしも、前記の指導標の示す百五十呎内に這入らなくとも宜いわけである、かう云ふ風にバー附近の水深に就いて、確實なる知識を持つて居たならば餘程危險の度を減じ且つ通過し易くなる、そして本倶樂部では天津港全般のさう云ふ知識を供給する資料を集めて我が會員の便宜を計つて居るのである。

二三年前迄は大沽パーの中心線よりも二千呎位北方を平氣で、北バンクへ向け全速力突進し、急に膠沙して過度に傾斜したりする船舶をよく見受けた、又出洲（スピット）の處を指導標のまゝ一直線に進行して行つて北方のあの出洲に乘せ上げる船などを見受ける場合も屢々あつた、後者の場合は多少恕すべき点は無いでもないが、前者の如きは船員としての常識を疑はれる程のものである。

元來天津港の如き特殊の港に這入るには少くとも二三回は水先を使用すべきが當然である併し船主の注文もあるであらうから、水先を雇はないで自分で操縦して見やうと思ふ程の人ならば第一充分其港の水路は勿論港則其他に就いてよく研究して這入るべき筈だが、そんな豫備知識を備へて居る風もなく、第一ブイがあつて、それに近づいて進むべき方向を見れば、一見して指導標を發見し得べきに、二三千呎も水路を離れて突進するなどは實に沙汰の限りと云はなければならぬ、それから大沽バーの如きは一時二時を爭ふて嚴重に信號して居る程の水道の中で平氣でどん／＼アスを捨てる船もあるのをよく見かけたものだが、最近以上揭げる様な事件を餘り見ないのは、來津船舶の船員諸君の注意心が進んだのに基因するのであらうが一面又我が倶樂部の功であるとも云へやうと思ふ。

バー水道が今日の様に深いと別に問題ではないが、天津附近のあの土砂が出水などの爲めに急に流下して來ると又バーが淺くなるのは當然である、現況では大正六年の時のやうな激しい埋れ方はあるまいが、來年の七八月の雨季には危ないものである、若しバーが淺くなつて水深一杯〳〵でバーを通過しなければならぬ様な塲合には水路を詳細に研究し潮流などもよく知つて置く必要が大にある。

太古洋行の船などはバー通過に際して水深があるかないか怪いと思ふ塲合は自社の小蒸汽を、ちやんと用意して、置いて若し坐つて動けない様な時には直に其小蒸汽をして都合のよい方向に本船を曳かしめると云ふ風にして居る、であるから大低の塲合バー通過に成功して居る、本邦船としては大商、大汽及近郵の如き多數の定期船を始め其他に多數の貨物船が出入して居るにも拘はらず、本邦の船會社に於て一隻の小蒸汽をも持つて居ないと云ふのは誠に耻かしく且つ不利益な事だと思ふ、之れが爲めバーに膠沙して一潮位ひ遲れる事は屢々ある、尤も前記パーマネントチヤンネル竣工の上は此の意味に於ての小蒸汽を持つ理由はなくなるが、大洋船が入河して來る様になれば、小蒸汽の一隻や二隻を持つて居ても決して無駄にはならぬ。

註　之れ迄書いた處、又又、永定河流域に出水天津附近一部の河床は既に大沽基準水面と同高になつて仕舞つた、併し之れも詮じ詰めれば矢張り海河の逆境時代と見るべきものであつて海河の將來を決して絶望視すべきものでないのである、併し奥地に出水のない今日、二月や三月位の短時日に直に復舊すると云ふのではない、相當の日數を要する事は勿論である。

六、デキープホール

近來出港船の内デキープホールで潮待ちをする船舶が多數にあるが、水道線に近く投錨して指導標を掩ふて、他船の出入を妨げたり、又餘りに外方に出過ぎて、膠沙して因つたりする、様だが、少しくデキープホールの狀態を研究したならば存外よい投錨地を發見し得る、ダイヤモンドビーコン(北バンクにあるビーコン)を北四十度西と北二十六度東に測る線内に於て中心線より北方五百呎乃至七百呎の間は干潮面下十呎以上の水深を得られる、又同ビーコンを北五十二度東と北六十五度東に測る線內に於て中心線より南方五六百呎の間は干潮面下十呎以上の水深を得られるのである。その日〱の風向に從つて適宜前揭の海面に投錨假泊潮待ちをすれば安全で且つ比較的早くバーを通過出來るのである、此の潮待船に對して、大正九年五月八日附けの告示がある、そして之れは現在でも遵守しなければならぬものであるから左に掲けて置く。

潮待ちの爲め投錨碇泊する船舶は北砲台より南西の線と大沽艀舟會社所有地の下方の境界より東方の線內に投錨するか、又はデキープホールに投錨すべし。

デキープホールに投錨する塲合は、船長並に水先人等は大沽バー指導標を掩はない樣に有ゆる注意を拂ひ且つ他船の出入及浚渫作業を妨げるが如き位置に投錨す可らず。

北砲台とデキープホールベンド（スピツト）との間の水面に投錨してはならない事になつて居る、夫れは此の間は潮が滿ちた時には東西兩岸を瞭きりと認め得ない、それで碇泊船のある塲合東西何れに航過の餘地があるかは餘程慣れた者でも判斷に苦しむ程であるから此の區域に碇泊を許さぬ事にしてあるのである。又冬季氷の有る間は漲潮流の央頃から終り迄此區域は氷の集結甚しく碇泊には適せざる處である。

七、デキープホールベンド

デキープホールベンドは年々北岸の方が突き出て來て南岸の方は洗堀せられて引きこみつ

ゝあるので、今日の處では、指導標の中心線は干潮に乾上る程淺くなつて居る、此の出洲の最も突き出て居るのはパーマネントチャンネルの沖測の堤の內端の對岸邊である、之を避ける爲めには中心線よりずつと南に寄つて走らなければならぬ、何の位、寄つたらばよいかと云ふと指導標の南側線の後方立標と中心線の後方立標とを一直線にするか或は少し南に寄つて開く位迄、寄つて差支へないのである、かう云ふ處は一寸書物で見た丈けでは不安で走れるものではないから、實際に就いて經驗を積むのが萬全の策であらう。

八、海河內の航走

海河內の航走及船舶操縱法に就いては大に書きたい事があるが、今回は左記二三に止めて置く。

白河航行安全法のモットーとして「危險物に近寄れ」とは、田中秀一氏が十餘年來高唱して來たものである、之れ一見甚だ矛盾して居る言葉の樣であるが、白河航行に經驗ある船長諸君は、之を是認して居るばかりでなく、事實此の心持で船を操縱しないと、無事安全に航走出來ないのである。

白河內にて、起つた衝突其の他の事件を調べて見ると危險物を遠かり過ぎた結果に因る場合が多い、此モットーの眞意を會得し、實行し得る迄は自他相互の安全の爲め宜敷水先人を使用すべしと勸告する。

潮の流れと風向とが反對の場合投錨碇泊して居る船を廻轉出帆しやうと云ふ場合、船首樓の高い船などは容易に廻轉出來ない場合がある、例令は塘沽稅關前に投錨して居て猶ほ落潮流のある時に出帆しやうとする場合南方の風でも少し强く吹いて居ると廻轉に中々骨が折れる、斯樣な場合は揚錨すると其儘前進してパウダリーチに到り廻轉すると風と流とが殆んど同方向になるから、存外容易に廻はし得るのである、之は簡單な事であるが外海ばかりの操縱術に慣れて居る人々には一寸氣の付かないものであらう。

新堀割から上流は何と云つても狹くて二船出會航過は隨分困難である、之は絕對に港則を遵守し、義務船は行き足を無くして必要ならば出來る丈け河岸に寄せて停止し權利船を航過せしむる樣にしなければならぬ。

過去に於ける白河內衝突事件を取調べて見ると面白い現象があるそれは衝突二船の操縱者が何れも白河航行に不慣れな者ばかりの事件は稀で、事件は必ず一方は不慣れ一方はよく慣れて居る場合が多い、そうして誰れでもが、さう云ふ事件に關して直に、彼は不慣れである誤りは彼にある、故に責任は當然彼にありと斷定を下す「私は此の論理を正しとする事の出來ない場合が多々あると信ずる「不慣れであるから誤りは彼にある」と云ふ前提が不完全である不慣れである者必ずしも誤りあり港則違反行爲ありと云ふ譯はない、現に不慣れな者は不慣れであるを自覺して用心に用心をし、規則を遵守し、操縱して居る證として不慣れ者同志衝突した例は餘りない、若し有つても損害は常に、小さい場合が多いと云ふ事實から推して見ると、慣れた者にも相當無理な操縱をして居る場合があるに違ひない。自轉車に乘り初めは大した怪我する事はないが、餘程熟練して兩手離して疾走出來る樣になつたりすると命に關る樣な、大怪我をするものと同じ樣な意味の場合が無いでもあるまい。

斯樣な困難なる河では慣れた人も不慣れな人も常に互讓の精神を以て相互安全を第一とし所謂白河航行道德を重んじて航走すべきである。

白河航行に經驗を有する親切なる人々が大連海務協會發行の海友に又海員協會の會報に白河に關して記載せられてある、それに依ると白河の狀況が變つて來た今日でも猶ほ參考となるべき點が多量にある、白河航行の研究をなさんとするの士は是非一讀すべきである。

一、昭和二年四月一日發行　海友　通卷第二〇二號
所載　大連汽船會社船長　穗積一精氏の　「白河航行に關して」

二、大正十年一月一日發行　海員協會會報第二七六號

所載　支那汽船華發號船長　相良長義氏の「白河の流れ」

夫れからずつと古いのでは田中秀一氏が大連汽船會社の船長在職中來津しつつあつた頃即ち大正三年の八、九、十、十一の四ケ月に亙つて「天津」と題して右二雜誌に載せたものもある、天津港特別航法は大正五年七月初めて港則に加へて印刷發布せられたものであつて同氏があれを書いた頃には未だ不文律に過ぎなかつたのを、水先人等に聞いて書き綴つたものであると。

九、結　論

白河今日の狀態は第二項に記載の如く決して絶望視すべき性質のものでなく今後日を追ふて河床も洗堀されて次第〳〵に水深を增して來年の雨季でも過ぎる頃には、又々十數呎の船舶が易々と溯航出來る樣な順境時代が來て、昨今の逆境時代を顧み苦笑をもらす愉快なる月日が來ないものでもない、況や禍根である永定河の改修にも着手せんとして居る今日悲觀し引込思案をして居る要もあるまい。

大沽の新水道でも竣工した曉には來港する大洋船も今日に倍加すべく斯る動亂中でも猶ほ漸增しつつある貿易の趨勢を見るも、天津港の將來に多大の期待を持つ事に何人も異論ある筈はない、そして貨物積卸し地として天津及塘沽地方の兩立は勿論である。

實に天津港の將來は洋々として春の海の如しと云ふべきである。

天津港と邦人

從來本邦人は一般に天津港を二三流處の商港と見做して、餘り注意を拂つて居なかつたやうだ。數年前滿鐵が、港灣調査會委員を招待し大連で會合を催した事があつた、その時、本邦港灣に關して、オーソリチーである某工學博士のしたお話が、大連海務協會の「海友」に載せてあつた、それを讀んで、心をひかれたのを記憶して居る、それに依ると、大連の港灣設備を一日も早く完成する必要がある、おそくとも、天津港の咽喉である、大沽バーに工事を施して自由に太洋船が出入出來る設備の成らぬ前に大連港の完成をしなければならぬ、何となれば、あの海河三十數浬の兩岸は理想的の一大埠頭である、天津港は東洋のリバープールとなるであらうと稱讃し、斯る天津港に先だちて港灣設備を完成し船舶を大連に引きつけ、海陸の得意を取つて置かなければならぬと結んであつた。

天津側に立つて、此の讚辭を味はつて見ると、餘り有がたくはない。

天津港が、如何に設備を施しても、今日の大連から、繁榮の幾分をも奪ひ得るものとは考へられない、併しながら我が天津港の當局者が萬難を排して起工した、所謂パーマネントチヤンネルの竣工の曉には、一躍世界的の商港に列し、其面目を一新すべきは識者を俟たずして首肯し得られる。

之れ十數年來、聲を大にして、先づ海の方面より、天津港に對して、本邦人の着眼を喚起せんとした一部の士の努力を最も有意義ならしむるものである。

一部官民諸君が天津港本邦人の爲めに、十數年來努力せられた說明にもなり又來津船舶職員の二三參考にもなる、丁氏の話を次に揭げる。

日露戰爭の濟んだ翌年即ち明治三十九年の春もまだ淺い二月の初め頃、私は二三友人と共に二等運轉士としてO社に入社した、その友の一人F君が當時天津航路に從事して居た、D丸に二等運轉士として乘り組んだ、お互にオフイサーとして始めて一歩を踏み出したばかりの吾々は、頻繁に來往して執務上の研究やら愉快な將來の事共語り合ふて居た、同君の船が天津航路であつた丈けに天津の話が多く出た。

天津の入口大沽バーや河の中が淺いのでタンクの水を引いて仕舞つた時に、船首尾の吃水が殆ど、同じ位になる樣に荷物を積まなければならぬので、中々骨が折れるなどとも云ふて居た、こんな事で天津と云ふ港名が私の頭に印象深く這入つて來た。

D丸はO社に於て天津航路に當てる爲め、特に新造した千噸餘りの船であるから勿論淺吃水船であつた、吃水は十二呎前後の深さであつたらう、せいぜい十三呎迄の吃水について大騷ぎしなければ、ならなかつた天津港が、今日吃水十七八呎三千噸級の船舶が易々として天津河岸に溯航出來る樣にならうとは、二十年前のその當時、誰が之を豫想し得たらうか、思へば變つたものである。

之より推して今後二十年の後に於ける天津港の變化は又吾等が今日豫想し得ない程大なるものであらう。

その後私はO社に四年ばかり居て、二ケ年あまり一等運轉士を勤めて居た、感ずる處あつて退社し、東京に二ケ年遊學した。

明治四十五年の春であつた、滿鐵に新造した船の船長として採用になつたSと云ふ船長が恩師M先生に一等運轉士の世話を賴んだ、M先生は私に云はれるには「何時までも本職以外の硏究をやつて居てもつまらぬではないか、此の就職口は實に面白く將來有望だから是非行け」と勸められた、それで考へて見ると、上のつかへた大會社は面白くなく、さりとて活躍自在ではあるが所謂社外船は嫌ひだ。色々な點に於て之れは眞に理想的な口であると思つたので早速御世話を願ふことにした、今迄學んで居た學校も中途退學をした、明治四十五年の春S船長と共に東京を立つて、神戶から大連航路の客船に乘つて、彼の地へと急いだ、S船長の話に依ると、大連には彼の有名なるN船長が居て、大連の船舶界の元締をして居て中々八釜しい、第一吾々は英語をよくやると云ふ事が必要だ、大に勉強しなければならぬと、客船に居る間、英會話をやつたり文法の話をしたりして暮した程だつた。

大連に着いて見ると滿洲の初春としては珍らしくも雨が降つて居て陰氣な寒い日であつた東京を立つ時は今回出來る新T丸に吾等が行く樣な話であつた、が來て見れば吾等は四十四年秋出來たS丸、それは船も幾分小さいし、職員室なども遙かに劣つて居る、其のS丸に乘るのだと聞かされて、日和のせいもあつたであらうが嫌な寂しい滿たされない感じをした。内地よりの客船の中で英語などをやつてハシヤイで居たのを思つて馬鹿〳〵しかつた。

大分長く天津と、かけ離れた事ばかり話して居たが實は此のT丸S丸こそ天津港とは切つても切れない船であると同時に又私とも隨分深い關係を結んだ船である。

四十五年の二月の末か三月の初旬であつた、北清輪船公司!!名前を聞いた丈けでは支那人の船會社の樣であるが、是れこそ北清海運界の爲めには忘れてならない、功勞者T氏とK氏との合名で創設した立派な日本の船會社である、先づ前記二隻の船を滿鐵より借りて、海運業を開始し關東廳の命令航路を受命した、やがては北清に覇を唱へんとする大抱負を持つて立つたものである、果せるかな、今日日本でも有數なる汽船會社と稱せらるゝD會社は此の合名會社の後身である!!その北清輪船公司の受命航路第一船として我がS丸は華々しく天津へやつて來た、大沽バーを越したのは朝の二時頃であつた、北砲台の潮の信號所を過ぎて河の上流に進んで行くと何處も此處も澤山の火で、船の火だか陸の火だか區別がつかなかつた、河は曲り曲つて居るので息をつく暇もない樣に感じて、たゞハラ／＼思つてばかり居た、今に何處か廣い處へ出るのであらうとの豫想は何時までも實現しなかつた、進むに從つて益々狹い、その内夜が明けると遙かに靜かな朝煙りに閉されて居る天津市街を見出した、やがて天津河岸に達し、船と船との狹い間をすれ／＼に通つて午前七時過或碼頭へ着いた、それが今日大阪碼頭として知られて居る彼の佛界の碼頭であつた、ゑらい狹い處を曲りに曲つて上つて來て、妙なやゝこしい處へ着けるものだと思つた、其後はロープを取るのに忙がしくて夢我夢中であつた。

運の惡い事にはその日が丁度北東の強風で非常に潮昇の大なる日であつた、次ぎの日は風が北西に廻はつて一夜の内に河水が流出して船は碼頭に着けたまゝ坐洲して仕舞つた、空船で坐わつたのであるから、吃水を輕める方法はなし、出帆時が來ても船は七八度傾いたままで、ビクとも動かなかつた、その後毎滿潮時に小蒸汽を雇ふて曳かせ且つ本船の機械を動かして試みたが、何うしても動かなかつた、日數はドン／＼立つて既に三四日にもなつた、此の時、代理店三井支店のNと云ふ社員が云ふには「僕は素人でわからないが、何時か大沽で坐洲した本船の側を小蒸汽の推進機で堀つて、本船を曳き卸したのを見たことがある、その方法を試みては如何」と忠告せられた、直にその方法を實行する事にした、小蒸汽を一隻雇入れて本船の碼頭と反對船側即ち河心の側にその小蒸汽を横着けし充分繋留し、全速力前進をやらして暫くして深さを測つて見ると相當深くなつて居た、斯くして本船の全長に亘つて充分深くして置いた、次の滿潮時に曳き卸し方を試みたところ難なく本船は動き出した、數日目に漸く彼の女は自由の身となつた。

今でも此の方法が有効なのは云ふ迄もない、私はその時の記念として今に左の向臑に負傷の痕が殘つて居る、凍つて居る甲板を走り廻つて居て滑つて轉倒する瞬間タラップにいやと云ふ程向臑を打付けたのである、その痛たかつたのと共に小蒸汽の推進機で河底を掘り深めると云ふ面白い方法とは今に忘れる事が出來ない。

これも佛國租界碼頭での出來事である、それは大正元年の夏の或夕であつた、機關長と私とがデッキで雜談しつゝ碼頭を見て居た、其處に本船の水夫長と舵夫とが下流の方に向つて立つて居た支那の電燈屋の職人であらう、上流の方から兩手にアーク燈か何かのカバーを持つてやつて來た、水夫長等によけて吳れとの意味であつたらうが足を揚げて水夫長の尻をつゝいた、それを見て私は彼の支那人はひどい事をするものだ、實に失敬な奴だと思ふ間もなく、それに氣付いた水夫長は、いきなり其の支那人をなぐり付けた、持つて居たカバーは破損するなぐり合が始まると荷役して居た苦力は向ふ方になつて爭ふし、本船からは數名駈出して鬪ふと云ふ大喧嘩になつた、こわ大變と私も飛び出して行つて之を制止しやうと試みたが先方は增加する一方、多勢に無勢で本船側が不利と思つたから全員に早く本船に引上げよと令して駈けもどつた、私は船橋に上つて全船員の非常召集をやつて、若しも橋板を渡つて襲擊して來る支那人がある場合は、極力防げと命じた、そのうちに佛租界工部局より多數の巡捕がやつて來て漸く制止した、兩方とも怪我人が出來る、破損品の辨償問題が起る、中々うるさい事であつた。斯樣の事件は碼頭に於て、日本船員と支那苦力との間に屢々繰り反へさるゝものであるが、概して原因は本事件と同樣、僅かな行き違ひから起る、それは風俗習慣の相違言語の不通等が原因である、例へば本事件の如き第一言語が通じて居たならば何事もなかつたであらうし、又支那人間では足を以つて物を指示したりするのを無禮であるとは思つて居ない、せられた方も亦大して意に介しない樣である。さう云ふ習慣であるのを本船の水夫長が了解して居たならば、勿論なぐり付ける樣な亂暴はしなかつたであらう。斯樣な騷動を引き起すのは何れの點から見ても馬鹿〱しく又大變不利益である、だから常に船員によく訓戒して置く必要上、船長及職員は、つとめてその地の風俗習慣並に事情等を、研究して置くのは決して無駄ではない。

私は大正二年春S丸の船長になつて、天津航路に從事した、此の冬海河工程局に於て、碎氷計畫をたて、天津港を不凍港たらしむべく碎氷作業に從事した、非常に成績はよかつたが猶船會社の多くは未知數視して、大正二年の十二月には例年通り天津航路を切り上げた、處がS丸は定期の都合で此の年の最終船となつた、例年最終船は十二月十日前後に出帆して居た、併しS丸は十二月十八日より早く天津を出帆する見込みは立たなかつた、若い成り立ての船長であつた私は、之を決行する迄には、かなり煩悶し憂慮した、他面好奇的の勇猛心が振ひ起つて遂に斷行する事に決定した。

船は豫定通り十二月十八日正午前天津碼頭を解纜した、其年の最終船であるS丸を見送らんものと、二十度以下のあの寒さをも、物ともせず碼頭に集り立つて居る內外人を、寂しく見殘して、S丸は碎氷の音勇しく、全速力で走り下つた。

想像して居た程の困難もなく、其日の夕方S丸は大沽沖に出た、結氷の束縛から、放たれた彼の女は、白浪を蹴つてホームポートへと急いで居た。事前に於て憂慮して居た丈けに事後に於ける私の快感は又格別なものであつた。

氷に對する私の經驗に依れば、千四五百噸級の船舶で實馬力壹千位の船なれば淡水の氷三时、海水の氷五吋位迄は大抵の場合スクリユーに破碎進行し得ると信じて居る、氷の硬度の高低に依つてさうでない場合のあるのは勿論である。

D社の重役から經費節減の爲めやれるなら水先を雇はないでやつて吳れと、再三云はれた其後私は天津へ來る每に港長や、海河工程局を訪ねて白河の事情を硏究した、そして相當自信が出來た、自分でやつて見るのに最も好時機であると考へらるゝ開氷期即ち大正三年の開氷初航海から水先を雇ふのを中止した、之れが抑もD社に於て船長自身が操縱して白河を溯航した嚆矢である、水先を雇ふのを止めると云ふ事は今日から見れば何でもない事實であるが、何によらず物事を始めてやると云ふのは相當の苦心が要る、その上飛んでもない迫害を受けたり、讒謗せられたり、それは隨分割の惡い役廻りであつた、併し私は、自己の職務として當然なすべきをなしたので毀譽褒貶など頭に置いて居なかつた。

その當時旣に隨分多數の日本船舶が出入し、對日本との貿易額は大量であつたにも拘はらず、天津の港の機關には一人の日本人も這入つて居なかつた、水先人の如きは定員八名の處七名英人一名獨人であつた、之れを時の總領事M氏に話した處旣に考へられて居たと見えて非常に共鳴された、その後數回御目にかゝつて御意見を伺つた事がある、あの忙しい方が何時行つても會つて吳れ、若い駈け出しの船長である私の意見などもよく聞いて吳れた、話を濟まして歸らうとすると必ず立つて先づドアを開けて送り出して吳れた、それが毎回さうである、實に立派な紳士であると感服して居た、十餘年後の今日でも、あの温顔は深く〳〵私の腦裏に染み透つて居て忘れる事が出來ない、さうして私は今日猶ほM氏の知遇に對しては、水火も辭せない感激と覺悟とを持つて居る。

大正三年であつたか四年であつたか、忘れて仕舞つたが、私は天津港長あてに、水先案內志願の願書を出した、それはM氏に、初めてお目にかゝつた前後であつた、恐らく三年の秋の末頃でゞもあつたらう。そして日本人で水先案內の志願書を出した者は、夫れ以前には無論無かつた、其の後でも私が知つて居る範圍では、大正七八年の頃迄は志願者が無かつた樣だ、そして其頃漸くD社の船長で二人ばかり出した者があつたやうに記憶して居る併しその二人とも遂に水先にならなかつた。M氏のお話では、當時の稅關長に、天津水先人に何故日本人を入れないのかと、質問したところ、稅關長は、當港水先人には何國人でも採用する、併し貴國人の中には一人も志願書を出して居る者がない、と答へられたとの事であつたので私は「天津水先人問題に就て」と題して、大正四年頃の「海友」と海員協會「會報」とに投稿した。前記のお話を書き、當時の水先人の狀況なども述べ、志願書の書式までも併記して、邦人より多數の志願者のある樣希つた、又友人や知己に願書を出す樣と慫慂した、併し私の德の足らない爲めか、何人にも顧られなかつた。

大正六年の夏、當時の港長ドグラス氏から私に水先になれと勸められたが私は健康を害して居た際とてお斷りをした。

其後十餘年の後とは云へ、今日二人の邦人水先人が天津港に活躍して居られるのを見て、窃に會心の笑味を漏らして居る。

古い人々の內には知つて居られる方もあらうが、大正三年の夏から秋へかけて大連の海務協會の海友及神戸海員協會の會報等に、私は「天津」と題して四ケ月に亘つて天津港を紹介した今之れを見れば多少間違つた點も無いではないが、あの當時としては天津へ來る人々の爲めに、又天津へ船を廻さうと計畫する海運業者の爲めにも多少參考になり得たと信じて居る。

以上がT氏の話である。

天津港は一般本邦人から二三流處の商港として輕視せられて居たとは云へ、天津に在留して居る吾々は、天津港が東洋のリバープールたるべしと云ふ程の自信はないにしても、其の將來に大なる期待を持ちて過去幾年間、絕へざる努力と忍耐とを以て進んで來た、今日天津に在留する本邦人は、鮮人台灣人を合すると、其の數正に六千に達せんとして居る。商社數出入船舶數も各國の首位にあつて、北支に於ける外交に貿易に優に覇權を掌握しつゝあるのは、誠に愉快に堪えない次第である。

天津港々則と其註釋

今茲に記載註釋しやうとする港則は大正十四年六月一日改正のもので現行法である、併し目下築造中の萬國橋竣工の曉には、港の區域を萬國橋の上方に延長する、それに從ひ規則も增補せらるゝであらう。

第一條　本則に於て船舶（ベッセル）と稱するは外國形船舶を謂ひ支那形船に對しては外國形船舶と關聯して荷役に從事せる時の管理上必要なる範圍內のみ本側を適用し其の他の場合は特別告示に依つて取締るべし。

第二條　天津港として港務官憲の管理する區域は萬國橋より大沽バー十二呎等深線の東方三浬に亘る間とす。

一、錨　地

第三條　外國形船舶の錨地は次の如し。

一、本條第二第三項の規定に該當する以外の船舶は。

天津河岸に於ては

萬國橋よりベルヂューム租界下端迄の區域。

塘沽に於ては

招商局棧橋の上端より北砲台迄の區域。

大沽外錨地は

大沽バー十二呎等深線の東方三浬迄の區域。

注意　大沽バーを通過するに吃水が深か過ぎたり船客のみを揚陸したり又は少しの貨物を卸す船舶は代理者より税關長に申請し、大沽バー外錨地に於て荷役する特別許可を受くる事を得。

二、危險物を搭載せる船舶は塘沽に於ては「パウダーリーチ」(塘沽ノ上)又は大沽外錨地に於ては他船より離れて投錨すべし。

三、檢疫を受くる船舶は大沽外錨地に碇泊すべし。

第四條　入港船舶には港長の代理官乘船し其の錨地を指示す可し。

註、本港には港長代理官なる者もなく、又港の性質として殆んど其必要ないのに、斯る箇條を入れたのは如何なる意味であるか了解に苦しむ。

第五條　「スキンギングバース」(廻船塲)は常に使用し得る爲め廻船に妨害となるべき小舟等の繋留を許さず、廻船塲の使用を停止せる時は海河工程局の屋上にある「マスト」に次ぎの如き信號を揭ぐ。
上方廻船塲使用停止の塲合は
晝　間　赤　球　一　個
夜　間　紅　燈　一　個
下方廻船塲使用停止の塲合は
晝　間　綠　球　一　個
夜　間　綠　燈　一　個

第　六　條　船舶は港長の指示に從ふて繫留し特許を得るにあらざれば其の繫留塲を變換すべからず但し出港する塲合は此限に在らず。

第　七　條　碇泊塲又は繫留塲の指定願或は變換願（シフト願）は天津港長事務所に、塘沽に於て碇泊又は繫留せんとする船舶は前記書類を塘沽港長事務所に提出すべし、さすれば繫留塲に關する所要の指示を與へらるべし、船舶港長より繫留塲の變換を命ぜられたる時は直にその命に從ふ可し。

二、航　法　に　就　て

第　八　條　大沽バー入口浮標より外海の方一浬半の處より「デキプホール」迄、大沽バー水道中心線の各側一千五百呎の巾の海上に於ては航法甲の規定を遵守すべし。
第　九　條　「デキプホール」より天津迄の間は特別航法乙を遵守すべし。
第　十　條　白河內及其の附近に於ては第八條記載の特別航法にて改められたる範圍外の海上衝突豫防法の各條項を施行す。
第十一條　天津河岸に於て通過又は入港しつゝある船舶ある場合は繫留塲を離し或は又廻轉等をなす可らず。
第十二條　繫留汽船及その他の船舶小舟等に危險をかもすが如き速力にて航走する事を禁ず、各船舶は官許の「スロー」板を立てたる處及萬國信號旗にて之れと同意味の信號をなしある塲所は本船の操縱に必要なる丈けの微速力にて進行すべし。
棧橋及び「ポンプ」所の如き汽船の微速進行を必要とする凡ての塲所には强制的に「スロー」板を設立せしむ。
註、近來何の船もが、本條を厲行しないので困る、塘沽のやうな廣い處でも、全速力で走られては、棧橋に繫留して居る船舶には、かなり激しい衝動を感ずる、已れが棧橋に繫いで居る心持になつて見るがよい、本港に出入する者は何時でも他船を頭に置いて、己れの船を操縱する事だ、互讓〳〵、互讓の精神を持合さないやうな人は本港出入船を操縱する資格なしと云つても何人も否定する者はあるまい。

三、火薬類に就て

第十三條　着港せる船舶「ダイナマイト」及び他の爆發物（量の多少に拘はらず）裝塡彈百听以上の砲火薬、二萬發以上の小銃彈丸又は百听を超過する裝彈火薬等を貨物として積載せる時は大沽沖錨地に於て他船より離れて投錨するか或は塘沽の上方「パウダーリーチ」に於て碇泊すべし、當港にて前記爆發物を積入れたる船舶も亦之れと同樣に碇泊すべし而して陸揚げの特許を得るか、錨地を去るの特許を得る迄前記碇泊塲に留るべし。斯る爆發物は四十八時間内に移動なさゞる塲合は「パウダーリーチ」の陸にある官設爆發物倉庫に積み入れざる可らず。

第十四條　其の船種の如何に關せず總て港內を通じ爆發物危險物及可燃性の品物を運搬する船艇は晝間赤旗を夜間紅燈を最も見得易く且つ甲板又は甲板室の最高部上より十二呎以上の高處に揭ぐべし。

四、傳染病に就て

第十五條　船舶に於て傳染病患者又は傳染病の疑ある患者發生の塲合或は傳染病にて死せし死休又は傳染病にて死せし疑の死体ある塲合は檢疫規則に規定の如く本港に近つく時は

檢疫旗を揚げ、本法第三條第三項の規定に從つて碇泊すべし、而して檢疫濟許可證の交付を受くる迄該旗を揭揚し置くべし。

五、水路保存に就て

第十六條　廢船、浮棧橋を繫留する事、杭を打ち込む事、棧橋等の築造、水路の矯正又は治水工事、河水面を蠶食し或は小河を白河に流し込む等の事は其の設計書類を港務官憲に提出し該官憲が海河工程總局と相談の上許可を與へらるゝに非れば前記の仕事に着手すべからず。

第十七條　港長の許可と繫留錨についての認可なしに繫船浮標を設く可からず、使用してなき浮標（繫船なき場合）には日沒より日出迄點燈するを要す。

第十八條　凡ての浮標は港長之を管理すべし、船舶の通行を妨げ又は碇泊場を不經濟ならしむる如き繫船浮標は何時にても之を轉錨せしむ可し、港長よりの轉錨命令に從はざる場合は浮標所有主の費用にて港長之を轉錨すべし。

第十九條　底荷・灰燼、塵芥、廢棄物、浚渫土壤其の他の物品等を河內に投棄す可らす灰燼其の他の廢棄物等を棄てんと欲する時は前檣頭に萬國船舶信號Y旗を揭ぐ可し然る時は免許灰舟來船の上一定料金を受け之を引取るべし。

第二十條　港內又は其の附近に於て航海上危險なる沈船ありたる塲合港長の指定せる妥當なる期間內に之が除去を實行せざる時は稅關海事部に於て之を除去若くは破壞すべし。

第二十條　一、河內に於て作業中の浚渫設備附近を通過する船舶は出來る丈けの微速力を以て進行すべし、浚渫作業の附近は特別航法乙第三條に規定せる行き合ひをなすには不安全なりと知るべし。

浚渫設備とは、凡ての浚渫船、ポンプ處、埿船、曳船、パイプ船及浮きパイプ等とす。

第二十條　二、白河內及大沽バーにて作業中の浚渫船は次ぎの信號を揭ぐ。

晝間　浚渫船は船舶の通過し得べき側の舷側に黑球一個を揭ぐ。

夜間　浚渫船は船舶の通過し得べき側の舷側に白燈一個を揭け且つ船舶の通過し得ざる側の舷側に紅燈一個を揭ぐ。

浚渫船碇泊又は繫留せる塲合は普通の碇泊燈を揭ぐ。

註、本條の信號は確定的のものであつて又他面航路信號と同じき意味を表示せるものと見做しても可いのである、であるから本條の規定に從つて信號を揭げて居る浚渫船の航走して居る時、他船が航路信號を發したる際、それは其船が浚渫船の信號に順應して發したるものと見做し浚渫船は更に汽笛を以て信號をなさない場合がある、要するに各船舶が本條の規定をよく承知して信號に從つて航過すれば可いのである

第二十條　三、嚮導碎氷船に隨ふ船舶は、其の碎氷船の發する信號を遵守すべきものとす被導船舶操縦上已むを得ざる理由なくして其の碎氷船の合法的信號に從はざる事あらば該船舶の所有主或は代理者を本港則第二十九條に照して處理すべし。

註、本條に對しての注意は冬季航行心得の章に於ても説明してあるが、堅氷を突破して航走する際最も重要なるものであつて、被導船舶が其目的を達するか否かに關するばかりでなく、一般碎氷作業の成否にも關するものである、本條を增補した理由は、碎氷船が他船を嚮導して作業をやつて居る際、被導船舶が碎氷船よりの信號を遵守せずして餘りに近寄つて碎氷作業を妨げたり、又夫れが爲め二回も接觸事件があつた爲めである。

六、雜　則

第二十一條　汽笛又は汽角は海上衝突豫防法に從ひ信號する爲めか或は危險を他船に警告する等の以外に吹く事を嚴禁す。

註、汽笛や汽角を無暗みに吹いては大切なる信號の爲めに吹いたものと混同したり第一

港の中が騷々しくてゐけない、彼の天津塘沽間の客を運んで居る小蒸汽船が客寄せの爲めに好んで汽笛をブー〳〵吹きつゞけたりする場合がある、夫れ等を取締る上にも本條が必要である。尤も本條の如き規定は何處の港則にもあるやうだ。

第二十二條　凡ての船舶は他船航過の時に「チエーン」を伸ばし且つ繋留索を緩めなどの作業に充分なる人員を在船せしむべし。

註、天津の碼頭に繋留して居る場合には、よく注意をして居ないと、船体が坐洲して繋留索が張りきつて居る際、他船の航過の爲め或は其他の一寸のショックに依つて繋留索が切斷して意外の損害を蒙むる事がある、斯る際其船舶に於て本條の規定を遵守して居なかつたと云ふ理由の爲めに損害を賠償して貰へなかつた例が幾らもある注意すべき事だと思ふ。

第二十三條　各種船舶投錨の場合は其の錨に浮標を附け置くを要す、錨が通路を妨ぐるが如き時は他船が安全に通過し得る樣其の錨を移動すべし。

註、或船長の話に依ると十數年前天津河岸で碼頭に繋留する際、風の都合や潮流の異常に速い爲めに船首錨を投じて居ると、稅關官吏がやつて來て、錨を河の中心の方に向けて投じては、いけない、揚げて仕舞へとか、時には投錨したならば必ずブイを附けて置けなどと、小言を聞かされることが屢々あつた、當時は船も少なかつたせいか、バースなども繫留に都合の良い處を撰んで着けて居た爲め、船首にも船尾にも錨を用ゆる塲合は稀であつたと。此數年來天津では、繫留して居る船舶の過半が船首にも船尾にも投錨して居るのを見受くる、然かも河の中心に投錨して船体が碼頭にくつつき過ぎるのを防いで居る様だが、此の狹い河で兩岸に繫留船があつて其上錨のチエーンやワイヤが張り出して居ては、其處を通過して上下する船舶は隨分困難なものである。かう云ふ狀態にある天津河岸に於て本條の規定通り履行した曉には何うであらうか、投入せられてある錨に全部ブイを附けた塲合は河面殆んどブイを以て滿たされて、汽船はブイロープを卷き付る恐れがあるので推進機を動かすことは出來なくなつて仕舞う、だから寧ろブイを附けない方が他船の通路を妨げない譯である、今日港務當局者も亦ブイを附けない方が可いと云ふ意見を持つて居る様だ、併し若しも他船が通過の際斯様の錨の爲め船底に損所でも出來たと云ふ様な事件が起つたとしたら其責任は誰が負はなければならぬのか、本條に照して其錨の屬して居る船舶が當然負ふべきものと判定を下されても之に抗辯する何等の理由も發見し得られない。斯様に考へて見ると出來得る限り投錨しないことに努めるのが最も良い策である且つ夫が通過する他船に對しても所謂白河航行道德の第一義なる互讓の精神に適つた處置である。

第二十四條　軍艦以外の船舶は「スキンギングブーム」を用ゆべからず軍艦の「スキギングブーム」は日沒より日出迄は之を取入る可し。

第二十五條　船舶其の繋留場變換等の場合必要なる時間より長く浮標、碼頭又は他船等に「ローブ」を取るべからず。

第二十六條　商船は本港區域内にて一切發砲すべからず軍艦とても天津河岸に於ては禮砲を發せさる樣望む。

第二十七條　艀舟及其の他の小舟は港内を通航する他船艇の自由航行を妨害するが如き狀態若くは數多連結して船舶に繋留すべからず、河内に於て曳船は同時に二隻以上の艀舟を曳くを許さず而して各船体を横附けにして曳く可らず。

第二十八條　港内に在る船舶内に火災起りたる場合は該船は勿論其の上下流に居る船舶は直ちに號鐘を鳴し且該船（若し成し得可くは）及び其の上下流に居る船舶は晝間に於ては萬國船舶信號NH旗（火災あり直に救援を要す）を揭げ夜間は燈火を連續的に上下すべし又港務所に急報するを要す。

第二十九條　本港則違反者は其の所屬國官憲に告發せらるべし。

七、告　示

一、本港信號法に基き特殊番號を附與せられたる船舶は大沽沖着及入河の際同番號旗を揭くるを要す。
二、各船長は岩、淺灘の如き航海上の危險物を發見せるときは之を港長事務所に通報せらるゝことを望む。
三、船長にして水先人に對し不滿の點あるときは之を書面に認め港長に差出すべし。
四、凡て地方港務告示及び支那沿岸に關する海員に對しての告示等は港長事務所に於て閲覽することを得べし。
五、左に揭くるものは呼出信號旗（支那各港用信號）にして天津に於て使用するものなり

Y、灰舟を要す。
L、税關吏を要す。
G、醫員を要す。
B、爆發物を積載し居れり。
Q、檢疫を乞ふ。
P、（半檣旗）出港手續中。
U、大沽艀舟會社の曳船を要す。
W、大古洋行の曳船を要す。

航　法

八、甲、大沽バー水道航法

第一條　本航法は大沽バー水道中心線の各側千五百呎の幅と入口黑ブイより外方一浬半の處より「デキブホール」迄の海面に於て施行す。

第二條　船舶大沽冲着潮昇を待つ爲め投錨する場合は入口を避け又は目標を妨げざる樣充分注意して碇泊すべし。

第三條　船長及水先人等は稅關の潮信號（信號所は北砲台にあり）が本船の吃水と同等又は夫れ以上を示す迄バー水道通過をなすべからず。

第四條　水道に入らんとする船舶は必ず長聲一發すべし、水道內に作業中の浚渫船等より連續せる短聲數發するか赤旗を揭げたる場合には如何なる理由あるとも水道に入るべからず、水道內に進行を止められたる船舶に對しては航行し得る樣になり次第その旨作業船より信號を發せらるべし、船長及水先人の兩者とも本則違犯行爲については責任を負ふべきものとす。

第五條　水道內に於て坐洲したる船舶の船長又は水先人は遲滯なく港長に書面を以て旣

知物標の方位、坐洲日時、本船の吃水、坐洲當時の信號水深等を記載報告するを要す、艀舟取りの要求あらば直に其の準備にかゝるべし、艀舟は天候の許す限り水道中心の反對側の其の船側に横付けすべし而して水道監督の要求に從つて直に艀舟の着け替又は本船より離す事を要す、絶体必要なき限り水道内に投錨すべからず、若し投錨したる場合は艀標を附すべし、斯る錨が船艇の通行を妨害するが如き場合は轉錨若しくは揚錨の要求あるべし。

第六條　曳船は一隻以上を曳く事を許さず。

第七條　汽船及び曳船等水道内運航の場合は最少二ケーブル半の距離を保つべし、水道内作業の浚渫船等を充分避けて通るべし而して浚渫船等より發する如何なる信號をも遵守するを要す。

註、あの狹い僅か百五十呎の幅の淺い水道を通過するのに二船が餘り接近して居るのは自然事件が起り易く、順潮で走つて居る場合、己れの先きに居る船が若しも坐洲したり、舵が効かなくなつたりした時己れの船を安全に停止する餘裕が無い程近づいてはならないと云ふのが本條の精神である、本則を作つたのは何十年も前の事で船体は壹千噸内外速力は十浬迄の船舶に對して、最少二ケーブル半即ち約千五百呎以上の距離を保つを以て安全としたものである、今日參千噸近い大船で十四五浬の速力のある船だと、千五百呎位の距たりで果して安全であらうか？斯かる點を考慮に於て規定以上に遙かに多い距離を保つと云ふ程注意周到に船を操縱せらるゝ樣希望する。

現在大沽バー水道浚渫に從事して居る快利號は吃水が十呎半から十一呎ある水の少ない時には、之を航過せんとする船舶は宜しく微速力にすべきである。吃水の八呎や九呎である船舶は、快利號が作業をやつて居る程の水深がある場合、水道の中心線を乘る必要はないにも拘はらず、浚渫船に接近し、全速力航過して浚渫作業を妨げる樣な乘り方をする船舶がよくある、之れ等は正に本條の違犯行爲である。

浚渫船を追越すのに惡ひ所であらうが無らうが、お關ひなしにやる船がある、さう云ふ無謀のやり方をするのは其船にとつて、不利益なばかりでなく浚渫船も甚だ迷惑なのである、大沽バーの現況をよく承知して置いて、五分や十分は待つて水深の充分ある處に達して追ひ越すと云ふ方針で操縱しては何うであらう。大沽バーを航走する時ばかりで無く、白河内もさうであるが、船舶操縱者たるものは自己の船舶の安全ばかりを計つて他船に及ぼす影響を考慮に置かない樣な乘り方をするのは其目的に反する航法なることを了解しなければならぬ。己れの無事安全を希望する者は先づ他船の無事安全なる様に、己れの船を操縦する事に依つて目的を達し得られるのであるのを會得して置かなければならぬ。

權利だ義務だ、合理だ不合理だと云ひ爭つて見た處で、事件が起つては、そこに必ず何がしかの損害がある、和衷協同して互讓の精神を以て行動したならば、過去に於けるやうな頻々たる事件を次第に減少出來ないものでもあるまい。

第　八　條　船長及水先人等は水道監督より吃水を聞かれたる塲合は正しき尺度を告げざるべからず。

注意　船舶水道通過の際は航海の安全を期する爲め免許水先人を使用する樣勸告す。

第　九　條　遭難沈沒の恐れある船舶入河せんとする塲合本水道を使用すべからず即ち本水道の風下の方の淺瀨を航過して河口に向ふ可し。

九、乙、デキプホール天津間

第　一　條　本則は海上衝突豫防法第三十條に依る特別規則なり、此の特別航法にて改められたる範圍外は海上衝突豫防法の規則に依る、本則に於て船舶と稱するは海洋を航行し得る船舶と曳船とを云ふ。

第二條　本則第三條規定外の二船出合の場合安全に實行し得るならば各自船の右舷側の岸の方に寄るべし。

但し　輕吃水船と深吃水船と航過の場合は相互の安全の爲め水道の左側の方に寄り航過する方安全なる場合あり、斯樣な航法は安全と實行可能との條件の下に除外例として施行し安全を期す。

第三條　逆流船は順流船と航過の場合は通過に安全なる地點に於て他船を航過せしむべし、航過さす必要に應じて第二條の規定に從ひ微速にするか機械を停止するか繫留するか或は船体を左右何れかの岸に寄せて停止すべし他船を安全に航過せしめ得る準備出來たらば長聲三發すべし。

但　繫留とは船舶を陸に繫留の意

船体を岸に寄せて停止する、とは船体を出來る丈け岸に寄せ何等進行せざる意味なり

註、本條の精神に依ると逆流船は常に順流船に水道を讓つて航過せしめなければならぬ處が從來本條は其規定通り厲行されて居ない場合が多い、大低の場合は第二條の規定に從つて順流船も逆流船も機械を停止することなく讓り合ふて互に一方に（多くは短聲一發して水道の右舷の方の側に寄る）寄つて航過する習慣である、本條にも「第

二條の規定に從ひ」と云ふ明文があるのであるから、此の航過方法必ずしも違法ではない、併し、それは河幅の廣ひ深さの充分ある處に於て應用すべき方法であつて少なくとも、新堀割より上方に於ては、逆流船側には其義務を重じて本條に從ひ、航過に最も安全な地點を選んで、順流船の爲めに充分なる餘地を與へると云ふことが絶對必要だ、そして準備出來たる信號を規則通り發聲すべきである。順流船は第四條に規定してある通り航過に際しては出來る丈けの微速になすは勿論だが、逆流船から長聲三發する迄は近か寄らないと云ふ風に、兩方とも規則通りに操船し信號を行つたならば、過去にあつたやうな、ひどい衝突事件も未然に防ぎ得るであらう。此の狹い河をあの大きな船を操縱するのであるから、机上で彼れ是れ云ふ樣に簡單なもので無いのは私とても萬々承知である、併し過去の事件を取調べて見ると遺憾ながら、前記の樣な忠告を書かなければならないのを悲しむのである。

第四條　順流船が逆流船を航過する時は操船に必要なる丈けの微速力となすべし、特に他船が長聲三發し安全航過の信號ある迄待ちて航過する樣努力すべし。

第五條　二船出合の場合は第八條規定の音響信號即ち水道の何れの側に寄るかを示す信號を不變に鳴らすべし。

岸に寄せて停止したる船舶も亦此の信號をなすべし。

第六條　一船が他船を追越さんとする場合に就て。

イ、追越船は追越し得るやの意味なる長聲一發を鳴すべし。

ロ、追越され船は、追越さして安全なる時及び追越させ樣と望む時は追越し承知の意味なる長聲三發をなすべし、而して河の何れの側に寄るかを第八條規定短聲一發又は二發の音響信號を以て信號すべし。

ハ、追越され船承知の信號をなしたらば操船に必要の最少限度の速力となすべし、而して追越し船も安全に追越し得るを限度として成るべく微速力にて追越すべし。

註、本條に對しても第三條の註のやうに、兩方とも規則通りに信號し操船せよと忠告する。

從來追越船が長聲一發すると、之れに對して追越され船は直に短聲一發又は二發して自己の寄らんとする側を表示して居たが、港務當局者は、是は明かに違法的信號であると斷定されてある、即ち本條規定の通り、追越され船は先づ長聲三發をなし、次に自己の寄らんとする側を表示する短聲一發又は二發の信號を、なすべきである。

追越船が長聲を一發したに對し、追越され船が何等の信號をも發しない内に、追越船が進行して來て追越さんとして、衝突事件が起つた場合、何れに責任ありやと云ふと、何人も勿論追越船に全責任ありと判斷するであらうが、港務當局者の意見では、斯る追越され船の操縦者は本航法を知らない者である、本港則さえも知らない者が水先人なしで出入するのは不都合である、從つて操船上にも缺陷があり得る、此事件の責任の幾分は當然負擔せしむべきであると云つた事がある。

追越船から長聲一發された時、こんな處で追越さすことが出來るものか、それとも追越すなら勝手に追越せ事件が起つたなら、そちらの責任だと云つたやうな理由をつけて、何等の信號をもしないで知らん顔をして居るとする、追越船の方では何回も長聲一發したが、何等の應答が無いので、追越され船の者は此の信號を知らぬのであらう、西洋には「默つて居るのは承知の意」と云ふ格言がある、何時迄待つてもきりが無いと進行して、追越さうとして衝突事件が起つたとしたなら、責任は無論追越船にあるものであらうが、此追越され船の曖昧なる態度は實に不親切なるものであると非難されても一言あるまい、斯る場合には遠慮會釋は禁物である、不承知なら不承知と短聲五發以上を發して自己の意志を明瞭に表示して置くべきである、何處までも本法の規定に從つて信號をなし行動して置いたなら、不幸にして事件が發生しても、有利なる解決を得らるゝ譯である。

大沽バー水道に於て浚渫船を追越さんとして長聲一發（航法中第四條のでなく）

する人があるが、本條はデヰプホール天津間の航法であるからバーポートより外方には適用されないものである、從つて浚渫船に於ては本條に規定してあるやうに應答しない、况や浚渫船には港則第二十條二の信號を揭げて居るのであるから、既に意志表示はなされてある譯である。

第七條　順流船日中は黑球前檣頭に揭げ夜間は綠燈を白燈（マストヘツドライト）の上方六呎以上の距離に於て示すべし。

第八條　次の音響信號は各項に屬する意味を傳へんとする時之を使用するものとす。

イ、短聲一發は「自己の右舷の方の側に寄る」の意

ロ、短聲二發は「自己の左舷の方の側に寄る」の意

ハ、短聲三發は「自己の機械は全速力後退轉しつゝあり」との意

ニ、五發若しくはそれ以上の短聲は「近寄るな」「危險」又は「通過し能はぬ」等の意

ホ、長聲一發は權利船（即ち順流船）より發せられたる時は「吾は進行しつゝあり」との意、又追越し船より發せられたる場合は「追越し得るや」の意

ヘ、長聲三發は「來れ」又は「航過し得」の意

第九條　本特別港法（甲乙）を遵守せざる時は其の船舶に海關兩二百五十兩以下の罰金を科すべし。

外國船は其の國の領事館より支那船は支那官憲より處分せらる可し。

天津港冬季航行心得の告示と其註釋

註、天津港冬季間の航行に就ての告示は毎年十一月中旬發布せられて居る、航路標識は十二月一日或は其の以後何時にても撤去し其代用として黑色圓材浮標を設置すると云ふことになつて居る。

併し過去に於ける實例に依ると入口黑ブイ大沽バー燈船、スピツト燈船、などは十二月五日より十日位迄の間に撤去し燈台船「大沽」は十二月十五日頃碎氷船と代つて居る、尤も非常に寒氣の強い年の冬には告示通り十二月に入れば直ちに撤去する場合も無いでは無いが過去數年の例に依ると上記の通りである、恐らく今後とても大して變りはあるまい。

スピツト燈船を撤去するや否や河口指導標に點燈を始める。

次に譯載しやうとする、冬季氷の存在中出入する船舶及其の代理者に對しての告示は、先づ其の年の大沽バー水道の水深等を發表する、天津海員倶樂部より毎月配附しつゝある大沽バー滿潮表を利用せられて居る人々は其の表の記事に依つて水道信號水深が幾呎あるかは直に知り得るであらう、而して冬季間の平均潮昇量は約七呎である

（56）

から、水道信號水深に此の七呎を加ふれば、平均何呎位迄の水深が得らるるやは直に了解出來るであらう、次に譯載する部分は毎年殆んと同文であるから一定の規定と見做しても差支へないものである、尤も施設が變更した場合には一部變更せらるゝ事のあるのは勿論である、而して今冬より燈台船代用の碎氷船に無線電信を設備してはなどゝの説もある樣だから之に關聯して多少の違つた文句が這入るやも測られない併し大部分には訂正増補は無い筈である。

大沽バー及白河内冬季航行心得並に渤海内氷の狀態通報樣式

一、燈台船としての碎氷船

十二月一日若しくは其以後何時にても燈臺船を撤去せる後は碎氷船を以て之に代へ、該碎氷船は次の如き信號を示す。

晝　間　　黑球一個を揭ぐ。

夜　間　　毎十二秒に一白光。

即ち　明一、五秒　　暗一〇、五秒

光達距離は晴天の暗夜に於て十浬にして周圍より見得べし。

該碎氷船は霧中其の附近に於て航行中の船舶より發する霧中信號を聞きたる時は一分間毎に銅鑼を打ち鳴らすべし。

註、此の燈台船代用碎氷船は一週一回石炭及淡水等積入れの爲めに其の位置を去る事がある併し滿潮前には必ず復歸することになつて居る、又天候不良碇泊危險なる塲合は避難の爲め入河する時もある。

二、氷の狀態

氷が存在する塲合は、其狀態を芝罘及大連に打電すべし。大沽に來航する船舶は其の狀態を知る爲めに前記兩港の一つに寄港するを要す。

其の代理者が本告示規定に從つての必要なる手續を爲した船舶大沽沖に着する時刻には、狀態の許す限り、水先人を乘せたる一碎氷船が其の船舶の到着を待ち合すべし。

註、「狀態の許す限り」とは氷の狀態が惡くて出ることが出來なかつたり、又非常の惡天候で波浪が大きくて出られない樣な塲合其他碎氷船の故障等の無い塲合を云ふのである。

碎氷船は必要に應じて汽船を嚮導する事あるべし、斯る場合アイスマスタは其汽船に對して必要と認むる指令的信號を成す事あるべし。

註、「必要に應じて」とは氷の狀態不良であつて汽船獨行にては進行不可能なる場合、碎氷船は其船舶の前方にある氷を碎破し進行して船舶の進行を容易ならしむる必要のある場合を云ふのである。

嚮導碎氷船に隨ふ船舶は、其碎氷船の發する信號を遵守すべきものとす、被導船舶操縱上已を得ざる理由なくして其の碎氷船の合法的信號に從はざる事あらば該船舶の所有主或は代理者を港則第二十九條に照して處理すべし。

註、碎氷船が堅氷を碎破して進行する場合之に隨ふ船舶は碎氷船に餘り接近してはならない、さりとて又餘りに遠く離れて居ては折角碎氷船が碎破した氷が氷結して被導船舶の進行を妨止する場合もある、夫れ故に被導船は常に碎氷船の行動を注視し、該碎氷船より發せらるゝ信號に從つて操縱すれば安全に且つ短時間に目的を達するを得るのである。

船舶が碎氷船に隨航中發生したる事故に對して碎氷作業の管理者たる港務當局に於ては何等の責任を負はざる事を了解し、危險に對して船舶自身全責任を負擔承知の上にて碎氷船の援助を依頼すべし。

三、細　則

碎氷航行信號

嚮導碎氷船及之に隨航する船舶は左記の信號を使用すべし。

短聲一發　我船鍼路を右舷に轉ず

短聲二發　我船鍼路を左舷に轉ず

短聲三發　我船機關を後退轉す

長聲一發　（一）我船貴船を追越し得るや？

（二）（前方にある碎氷船より發したる場合）貴船は我船を追越すべし

長聲三發　來れ

短聲五發　來る勿れ、又は止れ

碎氷船の援助を求めんとする船舶は左記の信號を爲すべし。

晝間　長旒の下に球二個を連揭すべし、又汽笛或は汽角を以て長聲一發短聲三發を連吹すべし。

夜間　三箇の燈を上下に少くも六呎を隔て連掲すべし最上下に白燈を共の中間に紅燈を掲ぐべし、又汽笛或は汽角を以て長聲一發短聲三發を連吹すべし。

水先案内

冬季間水先人無しに大沽バー通過は危險の恐れあるを警告す。

其の代理者が本告示規定に從つての必要なる手續を爲した船舶等は狀態の許す限り水先人を乘せた一碎氷船が其船舶等の到着を待ち合し居るを發見すべし。

代理者よりの豫告

船舶代理者は芝罘及大連にある其の社の代理者をして次の通報を塘沽稅關へ打電せしむべし。

一、汽船の芝罘若くは大連出帆の日時。

二、其の汽船の大沽冲着豫想時刻。

氷の狀態通報

大沽秦皇島の氷の狀態及直隷灣内確知し得る範圍内の氷の狀態を毎日塘沽及秦皇島より打電通報す、之は芝罘、塘沽及天津の港務部に掲示す。是等の氷の狀態は大連にも亦打電す。

諸船舶の船長等は自己の遭遇したる氷の狀態を天津、秦皇島及芝罘の何れかに着港後は直に其地の港長に報告し以て氷の狀態通報に關し協力せらるゝ樣要求せらる、斯る報告類は掲示す。

氷の狀態報告を容易ならしむる爲め前記各港務所に於ては申込次第報告用紙綴の帳簿を交付す。

船長諸君は遭遇せる氷の狀態を出會する船舶と互に信號し、更に氷の情報を得る事に協力する樣要求せらる。此の目的の爲めに次の特別信號を使用すべし。

氷の狀態信號

數字信號の種類（樣式）は第三項にあり

第一項　大沽及直隷灣に關する信號

大沽バー

信號　第一　氷無し

仝　第二　氷の狀態良好

仝　第二、三　仝　良好なれども惡化の兆あり

仝　第三　仝　不良即ち航行困難

（62）

信號	第三、二	氷の狀態不良なれども良くなるの兆あり	
仝	第三、四	仝	不良益々惡化の兆あり
仝	第四	仝	甚だ不良即ち航行極めて困難
仝	第四、三	仝	甚だ不良なれども良くならんとるすの兆あり
仝	第四、五	仝	甚だ不良益惡化航行不能の狀態にならんとす
仝	第五	仝	航行不能

直隷灣內

信號	第六	氷無し	
仝	第七	氷の狀態良好	
仝	第七、八	仝	良好なれども惡化の兆あり
仝	八	仝	不良即ち航行困難
仝	八、七	仝	不良なれども良くなる兆あり
仝	八、九	仝	不良益々惡化の兆あり
仝	九	仝	甚だ不良　即ち航行極めて困難
仝	九、八	仝	仝　なれども良くならんとするの兆あり

信號　九、十　氷の狀態益々惡化航行不能の狀態にならんとす

仝　十　仝　航行不能

第二項　秦皇島に關する信號

次の信號を爲す時は同時に檣頭に方旗を夜間は紅燈一箇を揭ぐべし。

秦皇島

信號第一　氷無し

仝　二　氷の狀態良好

仝　二、三　仝　良好なれど惡化の兆あり

仝　三　仝　不良即ち航行困難

仝　三、二　仝　不良なれども良くなるの兆あり

仝　三、四　仝　不良益々惡化の兆あり

仝　四　仝　甚だ不良即ち航行極めて困難

仝　四、三　仝　なれど良くならんとする兆あり

仝　四、五　仝　益々惡化航行不能の狀態にならんとす

仝　五　仝　航行不能

秦　皇　島　沖

信號	第六	氷無し	
仝	七	氷の狀態良好	
仝	七、八	仝	良好なれど惡化の兆あり
仝	八	仝	不良即ち航行困難
仝	八、七	仝	不良なれども良くなる兆あり
仝	八、九	仝	不良益々惡化の兆あり
仝	九	仝	甚だ不良即ち航行極めて困難
仝	九、八	仝	仝　なれど良くならんとする兆あり
仝	九、十	仝	仝　益々惡化航行不能の狀態にならんとす
仝	十	仝	仝　航行不能

第三項　信號の種類

信號の數字は左に示す如く點數と線數とに應じて之を表はす。

此の點と線とは次ぎの方法の中何れかの一に依つて信號すべし。

註、點は短符、線は長符である。

イ、汽船の汽笛又は汽角を以て短聲又は長聲を發する事に依り

ロ、信號燈を以て短閃光又は長閃光を發する事に依り

ハ、方形旗を以て點を、三角旗を以て線を表はす事に依り

信號第一	・ーーーー
仝　二	・・ーーー
仝　三	・・・ーー
仝　四	・・・・ー
仝　五	・・・・・
仝　六	ー・・・・
仝　七	ーー・・・
仝　八	ーーー・・
仝　九	ーーーー・
仝　十	ーーーーー

是等の信號を汽笛若しくば發火信號に依り爲す時は船舶航過の際數回之を繰返す可し。

天津港の設備と汽船の諸費用

一、商港築造の大勢

商港修築の一要義として商港其物の設備の改良にあるは勿論ながら、之と等しく重ずべきは背面地との聯絡である。否今や歐洲では商港と背面地との聯絡を云々する時代は過ぎて、直に商港を生産消費の中心地に築かんとするの氣運が現はれて來た。

獨逸ライン河上には河口より百哩二百哩の地に港を造り、次から次と內地に深入りして以て生產地と近づかふとしつゝある、又彼のマンチヱスターの如きは海岸を距る三十哩の內陸へ一大運河を開鑿し、人工的に商港を造つた位である。今や巴里を海港とせんとの計畫を聞くし、伯林にもまた同樣の計畫があると云ふ。本邦に於ても、大阪を築港し東京を港にせんとの大計畫をなすのは、この地に呑吐する商業は神戶橫濱を經由せず、直接に之を營まんとするに外ならない。此大勢より見ても、天津港の現在と將來の結論に於て述べたやうに、貨物積卸し地として天津及塘沽地方の兩立論は時代に適應した言であると確信し得る。今春來白河の水深減少の結果は、各方面の人士に依りて、天津港の諸問題について種々なる論を聞かされた、其の內或る論者は、白河の如き紆曲狹隘なる河、然かも潮汐の制限に依り時間にも不經濟なる白河の溯江は時代錯誤だと說かれた人もある、併し私をして言はしむるならば天津はおろか出來得べくんば白河を改修して通州までも船舶を送りて北京の呑吐港たらしむべきであると主張する。

此見地より推せば我が日本租界碼頭築造は極めて有意義のものであつて、其將來に對しては大に期待する事が出來ると謂い得る。

二、港灣の設備及其使用料

イ、岸　壁

船舶繫留岸壁は河岸を以つて之に代へ總て貨物の積揚をなす、但木材は河中投込荷役をなすを便利とす、各租界を通じ佛租界にありては六隻、英租界六隻、特別第一區（前獨租界）は三四隻を着船せしめることを得、前露租界等の對岸にありては岸壁の設備なし、現在入港し得る船型以前よりも非常に大となりたる爲め斯くの如く收容隻數に減少を來したる次第なり。

岸壁使用船舶は各租界所定の料金を支拂ふものとす、其料率は後述各租界に於ける費用なる項目中に一括せり。岸壁のことを碼頭と通稱す。

ロ、上　屋

上屋なる特別の設備なきを以つて碼頭を以て之に代へ所定の料金を徴收せらる、料金は各租界によつて率を異にするが故に、租界費用の項目中に收む。

ハ、倉　庫

內外各船會社に於て各自倉庫を有するも主として自己取扱船舶の貨物を收容するに止まる、但大汽東輿洋行國際運輸會社は倉庫業をも經營し倉荷証劵を發行す、船會社關係以外に倉庫經營する者に英人福中公司經營の Tientsin Wharf & Godown Co. 並に國際信託會社あり、輸出入貿易商にして專屬の運輸又は倉庫を有する者多く且降雨稀なるか故に當地には倉庫業の發達を見ず。

蓆子（アンペラ）に蔽はれたる貨物か蟲々として野積せらるゝは蓋し當港特質の一たるを失はざるべし。

ニ、起　重　機

英租界に公稱馬力十八噸の揚貨機あり、使用料每噸二弗五〇、最低使用料二十弗なり。

塘沽鐵道起重機は公稱馬力二十噸にして其使用料左の如し（噸數は一個につき）

揚貨噸數	料率	揚貨噸數	料率
一―二、	弗 三、〇〇	六―七、	弗 三七、〇〇

二—三、	六、〇〇	七—八、	四五、〇〇
三—四、	一二、〇〇	八—九	五五、〇〇
四—五、	二〇、〇〇	九—一〇	七五、〇〇
五—六、	三〇、〇〇	一五—二〇	一二〇、〇〇

此外新河鐵路起重機あり揚貨力二十噸使用料は略前記のものと仝じ。

ホ、給水設備

給水設備は左の碼頭のみあり

碼頭名	單位	料金
特別第一區（前獨界）	每壹噸	弗〇、四〇
英租界	每千ガロン	一、〇〇
佛租界	每千ガロン	一、〇〇
特別第三區（前露租界）	給水設備十分ならず多く艀會社より補給を受く其費用 一噸	兩二、〇〇

ヘ、船渠

天津河岸には天津に出入する壹千噸以上の汽船を入渠修繕し得る船渠なし、然れども塘沽地方には二三あり、即ち大沽海軍造船所及大沽洋行塘沽工場等なり。
海河工程局新河工場の船渠は天津唯一の完全なる船渠なるが目下修繕中なり。
本船渠完成後は天津に出入し得る程度の大さの船舶迄は恐らく入渠し得るならん。
但し之れ等の船渠は各自家用のものなれば随時使用し得ざる事あるべし。

三、荷役能力苦力賃及艀船曳船賃

イ、苦　力

當地には豐富なる苦力を有するが故に船舶積卸しには比較的大なる荷役力あり。

雜　貨	一日	六百屯乃至八百屯
石　炭	同	四百屯乃至五百屯
木　材	同	角材約八百屯。

(木材、角材河中荷役をせす陸上するときは約三倍かかる)

右は揚荷役能力にして船積は約二、三割方多き事あり。

苦力賃、苦力豐富なるが故に比較的低廉なる苦力を使用することを得且各租界とも大体に於て一定し毎壹屯につき廿五仙乃至四十仙(大洋)を普通とす、汽船內人夫としては各汽船會社はそれぞれ專屬の苦力を有す、當地船內人夫賃は船內及陸揚を合せたるものを以て船内人夫賃となす此を大体の貨物につきて記せば左の如し。

天津陸揚積込人足賃

品名	單位	艀倉庫間	本船倉庫間	艀河岸間	本船河岸間
雜貨	二担乃至五担 一	弗 〇、〇六	弗 〇、〇八	弗 〇、〇三六	弗 〇、〇五五
大綿糸	一	仝	仝	仝	仝
綿布	一	仝	仝	仝	仝
紙十二才以上	一仝　仝仝				仝
壓搾シタル羊毛、棉花	一仝仝仝				仝
大燐寸	一	仝	仝	仝	仝
皮類	一	仝	仝	仝	仝
長切昆布	一	仝	仝	仝	仝
小綿糸		弗 〇、〇三	弗 〇、〇四五	弗 〇、〇二二	弗 〇、〇三四
砂糖		仝	仝	仝	仝
棉實		仝	仝	仝	仝

品名					
種子		仝	仝	仝	仝
獸骨		仝	仝	仝	仝
鷄卵		仝	仝	仝	仝
石油箱入		仝	仝	仝	仝
大綿花原俵		仝	仝	仝	仝
麻		仝	仝	仝	仝
麥粉五十封入	二	仝	仝	仝	仝
小燐寸	一	弗〇、〇一五	弗〇、〇三	弗〇、〇一五	弗〇、〇一五
空瓶	二	〇、〇三	〇、〇四二	〇、〇二二	〇、〇三四
型銅大	三	仝	仝	仝	仝
仝小	四	仝	仝	仝	仝
雜貨二担以下	一	仝	仝	仝	仝
小棉花	一	〇、〇二八	〇、〇三四	〇、〇一八	〇、〇二二
中脂鑵入	一	仝	仝	仝	仝
石油罐	一	仝	仝	仝	仝

雜貨一担以下	一	仝	仝	仝	仝
仝五担以上拾五担以下	一	自〇、一八 至〇、四〇	自〇、二三 至〇、四二	自〇、一一 至〇、二二	自〇、一二 至〇、二九

重量品一屯ヨリ、拾屯マデ　壹屯　七二仙乃至三弗の範圍にて協定のこと

牛骨、骨粉　民船ニテ荷主直揚

本船積入	二個につき三仙五厘	
艀	同	同　二仙二厘

木材は毎付（十一間を一付となす）銀四十五仙とす。

各船舶業者の有する特定苦力賃は秘密にして窺知すべからさるも右表は大体に於て差支なきものと見るを得。

其他當港發着或は積揚の際船主の費用となるべきもの即ちタリー、ウインチマン、サンパン、或は綱取の費用につきては大体左の如し。

			弗
荷繰賃	毎	個	〇、〇一
灰取船	壹	隻	〇、八〇
足場船（晝夜別）	壹	隻	一、五〇
繩取舢板	壹	隻	一、三〇
橋板架設用舢板	壹	回	三、〇〇乃至五、〇〇

繩取苦力手當未明出帆	壹船ニツキ	一、五〇
對岸綱取艀板賃	壹　回	一、三〇
見張人（夜番）	壹　名	一、〇〇
荷役用ランプ	壹個全夜	三、〇〇
仝上	壹個半夜	一、五〇

ロ、艀　賃

鐵艀　天津に艀會社二あり Taku Tug & Lighter Co. 並に Tientsin Lighter Co. これなり。雜貨の爲めに利用し得可き兩船艀合計約四十隻に過ぎす、ウインチの設備あり載貨力平均五〇〇噸なり外に裸石油專用の艀七隻あり、目下泥塞の爲め艀の需要激增し、船會社は其供給不足に惱まされつゝあり。

商船か長山丸を郵船か三弘丸を夫々塘沽天津間に往復使用しつゝあるは之を緩和せんが爲めに外ならず、艀料率は大沽沖荷役の項目中に包含す。

民船　天津埠頭荷役に際し中繼船として、又危險品の積荷の爲めに五噸乃至二十噸の民船を使用する事あり。

目下鐵艀不足の爲め三十噸乃至百二十噸の大型民船を塘沽天津間の運送に利用しつゝあ

るものあり、海關は木材、石炭、袋物に限り特例を設けて鐵紵會社の取扱を許しつゝあり、民船の料率は鐵紵に比し一二割方安なり。

四、水先案內八

大沽バーの狹隘なると白河の曲折夥しきと水流潮位、等相錯雜せるを以て之を溯行すること頗る至難の事に屬す故に初めて天津に入港せんとする船舶は水先案內人を使用して航行するを安全且便利とす。但强制にあらず。

天津港水先規定の內汽船水先案內料金左の如し

一、大沽バー沖より大沽水先人村迄　　每一呎　　兩四、〇〇

　但し大沽水先人村より上方新河棧橋迄の間の何れかの地點迄水先人を引きつゞき使用したる時は追加料金として每一呎一兩を要す。

二、水先案內人村、大沽、塘沽及新河棧橋より　　天津迄　　兩五、〇〇

三、第一第二項の場合其船舶登薄噸數　一、二〇〇　噸を超す時は、其超過噸數每噸に兩〇、〇三の割合を以て增料金を要す。

四、六呎に對する料金を最低料金とす、例へば五呎の吃水船と雖も六呎の料金を要するが如し。

五、半呎以下の端數は半呎としての料金を要す。

六、大沽沖錨地、大沽、塘沽及天津に於てのシフト料金は二十五兩とす、北砲台の處(リバーマウス)と塘沽及新河棧橋間のシフト料金も亦二十五兩とす、登簿噸數 一、二〇〇噸超過ノ船舶は毎一噸兩〇、〇一を追加す。

七、大沽バー外五浬限界線内より錨地迄の水先案内及投錨料は毎呎二兩とす、大沽バー通過入河の船舶潮昇を待つ爲め投錨したるが如き場合には此の料金を課せず。

八、水先人天津に三十六時間以上阻滯したる場合は一日（二十四時間）につき二十五兩づゝを受くるを得。

九、水先人業務に從事中天候及氷の爲めには自己の失策にあらざる原因等にて其船に乘りて本港を離れたる場合は歸津旅費及一日十兩の手當を要求し得る。

註、右規定の料金は天津兩に依る。

汽船會社に於て水先人組合と特別契約をなし、水先料金を割引きせしむる事を得、然様の時は港長の認可を要す。

五、各租界に於ける費用

繋船岸壁は各國租界局の施設なるを以て之に繋船するときは所定の料金を各租界局に納入すべきものとす。以下租界別に之を記さん。

A、特別第一區碼頭（前獨乙租界）

特別第一區碼頭は荒廢して前日の俤を存せず、現今に於ては僅に三四隻を繋留し得るのみ、碼頭發着船舶は下の如き費用を徴收せらる。

一、A沿岸航路船毎壹屯につき　弗 〇、四五

B遠洋航路汽船又は帆船にして碼頭に繋留するときは積荷毎壹屯（最低料率は千屯に對する費用なり）

又は船舶屯數毎壹屯につき　兩 〇、〇四五

二、千屯以下の汽船又は帆船　三〇、〇〇

千屯以上　同　三五、〇〇

三、艀船一回　弗 三、〇〇

四、A支那河船一ケ月間　二、〇〇

B同大なるもの一回　〇、五〇

C同小なるもの一回　〇、三〇兩

（右の内船舶屯數とあるは船舶登簿屯數と解すべきものとす）

船主又は其代理店は總ての税金を支拂ふ義務を有す。

管理局は河岸の使用及上述諸税につき特別の協定を締結することを得。

一、は置場料にして置場料は一週間は無料なり。

其後につきては協定を要す。

B、英租界碼頭

一、繫船料

A總ての汽船は登簿屯毎壹屯につき　〇、〇五兩を支拂ふものとす、此は三日間（着船より計算して七十二時間）有効にして此を經過するときは廿四時間毎に拾五兩を支拂ふものとす。

B、艀船

取扱貨物毎壹百屯又は端數毎に　五、〇〇兩

（但本船積荷目錄による）

此場合艀船河岸に繫留するときは附課税　七、〇〇兩

二、碼頭使用料

汽船積揚貨物毎壹屯（重量又は容積）に付　〇、〇五兩

此の使用料は最初一週間は無料とす（税關休日を除く）若し此期間を經過するも該貨物を引取らざるときは、荷主の危險と費用とを以て領事に於て之を保管す。但領事の許可を受けて、貨物を碼頭に滯貨せしむる時は毎函又は毎担につきその日〳〵の平均相場によりて其使用料を徵收す。

三、碼頭税

英租界碼頭を通過する貨物は價格の千分の一を徵收せらる若し有税品なるときは全税額の二%を賦課せらる。

C、佛租界碼頭

現在は第一より廿迄バースを有する前述の如く船型以前よりも大となりたる爲め約七隻一度に繫留することを得るに過ぎず。

一、繫船料

汽船登簿噸數一千噸未滿	三〇、〇〇兩
仝上　一千噸以上	三五、〇〇

艀船支那民船登薄噸百五十噸未滿　五、〇〇
仝上　百五十噸以上　一〇、〇〇
此繋船料三日間有効なり此を經過するときは毎廿四時間又は其端數毎に左の料金を徴收せらる。
汽船登薄壹千噸以上　兩 一七、五〇
仝上　壹千屯以下　一五、〇〇
艀船支那民船登薄屯一五〇屯以上　五、〇〇
仝上　以下　二、五〇
貨物積揚毎壹屯につき　〇、〇五
艀船又は民船を以つて本租界に貨物の積揚をなす場合は毎壹百屯又は其端數毎に兩五、〇〇

二、曳　船
貨物を積載ぜざる曳船は一切の税を免ぜらる。

三、運　貨　税
碼頭停泊の汽船又は艀船より貨物を他船に積移す場合は前述貨物陸揚の規定により

料金を徴す。

四、貨物置場料

輸出入貨物は左表の料率により税を徴收せらる。

	弗
貨物毎五個又は其端數毎に	〇、〇二
金物又は重量品、壹噸又は二十担毎に	〇、〇二
危險品毎壹個	〇、〇一
木材三十立方呎又は一立方米又は其端數毎に	〇、〇四
大量品壹立方米毎に	〇、〇二
棉花蔴類一俵に付	〇、〇四

輸出貨物は當日より計算、輸入貨物は陸揚後七日は無料次の七日は右表の料金其次の七日は二倍其次七日は三倍追而如此計算をなすものとす。

總て住居又は公衆衛生に害あるものは何時にても此が全部又は一部を取除かしむることあるべし。

五、小　船

碼頭繋留小船は左の料金を支拂ふべし

		弗
艕小船	毎回	二、〇〇
雙舢板	仝	一、〇〇
單舢板	仝	〇、五〇
舢板、擺渡小船等	毎月	二、〇〇

六、筏　税

	弗
碼頭に陸揚する筏十米毎に	一、〇〇
碼頭に陸揚せす繋留一日に及ぶもの毎一日毎十米	〇、一〇

筏は船舶の妨害とならざる様碼頭上流に繋留すること。

七、揚　荷　規　定

揚荷はすべて散在すべからず整然と一定の場所に推積し他種貨物との間隔を相當保つこと。

紙類燐寸不壓搾棉絨類及化學品等は河面に接して野積し道路面に積置くべからず

八、碇泊船舶其他碼頭に損害を與へたるものは罰則により處罰せらる。

九、碼頭上には工部局の正式許可なくして如何なる建築物と雖も作ることを得ず、但し豫め許可を得て横一米縦二米の移動式番小屋を作ることを得。

十、火藥其他引火物は本租界警察の特別許可なき限り碼頭に保管することは勿論此を通過することも得ざるものとす。

十一、以上の規定に違犯したるものは十元乃至五百元の罰金に處し又賠償の責を負ふものとす。

D、特別第三區碼頭(前露租界)

本碼頭には完全なる繫船岸壁なしその費用左の如し。

一、繫船料

汽船	五〇〇屯及未滿	一五、〇〇兩
仝	一〇〇〇同	二五、〇〇
仝	一〇〇〇屯以上	三五、〇〇

二、艀船繫船料荷揚面に付　三、〇〇兩

艀船三日以上繫留するときは第四日目より一日に付　一、〇〇

三、曳船

積荷又は揚荷の目的を以つて艀船を曳かざる曳船が當碼頭に繫留するときは又は三日以上繫留するときは艀船と同樣に取扱ふ。

曳船にして荷物無き艀船を曳船しをるものは無料。

四、筏

一〇〇平方米又は其端數毎に期間一週間。　一、〇〇弗

又は其端數毎に

五、民船

			弗
民船又は脖子船(Junk)二屯積以下	一	回	〇、五〇
仝	一	月	一、〇〇
仝　二屯積以上	一	回	〇、七五
仝	一	月	二、〇〇

六、護岸工事完成する迄は貨物置料は徴收せず。

右の如く當露西亞碼頭に於ての費用は繫船料のみなり。

E、白耳義租界碼頭

一、碼頭料

白耳義碼頭に繫留する汽船艀船は左の料金を徴せらる。

A、
	弗
五〇〇屯及未滿の汽船	一五、〇〇
一、〇〇〇屯及未滿の汽船	二五、〇〇
一、〇〇〇屯以上の汽船	三五、〇〇
曳船又は小蒸汽船	一二、〇〇
艀船共の他の船	四、〇〇

B 滯船三日以上は以上の外一日毎に更に左記料金を徴せらる。

	弗
五〇〇屯及未滿の汽船	五、五〇
一、〇〇〇屯及未滿の汽船	一二、五〇
一、〇〇〇屯以上の汽船	一七、五〇
曳船及小蒸汽船	六、〇〇
艀船其他の船	二、〇〇

C、碼頭にて荷役をなすときは荷物每壹屯につき　〇〇、四五

二、曳　　船

曳船は荷客共になきときを証するときは總ての費用不要。

三、碼頭使用料

輸入貨物は陸揚後七日間無料（但危險品綿蔴類を除く）輸出貨物は當日より計算のこと。

料率左の如し

		弗
雜　貨	毎五個又は其端數毎に	〇、〇一
重量物又は金物二十担又は毎壹噸		〇、〇一
危險品	毎二個又は其端數毎に	〇、〇一
木　材	毎三十立方呎又は一立方米	〇、〇二
散　荷	毎立方呎	〇、〇一
壓搾せざる棉蔴毎一俵		〇、〇二

F、日本租界碼頭は昭和二年七月十二日竣工し其長さ八百六十一米四なり。

碼頭諸規定は草案中にして未だ發表せず。

恐らく他の各租界の夫れと大差なかるべし。

新萬國橋は築造中にて近々竣工すべく該橋は船舶通過に際しては上方に開橋す、開橋に要する時間は一分間なり、開橋、船舶通過水路の幅百四十呎なり、舊橋の取除け工事の終了は明年春末頃ならん。

日、伊、特別第二區碼頭の如きは萬國橋の上方に位するを以つて之れ等碼頭に船舶の繫留するは昭和三年五、六月後となるべし。

G、伊太利租界碼頭

日本租界の對岸にして同じく碼頭工事中なり。

其諸費用如次

一、碼頭税

毎壹噸に付　弗 〇、二五

二、繫船料

汽船　兩 二五、〇〇

帆船　五、〇〇

艀船陸揚積一回に付　弗 三、〇〇

筏毎立方米毎十日に付　〇、二五

支那船一、二、三、等	每一ケ月		二、〇〇
仝上	每一日		〇、五〇
支那船右等級以下	每一ケ月		一、〇〇
仝上	每一日		〇、二五

曳船にして荷客共になきときは無稅

當碼頭に繫留し他船に積移しをなすものは碼頭に直接揚荷するものと見做す。

三、滯　船　料

汽船又は帆船にして十日以上滯船するときは。

超過日數につき每一日につき滯船料　兩 一〇、〇〇

四、碼頭置場料

當碼頭より積揚する貨物は七日間置場料を免ぜらる但危險品不壓搾棉花蔴類は此限にあらず。

五、貨物を當碼頭に陸揚せんとする者は第一に當局の特許を得るを要す、此特許は何時にても要求次第係官に提示すべきものとす。

六、當局に於て危險又は衞生に害ありと認めたる時は該貨物の除去を命ず。

七、貨物はすべて整然と推積し貨物と貨物とは相當の間隔を置き往來の妨害とならざる樣すべし。

八、船舶にして碼頭に損害を與へたるときはその賠償の責に任ぜしむ。

九、彈藥、爆發物、其他引火物は本租界警察署並に海關の特許なき限り之を陸揚することを得ず。

十、以上の規定に違犯したるものは五百元以下の罰金に處し又は賠償の責あるものはその責に任ぜしむ。

H、特別第二區碼頭（前澳租界）

現在何等の設備及規定なく支那河船の小なるもののみ發着するのみ當局の意向によれば目下起工中の萬國橋完成後諸種の設備を施し規定は特別第三區及伊太利租界碼頭のものと略同樣にするとのことなり。

六、海軍關係官公署

A、稅　關

イ、屯稅、支那船舶屯稅は各地共納付の日より四ケ月間各港を通じ有効なり。

汽船屯稅　　登簿屯數每壹噸に付　　海關兩　　〇、四〇

艀船屯税	仝	一五〇屯以上	仝	〇、四〇
仝	仝	一五〇屯以下	仝	〇、一〇

ロ、使役料

平日は日出より日沒迄無料なり。

平日半夜	海關兩	一〇、〇〇
仝　全夜	仝	二〇、〇〇
日曜日又は休日		
晝　間	海關兩	二〇、〇〇
半　夜	同	二〇、〇〇
全　夜	同	四〇、〇〇

ハ、乗下船客海關使役料

毎一回	海關兩	二、〇〇

此使役料は日曜休日及平日午後六時より午前六時迄の間に乗下船客ある場合に要す。

B、海河工程局

前述浚渫の項に說きし如く本局に於ては左記稅を徴收す

大沽バーを通過する船舶は登簿屯毎壹屯に付　海關兩　〇、一〇

大沽バーを通過せざる船舶は登簿屯毎壹屯に付　同　〇、〇五

C、領事館（日本船のみ）

船舶出入に際し左記手數料を日本領事館に支拂ふを要す、手數料はすべて日本金印稅なり。

			圓
登簿屯	五〇〇屯迄	一回	二、〇〇
仝	一〇〇〇屯以下	一回	三、〇〇
仝	一〇〇〇屯以上	一回	四、〇〇

千屯以上千屯を增す毎に金壹圓增

左記諸證明は要求により發行す

天候證明料	一回		一、〇〇
發着證明料	一回	屯一、〇〇〇未滿	二、〇〇
仝	一回	屯一、〇〇〇以上	五、〇〇
健康證明料	一回		五、〇〇

七、焚　料　炭

炭價は時價により一定せず炭種は井徑開平、山西、撫順等あり、炭價は他港に比し割高なり

撫　順　炭　　塊弗一二、五〇　　粉一一、〇〇
井　徑　炭　　目下品切れ
開　平　炭　　塊弗一二、五〇　　粉　九、五〇
山　西　炭　　焚料用として不適

右は沖渡しなるが故に艀船賃各租界の稅金積込賃等を合し每噸七八十仙高價となる

八、代　理　店　其　他

天津を基點とし或は寄港地として定期航路を有するもの日本汽船及外國汽船會社を合し廿五店あり。

日本汽船會社の主なるもの左如し

近海郵船會社
大阪商船會社

大連汽船會社
三井物產會社船舶部
岡崎汽船會社
山下汽船會社
代理店料五十弗を以って普通とす

九、大沽沖荷役と艀船會社料金

大沽沖荷役は天津に於けるものと略等し但全部艀船に瀨取するを普通とす
一、諸掛としては左の如く全部天津のものを準用す
船舶噸稅海關兩　〇、四〇
船舶出入港手數料（天津と同じ）
河口稅　貨物を課稅單位とするとき　海關兩　〇、一〇
船舶を課稅單位とするとき　同　〇、〇五
艀船及苦力は天津、大沽兩艀船會社の供給によるを便とし曳船等も兩會社の獨占なり其定むる料金下の如し。

二、艀船賃

イ、輸入

雑貨重量又は容積何れによるか會社側の任意

			兩
大沽バー	天津	毎一噸(四〇cff)	一、一〇〇
仝		毎一担	〇、〇七〇
仝	塘沽	毎一噸(四〇cff)	〇、八五〇
仝		毎一担	〇、〇五五
塘沽	天津	毎一噸(四〇cff)	一、〇〇〇
仝		毎一担	〇、〇六五

重量品　壹噸二、二四〇封度又は四〇立方呎

			兩
一噸迄	大沽バー	塘沽又は新河	一、九〇〇
仝	同	天津	二、二〇〇
一—二噸	同	塘沽又は新河	二、〇〇〇
仝	同	天津	二、五〇〇
二—三噸	同	塘沽又は新河	二、二五〇

二―三噸	大沽バー	天津		二、七五〇
五噸以上	同	塘沽又は新河		三、二五〇
仝	同	天津		四、五〇〇
セメント				
	大沽バー	塘沽又は新河	壹樽（總量四百封度迄）	兩 〇、二二〇
	同	天津	同（同）	〇、二八〇
	塘沽	天津	同（同）	〇、二六〇
石炭				
	大沽バー	塘沽又は新河	毎壹噸	兩 〇、九〇〇
	同	天津	同	一、一五〇
	塘沽	同	同	一、〇〇〇
燈火用石油				
	大沽バー	塘沽又は新河	毎壹函	兩 〇、〇五〇
	同	天津	同	〇、〇八五

塘沽又は新河	天津	同	〇、〇五〇

ベンヂン（箱入）燈火用石油の二倍
同　（ドラム入）雑貨の二倍

木材及電柱

			兩
大沽バー	塘沽又は新河	毎壹千立方呎	二、五〇〇
同	天津	同	三、五〇〇
塘沽新河	天津	同	二、〇〇〇

枕木（8″×9″×6″）

			兩
大沽バー	塘沽又は新河	毎壹本	〇、〇七〇
同	天津	同	〇、〇八五
塘沽	天津	同	〇、〇三〇

枕木（6″×9″×6″）のものは壹割引なり

ロ　輸出

雑貨（重量又は容積何れによるかは會社側の任意）

天津	大沽バー	毎壹屯(四〇cft)	一、一〇〇
同		毎壹担	〇、〇七〇
塘沽	大沽バー	毎壹屯(四〇cft)	〇、八五〇
同		毎壹担	〇、〇五五
天津	塘沽	毎壹屯(四〇cft)	一、〇〇〇
同		毎壹担	〇、〇六五

塩(袋入)

漢沽	大沽バー	毎壹屯	兩 一、〇〇〇
同	塘沽	同	一、五〇〇
新河又は唐荘	塘沽	同	〇、四五〇
同	同	大沽	〇、七〇〇

落花生及胡桃(袋入殼付)

天津	大沽バー	毎壹担	〇、一四〇
塘沽	同	同	〇、一〇〇

原綿(俵)

天　津　大沽バー　一、一〇〇

一、最低料金

最低料金は毎壹隻につき二百兩なり而して冬期十二月十日より二月の末迄は毎隻に付三百兩すと。

二、艀船滯船料

二晝夜（四十八時間）は無料其後一日又は其未滿毎に百五十兩とす。

三、給　水　料

給水は毎壹噸に付。　兩 二、〇〇〇

四、曳　船　賃

塘　沽　大沽バー又はその逆毎一回　二五、〇〇〇

本船回旋用　二五、〇〇〇

ハーバーリミツト內　五〇、〇〇〇

五、苦　力　賃

レール、重量品、

三　噸　迄　毎壹噸　〇、二五〇

三噸以上	毎壹噸	〇、三〇〇
特重品	同	〇、四〇〇
セメント	同	〇、一五〇
石炭	同	〇、二五〇
重量材木	毎壹千立方呎	〇、三〇〇
木材	同	〇、二五〇
木材特に大なるもの	同	〇、四〇〇
枕木	毎一本	〇、〇一〇
馬箱	毎一個	〇、一〇〇
棺（屍入）	同	〇、一〇〇
自動車	同	五、〇〇〇
普通沿岸航路荷物（雑貨）	毎壹個	〇、〇一五
袋入鹽	毎壹噸	〇、二五〇

大沽バーに於ける船舶掃除

毎一日又は其端毎に（夜間は二倍）	一五、〇〇〇

冬期十二月十日より二月末迄は前記料率の二五%増なり

次の諸貨は雑貨並に取扱も如次計算す

綿織物、壓搾俵物、	壹個	雑貨の二個
獣皮、毛皮、（壓搾せるもの）	壹個	同　三個
洋紙	壹包	同　二個
桴入油	壹個	同　二個
日本銅	参個	同　一個
麥粉（五十封度入）	二俵	同　一個

六、ウインチマン其他

ウインチマン及タリマン賃は冬期十二月より二月末迄は五割増、夜間は二倍なり。

ウインチマン賃	一人一日（十二時間）	兩 二、〇〇〇
タリマン賃	一人一日（十二時間）	一、五〇〇
艀船上乘賃	一人一日	弗 二、〇〇〇
ウインチ使用料	毎壹時間	兩 一、〇〇〇

但最低料金　六、〇〇〇

前記艀船賃は汽船及艀船（輸出入共）の積卸し人夫賃とは別個のものなり。

一〇、諸費用概括

今前述したる、入港船舶の負擔すべき諸費用を概括して左に掲げ利用に便ぜん。

一、噸　税

登簿毎壹噸につき　海關兩　〇、四〇

但し本税を一度收めたる時は其後四ケ月間は支那各港に共通有効なり。

二、使役料

平日半夜	海關兩	一〇、〇〇
同　全夜	同	二〇、〇〇
日曜及休日　壹　間	同	二〇、〇〇
同　半　夜	同	二〇、〇〇
同　全　夜	同	四〇、〇〇
乘下船客使役	同	二、〇〇

三、船　税

大沽バーを通過せる船舶は、其登簿毎壹噸に付　同　〇、一〇
大沽バーを通過せざる船舶は其登簿噸數毎一噸に付　同　〇、〇五

四、出入港手數料

登簿噸	五百噸迄	金圓	二、〇〇
同	壹千噸迄	同	三、〇〇
同	壹千噸以上	同	四、〇〇

五、各租界碼頭繋船料等

租界別	繋船料	碼頭税	碼頭使用(置場)料
特別一區	千噸迄 三〇、〇〇兩 千噸以上三五、〇〇	毎壹噸 〇、〇四五兩	一週間無料
英租界	千噸迄 三〇、〇〇兩 千噸以上三五、〇〇	毎壹噸 〇、〇五	一週間無料
佛租界	千噸迄三〇、〇〇兩 千噸以上三五、〇〇	毎噸〇、〇五兩	一週間無料 別表
特別第三區	五百噸迄一五、〇〇兩	ナシ	ナシ

白租界	千噸迄二五、〇〇		一週間無料
	五百噸迄一五、〇〇兩	毎壹噸〇、〇四五兩	別表
	千噸迄二五、〇〇		
	千噸以上三五、〇〇		
伊租界	汽船一隻二五、〇〇兩	毎噸〇、〇二五弗	一週間無料

六、水代

特別區	毎噸（目下給水不便）	〇、四〇弗（六九頁參照）
特別三區	毎千ガロン	一、〇〇
英租界	同	一、〇〇
佛租界	同	一、〇〇

七、水先案内料

沖より	大沽河口迄	吃水一呎につき	四、〇〇兩
大沽より	天津迄	同	五、〇〇
港内シフト料			二五、〇〇

昭和二年十月二十二日印刷
昭和二年十月二十五日發行

【定價金壹圓貳拾錢】

發行所　天津日本租界大和公園內
天津海員俱樂部

編輯兼發行人　天津日本租界春日街
佐藤佐傳治

印刷所　天津日本租界新壽街
東華石印局

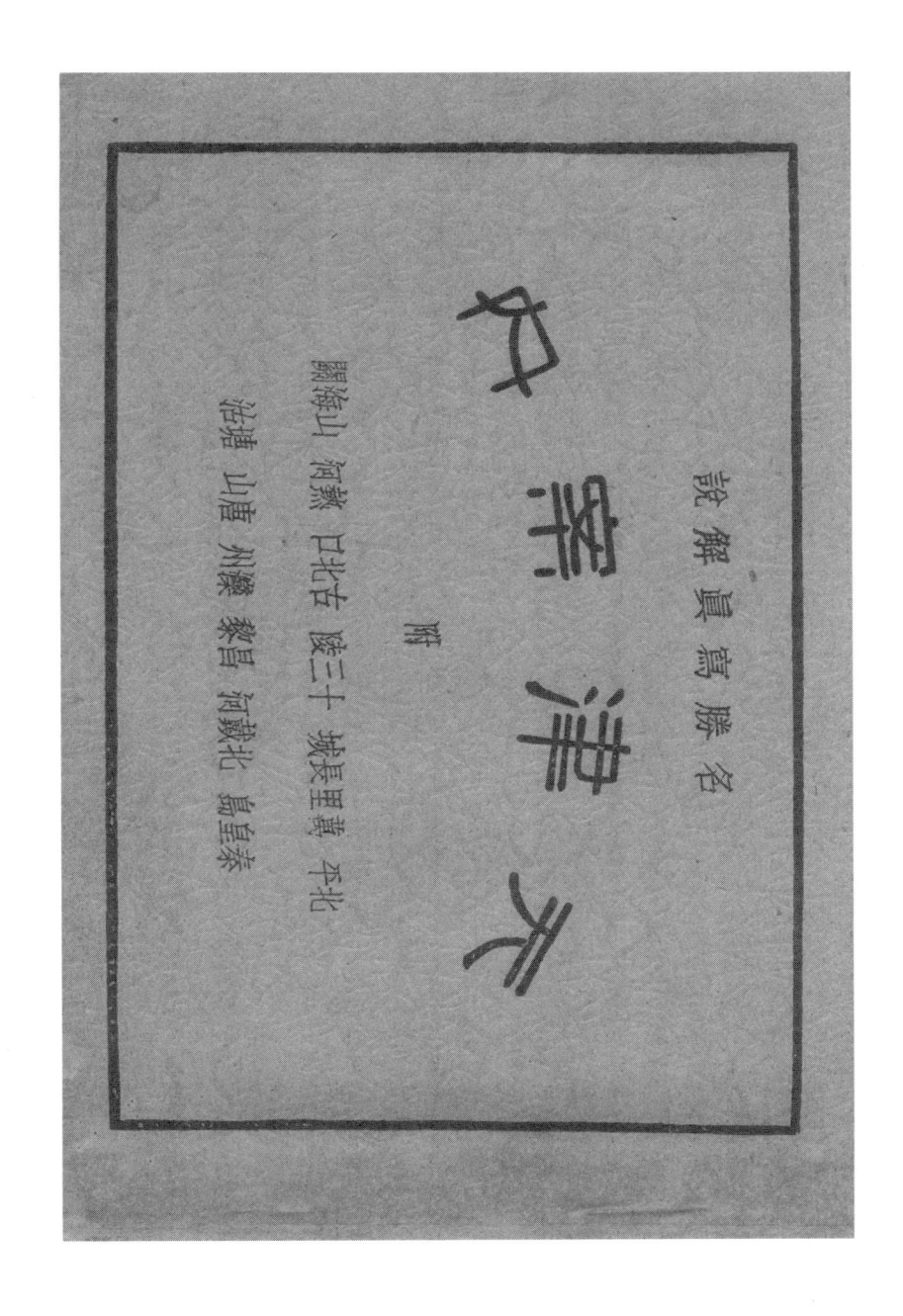

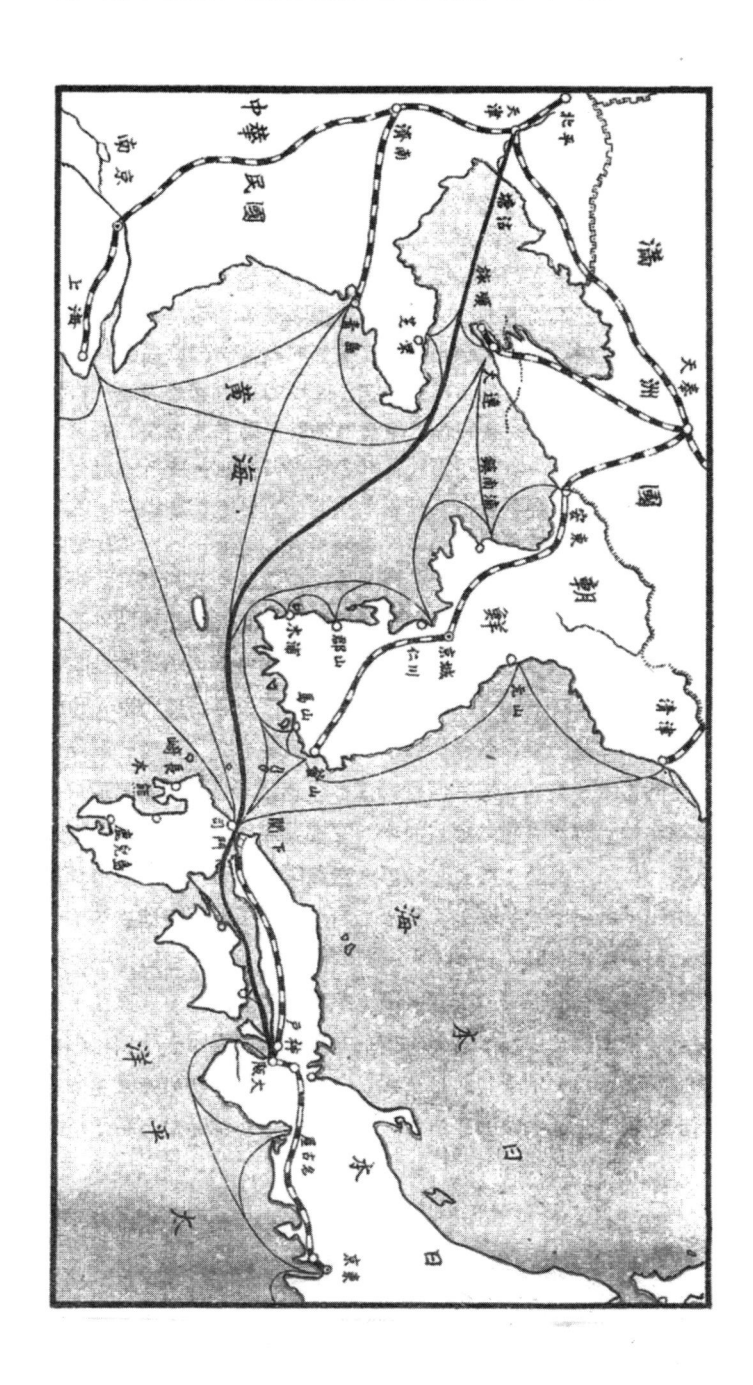

印刷人　天津日本租界新壽街
早川錄銳

武田守信

『天津案内　名勝写真解説』

（日光堂書店、一九三四年一〇月）

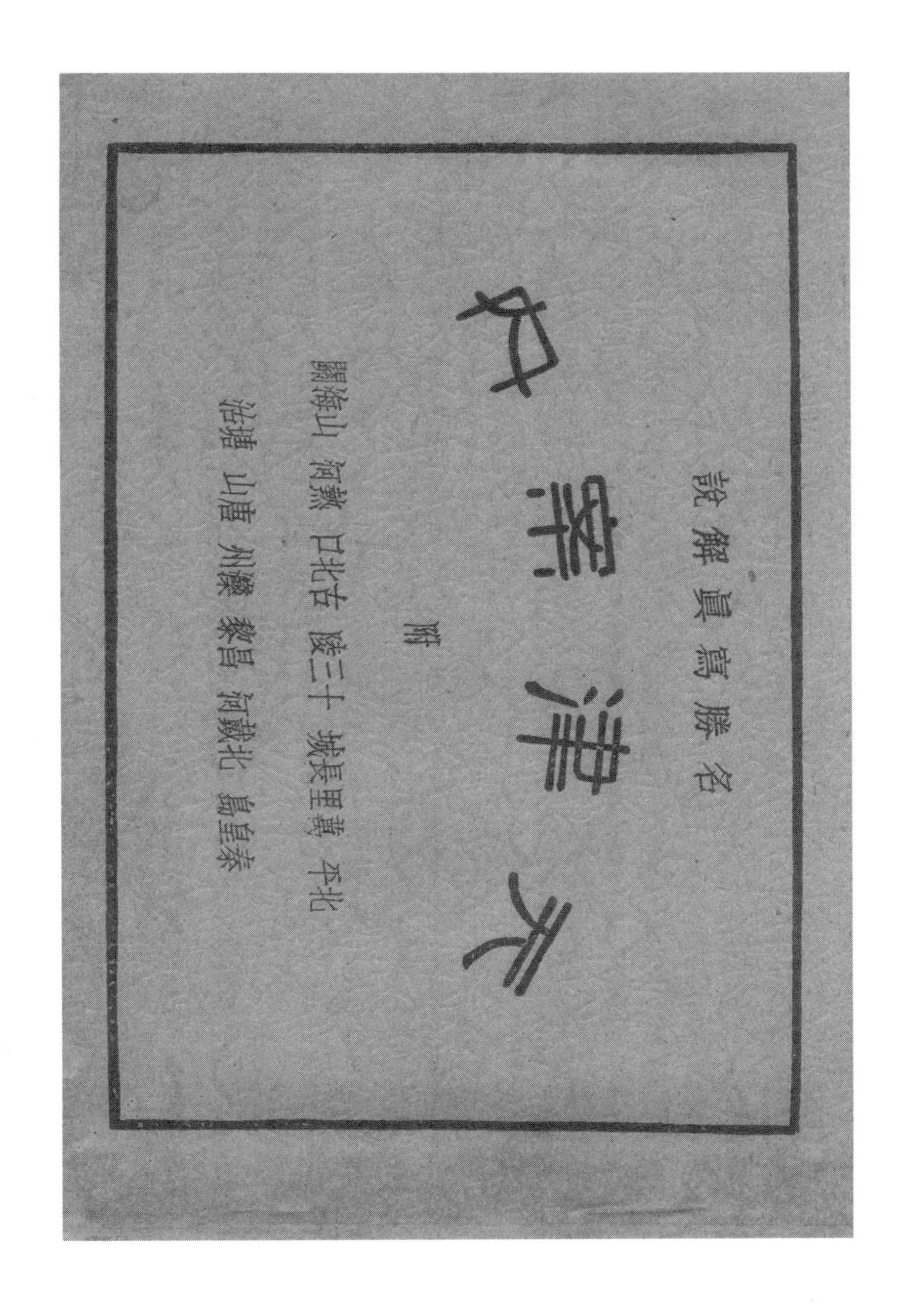
名勝寫眞解説
天津案内
附
北平萬里長城　十三陵　古北口　熱河　山海關
秦皇島　北戴河　昌黎　灤州　唐山　塘沽

天津案内

名勝寫眞解說

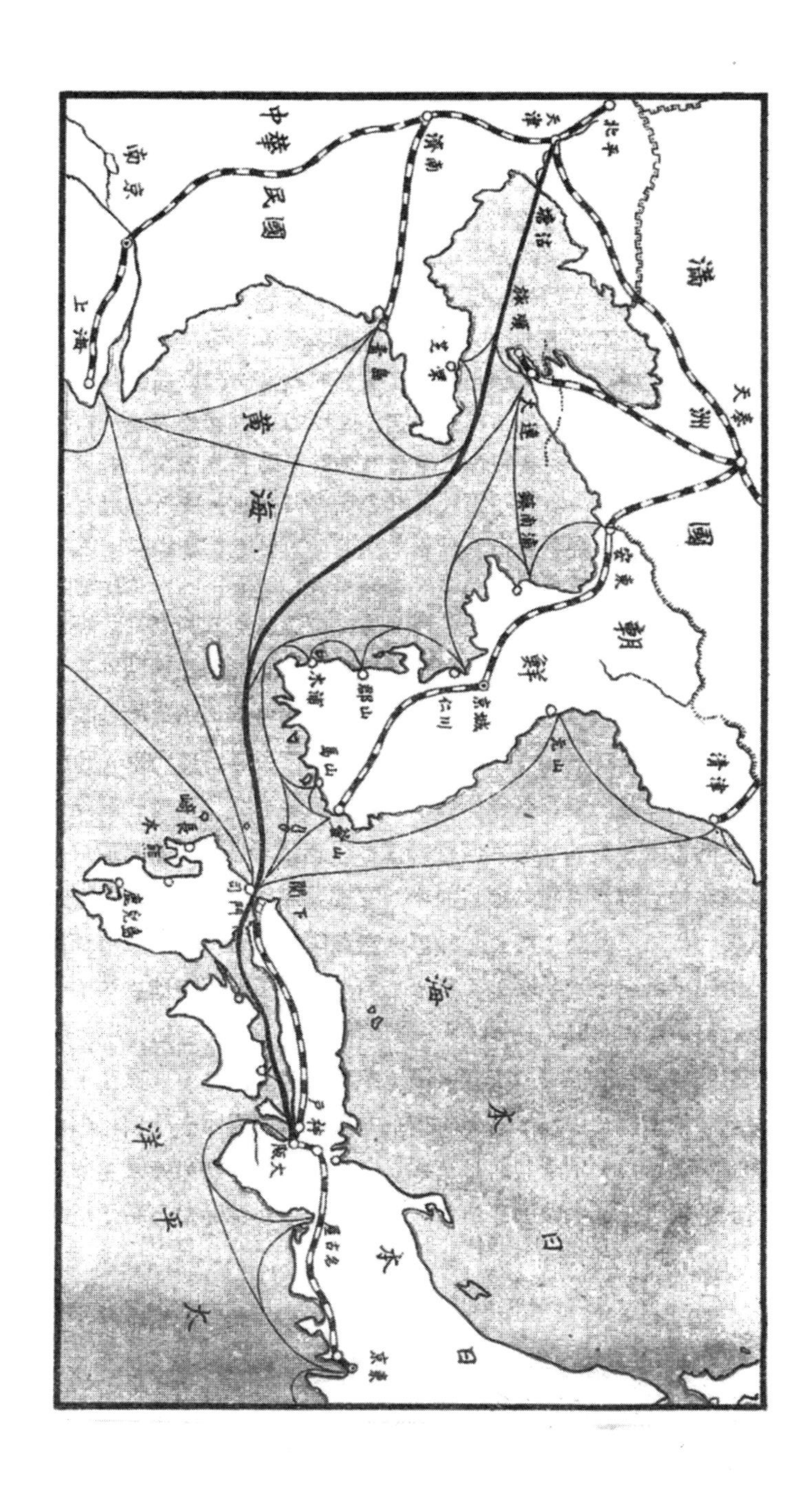
中華民國
黃海
満洲國
朝鮮
太平洋
北平
天津
南京
上海
済南
青島
芝罘
営口
旅順
大連
奉天
鎮南浦
安東
京城
仁川
群山
木浦
馬山
釜山
元山
清津
下関
門司
長崎
鹿児島
神戸
大阪
名古屋
東京

天津はどんな所か

約二千年前は渤海の一海岸であつた天津が今や其渤海に注いで居る白河々口を溯ること三十六哩の上流に位して居るのである河北省に屬する周圍約十五哩の一都會で北緯三十九度九分東經百十七度二分日本の十時が天津の九時距離は海路大阪へ千八十四浬門司へ九百四十浬上海へ七百五十四浬大連へ二百三十九浬陸路では奉天へ四百三十五哩濟南へ二百二十哩北平（北京）へ八十七哩人口は内外人を合せ百三十萬人を突破して居る西紀一八六〇年即ち明治維新を去る八年前の萬延元年に締結された北京條約に據て始めて國際關係を生じたので爾來各國船舶の出入物貨の交易北寧津浦兩鐵路の開通諸河の會流等に因て北支那隨一の一大商埠となつたのであるが所謂直隷平原の眞只中に位して居るので三十邦里以上出ねば山岳は覲られぬ河水は渾濁し樹木の大なるものとて無く邦人の天津に來つて無聊を感ずるは凡そ風光の掬す可きものゝ絶無なるの一事である降雨は七月末より八月中を除けば至つて尠ない氣候は滿洲の冬よりは暖かく南支の夏より凌ぎ良ひ特徴を言へば春季に偶ま黃塵萬丈咫尺を辨ぜぬ蒙古風の襲來することであるが近來猛烈な蒙古風は稀になつた冬は十一月下旬より翌年三月下旬迄池水は勿論河水も結氷するが海路天津迄の航運は海河工程局と云ふ白河浚渫改修機關が有つて碎氷作業に從事し冬季と雖船舶を航行せしめて居る假りに航運が閉塞しても汽車の便が有るので交通の杜絶する氣遣は無いが我が内地に居る人々の中には未だに天津を危險地視する者が有るやうだが天津は西紀一八五八年英佛聯合軍の攻略以來北淸事變支那革命騷亂安直戰爭奉直戰爭國李戰爭反國民軍戰爭排日事件等々幾多の事變に脅かされては居るが是等の事件は既に往昔の事歷と化し昭和八年五月日支間に塘沽協定の成立以來平和の春は訪れ中華民國學生を始め市民の間にも日本語の研究旺盛と云ふ所謂親善の空氣が横溢して居る現狀である。

塘沽、右建物は停車場

此處は塘沽（タンクー）

天津に入港する汽船は概ね陸地を距る八浬の沖合に錨を投ずる此處は大沽バー（錨地）と云つて白河の上流から年中流出する泥土が沈積して遠淺となり共中の水路を辿つて溯航する汽船の潮待する處である船が動き出すと追も無く白河に入る兩岸に砲台跡があり右岸に村落が見える此村は大沽と云つて戸數約四千人口約二萬を有する富裕なる漁村であるが天津に魚介を供給する以外旅行者に餘り緣故が無い白河々口を溯る約八千米突にして汽船が棧橋に横附けする此處が即ち塘沽である天津迄は陸路約十二邦里で往時は人家稠密し商業も繁盛であつたが北清事變の際露軍が燒却し住民の多くは四散して今は人口約三千の單なる船着場となつて居るが附近に長盧鹽と云ふ鹽の產地があり帆かけた鹽車が見える等汽船の溯江不可能の時は此處から北寧鐵路に出て天津に往復し貨物の積卸も此處で行ふのである日英佛支の各棧橋があり我陸軍も一部隊駐屯し邦人經營の旅館料亭もあつて小規模の市街を形成しつゝある。

紫竹林碼頭

紫竹林碼頭

白河の狀態が普通であれば一般船舶は塘沽を素通りし約四時間で天津に入港する汽船の横附けする地方一帶を紫竹林碼頭と謂ふ英佛及舊獨逸租界の河岸である我が郵船商船大連汽船を始め各國汽船會社支店出張所稅關等概ね此碼頭に在る抑も外國人が海路に由り天津を初めて訪れたのは西紀一六五五年で和蘭使節が北京朝廷へ献貢の爲軍艦で大沽に來り小艇に移乘して入津したのが嚆矢である爾來天津には英米の船舶が最も繁く入港し次は丁抹汽船であるが佛國汽船は一八六一年支那汽船は一八七三年頃から航運を開始し日本汽船は一八八四年（明治十七年）に入港總數四百七十一隻の內僅に二隻を入れたに過ぎないが其後逐年其數を增し一九一五年以來各國船を凌駕し優勢を續けたが昭和八年度は支那汽船が破天荒の數を示し日本汽船は二位に墜ち現今日英支三國船の競爭狀態に在る其他の各國船け萎微して振はない因に天津大連間約一晝夜天津門司間は普通四晝夜の航程である乘船賃は汽船によつて異るが普通天津神戸間一等六十圓並等二十二圓天津大連間は普通一等二十圓並等六圓である。

白河の航運状況

白河の航運

外洋航海の大型汽船及吃水の深い汽船は大沽バーに碇泊し貨物はライターに依つて大沽天津間を運搬されるが其他は天津又は塘沽に於て積卸される従て

天津貿易 は白河の航運と輔車の宿因を有し白河の閉塞は天津貿易に絶大なる影響を及ぼす天津は年々約五億萬元の貨物を呑吐しつゝあるので支那通商港中上海に次で第二位を占め向後益々發展の傾向有るは附近に他の良港が無いのと奥地通商範圍が頗る擴く河北山西の兩省全部山東河南陝西の各省一部から遠くは内外蒙古新疆地方迄も天津の商業勢力範圍に屬して居るので將來交通の發達に伴れて天津の貿易額が一層增進するは瞭かである天津對各國直輸貿易額は日本が第一位を占め英米獨佛等之に續いて居る一般取引季節は冬季河川の結氷に因り奥地との舟楫杜絶する爲十二月末より翌年三月迄は閑散で春秋二季が頗る活況を呈する

天津東站（トンチャン）（東停車場）

天津を連結した鐵道は北京山海關間と山海關奉天間の支那で謂ふ北寧鐵路と天津浦口間の津浦鐵路の兩線であつて停車場は天津に三個處ある一を天津東站一を天津總站他の一を天津西站と云ふ汽船が塘沽に碇泊して天津に溯航しない時は旅客は塘沽停車場から天津迄北寧鐵路に由るのであるが此場合は必ず天津の最初に着いた停車場である天津東站に下車せねばならぬ北平から來津する時は二つ目が東站で濟南から來津する時は三つ目が東站である若し東站以外の驛に下車すると惡車夫の爲に邊鄙の地に伴れて行かれ莫大の金品を强請される惧がある東站で下車し自働車又は人力車に乘れば萬國橋を渡り五分間乃至二十分間で日本租界に到着する東站は北寧津浦兩鐵路の停車場を兼ねて居るので北平奉天濟南青島其他支那何處へ行くにも此停車場から乘車するのである北寧鐵路の北京奉天間は西紀一九〇四年津浦鐵路は一九一一年に開通したのである參考として本誌發行現在の列車着發時間表及賃金表を次に掲載する。

天津東停車場

萬國橋

六

萬國橋

天津東站に下車した旅客で日英佛及舊獨逸の各國租界に赴く者は順路として驛に近い萬國橋を必ず通過するのである萬國橋は天津一の名高い鐵橋で北清事變後の明治三十六年に當時天津に臨設された都統衙門が停車場と租界地とを連結する爲に銀十九萬餘兩の工事費を投じて旋開式の鐵橋を架設したのに始まつて居るが其後天津の發達するに伴れ從來の鐵橋では狹隘を告げるので大正十二年海河改修委員會の決議に據り支那政府及外交團の諒解を經工費銀六十五萬兩を投じて現在の鋼構跳上式に改築したのである橋長三百六呎船舶通航の爲開橋する部分が百四十呎で橋の中央幅四十呎は電車自働車及車馬路兩側幅五呎が人力車通路其兩側に各四呎の步道が設けられ昭和二年十月十八日盛大なる開橋式を行つた此鐵橋の工事資金として天津輸出入稅の二分に該當する新萬國橋稅を制定し之を抵當に年利七分銀五十萬兩の公債を起して居る即ち此鐵橋は白河を中央に各國租界を連結し且工費を各國人が負擔して居る關係上今仍ほ萬國橋と稱へて居る。

租界の起原

天津の各國租界は北清事變の際列國軍の進軍占領した地點が其儘各該國租界となつたのであると云ふ者があるが事實は遡つて團匪事變に先んずる五十九年前の我が萬延元年に清國政府が英佛米の三國に各專管居留地の設定を約諾したのが租界の起原であつて北清事變前既に英佛兩國租界は現在の地に市街を形成して居たのである

我が日本租界は日清戰後即ち明治二十九年十月締結の日清議定書によつて我が租借權に屬し同三十一年十一月天津日本居留地取極書を交換して三十萬坪の地域を定め同三十六年四月福島街北方の約十萬坪を擴張し三不管地方約四十萬坪を豫備居留地に定めたのである明治三十三年から埋立に着手同三十六年から東京建物株式會社が家屋の建築に着手したのが現在の日本租界を形成する起原であるが以前の日本租界は現今の北旭街附近の濫莊子と新壽街邊の閘口に部落があり旭街壽街邊の低地に三々五々泥家が散在したに過ぎないので支那街方面から居留地に赴く鐵輪の人力車が白河岸の堤防を傳つて今の佛租界なる馬家口部落に通つたと云ふ状態であつたので日本租界の大部分は寫眞に示す如き大きな沼が横はり其間に濕地や墓地が多少在つた位のもの英佛租界も共に平均六尺乃至一丈を埋立てゝ現在に至つたのである。

埋立前の日本租界

日本租界旭街

日本租界

天津を初めて訪れる邦人は一先づ日本租界に落付くを通例とする現在の日本租界は約四十萬坪の地域であつて最も支那街に近接し經濟上有利の地位を占めて居る在留邦人は台鮮人を合せ約七千人で逐年增加の傾向がある租界内で最も繁華なるのは旭街の電車通りで壽街福島街宮島街松島街等之に次ぐ重なる道路はソリデチツト及ターマカダムの舗裝が施され歩道はタイルを敷詰めて居る公園運動場プール駐屯軍兵營領事館神社佛閣公會堂學校病院等總べて日本租界に在る租界の行政機關としては居留民團が有り租界納税者より議員を選擧し毎年三月居留民會を開き一年の計を審議する他に財團法人共益會なる邦人專門の機關があつて電氣事業を營む傍同胞間の教育衛生金融等の事業に從事し公園プール圖書館等も管理して居る教育方面では高等女學校商業學校小學校幼稚園實業專修學校があり商工業機關には商業會議所有り慈善團體としては社團法人の同光會が有る等生活上の設備殆ど間然する所無い迄に普及されつゝある。

天津神社

天津神社

天津神社は日本租界大和公園内に在る天照皇大神を奉祀し明治天皇を合祀し奉つて居る大正天皇即位の御大典記念事業として居留民會の決議に基き大正九年十月下旬に竣工を告げ十一月十日より十三日に至る四日間に亘り鎭座祭を執行し天津に初めて神社を仰ぎ奉るに至つたのである毎年四月十日十一日及九月十日十一日に例祭を執行し子供神輿二基租界内を練り歩く外奉納演藝相撲等の催しあり神社境内外には國旗**イルミネーション**紅燈掛行燈等の装飾を施し酒保賣店多數設けられ租界年中行事の一として當日は非常なる賑を呈す經營は昭和七年一月改正の天津神社條例に則り各街に於て氏子總代を選擧し其中より役員五名を擧げ夫れに主席神職が加はつて任に當り財團法人共益會より毎年銀五千弗を供進する外一般氏子の供進金及一切の社入金を以て經費に充當して居る日々參拜者繁く且各地よりの渡來者にして神社に參拜し記念**スタンプ**の押捺を請ふ者も亦多數有る。

日本駐屯軍司令部

駐屯軍

北清事變後の明治三十四年六月列國は事變の再發を防遏せんが爲に必須缺ぐ可からざる條件の一として首府北京と海濱間の自由交通を維持する爲と北京公使館を護衛する爲に各國より所要の軍隊を北京天津山海關等に駐屯せしむる議を定めた之が即ち駐屯軍存在の起因である現在天津北京等に駐屯する軍隊は日英米佛伊の各國軍隊で獨露墺の三國軍隊は歐戰後駐屯を許さない我が駐屯軍は天津に司令部を置き天津北京塘沽唐山灤州秦皇島山海關等の各地に分駐し前記重任の外居留民保護の任に當つて居る

支那軍隊 は條約に據り天津を中心として五里以內に常駐するを得ないので或は內亂等の際通過等の名目の下に支那街方面に臨時駐屯した例はあつたが現在市內には駐屯して居ない各國駐屯軍兵員は京津間に約千六百の英國陸兵約二千の佛國陸兵約四百の伊國海兵及北京に約五百の米國海兵天津に約九百の同國陸兵が駐屯して居る。

駐屯軍兵營

清の康熙四年（西紀一六六五年）に僧成衛之が天津砲台庄の對岸に普陀寺と云ふ一寺を創建した康熙十八年に康熙帝が海光寺なる扁額と御香を此寺に賜り普陀寺を海光寺と改めたのが即ち今の我が駐屯軍兵營所在地を海光寺と呼ぶ稱呼の起因である同治年間に此寺で英清談判を開いた事があるが其後境内の大部分を西機器局と云つて清國の兵器工廠に充てゝ

海光門

西機器局の一部

居たが北清事變に際し清兵が此處に立籠つて砲數門を布き居留地（今の英佛租界）攻撃を續けて居たのを勇敢なる我が派遣軍が占領して今日の兵營に改築されたのである當時附近に海光門と云ふ天津外城の一門があつた事變の際此門に近く我軍司令部が設けられ福島少將が此處に在つて列國軍を指揮したのであつたが今は唯だ本誌上の寫眞が其俤を語るのみ。

總領事館

一三

總領事館

天津の我が領事館開設は明治八年で初代領事は上海から天津に着き旅舍に投じて支那官憲及列國領事を訪問したが當時日本は朝鮮以下に蔑視されて居た爲各方面とも傲慢を極めた中に米國領事が獨り懇切なる態度を以て迎へ其紹介に依つて某米國未亡人邸宅の一部を家賃月七十兩で借受け十一月に此處に移つて領事館事務を開始したのである明治十年に現在の英租界官邸の敷地を買入れ初めて領事館を新築したが其後日本租界の發展に伴れ明治四十二年七月榮街に假事務所を移すと同時に宮島街花園街角の敷地を埋立て大正四年に金十二萬圓を投じて現在の總領事館を建築したので警察署も併設されて居る現在天津に在る各國領事館は日英米佛伊白獨墺露及希臘の十個國領事館である更に天津の

支那行政機關 を附記すると省市縣各政府及特別市政府があつて省政府は黨議及中央法令に據つて河北全省の政務を統轄し市及縣政府は之に屬して居るが特別市は中央政府直屬である但し河北省政府は昭和三年北平に移轉した儘現在に及んで居る。

大和公園

大和公園

日本租界の中央に位し明治三十九年の創設であるが面積は八千二百五十坪で園内に丘あり噴水池あり蓮池あり花壇あり林ありと云つた要領に公園としての理想を蒐めて居る年々植樹に意を注いだ結果冬季を除き樹木の鬱蒼たるものがあつて散策に恰適し夏季は涼を納るに足る中央の音樂堂では毎夏季各國軍樂隊の演奏があつて居留民を慰聊する其他園内に兒童遊戯場の設備もあつて幼兒の體育を輔け猿水禽等を飼育して兒童を樂しむる等小規模ながら萬般の設備が施されて居るが土質の關係上櫻松等の育たないのが遺憾である園内廣場に面して北清事變記念碑があり其後方に日露戰役當時の志士石川伍一氏の記念碑あり更に北清事變の際公園附近の榮街邊で戰死した米國陸軍大佐**リシユー**氏の石碑もある等天津神社の鎭座ましますと共に極めて意義深い日本租界唯一の公園である入園に嚴格なる制限はないが風態の悪い支那人は禁止して居る。

中央建物公會堂

公會堂

大正三年八月工費銀七萬餘弗を投じて大和公園内に公會堂及居留民團事務所たる租界局が新築された現在の公會堂は即ち夫れで二階正面に舞台裝置があつて民會議場宴會場演藝場其他各種の展覽會場等に利用される階下は日本倶樂部で撞珠闘碁將棊麻雀**ラヂオ**酒保食堂等の設備があつて專ら邦人間の社交機關に充當される此建物の一部を共益會事務所に充て隣接して商業會議所圖書館演武場在鄕軍人分會等が設けられて居る

居留民團 は公法人たる自治體であつて租界の税制賦課道路上下水道埠頭防疫衛生保淨及義勇隊等の事務を扱ひ財團法人共益會は專ら在留邦人に對する學校幼稚園圖書館公園運動場水泳場墓地及火葬場等の事務を扱ふ傍ら租界の電氣事業を營み邦人に對する復興資金竝に興業資金の金融事務をも管掌して居る民團は民會議員中より選擧した十名の行政委員及理事に依つて進行され共益會は理事七名監事三名と主事に依つて司られて居る。

日本租界埠頭

日本租界に汽船を繋留することは至難の業として明治三十一年八月の日本居留地取極書に獨逸租界下流の小劉莊に日本汽船碇泊の埠頭を築造し日本租界の後方を經て支那街南門外迄日支合辨の馬車鐵道を經營する事業が取極められて居たのであるが其至難とした汽船繋留の埠頭が三十年後の昭和三年に兎も角も實現されたのである日本租界の埠頭築造に關しては幾多の論議を經て遂に居留民會の決議となり鐵筋混凝土架床式岸壁延長四百七十四間荷揚場の幅員六十四尺を即ち昭和三年に竣工せしめた之に要した經費は埠頭築造費土地及家屋買收費荷揚場築造費等合計銀百六萬二千弗であるが埠頭竣工後白河の狀態が惡化した爲陸上設備を一時中止し昭和八年に至り河狀が回復して船長百三十呎以内の船舶は溯航繋岸自由となり翌九年には東興洋行及大連汽船會社の貨物船が數次此埠頭に繋留したが白河の狀態は決して安心を許さないので民國としては時宜に適應して今後の設備を完成する方針である。

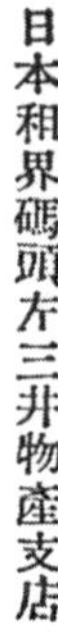
日本租界碼頭左三井物產支店

日本租界曙街

花柳街と旅館

天津の曙街と云へば在留邦人間に於ける花柳の巷の代名詞として通用して居る敷島神戸館東軒福村家鷹之羽待宵一力八千代萬梅喜久家葉奈家玉川醉月等十餘軒の大小料亭が此街に密集し藝妓の數は六十名乃至百二十名を上下し花代一時間税共銀一弗七十仙である松島街富貴胡同には鮮妓の青樓軒を竝べ福島街盛徳里には支那妓樓が櫛比して居る英和界小白樓附近には露西亞の**バー**が多く金髪の美形が矢鱈に愁波を送るが事情に通じないと徒らに浪費させられる近來日本租界内に邦人經營の**カツフヱー**が續出し**ダンスホール**も一個所有る旅亭神戸館ば**ダンスホール**を新設し藝妓を**モダン**化しつゝある其他各租界支那街一帶に妓樓娼窟多數散在して熾に遊客に媚を賣つて居る

ホテル　は英租界の**アストルハウス**佛租界の**インペリアルホテル**が有名で支那旅館では何々公寓と云ふが多數出現したが天津を訪問する旅客は邦人經營の常盤**ホテル**大和**ホテル**松島館芙蓉館彌生館玉屋旅館等に投宿するが良ひ宿泊料一泊二食銀三弗以上特等十五弗迄。

佛國租界フランス街

佛國租界

由来天津の各國居留地即ち各國租界は日英佛獨伊墺露白の八個國租界が有つたのだが歐戰後獨露墺の三國租界は支那が回收し白耳義租界は支那に返還したので現今は日英佛伊の四個國租界が有るのみである佛國租界は西紀一八六一年の設定で一九〇〇年に擴張し現在の面積は約四十二萬坪で日英兩租界の中央に位し東站に近く且二千八百尺の埠頭は巨船を繋岸し得る等水陸交通の要衝を扼し施政の當を得たると相俟て繁榮日に加はり電氣學校病院市場等の公共事業も具備し同國居留民の僅に數百人に過ぎないのに其發展振りは各國租界中共右に出づるものはない程度に進みつゝある鮮銀近海郵船大阪商船日本棉花三菱住友其他の各會社支店出張所等多數佛國租界内に在る尙ほ

電報總局 が同租界内に在る支那各省間及外國行歐文電報を扱つて居る市内分局として東站分局（支那街宮北）北分局（總站人租界）南分局（英租界）日本租界分局（旭街郵便局内）を設けて居る日本租界分局は毎日午前八時より午後十時迄受付け電報料は日本行一音信銀一弗二十五仙で大連及支那各省行は一音信銀二十仙で一音信は字數に關係無く假へば KONYATATSUと書けば KO-NYA が一音信 TATSU が一音信合

佛蘭西公園

計二音信となる支那各省間の支那文電報は一字が銀十仙であるが支那文電報は數字で打電するのであるから電報局で案內書を見るか又は知人に聞合すを可とする尙天津と日本滿鮮各地間は邦文電報による便宜が有る和文は山海關より上記各地に通じるので山海關迄郵送するのであるが料金に大差が有るので在留邦人中和文電報に依る者が多く邦人間の電報に限り便宜上租界局で扱つて居る。

佛蘭西公園

佛國租界に在る大正六年の築造に係り同十二年に現在の如く改造したもので總面積は約四千二百坪ある眞圓形を爲し中央の圓形內に芝草花卉の類を植へ其又中央に音樂堂を設け時々軍樂隊が演奏する園內樹木鬱蒼として瀟洒なる公園であるが殊に當公園には天津に在る他の公園に見られない松樹を數多く植付けて居るのが一の特長である園內の一隅に歐戰記念の武神像及兒童遊戲場を設けて居る各國人士の出入自由であるが支那人に對しては同租界納稅者に限つて入園を許す方針を採つて居る。

英國租界

佛國租界に接して英國租界がある西紀一八六〇年に設定されたので天津各國租界の鼻祖である四面に亘つて其區域を擴張し現在では約百十萬坪の廣大なる地域を拒し汽船發着の中樞地點を占め電燈水道學校病院等の公共施設は勿論道路衞生等の諸設備に至る迄整備して居る我が總領事本館は同租界**ビクトリア**街に在る**ビクトリア**街と之に連續した佛租界の**フランス**街を支那名で中街と云ふ又俗に銀行街と謂はれる程

各國銀行 の支店が林立して居る即ち**ビクトリア**街に在るもの橫濱正金銀行（日）麥加利銀行（英）花旗銀行（米）匯豐銀行（英）華比銀行（白）中南銀行（佛支）道勝銀行（露）中南銀行（支）金城銀行（支）及び**フランス**街に在るもの朝鮮銀行（日）東方匯理銀行（佛）美豐銀行（米）遠東銀行（露）華義銀行（伊）中華懋業銀行（佛支）等である其他英佛租界には多數の銀行が存在する主なるものは華威銀行（諸支）華法銀行（佛支）中國交通保商中孚邀業勸業農商大中匯業中華鹽業等である尚支那の金融業者としては銀行の下に銀號が在る主として兩替及國內の爲替等を營み其又下に錢舖が在つて兩替を業として居る在留邦人間の金融機

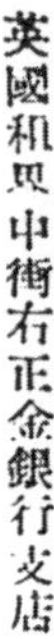
英國租界中街右正金銀行支店

關としては正金鮮銀の他に正隆銀行支店及天津銀行が共に日本租界旭街に在る。

ビクトリア公園

ビクトリア公園

英租界に在る廣袤約三千四百二十坪園内に色彩鮮かな花園芝生音樂堂が有る明治二十年六月二十一日英國**ビクトリア**皇后五十年祝節日を卜して開設されたので**ビクトリア**公園と云ふ數年前蟲害に遭つて園内の老樹殆ど枯死し往昔の俤に乏しいが歐戰記念碑が屹立して異彩を放ち時々音樂堂で軍樂が奏される毎日午前五時半より午後十時（冬季は九時）迄開園し外國人は出入自由支那人は原則として英租界納税者及英國工部局の許可を得た者に限り入園を許す規定である寫眞左方の建物を**ゴルドンホール**と云ひ明治二十三年に三萬二千兩を投じて建築した支那に於ける斯種建築物の最古のもので共名稱は天津租界の開設功勞者英國**ゴルドン**將軍の名に因んだもので史的記念物として價値を存す用途は公會堂の如く公式會議又は音樂會等に使用されて居る。

北清事變墳塋

北清事變墳塋

北清事變を惹起した元兇義和團は古く元時代の白蓮教より出た頑迷なる宗教團體が本質であつて其迷信を利用して愚民を迷はし政治的野心を逞ふせんとする秘密結社を作り共黨派は支那各地に散在したが就中山東省に多ふかつた明治三十餘年清帝は幽閉され西太后端郡王等の頑迷守舊派が政府の實權を掌握して頻りに排外攘夷の思想を宣傳した其機に乘じた義和團は扶清滅洋の標口の下に衆民を集め神秘に道術を行へば銃砲其身を傷けないと唱へて公然徒黨を糾合し清朝要路の大官連も鎖港攘夷に義和團利用の意見を持つに至つたので不逞の衆は翕然として集まり燎原の勢となつた直隷按察使延雍は之を義民と信じて庇護した爲明治三十三年には約三萬の義和團匪が天津に現はれ掠奪放火殺人等を肆にし清國官憲は當時の清朝實權者西太后の密諭を奉じ對外戰備を整へ外人を殺害し天津租界を砲撃するに至つた爲列國軍隊が天津に集合清兵及義和團匪を掃盪した當時名譽の戰死を遂げた歩兵少佐服部尙氏以下聯合各國軍將士の墓が英租界**カントン**街の英國共同墓地に在つて毎年六月記念祭を行つて居る。

舊獨逸租界

特別第一區（舊獨逸租界）

天津特別第一區は即ち舊獨逸租界で英國租界の下流に當る白河の南岸に在り各國租界中最東端に位して居る總面積は約七十六萬坪の廣大なる地域で西紀一八九五年と一九〇一年の二回に亘り獨逸が清國政府より租借したもので往時獨逸が北支那に於ける經濟的發展の原祥地として市街を建設し其基礎を樹立すると共に市街美を整ふるに努力して來たが一九一七年の歐戰に際し支那政府が獨逸に宣戰すると共に同租界を收回し特別管理局を設置して財産を處理し翌年歐戰の終了と共に正式に接收して特別第一區と改め市政局を設けて主任一人を置き當該區域に於ける一切の事務を總理するに至つたのである當區の埠頭も佛英租界埠頭に接續して天津貿易界に樞要の地位を占め各國汽船殊に支那汽船の繋留するもの多く貨物の積卸に殷振を極めて居る我が大連汽船會社支店も同河岸に在つて同社天津航路船は總べて同碼頭に着發する。

舊露國租界

特別第三區（舊露國租界）

天津特別第三區即ち舊露西亞租界は白河を距てゝ英佛租界の對岸伊太利租界と舊白耳義租界の中間に在る面積約百萬坪と云ふ英租界に次ぐ廣大なる地域であつて東站に連接し白河に沿ふては居るが經營の宜しきを得ない爲に共繁榮は各國租界に遲れ寧ろより以上不便なる隣接の支那部落が現在では繁華なる市街を形成しつゝある奇觀を呈して居る當租界は西紀一九〇〇年に設定したのであるが歐戰の影響を受け一九二〇年支那政府が露國に代つてこれを管理し警察及行政權の一部を引繼ぎ市政局を設立して行政機關としたが一九二四年に至り露國が正式に支那政府に還附した赤系露人の多くは今仍ほ此地區內に居住し白系露人は大部分英租界又は特別第一區に居住して居る尚當區には東站に近く支那

郵政管理局と云ふ郵便總局が在つて市內の郵便事務を總理して居る市內重なる支局は支那街東馬路總站英租界中街及デキンソン街佛租界三十號路日本租界旭街に在る端書日本及支那各省行二仙五厘書信五分三分迄同五仙。

露西亜公園

露西亜公園

現在の露西亜公園は北清事變前迄其周圍は恰も天津外城に均しい土墻を圍らし其中に武備學堂と云ふ李鴻章の建設した支那の陸軍士官學校があつたのであるが明治三十三年六月清兵及團匪が同方面から當時の居留地（今の英佛租界）を攻撃する危險が有るので英獨伊墺の四個國兵が一時之を占領し校内の兵器庫及び其要所を燒棄し煉瓦門及土墻も破壞して了つた戰後露西亜が租界市區の制定に當り其地に殘つた樹木を應用して同地區一帶を事實上の公園として開放したので其面積約一萬八千坪ある園内に池水があつて冬季は**スケート**場に充てる老樹が繁茂したる點は天津に在る各國公園中隨一である其一隅に北清事變當時の露國戰死者記念の堂塔が聳立し燦然たる金色は白河を溯る船客の注目を惹いて居る當公園も露西亜租界の還附に伴れて支那政府に交付され方今天津特別第三區市政局の管理に歸し植樹には熱中して居るが掃除其他萬般の設備は漸次頽廢しつゝある入園には制限を設けず每早朝より午後十二時迄何國人も出入自由である

鄭家莊（右）と小劉莊

特別第四區（舊白耳義租界）

天津特別第四區は舊白耳義租界である舊露西亞租界の東方に連り最も邊陬の地に在るので天津人の中にも知らない者が數多有る位である西紀一九〇二年に白耳義政府が淸國政府から買收して租界としたのであつて其面積約十三萬坪であるが天津の中心を遠く離れ交通不便の爲經營も等閑に付し唯だ行政權のみを保留して土地全部を白耳義銀行に轉賣して了つたのである昭和四年九月に同租界は支那政府に還附したのであるけれ共土地共ものは法人又は個人の有であるから租界還附は唯だ行政權を返還したに過ぎないのである斯る狀態で建築物等も觀るべきものなく白耳義人でさへ當租界に居住するは稀である其下流に沿ふ鄭家莊と云ふ村落には裕大紡織公司及寶成第三紗廠の二大紡織工塲が在り其對岸小劉莊には裕元紡績公司及北洋紡織公司の二大工塲がある其他此地方には數個の骨粉工塲もある更に舊白耳義租界及其北方に連なる大直沽は有名なる高粱酒の産地で同地に産する高粱酒は支那全國中隨一と稱せらる。

伊太利租界

伊國租界

伊太利租界は舊露租界と舊墺租界の中間に位し白河を距て日本租界と對岸して居る面積約十四萬坪で西紀一九〇一年伊淸間の條約に據て設定したのである其當時は白河堤防の高さより二十餘尺も凹下した窪地であつたのだが其河岸が凸形の爲に河岸一帶に泥土の堆積夥しく其泥土を丹精に堀鑿して窪地を埋立てた結果現在では坦々たる街區を築成し高潔なる市街となつたが地の利を得ない爲に商舗は尠く數個の工場を除き家屋の多くは住宅向である同租界當局は繁榮を此地に集めんとし支那人の嗜好に適した遊戲場公寓等の高雅なる大建物を續出せしめて居る同租界公園に近い十字街頭に大理石造の高塔がある歐戰大勝の伊太利國記念塔で其頂上に女神の銅像を置き下部の十字台上よりは噴水裝置の清水が周邊に溢流して淸冽の氣分を漂して居る

租界行政 は各國租界とも大同小異で熟れも行政委員組織に據り各自國領事が監督又は自ら行政委員長となつて自治體を代表した執行機關を設けて居るが伊太利租界は五名を以て成る行政委員會の外に三名の諸議委員と云ふを設けて居る諸議委員

は同租界居住の支那人間より選擧し任期は二個年で租界内の事々物々を行政委員會に建議するの權利を與へて居る行政委員會には參加せしめないが諸議委員の設置は他租界に今日迄例の無い事で租界行政の運用上慥に一の方便とも云ふべきである。

伊太利公園

伊太利公園

伊太利租界の公園は面積二千三百坪で大正十三年に公園として公開したので爾來年々改造を加へ正門を入れば小規模の噴水池があり多きい樹木は乏しいが中央には音樂堂があつて同國海兵が時偶ま軍樂を奏する閑内の子供遊戯場は一は外國兒童用一は支那兒童用と嚴然區劃して居る毎日午前八時より午後十二時（冬季は午後八時）迄何國人とも入園隨意である

要するに外國租界方面に在る公園は日英佛露伊の五公園であるが其他此方面の遊覽地として露國租界の東方約一里の地點に

東機器局」と云ふがある北清事變前迄は淸國の兵器工廠であつたのだが事變の際列國軍が之を占領し現在は佛國兵營に改造されて居る天津附近には珍しい廣區域の密林があるので同地に遊步する者も往々有る。

舊墺國租界

特別第二區（舊墺國租界）

天津特別第二區である舊墺太利租界は白河の東岸各國租界の北端に位した面積約十九萬坪の地域であつて西紀一九〇二年に墺太利政府が淸國政府と協商して設定した租界である當初殆ど支那人が居住して居たのであるが年を經ると共に墺國人も來住し墺國領事が會長となつて墺支共同の如き自治行政機關を設けて居たが歐戰後獨逸租界と運命を共にし爾來支那市政局が特別第二區として管理して居るが餘り繁華な地方ではない

市內電話 は北淸事變後和蘭人が天津電話會社を設立したのが最初であるが西紀一九〇三年に淸國電話局の計畫實行され一九〇六年に電話會社が之に買收されて以來支那政府の直轄事業となつて居るので市內に總局南局東局北局の四局を設け支那街を除き凡て自働式電話機を架設して居る電話料は自働式毎月　甲（集會所等）十四弗　乙（普通營業用）十一弗　丙（住宅用）九弗　で長距離は北京保定濟南奉天間の各地及奉天を仲繼として奉天滿鐵附屬地大連安東旅順迄通話し得るが滿洲方面との通話に對しては豫め銀五十弗を天津電話局に預け置く規定である。

金湯橋

金湯橋

金湯橋は天津電車會社が支那街より墺伊露の各國租界を經て東站に到る電車線路を布設する必要上架設した鐵橋で工費二十萬兩の五割は電車會社に於て支辨し殘額五割は淸國官廳及墺伊露の三國が等分に負擔したのである此鐵橋の架せられる以前は同地點に墺太利租界と支那街を連結する爲に數隻の支那木船を並べ其上を車馬共に通行して居たので支那人間には今仍ほ同地方を東浮橋と通稱して居る所謂東浮橋の少し上流に白河本流と大運河との分岐點があつた三岔口と云ひ其兩河に圍まれた地方を獅子林と稱へて居る現在此河岸に有る天主教々會堂の東方に有名なる

水師營砲台 があつた同砲台は天津に居住する者乃至天津を訪問する人の一應記憶する必要が有る即ち北淸事變の明治三十三年六月十七日午後三時十分より約三時間に亘つて今の英佛租界たる居留地に猛烈なる砲擊を行つたのを始めとして十八日午前六時三十分再び砲擊を加へ引續き居留地包圍攻擊と相呼應して日毎炮擊を行つた二十五日午後英軍は居留地遊戲場の西南土墻上に十二磅海軍砲を備へ右砲台を射擊したが同砲台は永久的施設の砲台なる上に最有効射程を以て停車場方面に對する

今は無き水師營砲台

沽兵の攻撃を援助するの位置にあり剰へ支那市街内に隠蔽されて居る爲列國軍よりは其位置を展望するを得ない列國軍砲兵は充分なる効果を顯はすことが出來ない爲に該砲台は天津城陥落の日迄其威力を逞ふし清軍の居留地に對する攻防戰の根幹となつて居留民及び列國軍を非常に苦しめたのである列國軍の此方面に對する防攻の部署は白河を境界に停車場より支那街に向つて獨露兩軍の受持であつたが我軍より停車場方面の攻防應援に参加して居た歩兵第十二聯隊第九及び第十二中隊は七月十三日午前一時より數回の敵襲を受け其都度之れを撃退した翌十四日午前五時過第九中隊より斥候を派遣し敵状を捜索したが敵の大部が既に此方面の陣地を去つたのを偵知し第九第十二兩中隊は各一小隊を停車場に留め河東を天津城に向つて進み途上微弱の敵を撃攘しながら前記金湯橋の位置にあつた當時の橋梁に達し第十二中隊の一小隊は天津海關道衙門を占領し他の一少隊は水師營砲台に向ひ渡河して同砲台を占領したのが十四日の午前九時二十分當日午後の零時三十分に露軍指揮官は我司令部に將校を遣し水師營砲台及其附近の兵營に尚ほ多數の敵兵あり本日午後之れを砲撃するから日本軍の援助を請ふ旨申込み水師營砲台は既に其朝我軍が占領したと聞いて茫然失望したと云ふ珍談が殘つて居る我軍占領後の取調に據ると同砲台には九糎克式砲四門五十七粍速射砲二門及び機關砲二門が備へてあり其他使用に堪へない舊式滑腔砲や新式砲であつても要部の破壊したもののみで前記の克式砲が約一個月に亘つて大に列國軍及び居留民を苦しめたのである此有名なる水師營砲台も城廓破壊と生命を共にし今は跡形もなく唯だ本誌の寫眞に依つて有りし日の全景を知るべきのみである。

今は空しき天津城

支那街の電車通りに東馬路西馬路南馬路北馬路の四大道路がある昔城廓の有つた跡を道路に改造したのであつて天津を訪れる旅客は之亦一應知つて置かねばならぬ天津の城は今を去る約五百三十年前（西紀一四〇四年支那永樂二年）に元を亡した明が天津關を防守する爲に築いたので城廓は方形に高約八米突基礎の厚約十米突突上部厚約六米突周圍我が一里十町の煉瓦壁造で各邊の中央に各一門及西南に一門を設けて居た即ち東門西門南門北門及西南門が之れである明治三十三年の北清事變に際し義和團匪及清兵が此城壁上から當時の居留地（今の英佛租界）に居た列國軍及各國居留民を砲撃し且城壁の銃眼よりは熾に彈丸を送つて列國軍を惱ました英軍が同國海軍に屬する十二吋の重砲を以て屢々城壁を砲撃したが頑として崩れなかつた清兵及團匪は此堅城に籠つて頗る頑強に抵抗したが我が勇敢なる派遣軍の突擊に因て左しもの堅城も終に陷落したのである本誌に揭げた天津城の寫眞は當時城内より城の東門及其南方城廓を撮影したもので又と得られない貴重なる記念寫眞である西南北の各城門及城廓も總べて之と同形であつた事變後列國代表者間に組織された都統衙門に於て協議の結果軍事上及衛生上此城廓を破壞するに決し同年十一月二十八日列國軍司令官の同意を得直に其冬之を悉く破壞した其跡が前記の如く現在の東西南北四馬路の電車通りとなつたのである。

ありし日の天津城

東馬路

東馬路

東馬路は日本租界に連接した支那街電車通りで外國租界と支那街とを連結する主要街路である爲に支那當局も此馬路だけは絶へず修築に努めて居る近來街上支那固有の家屋は殆ど其影を沒し洋式煉瓦建高樓に改築する者多く支那各街中河北大胡同に續いて最も進化した街路となりつゝある東馬路の裏通りに宮南大街宮北大街と云ふ市街がある往昔は其附近に銀號問屋等の巨商が集つて居たが繁華の變遷に從つて他に移轉し現今では漸く其名殘りを留めて居るに過ぎない宮北大街に

天后宮 と云ふ廟宇がある俗に娘々宮と云つて支那人間に有名である元朝の建立で天津城を築いた前年の永樂元年に改築を加へた天津最古の廟宇である天后聖母と云ふ女神體を安置して居る天后聖母は元來海上船舶の安全を保護する神として祀つたのであるが現今では婦人兒女の保護神として婦女子の參詣者を以て埋めて居る其他天津に在る廟閣で有名なるのは玉皇閣（宮北）天齊廟（東門外）大悲廟（東南城角）大藥王廟（西頭）藥王廟（北門外）三宮廟（南門外）文昌廟（東門內）等で小なる古刹は他に多數有つたが或は學校又は警署等に充當され漸次形體を變化して居る。

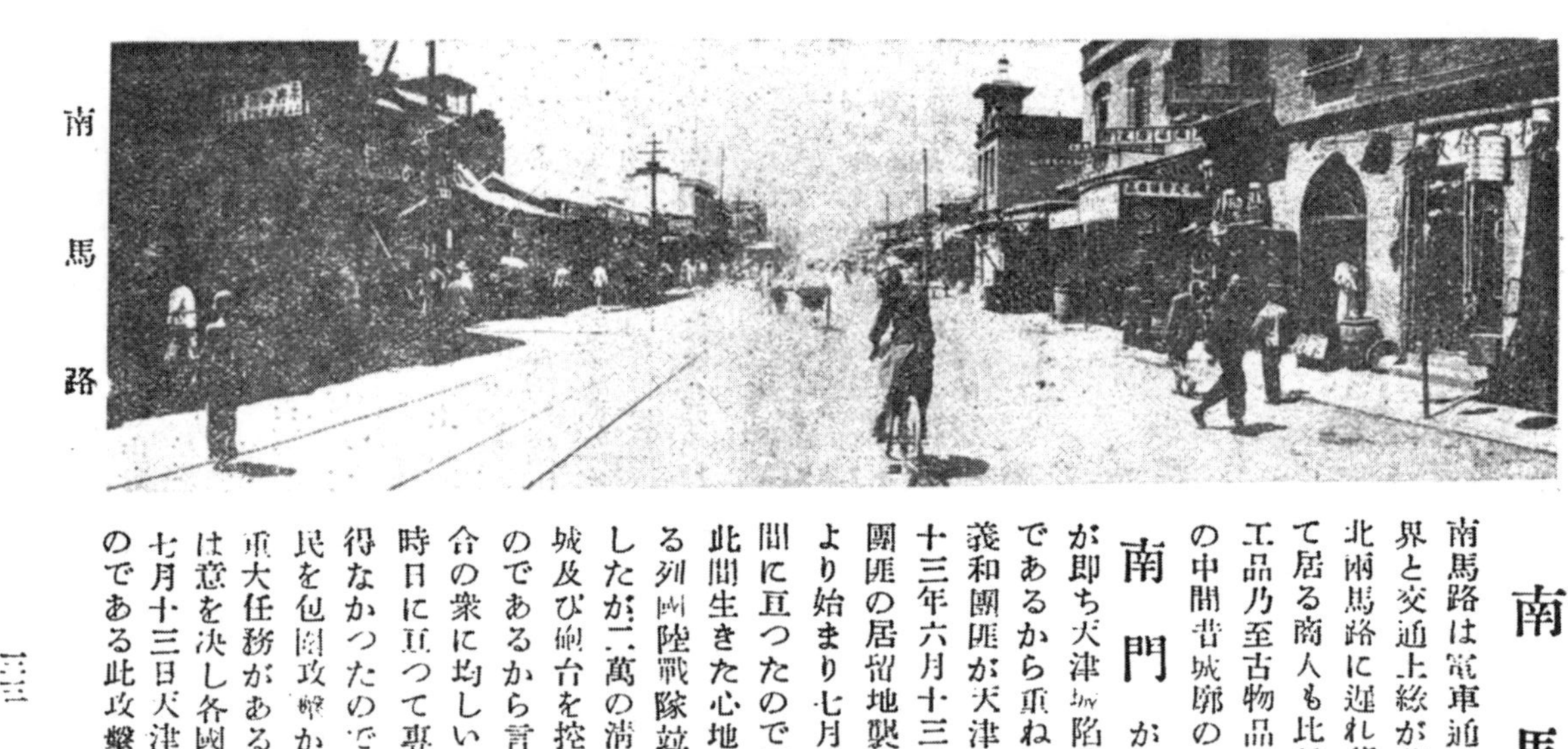
南馬路

南馬路

南馬路は電車通りではあるが外國租界と交通上絲が薄い關係上進歩が東北兩馬路に遲れ舊式家屋が過半殘つて居る商人も比較的小商人が多く手工品乃至古物品を賣る店が多い馬路の中間昔城廓の**南門**が存在した此南門陷落が即ち天津城陷落の端緒となつたのであるから重ねて故事を誌して措く

義和團匪が天津に入つたのは明治三十三年六月十三日の午後で清兵及び團匪の居留地襲撃は同月十七日黎明より始まり七月十三日に至る一ヶ月間に亙つたので籠城の各國居留民は此間生きた心地はしなかつたのである列國陸戰隊竝に派遣隊が陸續入津したが二萬の清兵と三萬の團匪が堅城及び砲台を控へて猛烈に攻撃するのであるから言語習慣を異にした烏合の衆に均しい少數の列國軍では長時日に亙つて專守防禦するの已むを得なかつたのである一面北京の居留民を包圍攻撃から救出せねばならぬ重大任務があるので我が福島司令官は意を決し各國指揮官に旨を通じて七月十三日天津城の攻撃を断行したのである此攻撃に参加した列國軍は

我が軍歩兵約十一中隊騎兵一中隊工兵一中隊山砲二中隊及び若干の陸戰隊佛軍歩兵八百名山砲一中隊墺軍五十六名英軍本國兵二百名に印度兵及び威海衛で雇つた支那兵を合して七百名山砲四門機關砲四門米軍九百名砲四門で七月十三日午前三時三十分から行動を起し夜陰に乘じて海光門附近に進み四時三十分東天白み遠近の物體を識別し得るに至り英砲兵の天津城砲擊によつて激戰の幕は切つて落され五時三十分我が工兵隊が海光門外の架橋を完成し諸隊は之を通過して散兵線に入つたのであるが淸兵は城壁上及城壁下の民家其他の地物を利用し列國軍に向つて熾に火蓋を切り城の西方及び蘆家莊（今の日本租界北旭街蘆莊子）より列國軍に彈雨を集中し列國軍は頗る惡戰に陷つた敵の彈丸は雨下して殆んど後方との連絡は杜絕した午前十一時福島司令官は三橋工兵中隊長に南門を速に破壞すべく命令したが如何せん淸兵は南門に接した民家に據つて頑强不屈に抵抗し且壁上及び東方に在る淸兵も

天津城南門の一部

協力して猛射を浴びせるので城門に到着するを得ない諸隊は散兵線に固着した儘時は過ぎて午後四時二十分になつた最早晝間城門は突破し得ないので福島司令官は諸隊を現狀の儘徹夜せしむべく決心した夜に入つて驟雨が襲ひ列國軍の苦痛は絕大なるものがあつた淸兵は城壁上各所に燎火を焚き搜索射擊を行ひ須臾も警戒を弛めない斯くして天津城は到底陷落せしむるを得ないか列國軍の前途は如何に成行くか眞に想像に餘りあ

市内當初の家屋

る悪闘であつた時に抜群の勇士が現はれた我が歩兵第十一聯隊の軍曹藤井房一氏其人である藤井軍曹は此日の午後三時彈雨の中を單身進んで南門及び附近を詳細に偵察して居た此藤井軍曹が嚮導となつて其日の夜半即ち十四日午前三時工兵少尉井上謙吉氏以下今井工兵軍曹に兵卒五名決死隊となつて南門に向ひ彈雨の中に在つて綿火藥を城門に装着し電導線が敵彈に中つて用を爲さぬので燐寸で點火して南門を爆破し時を移さず我軍門内に吶喊したが第二の城門が固く鎖され進入するを得ない壁上からは亂射する投石する焦燥苦難に陷つだ時我が歩兵第十一聯隊第八中隊長小島鎰三郎氏外三名の勇士が先登となり屋舎或は携行の梯子に由つて城壁上に登攀し内部から城門を開いた其勇士が歩兵一等卒増田千太郎氏で迫もなく城壁上旭旗翻り瀏喨たる喇叭は君が代を吹奏し　天皇陛下萬歳の衆聲三度び天に轟き響いた時は七月十四日朝の五時前寫眞は此永久に記念すべき南門附近を撮影したのであるが南門城樓は十三日砦間列國軍の砲火を浴びて火を發し夜に入る迄に烏有に歸したのである即ち此

稍進化した家屋

南門跡も城廓と共に取毀たれ今は其片影だに留めて居ない。

時代の變遷

本誌寫眞の示す如く天津市中の家屋は當初殆ど全部泥家であつたが土地の發展に伴れて木造泥壁となり煉瓦積となり二階建三階建となり現今では七階建が續出せんとして居る。翻つて北淸事變當時の天津在留邦人數を調べると領事館員を合せ六十人許り居住した情報機關としては事變直後宮北の玉皇閣内で發刊した漢字紙天津日日新聞に日本文の附錄を附けたのが即ち天津に於ける邦字新聞の濫觴である現今天津で發行する

新聞　は邦字紙天津日報京津日日新聞及週刊天津經濟新報英字紙では**ペキンテンチンタイムス、ノースチヤイナスター**の兩日刊及露文紙霞報支那紙では大公報益世報商報新天津報大中時報大衆日報天津時報天津呂報天風報中華報中南報午報平報民興快報國強報庸報華北日報華昌派報普及報晩報新華報津報德華日報等多數林立の狀態である。

西馬路

西馬路

城廓跡の電車通りであるが外國租界に通ずる直接交通路で無い爲に他の馬路に較べて遥に發達が遲れ建物等も貧弱なる支那家屋が多ひ此地方は總じて小工業が盛である此街を約一丁西方に小路を入つた所に

清眞寺 と云ふ廟宇がある回々教の會堂で一名禮拜寺とも稱へて居る共異様にして宏莊なる建物は天津城外の一偉觀であると同時に天津市内回々教徒の信仰を悉く此寺に集中して居る境内にて飲酒喫煙及豚肉、肉食の禽獸及死肉を食することを禁じて居るから遊覽者は注意を要す由來支那人の

宗教 は佛教道教儒教の三教より出て居るやうだが迷信の强い關係より佛教を信ずる者が道教儒教にも首を傾ける或は又團匪事變の影響に因つて全然無宗教なる者も多數有ると云ふ混沌たる狀態に有るのを救はん爲に紅卍字教或は救世新教等が漸次市内に擡頭しつゝある耶蘇教は米國の公理教會以美以教會英國の以美以教會倫敦教會佛國の天主教會等が主として子弟の教育社交體育等に

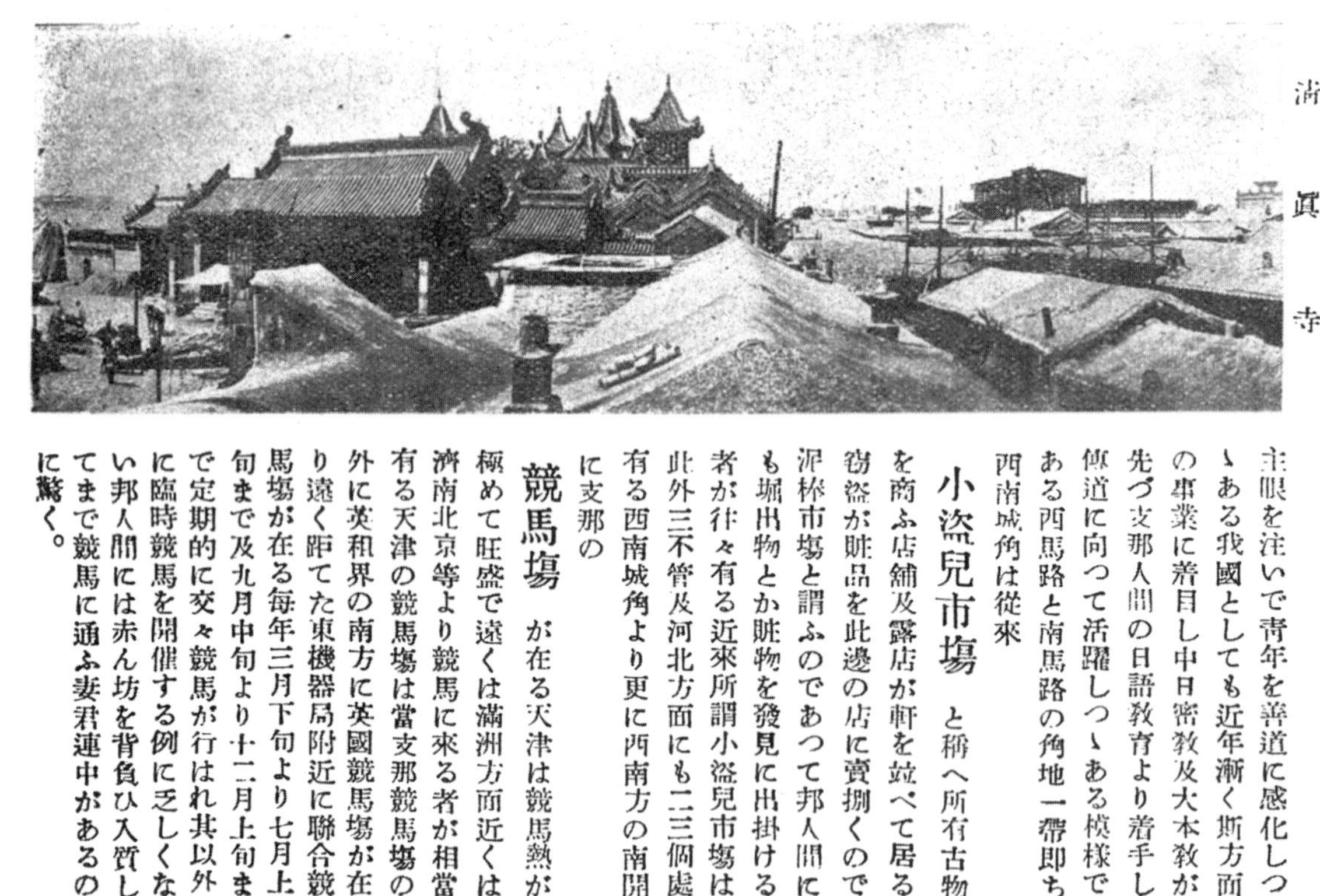

清眞寺

主眼を注いで青年を善道に感化しつゝある我國としても近年漸く斯方面の事業に着目し中日密教及大本教が先づ支那人間の日語教育より着手し傳道に向つて活躍しつゝある模様である西馬路と南馬路の角地一帶即ち西南城角は從來

小盜兒市場 と稱へ所有古物を商ふ店舗及露店が軒を並べて居る窃盜が賍品を此邊の店に賣捌くので泥棒市場と謂ふのであつて邦人間にも堀出物とか賍物を發見に出掛ける者が往々有る近來所謂小盜兒市場は此外三不管及河北方面にも二三個處有る西南城角より更に西南方の南開に支那の

競馬場 が在る天津は競馬熱が極めて旺盛で遠くは滿洲方面近くは濟南北京等より競馬に來る者が相當有る天津の競馬場は當支那競馬場の外に英租界の南方に英國競馬場が在り遠く距てた東機器局附近に聯合競馬場が在る毎年三月下旬より七月上旬まで及九月中旬より十二月上旬まで定期的に交々競馬が行はれ其以外に臨時競馬を開催する例に乏しくない邦人間には赤ん坊を背負ひ入質してまで競馬に通ふ妻君連中があるのに驚く。

北馬路

北馬路

舊城壁跡の北馬路は東馬路に亞で繁華なる街路である車馬の交通繁く大小の商賈軒を聯ね銀行勸商場等もあつて相當繁昌して居る此街に天津商務總會と云ふ支那商間の

商工機關 がある商務總會は即ち我が商工會議所と同性質であるが其他實業方面に關する機關として市內に銀行公會錢業公會同業組合等を設けて居る外人側では英米獨佛伊の各國商業會議所の外に國際的諸般の解決研究をするに必要上天津聯合商業會議所なる機關があつて各國商業會議所代表者及各國商人に依つて組織されて居る尙北馬路には

水道會社 がある天津濟安自來水公司と云つて明治三十六年に英獨支人の共同經營の下に設立されたので支那街は勿論日佛墺伊露の各國租界に上水を供給して居る源水は大運河の河水であるが種々なる汚穢物を混じた泥色の流れであつて泥濁甚しく隨分に富んだ不淨水である英國租界は天津自來水公司と云ふ水道會社を自ら創設して飲料水を自給して居る日本租界に於ても井水に依る自營案が數次提唱され屢試驗的に鑿井したが未だ實現に至らない。

北大關

北大關

北馬路の中程より北方御河に至る間の街區を北大關と稱へる大運河の船着場なると估衣街針市街等の問屋街に接して居るので行人車馬織るが如く加ふるに市内電車の起點である故に其雜沓は到底名狀することを得ない

電車 は明治三十五年白耳義人の經營に係る天津電車電燈公司が設立され北大關を起點として次の四線を動いて居る

白牌　北大關を出で四馬路を廻る

紅牌　北大關より北馬路河沿馬路を通り金湯橋を經て特別二區伊太利租界特別三區を通過して東站に到る

黄牌　北大關より北馬路東馬路日本租界佛國租界を通過して佛國租界碼頭に到る

藍牌　北大關より北馬路東馬路日本租界佛國租界を過ぎ萬國橋を經て東站に到る

全線延長約八哩四で電車賃は遠近に依つて異なるが大銅子四枚乃至七枚で乘客の多くは下級支那人である其他市内に乘合自働車があつて近郷まで毎日運轉して居る因に天津電車電燈會社は日英佛の三國租界を除き支那街伊太利租界及特別各區に電燈電力をも供給して居る。

大運河（御河）

北大關の東方に於て白河と合流して居る河を普通南運河又は御河と云ふ約千三百年の昔隋の煬帝が開鑿した大運河が即ち之で萬里の長城と共に支那古代の二大偉業として世界的に有名であり世界最長の運河である北は天津を起點とし黄河及揚子江を横斷して南方浙江省杭州に達して居る往昔南支よりの貢米は此水路に由て輸送して居たので其額年十萬石に上つたとの記錄がある大運河は河南省衞輝府の北端より流れて居る衞河と山東省臨淸に於て合流し河北省大名府の南方に於て漳河とも合流して居る河北山東河南各省方面との航運上天津の商取引には極めて重要なる水路であるが惜むらくは山東省臨淸より黄河々畔に至る約三十里の間は全然埋沒して唯だ大運河舊河床の痕跡を留めて居るだけで舟楫の便が中斷され夫れより南方にあつても舟行不能の塲所が數個所有る爲に大運河に由る南北の聯絡は杜絕して居るのである但し山東に於て合流して居る衞河と連續して河南省方面まで水路に由る天津の商勢を擴大して居るのである。

大運河

河北大街

河北大街

天津より陸路北京に赴くには北大關を出で河北大街を通過するのであつて河北大街は北京街道の要衝に當り且街の南端を大運河が流れ北端は白河本流と子牙河との會流地點である爲に奥地通ひの舟碇場となり水陸共に交通頗る頻繁である從つて此街は奥地に對する問屋が多く益々殷盛に向いつゝある兩側の裏通りは支那平家が櫛比し各種の小工業が盛んである元來天津は商業地であるが近年支那國産奨勵外貨抵制の見地より國內工業を熾に提倡しつゝあると關稅釣上の爲天津も

工業

熱勃興し大小製造業の頓に擡頭しつゝあるは內外人の均しく着目する所である現在天津に於ける主なる工業は六大紡績工場を始め小麥製粉各種織物燐寸硝子器具電球電線卷煙草絨氈植物油石棉琺瑯鐵器膠煉瓦機械類陶磁器石鹼蛋白蛋黃**メリヤス**類墨汁印刷**インキ**化粧品帆布**ゴム**製品皮革**セルロイド**製品坩堝緞帶子文房具電氣鍍金高粱酒貝釦角釦製造等で中には外人經營のものもあるが技術を習得する支那人職工が離ては支那人間に資本主を求め獨立經營する狀態で支那工業の漸次向上發展しつゝあるは自然の勢である。

天津西站

天津西站（西停車場）

河北大街を北に進むと津浦鐵路の線路に會す此門を北營門と云ひ左折した數丁の所に天津西站と云ふがある即ち天津西停車場であるが津浦鐵路の一驛であつて西紀一九一〇年十二月に開設したので獨逸の技術に據つた爲天津の他の驛と異なり獨逸風の建物である邦人には殆ど用事がないが唯だ若し津浦線に乘る時東站で乘り遅れた場合自働車で此西站に飛べば大抵間に合ふ北營門を過ぎれば北營門大街と云ふ此街の中途を左折した所の廣場が刑場である天津名物の一つである

首切 は普通此刑場で行はれる死刑囚が後ろ手に縛られ瘦馬に乘せられて此所に引かれる多數の巡警が騎馬武裝して警固し道中數百の野次連が追從する死刑囚の中には現世の暇乞に鼻歌を唄いながらも屠所の羊同然たるのもある刑場に着くと群集が取圍んだ中央で首を刎る群集は鬨聲をあげる群集の中から棒の端に麥粉饅頭を附けたのが多數近寄り切口に饅頭を突込み血液を浸ませて持歸る癩病とか肺病とかの藥だと謂ふ近來は刑場が三不管方面に變つたやうだ首切も尠なくなり銃殺が多くなつた。

估衣街

估衣街

東馬路の東方裏通りに估衣街と云ふ狭い町がある邦人は單に此通りを估衣街と云ふが事實は估衣街鍋店街單街子の三區に岐れて居るのである衣服類を商ふ店舗の多ひ爲に自ら估衣街が街名となつたので其他に金銀細工呉服類洋藥等の大商舗が多數有り古來富豪が多く老舗の多ひ事も天津一と呼ばれて居る毎早朝より正午前まで此街通りに朝市がたち果物野菜菓子等を路傍に並べて商ふもの多く市内小賣商人が買出しに來て人力車又は荷車に積んで持運ぶ者が多數有る路傍の小商人は偖て措き估衣街邊の堂々たる大商店でも營業主は一般支那商と同様

掌櫃的 である是は支那古來の習慣が然らしむる所で掌櫃は恰も支配人に該當することは云ふ迄もなく資本主である東家が直接營業して居る店は殆ど無い帳簿は固より大福帳式であるが多くの店員を使つて居ることも變つて居る店員は大部分掌櫃の親族か同郷人で給料も尠く程安い掛引の強いことは世界一と謂はれるが然も永年の取引を尊び商人間の信義道徳自制の念は至つて強い殊に總じて敦厚素朴であるが近來歐米かぶれして稍もすれば不德義に流れ易い傾向が觀える。

河北大胡同

河北大胡同

河北大胡同は町の延長は短いが天津の銀座通りと云つた街で袁世凱が直隷總督時代に建設した市街の一部である天津總站に通ずる街路であるのと河北省政府の通路でもあるので行人車馬の往來繁く街路も絶へず修築を加へ支那街中では正に銀座通りである大正元年支那革命騒亂の際掠奪暴動に遭ひ放火の爲全町悉て烏有に歸したが場所柄とて恢復は早く現今の建物は全部其後に建築されたもので殊に近來は競つて高樓に改築しつゝある商賈は固より殷盛を極めて居るが唯だ此町の缺点は當初設計を誤つた爲に町幅が至つて狹いことで支那街方面より天津總站に通ずる電車の計劃も此街の反對に因て未だ實現せず市民の不便は此上もなく市街としても甚だ不體裁であるが今後幾年かの後支那當路の理想とする電車會社買收又は回收案が成立し永年の懸案が解決すれば總站往復の電車も實現し一大便宜を加へるに至らふ或は河北大胡同を避けて其裏通りを電車道とする計劃もあるが資金其他電車會社との關係上此計劃も未だ實現に至らない。

金鋼橋

金鋼橋

河北大胡同の東端白河々上に架せられた新鐵橋が即ち茲に記す金鋼橋である工費銀百萬弗を投じた開閉式の鐵橋で萬國橋と竝び稱せられる天津としての名橋である中央を電車及車馬道とし兩側に人道を設けて居る此鐵橋を渡ると直ぐ左側に市政府がある此所より總站に到る一帶の地方を

新市街 と云ふ金鋼橋より總站に通ずる一直線の街路は大經路と稱へ之に竝んで十七條の小經路があり夫れを横切る十五の緯路がある市區整然として新市街の稱に悖らないが繁華は舊市街に遠く及ばない新市街には諸官署學校病院等が多く天津の遊覽地である李公祠中山公園も此域內にある同地方に在る學校は孰れも支那公私立學校で工業學院中山中學等有名である其他天津市內外に在る支那子弟教育の主なる

學校 は左記の如くである

中日學院　日本租界海光寺南方の徐胡陶村に在る東亞同文會の設立

法政學院　市外劉莊に在る支那公立學校

北洋大學　支那街西沽に在る同上

北洋海軍學校　佛租界大沽街に在る支那政府海軍部の直轄

南開學校　市外八里台に在る前江蘇督軍李秀山等よりの寄附に依る私立

新學大書院　佛租界大沽街に在る英

李公祠

人の設立

天津工商大學　英租界競馬路に在る佛人の設立

天津公學　英租界リクレーション街に在る英租界公立

天津共立學校　日本租界伏見街に在る日支人共立の財團法人組織

天津英文學堂　英租界に在る英租界管理

其他專門學校師範學校女學校等多數支那街に散在するが本誌頁數に制限有るを以て之を省略する。

李公祠

李公祠は新市街市政府の北方程遠からぬ所に在る光緒三十一年（西紀一九〇五年）の勅建で故北洋大臣李鴻章を祀つて居る正門を入れば正面に碑亭が在り兩側に多數の碑石が並び故李鴻章に對する頌德の詞が刻んである横門を潜つて裏に出れば支那式の庭園がある池の彼方には亭臺があり曲橋を傳つて遊覽する者多く池には小魚が棲み大公望を氣取る吞氣坊もある境内に劇場もあがる往年心無き支那軍隊が宿舍に使用して以來荒廢に任せ修築しない爲今は見る影も無く近來其建物の大部分を支那小學校に充當して居る

中山公園

中山公園

河北大經路の造幣廠を過ぎた所に中山公園と云ふがある天津に於ける支那唯一の公園として光緒年末に時の直隷總督袁世凱が建設したもので支那式に數寄を凝らし一般市民に珍重がられて居たが民國に入つてより修築を加へて河北公園と改め動物園を併設する等遊覽客の足跡相繼いだが其後數度の支那内亂に際し支那軍隊の駐屯所に充て紀律無き雜兵等が積年育てた樹木を殆ど伐採し狼藉の限りを盡した爲甚しく荒廢したが國民政府の管理に遷つて以來中山公園と改め極力修理を加へた結果公園としての面目を辛ふじて保つ程度に復舊して居る公園としては大した價値は認められないが附近に市黨部市教育局圖書館

商品陳列館 等が在り商品陳列館には河北全省の物産を始め支那各省の産物をも陳列して參考に資し時には國貨展覽會を開催して即賣の方法をも講じて居るが經費の乏しい爲に一向振はない平日は入口で入場料を徴し入覽者の整理を行つて居る如上天津の商品陳列館は外來者の甚しく期待に反するけれ共他に斯種の機關の無い故に視察者は已むを得ず此所に歩を狂げるが或は北支那に物産手工品等の尠ないのも陳列館の發展しない原因の一つでもある。

天津總站

天津總站（新停車場）

新市街の東北端河北大經路の突當りに總站がある東站より後に建設されたので一般支那人間には新車站と云はれて居る元來北寧鐵路の支那街方面に對する一驛であつたが津浦鐵路の開通以來同線の驛も併設して居る此驛は租界を遠く離れて居る故に邦人の此所に上下する者は殆ど無い驛に近く北寧鐵路局及津浦鐵路局が在つて天津に於ける鐵道事務を扱つて居る。

國際觀光局

凡そ旅行する人は先づ國際觀光局を利用するを可とする日本國際觀光局即ち**ジヤパンツーリストビユーロー**は日本內地滿鮮台灣は固より世界各地に聯絡を保つて旅客の便宜を計つて居る支那には天津北京山海關青島及上海に案內所が有り天津は日本租界旭街三十番地に設置され懇切に扱つて貰へる汽車汽船何處への切符も同店で賣つて居る出帆又は發車前に忙しい思をするより豫め**ビユーロー**で切符を求めて置く方が餘程氣樂である天津**ビユーロー**の營業時間は毎日午前九時より午後五時迄日曜祭日は午後休業但し汽船出帆の前日は夜間も事務を執つて居る。

寧園

寧園

新停車場を過ぎた郊外舊種植園跡に寧園と云ふ遊園地が設けられた北寧鐵路局の經營である入園料大銅貨五枚を拂つて門を通り池畔の野道を一丁程進んだ所に曲橋が在る之を渡れば遊戯を兼ねた運動場が在り石橋を渡ると翠色滴る樹木が園内に滿ち廣大なる遙池に浮んだ島の中央に支那式の樓屋が在る遙か彼方の假山は連綿として池水を繞り山上に亭台を設け池畔には數軒の茶店が在つて遊覽客の休息所に充て池には無數の魚族が嚶々として泳ぐ等黄塵に塗れた天津人は此處に到つて身心自ら爽快ならざるを得ない池上には舢板及**ボート**を浮べ水上の娯樂に供し風光明媚にして幽邃なる蓋し天津随一の遊園地である毎日午前五時より午後十時（夏季は午後十二時）迄開園し日曜毎に園内の劇場で支那劇を興演する休日の朝家族伴れで東站發九時五分の汽車に乘れば約十分間汽車旅行の氣分が味はれ總站に下車して直ぐ近所の寧園に遊び逍遙顧望久ふして假山に登り津々たる英氣を養ひながら携帶の行厨を開いて一獻傾け午後四時三十分總站發の列車で歸宅するは確に一日の清遊である汽車賃片道一等四十仙二等二十仙三等十仙自働車は片道一弗五十仙園内に支那料理屋も在る。

鼓樓（中央）

城内

元來天津の支那市街は城内城外、河東、小關、獅子林、金家窰、窰洼、河北、梁家嘴、邵公庄及佟家樓の十一區に區分され總面積約二百萬坪と稱されて居るが城内とは前記四馬路に圍まれた内部の地域を云ふのであつて天津全市の中央に位し東西に長い方形の一劃を成して居る天津城の存在する迄は天津の市街として凡百の商取引は殆ど此城内で行はれて居たのであるが北清事變後は形勢一變し城内は全く見る影も無く寂れ徒に支那家屋が櫛比するのみ城内十字路の中央に

鼓樓　と云ふ遺物が殘つて居る城廓と同じく明朝永樂二年に建築したもので樓上に大鐘を懸け大仙像の城神を安置し天津衛城を保護して頗る靈驗があると傳へ毎月二回居民が香火を仙翁に供奉し朝夕大鐘百八十を撞いて城門を開閉して居たのである一面展望台を兼ねた不時の事變に處する合圖の城樓であつたのだが城神も白蓮の邪教を嫌つてか天津城は終に團匪事變の蹂躙となり列國軍の砲火によつて其附近民家の破壞されたものが多ふかつたに拘はらず寫眞に示す如く鼓樓は原形の儘殘され天津に於ける明朝の遺物として昔を偲ばしめて居る周圍に四面心を穿つて城廓の四門に直通した鼓狀は今も變りなく多少の修飾に變化はあるが

三不管

天津としては無二の紀念物である樓上題聯に曰ふ

高敞快高臨　看七十二沽往來帆影
繁華誰喚醒　聽百八十杵早晩聲

三不管

三不管は日本租界北旭街の西方一帶を俗稱したもので土地の繁榮を計る方便として此地方に限り阿片と賭博と女は關せずと云ふ意味より出たとの事である此地方は當初日本租界の豫定地であつたが後に豫備居留地とする條件を附けて支那政府に返還したので約四十萬坪有る當時は一帶に沼池が散在したが租界裏手に殘つた陸地に遊民が集まり**アンペラ**の掛小屋をして賭博を始め續いて飲食小屋見せ物小屋等が續出し人の集まるに從つて妓樓が現はれると云つた順序に發展の兆が見へたので支那當局は此地方を日本租界に編入される前に支那市街を設けるてふ外交的見地より慶親王が後楯となり營業公司等を設立して支那人の嗜好に適した娯樂を盛に許可して一大雜沓塲を造り小商人を奬勵して只管土地の發展を劃策した結果三十年後の今日では殆ど空地の無い迄に建設され殊に南市街廣興大街東興大街等の如き寫眞に示す通り高壯なる店舗が軒を聯ね天津一の五階建錢湯を始め妓樓の密集せる等正に天津一の盛り塲となつた。

録

附

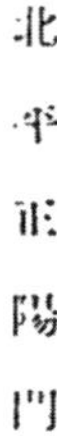
北平正陽門

北平（北京）

支那大古の歴史は判然しないが春秋時代に燕の諸公が今の河北省の大部を領して居た事蹟より推せば北平は矢張り燕の一地方であつたので帝都となつたのは遼の會同元年（西紀九三六年）遼の太宗が此地を都城と定め幽州の名を南京と改めたに始まり金及元も北平を帝都とし明の初四十餘年間南方に遷都した以外清朝に至る迄歴代北平が帝都であつた城廓は遼代に築かれて居たが今の北平内城は明の永樂十五年（西紀一四一七年）に起工し同十八年に竣工清朝に入つて修築を加へたのである周圍四十支里高三丈五尺五寸厚さ城根六丈二尺上部五丈で周圍に九門有る即ち宮城の南方正面に在る正陽門を中央に崇文門宣武門安定門德勝門東直門朝陽門西直門阜城門が之で城廓の四隅に角樓が在る城壁には一萬一千三十八の銃眼及二千百八の砲眼を造り外側に護城河を繞らして居る外城は内城に遅れて明の嘉靖三十二年に築造したので内城の南面のみを抱擁した周圍二十八支里の長方形であつて高二丈厚さ城根二丈上部一丈四尺永定門を正面に左安門右安門廣渠門廣寧門東便門西便門の七門を設けて居る北平全面積五方里人口今は百五十萬日本人約

北平萬壽山

二千外國人約四千が居住する康熙二十七年（西紀一六八八年）に東交民巷を外國使節の駐紮地と定め爾來各國公使館が此地域に設けられ北清事變後各國駐屯軍兵營も亦此地域內に附設され嚴然たる特別區域を形成して居る元來內城內は八旗の居住地であつたので外城內程商業は殷賑でないが皇城官衙宮廟等の觀るべきもの多く東交民巷東單牌樓附近には外人が多く住ひ銀行旅館料理店雜貨商等櫛比し邦人も此地方に大部分居住して居る東西四牌樓棋盤街後門大街等が內城內では商業の中心地であるが外城內には及ばない外城內では前門大街及其近邊が北平に於ける最も繁華なる處で勸業場劇場飲食店藥舖東西洋貨店等軒を聯ね車馬の往來も織るが如く觀音寺街の西方琉璃廠には書籍骨董文具等の商舖が竝んで居る天津北平間は特急列車で約三時間北平見物は自働車で三日間を費せば充分である見物個所は萬壽山、玉泉山、農事試驗場、宮城、喇嘛廟、鼓樓鐘樓、中央公園、天壇、先農壇香山、臥佛寺、碧雲寺、觀象台、景山、文天祥祠、國子監、博物館、石鼓等である邦人間の機關としては公使館駐屯軍の外居留民會商工會大和俱樂部小學校華語同學會夜學會三井書院三菱書院日華同仁醫院其他醫院本願寺別院警察署日刊新聞新支那正金銀行天津銀行兩支店邦人經營の旅館及料理店も有り藝妓もダンサーも居る。

萬里の長城（八達嶺）

長城は支那戰國時代に燕、趙、秦の三國が西北の敵を防ぐ爲に各自區分的に築城して居たのを秦の始皇（二千餘年の昔）が北方强奴を防ぐ爲に將軍蒙恬をして增築一貫せしめたもので山海關より起り河北山西陝西の三省を過ぎ甘肅省の嘉峪關に到る五千四百四十支里を貫いた一大遺物で或は山谷を上下し又は山河を縫廻して居るので其延長一萬二千餘支里に亘る八達嶺附近の長城は趙代に創始し秦時代のより約五百餘年遅れて齊の文宣帝頃に完成されたものである

八達嶺萬里長城

南口

北平より京綏鐵路に出て青龍橋驛に下車し日歸りに見物するか南口驛に下車し同地の**ホテル**に一泊し翌早朝驢馬又は轎に乘り居庸關彈琴峽等の舊蹟を觀て八達嶺の長城を見物し其日北平或は天津に一路歸るか其何れにしても八達嶺は訪れる價値がある長城は高十五尺乃至二十尺で上部の中央は廣い通路となり略ぼ三十六尺毎に烽火臺を設け外冦が來襲すれば晝は煙を夜は烽火を擧げて遠近に警告募兵防禦して居たものである。

十三陵

北平より南口迄京綏鐵路に由り南口ホテルに一泊し翌早朝驢馬か轎子で山路直往約八哩往復七時間を要す十三陵は明の永樂帝以下世烈帝に至る十三皇の山陵で昌平縣城の北郊約五哩の地に在る精巧に彫刻した大理石造の大牌樓石像石獸等羅列し大山一帶の山脈を背景とした樹林の間に隱顯する各陵の黄瓦朱壁門樓等稀に見る大理石の巨材を用ひた建築の頗る雄大なる寶城に登れば永樂帝の長陵がある其他の帝陵も概ね之に倣つたもの

四

十三陵石像

古北口

北平を午前五時に出發した汽車は高麗營、密雲等を經て午前十一時頃古北口に着く此間約二百二十支里有る古北口は萬里長城の一大關である山海關と居庸關の中間に位する重要なる關塞で又現に滿支國境の重要地点である城は明の洪武年間に建造され其後數代を經た永樂年間に至つて現狀に完成されたもので周圍約四支里潮河に臨み丈餘の城壁と數個の望樓で圍まれ要害堅固な山腹に築かれて居る昔遼も金も北都を攻めるに此

古北口全景

古北口滿支國境

地より進入した歴史が殘つて居り近くは彼の熱河戰に於て我が東北健兒が十分の一に等しい兵力を以て險要谷まる此重地を一擧に占領して敵の心膽を寒からしめた快報が殘つて居る此地方一帶の長城は秦代のものでなく明代に築いたもので甚しく壞れて居ない市街は四面山嶺を以て圍まれ潮河に沿ひ戸數約二百人口千數百で滿洲國境警察隊が駐在して居る熱河戰後邦人の此地に赴く者續出し現今百六十餘名の居住者及邦人經營の**古北口ホテル**も有る。

承徳（熱河）

承徳は清朝離宮の所在地で一名熱河と云ひ四面山に圍まれ熱河の起原たる熱い河の武烈河は市街の東を流れて居る康熙十六年（西紀一六七七年）康熙帝は避暑山莊の建設を思ひ立たれ西藏の名刹に摸して此地に八大寺の喇嘛廟を建設された但し是は一面に宗教を以て歸順の意を表し他面では蒙古王族に虚位空名を存續せしめて其自然的自滅を謀つた康熙帝の遠大なる對蒙遺蹟である此地の人口は約一萬八千で主として灤河の水運を利用する農畜産物の集散市場となつて居る商業地區は市街の西北部であつて商況頗る殷盛である主要なる諸官衙も概ね此地區に集中されて居る熱河事變後邦人の進出著しく現今在留民約一千人で主なる官公署及機關は熱河省政府縣公署郵便局電話局日本領事館税捐局中央銀行警察署專賣支局兵營滿洲國協和會興業銀行滿洲航空會社國際運輸阪田組出張所等で邦人經業の旅館も五軒有る承徳に赴く者は普通奉山鐵路局の自働車線に出るが此間數日を要するので近來北平より承徳に往復する者が増加して來た北京承徳間は普通自働車で一日行程乘車賃は現今銀十二弗である。

熱河大佛寺

六　承徳全景

唐山

冬の唐山

唐山は北寧鐵路の一驛で天津を距る東方八十一哩山海關より西方九十九哩の地點である唐山と云ふ山は一名鳳凰山とも云ひ驛の北方四支里に在る西紀一八七八年に隣村開平との間に一の炭礦を發見した石炭は有名なる開平炭であるが輸送の必要上當初運河を堀り後に唐山と蛋各庄間六哩に馬車鐵道を布設し西紀一八八六年に之を汽車に改革した之が即ち支那に於ける鐵道の事實上起源である當時支那では官民間に多大の鐵道反對があつたのを押して塘沽に延ばし天津北京に延長するに至つたので唐山に鐵道工廠を設け機關車、車輛其他鐵道用品の製作に着手し開平炭の產出と相俟て多數人の集合する處となり家屋の建築は熾に行はれ現今の唐山市街を造るに至つたのである名所としては唐山々上の彌勒佛廟内に延長三十餘支里に亘ると云ふ洞の有るのと鳳凰山の西方に在る興國寺が元代の建築に係るのと太爺廟外に甘水の湧出する位のもの物產は開平炭唐山**セメント**煉瓦陶器類石灰石材果物野菜等である我が駐屯軍支隊が駐屯し在留邦人は現今二百八十餘名である。

八

灤州

灤州は天津を東方に距る百十五哩山海關の西方五十六哩にあり驛は偏涼汀の山下に在る偏涼汀叢山の麓に乾隆帝兩度の行宮跡がある其西北三支里の叢山々上に登れば大覺寺と云ふ寺があり附近一帶を瞰下し風光勝佳である州城は驛を距る五支里で灤河に沿ふ保市街が賑やかである鹽務局其他の公立機關も總べて城内に在る灤河は灤州を經て遠く渤海に注いで居る爲に天津各島等とジヤンクに依る水運の便があり灤州より上流は永平遷安を經て熱河に通ずる舟艀の便があるジヤンクの往復するもの三四千艘に及ぶ灤州附近は穀物の産出が住民の日常食にも足らないが食鹽石炭落花生等の産出が多い爲に之等の物産を奥地に輸送し奥地よりも種々なる産物を移出して居る驛に近い灤河の鐵橋は軍事上よりも重要視されて支那内亂に際し數次爆破を企てたが皇軍の監視が嚴なるを以て幸に大破を免れて居る從來灤州の人口は約五千であるが熱河戰後邦人の此地に居住する者頓に增加し現今鮮人を合し四百餘名に達し尚增加の傾向がある我が駐屯軍も一支隊此地に駐屯して居る灤河は有名なる緋鯉を産し毎年清朝に貢献して居たと云ふ灤州より上流五十支里の灤河々岸に夷齊廟と云ふ古廟がある約一丁を距てゝ首陽山と云ふ川もあるが山は低くて一本の樹木も無い昔伯夷叔齊が此山に籠り粟を食して露命を繋いだと云ふ故事を傳へ乾隆帝御筆の碑文を覆刷りにして廟守が賣つて居るが此地の夷齊廟は曾て伯夷叔齊が熱河に往く時此所を經由したと云ふが事實らしい廟は古びて壞れるに任して居る。

灤州

昌黎

昌黎は灤州山海關の中間に位し天津より百三十七哩山海關より三十九哩ある城廓は驛を距る三支里の河に沿ひ山を負ふた景勝の地に築造されて居る人口一萬以上の繁然たる市街であつて鐵道の外天津秦皇島等と水運の便がある此地の特産物は果實類で北方の北山と云ふ山地の溪谷間より梨杏桃林檎葡萄紫栗を産出する此地より關外及京津地方に移出されるのは梨葡萄林檎沙果紅果及白菜を大宗とし驛より三十五支里距つた園林莊に産する魚及蝦も亦毎年夏季に京津地方に移出する額が尠くない果物類は滿州方面及遠く上海にも移出して居る城内北街に韓文公祠と云ふがある此地に揺籃した唐の韓退之を祀り其遠孫が祠側に住み退之の遺墨を刷して生計に資して居る北山の水嚴寺は樹木環繞し夏季の遊覽に適す驛の東北十五支里の五峰山々上には韓家祠があり周圍は樹木鬱蒼とし寺守が料理して遊覽客の需めに應じる西門內に十三層の古塔がある高十餘丈あるが何時代の建造物か判然しない又驛を距る五支里の西門外西山上には石壁破紋處と云ふがある安置する偶像の影と云ひ其堂下に石室一間がある幅高共凡三丈餘で湘子が出家修隱の處と傳へて居る其下を繞る流水は何處に發源して居るか判らないが冬季も結氷しない土人は之を冬流河と呼んで居る附近の沼池は湘子沐浴の處と傳へて居るが青蝶を多く産する現今我が駐屯軍の一支隊が駐屯し在留邦人は百四十餘名居る。

昌黎の古塔

北戴河

北戴河

北戴河は永平府撫甯縣に屬した一村落で山海關と昌黎の中間に位し天津より百五十四哩山海關より二十二哩の海濱である驛は西岸の太和寨に設けられ撫甯縣城は其西北三十一支里の處に在る海岸遠淺で砂地が廣く山岳を背景に氣溫低度なる爲に夏季の避暑地として京津地方に居住する歐米人間に珍重され北支那に於ける隨一の別莊地として知られて居る此地は殆ど產物とて無く悉く隣村より供給を仰いで居る每年夏季に入れば歐米人士が此地に海水浴旁避暑に赴く者が多いので鐵道は特に此季間割引切符を發賣する驛の南方十五支里の聯峰山には臨頭石聯峰話石等の古蹟がある又撫甯新城は舊城の舊址で昔遼左の咽喉を扼し歷代此地方で武を用ひたと傳へ今の撫甯縣署の前に兩京鎖鑰の四字を刻んだ古牌樓が殘につて居る聯峰山は聯蓬山とも云ひ前渤海を繞らし風光明媚の翠山で山頂より海濱に至る迄多數の洋館別莊が建てられ夏季は山上に天津**インペリアルホテル**が支店を設けて旅館及食堂を開くを例とする驛附近には支那旅館も數軒有る邦人間にも夏季納涼に出掛ける者が往々有るが方今在留する者は無い。

秦皇島

秦皇島

秦皇島は北戴河を距る約十二哩山海關より約十哩の海濱で其地勢は海岸線より僅に突出して小半島形をした岩石質の丘岡である二條の棧橋は恰も蝸牛角狀をして海上に突出して居る埠頭以外は砂地で海岸より六支里間は殆ど樹木が育たない同地の築港は北淸事變の際列國軍の海軍將校會議に於て北京を繋ぐ上陸地点を設置すべき決議に據り列國の費用を以て西紀一九〇一年五月に之を完成し其後支那土木會社英淸會社等の手を經て後開平礦務局に移つて經營が完成したのである大棧橋は長千八百六十呎幅六十呎小棧橋は長三百五十呎幅三十呎で共に鐵道を布設し北寧鐵路に連結して貨物を運搬して居る海岸は十二月上旬より三月上旬迄氷結し小舟の出入は杜絶するが棧橋附近は結氷しない仮りに薄氷を結んでも氣船は之を破壊して寄港する北支那唯一の不凍港として冬季間北支一帶の輸送を獨占して居たが天津白河の碎氷作業進捗して以來往昔の觀は無いが開平炭其他の輸移出盛んに行はれて居る海岸に接した砂上に日英佛の兵營があつて三國兵が駐屯し支那市街は丘岡の西北方に在る邦人經營の旅館もあり在留邦人は目今約二百四十名である。

山海關

山海關は古來有名であつた隋末より唐宋時代には常に戰區となり淸の世祖章帝は山海關を通過して北京に奠都し日淸戰役には欽差大臣劉坤一が此地に在つて關內外の軍務を總轄し滿州事變では勇敢なる我軍の占領に因て一層名を擧げた山海關城は明の洪武年間の築造此地方の萬里長城は千三百餘年の昔隋の煬帝が築いたので海に臨んだ老龍頭より起り山海關城に連つて角山の嶺を攀ぢ右方に折れ三道關竝に九門口を經て北走して居る長城に連つた關城の東門樓上に天下第一關の懸額がある明の蕭顯の書いたものだと市街は城內南關羅城西關の四所に分れ邦人は多く南關に住つて居る停車場も此所に在る驛より南關に通ずる南關大街が最も繁華である人口は約四萬在留邦人は現今九百餘名日英佛の守備隊も駐屯して居る長城の起点近くより約一哩半の砂地海岸は水淺く波靜で海水浴に適し城西を流れる石河は有名なる鮎の產地で京津間にも賞味される城を距る二十支里に古蹟玄陽洞があり六支里に海拔約千三百尺の角山がある角山の西南約十支里に二郎廟と云ふ古蹟がある山海關は良水に富み天津市內に販賣する山海關汽水は同地の水を用ひたもので現今我が小學校邦字紙山海關日報及日本旅館料亭も數軒有る。

山海關天下第一關

三　山海關長城起点

日本國際觀光局

（ジャパンツーリストビューロー）

天津日本租界旭街二〇

電話｛二二五〇〇
二三八三三

天津旅館業組合

常盤ホテル
天津日界壽街
電話 三〇一〇八
電話 三一〇五〇

大和ホテル
天津日界花園街
電話 三〇九五三
電話 三一二八三

松島館
天津日界松島街
電話 三〇三六五
電話 三一九〇四

彌生館
天津日界松島街
電話 二〇二〇四

玉屋旅館
天津日界曙街
電話 二〇五三八

芙蓉館
天津日界宮島街
電話 二〇〇四一

支那おみやげ品御購入の際は

必ず

天津日本租界宮島街天津神社前の三泰洋行を御利用下さい

◉三泰洋行は日本國際觀光局御指定の土産品販賣店であります

◉三泰洋行は名物天津人形の販賣店であります

◉三泰洋行は支那各省の名産を集めて居ります

◉三泰洋行は天津唯一のおみやげ品專門販賣店であります

◉三泰洋行は絶對に僞造品は販賣しませぬ

◉三泰洋行は斷然値引せぬ代り絶對に掛値は申しませぬ

◉三泰洋行は支那店よりも安く賣る事を**モツトー**として居ります

◉三泰洋行は頑固ですが安心して買へます

◉三泰洋行の電話は二〇三五一であります

昭和九年十月十日印刷
昭和九年十月十三日許可

不許複製

著者兼發行人　天津日本租界宮島街十六番地　武田守信

印刷所　天津日本租界花園街　東和印刷局　電話二〇三五〇

發行所　天津日本租界壽街　日光堂書店　電話二〇五七九

販賣店　天津日本租界宮島街　三泰洋行　電話二〇三五一

（定價銀六十仙）

『天津居留民団行政概要』

（天津居留民団、一九三七年七月）

昭和十二年七月

天津居留民團行政概要

天津居留民團

目次

(一)沿革 一頁
(二)行政機構 一
(三)職制概要及職員 二
(四)財政 五
(五)事業 七
一、工務 七
1、道路 七
2、下水道 八
3、建築 九
4、保浄 九
二、業務 一〇
1、上水道 一〇
2、埠頭 一一

三、衛　　生　一三
四、義　勇　隊　一四
五、其　　他　一四
（六）共益會分離ニ關スル事情並其事業概要　一四

附　表

一、日本租界所有者別面積調査表（昭和十二年一月一日調）
二、天津在留邦人人口並世帯數統計表（〃　年一月卅日調）
三、天津市各國人別人口調査表（〃　十一年十二月末日調）
四、天津在住邦人及日界內在住外支人戶口調査表（〃　十一年十二月末日調）
五、天津市居住中國人居住地別人口調査表（〃　十一年十二月末日調）
六、天津在住內地人府縣別人口調査表（〃　十一年十二月末日調）
七、昭和十二年度天津居留民團豫算表　一
八、昭和十二年度財團法人天津共益會豫算表　二七
九、貿　易　額　表　七七

天津居留民團行政概要

（一）沿　革

天津日本專管居留地ハ明治四十年九月（在留民約壹千六百人）公法上自治團體タル天津居留民團設立セラル、以前ニ於テハ租界行政機關トシテ明治三十五年九月（在留民約壹千人）當地總領事館令ニヨリ制定セラレタル日本專管居留地假規則ニ基キ大日本租界局ト稱スル租界最初ノ自治機關設置セラレ租界諸般ノ自治行政ヲ施行シアリタレドモ租界內ノ面目整ヒ居留民增加ト相俟テ當路ニ於テモ法令ヲ整備セラレ明治三十八年法律居留民團法ノ設定アリ仝四十年九月他民團ト共ニ開設今日ノ民團行政ノ端緒ヲ開キタルモノナリ

爾來今日ニ至ル迄三十餘年ノ永キニ亘リ或ハ團政ノ消長、變遷アリタルモ監督官廳、並ニ駐屯軍ノ適切ナル指導援助ニ依リ列常ニ國際環視ノ裡ニアリテ特異ノ地歩ヲ開拓シツ、アリ

（二）行　政　機　構

本民團ノ行政機構ハ居留民團法、仝施行規則及仝施行細則ニヨリ規定セラレアルモ其他民團條例ヲ以テ定メタル各法規ヲ運用適切ナル行政ヲ實施シアリ

一、行政施行機關及仝補助機關

從來法令ニヨリ定メラレタル行政施行機關ハ合議制ノ參事會ニ據リタルモ昭和十年居留民團法施行規則改正ア

リテ內地市町村制ヲ加味シタル民團長制ヲモ併用セラルヽニ至リ當初ニ於テハソノ要ヲ認メズトシ從來ノ合議制ニヨリタルモ最近ノ北支明朗化ニ伴ヒ急激ニ進展セル北支ノ環境ニ適セズ且ツ廣汎ナル團政事務管掌ハ從來ノ參事會制ニヨルベキモノニアラズトナシ昭和十二年十一月茲ニ民團長制採用ヲ民會ニ於テ決議仝年十二月末現民團長就任シタルモノナリ

二

1、民　　會

法令ニヨリ選出セラレタル三十二名ノ民會議員之ヲ組織シ毎年三月領事通常會ヲ召集シ他ハ必要ノ都度臨時會ヲ開會ス

2、參　事　會

民團長諮問機關トシテ民會議員中ヨリ七名ヲ互選シ諸般行政事項ノ諮問ヲ受ケ審議決定ス

3、課金調査委員會

民團長ノ諮問ニヨリ民團公課金及其他徵稅ニ關スル調査、査定ヲナスモノニシテ民會議員選擧權者中ヨリ十五名若シクハ以上ノ委員ヲ民團長委囑ス

4、法規調査委員會

民團諸法規ニ關スル審議調査ヲ司掌スルモノニシテ十二名ノ委員ヲ居留民中ヨリ民團長委囑ス

（三）職制概要及職員

一、職制概要

民團事務所ニ左ノ各部、課及係ヲ設ケ各管掌事務ヲ司掌セシメアリ

（一）總務部

1、秘書課――秘書係、人事係、外事係

2、庶務課――庶務係、文書係、會議係、祭祀兵警係

3、調査課――社會係、調査係、統計係

（二）工務部

1、經理課――庶務係、調度係、管理係

2、土木課――道路係、土木係、下水係

3、建築課――設計係、工事係

4、保淨課――清掃係、道路係、下水係

（三）衛生部

1、療病院

2、防疫課

3、保健課

4、庶務課

（四）業務部

1、水道課――設計係、工事係、庶務係、點檢係

2、埠頭課――收納係、監視係

（五）財務部

1、調定課――土地、家屋、不動産取得、雜種課金係、營業課金係、取得課金係、工巡、衛生費係

2、徵收課――內勤係、外勤係

3、整理課――內勤係、外勤係

4、會計課――主計係、出納係

5、用度課――購買係、保管係

（六）考査課

二、職員數（七月一日現在）

民團長　一　會計主任　一　主事　三　技師　三

主事補　四　技師補　一　書記　五　技手　五

書記補　一〇　技手補　五　囑託　一　雇員　三二

中國人（傭人）二六九　日人　計　七一八

外ニ巡捕　三七二

但シ巡捕ハ其ノ經費ヲ民團ニ於テ負擔シ監督運用ハ總領事館警察署ニ一任ス

（四）財　政

民團ノ財政ハ創立當初ハ歳入銀七萬壹千弗ニ過ギザリシガ其後租界ノ發展ニ伴ヒ膨脹シ三十年後ノ最近ニ於テハ此間共益會ノ分離アリシニ拘ラズ裕ニ壹百萬弗ヲ超ユルニ至レリ

而シテ其財源ハ民團法並民團法施行規則ニヨリ民團ニ與ヘラレタル權限ニヨリ制定セル民團地區內ニアル邦人及專管居留地々域內ノ內外人ニ對シ賦課セル左記公課金其他ヲ以テ之ニ充當ス、尙昭和十二年度豫算額ヲ示セバ左ノ如シ（詳細別項豫算書參照）

一、民　團　課　金

土地、家屋、取得、營業各課金、合計銀一八七、二〇〇弗　內邦人負擔銀一〇〇、九〇〇弗

二、雜　種　課　金

ダンサー、日本藝妓、中國藝妓、酌婦、貸座敷、常設及臨時興行、遊戯場等、合計銀三四、一四六弗　內邦人負擔約銀一三、〇〇〇弗

三、特　別　課　金

六

遊興税ニ相當スルモノ、合計銀二三、〇八八弗　全額邦人負擔

四、不動産取得税　合計銀八、〇〇〇弗

五、工巡費

專管居留地内居住ノ中國人ニシテ前項取得、營業兩課金ヲ負擔セザルモノニ之ヲ課ス、合計銀一〇八、〇〇〇弗　全額中國人負擔

六、使用料

道路使用料、水道料、土地貸下料等、合計銀一八九、一〇〇弗

七、埠頭收入

繋船料、埠頭置場料、埠頭使用料、渡船場使用料等、合計銀一一、三二〇弗

八、衛生費　合計銀三八、〇〇〇弗

九、手數料

諸車並飼犬鑑札料、合計銀一六九、〇九〇弗

尚右ノ外財産出生收入並ニ雜收入アリ

歳入出ノ詳細ニ就キテハ別表豫算表ヲ參照アリタシ

昭和九年賜リタル御下賜金ニ付テハ御趣旨ニ基キ記念事業ヲナスベク特別會計條例ヲ設ケ之ガ使途ニ付テハ民會ニ

於テ愼重協議決定スベキコト、ナリ居レリ

（五）事　　業

一、工　　務

1、道　　路

稱呼　本租界ノ公道ハ何々街ト稱シ街名三十五ヲ數フ

延長　街道ノ延長二四・五粁　內昭和十一年末迄ニ路面工事ヲ了リシモノ二四・三四粁ニシテ未完成ハ〇・一六粁ナリ

幅員　電車複線ヲ通ズル旭街ハ總幅一八米一八糎　此內兩側ニ各二米七三糎ノ步道ヲ築造シ中央一二米七二糎ヲ車道トス　其他ハ總幅員一二米七二糎、九米九糎、五米四五糎ノ三種トシ一二米七二糎及九米九糎ノ街路ニハ兩側ニ步道ヲ有ス

路面　車馬通行頻繁ナル街路ハ「ソリデヂツト」及「膠石」舖裝トシ其他ハ「アスフアルト」碎石道ノ四種トス

現在路面舖裝ヲ了シタル路面々積左ノ如シ

（舖 裝 種 別）	（面　　積）
「ソリデヂツト」舖裝	二二、七一七・一平米

八

膠石道　三一、五三一・九平米
「アスファルト」舗装　一二五、六七五・〇平米
砕石道　一、八二六・八平米

民團創立即チ明治四十年ヨリ昭和十年ニ至ル二十九箇年間ニ要シタル道路築造並修築工費ハ
道路築造　五六五、〇七一弗二八
道路修築　八四一、六〇四弗〇七
ニ及ビ而シテ右ハ工事ニ要スル諸器具及人件費ヲ含マザルモノナリ

2、下水道

下水道ハ租界内ノ各街路ニ敷設シアリテ雨水及凡テノ汚水ヲ流通ス然レドモ本租界ハ土地低平ニシテ自然流下ヲ以テ河川其他ニ排出シ能ハザルニヨリ南北二ケ所ニ喞筒場ヲ設ケ一ハ白河、ニ一ハ墻子運河ニ揚水排出ス

昭和八年租界内居住者漸増ニ伴フ必要ニ迫ラレ工費八萬四千弗ヲ以テ新ニ住吉街ニ汚水處分場ノ築造ニ着手シ同十年四月竣功セリ　同處分場ハ本租界下水量ノ五分ノ四ヲ處理スル事ヲ得　一方橋立街喞筒所ノ改造並ニ同喞筒所系統ノ幹線下水道ノ改修ニ着手シ昭和十年度内ニ工費十四萬二千弗ヲ以テ竣功セリ

昭和十一年末ニ於ケル下水道總延長二萬三千米ナリ

3、建　築

昭和五年共益會ヲ分離シタル後民團ニ於テ施工セシ主ナル建築物ハ

埠頭事務所	昭和五年十一月	竣工
埠頭倉庫	昭和七年五月	〃
第一分署	昭和十一年六月	〃
吏員宿舍	昭和十一年九月	〃
療病院增築	昭和十一年三月	〃

ニシテ

第一分署ハ租界警備上樞要ナル地點ニアルヲ以テ其ノ施設ニ付テハ軍ノ指導ニヨリ非常時ニ適應スベキ各設備ヲ施シ總工費四萬五千弗ヲ以テ昭和十二年六月竣工北旭街突端ニ威容ヲ示シアリ

又昭和十一年度ノ計劃ニテ已ニ着工シタルモノニ消防隊廳舍アリテ三層鐵筋コンクート建火見櫓ヲ附シ近代施設ヲナセルモノニシテ昭和十二年九月ニ竣工ノ豫定ナリ

4．保　淨

保淨課ハ租界内路面淸掃、下水道ノ掃除、塵芥收去、糞尿汚物ノ集捨等ヲナシ又毎年春秋二回租界内ノ淸潔法ヲ施行シ領事舘警察員ノ立會ノ下之ヲ實施ス

二、業　務

1、上　水　道

イ、沿　革

明治三十六年英人經營ニ係ル水道會社（天津濟安自來水公司）設立サレ市ノ西端ニ位スル芥園ニ淨水場ヲ設ケ西河及御河ノ濁水ヲ源水トシテ沈澄濾過裝置ヲ具備スル近代式施設ニ依リ上水トス

本民團ハ明治三十八年ヨリ此會社ヨリ上水ノ分讓ヲ受ケ租界內ニ給水ス

尙同會社ノ配水能力ハ最大一時間三十萬加倫ニシテ昭和十二年一月ヨリ組織變更サレ從來英國法ニ據リシヲ中國法ニ改メ會社名モ中國濟安自來水公司トナレリ

ロ、配　水　設　備

配水管ハ內徑三吋乃至十吋ニシテ殆ド全街路ニ行キ亘リテ民團之ヲ敷設シ此延長二萬二千四百七十五米ト消火栓九十四個所ノ設置ヲ合シ總工費銀十九萬二千二百十八弗六十六仙ナリ然シテ右配水管中七割六分迄ハ內徑四吋管ナルガ故ニ火災時ニ於テハ管內流量ニ不足ヲ來スノ虞アリ因テ消火用水ノ不安ヲ一掃スルタメ在來ノ四吋管ヲ或程度迄八吋管ニ敷設替スル事トナリ昭和十年度ヨリ之ガ工事ニ着手シ目下引續キ敷設替工事中ナリ

ハ、給　水　狀　態

給水ハ消火用水ヲ除ク外ハ全部計量給水ニシテ昭和十一年度ニ於ケル給水量及給水戸數人口等左ノ如シ

（給水量）	（全戸數）	（全人口）	（一人一日平均）
二三六、一九〇、六三〇G	約七、〇〇〇戸	約三八、〇〇〇人	一七G强

ニ、水道自營計劃

前述ノ如ク淨水塲ガ支那街ニ在ル爲メ動亂ノ際何等カノ影音ヲ受クル虞ナシトセズ昭和三年南軍ノ入津ニ際シテモ日英佛伊米五ケ國ノ兵ヲ派シ其守備ニ任シタルコトアリタリ此故ヲ以テ鑿井ニ依リ上水供給ヲ自營セントノ計劃アリ數回ニ渉リ試驗堀鑿ヲ爲シタレドモ未ダ適當ナル水源ヲ得ズシテ實現ニ至ラズ

2、埠　　頭

イ、埠頭概要

日本租界埠頭ハ白河ニ面セル山口街延長四八五間一七三ニ施設ザレ大正十四年十月起工、工費百十一萬二千弗（内金五〇萬圓政府借入金、銀七十二萬弗花旗銀行借入金）ヲ以テ昭和二年七月竣工シタルモノニシテ

埠頭荷置塲　　五、〇〇〇坪

倉庫建坪　　四六三坪

構内空地　　一六〇坪

ヲ含ミ、福島街以北ハ倉庫地豫定地トシテソノ大半ヲ買收シアルモ未ダ具體的使用ニ至ラズ

ロ、使用狀況

本埠頭遡航ニツイテ白河泥塞狀況ハ遂ニ大型汽船ノ日界埠頭ヘノ遡航ヲ斷念セザルヲ得ザル狀況ニテ當初ノ計畫ハ水泡ニ歸シタル感アリタレドモ昭和八年十二月當地東興洋行ノ英斷ヲ以テ全社汽船二隻相踵イデ日界埠頭ヘ遡航シタリ爾來白河狀況ノ良好ナル時ハ努メテ遡航シ昭和十一年末迄ニ通計六十八隻ノ遡航ヲ見タリ其他、艀船、民船等最近四年間ニ於ケル繋船數左ノ如シ

昭和八年度以降各種繋船數調

	汽船	艀船	民船
昭和八年	二		二、三七二
〃九年	三〇	五三	二、八二六
〃十年	二一	三七	二、七〇一
〃十一年	一五	一二九	三、〇二三
計	六八	二一九	一〇、九二二

三、衛　生

本民團ノ衛生ニツイテハ防疫、保健、療病院ノ各課ヲ設ケ醫師二、藥劑師一、技術員一、看護婦（見習共）六ヲ以テ夫々管掌事務ヲ擔當セシメアリ

就中療病院ハ大正八年民團避病院トシテ設立法定傳染病患者ノ收容機關タリシモ昭和三年居留民ノ增加ニ伴ヒ病室ノ增設、施設ノ完備ヲ俟テ天津療病院ト改正昭和四年社會施設トシテ通院患者ノ實費診療ノ制ヲ設ケ一般居留民ノ治療簡易普通化ヲ計リ昭和九、十年度更ニ病室、實驗室等ノ增改築ヲナシ現在ニ及ベリ防疫事務トシテハ法定傳染病患者ノ收容ヲナス外、傳染病防疫ニツイテ種痘、各種豫防注射、又ハ豫防錠ノ頒布ヲナシ一般防疫知識ノ普及ヲ計レリ

保健事務トシテハ肺結核患者ニ對スル豫防、健康相談、患者ノ隔離收容ヲ主トスル結核豫防對策ヲ樹テ無料收容隔離室ヲ設クルト共ニ携帶用「レントゲン」一基ヲ購入シ一般結核豫防知識ノ普及ヲ計ル傍早期診斷並ニ治療ニ努メツヽアリ

其他一般保健事務トシテ

一、酌婦健康診斷

一、接客營業者ノ健康診斷及潛伏黴毒檢査

一、邦人使用支那人ノ健康診斷

等ヲ實施スル他衛生試驗、一般病理化學試驗ヲモ取扱ヘリ

四、義　勇　隊

民團ハ昭和貳年五月始メテ義勇隊ノ組織ヲ爲シ當時ノ隊員四八七名ナリシガ超エテ昭和八年四月更ニ其組織ヲ擴充整備シタリ一朝事變ニ際シテハ民團長ハ總領事ノ認可ヲ得テ義勇隊長ヲシテ之ヲ召集セシメ戰時狀態ニアリテハ全員ヲ駐屯軍司令官ノ隷下ニ入ルヽヲ例トセリ現在ノ隊員約五百名ナリトス

五、其　　他

民團ハ毎年財團法人共立學校（主トシテ中國人子第ニ初等敎員ヲ授ク）及天津在鄕軍人分會等ニ補助金ヲ交附シ其助成ヲ計リツヽアリ

（六）共益會分離ニ關スル事情並ニ其事業概要

自治團體タル居留民團ノ施設ハ其ノ在住民ニ對シテ一般的普遍的ナルヲ原則トスベク隨ッテ日本人ノミニ限ル祭祀若クハ敎育衛生ノ如キ特殊的事務ヲ民團ニ委スルハ理論的ニモ亦邦人將來ノ爲ニモ障碍多カルベキヲ考慮シ之ガ對策トシテ財團法人ヲ設立シ以テ此等邦人ノ事業ハ邦人自ラノ手ニ依テ經營スルノ最善ノ方法ナルヲ認メ昭和二年七月時ノ行政委員會長臼井忠三氏（現民團長）自ラ上京シテ政府ノ諒解ヲ得同年十二月臨時民會ニ於テ財團法人設立並ニ設立ニ伴フ必要ナル手續ヲ行政委員會ニ一任スルヲ決議シ茲ニ財團法人設立ニ關スル一切ノ事務ニ着手シタリ然レ共實際ニ當ッテハ相當複雜多岐ニシテ昭和五年七月漸ク成案ヲ得テ共益會ナル名稱ヲ附シ在留日本人ノ共同利

益ヲ保護増進スル爲祭祀、教育、衛生其他必要ナル事業ヲ爲サシメ一方之ガ目的ヲ達成セシムル爲ニ民團所有ニ係ハル電氣事業及學校、校舍等建物及土地ヲ分讓シ玆ニ財團法人天津共益會ヲ設立シタリ

尙本會設立當時ニ於ケル支那側ノ國權囘收運動最熾烈ニシテ獨墺露ノ租界還附ハ當然ナルモ或ハ白耳義租界ノ還附英國ノ北京外交團會議ニ於ケル各國租界共同還附提案等我日本租界ノ存續ニ付テモ亦相當脅威アリタルハ共益會設立趣意トハ別ナルモ伏在セシ原因ノ一ナリ

共益會分離ト共ニ從來民團ニ於テ經營セル天津神社祭祀並ニ幼稚園、小學校、商業學校、高等女學校、靑年學校等ノ教育機關ヲ擧ゲテ全會ノ經營ニ移シ其財源トシテ電氣事業並ニ民團所有土地ノ大半ヲ之ニ委讓セルモノナリ

附表一

日本租界所有者別面積調査表

昭和十二年一月一日調

總面積　參拾九萬〇五百九拾參坪參合七勺壹才

内譯

所有者別	坪數	摘要
官有地	六、七七〇坪六一一	外務省所有地
軍	五、三三八〇〇九	陸軍　五、〇七四坪一〇九 海軍　二六三坪九〇〇 但シ海光寺兵營敷地　二二、〇五一坪四六四及全裏「池」九、六六九坪四八一ハ之ヲ含マズ
民團	九、六二二五六一	
共益會	九二、四三九二九一	
日本人	七五、八五九六五三	
外支人	一二六、五六一五九三	支那人　一二一、六六〇坪六二五 外國人　四、九〇〇坪九六八
道路	七四、〇〇一六五三	道路　七一、二一四坪五一三 胡同　二、七八七坪一四〇
計	三九〇、五九三三七一	

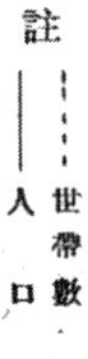
註
—— 人口
---- 世帯数

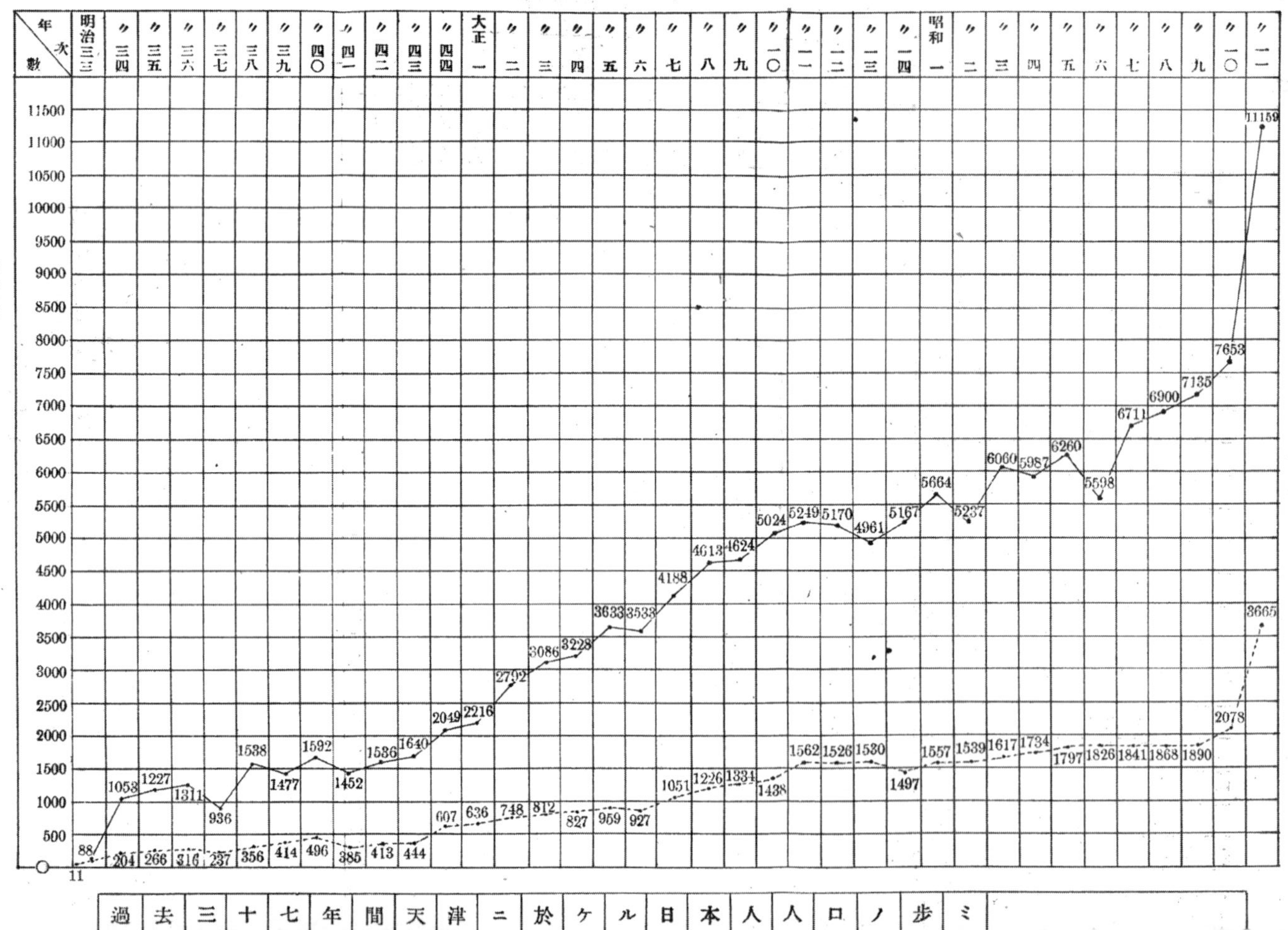
附表二
天津在留邦人人口並世帯数統計表
昭和十二年一月三十日調
過去三十七年間天津ニ於ケル日本人人口ノ歩ミ

附表三

天津市各國人別人口調査表

昭和十一年十二月末日調

國別＼種別	戸數	男	女	計	摘要
日本人	三、六六五	五、九八五	五、一七四	一一、一五九	内 朝鮮 二、一二五 台灣 五二
中國人	二六三、七九七	七三一、〇八三	四九四、〇六四	一、二二五、一四七	日界内 二六、三六〇
英國人	五一二	八一二	六〇〇	一、四一二	
米國人	六一二	八二八	七四三	一、五七一	
佛國人	四九九	八五〇	七六〇	一、六一〇	
伊太利人	一三〇	二一一	一四三	三五四	
獨乙人	一九九	三三一	二七六	六〇七	
蘇邦人	四九	七三	五二	一二五	
西班牙人	四一	八五	五八	一四三	
波蘭人	八〇	一四二	一三八	二八〇	
捷古人	四八	七三	四七	一二〇	
瑞西人	七二	一〇二	八四	一八六	
丁抹人	五六	九〇	六六	一五六	
芬蘭人	三一	七三	四九	一二二	
瑞典人	四七	八三	五八	一四一	
白耳義人	一〇九	二一二	一六一	三七三	
墺太利人	六〇	一〇二	七二	一七四	
無國籍人	一七三	二七七	二二〇	四九七	
其他	二三九	四二二	三三三	七五五	
總計	二七〇、四一九	七四一、八三四	五〇三、〇九八	一、二四四、九三二	

附表四

天津在住邦人日界內在住外支人戸口調査表

昭和十一年十二月末日調

地名			日界	法界	英界	伊界	特一	特三	特四	華街	合計
內地人	世帶數		2.645	145	47	8	161	7	6	34	3.056
	大人	男	2.905	175	56	10	158	9	12	54	3.579
		女	2.448	96	38	10	35	6	6	26	2.665
	小人	男	1.377	28	14	2	10	2	1	11	1.445
		女	1.429	26	8	3	11	3	4	9	1.493
	計		8.159	325	116	25	214	20	23	100	8.982
朝鮮人	世帶數		550	17	4		17			12	600
	大人	男	681	22	4		4			18	729
		女	573	15	3		51	4		22	668
	小人	男	397	4	1		3			4	409
		女	303	10	0		0			6	319
	計		1.954	51	8		58	4		50	2.125
台灣人	世帶數		10							2	12
	大人	男	11							3	14
		女	8							4	12
	小人	男	6							3	9
		女	15							2	17
	計		40							12	52
邦人合計	世帶數		3.205	162	51	8	178	7	6	48	3.665
	人口	男	5.377	229	75	12	175	11	13	93	5.985
		女	4.776	147	49	13	97	13	10	69	5.174
		計	10.153	376	124	25	272	24	23	162	11.159
中國人	世帶數		3.715								
	大人	男	15.732								
		女	5.536								
	小人	男	2.708								
		女	2.384								
	計		26.360								
其他	世帶數		2								
	大人	男	2								
		女									
	小人	男									
		女									
	計		2								
世帶數總計			6.922								
人口總計			36.515								

附表五

天津市居住中國人居住地別人口調査表

昭和十一年十二月末日現在

地名＼種別	戶數	男	女	人口計
日界	三、七一五	一八、四四〇	七、九二〇	二六、三六〇
英界	一二、四一一	三五、一四〇	一四、八〇二	四九、九四二
法界	一八、五二二	四一、七四八	三〇、三八三	七二、一三一
伊界	二、二九四	四、九二七	三、一四一	八、〇六八
特一	七、五八〇	一七、四七四	一五、三五四	三二、八二八
〃二	四、八二二	一六、七五八	三、四一七	二〇、一七五
〃三	四、四八二	一六、三四二	八、三五一	二四、六九三
〃四	七五	三四四	一五三	四九七
公安局 第一區	二八、八五六	九三、五一五	五四、九四八	一四八、四六三
〃 第二區	五一、六九九	一三七、九八八	九八、八二四	二三六、八一二
〃 第三區	三二、二四八	一〇三、七七二	六二、四八二	一六六、二五四
〃 第四區	二一、四二二	五七、四八三	四三、六一二	一〇六、〇九五
〃 第五區	四九、九五二	一二一、六一四	一〇〇、六二八	二二二、二四二
〃 第六區	二五、七一九	六五、五三八	五〇、〇四九	一一五、五八七
總計	二六三、七九七	七三一、〇八三	四九四、〇六四	一、二二五、一四七

附表六

天津在住內地人府縣別人口調査表

（昭和十一年十二月末日調）

府縣名	人口	府縣名	人口	府縣名	人口	府縣名	人口
廣島	七一四	大分	一九五	岐阜	九五	群馬	五〇
大阪	六六四	鹿兒島	一八六	奈良	九五	山梨	三六
東京	五九五	長野	一七七	福島	九〇	埼玉	二五
長崎	五九五	滋賀	一六三	千葉	八六	高知	二五
兵庫	四九五	神奈川	一五九	香川	八四	福井	一八
福岡	四八六	北海道	一五五	山形	八三	青森	一八
京都	三七五	富山	一四三	三重	七六	岩手	一三
熊本	三二七	愛媛	一三六	秋田	七六	樺太	七
山口	三〇九	新潟	一三六	島根	六八	沖繩	六
岡山	二五四	德島	一〇九	宮崎	六八		
愛知	二四六	和歌山	一〇九	栃木	六八		
石川	二二七	宮城	一〇五	鳥取	五九		
佐賀	二一八	靜岡	九五	茨木	五四	合計	八、五七三

附表七

昭和十二年度居留民團歲入出豫算

歲入

一、經常部　銀八拾參萬五千零九弗也

一、臨時部　銀貳拾貳萬弗也

計銀壹百零五萬五千零九弗也

歲出

一、經常部　銀六拾六萬八千五百六拾九弗參拾五仙也

一、臨時部　銀參拾八萬六千四百參拾九弗六拾五仙也

計銀壹百零五萬五千零九弗也

昭和十二年度居留民團歲入出豫算表

歲入

經常部

科目	本年度豫算額	前年度豫算額	備考
第一欵 居留民團課金	一八七、二〇〇〇〇	一七三、九〇〇〇〇	
一、土地課金	五六、二〇〇〇〇	五六、九〇〇〇〇	日本人 二九、〇〇〇弗 中國人 二四、六〇〇弗 外國人 二、六〇〇弗
二、家屋課金	八三、〇〇〇〇〇	八〇、〇〇〇〇〇	日本人 二八、〇〇〇弗 中國人 五一、〇〇〇弗 外國人 四、〇〇〇弗
三、取得課金	九、〇〇〇〇〇	六、〇〇〇〇〇	日本人 八、五〇〇弗 中國人 五〇〇弗
四、營業課金	三九、〇〇〇〇〇	三一、〇〇〇〇〇	日本人 三五、四〇〇弗 中國人 三、六〇〇弗
第二欵 雜種課金	三四、一四六〇〇	三二、七一二〇〇	

一、ダンサー	六〇〇	〇〇	六〇〇	〇〇	平均二等月二弗(二五名)
二、日本藝妓	四、四四〇	〇〇	二、二八〇	〇〇	一等月五弗(五〇名)二等月三弗(三二名) 三等月二弗(六　名)四等月一弗(一二名)
三、中國藝妓	二一、六〇〇	〇〇	二三、七六〇	〇〇	二等月三弗　(五〇〇名) 三等月一弗五十仙　(二〇〇名)
四、酌婦	九三六	〇〇	七〇二	〇〇	月二　弗(三　名)日人 月一弗五十仙(四八名)鮮人
五、女給	一、八〇〇	〇〇			月一弗(一五〇名)
六、貸座敷	一、三五〇	〇〇	一、三〇〇	〇〇	抱妓一名ニツキ月一弗
七、常設興業	一、二〇〇	〇〇	一、三二〇	〇〇	四等月三〇弗(一名) 六等月二〇弗(二名) 七等月一五弗(二名)
八、遊戯場	二、一〇〇	〇〇	二、七〇〇	〇〇	七等月七五弗(一名) 八等月五〇弗(二名)
九、臨時興行	一二〇	〇〇	五〇	〇〇	
第三款　特別課金	二三、〇八八	〇〇	一四、四四八	〇〇	

一、特別課金	二三、〇八八	〇〇	一四、四四八	〇〇	藝妓花代一ヶ月八〇、〇〇〇本此ノ花代年額三八四、〇〇〇弗外ニ酌婦揚高一ヶ年八〇〇弗合計三八四、八〇〇弗ニ對スル百分ノ六
第四欵　不動産取得税	八、〇〇〇	〇〇	三、〇〇〇	〇〇	
一、不動産取得税	八、〇〇〇	〇〇	三、〇〇〇	〇〇	
第五欵　工巡費	一〇八、〇〇〇	〇〇	一一四、〇〇〇	〇〇	
一、工巡費	一〇八、〇〇〇	〇〇	一一四、〇〇〇	〇〇	賦課戸數二、〇〇〇戸見當
第六欵　使用料	一八九、一〇〇	〇〇	一七〇、四一〇	〇〇	
一、道路使用料	三〇〇	〇〇	三〇〇	〇〇	
二、水道料	一八五、二〇〇	〇〇	一六七、一一〇	〇〇	第一種一億八千萬ガロン（千ガロンニ付金八五仙） 第二種二千四百萬〃〃（〃〃七五仙） 第三種千六百萬〃〃（〃〃六五仙） 共用水三百萬〃〃（〃〃八〇仙） プール三百五十萬〃〃（〃〃四〇仙） 計二億二千六百五十萬ガロン

三、土地貸下料	三、六〇〇	〇〇	三、〇〇〇	〇〇	埠頭附近土地臨時貸下料
第七欵　埠頭収入	一一、三二〇	〇〇	一〇、八二〇	〇〇	
一、繋船料	五、〇〇〇	〇〇	四、〇〇〇	〇〇	民船収入　四、〇〇〇弗 其ノ他　一、〇〇〇弗
二、埠頭置場料	二、〇〇〇	〇〇	二、〇〇〇	〇〇	埠頭倉庫賃貸料 輸出入貨物置場料
三、埠頭使用料	一、五〇〇	〇〇	二、〇〇〇	〇〇	輸出入貨物ノ埠頭使用料
四、渡船場使用料	二、八二〇	〇〇	二、八二〇	〇〇	渡船場四ヶ所使用料
第八欵　衛生費	三八、〇〇〇	〇〇	三六、〇〇〇	〇〇	
一、衛生費	三八、〇〇〇	〇〇	三六、〇〇〇	〇〇	戸數三、九〇〇戸見當
第九欵　手數料	一六九、〇九〇	〇〇	一六八、五〇〇	〇〇	
一、營業人力車	九五、四〇〇	〇〇	九六、〇〇〇	〇〇	七、九五〇輛一輛ニ付月一弗

項目					備考
二、客馬車	一、〇五〇	〇〇	一、三二〇	〇〇	甲號五輛 年一八弗 乙號四〇輛 月二弗
三、自用人力車	一〇、八四〇	〇〇	九、六四〇	〇〇	甲號九〇〇輛 年一二弗 乙號一〇〇輛 年四弗
四、自動車及自動自轉車	一六、〇〇〇	〇〇	一六、〇〇〇	〇〇	三〇〇輛トラック 年一二〇弗 一、五五〇輛乘用車 年八〇弗 割當收入 一〇〇%
五、自轉車	三、八〇〇	〇〇	三、〇〇〇	〇〇	三、八〇〇輛一輛ニツキ年一弗
六、大車	二八、八〇〇	〇〇	二八、八〇〇	〇〇	八〇〇輛一輛ニツキ月三弗
七、中車	二、四〇〇	〇〇	二、四〇〇	〇〇	四〇〇輛一輛ニツキ五〇仙
八、小車	三、二四〇	〇〇	三、二四〇	〇〇	九〇〇輛一輛ニツキ月三〇仙（小形ゴム輪二輪車ヲ含ム）
九、行商	六、六六〇	〇〇	七、二〇〇	〇〇	一等一弗（一七〇名） 二等五〇仙（四七〇名） 三等三〇仙（五〇〇名）
一〇、飼犬	九〇〇	〇〇	九〇〇	〇〇	三百頭 年三弗
第十款 財産出生收入	一、八〇〇	〇〇	一、四〇〇	〇〇	

一、自來水公司配當金	八〇〇	〇〇	八〇〇	〇〇	自來水公司株券持株一一〇株ニ對スル利益配當額
二、預金利子	一、〇〇〇	〇〇	六〇〇	〇〇	預金利子
第十一款　給水工事費徴收金	一四、五八五	〇〇	七、三七〇	〇〇	
一、水道量水器賣却代	四、二五〇	〇〇	二、一三〇	〇〇	水道メートル賣却代
二、給水工事費徴收金	一〇、三三五	〇〇	五、二四〇	〇〇	給水工事民團施行分工費受入
第十二款　雜收入	五〇、六八〇	〇〇	六九、四八〇	〇〇	
一、貸家料	一、〇二〇	〇〇	一、〇二〇	〇〇	大阪貿易調査所　月三〇弗 瑞信洋行　月三〇弗 商工會議所　月二五弗
二、大和街撒水費	六〇	〇〇	六〇	〇〇	大和街支那街ニ屬スル分撒水費公安局ヨリ受入
三、請願巡捕	三、〇〇〇	〇〇	一、八〇〇	〇〇	五名（月五〇弗）
四、電車公司利益配當金	一〇、〇〇〇	〇〇	一〇、〇〇〇	〇〇	日本租界電車運轉ニ對スル報償金

科目	本年度豫算額	前年度豫算額	備考
五、水道計器檢査及修理代	一〇〇 〇〇	一〇〇 〇〇	水道メートル檢査及故障修理代
六、人力車、大、中、小車登錄番號票代	一、〇〇〇 〇〇	一、〇〇〇 〇〇	諸車登錄番號票代 一輛一枚一弗
七 自來水公司納付金	五〇〇 〇〇	五〇〇 〇〇	佛租界給水管敷設ニ對スル契約納付金
八、雜收	三五、〇〇〇 〇〇	五〇、〇〇〇 〇〇	過年度收入 診療、入院料其他
〇、衛生交付金		五、〇〇〇 〇〇	
計	八三五、〇九〇 〇〇	八〇二、〇四〇 〇〇	
歳入			
臨時部			
第一款 前年度繰越金	一九〇、〇〇〇 〇〇	一二〇、〇〇〇 〇〇	

科目	本年度豫算額		前年度豫算額		備考
一、繰越金	一九〇、〇〇〇	〇〇	一二〇、〇〇〇	〇〇	
第二款 交付金	三〇、〇〇〇	〇〇	三〇、〇〇〇	〇〇	
一、交付金	三〇、〇〇〇	〇〇	三〇、〇〇〇	〇〇	
計	二二〇、〇〇〇	〇〇	一五〇、〇〇〇	〇〇	
總計	一、〇五五、〇〇九	〇〇	九五二、〇四〇	〇〇	

歳出

經常部

科目	本年度豫算額		前年度豫算額		備考
第一款 事務所費	九二、〇三三	〇〇	七六、一九七	〇〇	
一、俸給手當	六〇、三二三	〇〇	四八、三八〇	〇〇	民團長一名會計主任一名書記八名技手一名、雇員一九名、俸給、手當、年末慰勞金

二、傭人給	六、五九二〇〇	七、二五二〇〇	集金人一〇名傭人九名運轉手一名給料手當年末慰勞金
三、備品費	二、五〇〇〇〇	六〇〇〇〇	戸棚、書類箱、自轉車、宿舍、家具等新調修繕
四、消耗品費	三、四四〇〇〇	三、三八〇〇〇	諸用紙、文房具、電燈料、燃料、自動車用品門牌等
五、修繕費	一、七五〇〇〇	二、一一五〇〇	事務所、會議室、宿舍、修繕
六、印刷費	一、四七〇〇〇	一、四七〇〇〇	諸鑑札、法規其他印刷
七、通信費	一八〇〇〇	一八〇〇〇	郵便、電報
八、旅費	二、〇〇〇〇〇	一、〇〇〇〇〇	
九、公告料	二、四〇〇〇〇	二、四〇〇〇〇	
一〇、宿舍料	七、四八八〇〇	五、六〇〇〇〇	民團長、會計主任、書記、技手
一一、保險料	五〇〇〇〇	五〇〇〇〇	

三、宿直料	六〇〇 〇〇	三一〇 〇〇	
三、煖房費	一、一三〇 〇〇	一、一三〇 〇〇	火夫、石炭、雜用
四、雜費	一、六六〇 〇〇	一、八八〇 〇〇	新聞、水代、車馬賃、被服、門松自動車鑑札料等
第二款 會議費	二、三一〇 〇〇	二、八〇〇 〇〇	
一、手當	八〇〇 〇〇	八〇〇 〇〇	
二、備品費	一〇〇 〇〇	一〇〇 〇〇	卓子、椅子、等新調修繕
三、印刷費	一、〇〇〇 〇〇	一、一〇〇 〇〇	議案、速記錄、其他印刷
四、雜費	四一〇 〇〇	八〇〇 〇〇	用紙、文房具、食費等
第三款 義勇隊費	二、〇〇〇 〇〇	二、〇〇〇 〇〇	
一、訓練費	一、八〇〇 〇〇	一、八〇〇 〇〇	射擊會、教育費等

二、消耗品費	一〇〇〇	〇〇	一〇〇〇	〇〇	式紙文房具、印刷物等
三、雜費	一〇〇〇	〇〇	一〇〇〇	〇〇	通報、廣告料、其他
第四欵 警備費	一五六、一一八	〇〇	一四四、一四六	〇〇	
一、俸給手當	一〇八、四七八	〇〇	一〇一、五八九	〇〇	巡捕三七〇名（請願ヲ含ム）平均二〇弗、苦力火夫、各給料、年末慰勞金、及訓練手當、精勤加俸、奨勵金、退職傷病手當、旅費等
二、被服費	一三、一三〇	〇〇	一三、〇一四	〇〇	夏冬服、外套、帽子、靴、脚絆警棒等
三、備品費	一、八三〇	〇〇	二、二三〇	〇〇	自轉車、ストーブ、自動車用品等新調修繕
四、消耗品費	八、七七四	〇〇	七、八七四	〇〇	式紙、石炭、ガソリン、電燈料等
五、修繕費	二、七一〇	〇〇	七〇〇	〇〇	分署、巡捕宿舍、交通燈等
六、巡捕宿舍料	三、四八〇	〇〇	三、四八〇	〇〇	
七、雜費	二、六四〇	〇〇	二、〇二四	〇〇	天長節酒肴料、水代、保險料、運動具、南京虫驅除費等

科目	金額	金額	摘要
八、消防俸給手當	七、九一二、〇〇	七、九八三、〇〇	雇員二名、巡捕一八名平均二〇弗、苦力各給料年末慰勞金諸手當
九、消防被服費	一、三九九、〇〇	一、〇五六、〇〇	夏冬服、帽子、外套、靴、脚絆等
一〇、修繕費	一八五、〇〇	二六〇、〇〇	演習場、望樓、床等
一一、消防器具費	二、八一八、〇〇	二、三〇〇、〇〇	ホース、タイヤ、自轉車、寢台、椅子、卓子書類箱等新調修繕
一二、消防消耗品費	二、〇七二、〇〇	一、二四六、〇〇	揮發油、石炭、電燈料、文房具等
一三、消防雜費	六九〇、〇〇	三九〇、〇〇	天長節酒肴料、出初式費、水代、保險料等
第五款　土木費	九三、五二一、〇〇	九二、九五五、〇〇	
一、俸給手當	一九、四七五、〇〇	一七、七六〇、〇〇	技師一名、技手二名、書記一名、雇員六名、俸給手當年末慰勞金旅費
二、宿舍料	二、五二〇、〇〇	二、二八〇、〇〇	技師、技手、書記
三、傭人給	五、四三六、〇〇	六、七二〇、〇〇	機關手五、火夫五、職工二、工夫五、測量夫二、給料年末慰勞金等

四、消耗品費	四八〇〇〇	三八〇〇〇	事務用品
五、器具費	一、四〇〇〇〇	一、四〇〇〇〇	土工用具、製圖器具、ローラ部分品宿舍用品
六、修道費	三二、四四〇〇〇	三五、二二五〇〇	砕石、砂、コールタール、アスファルト、セメント石灰、石炭、油類、人夫馬車等
七、墻子運河組合費	六〇〇〇〇	六〇〇〇〇	維持費
八、喞筒所費	八、五二〇〇〇	四、五二〇〇〇	運轉手、人夫、給料、電力、電燈、保險料等
九、街樹費	一、〇七〇〇〇	九〇〇〇〇	肥料、移植費、人夫賃、其他
一〇、修繕費	八〇〇〇〇	八〇〇〇〇	倉庫、材料置場、宿舍等
一一、被服費	七八〇〇〇	六三〇〇〇	雇、傭人、夏冬服、外套、帽子雨衣等新調修繕
一二、下水道修繕費	二、〇〇〇〇〇	一、五〇〇〇〇	路面鐵蓋等
一三、雜費	二〇〇〇〇	二〇〇〇〇	雜誌其他

一四、街燈費	一九、八〇〇〇〇	二〇、〇四〇〇〇	電燈料、電球、維持費
第六款 水道費	一三四、八五〇〇〇	一二四、三八三〇〇	
一、俸給手當	八、一五〇〇〇	八、〇八〇〇〇	技手一名、雇員五名、俸給手當、年末慰勞金
二、傭人給	四、五〇九〇〇	四、一三三〇〇	工夫八名、賣水夫四名、點檢夫一名、人夫二名、給料手當、慰勞金
三、修繕費	五〇〇〇〇	五〇〇〇〇	漏水、宿舍等修繕
四、器具費	二五〇〇〇	二五〇〇〇	鐵銑、鶴嘴、ホース、自轉車等
五、水代	一二〇、〇〇〇〇〇	一一〇、〇〇〇〇〇	三億ガロン見當
六、被服費	五〇〇〇〇	五〇〇〇〇	雇、傭人、夏冬服、外套、雨衣、靴等
七、消耗品費	二〇〇〇〇	一八〇〇〇	諸用紙、糸屑、電池等
八、宿舍料	五四〇〇〇	五四〇〇〇	技手一

九、雜費	二〇一〇〇	二〇〇〇〇	雜用品
第七款 給水工事費	一四、五八五〇〇	七、三七〇〇〇	
一、量水器	四、二五〇〇〇	二、一三〇〇〇	量水器二五〇個
二、給水用品費	九、四三五〇〇	四、四九〇〇〇	鉛管・止水栓、分水栓、瓦斯管等
三、作業費	七〇〇〇〇	五五〇〇〇	人夫賃
四、雜工費	二〇〇〇〇	二〇〇〇〇	
第八款 埠頭費	五、七一四〇〇	五、五二七〇〇	
一、俸給手當	三、三二四〇〇	三、二三七〇〇	書記一名、雇員一名、傭人一名、給料、手當 年末慰勞金
二、備品費	三〇〇〇〇	三〇〇〇〇	卓子、椅子、ストーブ、戸棚等新調修繕
三、消耗品費	三〇〇〇〇	三〇〇〇〇	電燈料、燃料、諸用紙、文房具等

四、修繕費	一、〇〇〇〇〇	九〇〇〇〇	事務所、倉庫、宿舍等
五、宿舍料	五四〇〇〇	五四〇〇〇	書記一
六、雜費	二五〇〇〇	二五〇〇〇	被服、保險料、水代、人夫等
第九欵 衛生費	三六、五七五〇〇	三九、五一一〇〇	
一、俸給手當	二二、〇四〇〇〇	二〇、九四三〇〇	技師二名、技手二名、書記一名、雇員八名、俸給手當、年末慰勞金囑託手當旅費特別手當
二、傭人給	二、二二五〇〇	二、一一二〇〇	使丁七名、火夫給料年末慰勞金
三、宿舍料	三、一二〇〇〇	二、六四〇〇〇	技師、技手、書記
四、被服費	一六一〇〇	一六一〇〇	豫防衣、看護服、消毒服、毛布等
五、器具費	一五〇〇〇	一、一二〇〇〇	消毒用器具
六、消耗品費	二二七〇〇	一、九四三〇〇	石炭、石油、諸用紙、文房具等

科目	金額		前年度		摘要
七、藥品費	三、〇〇〇	〇〇	八、〇九三	〇〇	消毒用藥品各種血精等
八、患者費	四、三四七	〇〇			治療藥品、患者食費
九、印刷費	二〇〇	〇〇	五〇〇	〇〇	檢査用紙、藥價傳票等
一〇、修繕費	六〇〇	〇〇	四八〇	〇〇	宿舍修繕
二、雜費	五〇五	〇〇	一、〇〇九	〇〇	水代飼犬鑑札、野犬撲殺費等
〇、圖書			五〇〇	〇〇	
第十款 保淨費	六五、九九一	〇〇	六五、〇〇六	〇〇	
一、俸給手當	八、九二〇	〇〇	一〇、一七六	〇〇	書記一名、雇員五名、俸給手當年末慰勞金
二、傭人給	三〇、〇七二	〇〇	三〇、三六〇	〇〇	苦力頭五、自動車運轉手九、揚水場監視人二自動車助手五、自動車人夫一六、道路掃除夫五〇、下水掃除夫四六、塵芥收去夫六一、炊事夫便所掃除夫五、使丁大工二、除雪人夫

三、宿舍料	五四〇 〇〇	五四〇 〇〇	書記
四、器具費	一二、七四四 〇〇	九、八四四 〇〇	自動車二台同部分品タイヤー、揚水機塵芥車汚水車、除雪籠、塵芥箱等新調修繕
五、消耗品費	一一、五九〇 〇〇	一一、七九〇 〇〇	電燈、電力、水道料、揮發油、石炭、竹箒、機械油、籐刷毛等
六、修繕費	二五〇 〇〇	二五〇 〇〇	苦力收容所宿舍
七、保險料	四〇〇 〇〇	四〇〇 〇〇	
八、被服費	九七五 〇〇	一、一四六 〇〇	夏冬服、外套、帽子、脚絆、靴等
九、雜費	五〇〇 〇〇	五〇〇 〇〇	天棚、傷害手當
第十一欵 救助費	五〇〇 〇〇	二〇〇 〇〇	
一、救助費	五〇〇 〇〇	二〇〇 〇〇	
第十二欵 課金徵收費	二、五〇〇 〇〇	一、五〇〇 〇〇	

科目	金額		前年度		備考
一、特別課金徴收手數料	二、五〇〇	〇〇	一、五〇〇	〇〇	
第十三款 雜支出	一八、七〇〇	〇〇	一四、七〇〇	〇〇	
一、接待費	三、〇〇〇	〇〇	一、〇〇〇	〇〇	
二、雜支出	一五、〇〇〇	〇〇	一三、〇〇〇	〇〇	陸海軍歡送迎慰問費八、〇〇〇 諸會議一、〇〇〇其他六、〇〇〇
三、人力車大車自動車登錄番號票代	七〇〇	〇〇	七〇〇	〇〇	
第十四款 豫備費	四三、一七二	三五	三〇、六九五	三五	
一、豫備費	四三、一七二	三五	三〇、六九五	三五	
計	六六八、五六九	三五	六〇六、九九〇	三五	

歳出

臨時部

科目	本年度豫算額	前年度豫算額	備考
第一欵 御下賜金記念事業積立繰入金	一、〇〇〇〇〇	二、〇〇〇〇〇	
一、記念事業積立繰入金	一、〇〇〇〇〇	二、〇〇〇〇〇	
第二欵 事務所費	六二、八〇〇〇〇		
一、事務所増築費	一七、八〇〇〇〇		事務所増築三〇坪煖房室増築及ボイラー一台
二、宿舎建築費	四五、〇〇〇〇〇		宿舎二十一戸分
第三欵 土木費	七四、一〇〇〇〇	九四、一〇〇〇〇	
一、道路築造費	二、五〇〇〇〇	三六、一〇〇〇〇	曙街
二、橋梁築造費	三九、五〇〇〇〇	三〇、〇〇〇〇〇	宮島街
三、下水暗渠費	一〇、〇〇〇〇〇	一、〇〇〇〇〇	橋立街(壽街旭街間)雜工事

科目	金額		金額		摘要
四、器具費	一三、五〇〇	〇〇	五、〇〇〇	〇〇	六噸ローラー一台、乳劑製造裝置
五、墻子運河堤防修築費	三、六〇〇	〇〇	二二、〇〇〇	〇〇	護岸並宮島街暗渠口築造等
六、材料置場移轉並設備費	五、〇〇〇	〇〇			材料置場移轉及碎石機、乳劑製造器裝置
第四款 喞筒所移轉並下水暗渠改造費	六、〇〇〇	〇〇	一〇、〇〇〇	〇〇	
一、喞筒所移轉並下水暗渠改造費	六、〇〇〇	〇〇	一〇、〇〇〇	〇〇	路面復舊工事
第五款 道路擴張費	四五、〇〇〇	〇〇	三七、〇〇〇	〇〇	宮島、伏見街道路擴張費
一、道路擴張費	四五、〇〇〇	〇〇	三七、〇〇〇	〇〇	銀八萬五千三百弗ノ內十二年度支出額
第六款 消防隊建物移築並吏員宿舍建築費	四〇、〇〇〇	〇〇	三〇、〇〇〇	〇〇	
一、消防隊建物移築並吏員宿舍建築費	四〇、〇〇〇	〇〇	三〇、〇〇〇	〇〇	建物移築並建築費銀七萬弗ノ內十二年度支出額
第七款 水道費	二四、四〇〇	〇〇	三八、四五〇	〇〇	

科目	本年度		前年度		備考
一、水道管敷設費	二二、四〇〇	〇〇	三六、九五〇	〇〇	配水管敷設─松島街(壽街、山口街間) ─浪速街(旭街、壽街間) ─蓬萊街(旭街、山口街間) ─加茂街(加茂街、伏見街角)
					配水管敷設替─松島街(住吉街、明石街間) ─埠頭(橘立街、秋山街間) ─福島街(花園街、山口街間)
					給水管敷設替
二、雜工事費	二、〇〇〇	〇〇	一、五〇〇	〇〇	消火栓、增設、改造其他
第八款 衛生費	一四、〇〇〇	〇〇	九、七五二	〇〇	
一、家屋改造費	一〇、〇〇〇	〇〇			本館增築地下室、煖房改造
二、自動車	四、〇〇〇	〇〇			
○被服費			二八〇	〇〇	
○器具費			二、五八〇	〇〇	
○消耗品費			一、六〇三	〇〇	

○修繕費			二、〇五〇	〇〇
○保險料			一二五	〇〇
○患者費			二、八一四	〇〇
○雜費			三〇〇	〇〇
第九款 團債	二〇、〇〇〇	〇〇	三九、六〇八	〇〇
一、第七團債償還金	二〇、〇〇〇	〇〇	三九、六〇八	〇〇
第十款 補助及寄附	四八、〇〇〇	〇〇	一二、〇〇〇	〇〇
一、邦人教育費補助	三〇、〇〇〇	〇〇		
二、共立學校寄附金	一二、〇〇〇	〇〇	一二、〇〇〇	〇〇
三、軍旗奉讃會寄附金	一、〇〇〇	〇〇		

四、武德殿建築寄附金	五、〇〇〇	〇〇			
第十一款 天津共立學校增築補助金	二七、一三九	六五	二七、一三九	六五	
一、增築補助金	二七、一三九	六五	二七、一三九	六五	
第十二款 民團三十年記念式費	一〇、〇〇〇	〇〇			
一、民團三十年記念式費	一〇、〇〇〇	〇〇			
第十三款 警備費	五、〇〇〇	〇〇	四、二〇〇	〇〇	
一、警備自動車	五、〇〇〇	〇〇	四、二〇〇	〇〇	
第十四款 保淨費	九、〇〇〇	〇〇	一〇、八〇〇	〇〇	
一、事務所及車庫塵芥中繼所建築費	九、〇〇〇	〇〇			事務所一五坪、車庫四五坪倉庫一五坪中斷所敷地六〇坪
〇山口街汚物集捨所新築費			一、八〇〇	〇〇	

○山口街公衆便所新築費			一、二〇〇	〇〇
○山口街撤水喞筒所新築費			二、〇〇〇	〇〇
○汚物集捨所塵芥中繼所新築費			二、八〇〇	〇〇
○保淨所移轉建物費			三、〇〇〇	〇〇
第〇款 療病院敷地買收費			三〇、〇〇〇	〇〇
○土地買收費			三〇、〇〇〇	〇〇
計	三八六、四三九	六五	三四五、〇四九	六五
總計	一、〇五五、〇〇九	〇〇	九五二、〇四〇	〇〇

附表八

昭和十二年度財團法人天津共益會歳入出豫算

歳入

一、銀七拾壹萬九千四百參拾七弗也	經常部豫算高
一、金四萬圓也	仝
一、銀五拾壹萬六千七百參拾五弗也	臨時部豫算高
一、金參萬五千八百六拾四圓也	仝
計　銀壹百貳拾參萬六千百七拾貳弗也 金七萬五千八百六拾四圓也	

歳出

一、銀四拾參萬〇參百參拾壹弗也	經常部豫算高
一、金七萬五千八百六拾四圓也	仝
一、銀八拾萬五千八百四拾壹弗也	臨時部豫算高
計　銀壹百貳拾參萬六千百七拾貳弗也 金七萬五千八百六拾四圓也	

昭和十二年度財團法人天津共益會歳入出豫算表

歳出

經常部

科目	本年度豫算額		前年度豫算額		備考
第一欵　使用料	一二〇、七一〇	〇〇	一一三、二四〇	〇〇	
一、公會堂使用料	一、五〇〇	〇〇	一、三〇〇	〇〇	
二、土地使用料	一一八、〇〇〇	〇〇	一一一、一一〇	〇〇	日本人　一五六口　五四、六〇〇弗 中國人　一八六口　六三、四〇〇弗
三、墓地使用料	一〇〇	〇〇	一〇〇	〇〇	
四、火葬場使用料	一、二〇〇	〇〇	八二〇	〇〇	
第二欵　財產出生收入	五〇〇	〇〇	五〇〇	〇〇	

一、預金利子	五〇〇〇	〇〇	五〇〇〇	〇〇	銀行預金利子
第三款 教育費國庫補助金	¥四〇、〇〇〇	〇〇	¥四〇、〇〇〇	〇〇	
一、國庫補助金	¥四〇、〇〇〇	〇〇	¥四〇、〇〇〇	〇〇	商業學校 五、〇〇〇圓 女學校 一七、〇〇〇圓 小學校 一六、〇〇〇圓 青年學校 二、〇〇〇圓
第四款 授業料	二二、五〇〇	〇〇	二〇、三〇〇	〇〇	
一、授業料	二二、五〇〇	〇〇	二〇、三〇〇	〇〇	商業學校 月五弗 一七〇名 月三弗 一〇名 八、八〇〇弗 女學校 月五弗 二二〇名 月三弗 二〇名 一一、六〇〇弗 幼稚園 月二弗 一〇〇名 月一弗 一〇名 二、一〇〇弗
第五款 特別會計電氣繰入金	五三〇、〇〇〇	〇〇	四九〇、〇〇〇	〇〇	
一、繰入金	五三〇、〇〇〇	〇〇	四九〇、〇〇〇	〇〇	
第六款 衛生費	二一、三二七	〇〇	—		
一、患者用自動車貸料	一八〇	〇〇	—		年 六〇回 三弗宛
二、接客業者檢診料	四、一八七	〇〇	—		藝妓ダンサー女給仲居女中等

科目	金額		金額		備考
三、接客業者治療費	一、〇〇〇	〇〇	ー		仝上治療費
四、外來患者藥價	一五、〇〇〇	〇〇	ー		月平均一二五〇弗
五、各種試驗料	九六〇	〇〇	ー		血液便等試驗料月八〇弗
第七款　雜收入	二四、四〇〇	〇〇	一六、〇〇〇	〇〇	
一、日本倶樂部家屋賃貸料	一、九二〇	〇〇	一、九二〇	〇〇	月額　一六〇弗
二、過年度收入	一三、一八〇	〇〇	一三、一八〇	〇〇	土地使用料授業料ノ年度ヲ經過セル收入
三、水泳場入場料	三〇〇	〇〇	三〇〇	〇〇	
四、郵務繰入金	八、四〇〇	〇〇	ー		郵務取扱手數料
五、雜收	六〇〇	〇〇	六〇〇	〇〇	廢品不用品等拂下代及雜收
計	¥四〇、〇〇〇 七一九、四三七	〇〇 〇〇	¥四〇、〇〇〇 六四〇、〇四〇	〇〇 〇〇	

臨時部

科目	本年度豫算額	前年度豫算額	備考
第一款　前年度繰越金	¥一八四〇〇 五、〇〇〇〇〇	¥六、二〇三〇〇 五、〇〇〇〇〇	
一、繰越金	¥一八四〇〇 五、〇〇〇〇〇	¥六、二〇三〇〇 五、〇〇〇〇〇	
第二款　特別會計資金繰入金	四〇、〇〇〇〇〇	六〇〇〇〇	
一、繰入金	四〇、〇〇〇〇〇	六〇〇〇〇	
第三款　買入日本金	¥三五、六八〇〇〇	¥一九、〇〇〇〇〇	
一、買入日本金	¥三五、六八〇〇〇	¥一九、〇〇〇〇〇	
第四款　天津神社營造基金繰越金	六、〇〇〇〇〇	三、〇〇〇〇〇	
一、基金繰越金	六、〇〇〇〇〇	三、〇〇〇〇〇	

第五款　敎育補助金	三〇、〇〇〇	〇〇	—		
一、敎育補助金	三〇、〇〇〇	〇〇	—		民團ヨリ敎育事業費補助金
第六款　會　債	四三五、七三五	〇〇	—		
一、借入金	四三五、七三五	〇〇	—		東亞興業會債借換資金
第〇款　演武場新築積立金繰越金			五、〇〇〇	〇〇	
〇、積立金繰越金			五、〇〇〇	〇〇	
第〇款　雜收入			一、二六〇	〇〇	
〇　雜收			一、二六〇	〇〇	
計	¥三五、八六四 五一六、七三五	〇〇 〇〇	¥二五、二〇三 一四、八六〇	〇〇 〇〇	
合　計	¥七五、八六四 一、二三六、一七二	〇〇 〇〇	¥六五、二〇三 六五四、九〇〇	〇〇 〇〇	

歳出

經常部

科目	本年度豫算額	前年度豫算額	備考
第一欵 天津神社費	五、〇〇〇 〇〇	五、〇〇〇 〇〇	
一、供進金	四、八九〇 〇〇	四、八九〇 〇〇	天津神社維持費供進規程ニヨル供進金
二、神饌幣帛料	五〇 〇〇	五〇 〇〇	
三、保險料	四〇 〇〇	四〇 〇〇	
四、雑費	二〇 〇〇	二〇 〇〇	
第二欵 事務所費	七六、四一四 〇〇	五〇、一四一 〇〇	
一、俸給手當	五二、六二二 〇〇	三一、五一六 〇〇	主事一名書記五名技手一名雇員廿名囑託五名俸給手當年末慰勞金

二、傭人給	三、五二八〇〇	二、二七一〇〇	使丁十三名運轉手一名木工一名給料年末慰勞金
三、備品費	八五〇〇〇	八五〇〇〇	卓子椅子書棚公會堂備品自轉車宿舍家具等新調修理
四、修繕費	二、〇〇〇〇〇	一、八〇〇〇〇	事務所公會堂俱樂部武齋舘火葬場宿舍等修繕
五、消耗品費	二、九一二〇〇	二、五三〇〇〇	電氣料筆紙墨文具諸用紙薪炭油雜品等
六、印刷費	七七〇〇〇	六二〇〇〇	諸帳簿事務報告諸規程豫算書決算書其他印刷物
七、通信費	五〇〇〇	一〇〇〇〇	郵便電信料
八、旅費	五〇〇〇〇	五〇〇〇〇	出張赴任歸還旅費等
九、宿舍料	五、二三二〇〇	二、三六四〇〇	主事書記技手一〇名分家賃
一〇、保險料	一、〇〇〇〇〇	九〇〇〇〇	事務所俱樂部公會堂武齋舘宿舍什器等
二、煖房費	一、五〇〇〇〇	一、五〇〇〇〇	煖房費分擔額

三、電話料	三、五〇〇	〇〇	三、三〇〇	〇〇	電話使用料移轉料等
三、雜費	一、九五〇	〇〇	一、八九〇	〇〇	車馬賃水代新聞代廣告料墓地掃除料等
第三欵 商業學校費	¥一四、〇六〇 五四、七九八	〇〇 〇〇	¥一三、〇七〇 四六、二六七	〇〇 〇〇	
一、俸給	¥一四、〇六〇 一五、四六〇	〇〇 〇〇	¥一三、〇七〇 一〇、四〇〇	〇〇 〇〇	校長一名敎諭一一名囑託九名ニ對スル俸給囑託手當年末慰勞金等
二、手當	一三、三〇二	〇〇	一二、四三八	〇〇	校長一名敎諭一一名囑託九名ニ對スル手當及年末慰勞金
三、傭人給	六九八	〇〇	六五〇	〇〇	使丁四名給料年末慰勞金
四、圖書費	三二一	〇〇	四五一	〇〇	各學科參考用書及新聞雜誌類
五、敎具費	七、三一八	〇〇	六、二〇六	〇〇	掛圖標本模型類及各學科用敎具
六、校具費	三、四一四	〇〇	一、二五二	〇〇	机戸棚宿舍家具等新調及修理
七、修繕費	一、五四〇	〇〇	一、一三〇	〇〇	校舍宿舍等各所修繕

科目	金額	金額	摘要
八、消耗品費	四、五七五〇〇	三、八一五〇〇	薪、炭、筆、紙、罫、文具、印刷物、油、掃除用品、實驗用消耗品等
九、通信費	三五〇〇	四〇〇〇	郵便電信料
一〇、旅費	二、二一〇〇〇	二、四六〇〇〇	赴任旅費、修學旅費、受講旅費、臨海學校職員旅費
一一、教練費	三一七〇〇	一〇五〇〇	射撃費兵營宿泊費露營用品代
一二、學園費	五〇〇〇	五〇〇〇	砂土、種苗、肥料等
一三、宿舍料	三、七四四〇〇	五、〇七〇〇〇	校長教官教諭宿舍料
一四、宿直料	四八八〇〇	四九〇〇〇	
一五、保險料	三〇六〇〇	五〇〇〇〇	
一六、雜費	一、〇二〇〇〇	一、二一〇〇〇	水代、運動會費、接待費、謝禮展覽會費苦力賃、車馬賃、門松等
第四款 女學校費	¥一八、三九七〇〇 四三、〇一〇〇〇	¥一八、五九〇〇〇 四一、九七八〇〇	

一、俸給	¥一八、三九七 八、六〇〇	〇〇 〇〇	¥一八、五九〇 七、一〇〇	〇〇 〇〇	校長一名教諭一二名囑託八名俸給年功加俸手當
二、手當	一六、三九六	〇〇	一六、九七二	〇〇	校長教諭囑託ニ對スル手當及年末慰勞金
三、傭人給	一、一八三	〇〇	一、一七八	〇〇	使丁四名火夫一名園丁一名ニ對スル給料及年末慰勞金
四、圖書費	三八一	〇〇	三八一	〇〇	各科參考用書新聞雜誌代
五、教具費	一、九八二	〇〇	二、〇〇一	〇〇	各科所要教具
六、校具費	一、一七〇	〇〇	九六八	〇〇	机腰掛戸棚宿舍家具新調及修理
七、修繕費	一、七五〇	〇〇	一、五五〇	〇〇	校舍宿舍修繕テニスコート修築費
八、消耗品費	四、六六三	〇〇	三、二一六	〇〇	薪炭油電氣料筆紙墨文具印刷諸用紙實驗用材料掃除用品等
九、通信費	四〇	〇〇	三〇	〇〇	郵便電信料
一〇、旅費	二、二九〇	〇〇	一、六一〇	〇〇	赴任旅費受講旅費修學旅費等

一一、學園費	二三〇	〇〇	二五五	〇〇	植土種苗肥料等
一二、宿舍料	二、五二〇	〇〇	五、一七二	〇〇	教諭宿舍料
一三、宿直料	四九〇	〇〇	四九五	〇〇	
一四、保險料	四五〇	〇〇	八五〇	〇〇	校舍校具教具等
一五、雜費	八六五	〇〇	七〇〇	〇〇	水代接待費運動會費謝禮寫眞代生徒監督費雜品代等
第五款　第一小學校費	¥二三、〇四九 六八、三五五	〇〇 〇〇	¥二二、三八〇 六六、二一一	〇〇 〇〇	
一、俸給	¥二三、〇四九 一五、七四〇	〇〇 〇〇	¥二二、三八〇 一一、七八〇	〇〇 〇〇	校長一名訓導廿四名囑託二名衛生婦一名俸給年功加俸等
二、手當	二三、五五二	〇〇	二二、〇八八	〇〇	校長訓導其他手當年末慰勞金
三、傭人給	一、六二三	〇〇	一、四六四	〇〇	使丁七名厨夫一名火夫一名給料年末慰勞金
四、圖書費	三二六	〇〇	三二九	〇〇	各學年參考書教科書兒童文庫新聞雜誌等

五、教具費	一、七九九〇〇	一、九一八〇〇	各學年各科教具新調修理
六、校具費	一、四三四〇〇	四、八五〇〇〇	机腰掛戸棚宿舍家具坐高測定器時計等新調及修理
七、修繕費	二、二五〇〇〇	二、〇七四〇〇	校舍宿舍煖房水道等修繕
八、消耗品費	五、五八一〇〇	五、〇五三〇〇	薪炭油、筆紙墨文具、印刷、電氣料、手工材料、掃除具、茶、衛生用品等
九、通信費	二〇〇〇〇	二〇〇〇〇	郵便電信料
一〇、旅費	五、九六九〇〇	六、三〇七〇〇	種苗肥料器具等
一一、學園費	一六〇〇〇	三一八〇〇	種苗肥料器具等
一二、研究會費	三五〇〇	三五〇〇	
一三、宿舍料	七、二六〇〇〇	七、五七八〇〇	訓導宿舍料
一四、宿直料	四九四〇〇	四九四〇〇	

一五、保險料	五〇〇	〇〇	五〇〇	〇〇	校舍敎具校具等
一六、雜費	一、六一二	〇〇	一、四〇三	〇〇	運動會費奬勵費學藝展覽會費接待費寫眞水代門松雜品等
第六款 第二小學校	¥一五、七三八 五二、四四三	〇〇 〇〇	¥九、〇〇三 三一、三八八	〇〇 〇〇	
一、俸給	¥一五、七三八 一一、一六〇	〇〇 〇〇	¥九、〇〇三 六、八二〇	〇〇 〇〇	校長一名訓導十八名囑託一名衛生婦一名俸給手當年功加俸等
二、手當	一五、三七九	〇〇	八、八四三	〇〇	校長訓導其他手當及年末慰勞金
三、傭人給	一、〇三六	〇〇	九一〇	〇〇	使丁六名給料及年末慰勞金
四、圖書費	四五七	〇〇	二八三	〇〇	各學年參考書兒童文庫新聞雜誌等
五、敎具費	二、一二七	〇〇	一、五二二	〇〇	各學年各科敎具新調及修理
六、校具費	三、一三六	〇〇	二、〇一一	〇〇	机椅子戸棚宿舍用具御眞影用品等新調及修理
七、修繕費	一、〇三〇	〇〇	六六八	〇〇	校舍宿舍等修繕

八、消耗品費	五、八一七	〇〇	二、六五五	〇〇	薪炭油筆紙墨文具印刷物電氣料實驗材料運動用品藥品掃除具等
九、通信費	二〇〇	〇〇	二〇〇	〇〇	郵便電信料
一〇、旅費	六、六七二	〇〇	三、〇八四	〇〇	赴任受講研究修學旅費
一一、學園費	二八二	〇〇	八〇	〇〇	種苗肥料器具等
一二、研究會費	八〇	〇〇	三五	〇〇	
一三、宿舍料	三、〇〇〇	〇〇	二、七六六	〇〇	校長訓導宿舍料
一四、宿直料	四八七	〇〇	四九四	〇〇	
一五、保險料	四〇〇	〇〇	三〇〇	〇〇	校舍教具校具等
一六、雜費	一、三六〇	〇〇	八九七	〇〇	成績陳列費運動會費接待費水代門松寫眞代苦力賃車馬賃等
第七款 青年學校費	¥ 四、六二〇 二一、四四九	〇〇 〇〇	¥ 二、一六〇 一五、五〇四	〇〇 〇〇	

費目	円	銭	円	銭	摘要
一、俸給	¥ 四、六二〇 七、九五〇	〇〇 〇〇	¥ 二、一六〇 七、三一〇	〇〇 〇〇	校長一名教諭四名專任教員二名囑託員俸給手當
二、手當	五、三六二	〇〇	二、六〇三	〇〇	校長教諭專任教員手當及年末慰勞金
三、傭人給	三六四	〇〇	三六四	〇〇	使丁二名給料年末慰勞金
四、圖書費	一三二	〇〇	二七七	〇〇	各科參考用書及新聞雜誌代
五、敎具費	一、四四一	〇〇	三四七	〇〇	ミシン及各科敎具理工實習用具新調及修理
六、校具費	五五五	〇〇	四〇三	〇〇	机戸棚椅子等校具新調及修理
七、被服費	一七四	〇〇	二二六	〇〇	背嚢水筒雜嚢代
八、敎練費	三二八	〇〇	四七八	〇〇	敎練用小銃圓匙十字鍬等
九、修繕費	三〇〇	〇〇	一五〇	〇〇	校舍宿舍修繕
一〇、消耗品費	一、九五一	〇〇	一、〇八〇	〇〇	薪炭油電氣料筆紙墨文具茶掃除用品衛生材料實習用材料等

二、旅費	八八〇	〇〇	八八〇	〇〇	臨海學校補助受講旅費露營費等
三、宿舍料	一、四二二	〇〇	九六〇	〇〇	校長教諭宿舍料
三、宿直料	七〇	〇〇			春夏冬休暇中日直料
四、雜費	五二〇	〇〇	四二六	〇〇	運動會費接待費水代門松寫眞代通信費保險料等
第八款 幼稚園費	八、三八一	〇〇	八、一八七	〇〇	
一、俸給手當	四、二二三	〇〇	四、七八八	〇〇	保姆二名代用保姆四名俸給年末慰勞金
二、傭人給	三五一	〇〇	一九五	〇〇	使丁二名給料年末慰勞金
三、備品費	一、〇八〇	〇〇	六〇〇	〇〇	書籍机椅子戸棚ピアノ椅子等新調及修理
四、修繕費	二四八	〇〇	九九八	〇〇	運動具修繕砂補充天棚架設雜修繕
五、消耗品費	一、〇二一	〇〇	五四六	〇〇	薪炭油筆紙墨文具電氣料衞生用品茶雜品等

六、宿舍料	六〇〇	〇〇	六六〇	〇〇	保姆二名宿舍料
七、旅費	五八〇	〇〇	二〇〇	〇〇	赴任及受講旅費
八、雜費	二七八	〇〇	二〇〇	〇〇	水代四大節菓子保險料雜記帳門松新聞雜誌代
第九欵 圖書館費	一五、六八〇	〇〇	一三、五三三	〇〇	
一、俸給手當	五、四七三	〇〇	五、二七三	〇〇	囑託一名雇員四名俸給手當年末慰勞金
二、傭人給	一、六四九	〇〇	一、四五一	〇〇	傭人七名給料年末慰勞金
三、圖書費	三、七〇〇	〇〇	三、〇〇〇	〇〇	各種圖書及新聞雜誌代
四、備品費	三九六	〇〇	一六一	〇〇	カード容器自働ホルマリン發生器印番號器等新調修理
五、圖書整理費	四六八	〇〇	四九四	〇〇	整理カード製本費等
六、修繕費	四〇〇	〇〇	—		書庫床張替其他

七、消耗品費	二、一八七〇〇	二、二五〇〇〇	薪炭電氣料筆紙墨文具印刷費茶掃除用具等
八、旅費	二〇〇〇〇	—	講習會出張旅費
九、宿直料	五三八〇〇	五四四〇〇	
一〇、保險料	一八〇〇〇	一八〇〇〇	建物什器圖書
一一、展覽會費	二五〇〇〇	—	展覽會開會ニ要スル經費
一二、雜費	二三九〇〇	一八〇〇〇	水代通信費事務服門松洗濯代雜品車馬賃等
第一〇款　公園費	八、五一九〇〇	八、五七一〇〇	
一、俸給手當	二、三七一〇〇	二、二八一〇〇	雇員一名邦人監視二名俸給手當年末慰勞金
二、傭人給	一、八四四〇〇	一、七六八〇〇	公園監視四名花匠一名苦力三名便所監視一名給料年末慰勞金及臨時苦力賃
三、植樹費	三九四〇〇	三八四〇〇	芝生補植植木植土代

項目	金額	金額	摘要
四、器具費	七五〇〇	七八〇〇	鐵銑手鍬鋸擔棒水桶等
五、修繕費	一、二九四〇〇	、七九四〇〇	砂補充運動具修繕池コーピン腰掛各所ペンキ塗モルタル補修アスハルト等
六、消耗品費	四一五〇〇	三八六〇〇	掃除具石炭肥料薬品瓦鉢等
七、被服費	二三一〇〇	一八〇〇〇	雇員監視人花匠被服裝具
八、電氣料	七五〇〇〇	七五〇〇〇	公園内街燈電氣料
九、用水費	九七五〇〇	七八〇〇〇	噴水池灌水用等一五〇萬ガロン
一〇、動物飼育費	一二〇〇〇	一二〇〇〇	猿鳥類魚類飼料
二、雑費	五〇〇〇	五〇〇〇	雑用品代
第二款 衛生費	二六、八九六〇〇	―	
一、俸給	四、九〇五〇〇	―	技師一名雇員二名俸給

二、手當	二、一七六〇〇	—	技師雇員年末慰勞金及臨床手當及日直手當
三、圖書費	五〇〇〇〇	—	醫療書及雑誌代
四、器具費	四、一一〇〇〇	—	醫療用器具試驗用器具普通器具其他自動車等新調及修理
五、修繕費	二、四五〇〇〇	—	屋根煖房建具壁扉瓦塀其他雑修繕
六、消耗品費	二、七五〇〇〇	—	薪炭電氣料筆紙墨文具ガソリン掃除用具其他雑品
七、印刷費	五〇〇〇〇	—	處方箋其他印刷
八、藥品費	七、九〇〇〇〇	—	各種血精治療藥品試驗用藥品等
九、宿舍料	七八〇〇〇	—	技師宿舍料
一〇、保險料	一二五〇〇	—	
二、雑費	七〇〇〇〇	—〇〇	水代試驗用動物及飼料人夫賃洗濯賃雑品代

第二款　水泳場費	三、八九七	〇〇	三、一五七	〇〇	
一、傭人給	七八七	〇〇	七八七	〇〇	邦人監督三名華人傭人三名給料年末慰勞金
二、修繕費	一、一〇〇	〇〇	二〇〇	〇〇	塀修繕防寒裝置其他雜修繕
三、消耗品費	一六〇	〇〇	一二〇	〇〇	明礬炭酸曹達等
四、水代	一、八〇〇	〇〇	二、〇〇〇	〇〇	プール用水四五〇萬ガロン
五、雜費	五〇	〇〇	五〇	〇〇	前各項以外ノ經費
第三款　諸税及負擔	一〇、〇〇〇	〇〇	一〇、〇〇〇	〇〇	
一、土地及家屋課金	一〇、〇〇〇	〇〇	一〇、〇〇〇	〇〇	民團及市政府ニ納付スル土地及家屋課金
第四款　雜支出	七、五〇〇	〇〇	七、五〇〇	〇〇	
一、雜支出	七、五〇〇	〇〇	七、五〇〇	〇〇	會議費接待費辯護士謝禮軍隊歡送迎費記念品代等

科目	本年度豫算額	前年度豫算額	備考
第一五款　運動會費	一、五〇〇〇〇	一、五〇〇〇〇	
一、運動會費	一、五〇〇〇〇	一、五〇〇〇〇	秋季運動會設備及賞品代
第一六款　豫備費	二六、四八九〇〇	四〇、二七一〇〇	
一、豫備費	二六、四八九〇〇	四〇、二七一〇〇	
計	¥七五、八六四〇〇 四三〇、三三一〇〇	¥六五、二〇三〇〇 三四九、二〇八〇〇	

臨時部

科目	本年度豫算額	前年度豫算額	備考
第一款　補助及寄附	一五、七七〇〇〇	一九、九三八〇〇	
一、天津日本商業會議所補助金	二、五〇〇〇〇	五、〇〇〇〇〇	
二、天津體育會補助金	一、〇〇〇〇〇	一、〇〇〇〇〇	

三、天津華語專門學校補助金	六、五七〇	〇〇	六、二三八	〇〇	
四、朝鮮人幼稚園補助金	二、〇〇〇	〇〇	二、〇〇〇	〇〇	
五、天津神社祭典費臨時補助金	一、〇〇〇	〇〇	一、〇〇〇	〇〇	
六、天津日本少年團補助金	一、二〇〇	〇〇	一、二〇〇	〇〇	
七、同光會補助金	一、五〇〇	〇〇	一、五〇〇	〇〇	
〇朝鮮人幼稚園建築補助金	—		二、〇〇〇	〇〇	
第二欵　會債	四七九、七四九	〇〇	四四、〇一四	〇〇	
一、東亞興業會債元金	四三五、七三五	〇〇	—		上海兩三萬兩@一五、上海弗四三五六七弗@一〇〇、五〇天津弗
二、東亞興業會債利子	二四、〇一四	〇〇	二四、〇一四	〇〇	會債殘三一萬兩ニ對スル年五五厘利子
三、是安正利氏會債償還金	二〇、〇〇〇	〇〇	二〇、〇〇〇	〇〇	軍司令官邸敷地買收ノ爲借入金第二年度償還金（昭和一七年ニテ完了）

第三款　天津神社營造基金	九、〇〇〇	〇〇	六、〇〇〇	〇〇	
一、營造基金	九、〇〇〇	〇〇	六、〇〇〇	〇〇	
第四款　女學校費	五、二三七	〇〇	四四、〇〇〇	〇〇	
一、教具費	一、九四一	〇〇	—		平台ピアノ裁縫用教具等
二、校具費	三、一四六	〇〇	—		講堂用腰掛机卓子教卓等
三、修繕費	一五〇	〇〇	—		體操室間仕切
○校舍增築費			四四、〇〇〇	〇〇	
第五款　第一小學校費	一三〇、〇〇〇	〇〇	五〇、〇〇〇	〇〇	
一、校舍增築費	一三〇、〇〇〇	〇〇	五〇、〇〇〇	〇〇	伏見街通校舍增築費
第六款　第二小學校費	二、五〇〇	〇〇	六〇、〇〇〇	〇〇	

一、御眞影奉安庫建築費	二、五〇〇	〇〇	—		御眞影奉安庫新設
○校舎増築費			六〇、〇〇〇	〇〇	
第七款 青年學校費	二、四六〇	〇〇	—		
一、敎具費	五〇〇	〇〇	—		自動車大修繕
二、營繕費	一、九六〇	〇〇	—	〇〇	割烹室新築便所改修兵器庫改修屋根及室内修繕
第八款 公園費	九、五〇〇	〇〇	二、三八〇	〇〇	
一、鐵柵新設費	六、七〇〇	〇〇	二、三八〇	〇〇	粂街福島街通鐵柵新設一七一間
二、温室便所移築費	二、八〇〇	〇〇	—		温室便所移築
第九款 幼稚園費	三四、〇〇〇	〇〇	—		
一、幼稚園新築費	三四、〇〇〇	〇〇	—		宮島街空地ニ新築

科目	金額					備考
第一〇欵　事務所費	六、五〇〇	〇〇		—		
一、共益會事務所増築費	六、〇〇〇	〇〇		—		事務所増築
二、物置改修費	五〇〇	〇〇		—		運動場スタンド裏ヲ物置ニ設備換
第一一欵　家屋買收費	一〇、〇〇〇	〇〇		—		
一、家屋買收費	一〇、〇〇〇	〇〇		—		花園街下氏貸地上建物買收費
第一二欵　學校煖房費	五〇、〇〇〇	〇〇		—		
一、煖房用ボイラー費	五〇、〇〇〇	〇〇		—		商業及第二小學校煖房用ボイラー其他設備費
第一三欵　民團繰入金	三〇、〇〇〇	〇〇		—		
一、民團繰入金	三〇、〇〇〇	〇〇		—		電氣報償契約ニ依ル報償金
第一四欵　特別會計貸住宅貸付金	二一、一二五	〇〇		—		

一、貸付金	二一、一二五	〇〇	—		特別會計貸住宅費不足金一般會計ヨリ貸付
第〇欵 宿舍新築費	—		三〇、〇〇〇	〇〇	
〇、宿舍新築費	—		三〇、〇〇〇	〇〇	
第〇欵 土地埋立費	—		一五、〇〇〇	〇〇	
〇、土地埋立費	—		一五、〇〇〇	〇〇	
第〇欵 運動場費	—		一、七六〇	〇〇	
〇 庭求コート移轉費	—		一、七六〇	〇〇	
第〇欵 演武場新築費	—		一七、〇〇〇	〇〇	
〇 演武場新築費	—		一七、〇〇〇	〇〇	
第〇欵 臨海學校費	—		五、六〇〇	〇〇	

科目				
○設備費	—		五、六〇〇	〇〇
第○款 道開路設費	—		五、〇〇〇	〇〇
○道路開設費	—		五、〇〇〇	〇〇
第○款 衛生費	—		五、〇〇〇	〇〇
○衛生交付金	—		五、〇〇〇	〇〇
計	八〇五、八四一	〇〇	三〇五、六九二	〇〇
合計	¥七五、八六四 一、二三六、一七二	〇〇 〇〇	¥六五、二〇三 六五四、九〇〇	〇〇 〇〇

昭和十二年度特別會計電氣歲入出豫算

歲入

一、銀七拾六萬貳千七百弗也　經常部豫算高

一、銀拾萬弗也　臨時部豫算高

計　銀八拾六萬貳千七百弗也

歲出

一、銀七拾八萬壹千五百弗也　經常部豫算高

一、銀八萬壹千貳百弗也　臨時部豫算高

計　八拾六萬貳千七百弗也

昭和十二年度特別會計電氣歳入出豫算表

歳入

經常部

科目	本年度豫算額		前年度豫算額		備考
第一欵 使用料	七三〇、八〇〇	〇〇	六七一、六〇四	〇〇	
一、電燈料	五八八、〇〇〇	〇〇	五四三、九〇〇	〇〇	年二八〇萬キロ、平均一キロ二一仙
二、街燈料	二二、八〇〇	〇〇	二二、九四四	〇〇	年二九萬キロ、一キロ六仙外ニ定額月四五〇弗ノ見込
三、電熱料	二〇、〇〇〇	〇〇	一五、三五〇	〇〇	年四〇萬キロ一キロ五仙
四、動力料	七六、〇〇〇	〇〇	六六、〇一〇	〇〇	年一六〇キロ一キロ三五厘年三二萬キロ一キロ二五厘準備料月一、〇〇〇弗
五、計器貸付料	二四、〇〇〇	〇〇	二三、四〇〇	〇〇	月二、〇〇〇弗

科目	本年度豫算額	前年度豫算額	備考
第二款　財産出生收入	二〇〇〇〇	二〇〇〇〇	
一、豫金利子	二〇〇〇〇	二〇〇〇〇	
第三款　前年度繰越金	三〇、〇〇〇〇〇	三〇、〇〇〇〇〇	
一、繰越金	三〇、〇〇〇〇〇	三〇、〇〇〇〇〇	
第四款　雜收入	一、七〇〇〇〇	二、二〇〇〇〇	
一、過年度收入	一、二〇〇〇〇	二、〇〇〇〇〇	年度整理期間ヲ經過セル使用料
二、雜收	五〇〇〇〇	二〇〇〇〇	廢品賣却代計器賠償金計器試驗手數料
計	七六二、七〇〇〇〇	七〇四、〇〇四〇〇	
臨時部			

第一欵 發電機賣却代	一〇〇、〇〇〇〇〇	―	
一、發電機賣却代	一〇〇、〇〇〇〇〇	―	不用發電機賣却代
計	一〇〇、〇〇〇〇〇	―	
合計	八六二、七〇〇〇〇	七〇四、〇〇四〇〇	

歳出

經常部

科目	本年度豫算額	前年度豫算額	備考
第一欵 事務所費	八一、六二六〇〇	六四、二九三〇〇	
一、俸給手當	四二、四五一〇〇	二七、三〇二〇〇	技師一名技手二名書記二名雇員一二名給料年末慰勞金
二、傭人給	三〇、二六一〇〇	二六、四三六〇〇	事務傭人八名發電所傭人四一名電工一九名及臨時傭人給料手當年末慰勞金

三、備品費	九〇〇〇〇	一、〇〇〇〇〇	机椅子宿舍家具自轉車等新調及修理
四、修繕費	一、〇〇〇〇〇	二、六〇〇〇〇	發電所及宿舍修繕
五、消耗品費	五四〇〇〇	五四〇〇〇	筆紙墨文具掃除用品雜品等
六、印刷費	六六〇〇〇	五四〇〇〇	諸帳簿用紙技術記錄用紙等
七、旅費	五〇〇〇〇	五〇〇〇〇	
八、宿舍料	二、三四〇〇〇	二、二五〇〇〇	技手、書記等宿舍料
九、保險料	一、三五五〇〇	一、四九〇〇〇	發電所變電所事務所等
一〇、被服費	一、一一九〇〇	一、一三五〇〇	邦人技術員電工發電所傭人等作業衣袴帽等
一一、雜費	五〇〇〇〇	五〇〇〇〇	土地借賃車馬賃公傷治療費手當通信費等
第二款 補修材料費	四、八二〇〇〇	四、九五〇〇〇	

一、發電材料費	二、八七〇〇〇	三、三五〇〇〇	鐵鈑鐵捧鑄物パッキン工具金鋼電線等
二、配電材料費	一、九五〇〇〇	一、六〇〇〇〇	電柱塗換變壓器油電線碍子木柱ハンダペースト等
第三款　發電費	七二、四七五〇〇	八四、七〇〇〇〇	
一、石炭費	七〇、〇〇〇〇〇	八〇、〇〇〇〇〇	七、〇〇〇噸@、一〇弗
二、給水費	九七五〇〇	三、〇〇〇〇〇	月一五萬ガロン宛@、六五仙
三、給油費	八〇〇〇〇	一、〇〇〇〇〇	タービン油機械油グリス等
四、雜費	七〇〇〇〇	七〇〇〇〇	古布薪電球等
第四款　發力費	六二、〇〇〇〇〇	二、〇〇〇〇〇	
一、電力費	六二、〇〇〇〇〇	二、〇〇〇〇〇	電業公司ヨリ買入一〇〇萬キロ宛四ヶ月間@一五厘佛發電所ヨリ買入二〇〇〇弗
第五款　一般會計繰入金	五三〇、〇〇〇〇〇	四九〇、〇〇〇〇〇	

科目	本年度豫算額		前年度豫算額		備考
一、繰入金	五三〇、〇〇〇	〇〇	四九〇、〇〇〇	〇〇	
第六款 豫備費	三〇、五七九	〇〇	四一、八七一	〇〇	
一、豫備費	三〇、五七九	〇〇	四一、八七一	〇〇	
計	七八一、五〇〇	〇〇	六八七、八一四	〇〇	

臨時部

科目	本年度豫算額		前年度豫算額		備考
第一款 土木建築費	一八、〇〇〇	〇〇	四、三〇〇	〇〇	
一、受電所建築費	一八、〇〇〇	〇〇	—		電業公司ヨリ受電所建築費
〇 掘抜井戸			二、五〇〇	〇〇	
〇 石炭置場築造費			一、八〇〇	〇〇	

科目	金額		金額		摘要
第二款 設備費	六三、二〇〇	〇〇	一一、九八〇	〇〇	
一、變電所設備費	二、一〇〇	〇〇	一、二〇〇	〇〇	變壓器ボール自記電流計
二、電線路設備費	四、〇〇〇	〇〇	四、〇〇〇	〇〇	ケーブル配電線鐵材等
三、積算電力計	四、一〇〇	〇〇	五、六九〇	〇〇	計器五二三個分
四、受電所設備費	五三、〇〇〇	〇〇	—		變壓器受電盤配電盤ケヅル等電力購入設備
〇 發電所設備費			一、〇〇〇	〇〇	
計	八一、二〇〇	〇〇	一六、一九〇	〇〇	
合計	八六二、七〇〇	〇〇	七〇四、〇〇四	〇〇	

昭和十二年度特別會計實業復興資金歲入出豫算

歲入

一、銀六萬貳千參百七拾弗也　經常部豫算高

計　銀六萬貳千參百七拾弗也

歲出

一、銀六萬貳千參百七拾弗也　經常部豫算高

計　銀六萬貳千參百七拾弗也

昭和十二年度特別會計實業復興資金歲入出豫算表

歲入

經常部

科目	本年度豫算額	前年度豫算額	備考
第一欵 興業資金	六一、四〇〇〇〇	一五、五〇〇〇〇	
一、前年度繰越金	六一、〇〇〇〇〇	一四、八〇〇〇〇	昭和十一年度ヨリ繰越見込
二、回收元金	四〇〇〇〇	七〇〇〇〇	昭和十一年度末貸付金未回收高一三、〇〇〇弗中年度内回收見込
第二欵 收入金	九七〇〇〇	九〇〇〇〇	
一、貸付金利子	二〇〇〇〇	二〇〇〇〇	回收金ニ對スル利子
二、預金利子	一〇〇〇〇	三〇〇〇〇	銀行預金利子
三、金融組合貸付金利子	八〇〇〇〇	八〇〇〇〇	八萬弗貸付金ニ對スル利子年一分
四、遅延利子	五〇〇〇	五〇〇〇	遅延利子收入見込
計	六二、三七〇〇〇	一六、四〇〇〇〇	

歳出

經常部

科目	本年度豫算額		前年度豫算額		備考
第一欵　雜支出	八〇〇	〇〇	八〇〇	〇〇	
一、雜支出	八〇〇	〇〇	八〇〇	〇〇	辯護士鑑定料手數料訴訟費用謝禮等
第二欵　翌年度繰越金	二一、五七〇	〇〇	一五、〇〇〇	〇〇	
一、繰越金	二一、五七〇	〇〇	一五、〇〇〇	〇〇	昭和十三年度へ繰越見込
第三欵　一般會計繰入金	四〇、〇〇〇	〇〇	六〇〇	〇〇	
一、繰入金	四〇、〇〇〇	〇〇	六〇〇	〇〇	一般會計へ繰入金
計	六二、三七〇	〇〇	一六、四〇〇	〇〇	

昭和十二年度特別會計復興資金歳入出豫算

歳　入

一、銀貳拾七萬〇八百弗也　　經常部豫算高

計　銀貳拾七萬〇八百弗也

歳　出

一、銀貳拾七萬〇八百弗也　　經常部豫算高

計　銀貳拾七萬〇八百弗也

昭和十二年度特別會計復興資金歲入出豫算表

歲入

經常部

科目	本年度豫算額	前年度豫算額	備考
第一款 復興資金	二五三、〇〇〇	一三六、〇〇〇	
一、回收元金	一二〇、〇〇〇	九六、〇〇〇	每月平均一萬弗回收見込
二、前年度繰越金	一〇五、〇〇〇	三〇、〇〇〇	昭和一一年度ヨリ繰越見込
三、積立金繰越金	二八、〇〇〇	一〇、〇〇〇	從來ノ積立金及一一年度收入金中諸經費ヲ措辦シタル殘額ヲ合シ繰越見込
第二款 收入金	一七、八〇〇	一九、〇六〇	
一、貸付金利子	一五、〇〇〇	一八、〇〇〇	一二年二月末貸付殘高四六二、〇〇〇弗一二年度內貸付見込三四、九〇〇弗ニ對シ月一、二五〇弗收入見込

科目	本年度豫算額	前年度豫算額	備考
二、預金利子	一、〇〇〇 〇〇	一〇〇 〇〇	銀行預金利子
三、遲延利子	一、八〇〇 〇〇	九六〇 〇〇	遲延利子月平均一五〇弗ノ見込
計	二七〇、八〇〇 〇〇	一五五、〇六〇 〇〇	
歳出			
經常部			
第一欵 復興資金貸付金	二二四、九〇〇 〇〇	一二六、〇〇〇 〇〇	
一、貸付金	二二四、九〇〇 〇〇	一二六、〇〇〇 〇〇	年度內貸付見込
第二欵 事務所費	四、一〇〇 〇〇	三、九六〇 〇〇	
一、俸給手當	三、二六八 〇〇	三、〇四〇 〇〇	書記一名雇員二名俸給年末慰勞金

科目	金額		金額		備考
二、傭人給	二一五	〇〇	二〇八	〇〇	使丁一名給料年末慰勞金
三、備品費	五〇	〇〇	一〇〇	〇〇	机椅子戸棚等新調及修理
四、消耗品費	二〇〇	〇〇	二〇〇	〇〇	筆紙墨文具帳簿印刷費雜品等
五、宿舍料	三六〇	〇〇	三六〇	〇〇	書記一名宿舍料
六、雜費	七	〇〇	五二	〇〇	
第三款　雜支出	一〇〇	〇〇	一〇〇	〇〇	
一、雜支出	一〇〇	〇〇	一〇〇	〇〇	興信所又ハ辯護士等手數料鑑定料訴訟費會議費等
第四款　積立金	四一、七〇〇	〇〇	二五、〇〇〇	〇〇	
一、積立金	四一、七〇〇	〇〇	二五、〇〇〇	〇〇	復興資金貸付命令第九條第二項ニ依リ收入金中經費ヲ支辨シタル殘額積立見込額
計	二七〇、八〇〇	〇〇	一五五、〇六〇	〇〇	

昭和十二年度特別會計貸住宅歳入出豫算

歳入

一、銀五萬六千五百七拾五弗也　經常部豫算高

一、銀貳萬壹千壹百貳拾五弗也　臨時部豫算高

計　銀七萬七千七百弗也

歳出

一、銀八千七百弗也　經常部豫算高

一、銀六萬九千弗也　臨時部豫算高

計　七萬七千七百弗也

昭和十二年度特別會計貸住宅歳入出豫算表

歳入

經常部

科目	本年度豫算額	前年度豫算額	備考
第一款 家屋賃貸料	五一、三六〇〇〇	一二、八七〇〇〇	
一、貸家料	五一、三六〇〇〇	一二、八七〇〇〇	貸住宅A三戸、B二〇戸、C二四戸、D三〇戸、分一ヶ年賃貸
第二款 煖房料	五、二一五〇〇	—	
一、煖房料	五、二一五〇〇	—	月四五弗三戸、二五弗二〇戸、一二弗二四戸四弗三〇戸、五ヶ月分
計	五六、五七五〇〇	一二、八七〇〇〇	

臨時部

科目	本年度豫算額	前年度豫算額	備考
第一款　一般會計借入金	二一、一二五〇〇	―	
一、借入金	二一、一二五〇〇	―	貸住宅特別會計規程ニヨリ本年度歳入不足額一時借入見込
第〇款　會債	―	二五〇、〇〇〇〇〇	
〇　會債	―	二五〇、〇〇〇〇〇	
計	二一、一二五〇〇	二五〇、〇〇〇〇〇	
合計	七七、七〇〇〇〇	二六二、八七〇〇〇	

歳出

經常部

科目	本年度豫算額	前年度豫算額	備考

第一款 修繕費	二〇〇	〇〇	一〇〇	〇〇	
一、修繕費	二〇〇	〇〇	一〇〇	〇〇	貸住宅修繕費
第二款 煖房費	五、五〇〇	〇〇	—		
一、石炭代	五、〇〇〇	〇〇	—		大同粉炭五〇〇噸代
二、運轉雜費	五〇〇	〇〇	—		火夫、苦力給料、油類手入材料代等
第三款 雜費	三、〇〇〇	〇〇	八〇〇	〇〇	
一、保險料	六七五	〇〇	五六三	〇〇	三〇萬弗
二、電氣料	一、八〇〇	〇〇	—		電氣料金
三、水道料	三〇〇	〇〇	—		水道料
四、雜費	二二五	〇〇	二三七	〇〇	

科目	本年度豫算額	前年度豫算額	備考
臨時部			
計	八、七〇〇 〇〇	九〇〇 〇〇	
第一款 會債	六九、〇〇〇 〇〇	九、五〇〇 〇〇	
一、元金償還	五〇、〇〇〇 〇〇	―	契約ニ依ル年賦償還金
二、會債利子	一九、〇〇〇 〇〇	九、五〇〇 〇〇	借受金ニ對スル利子年八分
第二款 翌年度繰越金		二、四七〇 〇〇	
一、繰越金		二、四七〇 〇〇	
第〇款 住宅建築費	―	二五〇、〇〇〇 〇〇	
〇 住宅建築費	―	二五〇、〇〇〇 〇〇	

計	六九、〇〇〇	〇〇	二六一、九七〇	〇〇
合計	七七、七〇〇	〇〇	二六二、八七〇	〇〇

附表九

貿易額

（一）天津貿易額

	（輸出）	（輸入）	（總額）
昭和十年度	九一、二〇二千元	八五、一六〇千元	一七六、三六二千元
昭和十年自一月至十月	七〇、五三二	七二、九一八	一四三、四五〇
昭和十一年自一月至十月	九〇、七九六	五七、三九七	一四八、一九三

主ナル品目

（輸出）纖維原料、動物及動物產品、皮革毛皮、種物類、雜穀類、等

（輸入）金屬品、油脂ガソリン、化學製品、紙類、機械類、車輛船舶、等

（二）天津對日貿易額

	（輸出）	（輸入）
昭和十年度	二二、五一六、五六五弗	一九、四四〇、九〇八金單位
昭和十年上半期	九、七六九、七五一弗	一二、八五三、八〇〇金單位
昭和十一年上半期	一四、〇五八、四二二弗	五、八二三、九四五金單位

主ナル品目

（輸出）棉花、雜穀、黃麻、棉實、麩、骨粉廢骨、等

（輸入）鐵鋼類、染料、自轉車、紙及紙器、綿製品、等

註、金單位百弗ニツキ支那國幣銀二二七元二五仙ノ換算率ナリ

昭和十一年度ヨリハ本表ノ外冀東貿易ニ依ル輸入額約八千五百萬元アリタリト傳ヘラル

『営業出願ニ関スル心得』

（在天津日本総領事館通商経済課、一九三九年八月）

昭和十四年八月

營業出願ニ關スル心得

在天津日本總領事館
通商經濟課

◉營業（又ハ事業）目論見書

一、營業所（所在地ヲ記載スルコト）

敷地坪數及建坪

二、工場（所在地ヲ記載スルコト）

敷地坪數及建坪（各種作業所別ニ記載ノコト）

三、倉庫（所在地ヲ記載スルコト）

敷地及建坪ノ別

四、資金調達方法

（イ）固定資金流動資金ニ區別シ夫々其ノ調達方法又ハ調達シタル經過ヲ詳記スルコト

（1）爲替管理法ニ基ク許可ヲ得タル向ハ其ノ許可書及寫各一通添附スルコト

（2）現地調達ノ場合ハ調達先ノ商號、氏名及調達先トノ關係

（ロ）株式會社合資會社等ニ在リテハ其ノ株主ノ住所氏名ヲ列記スルト共ニ其ノ引受

株數ニ對スル拂込方法ニ付詳記スルコト
（ハ）日支合辦事業ニ在リテハ其ノ出資資金ノ調達方法
五、資金使途內譯
（イ）土地、家屋ノ買收又ハ借地、借家料若ハ建物新築費別ニ當該價額ヲ列記スルノ外工場設備用機械器具、動力機等ノ種類、數量、價額（見積價額ヲ含ム）ヲ詳記スルコト
（ロ）取扱商品、製造原料、材料、人件費、機械据付費等ノ流動資金ニ付夫々區別ノ上明記スルコト
（イ）全体ノ小計ヲ記入スルコト
（ロ）全体ノ小計ヲ記入スルコト
六、營業種目
（イ）單ニ一般輸出入業又ハ金物商若ハ藥種商ト記入セス其ノ取扱商品名ヲ出來ル丈ケ詳細ニ記入スルコト（「カタログ」ヲ添附スルコトモ可）
（ロ）生産品目
加工、製造ノ場合ハ其ノ品目ヲ列記スルコト
七、營業方法

（イ）取扱商品ノ輸移出入、仕入レ先又ハ仕入レ方法若ハ販路等ニ付夫々明記スルコト
（ロ）個人名義ナルモ他ノ出資者カ營業等ニ從事スル場合ハ其ノ商社ニ於ケル資格、地位等ヲ明カニスルコト
（ハ）製造工場ヲ有スル者ハ前記（イ）ノ外ニ生産方法、所要資材ノ名稱、數量、生産高（見積年產數量及價額）ヲ記載スルコト

八、從　業　員
事務員、技術者、職工數ヲ邦人華人ノ別ニ記入スルコト

◉附　屬　書　類

一、出願人ノ履歷書
二、銃砲火藥類、藥種商、藥局開設（別途藥劑師就業許可願書提出ノ要アリ）等ノ場合ハ其ノ資格免許證（寫モ必要）ヲ添附スルコト飲料水等ノ製造者ハ其ノ分析証明書又ハ水ノ檢查證書ヲ添附スルコト
三、會社組織ニ在リテハ其ノ定款及出願人ニ對スル委任狀（日本、滿洲、朝鮮等其他天

四

津以外ノ地ニ於ケル個人經營ノ商店ノ場合モ店主ノ委任狀ヲ要ス）

四、土地、建物及倉庫ノ買收又ハ借入レニ付テハ其ノ契約書若ハ承諾書（寫一通添附ノ要アリ）

五、營業所、工場、倉庫ノ附近見取圖

見取圖ニハ所在地名ヲ記入スルト共ニ一見シテ明瞭ナルカ如ク作成スルコト

六、營業所、工場、倉庫ノ平面圖

平面圖ハ窓取リ、仕切リ、廣サヲ示シ工場ニアリテハ右ノ外機械、動力機等ノ配置箇所ヲ示スコト

◉注意事項

一、營業（又ハ事業）目論見書及附屬書類ハ何レモ二通作成夫々願書ニ添附スルコト（契約書原紙ハ出願人ニ還ヘルヘキ願書ニ添附スルコト）

二、工場又ハ作業所ヲ有スル者ハ願書「營業所」欄ニ「工場所在地」トシテ番地ヲ記入スルコト

三、電話架設アル者ハ願書右上ニ其ノ番號ヲ記入スルコト

四、組織變更又ハ增資等ノ場合ハ更ニ願出ツルコト

五、營業種目ノ變更、工場設備ノ變更又ハ移轉ノ場合ハ現在ノ許可書一件書類ヲ添附スルコト尚右變更ノ部分ヲ明確ニシ之ニ依リ生スル資本金變更アレハ其ノ旨記入スルコト

六、自動車運輸事業願書書式ハ別ニ之ヲ定ム

七、海河（金鋼橋下流河口迄）沿岸ニ於ケル建築物ノ築造ニ付テハ別ニ制限セラレ居ルニ付當館係官ノ指示ヲ受クルコト

八、出願人ノ氏名及商號ニシテ讀難キモノハ振リ假名ヲ附スルコト

九、比較的大規模ノ製造業ニ在リテハ趣意書ヲ添附スルコト

十、紡織、電球、自動車等ノ製造竝漁業ハ目下統制又ハ制限中ナルニ付詳細ノ點ハ當館係官ニ間合アリ度シ

十一、內地方面ヨリノ送金、商品輸入ニ付テハ關係省ノ許可ヲ要スル事項モアリ其ノ手續等ニ付特ニ注意アリ度シ

十二、當館警察署保安課ヨリ願書用紙ヲ求メ所定欄ニ夫々記入ノ上保安課ヘ提出アリ度シ

尚右記載事項ハ館令（附錄參照）ニ據ルモノトス

十三、商號ニ「華北」ノ二字ヲ附セサルコト

十四、出願人ハ天津及其ノ附近ニ居住スルヲ原則トス但シ已ムヲ得サル事情ニ依リ天津地方ニ居住セサル者ハ管理人ヲ選定スルト共ニ委任狀ヲ必要トス

◉附　錄

營業及特殊行爲取締規則（大正六年十二月二十三日附 館令第七號）

第一條　左記ノ營業又ハ行爲ヲ爲サントスル者ハ當館ニ願出テ許可ヲ受クヘシ但シ別ニ規定アルモノハ各々其ノ規定ニ依ル

一　學校寺社敎會堂其他敎育宗敎ニ關スル營造物ノ開設

二　新聞雜誌圖書文書及繪畫ノ出版但シ書簡、通信、報告、社則、引札、諸藝ノ番附諸種ノ用紙証書類ノ印刷ハ之ヲ除ク

三　集會及結社但シ慣例ノ許ス所ニ係ルモノハ之ヲ除ク

四　屋外ニ於ケル公衆ノ會同及多衆運動但シ祭葬講社學生生徒ノ體育運動其ノ他慣例ノ許ス所ニ係ルモノハ之ヲ除ク

五　印刷業印版彫刻業

六　寫　眞　業

七　工場、仕事場其他一ケ所ニ於テ多數ノ勞働者ヲ使用スル營業機械ノ動力

八

ヲ使用スル營業又ハ遮蔽セサル地面ヲ使用スル營業

八　銃砲刀劍ニ關スル營業

九　火藥、石油、石炭其他爆發又ハ引火性ヲ有スル危險物ニ關スル營業

一〇　鍛冶屋、鑄物業

一一　市場其他共同ノ取引場ノ開設

一二　銀行、質屋其他信用受授及金融ニ關スル營業

一三　保　險　業

一四　有價證劵賣買業

一五　仲立業、周旋業及他人ノ爲メニ事實上又ハ法律上行爲ヲナス營業

一六　運送業、倉庫業及運送取扱業

一七　土木建築請負業及人足供給業

一八　交通運搬ノ具ヲ賃貸スル營業

一九　諸　興　行

二〇　藝妓、酌婦、仲居稼業、藝妓置屋及見番營業

二一　遊藝人及遊藝師匠
二二　旅館、下宿屋、飲食店、貸座敷、寄席、劇場、競技場、運動場、遊劇場
其他多數人ノ來集ヲ目的トスル場屋ノ開設
二三　醫師、産婆、接骨、鍼針、マツサージ、按摩其他治療ニ關スル營業
二四　調劑賣藥及藥品又ハ藥品原料ノ製造販賣ニ關スル營業
二五　肉類、牛乳、飲料其他腐敗又ハ變質シ易キ飲食物ニ關スル營業
二六　獸醫、蹄鐵工其他獸畜治療ニ關スル營業
二七　湯　屋　業
二八　理髪業、女髪結業
二九　塵芥汚物ノ掃除又ハ賣買ニ關スル營業
三〇　屠獸場及化成場ノ開設
三一　古物商及競賣所
三二　露　店　營　業
三三　行商及豫約販賣

三四　其他特ニ指定シタル營業及行爲
物品ノ輸移出入業又ハ販賣業（昭和十四年七月一日改正）

第二條　前條ノ許可ヲ受ケントスル者ハ願書正副二通ヲ提出スヘシ願書ハ左記又ハ之ニ準スヘキ事項ヲ記載スヘシ

一　營業又ハ行爲ノ種類
二　營業又ハ行爲ノ場所
三　商號又ハ屋號
四　支店出張所又ハ代理店ナルトキハ本店ノ名稱及所在地
五　個人組合又ハ何種ノ會社等營業主體ノ種類
六　營業主又ハ行爲者ノ氏名、年齢、本籍、族稱、住所及職業、會社ノ社員、重役及支店、出張所又ハ代理店ノ代表者ニ付亦同シ
七　其他業體又ハ營業主體ノ種類ニ應シ必要ナル事項

第三條　前條第二項各號ノ事項又ハ認可條件トシテ指定セラレタル事項ニ變更ヲ生シタルトキハ遲滯ナク其ノ旨ヲ屆出テ許可ヲ受クヘシ變更アルヘキコトヲ豫知

シタル場合亦同シ

第四條　休業又ハ廢業ヲナサントスルトキハ豫メ屆出ツヘシ但シ休業ニ付テハ休業期間ヲ定ムルコトヲ要ス

前項ノ規定ハ習慣上ノ休業ニハ之ヲ適用セス

第五條　營業ノ許可ヲ得タル日ヨリ三ケ月以內ニ開業セサルトキ又ハ休業六ケ月ニ亙ルトキハ許可ハ其ノ效力ヲ失フ但シ事業ノ性質上又ハ營業主體ノ種類ニヨリ右期間內ニ開業スルコト能ハサルモノハ事由ヲ具シ豫メ延期ノ許可ヲ受クヘシ

第六條　各營業者ニシテ同業組合ヲ設ケムトスルトキハ組合規約ニ組合ノ目的、役員ノ權限竝選擧ノ方法、組合員ノ權利義務、組合費ノ收支其他必要ナル事項ヲ定メ認可ヲ受クヘシ之ヲ變更スルトキ亦同シ公益上特ニ必要アリト認ムルトキハ組合ノ設立組合規約ノ改正又ハ役員ノ改選ヲ命スルコトアルヘシ

前項ノ規定ハ本令ニ規定シタル特殊行爲ニ付之ヲ準用ス

第七條　本令ニ規定シタル出願又ハ屆出ハ營業主行爲者組合會社其ノ支店、出張所又

ハ代理店ノ代表者、多衆運動ノ主催者其他此等ノ者ニ準スヘキ者又ハ特ニ指定セラレタル者ヨリ當館警察署ヲ經テ之ヲ爲スヘシ

第八條　取締上必要アリト認ムルトキハ許可條件トシテ保證金ノ供託其他ノ行爲又ハ不行爲ヲ命シ許可後ニ於テモ特ニ遵守スヘキ事項ヲ命令スルコトアルヘシ
重大ナル事由アルトキハ館員又ハ警察官吏ヲシテ營業所事務所又ハ住所ニ付キ業務ニ關スル書類及物件ノ檢査ヲ爲サシムヘシ

第九條　公安風俗又ハ衞生ヲ維持スル爲特ニ必要アルトキハ營業又ハ行爲ノ目的タル物件若ハ此等ノ用ニ供スル物件ノ使用移動處分ヲ禁シ若ハ其廢業ヲ命シ又ハ右物件ノ假領置其他必要ナル處分ヲナスコトアルヘシ

第十條　左ノ場合ニ於テハ營業又ハ行爲ノ停止許可取消其他必要ナル處分ヲナスコトアルヘシ
一　公安風俗又ハ衞生ヲ害シ又ハ害スルノ虞アルトキ
二　本令ニヨリ處罰ヲ受クルモ遵守ノ意ナシト認ムルトキ
三　久シク公課ヲ滯納シ督促ヲ受クルモ之ニ應セサルトキ

四　許可條件ノ要項ヲ缺クニ至リ又ハ遵守事項ニ違反シタルトキ

第十一條　本令施行以前當館ニ屆出ヲナサス又ハ當館ノ許可ヲ得スシテ現ニ第一條ノ營業又ハ行爲ヲナスモノハ新ニ之ヲナサントスル者ト見做ス

第十二條　本令及本令ニ基ク命令又ハ處分ニ違背シタル者ハ五十圓以下ノ罰金若ハ科料又ハ拘留ニ處ス

共同營業者使用人又ハ行爲ノ參加者カ前項ノ命令又ハ處分ニ違背シタル場合ニ於テハ他ノ共同營業者ノ雇主又ハ他ノ行爲參加者モ亦其ノ責ヲ負フ但シ過失ナキトキハ此限ニ在ラス

第十三條　明治三十五年二月二十五日附館令第四號居住移轉及營業ニ關スル屆出規則第二章ノ規定ハ本令第一條ニ規定セサル營業ニツキテノミ其ノ効力ヲ有ス

第十四條　本令ハ公布ノ日ヨリ之ヲ施行ス

賴母子講、無盡講及類似ノモノ取締規則、射倖行爲取締規則、通關代辦業者取締規則、氷取締規則等ニ關スル館令全文ノ掲載ハ茲ニ省略ス

『最近の北支金融事情』

（在天津日本総領事館経済部、一九四〇年六月）

昭和十五年六月

最近の北支金融事情

在天津日本總領事館經濟部

昭和十五年六月

最近の北支金融事情

在天津日本總領事館經濟部

序

北支の金融事情は支那事變の進展と共に北支に特有の性格を展開するに至つた、即中國聯合準備銀行の誕生、爲替集中制の採用の如きを始めとして北支の金融として劃期的な種々の事象か相次て出現し是等は何れも北支の經濟開發、新東亞の建設に對し重要なる關係に立つて居り事變の終熄を俟つて北支の金融は一段の發展か豫想せられて居る次第てある

本册子は事變進行中に於ける北支の金融、通貨及爲替事情に就て其概要を記述せるものであつて當館經濟部玉利囑託の執筆に成るものである、同囑託の眞摯なる調査の結果は一般を稗益する所尠らざるへきを確信し玆に上梓することゝせる次第である

昭和十五年六月

在天津

總領事　武藤義雄

目次

第一編　金融通貨

第一章　支那事變直後の北支金融概況……一
第二章　中國聯合準備銀行の設立……四
第三章　臨時政府及華北政務委員會の通貨政策……七
第一節　舊通貨の整理……七
第二節　聯銀券の普及策……一二
第三節　円系通貨の回收策……一六

第二編　爲替

第一章　支那事變直後に於ける北支爲替市場概況……二三
第二章　臨時政府及華北政務委員會の爲替政策……二六

第一節　爲替集中制……二七
第二節　爲替基金制……三七

第三編　天津金融事情

第一章　金融機構……三九
第二章　英佛租界に於ける現銀問題……四七
第三章　英佛租界隔絶の影響……五八
第四章　爲替集中制のリンクレート……五九
第五章　舊法幣對聯銀券打歩……六一
第六章　天津滙申市場……六七

第四編　地方金融

第一章　山東省……七一

第一節　金融概況……七一
第二節　濟南……七二
第三節　青島……七四
第四節　芝罘……七六
第二章　山西省……七七

附録

一、中國聯合準備銀行條例……八一
二、通貨外國通貨輸移出入取締辦法……九三

第一編　金融通貨

第一章　支那事變直後の北支金融概況

昭和十二年七月七日蘆構橋事件突發より月末迄は金融上特に注目すへき現象起らさりしも天津襲擊事件起るに及ひ天津金融界の機能は勿論北支の經濟活動は停頓するに至れり、右天津事件に際し華街に於ける銀行銀號は勿論各國租界內に於ける銀行銀號も閉店休業の已むなきに至り其華街に在る支店辦事處は一齊に閉鎖せられしを以て北支金融の總元締たる天津の經濟的活動は假死の狀態に陷り之に伴ひ北支各地の經濟活動も全く停止せり

經濟界に一度右の如き變動起るや銀行及銀號に對する預金引出殺到せしか一部の銀號を除き他は皆克く之に應するを得たるを以て此方面よりの金融的混亂は生せす天津金融界は無活動なから比較的平穩に推移せり

然るに八月中旬事件の上海に波及するや全方面の金融的混亂甚しかりし爲國民政府は幣制崩壞を防止する目的を以て八月十五日金融安定辦法を公布せり

本辦法は預金及貸出の制限を內容とせるものなるか天津の各金融機關も右辦法に從ひ預金引出の制限貸付の中止等を實施す

るに至りしを以て天津金融市場は極度に逼迫し之に伴ひ一般商取引も杜絶の状態となれり

九月中旬以降事態漸く平穏に復し支那側銀行中にも華街に支店辦事處を設けしもの二三ありしか依然休業狀態にあるもの多數にて天津金融界の根本的立直りは未た期待するを得さりき、而して事變に因り誘致せられし右の如き諸狀勢の爲に蒙りたる支那側銀行の損失は頗る大なるものあり、即ち金融沈滯に依り受けし消極的損害も少からさるものありしか貸付金の回收不能及諸兼營事業の不振等に因り受けし損失は更に大にして殊に近年農村貸付に積極的態度を採り居たる諸銀行の損害は最も大なりき

事變擴大するに伴ひ天津金融市場の逼迫及法幣資金極度の不足を招來せし一方日本軍の現地支拂増加し法幣資金の不足に反比例して円紙幣（軍票代用としての朝鮮銀行劵）は急速度に氾濫するに至り爲に円紙幣の對法幣相場は暴落せり、即ち事變前百円に付九十八元內外なりし円相場は遂に九十元を割るに至れり

天津地方に於ける右の如き円紙幣の暴落は局地的とは言へ円紙幣の對外價値に影響する懸念無きに非さりしのみならす事實日本の損失となるを以て日本は何等かの方法に依り円紙幣の暴落防止、價値維持を講すると共に北支金融の基本的安定策を樹立する必要に迫られたり

當時北支に於ける通貨の流通額は約五億一千萬円にして國民政府の法幣たる中央、中國、交通の三銀行券及中國農民銀行券を始め河北省銀行券、山西省銀行券、山東省民生銀行券の如き省立銀行券、冀東、中南、中國實業、中國農工、大中、浙江興業等の各銀行券其他の雜券を合せ約三十種の多きに達し寔に雜然たるものあり

然るに金融の円滑なる運行を圖り經濟の發展を期するか爲には先つ通貨制度を確立し此等の雜多な通貨を整理統一する必要あり

然かのみならす北支は事變の進展に伴ひ今や日滿と一体となり政治經濟の百般に渉り新秩序建設に邁進すへき時期に到達せしを以て其通貨制度は日滿と一体となすことを要す

然るに右の各種通貨の內法幣は流通額約四億三千萬円にて總額の八四%強を占め最も有力なりしも蔣政權の管理下に在り、各種商業銀行の紙幣は本店か多く中南支に在る爲何れも北支の新通貨たる資格を缺き又我方に協力する河北省冀東兩銀行券も從來の流通か比較的少範圍に限られ居たる爲全北支を一体としての通貨としては未た十分ならさるものありき、他面朝鮮銀行券等の日本円系通貨は日滿外の地域に多額に流通せしむることは日本又は滿洲の通貨に對し好ましからさる影響を與ふる處あるを以て之亦北支通貨とすることは避けさるへからす、即ち北支は新に親日政權たる中華民國臨時政府の下に統轄せ

らるゝことゝなりたるを以て新に中央銀行設立せられ其發行劵を以て通貨を統一し併せて金融統制を圖るへきなり

第二章　中國聯合準備銀行の設立

斯くて事變後の新事態に即應し日滿北支經濟結合の基幹たらしむる爲日本の全面的協力の下に新中央銀行を設立し其發行する紙幣をして北支の通貨を統一せしむると共に日滿通貨との結合關係を設定する必要を生したり

中國聯合準備銀行は實に斯くの如き大使命を帶ひて設立せられたるものにて仝行は臨時政府の法令に依る北支の中央銀行なるも之か設立竝に經營に際し日滿兩國は絕對的支援を與へ其發行する通貨の價値も常に日本円との等價關係（註參照）を堅持するものにて仝行の順調なる發展を圖り聯銀劵の円滑なる流通を期し以て北支通貨統一を成就することは即ち日滿北支を一丸とする新通貨制度を建設することに外ならす

（註）聯銀劵を日本円と等價に定めたる理由は日滿北支間の物資交流を円滑ならしむる爲及日滿より北支への投資を容易ならしむる爲に必要なりしに由る

斯くて中國聯合準備銀行は二月五日臨時政府より公布せられたる中國聯合準備銀行條例に基き仝月十一日創立總會を開催し

て總裁以下役員を決定し三月十日開業式を擧行、仝十一日より業務を開始せり政府は仝行に貨幣の製造及發行の特權を附與し（註参照）聯銀券を唯一の國幣と定め之によりて北支の通貨を統一すると共に金融統制權を中國聯合準備銀行の手に確保せり

斯く政府は中國聯合準備銀行を通して北支金融經濟を統制し經濟上より民衆と政府との依存關係を强化し東亞協同体の完成に邁進しつゝあるものにて中國聯合準備銀行の經濟政策上に占むる地位は極めて大なりと云ふへきなり

（註）發行準備には發行額の四割以上に相當する地金銀、外國通貨及外國通貨による預金を充當することゝせり

一、資本金

中國聯合準備銀行は中華民國の株式會社にして資本金は國幣五千萬円（半額拂込）內半額は臨時政府の出資、半額は支那側銀行の出資（現銀）と定められ其出資額左の如し

中國銀行	四百五十萬元	大陸銀行	八十萬元
交通銀行	三百五十萬元	中南銀行	八十萬元
河北省銀行	八十萬元	鹽業銀行	八十萬元

金城銀行	八十萬元	冀東銀行	五十萬元

但し中國交通兩銀行は其後出資を拒否し今日に至る兩行は中國聯合準備銀行の加盟銀行として新通貨制度を擔ひつゝ尙蔣政權と一脈相通するものあり

二、日本側の協力

臨時政府の拂込金千二百五十萬円を正金銀行、朝鮮銀行及興業銀行の三行より仝政府へ融通せし外興業銀行を代表者とする銀行團十五行（註參照）より中國聯合準備銀行に對し一ヶ年の期限を以て一億円の**クレヂツト**を供與し二回迄更新し得ることゝせり

（註）興銀、正金、鮮銀、第一、臺灣、三井、三菱、安田、第百、住友、三和、野村、愛知、名古屋、神戶

三、總行及分行

總行を北京に置き左の十六ヶ所に分行及辦事處を設置せり

天津	昭和十三年三月十日開業	青島	四月八日開業
濟南	仝　四月八日開業	石家莊	四月十五日開業

唐山	仝　四月二十日開業	太原	十月一日開業
烟台	仝　十月一日開業	山海關	十一月二十八日開業
新鄉	昭和十四年二月六日開業	威海衛（辦事處）	二月六日開業
臨汾	仝　二月十八日開業	運城	二月二十三日開業
徐州	仝　四月二十日開業	開封	四月二十日開業
海州	仝　六月一日開業	龍口（辦事處）	六月五日開業
秦皇島（辦事處）	仝　十月十四日開業		

第三章　臨時政府及華北政務委員會の通貨政策

第一節　舊通貨の整理

中國聯合準備銀行の創業と共に仝行の發行する紙幣（聯銀券）を唯一の國幣とし之を以て舊通貨を整理し北支の通貨を統一することゝなりたるも一時に舊通貨の流通を禁止することは困難なるのみならす種々の悪影響あるを以て臨時政府に於ては漸進主義を以て之に臨むことゝせり、然して舊通貨整理の大綱は昭和十三年三月十一日の舊通貨整理辦法に依り定められ其後小額通貨整理辦法、山西省雜券整理辦法等を制定し或は種々の政府命令を發布して之か處理を圖れり即ち舊通貨は其種類に依り流通額及民衆の信用を異にするのみならす發券銀行の資產狀態及蔣政府との關係等異るを以て政府は舊通貨の種類により之か對策を區別することゝせり、其概要左の如し

（イ）舊通貨整理辦法

臨時政府は昭和十三年三月十一日の舊通貨整理辦法に依り中國交通兩銀行の北方券（天津、青島、山東の銘記あるもの）に對し流通期限を一ケ年と定め昭和十四年三月十日限り流通を禁止し中央銀行券、中國交通兩銀行の南方券及其他の雜券合計十五種に對し六月三日附命令を以て六月十日以降流通を禁止せし外舊通貨の新規發行竝に回收したるものゝ再發行を禁止せり、河北省冀東兩銀行券は從來より臨時政府竝に日本側と密接なる關係あるを以て流通期間を一ケ年と定め（註參照）今期間中は聯銀券と等價流通を認むることゝし新規發行を禁止せり

（註、）昭和十四年三月十一日より二ケ月つつ數回更新せられ遂に今年十二月末迄等價交換を認められたり

斯くて北支に於ける舊通貨は中國交通兩銀行の北方券及河北省冀東兩銀行券の四種のみ流通を許さるゝことゝなり北支は一應南方券との關係を切離したるも上海爲替は依然北方券に及ひ天津の第三國銀行か上海並の爲替相場を建つるに對し日本側

銀行は日本円、聯銀券及舊法幣等價の建前より一志二片の國策相場を堅持せし爲第三國向輸出爲替は相場の有利なる第三國銀行に全部集中するといふ矛盾を生ずるに至り殊に七月二十六日九江陷落に次て八月二日には蔣政府に於て外貨割當の制限を發表せし爲め爲替は暴落して矛盾は更に甚しくなれり、於是對英一志二片を基礎とする建前の聯銀券と八片臺に低落せる舊法幣とを等價にて流通せしむることは上海の關係に於て北支の通貨に惡影響を及ほす虞あるのみならす是等發券銀行の資産内容に鑑みるも北方券の價値は相當切下くる必要を生したるを以て遂に八月八日より一割切下げを斷行することゝせり、然るに中國交通兩銀行の資産狀態依然不良なるのみならす北方券の爲替相場（聯銀券一志二片、北方券八片、差六片即約四割三分）にも鑑み更に三割切下くることゝせしか（第一次切下けと合せて四割となる）第二次切下けに際しては豫告期間を與へ以て民衆の打撃を輕減すると共に舊通貨整理に資することゝし昭和十三年十二月三十一日命令公布翌年二月二十日より實施せり但し河北省冀東兩銀行券に對しては切下けを行はさることゝせり

（ロ）山東省並に山西省雜券整理辦法

山東省庫券並に山西省銀行、晋綏地方鉄路銀號、綏西墾業銀號及晋北鹽業銀號發行の紙幣に對しては昭和十四年一月二十五日附政府命令を以て二月十九日迄は券面額の一割切下け以後は四割切下け三月十一日以後は流通を禁止することゝせり

但し山西票は現地の實狀を考慮し二月二十日以後も一割切下けとせり

（ハ）小額通貨整理辦法

小額通貨（一円未滿の小額紙幣及補助貨）に付ては昭和十三年五月三十一日小額通貨整理辦法を公布し六月一日より滿三ケ年を限り流通し得ることゝし尙仝日以後新規發行及再發行を禁止せり、八月八日中國交通兩銀行の北方券一割切下け命令と共に各銀行の發行する小額通貨は一割切下けられたり、但し河北省冀東兩銀行の發行する小額通貨は切下け命令の適用を受けす依然聯銀券と等價なり

山東省民生銀行及山東省平市官錢局の發行する小額通貨（銅元票を含む）竝に山西省銀行、晋綏地方鉄路銀號、綏西墾業銀號、晋北鹽業銀號發行の小額通貨（山西省銀行發行の銅元票を含む）に付ては小額通貨整理辦法にては別に規定せらるゝことゝなり居たるも昭和十四年一月二十五日公布の政府命令に依り昭和十六年（民國三十年）五月三十一日迄其價値を切下けて流通を許さるゝことゝなれり、切下け率は昭和十四年二月十九日迄一割二十日以後は四割なり、但し山西省に於て流通を見たる小額通貨に付ては現地の實狀により三月十日迄一割其れ以後は四割の切下け率を適用するの便法を講することゝなれり、河北省銀錢局の發行する銅元票に付ては小額通貨整理辦法により右の流通禁止竝に切下け規定の適用を全然受けさるこ

とゝなれり

（二）流通禁止後に於ける舊通貨處理

斯くて昭和十四年三月十一日以降小額通貨を除き舊通貨の流通は全く禁止せらるゝことゝなりたるか奥地に於ける粛清の進展と共に民衆の所持する舊通貨に對しては大体左の方針により處置することゝせり

（1）從來より聯銀券の流通せる地帶に於ては舊通貨流通禁止を徹底せしめ之に違反するものに對しては斷乎たる處置を採る、即ち舊通貨を流通せしめ又は流通せしめんとして所持又は運搬する者は嚴罰に處すると共に所持又は運搬せらるゝ舊通貨は之を沒收す

（2）新に粛清せらるへき地帶に於て前記仝樣の方針に依ることは民衆に對し打擊を與ふることゝなるを以て治安工作の一として之等の地域に於ては舊通貨（原則として昭和十四年三月十日迄流通を認められたるもの）は軍の認定に依り地區竝に期間（二ケ月）を限定し聯銀券の六割の價値を以て之を買上く

（3）河北省冀東兩銀行券は流通禁止後も二ケ月間夫々發券銀行に於て聯銀券と等價にて引換ふるの途を拓き又新に粛清せらるへき地區に於て前記（2）により買上を行ふ場合には其價値は聯銀券に對し等價とす

第二節　聯銀券の普及策

舊通貨に對する處理を圖る一方聯銀券の普及を圖り舊通貨と聯銀券との交換を便にする爲日本側の各機關竝に地方人の支拂に付ても可及的聯銀券を使用することゝし正金銀行及朝鮮銀行は貸出に聯銀券を用ふるは勿論金円預金の拂出、送金手形及信用狀の支拂にすら聯銀券主義を採れり又中國聯合準備銀行の店舗の設けなき奥地に居住する民衆をして舊通貨を聯銀券に引換へしむるに資せんか爲河北省冀東兩銀行奥地支店及各縣公署に對し交換基金を貸付又は供與して舊通貨の引換に當らしめたる外青島埠頭、塘沽驛、山海關驛、天津碼頭に聯銀券交換所を設置し又汽車汽船内に於て小額交換の便宜を講することゝせり

中國聯合準備銀行は其設立當初より政府の方針に從ひ聯銀券と日本円との等價關係の堅持に努力し來り日本側銀行團も聯銀券の價値維持の爲に一億円のクレヂツトを中國聯合準備銀行に供與して絶大なる支援を與へ來れり

斯くて第三國銀行側の執拗なる妨害と加盟銀行たる支那側銀行の非協調にも拘らす北支通貨の一元工作は聯銀を中心に進められ各地の治安平常化、商取引の復活に伴ひ聯銀券は安定通貨として都市に於ては勿論鉄道沿線を初め次第に奥地に浸潤し貨幣としての職能を果しつゝあり即ち聯銀券の昭和十三年六月末に於ける發行額は約六千萬円に過きさりしか仝年十二月末

には約一億六千二百萬円仝十四年十二月末には遂に四億五千八百萬円に達したることは中國聯合準備銀行の通貨統一工作か如何に順調に推移しつゝあるかを物語るものにて各種の産業開發及經濟活動の發展に伴ひ聯銀券の普及は益々擴大せらるゝに至れり

（聯銀券總發行額は昭和十五年三月には五億円臺となり仝年四月末には遂に五億四千九百九十萬円に達せり）

尙中國聯合準備銀行の設立當初新通貨の取扱を絶對に拒否せし第三國銀行及外商筋も漸く大勢に逆行するの不利を悟り漸次受入を開始し天津英租界工部局の如き遂に昭和十三年十二月一日より正式に公租、公課、水道料金、電氣料金等の納入に聯銀券を認むることゝせしかは佛租界工部局も之に追隨して仝十五日より收受するに至れり

曩に臨時政府は昭和十三年三月十一日附を以て舊通貨整理辦法を公布し聯銀券を國幣と定め舊通貨整理の方針を明にしたるか猶舊通貨建による契約を續行し國幣建に改めさるものあり又昭和十三年十二月末政府より公布せられたる舊通貨の第二次切下けは仝十四年二月二十日より實施せらるゝことゝなりたるか猶支那側銀行及錢莊等に有する預金は特殊のものを除きモラトリアムの施行あるを以て舊通貨による預金は之を悉く引出して國幣に交換せんとするも能はさる狀態にあり、然るに之等銀行錢莊等の中には預金支拂準備金の充分ならさるものありて預金取付等に遭遇せんか金融混亂を惹起する惧れなし

とせす、右の事情に鑑み一つは幣制統一の徹底を期し一つは預金を引出さすして國幣建に振替へしむる爲舊通貨建を以てする現存の貸借契約及預金契約等を國幣建に統一せんか爲昭和十四年二月十日附を以て左の如き命令を公布し且つ命令の徹底を期する爲特に銀行及錢莊に對しては個々に訓令を發して一般の注意を喚起せり

◉舊通貨建による契約を國幣建に統一する政府命令

第一條　舊通貨建を以てする新規契約は總て之を禁止す

第二條　舊通貨建を以てする現存の契約は總て直ちに之を國幣建に改むへし

第三條　舊通貨建を以てする現存契約にして中華民國二十八年二月十九日迄に國幣建に改められさるものは仝年二月二十日に於て六割の率を以て國幣建に改められたるものと看做す

附則　本令は公布の日より之を施行す

附表

舊通貨整理一覽表

種類			流通期限	切下率
一圓以上	中國、交通兩銀行の北方券（天津、青島、山東の銘記あるもの）		昭和一四、三、一〇	四割
	河北省。冀東兩銀行券		同右	なし
	中央銀行券中國交通兩銀行の南方券及ひ雜券	中國交通兩銀行の南方券、中國實業、北洋保商、中國墾業、浙江興業、大中、邊業、中國農工、中央、中南、中國通商、農商、四明、中國農民の各銀行券（十五種）	昭和一三、六、一〇	なし
	山東縣及ひ	山東省庫券	昭和一四、三、一〇	四割
	山西縣	山西省銀行、晋綏地方鐵路銀號、綏西墾業銀號、晋北鹽業銀號發行の紙幣	昭和一四、三、一〇	一割
小額通貨	河北省、冀東兩銀行發行の小額通貨		昭和一六、五、三一	なし
	山東省民生銀行、山東省平市官錢局發行の小額通貨		同右	四割
	山西省銀行、晋綏地方鐵路銀號、綏西墾業銀號、晋北鹽業銀號發行の小額通貨		同右	四割
	河北省銀錢局銅元票		なし	なし
	其他銀行の發行する小額通貨		昭和一六、五、三一	四割

第三節　円系通貨の回收策

事變以來北支に於ける日本銀行券、朝鮮銀行券及滿洲中央銀行券の流通相當巨額に上り之等は何れも日滿の通貨にして支那側舊通貨と區別すへきこと勿論なるも北支通貨統一の見地より之等の流通も可及的尠からしむる要あり、然して聯銀券は日本通貨と等價にてリンクするものなれは之を使用するは日滿通貨を使用すると何等異る處無きを以て軍に於ても專ら聯銀券を使用する方針を採り又日本側關係當局に於ても一般日本人に日滿通貨を聯銀券に換へて使用する樣工作せり即ち鮮銀券は流通額巨額に上れるを以て（昭和十三年三月十日の流通額推定約六千萬円）直ちに急激なる回收を行はす實情に即しつゝ漸進主義を採る方針にて中國聯合準備銀行は昭和十三年六月十六日朝鮮銀行との間に兩通貨等價交換協定（註參照）を締結せり（昭和十三年七月十日には正金銀行とも同樣の契約を締結せり）然して仝年七月十日以降朝鮮銀行に於ける金円勘定の支拂は事實上停止せられ止むを得さるものと雖も百円を超えす原則的に總て聯銀券を以て充當せらるゝことゝなれり

昭和十三年七月初に於ける鮮銀券の北支流通額は約六千五百七十萬円なりしか仝年末迄の回收額約三千四百九十萬円にて此外内地向旅行者の携帶額約六百七十萬円（推定）回收せられ更に十四年度中の回收額約二千餘萬円にて殘存額三百萬円内外

と稱せらる

（註）中國聯合準備銀行及朝鮮銀行間に於ける通貨等價交換協定

北支朝鮮銀行支店に於ては貸出に際し聯銀券を用ふることゝし之か爲朝鮮銀行及中國聯合準備銀行は互に同額の預金をなし朝鮮銀行は等價交換によりて得たる聯銀券を以て貸出をなし一方中國聯合準備銀行は朝鮮銀行の金円預金を金資金として發行準備に充當す、

滿洲中央銀行券は北支流通額約六千萬円と推定せられ昭和十三年九月全行天津支行及北京辦事處開設の使命は其發行券を回收し円ブロツク內に於ける円紙幣流通の円滑化を圖るにあり、然して北京及天津に於ける回收高は昭和十三年度四百三十六萬九千円全十四年度四千五百七十萬八千円の巨額に上り殘存額一千萬円以內となれり

（但し其後密輸入も相當ありたる模様なるを以て實際は之れ以上ならむ）

又聯銀券の北支に於ける唯一の通貨たることを確立する爲金円紙幣の北支流入抑止並に北支旅行者及在留邦人の北支に於ける日滿通貨使用を極力制限し聯銀券使用を以て之に代證することゝなり昭和十三年十月一日より左の方法を採ることゝせり

（イ）在留邦人にして金円紙幣を所持する者は速に日本側銀行に於て聯銀券と交換すること

（ロ）各種の支拂に付ては必す聯銀券を使用することゝし金円の受入を避くること、特に外國人又は華人經營の商店に於て買物をなす時は絶對に金円紙幣を使用せさること

（ハ）北支旅行者にして金円紙幣を所有する者に對しては之を日本側銀行又は中國聯合準備銀行に於て聯銀券と交換する樣勸むること旅館等に於ては投宿客に對し右の意味を説明し交換を勸むること

（ニ）北支旅行者にして金円紙幣を使用する者には聯銀券によることを勸むること

（ホ）山海關及塘沽驛、天津及青島の船着場に中國聯合準備銀行の紙幣交換所を設置する外汽車汽船中にて小額の交換便宜を講すること（紙幣交換所の設立年月日次の如し青島昭和十三年九月二十七日、天津、塘沽及山海關仝年十月一日）

一方内地に於ても大藏省にて上海方面に於ける円價維持對策、貿易外支拂の節減及本邦外貨資金の獲得保全を圖る目的を以て外國爲替管理に關する昭和八年四月二十六日附大藏省令第七號の規定を改正し外國旅行者の旅費携帶限度及本邦銀行券（日本銀行券、朝鮮銀行券及臺灣銀行券を含む）の輸入を左の通引下け又は制限することゝなり昭和十四年六月二十三日附官報を以て公布し七月一日より實施せらるゝことゝなりたるを以て天津、塘沽、山海關及青島に於ても七月二十日より旅行者の携帶旅費の檢査を嚴重に行ふことゝせり

一、外國旅行者の旅費携帶に關する自由限度を通貨、送金爲替及信用狀を通し五百円に引下ぐ（從來の限度二千円）

二、在外者に對する旅費其他の諸給與送金に關する自由限度を一ケ年五百円に引下ぐ（從來の限度一千円）

三、本邦銀行券の輸入は旅行者か二百円以下を携帶輸入する場合及官廳の輸入する場合を除き總て許可を要す（從來制限なし）

四、本邦又は外國の銀行券を輸入するものは其輸入報告書を稅關に提出することを要す

尙滿洲國政府に於ても昭和十四年八月一日より爲替管理法を改正して北支向旅客の携帶通貨は五百円（通貨、送金爲替及信用狀合計）に北支より滿洲向旅客の場合は二百円（日本銀行券、朝鮮銀行券、臺灣銀行券、蒙疆銀行券及滿洲中央銀行券を含む）に制限して其れ以上の携帶を許可制とすると共に從來通貨の密輸出に最も利用せられ居たる百円紙幣の國外流出を禁し九月一日より百円券の北支に於ける交換を停止せり（滿洲中央銀行に於ては之か爲山海關及古北口驛內に紙幣交換所を設置せり）

日滿兩國に於ける爲替管理法の改正に呼應して臨時政府に於ても昭和十四年八月一日附を以て通貨外國通貨輸移出入取締辦法を公布即日實施し左の場合を除き五百円を超ゆる金額（聯銀券及金円紙幣合計）の輸移出入を許可制とせり（昭和十五年

八月一日より二百円に改正實施せらるゝことゝなれり、附錄參照）

一、輸移入せんとする通貨又は外國通貨か日本又は滿洲國より輸出せられしものにて該輸出に關し日本帝國政府又は滿洲國政府の許可を要せさる場合

二、輸移入せんとする通貨又は外國通貨か日本又は滿洲國より輸出せられしものにして該輸出に關し日本帝國政府又は滿洲國政府の許可ありたる場合にして輸移入者か當該許可証を提示する場合

之か爲中國聯合準備銀行に於ては新に北京及徐州驛、烟臺及龍口碼頭に紙幣交換所を增設せり

又中支法幣の北上防止に付ては中支より北支への旅行者に對し一人當り五百円を限度として中支の飛行場又は各驛に於て一應法幣を軍票に交換の上「北上の爲の旅費なる旨」を確認せる一定の証明書を發給せしめ昭和十四年四月一日より徐州の飛行場及驛內にある紙幣交換所に於て右の証明書を提示したる者に限り其金額の範圍內に於て之を聯銀券に交換することゝせり

尙北支より中支向旅行者に對しては從來其所持する聯銀券を一人に付五百円迄上海に於て軍票と引換へ居たるも上海市場に於ける聯銀券闇相場の低落に伴ひ鞘取り行爲激增せる實狀に鑑み昭和十五年四月十五日より右引換限度を一人に付一、二等船客は二百円迄、三、四等船客は百円迄とし汽車にて南下するものに對しては徐州驛に於て一人當り南京迄五十円、上海迄

百円、漢口迄二百円を限り軍票と引換ふることゝせり

前述の如く金円紙幣の流入及流通制限に關しては從來屢次取締强化實施せられ居たるも日本、滿洲及蒙疆方面より北支への旅行者か携帶する円系通貨の總額は一ケ年約一億円に上り北支インフレ助長の怖ありしを以て聯銀券價値維持及物價騰勢抑止の建前より之か取締を一層徹底せしめんか爲日本側銀行に於て昭和十五年五月十五日より円系通貨の搬出を停止せしむると共に六月十五日より其受入をも停止せしめ（不得止受拂を爲さんとする場合は當局の承認を要す）切符（乘車券、乘船券又は航空座席券）を提示して請求ありたる者に限り二百円を限度として交換に應せしむることゝせり

尙北支當局に於ては滿洲國及關東州當局と協議の結果滿洲中央銀行券の國外流出防止及滿洲北支間資金受拂調整の爲關東州及滿洲國よりの北支向旅客携帶通貨交換限度を昭和十五年六月二十四日より左の通五十円に改正實施することゝし

一、關東州及滿洲國を起点として北支への旅客にして五十円以上の通貨を持込みたるものあるときは五十円迄は國境交換所に於て聯銀券に交換すること

二、五十円を超過する金額に付ては價額表記郵便を以て出發地に送金せしむるか又は滿洲中央銀行北支店舖に於て出發地に送金せしむること

但し日本又は朝鮮より滿洲國又は關東州を經由する北支への旅客に對しては其所持通貨中滿洲中央銀行券に對して五十円を限り聯銀券に交換し殘存滿洲中央銀行券は滿洲側に於て保護預りせしめ、日本銀行券、朝鮮銀行券、台灣銀行券に對しては五百円より滿洲中央銀行券所持額を控除したる限度に於て聯銀券に交換すること

更に日本及蒙疆よりの北支向旅客携帶通貨交換に付ても昭和十五年七月より左の通り二百円に制限實施することゝなれり

（日本北支間は七月十五日より、日本滿蒙間は七月八日より實施）

一、日本及蒙疆より北支向旅客の携帶通貨は二百円迄國境交換所に於て聯銀券に交換す

二、日本より北支向のものにして陸路關東州又は滿洲國經由のものに付ては通し切符所持のものに限り二百円迄國境交換所に於て聯銀券に交換す

三、北支より日本、關東州、滿洲國及蒙疆向のものに付ては從來通り二百円迄國境交換所に於て交換に應す

但し五十円以上は稅關の許可を要す

聯銀券價値維持策としては右の如き爲替管理法改正及資金調整强化の外日滿方面よりの渡支制限、對日輸入組合結成及北中支間パーター制等の措置か講せられ次第に效果を擧けつゝあり

第二編　爲替

第一章　支那事變直後に於ける北支爲替市場概況

對英爲替に於ける我國の一志二片及蔣政府の一志二片四分の一維持政策より日本円百円は大体法幣九十八弗二十四仙見當に落着くへき筈の處天津市場に於ける金票（主として朝鮮銀行券）の實勢は遙かに軟弱にて九十二、三弗の低位にありき、此傾向は上海爲替低落して爲替上の円元パーか昭和十三年二月二十二日に實現したるにも拘らす少しも矯正せらるゝ所無かりしか三月十日に中國聯合準備銀行開業と同時に公布すへき舊通貨整理辦法により新國幣の價値は一志二片を基準として舊法幣に對しては當分の間等價交換をなすことゝなり居たる處其れ迄に是非共円元パーを實現し度く要あり、然るに三月一日中國聯合準備銀行開業期待外れに円思惑者の投物ありし等の爲二日九十一弗二十仙迄崩落せしかは棉花商に對し市中にて金票處分の停止を要望する一方正金銀行及朝鮮銀行に於ては手持舊法幣資金を動員して円買に向ひし結果逐日騰貴し中國聯合準備銀行開業の前日たる三月九日に至り遂に待望の円元パーを實現するに至れり

一方法幣の對英相場は中國聯合準備銀行開設當日の三月十日には一志一片十六分の十三に低落せしかは十三日蔣政府は爲替

の統制實を停止する旨發表し十四日より之に代り爲替割當制を採用せしかば中國銀行天津支店に於ても爲替統制實を停止するに至り爾來漸落の一途を辿りしか偶々徐州及開封陷落し漢口混亂に陷るに及ひ法幣不安人氣濃厚となり更に上海に於ける爲替割當一層嚴重化されむとの報に上海市場崩落せし爲五月十三日には遂に一志を割りて七片四分の三に迄慘落し斯くて其後八片を上下しつゝ越年せり、此間對第三國爲替取引は殆ど八片台の爲替を取扱ふ第三國銀行の吸收する處となり一志二片基準堅持の日本側銀行は外國爲替業務に關する限り殆と開店休業狀態にて只昭和十三年十月五日より實施せられたる中國聯合準備銀行の爲替基金利用による（一志二片基準リンク制）英米向約百萬円及爲替基金利用によらさる獨逸向抱合取引約三百萬円を扱ひたるに過きす

爲替基金利用によるリンク制か豫期せられたる程振はさりしは

（一）一部商品の輸出禁止となりしこと

即ち北支に於ける第三國向重要商品の中約三割を占むる羊毛、牛皮、羊皮、小羊皮及棉花等か軍用に供せられたる爲輸出禁止或は許可制となりしこと

（二）奥地の治安囘復せさる爲亞麻仁、卵及卵製品並に油脂原料の出廻激減せしこと

（三）蒙疆に於ける通貨取締令即貿易管理の實施により蒙疆地方の產物か自由に天津へ出廻らさるに至りしこと

（四）爲替基金利用リンク制による輸入品目は一定の範圍に限定せられたること

等に基因するもの丶如し

昭和十四年一月及二月の天津貿易は引續き大入超（一月一千三百六十萬円、二月一千三百二十萬円）なりし上二月下旬北支爲替管理實施說流布せらる丶や市場は一般に不安人氣に襲はれ輸出商は契約品の積出を急くと共に輸入も相當の制限を受くるやの豫想の下に引續き輸入爲替現れ對英爲替は二月二十八日七片八分の七に低落し底調弱含みの處三月二日爲替集中に關する佈告の發表に依り豫想せられ居たること乍ら爲替は更に續落し四日には對英七片十六分の九となれり、右は爲替集中令の發表に依り十二種特定商品は約四割高となる爲海外よりの引合無く輸出爲替現れす反對に輸出不振を見越して輸入爲替又は外貨買の殺到せし爲なり

然るに十一日より實施せられたる爲替集中制に天津の英米系銀行は協調せす特定十二品目の輸出爲替買取を拒否せし爲依然輸出手形の出廻り無く輸入爲替の出現に市場は軟化し香上銀行の銀號に對する統制レート八片の發表も其効なく十七日には對英七片八分の五に暴落せり

第二章　臨時政府及華北政務委員會の爲替政策

北支に於ける物産の第三國向輸出は主として第三國人の手に依りて行はれ其輸出爲替も八片內外に低落せる舊法幣によりて取組まれつゝあり斯る舊法幣による輸出爲替の取組は北支の物産輸出なるにも拘らす外貨は中國聯合準備銀行に集らす第三國銀行にのみ集中し聯銀強化とは逆に舊法幣を支持する結果に終れり

之か爲臨時政府に於ては聯銀券に貿易通貨としての機能を發揮せしめ聯銀券による一志二片の爲替取組を行はしめんとして昭和十三年十月五日手持外貨（千二百萬円）の一部六百萬円を割きて爲替基金を設定せしか其運用方法の面倒なる上相場は一志二片にて而も個人リンク制なる爲、尙一方第三國銀行は政治及經濟的理由の下に依然として舊法幣によりて輸出爲替を取組める爲爲替基金は機能を發揮すること能はす聯銀券による一志二片の爲替取組は殆と行はれさりしを以て臨時政府は昭和十三年の夏先つ青島、芝罘、威海衛に爲替管理を布き日本の海軍によりて完全なる輸出管理か行はれ輸出に對し聯銀券による一志二片を强制し爲替取組は正金銀行に限ることゝせり、之か爲舊法幣による輸出爲替の取組不能となり山東の物産をも北上せしめ天津の英佛租界より依然舊法幣による八片台爲替を第三國銀行にて取組輸出せり、於是臨時政府に於ては之を禁止し聯銀券による一志二片の爲替取組を爲さしめ中國聯合準備銀行の手に外貨を集中せしめんか爲青島にて實施せしと同

様の爲替管理を各海港に全面的に實行すると共に貿易統制を行ひ輸出入許可制を實施することゝせり

第一節　爲替集中制

昭和十四年三月十一日以後舊法幣の流通禁止と共に聯銀券は對內的にも對外的にも北支に於ける唯一の通貨となりたるか尙之に外貨轉換性を與へ對日本円等價即對英一志二片基準の貿易通貨としての機能を一層發揮せしむる爲臨時政府にては三月十一日を期し北支輸移出爲替の聯銀集中に關する方策を實施することに決定し諸般の準備完了を俟て三月二日臨時政府行政委員長王克敏並に中國聯合準備銀行總裁汪時璟兩氏のステートメントと共に其內容の全貌を內外に發表せり、天津にては三日第三國銀行及支那側銀行代表者に對して說明し翌四日には外商聯合商業會議所代表者に對し全樣の說明を行ひ協力方要請せり

右の制度に依り特定物資十二種（卵及卵製品、胡桃、落花生油、落花生、杏仁、棉實、葉烟草、ヴアーミセリ及マカロニー石炭、カーペット、麥稈眞田、鹽）に限り之を北支より第三國及中南支向輸移出せんとする場合輸移出業者は任意の爲替銀行に就て聯銀券を對價として對英一志二片基準の相場を以て爲替を取組むことを要し其輸移出爲替を買取りたる爲替銀行は之に相當する金額の外貨を中國聯合準備銀行に賣却し右の事實に對する中國聯合準備銀行の確認を得て初めて該物資は海

關の通過を許可せられ輸移出し得ることゝなり中國聯合準備銀行は其買取りたる爲替金額の範圍內にて外貨を輸入の爲に爲替銀行を通し輸入業者に供給することゝなれり、但特定十二品目の三月十日以前の輸出既契約分に付ては經過的處置として一ケ月を限り無爲替輸出（八片內外の輸出）を許可することゝせり、本制度に於て中南支を外國と同樣に取扱ひたるは中南支に於ける通貨は北支に於ける通貨たる聯銀券と全く異り外國通貨と同樣にて少くとも通貨爲替關係に於ては中南支を外國と仝樣に取扱ふことを適當と認めたるに因る

之に依り聯銀券は名實共に對日本円等價に相應する對外價値即對英一志二片基準の價値を實現確保することゝなり北支は安定せる通貨の基礎の上に均等なる條件を以て有利に諸外國より物資の導入を圖り得ることゝなる一面事變以來舊法幣の漸落に依り動搖を來したる物價に落着を與ふるは勿論重要商品の輸出に付確固たる採算基準を與へ以て北支產業開發促進に資することゝなれり

一方爲替集中制實施に對する第三國側の態度を見るに英國系爲替銀行は本國よりの指令無き限り中國聯合準備銀行を認むる能はすと爲し聯銀券による一志二片基準の爲替賣買を拒否し飽く迄も舊法幣を貿易通貨として集中策には全然非協調的態度をとりつゝあり米國系爲替銀行も英國側と仝一步調を取り一志二片基準の爲替賣買に應せさるも稍協調的氣配を見せつゝあり

右の集中制は其後運用至極円滑に行はれ豫期の如く相當の實績を收むることを得たるも第三國銀行は租界の特殊性を利用して十二品目以外の貿易を行ふに依然舊法幣を以てし北支の物價騰貴を激成する素因を作れり即十二品目以外の輸出貿易か第三國向總輸出額の約六割を占むる爲之を見返りとする輸入貿易か北支に於て占むる地位も相當に强固なる折柄既に四片臺に崩落せる舊法幣を以て之か決濟を爲さしむることか直ちに北支物價に惡影響を及ほすは必然にて不當なる舊法幣プレミアム出現の誘因となり延ては北支通貨政策に惡質の妨害を加ふる結果となりたるを以て臨時政府に於ては舊法幣の第三國貿易竝に北支物價への影響力を絕たんか爲遂に昭和十四年七月十七日より左の通り爲替集中制の全面的擴大强化を實施することゝせり

即（一）新輸出爲替集中は北支に於ける全輸移出品に及ほしたるものにて左の場合は例外とす

（イ）經過的特別許可或は無爲替特別許可を與へられたるもの

（ロ）從來の十二品目以外の貨物にして價額國幣百円以下のもの（昭和十五年一月二十六日撤廢せらる）

（ハ）旅具及引越荷物、船用品、書籍、書畫、新聞及定期刊行物、容器及包裝材料、容易に腐敗し易き貨物、商品價値なきもの

（二）聯銀券をして獨り貿易上の通貨たるのみならす貿易外の對外取引にも其機能を發揮せしむる爲中國聯合準備銀行は輸移出に於て得たる外貨資金の中九割を當該爲替銀行に還元し以て必要なる物資の輸移入に充當せしめ殘餘の一割を必要止むを得さる貿易外支拂例へは在留第三國人の郷里送金等に充當す

（三）輸入に付ては輸移入希望品目を擴張す

即從來の百六種を擴大して北支開發資材並に生活必需品の殆ど全部を網羅し百八十一種とせり

右の外中南支との關係を考慮し商習慣其他の關係上爲替取組の强制を不適當と認めらるゝ場合にして且つ北支よりの輸出に對し之に相當する物資の輸入を確保し得る場合には差當り無爲替輸出を寛大に認め或は円爲替決濟を認むることゝし同時に中南支向物資流出の取締を嚴重化する等の處置を講したり

尚日本側銀行を通する日滿向輸出の中輸出商か邦人なる場合は爲替の有無に拘らす總て無爲替の取扱をなし中國聯合準備銀行に於て無爲替輸出許可證を發給することゝし其他の場合即ち第三國銀行を通する場合及ひ日本側銀行を通する場合と雖も輸出商か邦人以外なるときは第三國向仝様中國聯合準備銀行の輸出爲替賣却證明書を必要とすることゝせり

斯くて北支の通貨貿易兩方面に劃期的とも稱すへき措置か實施せられ第三國貿易への管理態形を完成することゝなれり

昭和十四年三月十一日爲替集中制實施以來仝年十二月末迄の實績は天津の水害及舊法幣暴落等の障碍ありしに拘らす良好にて英貨二百五萬八千磅、米貨五百六萬八千弗に上れり

歐洲戰亂の勃發以來對歐貿易は漸次對米貿易へ移行し殊に昭和十四年十月二十五日中國聯合準備銀行か爲替基準を對米へ變更後は爲替豫約の取極は殆と米貨建となれり

而るに爲替集中制に依り外商か正金銀行へ輸出爲替を持込む場合正金銀行か其輸出爲替を信用狀條件によりて買取るは極めて普通の場合なるも近來之か見返りの輸入を急く關係上或は輸出商品買付資金金融の關係上 T.T.Bought 及ひ T.T.Sold の利用非常に增加し現在に於ては殆と大部分のものか之を利用し居る狀況にあり昭和十五年一月より三月に至る三ケ月間の天津に於ける米貨分實績左の如し

買爲替豫約實行高約三百七十萬米弗に對し T.T. Bought 約三百萬米弗即約八〇％

賣爲替豫約實行高約二百七十萬米弗に對し T.T. Sold 約百八十萬米弗即約六十六％

即ち外商は自分の取引銀行たる第三國銀行に赴き直接歐米の支店より外貨を其地の正金銀行に支拂はしめ其旨正金銀行天津支店へ電報する樣依賴し正金銀行天津支店は右の電報により其外貨に對する豫約金額を外商に支拂ふ譯にて外商は右の方法

に依り賣爲替の確認を中國聯合準備銀行より取得し輸出爲替は當地第三國銀行に於て一パーセント半位の手數料を以て割引かしめ之を前記 T.T. Bought を支拂ひたる歐米支店宛郵送の上其決濟に充當せしめ居れり此場合第三國銀行に於ては買爲替の起らぬことは當然にて從て爲替上の利益無く一パーセント半位の手數料を割引の形式にて徴收するに過きす

要するに爲替集中制の基本規定は大体左の諸点に要約し得らる

（イ）貨物輸出の爲には爲替を中國聯合準備銀行に賣却することを要し之に對し中國聯合準備銀行は通關證明書を交付す

（ロ）右の輸出に對し爲替入金後其九割の金額の輸入を爲し得

（ハ）輸入に際しては生活必需品及建設資材等緊急必要品の輸入を希望す

更に之を要約すれは爲替を賣却したるものに對してのみ輸出を許可し其輸出爲替の範圍内にて輸入を爲し得る仕組にて海關と爲替との結合による輸出爲替即ち北支物資の搬出によりて取得せらるゝ外貨の中國聯合準備銀行への全面的集中と其輸入への還元なり、故に統制か全面的に行はるゝは輸出側のみにて輸出は集中制の外には有り得さるも（中支向バーター等特殊の例外を除く）輸入は集中制以外のものも有り得る譯なり、集中制以外の輸入爲替とは即ち舊法幣市場の爲替にて爲替集中制と舊法幣建爲替市場－此二元性の爲種々の問題を惹起することあり

舊法幣輸入爲替の起り得る場合は次の如し

（イ）輸入爲替需要か集中制による輸出爲替の量を超えたる場合

（ロ）集中制による輸入希望品目以外の貨物の輸入

（ハ）諸種の Clean Remittance

（ニ）中南支（主として上海）よりの輸入決濟の大部分

右の內（イ）（ロ）（ハ）は外國爲替市場に登場す從て第三國銀行は之等賣爲替のカヴアーを年額五千萬元乃至七千萬元（舊法幣建）の本國よりの被仕向送金爲替及ひ上海向 Buying order とによりて賄ふ（ニ）の中南支よりの輸入貨物の代金決濟は集中制其他による若干のものを除き支那側銀行及銀號を通しての法幣送金となり滙申相場か其指標となる、從て集中制輸出爲替か輸入需要をカヴアーする程潤澤にある場合は先つ問題無きも然らさる場合は常に相當量の輸入爲替需要か舊法幣市場に登場する譯なり

最近舊法幣の對外價値低落の爲め輸入商品價額の昂騰を來し居るも尙北支に於ける生活必需品自給自足不可能といふ基本條件と物資不足及建設資材の緊急需要といふ現實條件とを併せ考慮するとき右の舊法幣輸入爲替に對する需要は多少の消長を

伴ひつゝも當分消滅すること無からむ

昭和十四年度の北支六港の海關統計によれは輸入約二億二千萬円の中約一億円は舊法幣を通して行はれたる無爲替輸入にて從て對第三國貿易に關する限り舊法幣は全く聯銀券と對等の立場にあり然して舊法幣の低落は直ちに北支の輸入物資高惹ては一般物價高を招來せしを以て北支食糧對策として中國聯合準備銀行の爲替集中により取得せらるゝ外貨は之を出來得る限り食糧品の輸移入に充當する爲及歐洲狀勢の變轉に伴ひ價値低落しつゝある舊法幣と聯銀券との絶緣を企圖する爲昭和十五年六月二十六日より左記要領により中國聯合準備銀行の集中爲替の爲替銀行に對する配分調整を行ひ併せて無爲替輸移入の許可制（即輸入爲替管理）を實施することゝなれり

一、日本又は滿洲以外の地域より輸移入せらるゝ物資を直接又は間接に發註せんとする者にして中國聯合準備銀行より輸移入爲替の**カヴアー**の供給を受くる必要あるときは該發註に付中國聯合準備銀行の承認を受くへきこと但し食糧品（小麥粉、小麥、米、粟、高粱、包米とす以下同し）の輸移入に付ては差當り右の承認を要せさること

二、中國聯合準備銀行か前項の承認を爲す場合は豫め興亞院華北連絡部と協議すること

三、中國聯合準備銀行は承認書の提示なき場合は食糧品以外の物資の輸移入に付輸移入爲替の**カヴアー**を供給せさること

四、日本又は滿洲以外の地域より食糧品を輸移入せんとする場合にして中國聯合準備銀行より輸移入爲替のカヴアーの供給を受くる場合は輸移入者は爲替銀行の爲替買入申込書に付中國聯合準備銀行の承認を受け之か交付を受くへきこと

五、左の場合に於ては輸移入者は海關監督の無爲替輸移入の許可を受くへきこと

（イ）日本又は滿洲より物資を輸入せんとする場合

（ロ）日本又は滿洲以外の地域より物資を輸移入せんとする場合にして中國聯合準備銀行より輸移入爲替のカヴアーの供給を受くるを要せさる場合

六、前項に拘らす左に掲くるものに付ては無爲替輸移入の許可を要せさること

（イ）旅具及引越荷物

（ロ）見　本

（ハ）新聞及定期刊行物

七、無爲替輸移入の許可制に關聯し左の如く定むること

（イ）物資の中支よりの移入代金を円爲替により決濟せんとする者海關監督の無爲替輸移入許可證を提示せさるときは爲

替銀行は之に對し円爲替を賣却せさること

（ロ）中國聯合準備銀行か無爲替輸移出（円爲替決濟の場合を除く）を例外的に許可する場合に在りても見返り輸移入に付海關監督の無爲替輸移入許可証の交付を受けたる場合に限ること（日滿向以外の場合にして中國聯合準備銀行か無爲替輸移出を許可するは極めて例外的にして本項海關監督の無爲替輸移入許可證のありたるとき中國聯合準備銀行か無爲替輸移出を許可することを意味せさること）

八、本認書に基き爲替銀行より外貨爲替を買入れ又は許可証に基き中國聯合準備銀行に對し無爲替輸移出（円爲替決濟の場合を除く）の許可申請を爲し又は爲替銀行より円爲替を買入るゝことを得るは承認書又は許可証の日附後二ケ月内に限定するを原則とすること但し輸移入商品使用者か承認を受くる場合にして商品の性質上已むを得さる場合に限り右期間を延長し得ること

九、本件實施前爲替銀行に對し輸移出爲替を賣豫約濟の場合右の爲替により決濟すへき輸移入商品の明細を本制度實施後一ケ月内に中國聯合準備銀行（**カヴアー**の供給を受くへき中國聯合準備銀行店舗）に報告したるものにつきては中國聯合準備銀行の承認を要せさることゝすること

一〇、第一項乃至第三項に定めたる場合に付ては中國聯合準備銀行の承認の旨記載ある爲替銀行の爲替買入申込書、第五項乃至第七項に定めたる場合に付ては海關監督の無爲替輸移入許可証を提出するに非されは海關は輸移入貨物の通關を免許せさること

通關を免許するときは海關は右書類の內一通を徵すると共に殘り一通に裏書を爲すこと

十一、輸移入者は貨物の輸移入後遲滯なく前項により裏書ある書類を中國聯合準備銀行（カヴアーの供給を受けたる中國聯合準備銀行店舖又は無爲替輸移入の許可申請書を提出したる中國聯合準備銀行店舖）に提出すること

第二節　爲替基金制

曩に昭和十三年十月五日臨時政府に於て設定したる外國爲替基金制度は專ら正金銀行に於て扱はしめ其當初の目的は邦人商社をして從來外商の獨占に歸屬せる第三國貿易に割込ましめんか爲なりしか前にも屢述せし如く種々の理由により甚た振はさりしも爲替集中制の實施により漸く外商と競爭し得る狀態となり俄に基金制度を利用するもの增加せり殊に集中制の强化以來基金制は輸入爲替に一割の控除無き爲益々其利用を誘ひ漸く本來の目的を達するに至れり

昭和十四年十二月末迄の實績左の如し

天津	七六、五一一磅	一、三九〇、七一三米弗
青島	六一、八六〇	一、五六七、一〇二
合計	一三八、三七一	二、九五七、八一五

然るに輸入希望品目中開發資材の輸入多く食糧品の輸入比較的少かりし爲物資不足を生し食糧品を中心に物價騰貴を招來せしかは昭和十五年一月以來食糧難緩和の爲右滯金口利用は小麥粉輸入の場合にのみ許さるゝことゝなり四月更に北支食糧品需給狀況に鑑み小麥粉の外に小麥、粟、高粱及玉蜀黍をも加ふることゝなり之と同時に爲替集中制にも改正行はれ粟、高粱及玉蜀黍を新に輸入希望品目中に加ふることゝせり

第三編　天津金融事情

第一章　金融機構

天津は北支に於ける金融業發祥の地にして現在金融の中心地たり、然して天津に於ける金融機構は外國銀行、支那銀行、銀號錢舗、質屋、儲蓄會、金融組合及信託會社を以て構成せられ銀行は地域的に殆ど英佛租界に限られ外國銀行（日滿蒙系銀行を含む）は列國の對支經濟政策の中心機關となり又自己資本に加へて土着資本を擁し買辦を操りて天津貿易の八、九割を掌握し他面支那銀行及銀號と連繫して直接間接天津金融市場に君臨せり、右の中第三國銀行は十三行ありて其イニシアチイブを執るものは在支英國金融資本を代表する香港上海銀行にして米國系花旗銀行と共に資力の豐富及營業の活潑なる点に於て双璧を爲し共同利益增進、業務上の連繫及ひ親睦を圖る目的を以て天津外國爲替銀行組合を組織せり

現在天津にある外國銀行左の如し

銀行名	國籍	本店所在地	天津所在地
横濱正金銀行	日本	横濱	日本租界

朝鮮銀行	日本	京城	日本租界
天津銀行	日本	天津	日本租界
滿洲中央銀行	滿洲	新京	日本租界
蒙疆銀行	蒙古	張家口	華街
香港上海銀行	英國	香港	英租界
麥加利銀行	英國	倫敦	英租界
花旗銀行	米國	紐育	英租界
大通銀行	米國	紐育	英租界
合通銀行	米國	天津	英租界
商業放款銀行	米國	天津	英租界
美國運通銀行	米國	紐育	佛租界
德華銀行	獨逸	上海	英租界

東方滙理銀行	佛國巴里	佛租界
中法工商銀行	佛支巴里	佛租界
義品放款銀行	佛白ブラッセル	佛租界
華比銀行	白耳義ブラッセル	英租界
敦華銀行	蘇聯天津	英租界

支那側銀行は現在二十八行あり其中商業銀行最も多く特殊銀行としては中國聯合準備銀行の外蔣政府系の中央、中國、交通の三行、拓殖銀行としては中國墾業、邊業、殖業の三行、鹽税取扱銀行として鹽業銀行あり

天津は巨額の外國商品か外商の手を經て輸入さるゝも之か奥地への賣込困難なる爲凡て支那問屋を經て轉賣せらるゝ狀態にて支那銀行の機能は即是等大問屋筋への融資をなすにあり然して土産物の輸出に付ては生産者より小賣商迄の中間金融には銀號に於ても融通し居るも小賣商及問屋間は銀行の融資を必要とす、從て天津の支那銀行は稍々大口の商業高利貸資本を吸收して之を問屋筋へ融資する機能を果しつゝあり、尙天津の支那銀行中倉庫業を兼營するものには中國、交通、鹽業、金城、上海商業儲蓄、浙江興業、大陸、中孚、大生、河北省の諸銀行あり何れも輸出入貨物を保管し擔保貸付を營み或は普通の倉庫

業を兼營して短期商業金融利潤を獲得しつゝあり

現在天津にある支那銀行左の如し

中國聯合準備銀行　河北省銀行　冀東銀行　魯興銀行

中央銀行　中國銀行　交通銀行　浙江興業銀行

大陸銀行　中國農工銀行　中國墾業銀行　鹽業銀行

金城銀行　上海商業儲蓄銀行　中南銀行　中孚銀行

新華信託銀行　大中銀行　東萊銀行　裕津銀行

殖業銀行　邊業銀行　中原商業儲蓄銀行　大生銀行

國華銀行　中國々貨銀行　豊業銀行　市民銀行

然して邦人銀行以外は金利協定無く從て各國系各銀行の金利區々にして一定の水準なく最近漸次低下の傾向にあるものゝ一流國に比し遙かに高位にあり

	當座預金	定期預金	担保付貸金	當座貸越
邦人銀行	年七厘三毛	年三分五厘	年六分二厘	年六分二厘
第三國銀行	年一分	年二分乃至三分	—	年八分
支那側銀行	年二分乃至三分	年五分乃至一割二分	年八分乃至一割二分	年八分乃至一割二分

註、第三國銀行は担保貸を除り行はす當座貸越は外國人に對してのみ行ふ

邦人銀行（正金銀行、朝鮮銀行）間に於ける預金利率協定は昭和十三年十一月二十七日より左の通實施せられたり

定期預金	年三分五厘以下
通知預金	日歩六厘以下
當座預金	日歩二厘以下
特別當座預金	日歩五厘以下

註、內地の如く預金利子に對し第三種所得税及附加税を課せす

支那銀行は其投資狀態より見て極めて投機性に富み且つ産業資本より分離したる高利貸的性質を有し信用貸付、公債及不動産担保貸付を以て其主要部分を占め貸付金利は年八分乃至一割二分の高位にあり

今主なる支那銀行の預金利率を見るに左の如し

	河北省銀行	冀東銀行	中國銀行	金城銀行
定期預金	六ヶ月 年八分	六ヶ月 年五分	六ヶ月 年六分	六ヶ月 年六分
定期預金	一ヶ年 年一割二分	一ヶ年 年六分	一ヶ年 年七分五厘	一ヶ年 年八分
通知預金	―	年四分	―	―
當座預金	年三分乃至五分	年一分八厘	無利子	年三分
特別當座預金	年六分乃至七分二厘	年三分六厘		

註、中國、交通、鹽業、中南、上海商業儲蓄銀行に於ては昭和十四年二月より當座預金は無利子となれり

銀號は總數二百數十軒あるも現在錢業同業公會に加入せる會員銀號五十三軒に過ぎず大半は佛租界にあり

銀號は地主、舊官吏並に商工業者の資本を源泉とする合資組織又は個人經營にして鄕土的色彩强く對人信用に重きを置き一般民衆との接觸深し

資本金は一萬元乃至二十萬元にて十萬元內外のもの最も多く其數二十軒あり

營業範圍は夫々營業方針に依り異るも預金、貸出及爲替業務を主とし投機的な足金、標金、證券、金票等の賣買を營むものも相當多く殊に昭和十一年以來棉花、綿糸、麵粉等の相場昂騰したる爲之か賣買を兼營するものもあり

銀號の金利は預金に對しては年六分乃至一割を附し貸出に對しては月七厘乃至一分二厘の利子を徵するを普通とす

今天津の二、三主要銀號の預金貸付利率を見るに左の如し

銀號名	預金利率	貸付利率
餘大亨	年六分乃至八分	月八厘乃至九厘
新生	年八分乃至九分	月八厘乃至一分
慶豊	年六分乃至一割	月九厘乃至一分二厘

註、銀號の貸付期間は一ヶ月。

錢舗は十四軒あり資本金は大体五千元前後にて主として兌換及富籤の發賣を營業とす

典當（質屋）は支那事變前約九十軒ありしも事變後増加し現在百二、三十軒に達し其中日本租界内にある邦人經營二十八軒あり。資本金は最低千元位のものもあれど大体三－五萬元見當のもの多く一般に少額なり、利子は普通一元より十元迄は月二分八厘、十元より百元迄は月二分五厘、百元以上は月二分、五百元以上は臨時規定とす、

儲蓄會は支那か銀行及金融に關する取締規則の不備なりし点に乘して組織せられたる一種の變態的金融機關にして在支佛人か本國の儲蓄會の組織に倣て創始したるものにて現在天津には佛人經營の萬國儲蓄會及ひ北四行系支那銀行（金城、大陸、中南、鹽業）の共同經營になる四行儲蓄會あり

右の外日本租界には左の金融機關あり

（イ）天津信託興業株式會社

資本金百萬円（拂込六十五萬円）にて大正九年四月設立せらる

（ロ）中日共益貯蓄株式會社

資本金五十萬円（拂込十二萬五千円）にて大正十一年十一月設立せらる

（ハ）天津興業金融組合

昭和十四年三月設立せらる

第二章　英佛租界に於ける現銀問題

中國聯合準備銀行設立の由來は速に發券銀行を確立して財界に適量の通貨を供給し支那事變に依り破壞せられたる經濟機能を復活し時局に善處するに在り之か爲我國に於ては支那事變當初より京津兩市に於ける支那側金融界の首腦者に利害得失及一般民衆に對する金融機關の重大なる責任を說示すると共に新情勢の認識と誠意ある協調方を勸奬し兎も角中國聯合準備銀行に合作せしめたり。

而るに銀行內容の全面的檢査並に現銀（中國聯合準備銀行への出資分及其他の現銀合計四千四十一萬元）の移管等の實行に當り佛租界內にある中國交通兩銀行責任者は名を夫々の本店說得に藉りて任地を離れ爾來歸任せす外國租界を楯として臨時政府の命令を拒否するに至れり中國交通兩銀行か中國聯合準備銀行創立に際し現銀を以て出資することを承諾しなから一向拂込む樣子無きも右出資相當額の現銀は中國聯合準備銀行の所有に歸せしものなるを以て臨時政府は當然兩銀行に對し右現銀引渡を要求する權利あり又中國聯合準備銀行への出資分を除きたる現銀の所有權に關しては民國二十四年幣制改革と同

時に現銀は國有となり當時中央政府に取上けらるへき筈の處之を引渡さす發行準備保管委員會天津分會なるものを組織して其下に保管し居たり、然るに臨時政府か昭和十三年二月右委員會を解体撤廢し同日新に北京天津兩市現銀保管委員會を組織せるを以て當然臨時政府の所有に歸したるものと見るへきなるも其占有權は依然之を發行準備とせる中國、交通、河北省の三銀行に在り。

中國交通兩銀行は中國聯合準備銀行へ出資分としての現銀を拂込まさるのみならす其保管現銀を外人へ賣却せんとする情勢にすらあり即ち支店の外人勘定を本店へ移し居ること明かにて普通の場合發券銀行の本店勘定は支店か本店より借勘定となるへき筈の處反對に兩銀行共本店に對し相當巨額の貸勘定（中國銀行約一億元、交通銀行約六千萬元）となり居る模様なり。

臨時政府は北支金融機構統制上竝に中國、交通、河北省、冀東の支那側四銀行を中國聯合準備銀行の勢力圏内に入れんか爲中國聯合準備銀行に命して昭和十三年六月三日右四銀行の全面的檢査を行はしむる事とし檢査班は諸般の準備を調へ六月八日一齊に各行店舗に臨み現金、手許有高、保管現銀、發行準備及未發行券等の檢査を行ひ且つ其他の資産負債の狀況を知るに足るへき諸計表を六月十四日迄に作成すへき事を命し翌九日一先つ北京へ引揚けたり。

當時各銀行の態度は河北省冀東兩銀行は勿論中國交通兩銀行に於ても極めて穩健にして單に檢査か外部に洩れさる樣配慮あり度旨希望せり、現銀は中國交通河北省三銀行の保管下にありて何れも英佛租界内の自行倉庫又は借倉庫内に收藏せられ整然と木函又は麻袋を以て包藏せられ發行準備委員會天津分會の封印を施されあり但し右封印は現在の京津兩市現銀保管委員會のものに非すして改組前のものなり。

六月十四日檢査班は豫定通り再ひ各銀行を訪れ之に作成を命し置きたる諸計表の提出を求めたるに中國交通兩銀行は之等書類を作成せす且つ其提出に關しては本店の許可を要するに付承認を得る迄猶豫せられ度旨申入れたるに付既に六月八日以來一週間の餘裕ありしこと及ひ今回の檢査の趣旨に鑑み本店の指示如何に拘らす檢査に應する樣說得したるも應せさるを以て三、四日の猶豫を與へて引揚けたり。

其後中國聯合準備銀行に於て種々折衝の結果漸く六月末に至り本店よりの指示無きも現地責任者の專斷を以て檢査に應すへきも全面的檢査の結果預金の取付より惹ては恐慌を起す虞あるを以て左の三項目を免除せられ度しとの申入に接したり

一、預金取引者の記入

二、爲替取組人及受取人名の記入

三、帳簿と諸計表との照合

其眞意は細目に亘る計表の提出に依り銀行內容の全面的暴露特に預金の逆産及本店との貸借關係等を知悉せらるゝことを惧れたるにあるへく從て先方の希望を容るゝに於ては檢査は無意味に墮するを以て之を拒絶せしか要求せし計表は容易に提出する樣子見えさりし爲檢査班は最後の決意を固め萬事を現地に於て解決すへく七月三日三度兩銀行へ臨めり、然るに兩銀行共依然として前記三項目の免除を頑强に希望せるも當初より本件に拘泥する事は檢査の進行を不可能ならしむる虞ありと認め特に之を避け爾餘の計表を逐次提出せしむる事とし緩慢乍ら其書面檢査を行ふ事を得たり、七月十一日に至り二、三のものを除き不完全乍らも要求せし書類を提出せるを以て七月十二日中國交通兩銀行に到り最後の交涉として前記三項目を要求し之か折衝中佛租界工部局員來り檢査の實行に關しては豫め工部局側の了解を得ること適當なるへき旨主張し銀行側に於ても本店より之以上の檢査には應すへからすとの指示ありたりとの理由に依り要求を拒絶し檢査は停頓の止む無きに至れり、右は佛租界當局に於て豫て佛國大使より中國交通兩銀行支店の現狀の變更を認むる事能はす又假令兩銀行當事者に於て檢査に付承諾したる場合と雖も租界內に於ける檢査を容認すへからさる旨の訓令を有し居り且つ中國聯合準備銀行との關係をも認めす豫て支那側より檢査阻止方を强く願出ありたるを以て前記の措置に出てたるものなる事判明せり。

臨時政府に於ては外國筋か中國交通兩銀行内にある現銀を勝手に持出す事を阻止する手段として昭和十三年七月三十日在北京各國大公使館に對し

「從來國民政府の命に依り發行準備保管委員會天津分會に於て保管したる現銀は臨時政府成立と同時に之を其所有に移し民國二十七年二月五日發行準備保管委員會天津分會を解体撤廢し京津兩市現銀保管委員會を改設し爾來同會をして右現銀を保管せしめあるに付御承知相成度」

旨を通達し他方天津特別市政府及河北省政府をして在天津各國領事館、租界工部局及外國銀行等に對しても同日附を以て同様の通告を爲さしめたり、支那側銀行は未た全面的に中國聯合準備銀行に服從せす此儘放任するに於ては幣制工作進捗せさるを以て強制手段を用ひても急速に協力せしむる要あり、臨時政府に於ては北支金融政策遂行の爲及ひ聯銀券の發行準備強化の必要上天津英佛租界にある現銀引渡を切望し昭和十三年十一月上旬先つ自發的に協力せしむへく懇談的態度を以て中國交通兩銀行に左の三要項を提示せり。

一、聯銀券の積極的使用

二、中國聯合準備銀行による銀行檢査の實行

三、保有現銀の移管

（一）及（二）に付ては同意せさりしも（三）の中、中國聯合準備銀行への出資分に付ては承諾し其以外の現銀に付ては時機を俟つことゝなれり。

於是臨時政府に於ては更に英佛側に對し現銀を租界外に搬出せしめさる旨の確約を得んと交渉せしも同意はせさりしも別に搬出するか如き計畫無き模様なりしを以て今暫く狀勢の推移を見る事とせり。

天津英租界の存在か北支に於ける我通貨金融工作に對し依然妨害となり居るに鑑み日本としては租界を繞る通貨金融問題の解決を重大視し機會ある毎に租界當局の猛省を促し來れるか租界當局も北支に於ける現實の情勢により漸く我主張の正當性を認識し租界の利敵行爲に付態度改變を表明せしを以て昭和十四年七月十五日より東京に於て天津英租界治安問題と共に左の經濟問題に付日英當局現地代表者間の會談を開催することゝなれり。

（一）天津英租界内に於ける舊法幣流通禁止

（二）同租界内の現銀引渡

（三）同租界内の支那側銀行及錢莊の內容檢査並に取締に對する英國側の協力

右（一）の問題に付日本側は

「北支にける通貨は今日租界内を除き聯銀券一本によりて統制せられ國内通貨としても又貿易通貨としても漸く整備し來れるに拘らす獨り天津英租界內に於て舊法幣の流通か許容せられ居る爲聯銀券による北支幣制工作統一を攪亂せられ居る事實」を指摘して英國側の反省を促すと共に舊法幣の即時流通禁止を要求せり

之に對し英國側は日本側の主張を容易に承服せす

「英國政府の承認せる重慶政府の通貨たる舊法幣を英國租界內に於て流通禁止せしむることは重慶政府を承認し居る建前上直に同意し難し」

とて理論的反對意見を以て應酬せり。

尙（二）の問題に關しては英國側に於て

（イ）支那に於ては一九三五年以來銀國有制確立せるを以て天津の保管銀は重慶政府の所有に屬す

（ロ）右現銀の保管主は銀國有令發布當時北支の民間所有銀の集中に當りたる中國銀行なるを以て重慶政府又は中國銀行の承認あるに非されは之か引渡に同意すること能はす

と主張せるに對し日本側は

（イ）一九三五年の幣制改革當時北支に於ても民有銀集中を斷行せしか現銀は當時北支の政治的經濟的特殊事情により南送を中止し冀察政權下の平津發行準備委員會天津分會に於て保管し事變後臨時政府成立するや同政府の京津兩市現銀保管委員會の手に移され今日に及へるものなり

（ロ）幣制改革當時西南政權も北支同樣現銀の引渡を拒否せしか今の重慶政府は武力によりて之を奪取せし事實あり

（ハ）以上の歷史的事實及現狀より推すも北支の現銀は北支に留保すへきものにて其所有權は當然北支の統治機關たる臨時政府に屬すへきものなり

と極めて公正妥當なる主張を爲し種々折衝を重ねたるも英國側は

「本國政府も原則的には日本側の主張を承認せる模樣なるも搬出の手續及之か處分に關し日本側の要求に應し難き旨を回訓し來れる部分あるを以て是等の諸点に付ては日本側に於ても更に有効適切なる方策を再考願ひ度し」

と婉曲に拒否し續け八月三日に至り會談は全く停頓狀態に陷れり

其後英國側は本國政府に訓令を仰きしか英國政府は問題の複雜性に藉口して容易に回訓せす其間米佛を誘ひて日本を牽制せ

んとする態度を示し少しの誠意をも認め得す殊に八月二十一日に至り九ケ國條約を云爲し
「第三國の權益を害するか如き性質の事項に關する如何なる提案も單獨に之を提出し或は承認すること能はさる」
旨の聲明書を發表せり
之に對し日本側は反駁聲明し會談は遂に決裂せり
然るに昭和十五年四月下旬より右會談は東京に於て再ひ開催せらるゝことゝなり日英當局者間に於て種々折衝の結果六月十九日に至り漸く意見の一致を見天津英租界問題に關する日英協定の覺書を交換せり
又佛租界問題に付ては英國を介して折衝の結果佛國側も日英一般原則協定と同趣旨の「支那に於ける現實の事態を確認する」旨の日佛一般原則協定に同意し六月二十日天津佛租界問題に關する日佛協定の覺書を交換せり。
日英兩國間に交換せられたる覺書中の經濟問題左の如し

（一）銀貨及銀塊

天津交通銀行に現存する銀貨及銀塊は在天津日英兩國總領事共同封印の下に引續き同銀行に存置せらるへし
左記第三項規定のものを除き本件現銀は其保管に付日英兩國政府か別途協定に達するに至る迄之を封印し置くものとす

本件現銀は在天津日英兩國總領事の面前に於て封印せらるへし

（イ）右の如く現銀を封印するに先立ち英貨十萬磅の額に相當する量を分離し之を北支の或地域に於ける水害竝に他の地域に於ける旱害より直接生したる饑饉狀態の救濟基金に充つるものとす

（ロ）右救濟は水害地域より排水し疫病の危險を減少せしむる爲外國より至急購入の要ある機械の供給をも含むものとす

（ハ）關係英國官憲は前記の如く分離せられたる現銀を救濟用途に充て之を賣却し且救濟に必要なる食糧品其他の物資の購入に使用し得る樣一切の出來得る限りの便宜を供與するの用意を有す

（ニ）在天津日英兩國總領事は專門家を任命し右專門家は兩國總領事監督の下に本件基金の管理に付兩國總領事を輔佐し且救濟に必要なる食糧品其他の物資の分配に關し現存の在北京救濟委員會に助言を與ふるものとす、日英兩國專門家の外更に支那人佛國人專門家 其他の國籍を有する專門家一名を招請し 本件事業を輔佐せしむるものとす

二、英國租界工部局參事會は英國租界內に於ける中國聯合準備銀行券の使用に對し何等障害を爲さゝるへし、英國租界工部局參事會は一九三九年前に設立せられさりし一切の兩替店の營業許可證を撤回するに決定せり、今後營業許可證は支那銀行公會の保證あり且適當なる資本を有するものに非されは新に之を發給せさるへし營業許可證は每月之を更新するも

のとす、上記措置の適用に關聯し生することあるへき諸問題は日英兩國總領事間に現地に於て論議せらるゝものとす、
尙日佛協定の覺書中日英協定覺書と相違する点は救濟資金に二十萬磅（後者は十萬磅）を充當する点に在り斯くて現銀及通貨問題に關する日英及日佛協定成立により不十分なからも北支難民救濟か行はるゝのみならす天津地方の金融經濟安定にも寄與し得ることゝなれり

註、英佛租界に於ける現銀所在場所及金額左の如し

河北省銀行	一、六二七、七五〇元
中國銀行營業所倉庫	一二、三九五、三二八元
交通銀行營業所倉庫	一、八一一、三六九元
同行別倉庫（英國總領事館地下室）	一一、四二七、三五六元
新華大樓倉庫	一二、一五三、三〇八元
合計	四〇、四一五、一一一元

第三章 英佛租界隔絶の影響

（英佛租界は昭和十四年六月十四日隔絶せられ昭和十五年六月二十日隔絶解除せらる）

（イ）一般金融

英佛租界隔絶の爲租界內より日本租界又は華街へ引揚けたる邦人にして從來英佛租界內銀行と取引ありしものも日本租界內銀行へ取引を移したる爲邦人關係の銀行取引に關する限り英佛租界內の銀行業務は閑散化せしに反し日本租界內の銀行取引は增加し殊に横濱正金銀行及朝鮮銀行の業況殷振を極むるに至れり

支那側銀行は從來二十八行ありて其中二十六行は本據を英佛租界內に置きたるも租界隔絶後は河北省銀行か總行を佛租界より華街へ移轉せしを始めとして金城銀行其他二、三市中銀行は華街分行へ冀東銀行は特三區支行（昭和十五年三月特二區へ移轉）へ夫々營業の實体を移し中國聯合準備銀行との取引は殆と之等租界外分支行經由行はるゝに至れり

銀號は總數二百數十軒ありて大半は佛租界にあり其利用者は大部分華商なるも小規模の邦商中にも之を利用するもの尠からす租界隔絶後は日本租界及ひ華街方面との商取引次第に萎微し收支決濟用の銀號小切手も流通を切斷せられ日滿系銀行に於ては右小切手の取引を停止せし爲次第に顧客を失ひ營業不振に陷れるもの漸增せるを以て租界外へ進出するもの續出し日伊

界又は華街へ辦事處を設置の上日滿蒙系銀行及中國聯合準備銀行と當座取引を開始し佛租界內業務の大部分を之に移せり

（ロ）爲　替

第三國銀行は十三行ありて何れも英佛租界內にあり日本租界及華街より游離して金融ブロツクを形成し英佛租界を地盤として天津の對第三國貿易の大部分を掌握せる外商を對手として主として爲替業務を營み居るも租界隔絶後も依然舊法幣建營業を繼續し爲替集中制に協力せさる爲め爲替業務甚しく不振に陷り輸出爲替の一部、爲替集中制の希望品目以外の輸入爲替及ひ一部送金を扱ふのみにて業況至極閑散化せしに反し横濱正金銀行及朝鮮銀行の爲替業務は激增し事變前に於ける天津爲替金融上の地位勢力は全く顚倒するに至れり殊に横濱正金銀行に於ては外商の同行を利用するもの增加し其對第三國爲替の取扱高著しく增加し爲替集中制に基く輸出爲替は殆と同行へ集中するに至れり

第四章　爲替集中制のリンクレート

天津には外國爲替相場四種あり　即ち

一、中國聯合準備銀行及橫濱正金銀行建値

（日本円とパーにて對米二十三弗十六分の七基準）

二、中國聯合準備銀行公認リンクレート

（對米十三弗八分の七）

三、實際市場リンクレート

四、第三國銀行舊法幣建レート

（四月末日對英三片十六分の十一、對米五弗八分の三）

円と舊法幣が角逐する天津市場に於て綜合リンク制たる爲替集中制のリンク採算レートが那邊に歸着するかは興味ある問題にてリンクレートは對米二十三弗十六分の七を最高限界舊法幣建レートを最低限界とし（嚴密に言へは最低限界は舊法幣建レートぷらすサムシング即ち舊法幣建レートと同一になりては意味無く買手無き狀態となる）需要供給の原則及ひ一般物價水準の影響によりて兩限界の間を彷徨す然るに現在の需給關係より見るとき輸出物資の出廻季節により多少の變化は免れさるも輸入需要は常に過剩にあり從て輸入者にとりて高レートは有利なるにも拘らす少數リンク輸出の爭奪はリンクレートの引下けなる反對の結果が恒常的となりリンクレートの決定はより多く物價の中に在る事となる譯なり而し一方輸入の約半

分はリンクの埒外に在りて直接舊法幣レートによる高き輸入物價を形成し然も天津經濟は日常食料たる小麥粉迄大半輸入に俟たさるを得さる程輸入依存度高きを以て輸入物價の全物價への波及性強くリンク採算は輸入者の努力にも拘らす舊法幣對外價値の低落と同し歩調にて低落し行く狀態にあり

扨て中國聯合準備銀行の公認リンクレートは昭和十四年五月十五日設定當初は對英八片四分の一今年十月二十五日爲替基準變更後之を裁定したるものが對米十三弗八分の七の現行レートにしてリンク採算か之を割りたる場合は中國聯合準備銀行は輸出貨物の確認許可を與へす又輸入爲替も供給せさる建前なり右レートの設定當時は舊法幣相場八片四分の一（闇相場六片台）なりしを以て此規定か現實的意義を持ち得たるも現在の如く其基準たる舊法幣相場の低落甚しく物價の大勢亦之に追隨せる情勢に於ては曾て低落防止の支柱として採用せられたる本制度が支柱としての意味を失ひたると共に今や輸出阻害の一要素に轉化せんとする怖あり然も實際市場リンクレートは下ける丈引下けられたるを以て公認リンクレートを今更廢止するとも之以上の影響無からむ

（中國聯合準備銀行の公認リンクレートは靑島及芝罘にても天津と同時に適用され居るも運用に付多少相違せる点あり）

第五章　舊法幣對聯銀券打歩

臨時政府の通貨統一工作進展し舊法幣は昭和十四年三月十日限り流通を禁止せられたるにも拘らず英佛租界内舊法幣市場殊に銀號に於ては依然として聯銀券との間に闇相場を建て打歩を附して取引せられつゝあり

右打歩發生の原因としては左の五つの場合か考へらる

一、支那人は生來極端なる保守的國民にして舊法幣に對する執着心強く舊法幣に對し打歩を附せざれば聯銀券を收受せす

二、蔣政權に對する信頼

舊法幣は蔣政府系銀行によりて發行せられたる管理通貨にして蔣政府によりて管理せらる然して民衆は蔣政權に對する信頼の下に舊法幣を支持し聯銀券を敬遠せり

三、英佛租界内に於ては原則として舊法幣のみか流通を公認せられ聯銀券の流通は公認せられず

四、聯銀券には實質上外貨轉換性無し

第三國銀行は租界内に於ては依然として舊法幣を以て爲替相場を建て舊法幣に非されは外貨を賣らす從て外貨を獲得するには聯銀券を舊法幣に代え第三國銀行より外貨を買入るゝより外途無なし

五、奥地物資買出の爲の舊法幣需要

奥地殊に匪區地帶に於ては聯銀券を所持するものは敗殘兵又は共産匪より漢奸としてリンチせらるゝ危險多きを以て物資買出には舊法幣に依らざるを得す

今中國聯合準備銀行創立以來の打歩推移の跡を見るに左の如し

昭和十三年三月十日中國聯合準備銀行開業直後は聯銀券に對する民衆の認識充分ならざる上舊通貨整理辦法徹底せざりし爲打歩も少く舊法幣千弗に對し最高十五弗に過きさりしか其後聯銀券の浸透臨時政府の舊法幣對策徹底化するに從ひ舊法幣の退藏又は南方への資金逃避行はれ始めたるのみならす英佛租界内に於ては聯銀券流通せざる等の爲打歩漸次增大し七月中の最高四十五弗五十仙となれり、其後一時縮少せしも棉花出廻り期に際し奥地に於て聯銀券を所持するものは漢奸として敗殘兵又は共産匪にリンチせらるゝ危險多き故を以て農民は棉花代金として聯銀券の受取を拒否し舊法幣之に代り奥地へ流出し租界内に於ては舊法幣デフレ傾向に陷りし爲十一月より再ひ騰勢に轉し三十八弗に戻せり

斯くて租界内に於ては舊法幣デフレ化傾向の結果商店及一般居住者も舊法幣入手困難となり公租公課の滯納者續出せし爲豫算編成上英租界工部局に於ては十二月一日より舊法幣と等價にて聯銀券による公租公課の納入を開始し仝十五日より佛租界

工部局も英國側に追隨して（但し打步附）全樣に受入るゝことゝせしのみならず昭和十四年二月上旬舊正月用物資購入の爲從來蓄へられ居たる舊法幣の放出ありし等にて舊法幣デフレ緩和せられ二月二十日には打步は僅か四弗に迄縮少せり然るに仝日第二次舊法幣切下げあり續て三月十日限り舊法幣の流通禁止せられたる爲打步は急激に昂騰して中旬には九十一弗となり更に南方への資金逃避激增に伴ふ舊法幣デフレ深刻化並に通貨不安に基く換物人氣旺盛化に從ひ打步は益々增大せり四月には濠洲小麥粉及び西貢米輸入手形の巨額の決濟資金手當並に歐州戰局不安に鑑み外商手持品を華人問屋が現金にて買付け始めたる等の爲舊法幣の需要一時に激增し打步は二十七日百七十五弗より二十九日三百十弗に增大し續て五月二日には遂に五百弗に迄棒上げせり而るに五日二百九十弗に反落し續て九日には百七十弗に迄棒下げせり爾來軟調を辿り六月中は大体百弗內外に保合ひ七月初旬三十弗臺に縮少せし打步は二十二日には逆に二十二弗の聯銀券高打步を生ずるに至り更に二十七日百三十弗に迄增大せり

右は舊法幣の將來性に對する不安濃厚化並に上海爲替市場混亂（法幣爲替第二次崩落）の餘波を受けたるに基因す

然るに日米通商條約破棄の報に二十九日再び舊法幣高に轉じ打步は八月一日百三十弗に迄增大せしが翌日軟化し爾後漸落して十五日遂にパーとなり十六日には又々聯銀券高となりて十弗の逆打步を生ずるに至れり偶々二十一日襲來せし洪水に英佛

租界內の舊法幣市場は致命的打撃を蒙り打歩は九月五日二百十弗に迄增大せり即ち舊法幣は聯銀券に對し二割一分の低落を餘儀なくせらるゝに至れり右は凡ゆる經濟活動の中絕に際し租界內數萬の難民救濟に要する食糧品の購入には租界外に於て聯銀券を絕對必要とするに至り舊法幣の暴落を惹起せしに基因するものなり

其後多少の增減を繰返しつゝ十月二十四日には三度パーとなりしが爲替集中制による對第三國貿易隆盛となるに返し舊法幣市場に於ける貿易益々縮少せし爲大体舊法幣安聯銀券高は常態化するに至れり然るに昭和十五年一月に入り俄に舊法幣强氣に轉し打歩は次第に鞘寄せられ十七日遂に四度目のパーとなり十八日より二十二日迄舊法幣高となりたるも二十三日反落し二十四日二十弗の聯銀券高となれり

右變動の主要原因として觀らるゝもの大体左の如し

（イ）租界內に於ける舊法幣デフレ一段深刻化せしこと

（ロ）奧地に於ける邦人筋の棉花買付旺盛及華人の舊正決濟に基く舊法幣需要增加せしこと

（ハ）舊法幣高にある奧地の銀號筋が租界內の舊法幣安に乘し鞘稼きの目的にて頻りに買出動に出たること

（ニ）租界內の麵粉業者は其賣却代金を聯銀券にて受入るゝも支那側銀行及銀號に對する借入金決濟には主として舊法幣

を使用せさるべからさる爲聯銀劵賣舊法幣買を惹起せしこと

（ホ）開灤炭礦の配當資金約二百萬元の中一部を租界内にて調達せしこと

（へ）天津の自由爲替市場に於ては輸出爲替に比し輸入爲替遙に超過し上海市場に於ける右決濟の爲舊法幣需要喚起せられたること

（ト）聯銀劵インフレ化の傾向にありしこと

然るに其後通貨不安に基く換物人氣は舊正（二月八日）明け後愈々白熱化し連日諸商品の昂騰止まる所を知らす市場は混亂狀態に陷り之か爲各種の必需雜貨の輸移入を促進せしめ他方英米トラストの外國葉煙草の買付、スタンタート、テキサス、アシア三社の外油手當、出稼勞働者の舊正歸鄕に際しての貨幣交換等による舊法幣需要急增せし爲舊法幣高となり打步は次の如く益々增大せり

二月六日　十五弗
七日　バー
十二日　二十七弗

十六日　九十五弗

十七日　百十八弗

二十一日　百九弗

而し十七日の百十八弗を頂上に反落あり爾後軟調を辿り二月末には五十弗となり三月二十九日には遂にパーとなり四月中は三十弗を中心に上下しつゝ經過せり

第六章　天津滙申（上海向爲替）市場

天津滙申市場は日本側銀行、第三國銀行、支那銀行及銀號により構成せられ其大部分は英佛租界內に於て爲替賣買に從事し第三國銀行、支那銀行及銀號は從來一志二片の爲替政策に協力せず舊法幣相場を基準として裁定せるものをクオートし居れり同市場に於て建てらるゝ相場を見るに左の四種あり

（イ）日本側銀行建相場（T・T　又は　O・D）

一志二片基準にて上海爲替より裁定せるものにて日本對上海の相場と同樣にて上海百弗に對する聯銀券相場（昭和十四年以來實際の取引無し

（ロ）第三國銀行建相場（T・T 又は O・D）

爲替金融市場の立場より天津上海兩市場の爲替相場によりて決定せられたる上海百弗に對する舊法幣相場にして昭和十四年八月以來全くノミナル化せり

（ハ）蔣政府系銀行建相場（O・Dのみ）

民國二十四年の支那幣制改革以來蔣政府が國內通貨統一の立場より百弗に付省內五仙省外十仙と定めたる規定により政府系銀行即中國交通兩銀行に於て今猶上海百弗に對し舊法幣百弗十仙にて賣應し居るものなるも金額に制限ある爲實質的には利用價値少し

（ニ）銀號建相場（T・T 又は O・D）

上海滙劃百弗に對する聯銀券相場

元來滙申相場とは大連—上海間に於ける銀對銀の爲替相場を意味するものなりしか最近は殆と右（ニ）の相場を意味する稱語となりたる觀あり

然して右（ニ）の銀號に於ける建相場は天津上海間の資金の流動を最も鋭敏に反映するものにて相場の昂騰する時は上海よ

り天津向送金増加し之に反し上海向送金多き時は滙申相場は低落を示す依て此相場の動向を絶えす注視する時は大体華人筋の資金の流れが分り從て資金の流れの原因となるへき事柄も推知し得らる然して銀號經由上海向送金依頼人は綿布商、米商雜貨商、果物商及茶商の順になり居る模樣なり

前記（ニ）により昭和十四年夏以來の相場を見るに八月は舊法幣打歩の示す如く聯銀券安の爲上海高なりし處水害を楔機として舊法幣打歩の解消と共に天津高に轉し九月より十月にかけ大体五％乃至八％の天津高を示すに至れり、然るに上海標金相場の昂騰より上海向金密輸出旺盛となり之か決濟代金の當地向送金多く相場は漸次昂騰し一時は一〇％に達したるも十一月末頃より水害後の物資不足を目當として上海より移入したる各種商品に對する決濟資金の送金盛となり滙申相場は漸次低落するに至り十二月初め頃最も甚しく一％内外ながら上海高を示すに至れり、全十五年度に入り舊正節季關係の輸入旺盛は上海向送金の増加を招來し滙申相場の上海高次第に甚しくなり二月初め再ひ一〇％高を示したるも忽ち軟化し三月下旬二ヶ月振に天津高に轉したり

然るに四月に入り法幣打歩の法幣高となりしに伴ひ滙申相場も亦四－五％の上海高となり爾後小巾の騰落を繰返しつゝ殆と保合裡に經過せしか五月二日上海に於ける對外爲替賣止に基く同地金融爲替市場混亂の爲上海よりの天津向資金還流相當巨

額に上り相場は逐日軟化し五月四日には遂にパーとなれり

第四編　地方金融

第一章　山東省

第一節　金融概況

事變當時山東省内に流通し居たる舊通貨は濟南を中心とする山東票約三千五百萬元、青島を中心とする青島票及中央票約三千萬元、合計約六千五百萬元にて昭和十三年三月現在流通額約三千五百萬元乃至四千萬元（他は南方へ持去られ又は奥地へ逃避）と稱せらる、其結果金融梗塞し之が補充として鮮銀券約千五百萬圓を放出せしが市面流通額は七、八百萬圓に過ぎざりき、尙膠濟沿線に於て流通し居たる軍票は昭和十三年十一月末限り流通を禁止せられたり

山東省内の現銀に付ては事變と同時に濟南より約二千三百萬元、青島より約八百萬元中央政府へ送付せられたりと稱せられ現在中國銀行に二千元、交通銀行に一萬二千元合計一萬四千元殘り居る模様なるも奥地には猶一千萬元乃至一千五百萬元退藏せられ居ると稱せらる

臨時政府に於ては政府保證の下に中國聯合準備銀行より合作社又は縣公署を通して春耕資金三百萬圓を融資し山東省は九十

萬圓割當てられたり更に昭和十五年度は春耕資金五百萬円の中山東省は二百萬円割當てられたり

第二節　濟南

事變前濟南に於ける流通紙幣は中央、中國、交通、山東省民生各銀行の發行せる所謂山東票にして其流通額約三千三百九萬八千元に及へり

劵種別流通額左の如し

中央銀行劵	千二百三十四萬元
中國銀行劵	千百二十六萬八千元
交通銀行劵	八百二十萬五千元
山東省民生銀行劵	百三十八萬五千元
合計	三千三百九萬八千元

然るに支那側各銀行は事變以來何れも休業中の處中國交通兩銀行は南方資金を移入し得さる爲所屬倉庫內に保管中の小麥約十萬袋（約百萬元）を處分し得たる資金を以て昭和十三年三月一日より營業を復活再開し當初預金の制限附拂出（各人一週

開に預金殘高の百分の五、但百元迄の制限附にて金銀バーとし全部金にて拂出）及貸付金の整理等を行ふ事とせしが預金拂出しよりも預け入多かりし模樣なり其他の大陸、上海、東萊の三銀行も十月迄に夫々再開業せしが直に金融機構の回復に至らず現在に至るも猶開店休業の睡眠狀態を續け居れり、之に反し邦人銀行たる横濱正金銀行、朝鮮銀行及濟南銀行は事變の進展と共に急激に膨脹せる日本産業勢力を反映して業況殷振を極め尙濟南を中心とする支那側の地方中小商工業及農業金融機關として昭和十四年九月魯興銀行（資本金三百萬円半額拂込）設立せられたり右は中國聯合準備銀行の傍系にて同行半額出資、地場及近縣町村より半額出資に依るものなり

昭和十三年四月八日中國聯合準備銀行分行開設當初は聯銀券の流通思はしからず一部方面には聯銀券の將來に對し悲觀視する者尠からざりし狀況にて依然金圓紙幣特に鮮銀券の流通優勢を示したるも八月上旬頃より日支各機關に於ても中央當局の意を体し率先協力以て聯銀券の一元化に努めたる結果（日本銀行券、滿洲中央銀行券及鮮銀券等の使用を極力聯銀券の使用に代替せしむる事とし一方市内各銀行をして其交換に應せしめたり）舊法幣第一次切下後の八月末以降效果著しく顯はれ九月末には發行額二百四十五萬五千圓、十月末には五百九萬二千圓となり同月初旬頃より鮮銀券（流通額三百五十萬圓見當）を淩駕するに至り鮮銀券は市面より漸次其影を沒すると共に聯銀券の一元化は愈々有望となり殊に十二月下旬に至り華人大

衆の切望したる小額紙幣の發行以來普及力益々著しく十二月末には千四十四萬五千圓となり舊法幣第二次切下後の昭和十四年二月末には千五百六萬五千圓流通禁止後の三月末には千八百六十六萬五千圓に達し昭和十五年五月末には遂に六千百十九萬九千円の發行額を見るに至れり

斯くて聯銀券は奥地棉花及其他諸土產物買付に多額の使用を見るに至り奥地との商取引の媒介通貨としての機能を完全に發揮しつゝあり

第三節　青島

青島に於ては中國聯合準備銀行設立迄の暫定的措置として昭和十三年一月二十五日治安維持會長より左の佈告を發したり

一、日本軍來青後使用せられし貨幣は日本紙幣及河北省銀行券なりし處凡そ我市民は商業取引に當り中國銀行券、交通銀行券、鮮銀券及河北省銀行券を凡て同様に通用せしめ其間物價を區別し又は紙幣間の打歩を附すへからす

二、各銀行は凡て是等紙幣の受入、支拂に當り同様に取扱ひ以て一般の便宜を圖るへし

右は舊通貨百元に對し金圓紙幣に三、五圓の打步附せられ居たるを以て之が同値流通を强制實行せしめんとせしものにて當時市面流通推定額は金圓紙幣約二百萬圓舊通貨約百五十萬元にて其他膠濟沿線に棉花及葉煙草買付資金として五、六十萬圓

の金圓紙幣放出せられ居たり

日本側銀行としては横濱正金銀行、朝鮮銀行及濟南銀行の各支店あり第三國銀行は爲替金融を主眼とし對外貿易に於て頗る重要なる地位を占め其金融勢力は各國の對山東貿易上占むる勢力の如何に依りて左右せらるゝも今日青島港對外貿易に於ける對日貿易の優勢は勢ひ邦人銀行の隆盛を齎し殊に對日爲替取組は全く邦人銀行の管掌する處にて且對第三國爲替に關しても横濱正金銀行の活躍目覺しきものあり

支那側銀行は從來南方系九行、北方系五行ありしか事變後は殆ど其機能停頓し居る狀態なりしを以て昭和十四年八月新に地場銀行として大阜銀行（資本金三百萬円半額拂込）を設立し山左、農工兩地場銀行も清算の上之に合併せしめ以て支那側金融梗塞狀態を打開し地方經濟の円滑なる發達を圖ることゝせり右は中國聯合準備銀行の傍系にて同行半額出資地場及近縣町村より半額出資に依るものなり

昭和十三年四月八日中國聯合準備銀行分行開設以來聯銀券の普及に努めたる結果舊法幣第一次切下け後の八月末には發行額五百九十萬九千圓十二月末には千八百五十一萬四千圓となり舊法幣第二次切下け後の昭和十四年二月末には千九百七十五萬九千圓流通禁止後の三月末には二千五十一萬五千圓に達し昭和十五年五月末には遂に六千九百五十六萬九千円の發行額を見

るに至れり斯くて聯銀券による通貨統制も益々強化せられ中國聯合準備銀行本來の使命達成に邁進しつつあり

一方舊通貨は昭和十三年三月中國聯合準備銀行設立當時は流通高約二百萬元と稱せられしか殆んど回收せられたり

第四節　芝罘

芝罘に於ける事變當時の日滿支各國通貨の流通額は約三百萬円と推定せられ其中、中國交通兩銀行券絶對多數を占む、而るに昭和十二年八月國民政府令による**モラトリアム**の爲一般預金者は其資金運轉に困惑せしのみならず事變による對南方取引不圓滑、在南方資金の取寄困難等により金融の梗塞、逼迫を告けたるを以て商務總會に於ては通貨不足を補給し金融疏通を圖る方法として中國交通兩銀行に預入せる預金の現金化即發眼洋なるものを發行する事とせり事變後日本軍の上陸を見たるは昭和十三年二月二日にして當時市面は依然たる通貨不足の狀態にあり、之に先立ち一月商務總會は小額通貨の補給要望に添ふべく臨時維持金融券として一元、五角、二角五分、一角等の紙幣を發行し其發行額も一時十萬元を示したるが右は純然たる不換紙幣にして無準備發行の方法を以てせられし關係上其後狀勢の進展に伴ひ之に代位すへき正當通貨への市民の希望切なるものあり

依て市公署の提唱により五月二十七日市銀錢局を開設し專ら聯銀券（當時聯銀券の流入あり）金票、滿洲國幣、銅元等との

交換に於て四百文（一角）二百文（五分）百文（二分五厘）の三種の小額紙幣を發行する一方臨時維持金融券は之を商務總會の責任に於て回收する事となれり

斯くて六月四日中國聯合準備銀行に於ては舊通貨回收に乘り出し九十五萬圓の現送あり回收は九月九日を以て一應打切りとなりたるが此約三ケ月に亙る回收額は二十九萬七千元に上れり

此間七月一日には横濱正金銀行派出所設置せられ續て十月一日中國聯合準備銀行分行設置せられ舊通過の回收を圖ると共に聯銀券普及に努めたる結果聯銀券發行額漸增し十一月中旬百二萬一千圓となり之を開店前の發行額九十五萬圓と合計する時は約二百萬圓内外となり舊法幣第二次切下げ後の昭和十四年二月末には二百九十四萬四千圓舊法幣流通禁止後の三月末には三百三十四萬圓に達し昭和十五年五月末には千七十六萬四千円の發行額を見るに至れり尙市銀錢局は昭和十三年九月末を以て閉鎖せられ其小額紙幣發行回收事務は一切中國聯合準備銀行分行監督下に中國交通兩銀行に於て代行する事となり十月一日より右代行事務を開始せるが其後の業況は順調裡に推移せるが如し

第二章　山西省

山西省に於ては舊支那側銀行たる山西省銀行、晋綏地方鐵路銀號、綏西墾業銀號及晋北鹽業銀號の責任者は何れも事變と同時に逃亡し必要なる重要資料散逸し其資產內容遂に判明せざりし等の理由にて之が整理方針の決定を暫く見合せ來りたるも其後鋭意調査したる結果之等諸銀行の資產內容甚だ不良なるのみならず既に閉鎖久しく將來開業の見込無きものなる事判明したり

然るに其發行券を聯銀券と等價にて交換することは斷して不可能にて其實質的價値に迄引下ぐる事は一般民衆に與ふる打擊損害甚大なるべきを慮り臨時政府に於ては昭和十四年一月二十五日附命令を以て整理することゝし故意に政府の命令に違反し或は謠言をなすものある時は金融攪亂行爲取締辦法に照し嚴罰に處することゝせり

山西省に於ける流通紙幣は大部分山西票にして其發行額約三千萬元と稱せられ昭和十三年末迄は聯銀券及鮮銀券と大体等價保合を續け居たるが年末に臨時政府が通貨統一政策上より中國交通兩銀行券を昭和十四年二月二十日以降三割切下三月十日以後は流通禁止すべき旨發表するや一般民衆は山西票の將來性に不安を抱き昭和十四年一月十六日より低落するに至れり

山西省の回收は太原、臨汾、運域に於ては中國聯合準備銀行各分行に於て行はれ其他は三十一ヶ所の各縣公署に資金五百六十四萬四千圓を前貸して之を行はしめたり

而るに臨時政府より現地に對する詳細なる指示通達延着せる爲實際は豫定より遲れて昭和十四年二月三日より開始せられ又

現地の特殊事情により切下率も豫定を變更して昭和十四年三月十日迄一割切下の儘回收し同十一月より愈々流通を禁止することゝなれり

尚昭和十四年三月十一日以後新政府の治下に入りたる地方に於ては二ケ月を限り券面の六割の價額を以て山西票を買上ぐる事となり右買上け開始期は現地守備隊長に於て之を指定することゝなれり

山西票回收額左の如し（千元以下切捨）

太原	百八十六萬九千元
其他	三百七十萬二千元
合計	五百五十七萬二千元

斯くの如く山西票は發行額約三千萬元の中僅に五百五十七萬二千元回收せられたる儘流通禁止となりたるを以て省內の金融極度に梗塞し商取引は殆と停頓狀態に陷り物々交換を開始せる地方も少からさりき更に臨時政府に於ては山西省開墾地耕作に必要なる種子、肥料、農具、家畜等の諸經費に充當せしむる爲政府保証の下に中國聯合準備銀行より合作社又は縣公署を通して昭和十四年度及仝十五年度共春耕資金各四十萬円を融通せり

是より先中國聯合準備銀行に於ては昭和十三年十月一日太原に分行を設置し朝鮮銀行と共に聯銀券の普及に努力し更に昭和十四年二月十八日には臨汾、同二十三日には運城に夫々分行を設置して省內の通貨統一竝に聯銀券普及に努力せし結果昭和十五年五月末には左の如き聯銀券の發行額を見るに至れり

太　原	三千八百七十六萬四千円
臨　汾	九百十六萬二千円
運　城	千九十四萬二千円

附録

一、中國聯合準備銀行條例

（民國二十七年二月五日公布）

中國聯合準備銀行條例

第一章　總則

第一條　中國聯合準備銀行（以下本行ト稱ス）ハ中國聯合準備銀行條例ニ依リ設立ス

第二條　本行ハ總行ヲ北京ニ置キ國內主要地ニ分行ヲ設置シ又ハ他銀行ト代理契約ヲ締結スルコトヲ得

第三條　本行ノ營業期間ハ開業ノ日ヨリ三十箇年トス但シ政府ノ認可ヲ得テ之ヲ延長スルコトヲ得

第二章　資本

第四條　本行ノ資本金ハ五千萬圓トシ之ヲ五十萬株ニ分チ一株ノ金額ヲ百圓トス

第一回ノ拂込ハ株金ノ二分ノ一トス

第五條　本行ノ株式中二十五萬株ハ政府之ヲ引受ケ殘餘ノ二十五萬株ハ中國法人タル銀行之ヲ引受クルモノトス

第六條　本行ノ株式ノ讓渡ハ政府ノ許可ヲ受クルニ非サレハ其ノ效力ヲ生セサルモノトス

前項ノ許可申請ハ本行ヲ經由スヘキモノトス

第七條　株券ハ一株券、十株券、百株券及千株券ノ四種トシ總テ記名式トス

第八條　株券ニハ拂込金額ヲ記載シ總裁之ニ記名捺印ス

第九條　株主及其ノ法定代理人ハ印鑑及住所ヲ本行ニ屆出ツヘシ、之ヲ變更シタルトキ亦同シ

第十條　株式ヲ讓渡シタル場合ニ於テハ株券裏面ニ當事者雙方記名捺印シ連署ノ名義書替請求書ヲ添ヘ本行ニ差出スヘシ

前項ノ場合本行ハ株主名簿ニ記入シ其ノ株券裏面ニ總裁記名捺印シタル上之ヲ返付ス

第十一條　株券ヲ滅失又ハ紛失シタルトキハ株主ハ別ニ定ムル手續ニ從ヒ新株券ノ交付ヲ請求スルコトヲ得、此ノ場合必要ナル費用ハ請求者ノ負擔トス

第十二條　株券ヲ汚染若ハ毀損シタル者又ハ株券種類ヲ變更セムトスル者ハ該株券ヲ提出シ新株券ト引換ヘヲ請求スルコトヲ得

第十三條　前三條ノ規定ニ依リ株券ノ名義書替又ハ新株券ノ交付ヲ爲シタルトキハ別ニ定ムルトコロニ依リ手數料ヲ徴收ス

第十四條　本行ハ株主總會前一月以内株劵ノ名義書替ヲ停止ス

第十五條　未拂込株金拂込ノ方法、金額及期日ハ理事會之ヲ定メ拂込期日ノ二月前迄ニ其ノ旨ヲ株主ニ通知スヘシ

第十六條　株主株金ノ拂込ヲ怠リタルトキハ其ノ拂込期日ノ翌日ヨリ拂込ノ日迄滯納金ニ對シ百圓ニ付一日五分ノ割合ニ依ル賠償金ヲ追徴ス

第三章　特權及業務

第十七條　本行ハ政府ヨリ賦與セラレタル貨幣ノ製造發行權ニ基キ左ノ貨幣ヲ製造發行ス、但シ紙幣ヲ以テ硬貨ニ代フルコトアルヘシ

紙幣　百圓、十圓、五圓、一圓

硬貨　五角、二角、一角、五分、一分、五厘

第十八條　本行ハ紙幣發行高ノ百分ノ四十以上ニ相當スル金銀塊、外國通貨又ハ外國通貨ニ於ケル預ケ金ヲ保有スルコトヲ要ス

前項ニ掲ケタル金額ヲ控除セル殘餘ノ發行高ニ對シテハ國債證劵、政府ノ發行若ハ保証セル手形若ハ証劵、商業手

形又ハ確實ナル証券若ハ貸付金ヲ保有スルコトヲ要ス

第十九條　前二條ニ規定スル資産負債ハ他ノ諸勘定ト區別シ整理スヘシ

第二十條　本行ハ政府ノ委任ニ依リ金融機關ノ監督其ノ他金融ニ關シ政府ニ屬スル權限ノ一部ヲ行フコトヲ得

第二十一條　本行ノ業務左ノ如シ

一、政府發行ノ手形其ノ他政府ノ發行又ハ保證セル證券ノ割引

二、商業手形ノ割引

三、確實ナル證券、債權若ハ換價容易ナル商品ヲ擔保トスル手形ノ割引又ハ貸付

四、當座貸越

五、地金銀、外國通貨ノ買入

六、平常取引アルモノヽ爲ニスル諸手形類ノ取立

七、金銀其ノ他貴重品ノ保護預リ

八、諸預リ金

九、爲　替

第二十二條　本行ハ國債證券其ノ他確實ナル有價證券ノ引受若ハ買入ヲ爲スコトヲ得

第二十三條　本行ハ左ニ掲クル行爲ヲ爲スコトヲ得ス

一、投機ヲ目的トスル諸取引

二、營業用土地建物以外ノ不動産ノ取得但シ債務辦濟ニ依リ取得スル場合ヲ除ク

三、自行役員又ハ使用人ニ對スル貸付

第二十四條　本行ハ政府ノ定ムルトコロニ依リ國債及國庫金ニ關スル事務ヲ取扱フ

第四章　組　織

第一節　總裁、副總裁、理事及監事

第二十五條　本行ニ總裁一名副總裁一名理事八名及監事四名ヲ置ク

第二十六條　總裁、副總裁ハ其ノ任期ヲ四年トシ政府之ヲ任命ス

第二十七條　理事ハ其ノ任期ヲ三年トシ株主總會ニ於テ選擧シ政府ノ認可ヲ受ケ就任スルモノトス

理事ノ内少クトモ半數ハ株主銀行ノ代表者タルコトヲ要ス

第二十八條　總裁ハ本行ヲ代表シ行務ヲ總理ス

第二十九條　副總裁ハ總裁ヲ輔佐シ總裁事故アルトキハ其ノ職務ヲ代理シ總裁缺員ノトキ其ノ職務ヲ行フ

總裁副總裁共ニ事故アルトキハ總裁又ハ副總裁ノ指定セル常務理事ノ一名總裁ノ職務ヲ代理ス

第三十條　總裁ハ理事ノ內二名ヲシテ常務ニ從事セシムルモノトス

常務理事ハ總裁ヲ輔佐シ其ノ命ヲ受ケ行務ヲ分掌ス

第三十一條　理事又ハ監事ハ其ノ任期ヲ經過スルモ新理事又ハ新監事ノ就任スル迄繼續シテ其ノ職務ヲ行フヘシ

第三十二條　株主總會ニ於テ選擧セル理事又ハ監事ニ三分ノ一缺員（理事ノ缺員ニ就テハ三名監事ノ缺員ニ就テハ二名以上）ヲ生シタルトキハ速ニ株主總會ヲ招集シテ補缺選擧ヲ行フヘキモノトス、補缺員ハ前任者ノ殘任期ヲ繼クモノトス

第三十三條　總裁、副總裁及常務理事ハ在職中他ノ官職ヲ兼ネ又ハ自ラ營業ヲ爲スコトヲ得ス、但シ政府ノ許可ヲ得タル場合ハ此ノ限ニ在ラス

第三十四條　總裁及副總裁ノ報酬及手當ハ政府之ヲ決定シ理事及監事ノ報酬及手當ハ株主總會之ヲ決定シ政府ノ認可ヲ受クルモノトス

第三十五條　監事ハ其ノ任期ヲ二年トシ株主總會ニ於テ選擧ス

監事ハ本行ノ業務ヲ監査ス

第二節　理事會

第三十六條　總裁、副總裁及理事ヲ以テ理事會ヲ組織ス

理事會ノ會長ハ總裁トス

第三十七條　定例理事會ハ毎月一回之ヲ開ク

定例理事會ノ外會長必要ト認メタルトキハ隨時理事會ヲ開クコトヲ得

第三十八條　左ニ揭クル事項ハ必ス理事會ノ議決ヲ經ヘキモノトス

一、一般業務方針

二、標準割引利率又ハ貸付利率

三、増資又ハ株式拂込金ノ徵收

四、重要ナル規則ノ制定又ハ改廢

五、主要行員ノ任免

六、分行ノ設置又ハ廢止

七、株主總會ニ附議スヘキ事項

八、其ノ他總裁ノ提議スル事項

第三十九條　理事會ハ會員半數以上出席スルニ非サレハ之ヲ開クコトヲ得ス。但シ定數ニ滿タサルモ急施ヲ要スル事項ハ之ヲ議決シ次回ノ理事會ニ報告スヘキモノトス

第四十條　理事會ハ多數決ニ依ル、贊否同數ナルトキハ會長之ヲ決ス

第四十一條　理事會ハ議事錄ヲ作リ其ノ決議ノ趣旨並事務ノ要領ヲ記載シ出席員之ニ署名捺印スヘシ

第三節　監事會

第四十二條　監事ハ監事會ヲ組織ス

監事會ノ會長ハ監事ノ互選ニ依リ之ヲ定ム

第四十三條　監事會ハ本行ノ業務ヲ監査シ諸帳簿類ヲ檢査シ正當ナリト認ムルトキハ之ヲ承認スヘシ

第四十四條　監事會ハ多數決ニ依ル贊否同數ナルトキハ會長之ヲ決ス

第四十五條　監事ハ必要ト認ムルトキハ理事會株主總會ニ意見ヲ述フルモノトス

第四節　顧問

第四十六條　本行ニ顧問一名ヲ置ク

顧問ハ重要行務ニ關シ豫メ總裁ノ諸問ニ應シ總裁ニ意見ヲ進言シ又ハ理事會ニ出席シテ意見ヲ開陳スルコトヲ得ルモノトス

第五章　株主總會

第四十七條　定時株主總會ハ總行所在地ニ於テ毎年一回三月ニ之ヲ開ク臨時株主總會ハ左ノ場合之ヲ開ク

一、總裁ニ於テ必要ト認メタルトキ

二、監事全員ヨリ會議ノ目的タル事項ヲ示シ其ノ招集ヲ請求シタルトキ
三、資本ノ五分ノ二以上ニ當ル株主ヨリ會議ノ目的タル事項ヲ示シテ其ノ招集ヲ請求シタルトキ
株主總會ノ議長ハ總裁トス

第四十八條　株主總會ノ日時及場所ハ總裁之ヲ定メ會議ノ目的タル事項ト共ニ開會ノ日ヨリ二週間前ニ株主ニ通知ヲ發スヘシ
株主ノ議決權ハ一株ニ付一箇トス
株主總會ノ決議ハ出席株主ノ議決權ノ過半數ヲ以テ之ヲ爲ス、贊否同數ナルトキハ議長之ヲ決ス、但シ條例ノ變更ハ資本ノ半額以上ニ當ル株主出席シ其ノ議決權ノ過半數ヲ以テ之ヲ決ス

第四十九條　株主總會ニ於テ決議シタル事項ハ之ヲ決議錄ニ記載シ總裁、副總裁、理事及監事署名捺印スヘシ

第五十條　株主總會出席名簿ハ總裁、副總裁、理事及監事記名捺印シタル上決議錄ニ附綴スヘシ

第六章　決　算

第五十一條　本行ハ毎年決算期間ヲ分チテ兩期ト爲シ一月ヨリ六月迄ヲ上期トシ七月ヨリ十二月迄ヲ下期トシ全年ヲ通シ

テ利益處分ヲ爲ス

但シ第一決算期ハ上期下期ニ分タス設立ノ日ヨリ十二月迄トス

總裁ハ毎決算期ニハ財産目錄、貸借對照表、損益計算書及下期決算期ニハ全年營業報告書、全年損益計算書、利益處分案又ハ損失補塡案ヲ作成シ監事會ノ審査報告ヲ添附シテ定時株主總會ニ提出スヘシ

第五十二條　本行ノ純益金ハ左ノ割合ヲ以テ年一回之ヲ處分スヘキモノトス

一、積　立　金　　純益ノ百分ノ二十以上

一、役員賞與金　　純益ノ百分ノ十以內

一、株式配當金　　政府納付金及後期繰越金

積立金ノ總額カ資本ノ總額ニ達シタルトキハ前項ノ積立金ハ純益ノ百分ノ十以上ヲ以テ足ル

第五十三條　株主ニ對シ配當シ得ヘキ利益金額カ拂込濟資本金ノ百分ノ十ヲ超過セルトキハ該超過部分ノ二分ノ一ヲ政府ニ納付スヘシ

第五十四條　本條例ハ株主總會ノ決議ヲ經テ政府ノ認可アリタル日ヨリ施行ス

二、通貨外國通貨輸移出入取締辦法

（華北政務委員會）
（民國二十九年八月一日公布）

通貨外國通貨輸移出入取締辦法

第一條　通貨又ハ外國通貨ヲ通シテ二百圓相當額ヲ超ユル場合ハ別ニ定ムル場合ヲ除クノ外中華民國國民政府華北政務委員會財務總署ノ發給スル護照（以下護照ト稱ス）ヲ附スルニ非サレハ之ヲ輸移出又ハ輸移入スルコトヲ得ス

第二條　滿洲國又ハ關東州ヨリ輸出セラレシモノニシテ通貨又ハ外國通貨ヲ通シテ五十円相當額ヲ超ユル場合ハ前條ノ規定ニ拘ラス護照ヲ附スルニ非サレハ之ヲ輸入スルコトヲ得ス

第三條　左ニ掲クル場合ニハ前二條ノ規定ニ拘ラス通貨又ハ外國通貨ノ輸移入ニ付護照ヲ附スルコトヲ要セス

一、輸移入セントスル通貨又ハ外國通貨カ日本ヨリ輸出セラレシモノニシテ該輸出ニ關シ當該官廳ノ許可ヲ要セサル場合

二、輸移入セントスル通貨又ハ外國通貨カ日本又ハ滿洲國ヨリ輸出セラレシモノニシテ該輸出ニ關シ當該官廳ノ許可アリタル場合ニシテ輸移入者カ當該許可證ヲ提示スル場合

第四條　旅行者旅行ノ爲通貨外國通貨ヲ通シテ二百圓相當額ヲ超ユル金額ヲ輸移出セントスルトキ其ノ金額カ輸移入

セル金額以下ナルトキハ別ニ定ムル場合ヲ除クノ外第一條ノ規定ニ拘ラス右ノ通貨又ハ外國通貨ノ輸移出ニ付護照ヲ附スルコトヲ要セス、但シ中國聯合準備銀行券ノ額ハ二百圓ヲ超ユルコトヲ得ス

第五條　第一條及第二條ノ規定ニ依ル護照ハ通貨又ハ外國通貨ヲ海關ヲ經由シテ輸移出入セントスル場合ハ當該海關監督公署、其ノ他ノ場所ヲ經由シテ輸移出入セントスル場合ハ省公署或ハ財務總署ヨリ之ヲ發給ス

前項ノ護照ヲ受ケントスル者ハ本辦法附屬書式ニ準據シテ作成セル申請書ヲ提出スヘシ

第六條　第四條ノ規定ニ依リ護照ヲ附スルヲ要セスシテ通貨又ハ外國通貨ヲ通シテ二百圓相當額ヲ超ユル金額ヲ輸移出セントスルモノハ右通貨又ハ外國通貨ヲ輸移入セル後遲滯ナク本辦法附屬書式ニ準據シテ通貨外國通貨輸移入申告書ヲ作成シ中華民國國民政府華北政務委員會財務總署ノ證明ヲ受ケ、輸移出セントスルトキ之ヲ提示スルコトヲ要ス

前項ニ於テ規定セル通貨外國通貨輸移入申告書ノ證明ハ通貨又ハ外國通貨ヲ海關ヲ經由シテ輸移入セルトキハ當該海關監督公署其ノ他ノ場合ニ在リテハ省公署或ハ財務總署之ヲ爲スモノトス

第七條　本辦法ノ規定ニ違反シテ通貨又ハ外國通貨ヲ輸移出入シ又ハ輸移出入セントシタル者ハ犯則物件價格ノ五倍

ニ相當スル金額ノ罰金ニ處ス

犯則物件ハ之ヲ沒收ス

犯則物件ヲ沒收シ得サリシトキハ其價額ヲ追徵ス

附　則

本辦法ハ民國二十九年八月一日ヨリ之ヲ施行ス

附屬書式

第五條ノ規定ニ依ル通貨外國通貨輸移出入護照發給申請書

一、申請者ノ住所、職業、年齢及氏名
二、通貨又ハ外國通貨ノ種類、金額
三、輸移出入ノ目的
四、輸移出入迄ノ經路
五、輸移出入ノ時期
六、輸移出入ノ場所

第六條ノ規定ニ依ル通貨外國通貨輸移入申告書

一、申告者
　住所
　職業
　年齢
　氏名

二、同伴家族
　續柄
　年齢
　氏名

三、旅行ノ目的

四、旅行ノ經路

五、携帶通貨

內譯　券　圓

券

券

六、通貨携帶又ハ送附ニ關シ許可ヲ受ケタル場合許可官廳、許可證日附、許可證番號、許可金額

七、其ノ他參考事項

上記ノ通リ申告候也

年　月　日

氏名

關係官廳印

『天津主要商品相場及指数表』

（在天津日本総領事館経済部、一九四一年八月）

昭和十六年八月十五日

天津主要商品相場及指數表

（昭和十六年七月十五日ヲ百トス）

在天津日本總領事館經濟部

—1—

（イ表）

砂糖相場表

（單位和百斤）

月日＼品目	白糖B印 価格（円）	白糖B印 指数	知白糖 価格（円）	知白糖 指数	白雙目 価格（円）	白雙目 指数	赤雙目 価格（円）	赤雙目 指数	平均指数
七月十五日	一一五・〇〇	一〇〇・〇	一一三・五〇	一〇〇・〇	九五・四〇	一〇〇・〇	九三・五〇	一〇〇・〇	一〇〇・〇
廿四日	一二五・五〇	一〇九・一	一二〇・〇〇	一〇五・七	一〇一・三〇	一〇六・二	九八・三〇	一〇五・一	一〇六・五
廿五日	一二五・五〇	一〇九・一	一一九・五〇	一〇五・三	一〇〇・八〇	一〇五・七	九七・八〇	一〇四・六	一〇六・二
廿六日	一二五・五〇	一〇九・一	一一九・五〇	一〇五・三	一〇〇・八〇	一〇五・七	九七・八〇	一〇四・六	一〇六・二
廿七日	—	—	—	—	—	—	—	—	—
廿八日	一二七・四〇	一一〇・八	一二〇・三〇	一〇六・〇	一〇二・九〇	一〇七・九	一〇〇・二〇	一〇七・二	一〇八・〇
廿九日	一二九・六〇	一一二・七	一二六・九〇	一一一・八	一〇四・四〇	一一〇・〇	一〇二・一〇	一〇九・二	一一〇・一
卅日	一三三・五〇	一一六・一	一三二・五〇	一一六・八	一一五・二〇	一二〇・八	一〇六・八〇	一一四・二	一一七・〇
卅一日	一三三・五〇	一一六・一	一三二・五〇	一一六・八	一一五・二〇	一二〇・八	一〇六・八〇	一一四・二	一一七・〇
八月一日	一三三・五〇	一一六・一	一三二・五〇	一一六・八	一一五・二〇	一二〇・八	一〇六・八〇	一一四・二	一一七・〇
二日	一三三・五〇	一一六・一	一三二・五〇	一一六・八	一一五・二〇	一二〇・八	一〇六・八〇	一一四・二	一一七・〇

月日									
三日	—	—	—	—	—	—	—	—	—
四日	一四二.二〇	一三三.七	一四〇.七〇	一三四.〇	一二〇.〇〇	一二五.八	一一〇.四〇	一一八.一	一二二.九
五日	一四二.二〇	一三三.七	一四〇.七〇	一三四.〇	一二〇.〇〇	一二五.八	一一〇.四〇	一一八.一	一二二.九
六日	一四六.五〇	一三七.四	一四四.五〇	一三七.三	一二九.六〇	一三五.九	一二二.四〇	一三〇.九	一三〇.四
七日	一四八.〇〇	一三八.七	一四六.五〇	一三九.一	一三六.八〇	一四三.四	一二六.〇〇	一三四.八	一三四.〇

（ロ表）

合成染料相場表

（単位百斤）

月日＼品名	帝染硫化黒BX 価格	帝染硫化黒BX 指数	三井硫化黒XC 価格	三井硫化黒XC 指数	三井硫化黒BBR 価格	三井硫化黒BBR 指数	平均指数
七月十五日	九二.〇〇円	一〇〇.〇	一一〇.〇〇円	一〇〇.〇	九〇.〇〇円	一〇〇.〇	一〇〇.〇
廿四日	九二.〇〇	一〇〇.〇	一一〇.〇〇	一〇〇.〇	九〇.〇〇	一〇〇.〇	一〇〇.〇
廿五日	九二.〇〇	一〇〇.〇	一一〇.〇〇	一〇〇.〇	九〇.〇〇	一〇〇.〇	一〇〇.〇
廿六日	一〇〇.〇〇	一〇八.七	一二〇.〇〇	一〇九.一	九八.〇〇	一〇八.九	一〇八.九
廿七日	一〇〇.〇〇	一〇八.七	一二〇.〇〇	一〇九.一	九八.〇〇	一〇八.九	一〇八.九

—3—

廿八日	廿九日	卅日	卅一日	八月一日	二日	三日	四日	五日	六日	七日
一〇〇.〇〇	一〇〇.〇〇	一〇〇.〇〇	一〇〇.〇〇	一二〇.〇〇	一二〇.〇〇	一二〇.〇〇	一二〇.〇〇	一二〇.〇〇	一二〇.〇〇	一二〇.〇〇
一〇八.七	一〇八.七	一〇八.七	一〇八.七	一三〇.四	一三〇.四	一三〇.四	一三〇.四	一三〇.四	一三〇.四	一三〇.四
一二〇.〇〇	一二〇.〇〇	一二〇.〇〇	一二〇.〇〇	一四五.〇〇	一四五.〇〇	一四五.〇〇	一四五.〇〇	一四五.〇〇	一四五.〇〇	一四五.〇〇
一〇九.一	一〇九.一	一〇九.一	一〇九.一	一三一.八	一三一.八	一三一.八	一三一.八	一三一.八	一三一.八	一三一.八
九八.〇〇	九八.〇〇	九八.〇〇	九八.〇〇	一一五.〇〇	一一五.〇〇	一一五.〇〇	一一五.〇〇	一一五.〇〇	一一五.〇〇	一一五.〇〇
一〇八.九	一〇八.九	一〇八.九	一〇八.九	一二七.八	一二七.八	一二七.八	一二七.八	一二七.八	一二七.八	一二七.八
一〇八.九	一〇八.九	一〇八.九	一〇八.九	一三〇.〇	一三〇.〇	一三〇.〇	一三〇.〇	一三〇.〇	一三〇.〇	一三〇.〇

（八表）

雜穀相場表

（單位末尾ニ記載）

月日＼品目	黄大豆 價格	黄大豆 指數	滿洲黒大豆 價格	滿洲黒大豆 指數	滿洲高粱 價格	滿洲高粱 指數	天津小麦 價格	天津小麦 指數	亜麻仁 價格	亜麻仁 指數	殼付落花生 價格	殼付落花生 指數	平均指數
七月十五日	二〇・五〇円	一〇〇・〇	一六・〇〇円	一〇〇・〇	一三・一〇円	一〇〇・〇	二五・八〇	一〇〇・〇	四五・〇〇円	一〇〇・〇	二四・五〇	一〇〇・〇	一〇〇・〇
廿四日	二〇・〇〇	九七・六	一六・五〇	一〇三・一	一三・五〇	一〇三・一	二七・〇〇	一〇四・七	四五・〇〇	一〇〇・〇	二四・五〇	一〇〇・〇	一〇一・四
廿五日	二〇・〇〇	九七・六	一六・五〇	一〇三・一	一三・〇〇	一〇〇・〇	二七・〇〇	一〇四・七	四五・〇〇	一〇〇・〇	二四・五〇	一〇〇・〇	一〇〇・九
廿六日	二〇・〇〇	九七・六	一六・五〇	一〇三・一	一三・〇〇	一〇〇・〇	二七・〇〇	一〇四・七	四五・〇〇	一〇〇・〇	二四・五〇	一〇〇・〇	一〇〇・九
廿七日	—	—	一六・五〇	一〇三・一	一三・七〇	一〇四・七	二七・〇〇	一〇四・七	四五・〇〇	一〇〇・〇	二四・五〇	一〇〇・〇	一〇二・五
廿八日	二一・六〇	一〇五・四	一六・五〇	一〇三・一	一三・五〇	一〇三・一	二七・〇〇	一〇四・七	四五・〇〇	一〇〇・〇	二四・五〇	一〇〇・〇	一〇二・七
廿九日	二一・五〇	一〇四・九	一六・五〇	一〇三・一	一三・一〇	一〇〇・〇	二七・〇〇	一〇四・七	四五・〇〇	一〇〇・〇	二四・五〇	一〇〇・〇	一〇二・一
卅日	—	—	一六・五〇	一〇三・一	一四・一五	一〇八・〇	二七・〇〇	一〇四・七	四五・〇〇	一〇〇・〇	二四・五〇	一〇〇・〇	一〇三・二
卅一日	—	—	一七・〇〇	一〇六・三	一五・三〇	一一六・八	二八・〇〇	一〇八・五	四五・〇〇	一〇〇・〇	二四・五〇	一〇〇・〇	一〇六・三
八月一日	二一・五〇	一〇四・九	一七・〇〇	一〇六・三	一四・六〇	一一一・五	二八・〇〇	一〇八・五	四五・〇〇	一〇〇・〇	二四・五〇	一〇〇・〇	一〇五・二
二日	—	—	一七・〇〇	一〇六・三	一四・〇〇	一〇六・九	二七・〇〇	一〇四・七	四五・〇〇	一〇〇・〇	二四・五〇	一〇〇・〇	一〇三・六
三日	—	—	—	—	一三・四〇	一〇二・三	二七・〇〇	一〇四・七	四五・〇〇	一〇〇・〇	二四・五〇	一〇〇・〇	一〇一・八

四日	—	—	—	—	—	—	—	—	—	—	—	—	—
五日	—	—	一六、八〇	一〇五、〇	一四、〇〇	一〇六、九	二七、〇〇	一〇四、七	四五、〇〇	一〇〇、〇	二四、五〇	一〇〇、〇	一〇三、三
六日	二一、五〇	一〇四、九	一六、五〇	一〇三、一	一三、五〇	一〇三、一	二七、〇〇	一〇四、七	四五、〇〇	一〇〇、〇	二四、五〇	一〇〇、〇	一〇二、六
七日	二一、〇〇	一〇二、四	一六、五〇	一〇三、一	一三、五〇	一〇三、一	二七、〇〇	一〇四、七	四五、〇〇	一〇〇、〇	二四、五〇	一〇〇、〇	一〇二、二

單位　黄大豆、黒大豆、高粱ハ麻袋込百市斤

天津小麥、亜麻仁ハ裸六十瓩

穀付落花生ハ裸百市斤

（備考）一市斤ハ一三三、三匁ナリ。

（二表）

麺粉（天官印）相場表（單位一袋二十二瓩）

月日＼品目	價格	指數	備考
七月十五日	一五、八〇円	一〇〇、〇	
廿四日	一六、一五	一〇二、二	

—6—

廿五日	一六、一五	一〇二、二	
廿六日	一六、一五	一〇二、二	
廿七日	—	—	
廿八日	一七、二〇	一〇八、九	
廿九日	一七、六〇	一一一、四	市公署並佛工部局取締ニ乗出ス
卅日	一七、〇〇	一〇七、六	
卅一日	一八、三〇	一一五、八	
八月一日	一八、二〇	一一五、二	
二日	一八、二〇	一一五、二	
三日	一八、二〇	一一五、二	
四日	一八、二〇	一一五、二	
五日	一八、五〇	一一七、一	
六日	一八、四〇	一一六、五	
七日	一八、四〇	一一六、五	

—7—

（ホ表）

紙相場表（単位一連）

品目		七月二十三日	廿四日	廿五日	廿六日	廿七日	廿八日	廿九日	卅日	卅一日	八月一日	二日	三日
毛辺紙（東洋）	価格	円 一七、五〇	一七、五〇	一七、五〇	一七、五〇	一七、五〇	一八、五〇	一八、五〇	一八、五〇	一八、五〇	一八、五〇	一八、五〇	一八、五〇
	指数	一〇〇、〇	一〇〇、〇	一〇〇、〇	一〇〇、〇	一〇〇、〇	一〇五、七	一〇五、七	一〇五、七	一〇五、七	一〇五、七	一〇五、七	一〇五、七
ロール紙（東洋）	価格	円 三〇、五〇	三〇、五〇	三〇、五〇	三〇、五〇	三〇、五〇	三〇、五〇	三〇、五〇	三〇、五〇	三〇、五〇	三〇、五〇	三〇、五〇	三〇、五〇
	指数	一〇〇、〇	一〇〇、〇	一〇〇、〇	一〇〇、〇	一〇〇、〇	一〇〇、〇	一〇〇、〇	一〇〇、〇	一〇〇、〇	一〇〇、〇	一〇〇、〇	一〇〇、〇
白有光紙（東洋）	価格	円 一四、四〇	一四、四〇	一四、四〇	一四、四〇	一四、四〇	一五、五〇	一五、五〇	一五、五〇	一五、五〇	一五、五〇	一五、五〇	一五、五〇
	指数	一〇〇、〇	一〇〇、〇	一〇〇、〇	一〇〇、〇	一〇〇、〇	一〇七、六	一〇七、六	一〇七、六	一〇七、六	一〇七、六	一〇七、六	一〇七、六
更紙（王子）	価格	円 二七、五〇	二七、五〇	二七、五〇	二七、五〇	二七、五〇	二八、五〇	二八、五〇	二八、五〇	二八、五〇	二八、五〇	二八、五〇	二八、五〇
	指数	一〇〇、〇	一〇〇、〇	一〇〇、〇	一〇〇、〇	一〇〇、〇	一〇三、六	一〇三、六	一〇三、六	一〇三、六	一〇三、六	一〇三、六	一〇三、六
筋ハトロン（王子）	価格	円 四〇、五〇	四〇、五〇	四〇、五〇	四〇、五〇	四〇、五〇	四〇、八〇	四〇、八〇	四〇、八〇	四〇、八〇	四〇、八〇	四〇、八〇	四〇、八〇
	指数	一〇〇、〇	一〇〇、〇	一〇〇、〇	一〇〇、〇	一〇〇、〇	一〇〇、八	一〇〇、八	一〇〇、八	一〇〇、八	一〇〇、八	一〇〇、八	一〇〇、八
セロハン（王子）	価格	円 九〇、〇〇	九〇、〇〇	九〇、〇〇	九〇、〇〇	九〇、〇〇	九八、〇〇	九八、〇〇	九八、〇〇	九八、〇〇	九八、〇〇	九八、〇〇	九八、〇〇
	指数	一〇〇、〇	一〇〇、〇	一〇〇、〇	一〇〇、〇	一〇〇、〇	一〇八、九	一〇八、九	一〇八、九	一〇八、九	一〇八、九	一〇八、九	一〇八、九
平均指数		一〇〇、〇	一〇〇、〇	一〇〇、〇	一〇〇、〇	一〇〇、〇	一〇四、四	一〇四、四	一〇四、四	一〇四、四	一〇四、四	一〇四、四	一〇四、四

月日													
四日	一八、五〇	一〇五、七	三〇、五〇	一〇〇、〇	一五、五〇	一〇七、六	二八、五〇	一〇三、六	四〇、八〇	一〇〇、八	九八、〇〇	一〇八、九	一〇四、四
五日	一八、五〇	一〇五、七	三〇、五〇	一〇〇、〇	一五、五〇	一〇七、六	二八、五〇	一〇三、六	四〇、八〇	一〇〇、八	九八、〇〇	一〇八、九	一〇四、四
六日	一八、五〇	一〇五、七	三〇、五〇	一〇〇、〇	一五、五〇	一〇七、六	二八、五〇	一〇三、六	四〇、八〇	一〇〇、八	九八、〇〇	一〇八、九	一〇四、四
七日	一八、五〇	一〇五、七	三〇、五〇	一〇〇、〇	一五、五〇	一〇七、六	二八、五〇	一〇三、六	四〇、八〇	一〇〇、八	九八、〇〇	一〇八、九	一〇四、四

（へ表）

纖維製品（地場産五福細布）相場表（単位四十碼物一反）

月日＼品目	価格	指数	備考
七月十五日	四三、九〇円	一〇〇、〇	
廿四日	四三、八六	九九、九	
廿五日	四三・四四	九八、九	
廿六日	四四、一五	一〇〇・六	

廿七日	廿八日	廿九日	卅日	卅一日	八月一日	二日	三日	四日	五日	六日	七日
—	四六、〇〇	四六、〇〇	四六、〇〇	四五、七七	四四、九四	四四、二三	—	四四、六七	四四、五〇	四四 一〇	四四、五〇
—	一〇四、八	一〇四、八	一〇四、八	一〇四、三	一〇二、四	一〇〇、八	—	一〇一、八	一〇一、四	一〇〇、五	一〇一、四
	現地資金凍結措置ニ影響サレ反撥上伸ス										

10

（一ト表）

洋灰（現地産啓新物）相場表（單位八十五瓩入一袋）

月日＼品目	價格	指數	備考
七月十五日	一〇、〇〇円	一〇〇、〇	（五十銭ナリ）日本側卸協定値ハ九円
廿四日	一〇、〇〇	一〇〇、〇	
廿五日	一〇、〇〇	一〇〇、〇	
廿六日	一〇、〇〇	一〇〇、〇	
廿七日	一〇、〇〇	一〇〇、〇	
廿八日	一〇、〇〇	一〇〇、〇	資金凍結ノ影響ナシ
廿九日	一〇、〇〇	一〇〇、〇	
卅日	一〇、〇〇	一〇〇、〇	
卅一日	一〇、〇〇	一〇〇、〇	
八月一日	一〇、八五	一〇八、五	統税引上ニ依リ八十五銭加算ス
二日	一〇、八五	一〇八、五	
三日	一〇、八五	一〇八、五	

四日	一〇、八五	一〇八、五
五日	一〇、八五	一〇八、五
六日	一〇、八五	一〇八、五
七日	一〇、八五	一〇八、五

（チ表）

「ガソリン」及石油相場表（単位ニ罐入一箱）

月日＼価格	各社石油 テキサス	各社石油 スタンダード	各社石油 アジア	各社石油 平均	各社石油 指数	各社ガソリン テキサス	各社ガソリン スタンダード	各社ガソリン アジア	各社ガソリン 平均	各社ガソリン 指数	平均指数
七月十五日	二七、五〇円	二七、四七円	二六、〇〇円	二七、〇〇円	一〇〇、〇	二九、三〇円	三〇、七〇円	二七、〇〇円	二九、〇〇円	一〇〇、〇	一〇〇、〇
廿四日	二九、〇〇	二八、一三	二六、五〇	二七、八八	一〇三、三	三一、三〇	三一、六〇	二七、五〇	三〇、一三	一〇三、九	一〇三、六
廿五日	二九、〇〇	二八、一三	二六、五〇	二七、八八	一〇三、三	三一、三〇	三一、六〇	二七、五〇	三〇、一三	一〇三、九	一〇三、六

12

日											
廿六日	二九、〇〇	二八、一三	二六、五〇	二七、八八	一〇三、三	三一、三〇	三一、六〇	二七、五〇	三〇、一三	一〇三、九	一〇三、六
廿七日	二九、〇〇	二八、一三	二六、五〇	二七、八八	一〇三、三	三一、三〇	三一、六〇	二七、五〇	三〇、一三	一〇三、九	一〇三、六
廿八日	二九、〇〇	二八、一三	二六、五〇	二七、八八	一〇三、三	三一、三〇	三一、六〇	二七、五〇	三〇、一三	一〇三、九	一〇三、六
廿九日	二九、〇〇	二八、一三	二六、五〇	二七、八八	一〇三、三	三一、三〇	三一、六〇	二七、五〇	三〇、一三	一〇三、九	一〇三、六
卅日	二九、〇〇	二八、一三	二六、五〇	二七、八八	一〇三、三	三一、三〇	三一、六〇	二七、五〇	三〇、一三	一〇三、九	一〇三、六
卅一日	二九、〇〇	二八、一三	二六、五〇	二七、八八	一〇三、三	三一、三〇	三一、六〇	二七、五〇	三〇、一三	一〇三、九	一〇三、六
八月一日	二九、〇〇	二八、一三	二六、五〇	二七、八八	一〇三、三	三一、三〇	三一、六〇	二七、五〇	三〇、一三	一〇三、九	一〇三、六
二日	二九、〇〇	二八、一三	二六、五〇	二七、八八	一〇三、三	三一、三〇	三一、六〇	二七、五〇	三〇、一三	一〇三、九	一〇三、六
三日	二九、〇〇	二八、一三	二六、五〇	二七、八八	一〇三、三	三一、三〇	三一、六〇	二七、五〇	三〇、一三	一〇三、九	一〇三、六
四日	二九、〇〇	二八、一三	二六、五〇	二七、八八	一〇三、三	三一、三〇	三一、六〇	二七、五〇	三〇、一三	一〇三、九	一〇三、六
五日	二九、〇〇	二八、一三	二六、五〇	二七、八八	一〇三、三	三一、三〇	三一、六〇	二七、五〇	三〇、一三	一〇三、九	一〇三、六
六日	二九、〇〇	二八、一三	二六、五〇	二七、八八	一〇三、三	三一、三〇	三一、六〇	二七、五〇	三〇、一三	一〇三、九	一〇三、六
七日	二九、〇〇	二八、一三	二六、五〇	二七、八八	一〇三、三	三一、三〇	三一、六〇	二七、五〇	三〇、一三	一〇三、九	一〇三、六

〔備考〕本品相場中「テキサス」物ハ謙源公、石峯、「スタンダード」物ハ華盛敦、萬盛丸、永盛「アジア」物ハ瑞祥ニ付夫々調査セリ

（別表）

工業薬品相場表

（単位末尾ニ記載）

月日＼価格	晒粉（普度） 価格	晒粉（普度） 指数	苛性曹達 価格	苛性曹達 指数	酒精 価格	酒精 指数	塩酸 価格	塩酸 指数	松脂 価格	松脂 指数	平均指数
七月十五日	円 二三、〇〇	一〇〇、〇	円 一八三、〇〇	一〇〇、〇	円 七三、〇〇	一〇〇、〇	円 二三、〇〇	一〇〇、〇	七〇、〇〇	一〇〇、〇	一〇〇、〇
廿四日	二三、〇〇	一〇〇、〇	一八三、〇〇	一〇〇、〇	七三、〇〇	一〇〇、〇	二三、〇〇	一〇〇、〇	七〇、〇〇	一〇〇、〇	一〇〇、〇
廿五日	二三、〇〇	一〇〇、〇	一八三、〇〇	一〇〇、〇	七三、〇〇	一〇〇、〇	二三、〇〇	一〇〇、〇	七〇、〇〇	一〇〇、〇	一〇〇、〇
廿六日	二三、〇〇	一〇〇、〇	一八三、〇〇	一〇〇、〇	七三、〇〇	一〇〇、〇	二三、〇〇	一〇〇、〇	七〇、〇〇	一〇〇、〇	一〇〇、〇
廿七日	二三、〇〇	一〇〇、〇	一八三、〇〇	一〇〇、〇	七三、〇〇	一〇〇、〇	二三、〇〇	一〇〇、〇	七〇、〇〇	一〇〇、〇	一〇〇、〇
廿八日	二三、〇〇	一〇〇、〇	一八三、〇〇	一〇〇、〇	七三、〇〇	一〇〇、〇	二三、〇〇	一〇〇、〇	七〇、〇〇	一〇〇、〇	一〇〇、〇
廿九日	二三、〇〇	一〇〇、〇	一八三、〇〇	一〇〇、〇	七三、〇〇	一〇〇、〇	二三、〇〇	一〇〇、〇	七〇、〇〇	一〇〇、〇	一〇〇、〇
卅日	二五、〇〇	一〇八、七	一八三、〇〇	一〇〇、〇	九六、〇〇	一一七、八	二三、〇〇	一〇〇、〇	七五、〇〇	一〇七、二	一〇六、八
卅一日	二五、〇〇	一〇八、七	一八三、〇〇	一〇〇、〇	九六、〇〇	一一七、八	二三、〇〇	一〇〇、〇	七五、〇〇	一〇七、二	一〇六、八
八月一日	二五、〇〇	一〇八、七	一八三、〇〇	一〇〇、〇	九六、〇〇	一一七、八	二三、〇〇	一〇〇、〇	七五、〇〇	一〇七、二	一〇六、八
二日	二五、〇〇	一〇八、七	一八三、〇〇	一〇〇、〇	九六、〇〇	一一七、八	二三、〇〇	一〇〇、〇	七五、〇〇	一〇七、二	一〇六、八
三日	二五、〇〇	一〇八、七	一八三、〇〇	一〇〇、〇	九六、〇〇	一一七、八	二三、〇〇	一〇〇、〇	七五、〇〇	一〇七、二	一〇六、八

四日	二五、〇〇	一〇八、七	一八三、〇〇	一〇〇、〇	九六、〇〇	一二七、八	二三、〇〇	一〇〇、〇	七五、〇〇	一〇七、二	一〇六、八
五日	二五、〇〇	一〇八、七	一八三、〇〇	一〇〇、〇	九六、〇〇	一二七、八	二三、〇〇	一〇〇、〇	七五、〇〇	一〇七、二	一〇六、八
六日	二五、〇〇	一〇八、七	一八三、〇〇	一〇〇、〇	九六、〇〇	一二七、八	二三、〇〇	一〇〇、〇	七五、〇〇	一〇七、二	一〇六、八
七日	二五、〇〇	一〇八、七	一八三、〇〇	一〇〇、〇	九六、〇〇	一二七、八	二三、〇〇	一〇〇、〇	七五、〇〇	一〇七、二	一〇六、八

(備考) 各品目別単位左ノ通リ
晒粉四五瓩　荷性曹達三〇〇瓩　酒精三五瓩　塩酸六〇瓩、松脂六〇瓩

(ヌ表)

塗料相場表

(単位末尾ニ記載)

月日／品目	ボイル油B 価格	ボイル油B 指数	堅練ペイント(白)K印 価格	堅練ペイント(白)K印 指数	コーパルワニス汽車印 価格	コーパルワニス汽車印 指数	エナメル(青)軍鶏印 価格	エナメル(青)軍鶏印 指数	平均指数
七月十五日	二八、〇〇円	一〇〇、〇	二七、〇〇円	一〇〇、〇	六八、〇〇円	一〇〇、〇	一、七〇円	一〇〇、〇	一〇〇、〇
廿四日	二八、〇〇	一〇〇、〇	二七、〇〇	一〇〇、〇	六八、〇〇	一〇〇、〇	一、七〇	一〇〇、〇	一〇〇、〇
廿五日	二八、〇〇	一〇〇、〇	二七、〇〇	一〇〇、〇	六八、〇〇	一〇〇、〇	一、七〇	一〇〇、〇	一〇〇、〇
廿六日	二八、〇〇	一〇〇、〇	二七、〇〇	一〇〇、〇	六八、〇〇	一〇〇、〇	一、七〇	一〇〇、〇	一〇〇、〇

―― 15 ――

廿七日	二八、〇〇	一〇〇、〇	二七、〇〇	一〇〇、〇	六八、〇〇	一〇〇、〇	一、七〇	一〇〇、〇	一〇〇、〇
廿八日	二八、〇〇	一〇〇、〇	二七、〇〇	一〇〇、〇	六八、〇〇	一〇〇、〇	一、七〇	一〇〇、〇	一〇〇、〇
廿九日	二八、〇〇	一〇〇、〇	二七、〇〇	一〇〇、〇	六八、〇〇	一〇〇、〇	一、七〇	一〇〇、〇	一〇〇、〇
卅日	二八、〇〇	一〇〇、〇	二七、〇〇	一〇〇、〇	六八、〇〇	一〇〇、〇	一、七〇	一〇〇、〇	一〇〇、〇
卅一日	二八、〇〇	一〇〇、〇	二七、〇〇	一〇〇、〇	六八、〇〇	一〇〇、〇	一、七〇	一〇〇、〇	一〇〇、〇
八月一日	二八、〇〇	一〇〇、〇	二七、〇〇	一〇〇、〇	六八、〇〇	一〇〇、〇	一、七〇	一〇〇、〇	一〇〇、〇
二日	二八、〇〇	一〇〇、〇	二七、〇〇	一〇〇、〇	六八、〇〇	一〇〇、〇	一、七〇	一〇〇、〇	一〇〇、〇
三日	二八、〇〇	一〇〇、〇	二七、〇〇	一〇〇、〇	六八、〇〇	一〇〇、〇	一、七〇	一〇〇、〇	一〇〇、〇
四日	二八、〇〇	一〇〇、〇	二七、〇〇	一〇〇、〇	六八、〇〇	一〇〇、〇	一、七〇	一〇〇、〇	一〇〇、〇
五日	二八、〇〇	一〇〇、〇	二七、〇〇	一〇〇、〇	六八、〇〇	一〇〇、〇	一、七〇	一〇〇、〇	一〇〇、〇
六日	二八、〇〇	一〇〇、〇	二七、〇〇	一〇〇、〇	六八、〇〇	一〇〇、〇	一、七〇	一〇〇、〇	一〇〇、〇
七日	二八、〇〇	一〇〇、〇	二七、〇〇	一〇〇、〇	六八、〇〇	一〇〇、〇	一、七〇	一〇〇、〇	一〇〇、〇

〔備考〕ボイル油日十六瓩缶入　堅練ペイント(白)K印三十七、五瓩缶入

コーパルワニス汽車印十六立缶入、エナメル(青・黄・鶏印)1/4立缶入、

（ル表）

生「ゴム」相場表

（単位一ポンド）

月日＼価格	泰国産標準物 価格	泰国産標準物 指数	泰国産FA級 価格	泰国産FA級 指数	平均指数
七月十五日	三、一五円	一〇〇、〇	三、一〇円	一〇〇、〇	一〇〇、〇
廿四日	三、一五	一〇〇、〇	三、一〇	一〇〇、〇	一〇〇、〇
廿五日	三、一五	一〇〇、〇	三、一〇	一〇〇、〇	一〇〇、〇
廿六日	三、一五	一〇〇、〇	三、一〇	一〇〇、〇	一〇〇、〇
廿七日	三、一五	一〇〇、〇	三、一〇	一〇〇、〇	一〇〇、〇
廿八日	三、一五	一〇〇、〇	三、一〇	一〇〇、〇	一〇〇、〇
廿九日	三、一五	一〇〇、〇	三、一〇	一〇〇、〇	一〇〇、〇
卅日	三、三〇	一〇四、八	三、二五	一〇四、八	一〇四、八
卅一日	三、三〇	一〇四、八	三、二五	一〇四、八	一〇四、八
八月一日	三、三〇	一〇四、八	三、二五	一〇四、八	一〇四、八
二日	三、三〇	一〇四、八	三、二五	一〇四、八	一〇四、八
三日	三、三〇	一〇四、八	三、二五	一〇四、八	一〇四、八

—17—

四日	三、三〇	一〇四、八	三、二五	一〇四、八	一〇四、八
五日	三、三〇	一〇四、八	三、二五	一〇四、八	一〇四、八
六日	三、三〇	一〇四、八	三、二五	一〇四、八	一〇四、八
七日	三、三〇	一〇四、八	三、二五	一〇四、八	一〇四、八

（ヲ表）

第三国向土産品相場表

（単位　豚毛、駱毛、紫羊絨ハ一担、卵製品ハ百斤建）

月日＼品目	豚毛（組合せ3）価格	豚毛（組合せ3）指数	豚毛（二吋半）価格	豚毛（二吋半）指数	駱毛（一等品）価格	駱毛（一等品）指数	紫羊絨（子等品）価格	紫羊絨（子等品）指数	卵黄 価格	卵黄 指数	卵白 価格	卵白 指数	平均指数
七月十五日	円 三七八四、三七	一〇〇、〇	円 一九七三、〇〇	一〇〇、〇	円 一一〇〇、〇〇	一〇〇、〇	円 五〇〇、〇〇	一〇〇、〇	円 三六〇、〇〇	一〇〇、〇	円 六二〇、〇〇	一〇〇、〇	一〇〇、〇
廿四日	三四〇五、九四	九〇、〇	一七七四、八〇	九〇、〇	一、〇〇〇、〇〇	九〇、九	四五〇、〇〇	九〇、〇	三三〇、〇〇	九一、七	六〇〇、〇〇	九六、八	九一、六
廿五日	三四〇五、九四	九〇、〇	一七七四、八〇	九〇、〇	一、〇〇〇、〇〇	九〇、九	四五〇、〇〇	九〇、〇	三三〇、〇〇	九一、七	六〇〇、〇〇	九六、八	九一、六
廿六日	三四〇五、九四	九〇、〇	一七七四、八〇	九〇、〇	一、〇〇〇、〇〇	九〇、九	四五〇、〇〇	九〇、〇	三三〇、〇〇	九一、七	六〇〇、〇〇	九六、八	九一、六
廿七日	三四〇五、九四	九〇、〇	一七七四、八〇	九〇、〇	一、〇〇〇、〇〇	九〇、九	四五〇、〇〇	九〇、〇	三三〇、〇〇	九一、七	六〇〇、〇〇	九六、八	九一、六
廿八日	三四〇五、九四	九〇、〇	一七七四、八〇	九〇、〇	一、〇〇〇、〇〇	九〇、九	四五〇、〇〇	九〇、〇	三三〇、〇〇	九一、七	六〇〇、〇〇	九六、八	九一、六
廿九日	三四〇五、九四	九〇、〇	一七七四、八〇	九〇、〇	一、〇〇〇、〇〇	九〇、九	四五〇、〇〇	九〇、〇	三三〇、〇〇	九一、七	六〇〇、〇〇	九六、八	九一、六
卅日	三四〇五、九四	九〇、〇	一七七四、八〇	九〇、〇	一、〇〇〇、〇〇	九〇、九	四五〇、〇〇	九〇、〇	三三〇、〇〇	九一、七	六〇〇、〇〇	九六、八	九一、六
卅一日	三四〇五、九四	九〇、〇	一七七四、八〇	九〇、〇	一、〇〇〇、〇〇	九〇、九	四五〇、〇〇	九〇、〇	三三〇、〇〇	九一、七	六〇〇、〇〇	九六、八	九一、六
八月一日	二七二四、〇〇	七二、〇	一四二〇、〇〇	七二、〇	八〇〇、〇〇	七二、七	三六〇、〇〇	七二、〇	二六四、〇〇	七三、三	四八〇、〇〇	七七、四	七三、二
二日	二七二四、〇〇	七二、〇	一四二〇、〇〇	七二、〇	八〇〇、〇〇	七二、七	三六〇、〇〇	七二、〇	二六四、〇〇	七三、三	四八〇、〇〇	七七、四	七三、二
三日	二七二四、〇〇	七二、〇	一四二〇、〇〇	七二、〇	八〇〇、〇〇	七二、七	三六〇、〇〇	七二、〇	二六四、〇〇	七三、三	四八〇、〇〇	七七、四	七三、二

四日	二七二四.〇〇	七三.〇	一四三〇.〇〇	七三.〇	八〇〇.〇〇	七三.七	三六〇.〇〇	七三.〇	二六四.〇〇	七三.三	四八〇.〇〇	七七.四	七三.二
五日	二七二四.〇〇	七三.〇	一四三〇.〇〇	七三.〇	八〇〇.〇〇	七三.七	三六〇.〇〇	七三.〇	二六四.〇〇	七三.三	四八〇.〇〇	七七.四	七三.二
六日	二七二四.〇〇	七三.〇	一四三〇.〇〇	七三.〇	八〇〇.〇〇	七三.七	三六〇.〇〇	七三.〇	二六四.〇〇	七三.三	四八〇.〇〇	七七.四	七三.二
七日	二七二四.〇〇	七三.〇	一四三〇.〇〇	七三.〇	八〇〇.〇〇	七三.七	三六〇.〇〇	七三.〇	二六四.〇〇	七三.三	四八〇.〇〇	七七.四	七三.二

（備考）第三国向土産品ハ資金凍結令以後相場立タス　本表廿六日以後ハ大体ノ動向ヲ窺フ数字ヲ掲記セリ。

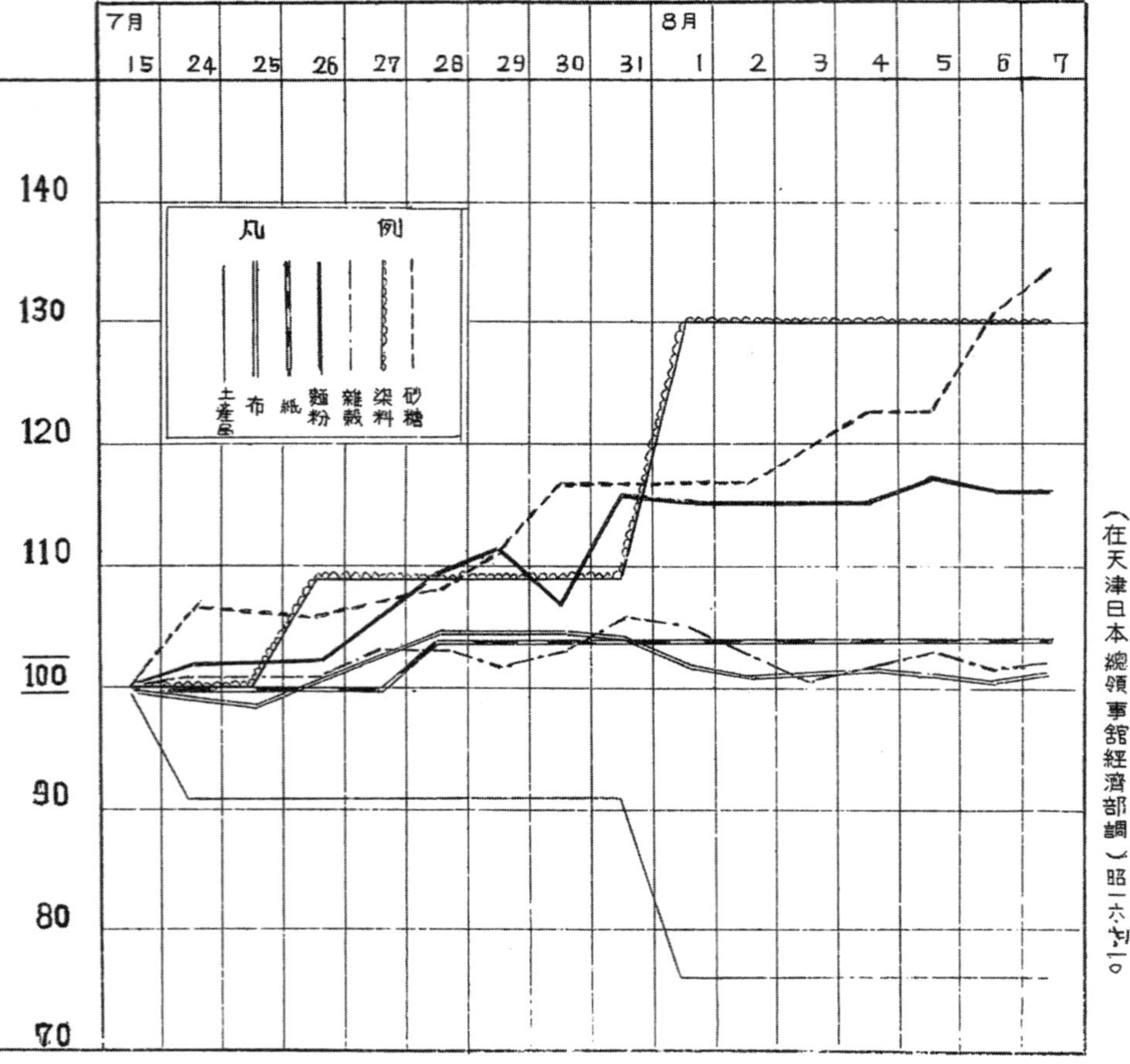
資金凍結ノ影響ニ依ル
天津商品市況変動圖表
（昭16.7.15＝100）
7月
15
24
25
26
27
28
29
30
31
8月
1
2
3
4
5
6
7
140
130
120
110
100
90
80
70
凡例
土産品
布
紙
麺粉
雑穀
染料
砂糖
（在天津日本總領事館經濟部調）昭一六.八.一〇

『最高販売価格許可品目一覧表』

（在天津日本総領事館経済部、一九四一年一〇月）

昭和十六年十月

最高販賣價格許可品目一覧表

自　昭一五・一二・一
至　昭一六・九・三〇

在天津日本總領事館經濟部

最高販賣價格許可品目数

昭和十六年九月末日現在

物資別	点数
化學工業品及医薬品	九、六一五
燃料品	六六
飲食料品	一、四五〇
雜品	二、一一二
繊維品	三
機械金属品	―
農林水産品	―
農漁業用資材	―
計	一三、二四六

—2—

化學工業品及医薬品

（計九六一五点）

品名	輸入品現地品別	銘柄	表示符標	許可価格内容	許可日附	許可番号	申請者名	備考	点次
医薬品	輸入品	各売薬並新薬各種	協（丸印）	BC	一、二五	天経第八〇二〇号	医薬品輸配組合		一、九八七
〃	〃	武田商店新薬各種	〃	〃	〃	〃	〃	A価格八四月三十日決定	七三六
〃	〃	山ノ内商会新薬各種	〃	〃	〃	〃	〃	〃	八二
〃	〃	塩野義商店新薬各種	〃	〃	〃	〃	〃	〃	八二八
〃	〃	萬有製薬新薬各種	〃	〃	〃	〃	〃	〃	二一一
〃	〃	三共新薬	〃	〃	二、一三	第一五一四号	〃	〃	七一四
〃	〃	田辺新薬	〃	ABC	〃	〃	〃		二一四
〃	〃	稲畑新薬	〃	〃	〃	〃	〃		四〇
〃	〃	大日本製薬其他新薬	〃	〃	三、一	第一四一九号	〃		一、〇九三
〃	〃	第一製薬新薬	〃	〃	〃	〃	〃		二六一
〃	〃	藤澤新薬	〃	BC	〃	第一五三六号	〃	A価格八四月三十日決定	二九五
〃	〃	三共新薬追加	〃	ABC	四、三〇	第四〇四号	〃		一四〇

—3—

〃	〃	三正新薬	〃	〃	〃	〃 第四〇五号	〃		六二
〃	〃	武田商店新薬各種	〃	A	〃	〃 第四六四号	〃	B、C価格八月二十五日設定	七二六
〃	〃	山ノ内商会新薬各種	〃	〃	〃	〃	〃	〃	八二
〃	〃	塩野義商店新薬各種	〃	〃	〃	〃	〃	〃	八二八
〃	〃	萬有製薬新薬各種	〃	〃	〃	〃	〃	〃	二一
〃	〃	藤澤新薬	〃	〃	〃	〃	〃	B C価格三月一日決定八	一九五
〃	〃	三共新薬	〃	〃	〃	〃 第四八号	〃		七一四
〃	〃	鐘研新薬	〃	ABC	五、一四	〃 第五八九号	〃		六
〃	〃	ミキゾール	〃	〃	〃	〃 第五五四号	〃		三
〃	〃	資生堂アスターフイル	〃	〃	五、二一	〃 第六〇一号	〃		二
〃	〃	田邊新薬追加	〃	〃	六、一〇	〃 第七三〇号	〃		四
〃	〃	乾卵新薬	〃	〃	〃	〃 第四五九号	〃		八
〃	現地品	若素	許	PBC	七、三一	〃 第一〇九二号	若素製薬公司		一
〃	内地品	大木売薬	協	ABC	八、一三	〃 第九九〇号	医薬品輸配組合		一九
〃	〃	日漢新薬	〃	〃	八、二六	〃 第一、三三六号	〃		一

—4—

品名	輸入現地品別	銘柄	表示符標	許可価格内容	許可日附	許可番号	申請者名	備考	点数
〃	〃	日染新薬	〃	〃	〃	〃第一、三三三号	〃		二四
〃	〃	日曹新薬	〃	〃		〃第一、三三四号	〃		七
〃	〃	若素及資生堂新薬	〃	〃		〃第一、三三七号	〃		二
〃	〃	資生堂新薬	〃	〃	九、二六	〃第一、五二六号	〃		一
合成染料	輸入品	内地規格品各種	㊐統	B	七、三一	〃第一一三号	合成染料輸配組合		三六

燃料品

品名	輸入現地品別	銘柄	表示符標	許可価格内容	許可日附	許可番号	申請者名	備考	点数
石炭	移入品	開灤炭	㊋公	C	昭一五、一二、一	昭一五告示第五号	―	昭十六年八月廿日告示第四三号ニ依リ廃止	五
〃	〃	一般炭及塊中炭運賃	〃	〃	昭一六、二、一	昭一六告示第八号	―		四
〃	〃	門頭溝、地里、柳江、長城	〃	〃	二、九	〃第七号	―	柳江、長城炭八月廿日、地里八、九月廿日廃止、門頭溝八月廿日補遺	八
〃	〃	開灤、陽泉、柳江、長城	〃	〃	八、六	〃第四号	―	柳江長城八月廿日廃止	一八
〃	〃	地里、柳江、長城、	〃	〃	九、二〇	〃第五号	―	柳江長城八月廿日廃止	一二
〃	〃	柳江、長城、南票、利川、大台、色樹坟、門頭溝	〃	〃	九、二五	〃第六号	―		一九

（計　六六点）

— 5 —

飲食料品

（計一、四五〇点）

品名	輸入現地品別	銘柄	表示符標	許可価格内容	許可日附	許可番号	申請者名	備考	点数
醤油味噌	輸入品	内鮮関分地品	㊍(協)	AB	昭一五、一二、二八	普通第四八号	調味料輸配組合		一〇
沢庵漬	〃	東京産	(許)	BC	昭一六、一、二九	天総経第六〇号	雑品輸配組合	暫行価格	一
明太子	〃	朝鮮産	〃	ABC	二、一〇	〃第三九号	〃	〃	一
味噌	現地品	天津製		BC	二、一三	〃第一八号	醤油味噌醸造組合	〃	一〇
ソース	輸入品	内地特級一級品	(協)	AB	二、一四	〃第九二号	調味料輸配組合		一二〇
白酒	現地品	桃ノ花	(許)	BC	二、二六	〃第五四号	大洋酒造販売部		一
麦酒	輸入品	アサヒ、キリン、カスケード、サクラ	(協)	ABC	三、一	〃第一一二号	麦酒輸配組合	九月廿日廃止	四
ソース	〃	特級品一級	〃	C	三、七	〃第一八五号	調味料輸配組合		一〇八
醤油味噌	〃	内鮮関一等品	〃	〃	〃	〃第一五四号	〃		一〇
日本酒	現地品	天津製各種	〃	PBC	四、八	〃第二七九号	日本酒々造業組合		一四四
グリコ	〃	大箱及小箱	(許)	〃	四、九	〃第三〇九号	グリコ株式会社	十月一日現地産菓子協価設定ニ依リ廃止	二
粉乳	輸入品	半封度 三封度	〃	BC	〃	〃第三三六号	罐詰輸配組合 五、一二罐詰協価決定ニ依リ(協)ニ変更		二

ソース	〃	一等二立瓶十本入	㊐協	ABC	〃	〃	第三二三号	調味料輸配組合		二
ソーダー	現地品	天津製各種	〃	PBC	四、一〇	〃	第三四二号	清涼飲料水製造組合		七
醤油	輸入品	七十立詰	〃	ABC	四、二三	〃	第四一一号	調味料輸配組合		一
パン粉	現地品	パン粉 生パン粉	㊐許	PBC	〃	〃	第四一〇号	東京パン粉天津出張所		四
麦酒	〃	ミズホ	〃	〃	四、二八	〃	第四三五号	福原食品工業公司		一
〃	移入品	青島アサヒ麦酒	〃	ABC	五、一	〃	第四二六号	大倉洋行	九月廿日廃止	〃
製氷	現地品	天津製品	〃	BC	五、七	〃	第五二四号	天津製氷株式会社		一
サイダー	輸入品	一級品 二級品 各種	㊐協	ABC		〃	第五二六号	和洋酒飲料水輸配		一六
罐詰	〃	各種	〃	〃	五、一三	〃	第五五五号	罐詰輸配		四一
日本酒	〃	上等酒一升詰及四斗樽	〃	〃	五、二六	〃	第六四二号	和洋酒飲料水輸配		六四
麦酒	現地品	裕民麦酒	㊐許	BC	五、二八	〃	第六五六号	裕興公司	八月廿三日廃止	五
菓子	輸入品	森永明治各種	㊐協	ABC	五、二六	〃	第四七七号	雑品輸配組合		一〇七
冷酒	移入品	臺台高千穂	㊐許	BC	〃	〃	第六四六号	幸和洋行		二
日本酒	〃	臺台姫鶴	〃	〃	五、二八	〃	第六五〇号	大丸貿易部		一
サイダー	〃	北京金鶴	〃	〃	〃	〃	第六五四号	三鴨洋行		一

—ク—

〃	〃	青島ライオン アサヒ	・	〃	〃	〃	第六五七号	日満盛進商行		二
〃	〃	北京 明治サイダー	・	〃	六、一〇	〃	第七三五号	明治商店		一
〃	現地品	天津製明朗	㊿協	PBC	〃	〃	第七六七号	清涼飲料水製造組合		一
〃	移入品	山海関製	㊿許	BC	〃	〃	第七七七号	三輪洋行		二
スタウト	輸入品	アサヒ、キリン、サクラ、カスケード	㊿協	ABC	六、一九	〃	第八二七号	麦酒輸配組合		四
ウヰスキー	現地品	ヒット	㊿許	PBC	七、一〇	〃	第九八五号	東亜洋酒工業公司		二
醤油	〃	天津製各種	㊿協	P C	七、三一	・	第一〇九〇号	醤油味噌醸造業同業組合		二〇
ソース	輸入品	新規格各種	〃	ABC	〃	〃	第一一九三号	調味料輸配組合		六〇
菓子	〃	森永製	〃	〃	八、一三		第一三一八号	雑品輸配組合		二
〃	〃	明治製	〃	〃	〃		第一三五四号	〃		一
〃	現地品	フルーツゼリー	㊿許	PBC	〃		第一三一六号	明治商店		一
麦酒	〃	裕民麦酒	〃	BC	八、二二		第一三一〇号	裕興公司	関税増率額ヲ加算シ価格改訂	五
日本酒	移入品	青島製三鶴	〃	〃	八、二六		第一三三九号	三鴨洋行		二
〃	〃	特撰高千穂	〃	〃	〃		第一三〇四号	幸和洋行		一
〃	〃	青島製千福	〃	〃	九、一七		第一三九六号	日満盛進商行		二

品名	輸入現地品別	銘柄	表示標符	許可価格内容	許可日附	許可番号	申請者名	備考	点数
〃	〃	北京両鶴牌		BC	〃	〃第一四七三号	三鶴洋行		二
〃	現地品	天津製各種	(協)	ABC	〃	〃第一四五六号	酒造業者組合		一五二
サイダー	輸入品	各種	〃	ABC	〃	〃第一三八〇号	和洋酒飲料水組合	酒税増率額ヲ加算シ価格改訂	三二
〃酒	〃	各種	〃	〃	九、二〇	〃第一五三一号	麦酒輸配組合		四
	移入品	青島製アサヒ	〃	〃	〃	〃第一五二〇号	大倉洋行	単独申請ニ付(許)符標ナルモ内地アサヒト同一ニテ区別至難ノ点ヲ考慮シ(協)トス	一

（計三、一一二点）

雑品

品名	輸入現地品別	銘柄	表示標符	許可価格内容	許可日附	許可番号	申請者名	備考	点数
寫真乾板	輸入品	富士、日ノ本、昭和	(許)	BC	昭和一六、一一、二一	天津総領事館第六一号	寫真材料商組合	暫行価格	四四
フイルム尺印画紙	〃	各種	〃	ABC	〃	〃	〃	〃	四〇
謄寫版原紙	〃	堀井製	〃	C	二、二一	〃第一〇一号	堀井洋行	〃	一
石鹸	〃	規格化粧用 洗濯規格一号	(協)	B	二、二二	〃第五五号	石鹸輸配組合	昭和一六、四、九価格改訂ニ依リ廃止	二

—9—

〃	〃	〃	〃	C	三、一	〃	第一四三号	〃	昭和一六、五、一四価格改訂ニ依リ廃止	二
化粧品及歯磨(一)	〃	各種	〃	ABC	三、七	〃	第一五六号	化粧品輸配組合	歯磨中「スモカ」ハ六、一〇価格改訂ニ依リ廃止	一、一三四
化粧品(二)	〃	〃	〃	〃	四、八	〃	第二九三号	〃		一六一
石鹸	〃	規格外 資生堂石鹸	〃	〃	四、二八	〃	第四二〇号	〃		七
歯刷子	〃	規格品	〃	〃	五、一四	〃	第五四八号	〃		三〇
〃	〃	規格外品	〃	〃	五、三一	〃	第六七七号	〃		一
ゴム靴	現地品	天津製各種	〃	P	〃	〃	第六六四号	護謨工業組合		三八
タイヤー チユーブ	〃	〃	〃	〃	〃	〃	第六六四号	〃		六八
石鹸	〃	規格外 太陽堂	〃	ABC	五、一四	〃	第五五八号	〃		二
〃	〃	規格化粧用	〃	〃	五、一九	〃	第五九〇号	〃		一
殺虫剤	〃	各種	〃	〃	〃	〃	第五八九号	殺虫剤輸配組合		七四
野球ボール	現地品	欧式用優号	㊖	C	五、二八	〃	第六六〇号	西長橡皮工廠	暫行価格	一
合板	輸入品	各種	㊿	ABC	六、四	〃	第七二四号	合板輸配組合		七
歯磨	〃	スモカ	〃	〃	六、一五	〃	第七六〇号	化粧品輸配組合	三月七日化粧品(一)価格中「スモカ」改訂	一
帽体	〃	普通品及高級品	〃	〃	〃	〃	第七六八号	帽子帽体輸配組合		二七

10

電球（一）	〃	華コイル第二号	〃	〃	六、三〇	〃第九二一号	電球輸配組合		二三
化粧品（三）	〃	各種	〃	〃	八、一〇	〃第八八一号	化粧品輸配組合		一八三
〃（四）	〃	〃	〃	〃	〃	〃第九三〇号	〃		丶
シャンプー	〃	資生堂	〃	〃	〃	〃第九四九号	石鹸輸配組合		一
〃	〃	モダン花王	〃	〃	七、三一	〃第一、〇六七号	〃		二
化粧品（五）	輸入品	各種	許	〃	八、一三	〃第一、三一九号	化粧品輸配組合		六一
〃（六）	〃		〃	〃	八、二六、	〃第一、三一一号	〃		二一
煙草	現地品	東亜煙草製	〃	DBC	八、二八	〃第一、三六二号	東亜煙草株式会社	暫行価格	一〇
〃	〃	北支煙草製	〃	〃	〃	〃第一、三七八号	北支煙草株式会社	〃	二八
電球（二）	輸入品	各種	協	ABC	八、一三	〃第一、三一三号	電球輸配組合		一〇三
化粧品（七）	〃	〃	〃	〃	九、一七	〃第一四七二号	化粧品輸配組合		一五
燐寸	現地品	〃	公	C	八、二三	昭一六、八、二三第一五〇号	——		一六

織維品

（許　三点）

品名	輸入現地品別	銘柄	表示標符	許可価格	許可日附	許可番号	申請者名	備考	点数
浴衣	移入品	富士ゆかた	㊖	8C	八、一三	天警経第一三五五号	呉服商同業組合		三

商品表示制度ニ關スル件

表示呼稱	符號	備考
九・一八停止價格	㊁停	九・一八停止令ニ依ル商品全部
組合協定最高販賣價格	㊁協	組合協定最高販賣價格トシテ許可シタル商品
許可價格	㊁許	單獨許可商品及物價委員會ノ審査ヲ經ズ當館ノミノ許可ヲ受ケタル通行最高販賣價格等
統制價格	㊁統	既設輸入配給組合關係ノ商品例ヘハ小麥粉、纖維品、木材、滿洲繩蓆、石油、新聞用紙、洋灰及天津物資對策委員會指定ノ石炭販賣價格等
配給價格	㊁配	民國扱ニ係ル配給米、配給砂糖、配給石炭等

赤崎茂信 述

『工業より観たる天津』

（天津日本商工会議所、一九四一年一一月）

日本工業新聞北支總局長
天津日本工業組合聯合會顧問
赤崎茂信氏述

工業より觀たる天津

【第一回時局經濟常識講座・2】

天津日本商工會議所

はしがき

本冊子は先般本所に於て開催致しました第一回時局經濟常識講座の内容概略であります

幸ひ此の小冊子が現下の變轉極まりない經濟情勢の動向を示唆する一個の道標ともならば洵に望外の倖と存じます

昭和十六年十月

天津日本商工會議所

理事　坂根準三

工業より觀たる天津

内容

一　序
二　立地的條件
三　沿革（第一期）（第二期）（第三期）（第四期）（第五期）
四　邦人工業進出狀況
五　現況
六　結語

一、序

高度國防國家建設の前提として日滿華經濟ブロックの確立乃至は是等三國を一體とした計劃經濟といふものが避け得られぬ現實性を持つて吾等の眼前にクローズアップされて來た今日、

華北經濟の中樞地たる當天津の工業事情につき一應の檢討を試みるは、時局の推移に應じこれが再編成を企圖する上にも必要事であらう。

二、立地的條件

工業勃興の根本的要素は

一、原材料取得の容易
二、工業用水
三、販　路
四、勞働條件

の四つに依存するものと思ふ。

右を當天津に當て嵌めて考えて觀るに

先づ當地は水陸交通の要衝にありと云へる、即ち陸路京山線、津浦線の交叉點にあたり當市を貫流する白河は北運河、永定河、大淸河、子牙河、南運河の水を併合して千古の濁水を渤海に送つてゐる。

右五河の水域は河北省は勿論のこと滿洲國、蒙疆、山西・山東に亘り殊に南運河は華北、華中を水によつて結ぶ大動脈となつてゐる。

之等水運による物資集散が天津を中心として古來行はれ來つたことは史實の示すところであつて、前述工業勃興の四大要素中第一、第二及び第三を決定づけるものと考へられ、工場主要原動力たる石炭の入手が樂であつたこと等もその主原因であらう。

工業用水に就ては白河の水を專門的に水質檢査した結果を見るに

色相	ナシ
清濁	濁
臭味	ナシ
反應	70
亞硝酸	(十一)
アムモニア	(十一)
硝酸	(一)
鹽素	212.7mg
硬度	4 115
蒸發殘渣	253.32mg
硫酸	(十一)
石灰	(十)
苦礬土	(十)
鐵	(十一)
マンガン	(十一)

（右は天津紡績附近より採水せるものにつき檢査）

其の濾過滅菌よろしきを得れば飲料水としても好適のやうであり工業用水としては結構役立つやうに思はれる、現に東洋製紙工業の如きは白河の水を使用して工場を操作してゐることは這般の事實を物語るものと謂へる。

天津工業製品の販路は古來滿洲、蒙古を主要ヒンターランドとして考へられてゐたが滿洲國の獨立建國、更に今事變勃發以來過渡的現象として一應之等奥地需要は閉塞されてゐるかに見えるが之は飽迄過渡的のものと見られ、東亞新秩序建設完了の曉は以前にもまして廣大な市場を持ち得るものと樂觀される。

次に勞働力取得であるが、河北省の人口密度は可成古い統計で方粁二二二人となつて居り、隣接の山東省のそれは一九九人で前者は北支第一位、後者之に次ぐ稠密さで古來山東苦力の名稱ある如く北方華人は性質良好、勤勉で多少の原料高も勞銀の低率で裕にカバーし得たと云はれてゐる。

かく觀じ來れば天津が工業的に如何に良好な立地的好條件に惠まれてゐるかが判明するであらう。

三、沿　革

次に天津の工業發展の跡を諸家の説を參酌し五期に分けて概説してみやう

第一期　天津港開放以前

即ち今から一千余年前遼の都を北京（名稱は異るも）に定めて以來金、元、明、清の五朝一貫して王城の地となり北支は久しく政治上の中心地であつた關係上歴代政權の尨大な宮庭消費と滿蒙消費市場を控へ夙に家内工業乃至は中小工業の發達を見てゐた。

第二期　西紀一八六〇年後一九一〇年頃まで

條約による西紀一八六〇年の天津港開放と北寧（現在の京山）京漢、津浦、京綏（現在の京包）等天津と直接乃至は間接的に聯關を有する諸鐵道敷設以來當地の工業は異常な發展を見せた、即ち右の條約により國際脚光を浴びて登場した天津は一八六〇年以後相踵いで設定された外國租界により一段と對外關係を深め爾來これが天津工業發展乃至はその近代化の一要因となつたといふのは

開港以來天津の貿易は途中一九〇〇年の團匪事變のため同年度のみは激減したが他は概して逐年躍進を辿り華北第一位、上海に次ぎ中國第二位を堅持し今日に至つてゐる、而して開港場たる天津に近代的工業が勃興した所以は

一、外國貿易により容易に近代的機構の供給が行はれ且つ原料品の獲得が便利であつたこと、

二、外國貿易は近代的工業製品の需要の增加を通じその國の工業發展に甚大な影響を與へる、例へば機械、製粉、煙草、マッチ、メリヤス製品、石鹼、皮革製品及びゴム製品等は外國貿易を通じ此國に導入され一般民衆により創出されたこれら商品の需要を充すため該商品の製造工場が天津に設立されるに至つた

三、又外國貿易は輸出向工業をも發達せしめた
天津に於ける棉實搾油工業等はその顯著な例であり一方清朝崩壞により官庭消費面を失つた絨氈工業が外國に販路を求め繁盛を見たのもその一例に數へられる

四、天津の特殊事情の一として五河の合流點に當つて居り、古來物資の輻輳を見てゐたが一九〇五年より一九二二年迄の十八年間に前述諸鐵道の開通を見てから貨物の輸送は愈よ便利となり背後地に產する工業原料を天津に集中せしむると共に之等背後地に於て需要する物資の一部を天津で製造するの機運を釀成した

五、尙他の一つの特種事情として注目されるは治安關係で、淸朝末期から民國に入り內亂相踵ぎ莫大な投資により建設された近代的工場機械設備も一朝にして破壞される惧れあり、此の觀點から開港と同時に設定された當地外國租借地は單に當該外國人にとつてのみならず華人

資本家にとつても安全な工業投資地として役立つた、かくて港の開放と鐵道の建設とは當時高度の發達をなしつつあつた世界資本主義が華北に浸透して行く機會を作つたが、華北は華中、華南に比し外國との接觸に於て地理的に遠距離にあつたのと當時經濟的中心勢力が南方にあつた爲め工業的には尙ほ華中、華南に比し遙かに立ち遲れの狀態で從つて當初は專ら諸外國の資本主義商品の進出市場視し資本それ自體の進出は僅かに萌芽時代を示すに止つた。

第三期　第一次世界大戰及び其の後の恐慌時代

天津は勿論華北各地の近代的工業はその凡てが右世界大戰を契機として、目覺しく發展した外國貿易が近代工業發展に寄與するは前述の通りであるが、輸入商品が既に國內需要を固定せしめた際右商品の突發的輸入中絕も、亦別の意味で國內工業の伸展を促す、すなはち世界大戰に參加した諸國から華北へ輸入されてゐた商品の減少乃至は中斷は必然的に此の國に蓄積された官僚資本又は商業資本の生產部面への投資を誘致するに至り同時に大戰中輸出貿易增加に依る國際收支の著しいプラスはこの情勢に拍車をかける結果となつた、現在中國三大棉業地の一を誇る天津紡績工業も當時卽ち一九一四年設立された直隸省營模範紗廠に其の端を發すると云はれてゐる、斯く當市の近代工業は著しい膨張を示したが戰後に襲來した恐慌に依る打撃は大なるものあり華北の好況工業も一先づ整理期に這入つた。

第四期 中國關稅自主權獲得以後

一九三〇年中國の獲得した關稅自主權こそ正に劃期的なものであり、之に伴ふ當然の歸結として設けられた關稅障壁及び之に呼應せる國貨提唱運動は中國土着資本の發展を刺戟し前期の恐慌に依り危殆に瀕してゐた北方資本に替つて新たに浙江財閥が登場してくると共に關稅高に依つて阻止された外國貨物の代りに關稅の障壁を乘り越へ外國資本が華々しく入り込んで來た殊に一九二八年後の銀安は中國に於ける外資誘致の好條件となつた、中國の關稅は一八四二年阿片戰爭の結果英支間に結ばれた南京條約により爾來八十九年の長きに亘り殆んど大部分の輸入商品は從價五分に釘付けされこれを中國の自立的立場に於て毫末も改正することが許されなかつたが一度自立權を獲得した中國は其の後機會ある每に部分的又は全面的に一九三一年五月以降一九三五年二月迄に十二回の改正を行ひ一九二六年の稅率を基準とする指數は右一九三五年に至り實に七一六に飛躍するに至り天津方面の工業勃興に多大の刺戟を與へた。

第五期 冀察政權出現以降現在に至る

昭和拾年末冀察政權の出現及び之に續く今次事變の結果として生れ出た臨時政府即ち現在の華北政務委員會の施政方針が從來事毎に日本を排斥し來つた舊中國國民黨政府の方針を根本的に是正し近代的施設を有する大工業の大部分は日本資本及び日本技術との提携握手に依り新しき方向に向つて[illegible]く展開せんとしてゐる、今昭和十三年末に於ける天津工業狀勢を數字を以て示めせば次

（括弧內は百分比率）

△業種別	工場數	投資額	生產額（年）萬圓
紡績業	四六一（五四）	五、九七〇（四三、一八）	八、六七五、八
金屬機械器具工業	一三九（一六）	三八三（二、七七）	三、一四九、六
化學工業	一一五（一四）	二、〇九三（一五、一四）	二、三六四、〇
窯業工業	二七（三）	六六（〇、四八）	二六三、〇
飲食料品工業	二四（三）	四五六（三、三〇）	二、八四二、四
雜工業	八〇（九）	一、四〇七（一〇、一八）	三、五〇四、九
電氣工業	四（一）	三、四五〇（二四、九五）	六八七、一
計	八五〇（一〇〇）	一三、八二五（一〇〇、〇〇）	二一、四八六、八

△國籍別工場數投資額

國籍別	工場數	投資額	一工場當り投資額
			萬圓
日本	八六（一〇、二）	七、六〇七（五五、〇二）	八八、四餘
中國	七二四（八五、一八）	一、七三七（一二、五七）	二、三餘
外國	三六（四、二四）	三、八〇八（二七、五四）	一〇五、七
合辦	四（〇、四七）	六七三（四、八七）	一六八、二餘
合計	八五〇（一〇〇、〇〇）	一三、八二五（一〇〇、〇〇）	

四、邦人工業進出狀況

次に今事變を境として其の前後に於ける邦人系工場の進出狀況を一瞥して見たい、即ち昭和六年當時の猛烈な排日侮日に對抗して現地邦人工業者が結束して立ち上つた現在の天津日本工業組合聯合會の前身たる天津日本人工業會の會員數を當時の邦人系工場の全部と見れば二十一工場であつた、其の後消長もあり事變直前迄は三十二工場を數へてゐたが事變直後南滿洲鐵道北支事務局調査室での調査に依れば當時なほ操業を繼續してゐたものは

種別	邦人系工場	中國、外國系工場	計
紡織工業	九	一五	二四
金屬機械器具工業	一	六	七
化學工業	一三	四六	五九
窯業工業	—	一	一
飲食品工業	二	六	八
雜工業	一	八	九
計	二六	八二	一〇八

の如く僅かに二十六工場に過ぎなかつたが前述の如く十三年末には邦人系工場八十六を數へ、更に十五年末現在當地總領事館許可工場數は三百七十六となつてゐる、是が業種別分類は詳かにし得ないが天津日本工業組合聯合會本年八月末現在でのそれに就て分類すれば

金屬工業	四八
化學工業	四〇
纖維工業	六七

窯業工業	一三
飲食料工業	三八
雜工業	三二
電氣工業	一〇
計	二四八

となつて居り右の中一工場で二業種以上に跨るもの即ち重複せるもの十七工場を差引けば實數二百三十一工場となりこれに在華日本紡績同業會天津支部所屬の七工場を加へると二百三十八工場更に右工聯加盟外工場を入れても現實に操業してゐる工場は二百六、七十といふところであらう。

五、現況

これ等三百近くの邦人工場に投下されてゐる資本は工聯關係約三億七千三百萬圓、在華紡關係一億六百余萬圓計四億七千九百萬圓餘、これに加盟外工場を加算して四億八、九千萬圓と見られ、その年間生産額は工聯關係十一億一千八百餘萬圓、在華紡關係一億餘萬圓計十三億一千八百餘萬圓、加盟外工場を入れて十三億二、三千萬圓と見積られる。

而して工場經營者は勿論事業に關與する邦人は何れも皇軍の驥尾に附し大陸華北に日本の工業技術を移し植え根强い產業基地を樹立するべく日夜懸命の努力を拂つてゐるのであるが如何せん國際狀勢の變轉につれ諸資材入手は日と共に困難を告げ現在のところ滿足な操業振りとは云へない、左に製作乃至は製造品目と操業狀態を工聯傘下の組合別に示さう。

一、金屬組合

壓延、伸線、鋲螺釘、鑄造機械工具、鍛造製罐の外各種合金、琺瑯鐵器、建築金物、熔接棒、時計等が此の部門で製作されて居り操業率は六五％

二、化學工業

1. 化學工業組合

（製造品目）パルプ、製紙、燐寸、骨粉、皮革製品、鹽酸エフエドリン、調味料、酸素液體炭酸ガス、ドライアイス、酒類

（操業率）八一％

2. ゴム工業組合

（製造品目）人力車自轉車用タイヤー、チユーブ、自動車用チユーブ、地下足袋、運動靴

支那靴、同上ヒール、ベルト、ホース、防水布、再生ゴム
（操業率）七五％
3. 染料塗料工業組合
（製造品目）硫化染料、アニリン染料、硫化曹達、各種化學藥品、各種塗料、顔料、ボイル油、ワニス類
（操業率）八五％
4. 石鹼工業組合
（製造品目）洗濯並ニ化粧石鹼、ポマード、クリーム
（操業率）六八％
5. 右の外農藥工場、製油工場等は約七〇％の操業狀態

三、窯業工業

1. 窯業工業組合
（製造品目）煉炭、硅藻土焜爐、坩堝及耐火煉瓦、赤煉瓦、屋根瓦、豆炭、陶磁器、石炭上下水道管、舗道ブロック、電柱其他一般コンクリート製品、化粧品用硝子瓶、硝子食器

類、醫療用硝子器具、外一般硝子器具
（操業率）七〇％
2. コークス工業組合
（製造品目）コークス、コールタール
（操業率）八三％

四、飲食品工業

1. 日本酒酒造業組合
（製造品目）清酒、合成酒、ビール、合成葡萄酒、紹興酒
（操業率）七二％
2. 清涼飲料水製造組合
（製造品目）サイダー、シロップ
（操業率）六五％
3. 製菓工業組合
（製造品目）ビスケット、羊羹、餅飴、アラレ、グリコ、ビスコ、特需用麺麭、外菓子類

一般

4. 醤油味噌醸造同業組合

（製造品目）醤油、味噌、酢、ソース（操業率）七八％

5. 右の外製粉並に製氷工場は九〇％の操業を行つてゐる

五、繊維工業

1. 染晒工業組合

（種目）一般繊維晒、染織、捺染、染色整理、棉脱脂處理

（操業率）八六％

2. メリヤス工業組合

（製造品目）メリヤス軍手、軍足、メリヤス靴下、綿糸、人絹、メリヤス生地、肌着、シヤツ

（操業率）八〇％

3、布帛メリヤス裁縫工業組合

（製造品目）ハンカチーフ、ワイシヤツ、エプロン、パンツ、シート、幌、被服、各種布

帛製品

（操業率）七二％

4. 織布製綱工業組合

（製造品目）馬具、武道具、カーペット、ガーゼ、繃帯、三角巾、綿毛布、綿毛敷物、室内家具用織物、別珍コール天織物、蔴及其他纖維ロープ、蔴紐及蔴製品、平紐

（操業率）八六％

5. 製綿製絨工業組合

（製造品目）脱脂綿、欒綿、棉花梱包、一般毛織物、和紡糸、蒲團綿、落綿加工、紡績原料綿精選、太糸及紡毛糸

（操業率）八〇％

六、雜工業

1. 印刷製本工業組合

（種目）印刷物、紙工品、製本、石版、オフセット印刷、

（操業率）八〇％

2．木製品工業組合

（製造品目）和洋家具、衡器材料、紡績用木管、シヤツトル、木箱

（操業率）八五％

3．右の外煙草工場、釦工場の操業率は九〇％

七、電氣工業組合

（種目）發送電銅線、無線電信電話送受信機、眞空管、電球、電氣通信用器材、乾電池

（操業率）六五％

一方華人經營工場の動態は如何といふに正確なる調査は困難なるも最近天津特別市社會局に於て調査せるところに依れば

	事變前		事變後	
	工場數	投下資本	工場數	投下資本
金屬工業	三	一五、五〇〇	一	二〇、〇〇〇元
化學工業	一三	九四一、五〇〇	一三	一、二八一、八七〇
飲食品工業	七	三、三六〇、〇〇〇	七	二、九一〇、〇〇〇

雜纖維工業	六	八七、五〇〇	一八	四五一、五〇〇
雜工業	三	五〇、〇〇〇	七	一〇八、〇〇〇
計	三二	四、四五四、五〇〇	四六	四　七七一、三七〇

の數字が示されて居りこれは勿論比較的近代的設備を有する中國側としては大工場をピックアップしての統計と見られるが之等の工場があげてゐる利潤狀態は纖維工業部門を除く外概して事變後は良好な成績をあげてゐないのは華人がかゝる近代的大工場の經營に於て不得手であることを物語つてゐるものと觀察される。

六、結　語

以上を要約するに邦人系工業としてはその形態に於ては一應出盡してゐるかの觀があるがその經營の實績に至つては必ずしも滿足すべき狀態ではない。

即ち

一、資本の脆弱性

二、資材の入手難

三、奥地需要の未回復
四、工賃昂騰に依るコスト高
五、其　他

がその因子をなすものと思はれるが右の悪條件を克服し此の難局を切拔けるに企業者が現地工業の再編成に當り眞劍な考慮を拂はねばならぬ。

最早や今日の狀勢は自由主義思想の片鱗だにその存在を許さぬ、ボロイ儲けといふ言葉は企業家の辭から完全に抹殺されたのである。

現地工業の性格とも考へられるのは

一、東亞共榮圈確立のためその一翼を擔ひ得るものでなければならぬ
二、高度國防國家建設といふ觀點からすればその第一線をなす當地としては何時にても國家の要請に應へ得る體制を整へておかねばならぬ
三、事業を通じ皇道精神を發揚し廣く世界人類に八紘一字の眞髓を把握せしめねばならぬ

此の意味に於て現地邦人工業家は差當り次の如き心構えを必要とするのではないかと思ふ。先づ第一に飽く迄自給自足を目標とせねばならぬ、原材料を今後は內地にも第三國にも期待する

ことは許されぬので已有の歐米直譯的科學精神を放棄して各人共日本人的乃至は東洋的創意を百パーセント働かせ現地資材の活用を計らねはならぬ、將來試驗機關たる工業試驗場とか工業研究所の如きものも必要ではあらうが先づ各業者自體が工夫研究に專念すべきであらう。次に華人業者に對しては指導的役割を果さねばならぬ、其外技術並に經營の方に於て華人に比し吾々日本人が三、四十年の長があることは何人も首肯するところで此の點を發揮彼等を正しく指導するならば彼等をして眞の日本を再認識せしめ兄事せしめることも難事ではないと考へられる。

吾等は武器なき戰士である、酷熱の野に征き或は寒氣骨をつく山嶺に立ち聖戰を戰ひつゝある皇軍將士の忠誠を吾等の心とし如何なる困苦欠乏にも耐え此の大陸に牢固抜くべからざる生產陣を布くことこそ

上御一人の聖恩に應へ奉り又一方今事變以來尊い鮮血を流して興亞の人柱となられた幾多の英靈を慰むる所以であると思ふ。

（十月二十三日）

第一回時局經濟常識講座・2

昭和16年11月1日印刷
昭和16年11月5日發行

編輯兼發行人　坂根準三
天津日本租界春日街・天津日本商工會議所

印刷人　坂野光太郎
天津南市保安大街宏星里六號

印刷所　アサヒ印刷所
天津南市保安大街宏星里六號

發行所　天津日本商工會議所
天津日本租界春日街一八番地

在天津日本総領事館経済部物価課
天津物資対策委員会物価分科会事務局　共編

『最高販売価格申請の手引』

（天津日本商工会議所、一九四二年二月）

在天津日本總領事館經濟部物價課
天津物資對策委員會物價分科會事務局　共編

最高販賣價格申請の手引

天津日本商工會議所發行

序

最高販賣價格の設定は今日戰時經濟下に於ける一個の常識になつて居ります
在天津日本總領事館經濟部物價課及び天津物資對策委員會物價分科會事務局共編に係る本冊子は現地に於ける此の問題に關し懇切且つ平易に指導的解說を下したものであり天津經濟人にとり好個の時局讀本とも稱すべき必讀の資料であります
本所が今回之を上梓し一般に頒布しようとする微意も蓋し茲にあるのであります

昭和十七年二月廿日

天津日本商工會議所
理事　坂根準三

目次

物價統制は何故必要か……一
天津に於ける物價統制……一
物價分科會とは何か……四
在留邦人は如何に協力すべきか……八
業者は如何に心構へるべきか……一一
最高販賣價格の用語……一四
最高販賣價格申請の手引……一五
輸入品……一六
現地品……二一
物價分科會に相談せよ……二四

附錄

暴利行爲等取締に關する規則……二五
告示第三十四號……二七
告示第五十八號……二九
告示第四號……二九
告示第七十六號……三〇
物價分科會暫行規程……三一

物價統制は何故必要か

物價問題は今や國民經濟生活と切つても切れない重要な問題となりつゝある。言ふ迄もなく、物價を昇るに任せて置けば、個々の生活を窮乏のドン底に陷れるばかりでなく、惹いては國民經濟全般の崩壞を齎らす恐しい現象を生むに至る。前世界大戰の例を見る迄もなく、高物價の仍て以て來る惡現象は今日既に一般の常識となつてゐる。高物價の影響は第一に輸出を困難にし、貿易計畫を破壞すると共に、政府豫算を著しく膨脹せしめる。かくて、軍備充實ははかばかしく進まなくなり、生產力擴充を要する事業の基礎を弱め、その經營の前途を不安にし、所謂惡性「インフレ」時代を自ら招くやうになるのである。かやうな狀勢になると、物價の昇騰は通貨の增發を來し、通貨の增發は更に物價の昂騰を促すと云ふ過程がはてしもなく續き、國民生活は亂れ、社會不安は益々深刻になり、遂には收拾出來ないやうな恐しい事態になるのである。

人或は「物價騰貴が國民所得の增加を來す故恐るるに足らず」と言ふ。然し之れは平時に於ける物價騰貴の場合であつで、戰時に於ける物價騰貴は、多くの場合國民所得の增大を來さず、反つて國民の大きな部分に收入減少さへ起し、消費者側に與へる影響は大なるものがある。支那事變以來四年有余の經驗を通し、物價政策の重要性は國民が身を以て痛感して來たところであるが、更に大東亞戰爭の勃發を契機として、大東亞共榮圏の建設と云ふ世界史的大事業に直接的に着手した現下の日本にとつて、物價の適正水準維持がいよ〳〵緊要な事柄となつて來たことは、今更云ふまでもなく、それ故にこそ政府は各般の施策を通し、低物價政策の保持にあらゆる努力を集中してゐるのである。

天津に於ける物價統制

大東亞戰爭の勃發により、北支は從來の前線的地位、と云ふよりは寧ろ、戰力補給の重要な基地の一つとなつた。從つて、そこに於ける物價の如何は、直接的に戰鬪力に影響すると云ふ意味合ひで、著しく重要性を增して來たのである。では北支の經濟中樞地域たる天津に於ける物價統制は如何に動いてゐるか。先づ茲一兩年間に於ける物價統制の狀況に就いて述べやう。天津は周知の通り內地とは事情が著しく異り、華人經濟に對する統制の困難性、租界の存在等に依り全面的物價抑制は至難の点があつた。從つて、當初は單に需給調整の見地から行はれた麵粉、石炭、燐寸等の公定價格、邦人食糧米、砂糖等の切符制配給、又は天津水害に際し非常手段として執られた食糧品の臨時公定價格制等々、其の時々の情勢に應じた應急措置的性質のものに止まつてゐた、しかるに、昭和十四年下半期以降に於ける世界情勢の激變、通貨價値の變動、物資需給の逼迫は物價の騰勢を極めて顯著ならしむる現象を露骨に示し始めたのである。折柄の天津水害はこれに拍車を掛け、昭和十五年に入つては騰勢愈ゝ著しく、同十六年上半期の物價指數は事變前の三・六倍を示し、圓域內に於ける物價水準の最高を占めるに至つた。

此のやうな物價の上昇は低位にある內地物資の北支への流出を不當に促進したので、內地側に於ては圓域向輸出制限措置を執るの止むなきに至り、之に呼應して現地側に於ても對日輸入機構の確立を急いだ。一方對第三國關係に於ては法幣との絕緣を目的として、輸移入發注統制竝に無爲替輸移入取締許可制を斷行するの狀勢に立ち至つた。之等の措置は、何れも物價に一つの安定点を與へたわけであるが、もとより何れも物價そのものを對象とするものではない。しかしそれは、北支の物價構成を複雜ならしめ、その規制を困難ならしめてゐる外部的影響、すなはち對日及對法幣圈との關係において、物の需給と通貨爲替、換言すれば結局物と通貨の二つの面から北支物價の安定に寄與せんとするものであり、これにより直接物價そのものを對象とする施策は著しく「バツク」を補强されたのである。そこで北支に於ける各領事館に於ては、北支の物價統制を推進せしめるため、昭和十五年八月二十二日附館令を以て「暴利行爲等取締に關する規則」を公布せられ、物價取締基本を確立した。

此の規則の公布に依り、投機思惑に蠢動した悪ブローカーは忽ち影を潜めるに至り、他方止まるを知らなかつた物價は、六月を最後の頂点として漸次下降の道を辿る等幾多の好影響を齎したのであるが、他方圓域貿易統制に依る價格調整の手段として調整料徴收が決定するや取扱業者の利潤の低下等を豫想しての見越輸入或は物資の買占、賣惜しみや商品價格の引上が行はれ、再び物價騰勢への還元が示現されるに至つたので、總領事館に於ては、九月十七日附告示第三十四號を以て輸入配給組合員及び組合員となるべき者で九月十八日現在の販賣價格を超えて物品を販賣した場合は、暴利行爲等取締規則に照して取締る所謂現地九・一八價格停止令を公布せられた。此の告示は主として輸入組合員及び組合に加盟せんとする者を統制對象としたものであるが、一方組合員以外の者及び地場產品製造業者販賣業者を統制から除外しておけば種々の弊害が生ずるため昭和十六年一月十五日附告示第四號を以て輸入配給組合員以外の者でも日本よりの輸入品及び地場產品を九月十八日現在の價格を超えて販賣せんとする場合は豫め總領事館に願出て許可を受けるやう公布せられた。仍て茲に邦人業者の價格は一應全面的に九・一八價格に釘付されるに至つた譯である。

而して總領事館では物價對策に附隨して起る諸般の措置を迅速に行ふため警察署に經濟警察係を設置すると共に昭和十六年一月に入つてからは總領事館經濟部に物價課を設置された。一方物價査定機關として北京に置かれてあつた物價査定委員會の所管事項を天津に移すこととなり天津物資對策委員會の一分科會として物價分科會を昭和十六年二月五日新設せられ之を天津日本總領事館內に置いたのである。

斯くて天津に於ける物價統制の體制は茲に漸く整つたが、これを要約すれば物價分科會は物價査定を主目的とする機構であり總領事館物價課は公定又は協定販賣價格許可事務並に物價問題一般を指導監督する役割を持つものであり又經濟警察係は價格違反其の他を取締る役目を持つもので此の三位一體の活動に依つて物價統制は完璧を期せられるわけである。

物價分科會とは何か

物價分科會とは前項でも一寸述べたやうに天津物資對策委員會の一部であつて昭和十五年十二月二十七日興亞院華北連絡部に於いて決定した「天津及青島の各輸入組合の協定最高價格等の決定方法」に依り組織されたもので在天津日本總領事館の九・一八價格停止に關する告示に依る適用より解除すべき最高協定價格の設定及び一般物價の安定を圖り低物價政策を完遂する事を目的としてゐる。

其の構成は現地各機關の代表及び學識經驗を有する者を委員として居り、尙必要に應じて臨時專門家を參加せしめて隨時物價査定委員會を開催適正價格を愼重審議してゐるのである。此の委員の顏ぶれは外部に發表しない事になつて居り又審査事項の內容に就ては絕對に秘密を守ることゝなつて居り、賣り惜しみや買占め等の餘地がないやうに考慮が拂はれてゐる。

次に物價分科會に於て審議決定すべき品目はその原價計算上九・一八價格を上廻ると認められるもの及び現在不足してゐるもので緊急需要ありと認められるものを先づ第一とし、漸次他の物に及ぶ事になつてゐるが、差當つて審議を急ぐべき物品は次の如きものと規定されたのであつた。

一、調味料　味噌、醬油、ソース、酢、罐詰、食糧品、自轉車及同部分品、工業藥品、琺瑯鐵器、硝子製品、陶磁器、石鹼、化粧品、齒磨粉、染料。

二、ゴム製品、茶葉、殺虫劑及農藥類、機械工具、布帛莫大小、靑果及蔬菜、帽子及帽體、生藥、電氣機器材料、醫理化器械、電球及同部分品、油脂臘、紙、海產物、板硝子、合板、自動車及同部分品、紡織用品、雜品其他（以上輸入品）

三、現地產生活必需品

四、其の他地場產品

右の一・二・三のうち既に審査決定濟の物品件數は約半數以上に上り昭和十七年一月現在調べに據れば、在天津日本總領事館から最高販賣價格として許可せられた品目數は總點數一萬四千三百四十九點で化學工業品及び醫藥品が最高位を占め次いで雜品、飲食料品、燃料品、纖維品の順序となつてゐる。

扨て然らば價格決定の經路はどうなつてゐるであらうか。先づ輸入品第一次卸賣價格から述べてみると組合から物價分科會に申請された第一次卸賣價格（略稱A價格）は物價分科會審査會議で討議の結果決定した價格案を興亞院華北連絡部に提出、その承認を經た上物價分科會長より關係組合に內示する。內示を受けた組合では遲滯なく內示書を附し總領事館に許可申請書を提出し右許可のあつた時茲に始めて協定最高販賣價格或は單獨販賣價格として效力を發生するのである。

次に輸入品第二次卸賣價格、小賣價格及び地場產品の手續は大體前記と同樣であるが此の場合は興亞院華北連絡部の承認を受くる事なく物價分科會で審査の上物價分科會長より關係組合に內示するわけで以上二つの場合を圖示すれば次頁の如くなる。

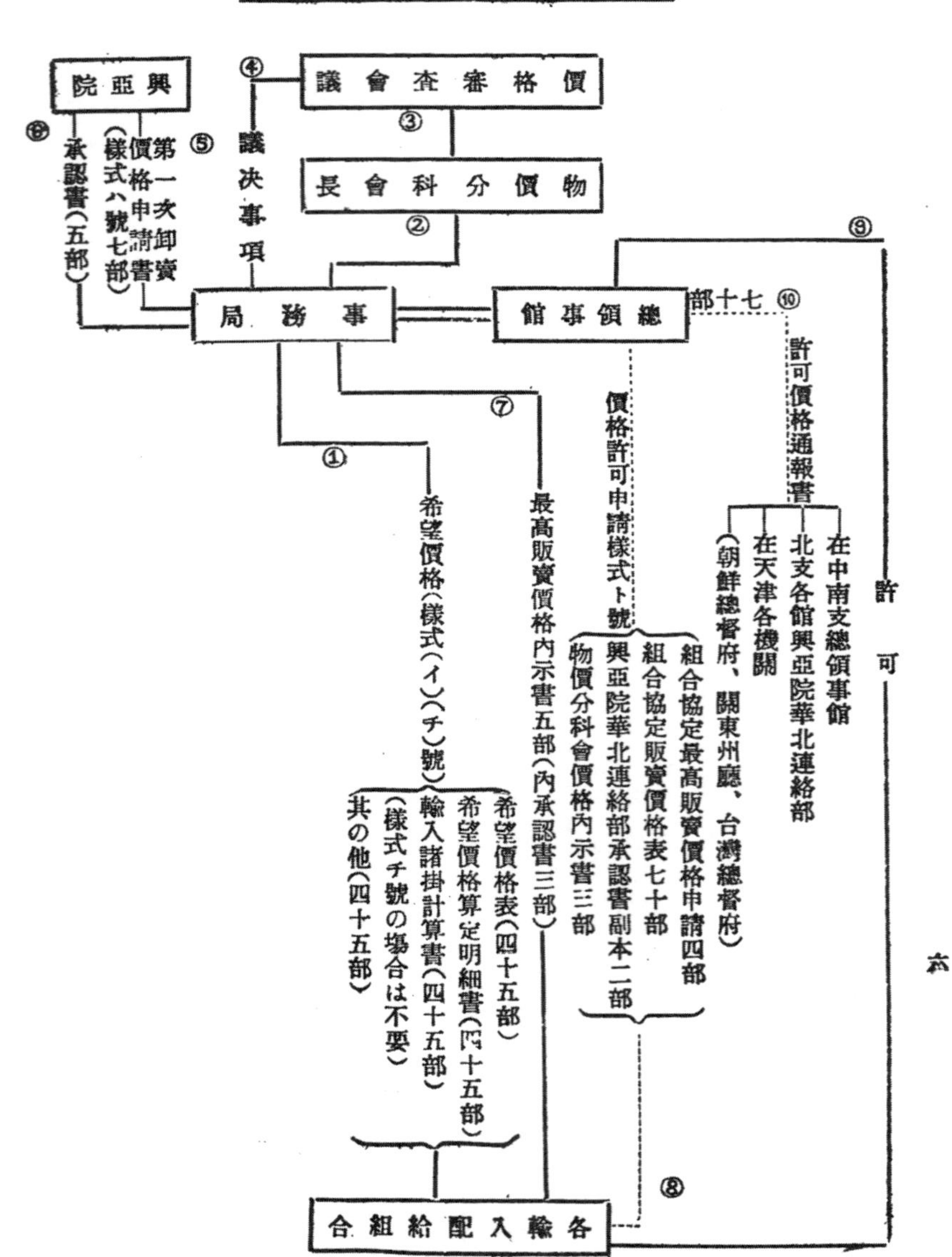
第一次卸賣價格決定經路
興亞院
價格審査會議
物價分科會長
事務局
總領事館
各輸入配給組合
④ 議決事項
③
②
⑤ 第一次卸賣價格申請書（様式ハ號七部）
⑥ 承認書（五部）
⑨
⑩ 七十部
許可價格通報書
在中南支總領事館
北支各館興亞院華北連絡部
在天津各機關
（朝鮮總督府、關東州廳、台灣總督府）
許可
⑦ 最高販賣價格内示書五部（内承認書三部）
① 希望價格（様式（イ）（チ）號）
希望價格表（四十五部）
希望價格算定明細書（四十五部）
輸入諸掛計算書（四十五部）（様式チ號の場合は不要）
其の他（四十五部）
價格許可申請様式ト號
組合協定最高販賣價格申請四部
組合協定販賣價格表七十部
興亞院華北連絡部承認書副本二部
物價分科會價格内示書三部
⑧

現地産品最高販賣價格決定經路
輸入品第二次卸賣價格決定經路

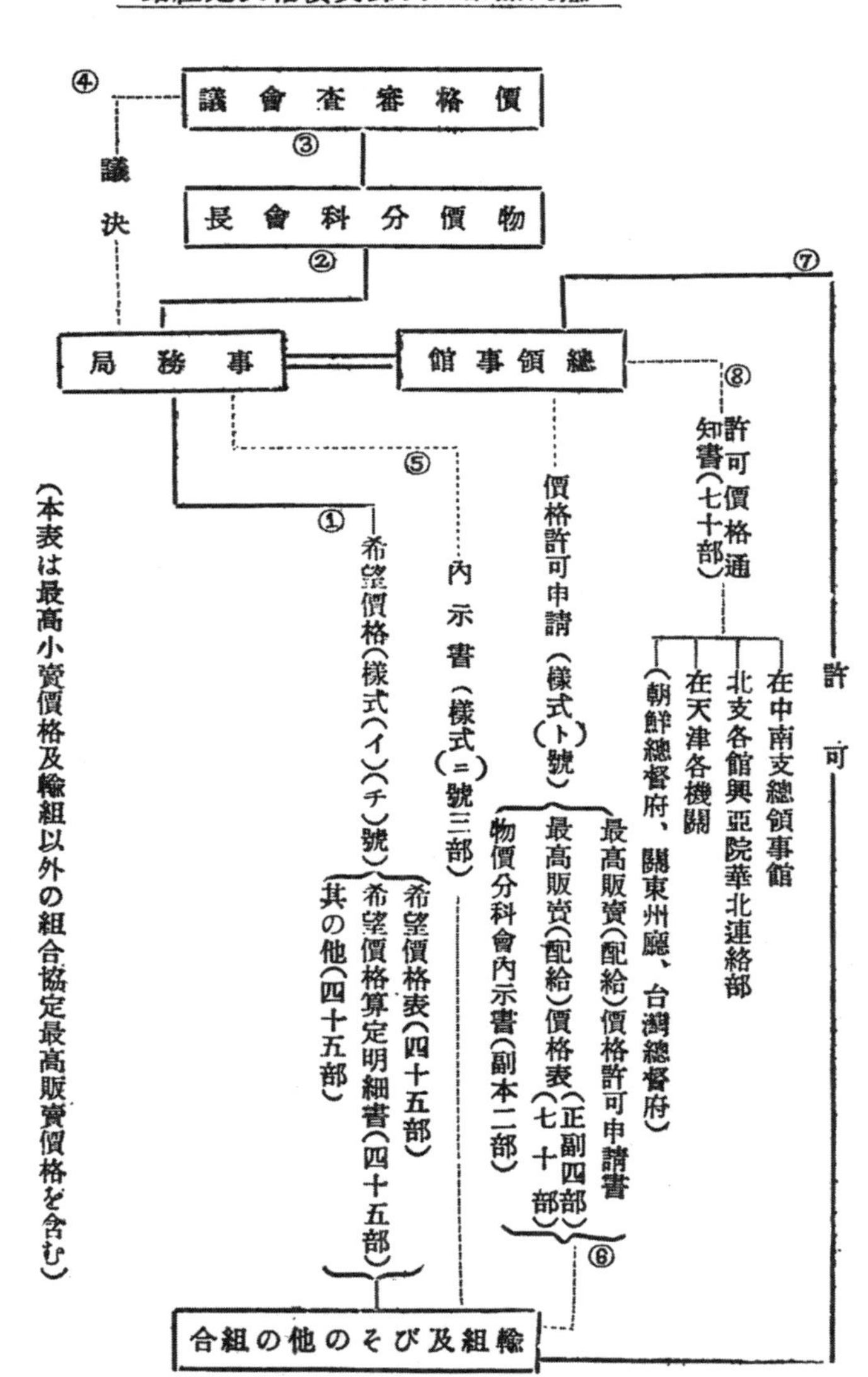

以上物價分科會の機構及び機能を大略述べたが、要するに物價分科會は一般在留民の利益の爲の組織であると共に天津の物價基準を決定する重要機關であつて之が圓滑なる運用は天津の物價安定上から言つても北支物價政策遂行の上から言つても極めて重視さるべきもので關係業者は勿論一般在留邦人は極力之に協力しなければならない譯である。假りに若し物價査定の途上に於て思惑取引やその他の陋策を一部業者が採るやうになると物價安定感は根本から脅かされる事となる。それ故「物價分科會規程」は斯かる不德漢の發生に備えて

1. 物價分科會にて審議中の品目及物價に關し組合員關係業者其の他に於て一般人をして其の前途に不安を抱かしめ又は去就に迷はしむるが如き所爲ありたるとき。
2. 決定若しくは許可ありたる物價に關し組合員關係業者其の他に於て一般人心をして其の前途に不安を抱かしめ又は去就に迷はしむるが如き所爲ありたるとき。
3. 物價分科會より提出を求めたる參考資料其の他文書に關し虛僞を記載し物價分科會をして錯誤に陷らしむるが如き所爲ありたるとき。

の場合は應急措置に關し取締機關と連絡する事を明確に規定してある。

在留邦人は如何に協力すべきか

物價分科會が活動を開始してより既に約一年の月日を閲し十數回に亙る審査會議に於て審議決定した最高販賣價格は既におびただしい數に上つたが未だ一部在留邦人の中では物價調整の事業を理解せず「物價分科會が出來てから物價が非常に高くなつた」「業者の申請を鵜呑にしてゐる」とか陰口を言ふ者があり、又業者方面に於ては「物價分科會は我々の生活を奪ふものだ」とか「こんな辛い査定ぶりでは商賣がやつてゆけない」などと不平を頻りに聞く始末である。

物價分科會の委員や總領事館當局が物價調査にあらゆる努力を盡し適正價格の算出に大童の活動を續けた處で在留邦人の一人一人が當局の物價政策に全幅的支持を與へてゆくのでなければ決して成功するものではない。『物價取締に關する館令や告示が恐ろしいから脱法行爲をせずヂツとしてゐる』と言ふやうな消極的な事ではなしに物價調整こそは在留邦人の義務と言ふ觀念を持つ事が最も重要であつて業者も消費者も此際滅私奉公の心掛で困難なる現時局を突破する勇往心を斷乎振起する事が必要である。然らば物價調整に協力するのは具體的に言つてどのやうな事をするのであるかを述べてみやう。

先づ第一に心掛けるべきことは需給調整のための消費節約と言ふ事である、物價が騰貴する原因の一つは供給に對し需要が多くなり「バランス」が取れない事から起る。支那事變以來軍需に對する重點主義から平和産業關係の製品供給は減退し之に反して需要増大の傾向が起つてゐるが加ふるに昭和十六年夏の資産凍結以來原材料の輸入難及び今次大東亞戰爭勃發後の非常措置等に依つて更に需給狀態の釣合は取れなくなつてゐる。天津市内に於ける華商側の闇値商品を見ると「ガソリン」、石炭、麵粉、染料と言ふやうに需要に對する供給量の少い物程騰貴を甚しくしてゐる事が解る。そこで物價騰貴を惹起するやうな行爲を助長せしめないためには天津市民が消費節約を實行する事に依つて需要を減らす事が必要である。若し供給が減つただけ消費が減ると言ふやうに消費規正がキチンと行はれるやうになつた場合、物價騰貴と言ふやうな現象は起らなくなる。手近い處の石炭の問題を取り上げてみやう。

北支に於ける石炭の埋藏量は無盡藏であるにも拘らず出炭設備や貨車繰りの之に伴はない狀態や對日輸出量の増加等に依つて仲々思ふ存分に天津へ入つて來ない。然るに天津の人口は事變以來匪區地帶農村からの避難者や邦人の増加に依つて增加の一途を辿つてゐるから需給の均衡は益々取れなくなつて來る。之を解決するには、『あるだけの量で我慢する』と言ふ氣持の下に消費規正を行ふより外には良策がない。需給の圓滑な處へは闇値も奸商も這ひ込む隙はなくなるわけである。

然し乍ら立場を變へて供給の側に立つてみるならば需要に即するやうに出來得る限り供給を増加させる事が必要である、供給増加と言つても原材料の關係や生産制限等に依つて操業の低下を見てゐる物品が多いから仲々思ふやうにはゆかぬが然し之を打開する方法としては代用品を多く製造して需要に應ずるとか一ヶ所に偏り易い物を市民全般に行亘るやう配給を圓滑にする事も重要な一方法である。

次に在留邦人として注意しなければならない事は物價調整施設を守護しいやしくも之を破壊するやうな行爲をしない事之れである。周知の通り當局は公定價格制度や九・一八價格制度、協定價格制度、暴利行爲等取締に關する規則に基いて實施してゐる商品の價格表示制度を採つてゐるが此のどれもこれもは、現地物價調整に重要な地歩を占めるものであつて之等を効果あらしめる事こそ物價政策遂行上最も重要な事と言はなければならない。もし假に九・一八價格を上廻つて取引したり或は闇値で賣買を行つたり公定協定價格を無視したりするとせば折角當局に於て一生懸命行つてゐる物價調整事業は根本から破壊されるやうになつて了ふのである。

勿論當局に於ては暴利行爲等取締に關する規則其の他に準據し經濟警察をして之等違反者を嚴重取締つては居るが法は罰するよりも豫防するのが眼目であるから違反者が一人も出ないやうになるのが最も望ましい事は言ふ迄もない。

然らば違反行爲さへしなければそれでよいのであらうか。今日大東亞戰爭下に於ける物價は單に當局だけが命令しただけでは完全な効果をあげる事は仲々困難であつてどうしても國民の一人一人が腹の底から時局を認識し當局と一體となつて積極的に物價問題解決に乘り出すのでなくては實効を確保し得ないのである。特に物價調整に對する華商及び第三國人の雜居してゐる天津にあつては、邦人は卒先物價調整事業の實効確保に努力を致さなければならない。

業者は如何に心構へるべきか

戰時下日本の經濟が自由經濟より統制經濟への道を急速に進んでゐる事は周知の事であるが、未だに自由主義經濟時代の夢を追ひ國家の利益を忘れ自分の利益にのみ眼を奪はれてゐる業者が一部にある事は甚だ遺憾な事である。今日の時代は既に昔のやうに利潤追及一点張りを許さず「公益優先」「滅私奉公」の心掛が何よりも先づ要請される。即ち此の組織下に於ては公に奉ずる事は私を活かす事であつて私益と公益との合致せる經濟的方向こそ眞の經濟新体制と言へるのである。斯かる時代に於ける業者の物價問題に對する心構へは既に前項で一部述べた通りであるが更に之を具体的に述べてみやう

（1）適正利潤に甘んずること

公定又は協定價格が設定されゝば昔のやうに儲け放だいの利潤は是正され適正利潤に置かれる事は當然であるがこれからの業者の氣持も「儲ける」と言ふ氣持から「適正な手數料を貰ふ」と言ふ觀念に變らなければいけない。公定協定價格では利潤が薄いから無闇に公定協定價格の無い新製品を作つて高利潤を覗ふと言ふ拔道を考へたり又は利潤の多い品物と利潤の少い品物とを抱合せで賣つたりする行爲も今後出て來るであらうが、之等は何れも私益を追及する行爲である。物價分科會では協定價格の利潤率算出に當りその品物の性質、廻轉率、取扱數量の多寡等色々の角度から考慮して決定してゐるのであつて決して業者が立つてゆけないと言ふ査定はしてゐないのである。

（2）經營改善に努めよ

利潤が低くとも取扱數量が多く保持されゝば經營は問題ないが戰時に於ては民需品の生産は減退する一方、軍需は益々增大する故に經營は自然困難となつて來る。特に昔と比べ物價の騰貴してゐる現在、營業に要する諸經費は著しく嵩むのは當然であるから戰時物價政策に順應してゆく爲には從來の經營方法を改める必要がある。經營改善の

方法としては冗費の節約を先づ第一にあげなければならぬが、一方同一營業者が多くある場合には企業合同を行つて眞劍に合理化を考慮せねばならぬと思ふ。內地に於ける企業合同や轉業問題を對岸の火災視して來た天津の業者、は此の問題は早晩天津にも迫つてくる事を考へ今からそれに對處する覺悟を持つ事が必要である。

（８）規格低下防止と規格の統一

公定協定價格に依つて利潤が抑へられると兎角規格低下となつて現れる事は旣に內地の場合を見ても明かである。飲食店に於ける材料の不正、加工過程に於ける手數の省略等はその例であつて公定協定價格の利潤率低下を品質引下げに依つて補ふと言ふ行爲は物價統制が强化すればする程その跡を絕たない事であらう。勿論當局に於ては價格を抑へると共に格付を嚴重にし規格の維持に努めてはゐるが規格取締は價格取締維持に較べ非常に困難が伴ふものであつて結局之は業者の自覺と自肅とに依らなければ完全を期し得られないのである。

次に規格の統一は公定協定價格設定に附隨して是非共行はれなければならぬ問題である。內地に於ては公定價格を規格品に限定してゐるが現地に於ては未だ全面的に規格の統一は行はれてゐない。然し規格取締がないと言つて多數の規格を次々につくり出す事は結局公定協定價格の完全なる運營を妨げるものであるから現地に於ける製造並に加工業に携はる業者は數多い製造品種を出來るだけ少くする事に努め出來るだけ內地規格を參考とした規格を組合を通じて統一するやう一層の努力を盡すべきであると思はる。

（４）買占めや賣惜しみや抱合せをするな

買占めや賣惜しみは自己の不當な利潤の追及から起る行爲であつて物價統制を阻害するものである事は言ふ迄もない。天津に於ける物資需給は從來極端なる偏在と逼塞とに惱まされて來たが之等は買占め賣惜しみに悉く原因してゐるのである。それ故「暴利行爲等取締に關する規則」は第一條に於て「何人を問はず暴利を得るの目的を以て物品の買占賣惜其の他の圓滑なる供給を阻害すべき行爲を爲し又は不當の報酬を得て物品に關する取引の媒介を爲すことを得ず」と規定してゐる。

買占め賣惜しみの認定は從來の平均購入量平均販賣數量又は平均在庫量の實績を參酌基準の第一とするが業者としては館令のあるなしに拘らず進んで物價調整と言ふ國策に協力する見地から買占賣惜みなど行はぬやうせねばならぬ。序でゝあるが抱合せや負担付販賣をやつてならぬ事は玆に說く迄もない處である。

（5）價格表示の義務

天津に於ける邦人商店の店頭を覗いた處では一應價格表示は勵行されてゐるやうであるが之を實際に点檢すれば未だ全般的に徹底する處までには至つてゐない。價格表示の方法は正札添附、品質及び數量等を明示した定價表掲示其の他「容易に之を諒知し得る方法」を採る事が必要で「暴利行爲等取締に關する規則」は第二條に於て表示義務を規定してゐるのである。記載價格は現實の販賣價格である事を要し掛値を表示する事は許されない。又價格表示は小賣店のみならず卸賣業者の在庫品に付ても實行するを要するが但し顧客に依り價格が異る場合は通常の者に對する通常の條件で販賣する場合の價格を明示する方法を採らなければならない。

價格表示は公協定價格九・一八停止價格の勵行を期するため行はれるものであるから業者は經濟警察から注意を受ける迄もなく率先して自治的勵行をなすべきである。

（6）價格違反闇取引を行ふな

公協定價格や單獨最高販賣價格の設定された商品に付ては現在比較的價格違反は少いが然し需給の逼迫を來す商品に付ては將來闇取引が起つて來るであらう事は豫想される處である。公定協定價格を超へて取引する事は「暴利行爲等取締に關する規則」に抵觸する事は言ふ迄もなく此の種違反は物價統制を破壞する最も惡質な犯罪であるが、若し公定協定價格を超えて商品を華人に賣りその商品が廻り廻つて敵地區に渡つた場合該業者は利敵行爲をした事になるわけである。新時代に生きる業者は取引をするに當つて絶えずその商行爲が國策に違反するかしないか、蔣介石や八路軍に直接間接に利益を與へる事にならないか等を愼重に考へて取引をしなければならない。

最高販賣價格の用語

商品表示をするに當つては其の商品が公定協定價格であるか又は停止價格や許可價格であるか等を豫め知つて置く必要がある。總領事館當局では商品の表示呼稱及び符標に付て次のやうに區別してゐる。

價格表示ノ用語ニ關スル件

表示呼稱	符標	摘要
九・一八停止價格	(停)	昭和十五年告示第三十四號竝ニ昭和十六年告示第四號ニ規定セル商品全部
公定價格	(公)	(一)當館告示ヲ以テ價格指定ヲ行ヘル商品(例ヘハ石炭、燐寸等) (二)天津物資對策委員會ニ依リ價格指定ノ商品(例ヘハ小麥、石炭等)
組合協定最高販賣價格	(協)	組合協定最高販賣價格トシテ當館ノ許可シタル商品
許可最高販賣價格	(許)	(一)組合申請ニ據ラズ單獨申請ニテ許可セル商品 (二)物價分科會ノ審査ヲ經ス當館ノミノ許可ヲ受ケタル暫行最高販賣價格

統制價格	㊕	（一）舊設輸配組合（參與組合）ノ基準價格ニ據ル商品（例ヘハ小麥粉、纖維品、砂糖、木材、滿洲雜穀、石油、新聞用紙、洋灰等） （二）新設輸配組合（會員組合）ノ中基準價格ヲ採用セル商品（例ヘハ合成染料、自轉車等）
配給價格	㊋	民團扱ニ係ル配給米、配給砂糖、配給石炭等

序で乍ら公定價格、協定價格、許可價格等は何れも最高販賣價格であつて定まつた最高販賣價格より下廻つて販賣される事は最も望ましい事である。此の点に付一部には未だ誤解があり『公定價格は當局が指定した價格だから指定された價格以下に賣つたら違反になる』とか『協定價格は組合が申請して當局より許可されたのであるから協定價格以下で賣つた場合は組合に對する統制違反だ』などと考へてゐる向があるやうだが斯かる言は誤りも甚だしい事である事を附記しておく。

最高販賣價格（協定價格及許可價格）申請の手引

北支物價は九・一八價格に一應釘付されてゐる事は既に述べた處であるが此の九・一八價格は各業者間に高低差異があり又內地公定價格の變更、原材料及び賃銀の昂騰、調整料の設定等に依り九・一八價格を上廻はるやうな狀勢に立至つたので玆に始めて最高販賣價格が登場する事になつた。此の最高販賣價格は在天津日本總領事館昭和十五年十二月十六日附告示第五十八號及び昭和十六年一月十五日附告示第四號に準據して居り、物價分科會暫行規程に依り審査される事になつてゐる。それでは最高販賣價格をつくるにはどう言ふ手續をしたらよいか。次に輸入品現地品別に申請樣式を述べてみやう。

輸入品

一、物價分科會への申請様式

輸入品（第一次卸、第二次卸、小賣價格）の最高販賣價格をつくる場合は先づ物價分科會に對し申請を行ひ價格の内示を受けたら總領事館に對し許可の申請をすればよい。價格申請は組合から提出するのを原則とする。物價分科會に對する審査申請の様式は次の通りである（様式イ號）

受付	月日	
	番號	
物價分科會長	裁決	
價格審査會議	上程月日	
	決定番號	

昭和　年　月　日

申請者…………組合

理事長…………㊞

天津物資對策委員會

物價分科會長 加藤日吉殿

組合協定最高販賣希望價格ノ件

今般當組合統制規程第　號ノ商品ノ最高販賣價格ヲ統制規程第　條ノ規定ニ依リ統制致度キニ付テハ別添希望價格表竝ニ價格算定基礎資料相添此段及申請候間御審査決定相成度候也

添附書類

一、希望價格表　四十五部
二、希望價格算定明細書　四十五部
三、輸入諸掛計算書　四十五部
四、其ノ他　四十五部

なほ添附書類は

(一)希望價格表　(二)希望價格算定明細書　(三)輸入諸掛計算書　(四)其の他

であるが「四」の「其の他」とあるのは説明書とか証明書の寫とかを指すのである。(説明書の無い場合は不要)

(一) 希望價格表

品名	銘柄	規格等級	單位	第一次卸賣價格	第二次卸賣價格	小賣價格

(二) 希望價格算定明細書

品名、銘柄、規格等級、單位、才數、內地卸賣價格、F.O.B諸掛、適正F.O.B.留保金、輸出保証價格、受托手數料、運賃保險料、其他、塘沽C.I.F.輸入諸掛、輸入統制料、現地留保金、倉入價格、輸入業者口錢、輸入業者販賣價格、(第一次卸賣價格)卸賣業者口錢　卸賣價格、(第二次卸賣價格)小賣業者口錢、小賣價格。

右の各費目を夫々計上し明細書を作ればよい。

（三）輸入諸掛計算表

品名、規格單位、才數、艀賃、上岸費、碼頭上屋料、檢査苦力賃、關稅（本稅・付加稅、河口稅、碼頭稅）通關手數料、運搬賃、金利（A金利、B金利）保險料、倉敷料、拔荷破損變質等、諸掛合計。

右の各費目を夫々計上し輸入諸掛計算をつくるのであるが計算の基本となるべき才數及一B・L面記載數量單位に付ては充分の注意を必要とし就中一B・Lの扱數量は入荷の時々に依つて相違してゐるものであるから其の平均單位の算出には一ケ年乃至半ケ年間に取扱つた數量の平均を採つて標準單位とせねばならぬ。

二、總領事館への申請樣式

物價分科會審査會議に於て決定した價格は興亞院華北連絡部に回附し承認を求めた上、物價分科會長より申請組合に對し價格の內示をするが此の內示を受けた組合では內示書副三通を添附し總領事館に對し次の許可申請をするわけである。

受　付	保安課	
	經濟部	
物價分科	月　日	
決　定	番　號	
連絡部	月　日	
承　認	番　號	

(組合協定)最高販賣價格許可申請書

申請者……………………組合

理事長……………………㊞

昭和　年　月　日

在天津日本總領事

加藤三郎殿

天津物資對策委員會物價分科會審査決定ニ係ハル別添價格ヲ(當組合協定)最高販賣價格トシテ實施致度キニ付テハ右御許可相成度此段(協定)最高販賣價格表七十部相添ヘ及申請候也

(協定)最高販賣價格表

品名	銘柄	規格等級	單位	第一次卸賣價格	卸賣價格	小賣價格

右の申請書は四通作成し價格表七十部を添へ總領事館警察署經濟警察係を通じて提出する。此の申請書を受理した總領事館では物價分科會內示の通りであるかどうかを見た上でその通りであれば始めて許可書を申請者に下附する段取となる。

茲で始めて協定最高販賣價格として實施の効力を生じた譯であるが、內示を受けたのを許可と間違へて總領事館に申請をなさず、最高販賣價格を實施するのは間違であるから注意を要する。

三、許可を受けたらどうするか

總領事館から許可書を下附されゝば許可の日附から最高販賣價格の適用を受けるが此の場合申請者は次の諸點を實施

しなければならない。

（イ）價格を見易き部分に掲示し同時に(協)とか(許)とかの符標をつけること。

（ロ）販賣價格を現地新聞紙上に公告すること。

現地品

一、物價分科會への申請樣式

現地品の價格審査申請も輸入品の場合と大體同樣で原則として組合から申請する。樣式は次の通りである。

昭和　年　月　日

申請者……………………印

天津物資對策委員會

物價分科會長　加藤日吉殿

現地產品（協定）最高販賣希望價格ノ件

今般當……製造ニ係ハル…………ノ（協定）最高販賣價格ヲ別添ノ通相定メ度キニ付テハ玆ニ希望價格表並ニ價格算定基礎資料相添此段及申請候也

添附書類

（一）希望價格表　四十五部

（二）希望價格算定明細書　四十五部

（三）其ノ他　四十五部

受付	月日	
	番號	
物價分科會長	裁決	
價格審査會議	工程月日	
	決定番號	

（一）希望價格表

品名	銘柄	規格等級	單位	製造者卸賣價格	卸賣價格	小賣價格

（二）希望價格算定明細書

（イ）製造費

（1）材料費－主要材料費、補助材料費、買入部分品費、消耗工具器具費、工場事務用消耗品費、

（2）勞務費－主要勞働費、補助勞働費、

（3）經費－減價償却費、地代及家賃、保險料、租税及課金、動力費、修繕費、從業員賞與及手當、其他、

（ロ）販賣費

給料賞與及手當、保險料、賣上品保管費、發送費、施設費、其他、

（ハ）管理費

重役俸給、給料賞與及手當金、事務用消耗品費、事務用什器等減價償却費、地代及家賃、火災保險、修繕費、旅費、通信費、租税及課金、其他、

（ニ）　以上合計製造原價

（ホ）　製造者利潤竝製造者販賣價格

（ヘ）　卸賣業者利潤竝卸賣價格

（ト）　小賣業者利潤竝小賣價格

右の原價計算は一日生產高或は一箇月生產高を基準として計算するのであるが各費目中必要なきものは出來るだけ之れを省き自廠原價計算としなければならぬ事は言ふ迄もない。

二、總領事館への申請樣式

現地產品の總領事館への價格申請樣式は次の通りである（申請書四通作成のこと）

現地產品（組合協定）最高販賣價格許可申請書

申請者……………組合

理事長……………㊞

昭和　年　月　日

在天津日本總領事

加藤三郎殿

天津物資對策委員會物價分科會審査決定ニ係ル別添價格ヲ（當組合協定）最高販賣價格トシテ實施致度ニ付テハ右御許可相成度此段（協定）最高販賣價格表七十部相添及申請候也。

受付	保安課	
	經濟部	
物價分科會決定	月　日	
	番　號	
連絡部承認	月　日	
	番　號	

（協定）最高販賣價格表

品名	銘柄	規格等級	單位	製造者卸賣價格	卸賣價格	小賣價格

組合協定によらず單獨申請の場合は全申請書中の「組合協定」の文字を削ればよい。

三、許可を受けたらどうするか

許可の後の申請者心得に付ては前項「輸入品」の項目中に述べたのと同一であるから茲に再述する事を省略する。

物價分科會に相談せよ

以上大体業者の心得や最高販賣價格申請の樣式を述べたが之に依つて概略を理解せられた事と思ふ。然し輸入品算定明細書や原價計算をつくるに當り、諸掛りや利潤はどの位が適正かと言ふ點に就いて惑はれるであらう。諸掛の基準や利潤は商品の性質其の他に依り相違が有り一概に規定するわけにはゆかないからそのやうな疑問が起つた場合、或は計算をする前には一度物價分科會事務局に相談された方がよい。同分科會事務局はそれらの問題について親切に教示することゝなつてゐる。

附錄

館令第八號

暴利行爲取締ニ關スル規則左ノ通定ム

昭和十五年八月二十二日

在天津
總領事　武藤義雄

暴利行爲等取締ニ關スル規則

第一條　何人ヲ問ハズ暴利ヲ得テ物品ノ販賣ヲ爲スコトヲ得ズ

何人ヲ問ハズ暴利ヲ得ルノ目的ヲ以テ物品ノ買占賣惜其ノ他其ノ圓滑ナル供給ヲ阻害スベキ行爲ヲ爲シ又ハ不當ノ報酬ヲ得テ物品ニ關スル取引ノ媒介ヲ爲スコトヲ得ズ

第二條　物品ノ販賣ヲ爲ス者ハ其ノ價格ヲ物品ノ見易キ部分ニ記載シ店頭ニ掲示シ其ノ他容易ニ之ヲ了知シ得ル方法ヲ以テ表示スベシ但シ領事官ニ於テ特別ノ事情アリト認ムルトキハ此ノ限ニ在ラズ

第三條　領事官ハ物品ノ販賣ヲ爲ス者ニ對シ價格ノ表示ニ關シ必要ナル事項ヲ命シ又ハ價格ノ屆出ヲ命ズルコトアルベシ

第四條　領事官取締上必要アリト認ムルトキハ物品ノ販賣其ノ他ノ營業ヲ爲ス者ニ對シ業務ニ關スル報告ヲ爲サシムルコトアルベシ

第五條　領事官取締上必要アリト認ムルトキハ館員又ハ警察官吏ヲシテ第一條各項ニ掲グル行爲ヲ爲ス者又ハ關係者ノ住所居所營業所店舗倉庫工場等ノ臨檢或ハ其ノ營業ニ關スル帳簿其ノ他ノ物件ノ檢査若ハ此等ノ者ノ訊問ヲ爲サシムルコトアルベシ

第六條　領事官ハ告示ヲ以テ左ニ揭グル物品ノ價格ヲ指定スルコトアルベシ

一　米
二　小麥及小麥粉
三　雜糧及雜糧粉
四　蔬菜及果實類
五　肉類及魚介類
六　罐壜詰類
七　乾物類
八　味噌醬油砂糖其ノ他ノ調味料
九　煙草、茶、酒、ビール、サイダー其ノ他飲料品
一〇　菓子類
一一　石炭、煤球、薪、木炭其ノ他ノ燃料
一二　燐寸
一三　木材煉瓦其ノ他ノ建築材料
一四　綿糸布被服寢具類及其ノ材料
一五　藥品其ノ他ノ衞生材料
一六　化粧品類
一七　家庭用具什器類

一八　紙及文具用品
一九　皮革及皮革製品
二〇　其ノ他雜貨類
前項ノ規定ニ依リ指定セラレタル物品ハ其ノ價格ヲ超エ賣買スルコトヲ得ズ
第七條　左ノ各號ノ一ニ該當スル者ハ五十圓以下ノ罰金又ハ拘留若ハ科料ニ處ス
一　第一條ノ規定ニ違反シタル者
二　第二條ノ規定ニ依ル表示ヲ爲サズ又ハ虛僞ノ表示ヲ爲シタル者
三　第三條ノ規定ニ依ル命令ニ違反シタル者
四　第四條ノ規定ニ依ル報告ヲ爲サズ又ハ虛僞ノ報告ヲ爲シタル者
五　第五條ノ規定ニ依ル臨檢檢査ヲ拒ミ又ハ訊問ニ應ゼズ若ハ虛僞ノ陳述ヲ爲シタル者
六　第六條第二項ノ規定ニ違反シタル者
第八條　法人ノ代表者又ハ法人若ハ人ノ代理人使用人其ノ他ノ從業者ガ其ノ法人又ハ人ノ業務ニ關シ前條ノ違反行爲ヲ爲シタルトキハ行爲者ヲ罰スルノ外其ノ法人又ハ人ニ對シ前條ノ罰金又ハ科料刑ヲ科ス

附　則

本令ハ公布ノ日ヨリ之ヲ施行ス

告示第三十四號

左記一ニ掲クル組合ノ組合員並現ニ設立準備中ナル左記二ニ掲クル組合ノ組合員タラントスル者當館ノ許可ナクシテ

昭和十五年九月十八日現在ノ販賣價格ヲ超ヘテ其ノ物品ヲ販賣シタルトキハ昭和十五年八月二十二日附館令第八號暴利行爲等取締ニ關スル規則第一條ノ規定ニ違反シタルモノト認メ前掲館令第七條第一號ニ依リ處罰ス

右告示ス

昭和十五年九月十九日

在天津
總領事　武藤義雄

記

一、天津ゴム製品輸入配給組合
天津殺虫劑及農藥類輸入配給組合
天津布帛莫大小輸入配給組合
天津琺瑯鐵器輸入配給組合
天津帽子及帽体輸入配給組合
天津自轉車輸入配給組合
天津醬油味噲酢及ソース輸入配給組合
天津油脂臘輸入配給組合
天津醫藥品輸入配給組合
天津板硝子輸入配給組合
天津茶葉輸入配給組合
天津機械工具輸入配給組合
天津陶磁器輸入配給組合
天津青果及蔬菜輸入配給組合
天津醫理化器械輸入配給組合
天津塗料輸入配給組合
天津合成染料輸入配給組合
天津和洋酒飲料水輸入配給組合
天津海產物輸入配給組合
天津石鹼輸入配給組合
天津麥酒輸入配給組合
天津化粧品輸入配給組合
天津電氣機器材料輸入配給組合
天津生藥輸入配給組合
天津電球及同部分品輸入配給組合
天津罐詰輸入配給組合
天津紙輸入配給組合
天津工業藥品輸入配給組合

二、天津合板輸入配給組合　　天津板硝子輸入配給組合　　天津雜品輸入配給組合
天津自動車及同部分品輸入配給組合　　天津紡織用品輸入配給組合

告示第五十八號

昭和十五年當館告示第三十四號掲記ノ組合ノ協定卸賣價格及小賣價格ニシテ當館ノ許可ヲ受ケタルモノニ付テハ本告示ノ日ヨリ右告示ヲ適用セス
右協定價格ヲ超エテ物品ノ賣買ヲ爲シタル者ハ昭和十五年當館館令第八號（暴利行爲等取締ニ關スル規則）第一條ノ規定ニ違反シタルモノト認メ同規則第七條第一號ニ依リ處罰ス
右告示ス

昭和十五年十二月十六日

在天津
總領事　武藤義雄

告示第四號

昭和十五年九月十九日附當館告示第三十四號ノ組合員ノ卸賣價格及小賣價格ニ就テハ昭和十五年十二月十六日附當館告示第五十八號ニ告示ノ次第アル處自今右組合員以外ノ者ニシテ日本（外地ヲ含ム）ヨリノ輸入品及地場産品ヲ昭和十五年九月十八日現在ノ價格ヲ超エテ販賣セントスル場合又ハ同業組合等ニ於テ協定値段ヲ定メントスル場合ハ豫メ當館ニ願出デ許可ヲ受クヘシ

但シ左記品目ノ組合ニ於テ設定セル價格ニシテ當館ヘ届出タルモノハ此ノ限ニ在ラス
右當館ノ許可ヲ受ケタル價格ヲ超エテ物品賣買ヲ爲シタル者ハ昭和十五年當館館令第八號（暴利行爲等取締ニ關スル規則）第一條ノ規定ニ違反シタルモノト認メ同規則第七條ニ依リ處罰セラルルコトアルヘシ

右告示ス

昭和十六年一月十五日

在天津
總領事代理　大隈　渉

記

石油　小麥粉　亞鉛引鐵板　纖維製品　木材　セメント　砂糖　新聞用紙　鋼材　米穀

告示第七十六號

昭和十六年一月十五日附當館告示第四號中但書左記品目「米穀」ノ次ニ左ノ通追加ス

右告示ス

昭和十六年十一月十二日

在天津
總領事　加藤三郎

紙（洋紙　板紙　和紙「セロファン」紙）

天津物資對策委員會物價分科會暫行規程（昭和十六年一月十八日實施）

第一條　本委員會物價分科會ハ昭和十五年十二月二十七日興亞院華北連絡部ニ於テ決定シタル「天津及青島ノ各輸入組合ノ協定最高價格等ノ決定方法」ニ依リ組織スルモノニシテ在天津日本總領事館ノ九・一八價格停止ニ關スル告示適用ヨリ解除スヘキ最高協定價格ノ設定及一般物價ノ安定ヲ圖リ低物價政策ノ完遂ヲ期センコトヲ目的トス

尤モ不急品ト認メラルル商品ニ對シ九・一八價格ヲ上廻ルコトヲ豫知シ乍ラ輸入セシモノニ對シテモ一律ニ新價格ノ設定ヲ許容セントスルノ主旨ニ非ルコト勿論ナリトス

第二條　本物價分科會ハ在天津日本總領事館内ニ設置ス

第三條　本物價分科會ニ於テ審議決定スヘキ品目ハ其ノ原價計算上九・一八價格ヲ上廻ルト認メラルルモノ及現在不足シ居ルモノニシテ緊急需要アリト認メラルルモノヨリ着手シ漸次他ノ品目ニ及フモノトス

第四條　本物價分科會ニ於テ決定スヘキ價格ハ左ノ通リトス

A天津ニ於ケル輸入配給組合ノ組合員カ卸賣業者ニ對スル組合協定最高販賣價格（以下A價格ト稱ス）

B天津ニ於ケル輸入配給組合ノ組合員ヨリ商品ヲ購入セル卸賣業者又ハ輸入配給組合員カ卸賣業者トシテ小賣業者ニ販賣スル最高價格（以下B價格ト稱ス）

C天津ニ於ケル小賣業者ノ最高販賣價格（以下C價格ト稱ス）

第五條　價格ノ決定ニ際シテハ別紙價格構成事項ニ準據シ且ツ左ノ事項ヲ考慮スルモノトス

A價格ノ決定ニ付テハ

（1）日本東亞輸出入組合聯合會其他外地ニ於ケル同樣ノ團體等ノ作成ノ輸出價格ヲ基準トスルコト

（2）日本内地留保金ニシテ改訂セラレタルモノハ其ノ新率ニ依リ算出ノコト
（3）右改訂前ノ舊留保金率ニ依ル輸入品數量ヲ考慮シ平均的價格トスルコト
B價格及C價格ノ決定ニ付テハ
A價格ヲ基準トシテ適正ナル諸掛並ニ口錢ヲ加算スルコト
地場產品ニ付テハ適正生產費ヲ基準トシテ右同樣算定ノコト

第六條　本物價分科會ニ於ケルA價格ノ決定並實施ニ付テハ左ノ通リトス
（1）價格案ニ付物價分科會議事錄及其ノ他必要書類ヲ添附シ興亞院華北連絡部ニ提出ス
（2）興亞院華北連絡部ニ於テ右價格ノ承認アリタルトキハ物價分科會長ヨリ關係組合ニ內示スルモノトス
（3）右內示ヲ受ケタルトキハ當該組合ハ遲滯ナク在天津日本總領事館ニ對シ許可申請書ヲ提出スルモノトス
（4）在天津日本總領事館ニ於テ許可ヲ爲シタルトキ其ノ效力ヲ發生ス

第七條　本物價分科會ニ於テ各組合ヨリノ申請ニ基キB價格及C價格ヲ決定シタルトキハ其ノ實施ヲ左ノ通リトス
（1）物價部會議事錄及其ノ他必要書類ヲ添附シ物價分科會長ヨリ關係組合ニ內示シ當該組合ハA價格ノ場合ニ準シ在天津日本總領事館ニ對シ許可申請書ヲ提出シ右許可アリタルトキヨリ其ノ効力ヲ發生スルモノトス

第八條　前記ABC價格ニ對シ在天津日本總領事館ニ於テ許可ヲ與ヘタルトキハ遲滯ナク之ヲ興亞院華北連絡部其他關係機關ニ通報スルモノトス

第九條　本物價分科會ノ決定セル價格ニシテ在天津日本總領事館ノ許可ヲ得タルトキハ物價分科會長ハ當該關係者ニ對シ右價格ヲ日華兩新聞數種ヲ指定シ之ニ公告セシムルコトアルヘシ

第十條　許可ヲ得タル價格ノ變更ニ付テハ第五條乃至第九條規定ノ諸手續ニ準シ之ヲ行フモノトス

第十一條　本物價分科會ニ委員若干名ヲ置ク委員ハ天津物資對策委員會委員長之ヲ委囑ス

第十二條　物價分科會長ハ物價審議上必要ニ應シ第十一條規定ノ委員ノ外臨時委員トシテ若干名ヲ選ヒ物價分科會ニ參加セシムルコトヲ得

第十三條　本物價分科會ハ第十一條規定ノ委員五名以上ノ出席ニ依リ有効ニ成立シ其決定ハ多數決ニ據ラス物價分科會長ノ衆議統裁ニ據ルモノトス

第十四條　物價分科會長ハ物價分科會ニ關スル事務ヲ統轄ス

第十五條　本物價分科會審議事項其他一切ハ極秘取扱ヒト爲シ物價分科會長ノ承認ナクシテ之ヲ外部ニ漏洩若ハ發表スルコトヲ得サルモノトス

第十六條　左ノ場合ニ於テ物價分科會ハ應急措置ニ關シ取締機關ト連絡スルモノトス

(1)物價分科會ニ於テ審議中ノ品目及物價ニ關シ組合員關係業者其他ニ於テ見越取引若ハ之ヲ煽動シ又ハ物價決定ヲ妨害スルカ如キ所爲アリタルトキ

(2)決定若ハ許可アリタル物價ニ關シ組合員關係業者其他ニ於テ一般人心ヲシテ其前途ニ不安ヲ抱カシメ又ハ去就ニ迷ハシムルガ如キ所爲アリタルトキ

(3)物價分科會ヨリ提出ヲ求メラレタル參考資料其他文書ニ關シ虛僞ヲ記載シ物價分科會ヲシテ錯誤ニ陷ラシムルカ如キ所爲アリタルトキ

第十七條　本規程ハ物價分科會ニテ附議シ修正スルコトヲ得

附　則

第十八條　本規程第三條ニ依ル審議ハ特別ノ事情ナキ限リ左ノ順序ニ依ル

(1)調味料、味噌、醬油、ソース、酢◇壜罐詰、食料品◇自轉車及同部分品◇工業藥品◇琺瑯鐵器◇硝子製品◇陶磁器◇石鹼◇化粧品、齒磨粉◇染料（以上輸入品）

(2)ゴム製品◇茶葉◇殺蟲劑及農藥類◇機械工具、布帛莫大小◇靑果及蔬菜◇帽子及帽體、生藥◇電氣機器材料◇醫理化器械◇電球及同部分品◇油脂臘◇紙◇海產物◇板硝子◇合板◇自動車及同部分品◇紡織用品◇雜品其他（以上輸入品）

(3)地場產生活必需品

(4)其他地場產品

昭和十七年二月二十日印刷
昭和十七年二月二十五日發行

（非賣品）

發行兼編輯人　坂根準三
天津日本租界春日街天津日本商工會議所

印刷人　島邑喜一
天津日本租界壽街十一ノ四

印刷所　新昌印刷館
天津日本租界壽街十一ノ四

發行所　天津日本商工會議所
天津日本租界春日街十八

中裕洋行　『天津写真帖』

天津
寫眞帖
THE VIEW OF TIENTSIN, CHINA.
中裕洋行發行

在天津日本總領事館事務所
Japanese Consulate, Tientsin.

在天津日本租界海光寺日本駐屯軍兵營正門

Barracks of the Japanese Troops, Tientsin.

天津日本駐屯軍司令部
Japanese Military Headquarters, Tientsin.

天津日本租界全景（其一）
Japanese Concession, Tientsin. (No. 1·)

天津日本租界全景（其二）
Japanese Concession. Tientsin. (No. 2.)

天津日本租界大和公園内ノ北清戰役紀念碑

The Japanese Monument of Boxer War in the Japanese Concession Yamato Park, Tientsin

天津日本租界大和公園内伊集院音樂堂前ノ噴水池
Yamato Park, Japanese Concession, Tientsin.

天津日本租界旭街(其一)
支那街ヨリ外國租界ニ通ズル電車路ニシテ大廈櫛比シ
往來ノ頻繁ナル日本租界第一ノ街路ナリ
Japanese Concession, Tientsin, Asahi-Roard(No. 1.)

天津日本租界旭街（其二）日本郵便局前通リ
Asahi-Road. Japanese Concession,Tien-tsin, (No.2)

天津日本租界壽街

Kotobuki Road, Japanese Concession, Tientsin.

天津日本租界山口街埠頭ニ御用船渤海丸碇泊ノ光景

The Bund of the Japanese Concession on the River Paiho, Tientsin,

天津日本租界常盤街（遠方正面ハ日本人倶樂部）
Tokiwa Road, Japanese Concession, Tientsin.

天津日本租界榮街

Sakae Road, Japanese Concession, Tientsin.

天津日本租界曙街

Akebono Road, Japanese Concession, Tientsin.

天津日本租界宮島街

Miyajima Road, Japanese Concession, Tientsin.

天津日本租界松島街

Matsushima Road, Japanese Concession, Tientsin.

天津日本租界福島街
Fukushima Road, Japanese Concession,Tientsin,

天津日本租界埠頭白河結氷中ノ渡舟
The River Paiho in Winter, Japanese Concession, Tientsin.

天　津　鼓　樓

天津城ノ紀念トシテ存在セルモノ唯此樓ヲ殘スノミニシテ見ル者ヲシテ轉懷舊ノ情ヲ起サシム

The Bell-Tower, Tientsin.

天津支那市街ノ全景(鐘樓上ヨリ西方ヲ望ム)
近ク旌旗ヲ樹立セルハ鎮臺衙門右方ニ塔ノ如ク聳ユルハ
天津市水道タンク遠方微カニ見ユル大伽藍ハ回回教堂ナリ
The View of looking for North-West Street on Belfry, Tientsin.

天津支那市街ノ全景(其二)鼓楼上ヨリ北方ヲ望ム
The View of looking for North-East Street on Belfry, Tientsin.

天津支那市街全景(其三)鼓樓上ヨリ東北方ヲ望ム
前面二本ノ旗柱ノ立テルハ鹽運使衙門
The View of looking for North-East Street on Belfry, Tientsin.

天津支那市街東馬路

天津城四圍ノ城壁ヲ取リ除キタル跡ヲ道路トナシタル大街ニシテ東西南北馬路亦各此街路ニ通シ頗ル繁盛ナリ

Tonmaru, Chinese City, Tientsin.

天津支那市街東北城角
左方ハ天津鈔關並ニ天津官銀號
Flint Castle North-East, Tientsin.

天津支那街白河税關前ニ民船淀泊ノ景

Janks of Paiho River, Tientsin.

天津金湯橋（支那街ヨリ墺國租界ニ通ス）
Chin-Tang Bridge, Tientsin.

天津直隷總督衙門前ノ金鋼橋並ニ支那砲艦
Chin-Kang Bridge, Tientsin.

天津　金華橋

東北城角ヨリ河北大胡同ニ通スル所ニシテ交通最頻繁ナリ

Chin-Hoa Bridge, Tientsin.

天津三岔河擺渡口
元水師營砲台ノアリシ處ナルモ北清戰役ノ際取毀サレタリ
前方ニ聳ユルハ天主教會堂ナリ
Sanchiakou on River Paiho, Tientsin.

天津北營門外ニ架セル紅橋
Hon-Chiao, (Red-Bridge,) Tientsin.

天津白河上流民船通航ノ光景

Chinese Janks on Paihc River, Tientsin.

天津李鴻章廟ノ構内ニアル蓮池内ノ水亭
夏季ハ滿園綠色風致絕佳天津第一ノ遊覽場ナリ
The Garden In Li-Hun-Chang's Temple, Tientsin.

天津河北考工廠正門

The Gate of the Tientsin Industrial Exhibition.

天津河北考工廠内築山ノ亭
Arbor of Hill, Tientsin Park at Hopei.

天津河北考工廠内ノ勧業陳列場
庭園廣クシテ公衆ノ遊戯ニ適スルヲ以テ散策スルモノ常ニ絶ヘス
Tientsin Park at Hopei.

天津河北考工廠構内ニ在ル順直諮議局
Assembly of Chi-Li Tientsin.

天津西北城角ニ在ル天津市水道タンク

Aqueduet's Tank of Tientsin City.

天津佛國租界佛國駐屯軍司令部

French Military Headquarters in the French Concession.

天津佛國駐屯軍兵營正門
Barracks of the French Troops. Tientsin.

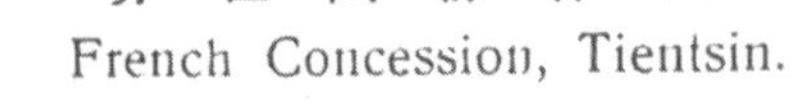

界租國佛津天
French Concession, Tientsin.

天津紫竹林埠頭ノ景

View of Tzuchulin Band, on River Paiho, Tientsin.

天津英國總領事館
The British Consulate. Tientsin.

天津英國租界ヴイクトリヤ公園ノ梵鐘
元海光寺(現日本軍兵營所在地ニアリシ大寺)ニ在リシガ拳匪ノ乱寺ハ
兵燹ニ罹リ鐘ハ轉展シテ公園ノ一隅ニ存シ人チシテ舊情ヲ偲バシム
A Large Bronze Bell the Victoria Park, British Concession, Tientsin

天津英國租界ヴィクトリヤ公園ノ音樂堂
Victoria Park. Tientsin.

天津英國租界露清銀行
Russo-Chinese Bank, British Concession Tientsin.

天津英國租界ヴイクトリヤ街ゴールドンホール
公共集會ニ用供セラレ劇場アリテ壯麗美觀ナリ
Gordon Hall, British Concession, Tientsin.

天津英國租界ブリストウ街
Bristow Road, British Concession, Tientsin.

天津英國駐屯軍兵營正門
Barracks of the British Troops, Tientsin.

天津英國租界ヴイクトリヤ街英國人俱樂部
The Tientsin Club in Victoria Road, British Concession, Tientsin

天津英國租界ヴイクトリヤ街アストルハウス旅舘
The Astor House Hotel. British Concession, Tientsin.

天津獨逸總領事館事務所
German Consulate, Tientsin.

天津獨逸領事館前ノ北清戰役紀念像

German Monument of the Boxer War, German Concession Tientsin.

天津獨逸人倶樂部
German Club, Tientsin.

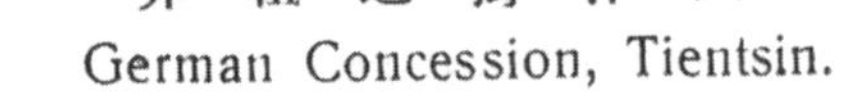

天津獨逸租界
German Concession, Tientsin.

天津獨逸租界埠頭ノ光景
German Concession Wharf, Tientsin.

天津露國北清事變紀念塔

露國租界ノ一端ニ在リ宏大ナル金色ノ高塔ナリ

The Russian Monument of the Boxer War, Tientsin.

天津萬國橋

佛國租界ヨリ露國租界ニ通スル所ニ架セル大鐵橋ニシテ各租界ヨリ舊停車場ニ至ル唯一ノ要橋ナリ

Settlement Bridge, (Wan-ko Bridge) Tientsin.

天津停車塲構內ノ雜沓
Rail-way Station, Tientsin.

北清駐屯各國軍人ノ服裝
The Dress of all National Soldier.

支那人ノ演劇
The Chinese Actors.

茶碗ノ錠ツギ

The Porcelain—Mender.

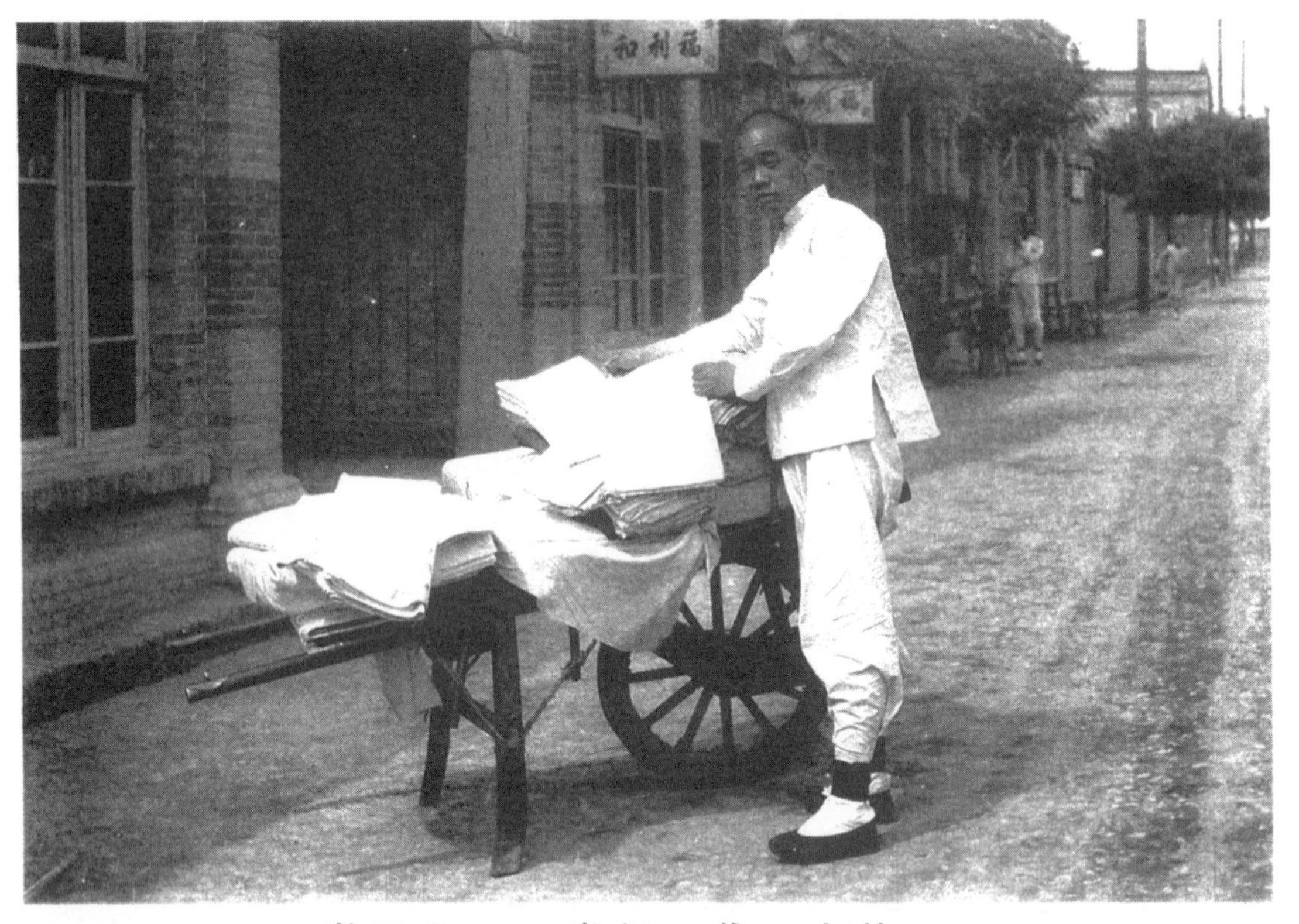

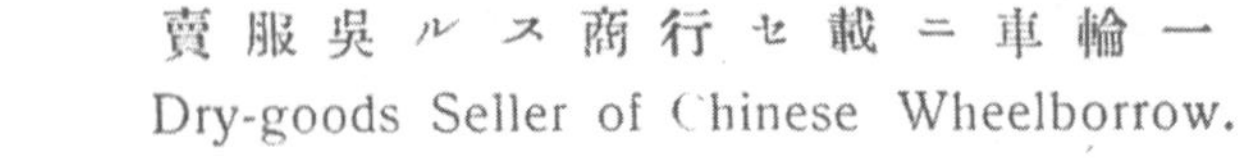

一輪車ニ載セ行商スル呉服賣
Dry-goods Seller of Chinese Wheelborrow.

轎　人　四

Sedan chair.

挽 木

The Sewyer.

工　大
The Carpenter.

行商ノ元宵（汁粉ニ似タルモノ）
Peddler of Dumpling

行商ノ理髪師
A Barber.

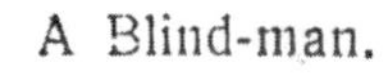

盲人

A Blind-man.

婚禮ニ用ユル新婦ノ花輿及行列ノ道具
Sedan Chair for Matrimonial Ceremony

葬式ノ行列
Funeral Procession.

雑誌掲載記事

①曾根俊虎「天津港」（『太陽』第一巻第三号、一八九五年三月）

地理

地文地質風俗土宜より名境勝區古蹟遺墟に至るまで、紀行あり論評あり話説記事あり探檢實記あり、明暢雅健の文章に叙するに精緻美妙の圖畫を以てし、坐して萬里に遊ばしむ

天津港

曾根俊虎

記者曰、君は羽州米澤の人、父俊臣は儒者にして維新の際戰死す、君上京して海軍士官となり明治六年副島全權大使に隨て渡淸す、明治七年臺灣事件の起るや密旨を帶ひて北京に到り大久保全權公使に面謁する所あり、翌年淸國に留り北は天津山海關牛莊盛京より南は江浙の間にいたるまで跋涉して形勢を審にす、歸朝後榎本子と謀て興亞會を起し又支那學校を建設す、明治十六年淸佛戰爭に際し命を奉じて淸に赴き兩國の動靜を視察す、明治十九年滿期歸朝し參謀本部海軍部編纂課長に任せらる、君淸國に在ること前後十有六年足跡殆ど南北に遍く頗る淸國の情に通ず、著す所淸國近世亂誌、北支那紀行、支那各港志、山東紀行、滿州紀行、法越交兵紀、日本外戰史、日本海軍史等あり

天津港は直隷省天津府天津縣の治下に屬し白河の上流五十里に在る河口にして北京に至る水路一百里芝罘より百五十四里上海より六百八十七里牛庄を距ニ百三十五里我長崎より七百八十九里府城の北東角に於て北緯三十九度九分東經一百十七度七分四十八秒本邦岩手縣宮古と同緯度なり

本港は一千八百五十八年天津條約に因り開市港と定め同六十一年に始て開港したり

白河は黃河と長城の間河流の最大なる者にして源を山西省に發し直隷を貫通して海に盡く其間水源より大約二百七十里即ち首府たる北京に至るの水道なり而して所謂る運河は江蘇省楊州より來り山東省を貫き衛河に合し北流して直隷省に入り天津府城

の處に於て白河に合流す白河は卑濕の地を貫通し極めて曲折迂回す太沽より天津に至る陸路三十里而して水路は五十里あり岸勢徒險の處は水深く斜坡の處は淺し凡そ船幹の吃水十尺乃至十一尺の者は太沽より天津に至るの間航路に困難あるとなし其航路たる實に單一にして行船法程を要するに至らず但船幹長き者を以て航するときには注意と熟練を要す可し若し吃水八尺以上の者なれば高潮を俟て航通せざる可からず河中兩淺灘あり一は天津の下流九里に在り低潮時に水深七尺一は天津の下三里に在り長廣にして深サ六尺半なり河流の廣サ太沽の處にて大約二百二十碼天津に近き處にて二百尺此より以上は忽ち狹く忽淺く小砲艦と雖も航し難し毎年冬季に至れば河水凍封し船舶の交通を絕つ水路開閉の期は其年の寒温に從ひ一ならずと雖も通例十二月中旬に閉塞し翌年三月初旬に開通す

凡そ船舶の天津に來る者は盡く河岸或は碼頭に直接繫着し絕て河心に錨泊する者なし是れ錨を投抜するの煩なき而已ならず貨物の裝卸船客の昇降等の便なる實に大なりとす

天津近傍の地たるや茫漠たる平坦の地にして實に極目千里一丘山の目を遮る者なし西人の說に據れば往昔は海中なりしも年代の久き漸次塡埋して陸地と爲りたる者なりと白河は北より來り運河は南より此地に相會し頗る舟楫の便に富む然れとも兩河共に處々地平上を流るゝ所あり若し霖雨洪水の時堤防の一部たりとも破壞せるに於ては滿面皆蒼海に變じ城市を孤島と爲すと屢々之れありと天津以北は總て耕地なるも以南は白河の沿岸に多少の村落ある而已にて概して荒蕪の地多しとす較近屯田の法を設け頗りに開拓に從事せり道路は都て狹隘且つ一粒の砂石なく若し一回降雨に遭へば又步行す可からざるに至る

夏季熱度は九十度より時ありては一百五度に上ることあり然れとも熱帶地方の如く氣力を敗壞することなし時疫疱瘡等多く流行すと雖も皆必ず氣候の不良なるに因て而已致すにあらず亦衛生豫防の缺漏に歸する者多し冬季は寒氣甚しく寒暑針は二十五度より五度の間を昇降す通例一月下旬を極寒とす此間零度以下五度に下ることあり此間は北方の例として商賈は店を鎖して賣買を爲さず唯防寒に汲々たる而已三月上旬は通常結氷融解するの候にして其月末に至れば温度忽ち六十五度に上騰することあり冬季中白河結氷の厚は寒暖に從ひ厚薄ありと雖とも通常十五吋を以て最厚となすと云ふ結氷の融解するや貢船商船爭て入津し帆檣林立數里に連る氷の猶堅封するや氷車ありて貨物等を積み氷上を

渡り諸方に運搬す其快走するや風颿に等しく迅速なる實に驚く可し

往昔は賊匪彈壓の爲めに設けたる一衛所に過ぎさりしも爾后南方より運河を泝り來る貢米船の輻輳地となり漸次繁榮に赴きしに由り清初乾隆四十七年河間府より割て別に府治を置きたり此地は京師の咽喉海陸の要衝たるを以て西人は早くも之に注目し廣東の暴動を機會とし千八百五十八年五月英佛同盟して兵威を示し開港の條約を結はんと艦隊を卒ひ來りしに料らすも太沽砲壘の攻擊に遭ふたり然れとも遂に之を陷れて天津に溯り其年六月平和の條約を結定せり其の翌年六月條約を實行せんか爲め再ひ此地に來らんとせしに亦も太沽の砲擊に遭ひ此時は遂に之を陷るゝ能はすして引退き其翌六十年八月英佛の同盟軍は北塘より上陸して太沽の背を衝き一擧之を陷沒し直に天津に攻入り遂に北京を陷れたり世に所謂る北支那戰爭なる者是れなり其後千八百七十年六月本地の土民暴起し佛國宣敎師の清民を誘惑し心肝を挖取するを訛傳し佛國の天主堂を燒毀し佛人七八名を虐殺し一大事變を惹起し佛と紛議を生したりしも竟に清廷より八十萬兩の償金を出して無事に其局を結ひたり是よりして總督衙門を保定府より本府に移し直隸總督は常に玆に駐箚して地方を彈壓し且つ外交上の事務を處辦し唯冬季封河の時間而已保定府に歸て事を見ること爲り且つ此時より同盟各國中何れの國の軍艦にても常に一艘つゝは必す滯泊すること爲れりと云ふ

府城は南運河と白河と合流する所の西南隅に在り繞らすに凹字形の壁を以てし大約方形を爲す廣袤三里餘壁の四隅に樓櫓あり城內は道路狹隘溝渠汚穢多く臭氣に堪へす市街の繁華なる者は却て城外に在り河の西岸に沿ふて二里の間に延袤す人口は四十萬の概算なり天津は即ち府治の有る所にして北は順天府に東は海に西は河間府に南は山東省に相界し天津、靑、靜海、南皮、鹽山、慶雲の六縣滄州の一州を管す

居留地は府城の下流二里に在り紫竹林と云ふ白河の南岸に沿ふて之を設け分けて佛英米の三區とす佛區は上流に在り英區は中央を占め米は下流を占む此內尤も整頓せしは英區にして洋房櫛比し富商大賈大半此區に在り招商局、怡和、太沽等の汽船會社の碼頭も此區內に在るを以て河岸には大小船舶銜尾相接し貨物の裝卸常に織るか如し米佛の兩區は現に日新の勢あれども英の比に非す土人の住家市街却て多きに居る訂盟國中領事を派遣し置くは英佛米魯獨及ひ本邦の六ヶ國にして其他は此六國の內か或は商人に託し代理せしむ右領事館中建築の宏壯なる者は佛國にして其次は英なり本邦の領事館は米區に在り明治八年本邦の特に築造する者に係る外人の寄寓せる者二百名內外なり

支那各港誌に據るに該港は京師の咽喉水陸の要衝なるを以て外國貿易專ら旺盛に至る可き見込ありしも爾來意外に旺盛ならさる者は清商當港に於て外商と取引を爲さすして直に上海に出て仕入來るに因れはなり云々と然れども該港は京師の咽喉にして貨物呑吐の範圍極て廣し若し今後京津間に鐵路開設等の擧あり廣く山西直隸各府縣と聲氣を通し內外蒙古等貿易の關鍵に當れは何等の旺盛を來たすも測る可からす且清國北洋海岸にあり將來屬望すへきは獨り此港にあれば決して忽視す可き口岸に非るなり

本邦の物品消費地方を確知するは本港に於て尤も難し然れども輸入物品の重なる者は概ね左の如し即ち石炭は多く本港汽船會社と居留外人との使用にして或は清國開平の石炭と混用し或は

單に日本品而已を用ゆ銅は日用品物の製造に用ひ稀に機器局の需用あり海產物は北方の各地に散往して其需用地を定めず磚茶は未だ著しき輸入を見ずと雖ども其需用地は清國茶と共に蒙古及露領地方に在る可し目下の商況は活潑ならずと雖も未だ其活潑ならざるの實を見ず試に稅關の報告を查するに前年に比して未だ著しき差異あらず大體に就て見れば目下の商況は盛ならず又衰ふるに非ずと云ふの外なきなり本邦物品の本港に輸入する者は煎海鼠、乾鮑、鱶鰭、鯣、昆布、伊多羅貝、寒天、番茶、人參、海龍皮、獺皮、鹿皮、銅、漆器、越後縮、木材等にして北京其他の地方に多く消售すと云ふ

本港輸出品の重要なる者は豆類其他果實類即ち葡萄、梨子、水蜜桃とし絨毯、毛氈、皮貨の類又此近方に於て鹽を產すると夥しく所謂る長蘆鹽場是なり居留地の對岸數里の間に鹽堆累々たり此地より西方凡そ二百清里なる與濟と云へる所に草帽緶を產し多く輸出す棉も將來大に產出の望ありと云ふ茶は本港より陸路西伯利地方に輸出する者多し千八百八十三年の調査に據れば二十九萬零二百四担にして阿片の輸入は二千四百五十一担なり而して千八百九十三年に於ける外國貿易原價の總額を擧ぐれば左の如し

輸入	一九、七二〇、三二七兩	輸出	一一、〇六七、四四八兩

又その輸出の類別は左の如し

	輸出	再輸出	計
外國へ	三三二、三三六兩	五、〇九五、五〇八兩	五、四二七、八四四兩
支那各港へ	五、六一六、一三四	一一、〇四三	五、六二七、一七七
朝鮮各港へ	一二、四八七	・・・・	一二、四八七
合計	五、九六〇、九四七	五、一〇六、五五一	一一、〇六七、四四八

本港より每年輸出する物品稅關報告に據れば左の如し

茶　生糸　綿布　棉花　毛氈　大黄　麝香　甘草　製藥　杏仁　蠶豆　[illegible]
金針菜　香菌　梨子　豌豆　榛菜　酒　瓜　蜜菓　煙草　胡桃　獸骨　獸毛
毛　毛皮類　鹿角　羚羊角　駝絨　草帽　磁器　七寶器　靴類　雜貨　草帽緶
石炭

天津城の圖

其他雜貨なり而して本地は梨、葡萄、平果、瓜等の果實に富み且其味極て美又火酒類は尤も有名なる者なり

本港と上海の間には每日或は隔日に芝罘を經て汽船の出入を絶たず該兩港間の航路に從事する者は招商局を始めとし太沽、怡和、旗昌等の汽船會社の船にして其の數概ね十七八隻あり就中貢米の候に至れば往來尤も頻なり先年來日本郵船會社にても本港と長崎間の航路を開きたり長崎より

は仁川を經て大概六七日にして達するを常とし上海よりは凡そ五日にして達す船賃は約するに上等三十兩下等十二兩なり又本港より牛庄にも時々汽船の交通あり然れども冬季河海凍封の間は他の各處と往來を絶す此間は書信等は陸送に係るを以て上海より本港に達する凡そ一ヶ月を費す電信線は千八百七十九年始めて太沽と本港の間に架設し其後は八十一年に至り上海より始て本港に連絡し八十三年に又本港より通州へ架設し其翌年に至りて北京に達したり

本港は京師の咽喉にして政略上最要の衙なるを以て千八百七十年現時の總督李鴻章（字少筌）氏直隷に總督たりし以來衙門を本府に移し常に玆に駐紮し唯冬季舩路梗塞の間は保定府に歸るとせり衙門は城外白河の西岸に在り總督養廉銀一萬五千兩且つ本港は鹽産の地なるを以て長蘆鹽院衙門は本府に在り都轉鹽運使之に長たり運同、經歴、大使、巡檢等の官あり之に屬す鹽院は鹽政を總理節制し養廉銀二萬兩現時總督兼務せり又兵備道海關道の二道臺衙門あり府衙門には知府、同知、通判、巡檢、經歴等の官縣衙門には知縣、縣丞、教諭、訓導、主簿、巡檢、典史等の官あり學校は府學生員定額二十人又器機局内に水雷學校あり又千八百八十五年紫竹林に兵學校を設立したり

兵備に至ては其整頓せるは蓋し清國各要衙中本港の右に出る者無からん水には北洋艦隊の備はれる有り陸には太沽北塘の大砲臺東西二局の軍器製造所海陸軍學校等あり陸兵に至ては最も精練且つ多數にして務て新式を倣はしむ玆に兵備の概略を擧げんに北洋艦隊は最近の調査に依るに左の諸艦より成立せり

北洋水師

區分	艦種	艦名	排水噸數	馬力	速力	砲數	乘組定員	進水年次	製造
主戰艦隊	裝甲砲塔艦	定遠	七、三三五	六、〇〇〇	一四、五	二二	三三〇	明治十五年	獨逸
		鎮遠	七、三三五	六、〇〇〇	一四、五	二二	三三〇	明治十五年	同
		經遠	二、九〇〇	五、〇〇〇	一五、五	一四	二〇二	明治廿年	同
		來遠	二、九〇〇	五、〇〇〇	一五、五	一四	二〇二	明治廿年	同
	巡洋艦	致遠	二、三〇〇	五、五〇〇	一八、〇	二三	二〇二	明治十九年	英國
		靖遠	二、三〇〇	五、五〇〇	一八、〇	二三	二〇二	明治十九年	同
		濟遠	二、三〇〇	二、八〇〇	一五、〇	一三	二〇二	明治十六年	獨逸
		平遠	二、一〇〇	一、五〇〇	一四、五	一一	……	……	……
		超勇	一、三五〇	二、四〇〇	一五、〇	一八	一四〇	明治十四年	英國
		揚威	一、三五〇	二、四〇〇	一五、五	一八	一四〇	明治十四年	同
防禦艦	砲艦	鎮東	四四〇	三五〇	八、〇	五	五五	明治十二年	同
		鎮西	四四〇	三五〇	八、〇	五	五五	明治十二年	同
		鎮南	四四〇	三五〇	八、〇	五	五五	明治十二年	同
		鎮北	四四〇	三五〇	八、〇	五	五五	明治十二年	同
		鎮中	四四〇	四〇〇	八、〇	五	五五	明治十四年	同
		鎮邊	四四〇	四〇〇	八、〇	五	五五	明治十四年	同
練習艦	砲艦	康濟	一、三〇〇	七五〇	九、五	一一	一二四	明治十四年	……
		威遠	一、三〇〇	八四〇	一二、〇	一一	一二四	明治十年	福州
補助艦	砲艦	泰安	一、二五八	六〇〇	一〇、〇	五	一八〇	明治九年	……
		鎮海	九五〇	四八〇	九、〇	五	一〇〇	明治四年	……
		操江	九五〇	四〇〇	九、〇	五	九一	慶應二、三年	……
		湄雲	五七八	四〇〇	九、〇	四	七〇	明治二年	……

〔備考〕但し右は悉く昨年交戰以來擊沈捕獲若くは擄奪せられたるものなり

陸兵は天津近傍に屯在する者大約五千名あり之を細別すれば第一練軍五營毎營五百名にして中營前營後營左營右營の五に分つ又傢武營一營あり（大悲寺營とも云ふ）砲兵六百名の定數なりと云ふ以上諸營は皆府城の東北大約一里に在り○第二府城の西門外大約二里の地に永保營又親兵營一營あり定員五百名○第三城の北門外大約三里を距る姚窪村に一兵營兵員五百名○第四河東製造局の傍に四ヶの兵營あり毎營定數五百名ありと云ふ

河東製造局は居留地を距る正東大約三里に在り繞らすに土堤を以てす遠望城壁の如く其周圍四里内に諸種の機器廠房を建設す煙筒の數十八個規摸最も宏壯雄偉なる人目を奪ふ千八百七十四年始て此廠を開設し漸次廠房を増築し年一年より體面を新にせり輓近主として製造する者大砲小銃の彈丸及藥包火藥水雷等の製造なりとす其委員職工等の數大約左の如し

外國人四名月給二百九十兩より百八十兩に至る總辨（支那人）一名月給一百兩其他委員三十一二名月給六十兩より十六兩に至る職工大約一千名月給は最多なる者百十元最下なる者九吊に至る而して一ヶ年の費額は毎年四十五萬兩乃至五十萬兩に及ぶと云ふ其製造物の概略を擧ぐれば左の如し

第一大砲の彈丸製造高大小取合一日に凡そ五百個大彈丸は毎日平均五六個「アームストロング」三十五噸砲の者を最大なる者とす

第二火藥製造所四個毎日合計一千六百磅を製出す

第三小銃の藥包一日に平均一萬發を製す

第四沈底水雷の製造

又居留地の西方凡そ一里即ち府城南門外に一製造局あり俗に海光寺機器局と云ふ該局河東に比すれば規摸の小なる其半にも至らす其主として從事する業務は小銃藥包「クルップ」砲彈の製造銃砲の修理及び諸器械の製造製なりとす

太沽砲臺は海口より本港に入るの咽喉即ち白河口にあり堅牢を以て有名なる太沽砲臺二座あり各河口を挾て左右兩岸に屹立す其南岸に在る者を以て最も大なりとす即ち南砲臺は河海兩邊に面し其形長圓長さ大約二丁半寛さ五六十間塗は泥土を以て錬造し其高さ大約三間上下二段に砲を備ふ上は露砲臺にして八七間を隔て鋏を切り之に砲を備ふ壁の厚さ六尺許河海に面したる兩面の砲數大約四十門あり下段は陰砲臺にして十間乃至二十間を隔て砲眼を穿つ壁の厚さ大約一丈砲數二十五六門あり內部に又三座の砲墩あり高く鋏の上に出つ各三四門の砲を備ふ砲種は大抵舊式「アームストロング」及「クルップ」砲なり砲手の住所は砲門と砲門の間に在り砲臺の南方二丁許に海に沿て大なる兵營あり此間長堤を築きて砲臺と兵營との往來を護せり

北砲臺も亦其結構南砲臺と相似たり唯四方形にして其大さ南砲臺に比すれば大約五分の二を減す又其後部河に沿て兵營あり以上兩處の兵數三千以上ありと云ふ

②内藤湖南「其二　天津。憑吊。嚴王二子と語る。」（『支那漫遊　燕山楚水』博文館、一九〇〇年六月）

其二　天津。憑吊。嚴王二子と語る。

芝罘を開帆して、廟島、沙門島、其他山東、遼東の間に星羅して、渤海の咽吭たる群島の間を過ぐる頃は、夕陽墜ちんと欲して、島影畫くが若く、風も亦漸やく加はり、濤稍や暴なりしも、玄海の若く甚しきには至らざりき。翌十一日午前八時といふに太沽の沖には着ぬ。此あたり海水黄濁して、天と際なく、太沽砲臺は僅かに双眼鏡の力にて認め得らる。十一時過ぐる頃、船員村山氏、並に同乘の客田中氏と、支那人の舢舨に駕して白河口に向ふ。舟人は四人にして、潮勢に隨ひ、或は櫂を用ゐ、或は帆を用ゐ、或は棹を用ゐ、或は綱にて曳き、太沽砲臺の下を過ぎて河口に入る比ひは、早や午後三時に及びたり。太沽砲臺は河口海岸に羅列して、手際よく土にて築かれたり、されど打見たる處至て手薄にて、其の形狀のきやしやなる丈に、實用は見戲に等しかるまじきやと想はる、砲なども海岸砲の巨大なる者とも見えず、意ふに其の守りの固き事實もあらんには、蓋し海の三四哩間遠淺にして、近より攻められざるの固きなるべし。兩岸砲臺の間を溯りて數町ならざるに、舟子は白河の迂回甚しく、塘沽に達するに時を糜して、火車の時限に遲れんことを恐るゝとの意なるべし、しきりに日を指してその落つるさまを手眞似にて訴へて、舟を棄て陸に上りて歩行せしめ、自らは我等が行李を擔ひて隨ひたるが、途にて苦力の三四名、うるさく請へるまゝに、行李を彼等に擔はしめぬ。この間僅かに三四淸里なれど、樹影もなき路を日光に曝され通しなれば、此頃徒歩に慣れざる己れ等には、容易ならざる苦痛にして、塘沽車站前なる邦人伊野氏の球戲場に到着して休憩せし時は、汗は絞る許りに衣を濕し、口渇して殆ど息も絶々なりき。茶を請得て吃し、五時發汽車にて、廿七哩間の鐵路を走り、午後六時半に天津居留地に着しぬ。

鐵道は單線の廣軌なるが、客車は頭等二等に分ちて、頭等車と雖も敷物などあるにあらず、粗軌の者なり。但し其の構造の堅牢は、我が鐵道の客車には愈るやう見えたり、手荷物を預くるといふことなければ、乘客は各々自ら其の車中に持ち運びて、之を監視するなり。荷物多きは、蓋なき貨車に日に曝されつゝ立ち盡したる人數、客車に乘りしよりも多し。車站に着すれば、取締りなき支那風のことゝて、苦力及び車夫の、荷物運ばんとて麕集し、車中にさへ入り來ること、うるさしなど言語に絶えたり。ウカと荷物を渡して、監視を怠れば、直ちに盗み去らるゝが常なりといふ。車站より居留地に入るには、例の白河を船橋にて渡ることとなるが、此あたりの雜沓甚しく、烟塵濛々の間を揉みに揉で行くこととなれば、苦力の監視は容易ならぬわざなりと知るべし。我等の一行は、伊野氏の恰かも天津に赴くに伴はれて、一に處慣れたる氏の指揮を乞ひたれば迷兒にもならで幸なりき。

車窓より左右を望むに、平蕪天に接して、堤にて撫でたらんが如く平かに、一の丘陵を見ず。樹木は楊柳のみにて、それさへ林をなしたるはあらず、高粱を種ゑたる田圃と、上下四方土にて塗り上げたる人家の聚落と、其間に點在せるのみ。天色野に接する處は、黄褐色をなせるに、塵の濃きは知られ、炊烟の粱圃を度るさへ、いと重げに、高くは上らで、横さまに長く靡きたり。馬群の處々に見えたれど、馬は小さくて痩せたり。アーチ形の蓋ひしたる旅行馬車の行くさまなど面白し。墳墓は到る處に星散して、粘りなき土の雨に打たれて、棺の角露はれたるなど、淺ましげなるもあり、此處等は早や想ひし如き支那景色となりぬ。

三井物産會社、日本領事館正金銀行支店、是れ十一日夜より十二日にかけて訪ひつる處なり。三井にて東京帝國大學學生にて、同じく東洋青年會の仲間なる加藤主計氏に邂逅しれり。領事館には井原眞澄氏、臺灣以來知る人にて、十數日來渇望したる日本食の饗を受けたるは嬉しく、鄭領事にも面會したり。正金銀行には親友小貫氏、先月より此に來りて在れば、天津の東道は、全く氏に委ぬる有様となれり。大坂商船會社の重役杉山氏がアストルハウスに宿り居れるをも叩きぬ。氏は清國航路視察の爲め、上海より此方へ來りしにて、新開港場なる秦王島視察の意ありしかど、歸期迫りて果し難しと語れり。

天津居留地は所謂紫竹林なるが、洋館並び峙ちて、思ひしよりは立派なり。咸豐十年(我が萬延元年)の開設に係り、府城を距ること一里許りもあるべし。太沽の若き埠頭の形をも爲さゝる河口の奥に、かばかりの互市場あらんとは、實に思ひ設けざりき。塵土は甚しく、東京あたりのよりは、輕く颺り易し。氣候は此月より爽凉の時に入れるにて、東京の殘暑よりは凌ぎ善し。一躰に空氣乾燥せる地なれば、極暑の際、百十度前後に上ることあるも、さまで苦しからずといへり。

天津居留の日本人は、七十餘人と聞えたり。正金銀行、三井、有信、樋口、武齋號等の諸商店あり、綿絲の輸入、今年は已に印度綿絲を壓倒して、其の二倍の額に上れるが、中にも八分は三井の輸入に係り、支那人の手にて輸入するは、至て少額なりと云ふ。貿易額は多く、居留人は割合に少数なれば、邦人の地位も甚だ高く、少しも他外國人に異ならず、とは他の支那開港場に例少き天津の特色なりと、井原氏は語る。我が專管居留地は、紫竹林と府城との間に在りて、白河に瀕すれども、河濱は支那人の住屋、寸地を剰さず建ちたれば、その整理には、多少の費用を要すべし。

白河は實に天津居留地の盛衰に關する河流なるが、三四年來、流は益々迂廻し、底は益々淤塞して、そのかみ潮を候して居留地のほとりまで、千噸以上の輪船を進むべかりしも、今は小輪船さへ、容易には上下し難くなり、大輪船は僅かに潮を候して、塘沽車站の近傍まで進み得るのみ、それすら二千噸以上の船は、進み難しとぞ。されば河底浚渫の効力如何とは、此頃の大問題として、各國の天津居留民、及ひ清國官吏に講究せられ居りしも、その説區々にして、未だ一定せるを聞かざりき。

天津の府と爲りしは、近代の事なり明の永樂二年に、沿海に衞を設けしとき、天津も亦與かれり、清の雍正三年に、始めて直隷州と爲り、順天府に隷せしめられしが、八年に始めて府に升れり。されば今は居然たる大都會にして、人口は九十萬ありと稱せらるれど、(實は四五十萬ならん)其の城郭は割合に小に、多數の街市は、概ね城外に在り。

李鴻章直隷總督を以て、北洋通商大臣を攝ね、保定よりして制府を此地に移せしより二十餘年、務めて泰西新文物を輸入せしを以て、學校機器局の此地に在る者甚だ多く、海光寺機器局は工匠六七百人を使役し、機器を以て洋槍(即ち小銃)洋礮を製造し、又東機器局ありて、工匠を使役すること二千餘名、專ら火藥及び各種の軍械を製造し、洋匠を以て之が監督と爲すと云ふ。水師學堂は東機器局の旁に在り、光緒六年李鴻章が奏して設立する所に係り、武備學堂は、杏花村の對河に在りて、同じく李鴻章の奏して設立する所、定額學生三百名、即ち陸軍士官の養成所たり、兼ぬて獨逸語を學習すといふ。育才館は光緒二十一年、直隷總督王文韶の奏定を經て、學生六十名を養ひ、英文理學諸科を學習せしめ、北洋大學堂は、同じ年盛宣懷が籌欵して擴充せし所に係り、學生二百餘名の定額たり、其外俄文館、蘆漢鐵路學堂、法文學堂等あり、皆近三四年來の創設に係る者なり。

天津滯留中に遭遇せし事實として、特に記すべきは嚴復、王修植、方若等との會談、及び鄕友石川伍一が死處憑弔の事なり。

石川伍一は余と同鄕同庚にして、日清戰役、軍事の探偵に任じて、最も先に事に死せり。此次の游、必ず其死處を憑弔せんとし、天津に至りて屢ば之を人に叩けども、知る者なし。我は素より其の西門外に銃殺せられ、其死處として傳ふる寫眞は、累々たる古墳ある郊坰なりしことを記せり。因て十五日の午後、居留地なる紫竹林より天津府城外に至り、最も繁華なりと稱する鍋店街、估衣街等を過ぎ、迂回して西門前に至り、それより直ちに郊外に向て行くこと數町、社稷壇、先農壇、烈婦墳、育嬰堂、施粥廠等の間より、人家盡くる處に至れば、果して名も知れぬ輩の土饅頭、千百星羅して、渺々たる野色に接するを見たり。我が友の從容死に就けるあたりを、いづくと知るよしなけれど、當年を追想して、自から感慨の胸におふるゝを禁じ難く、さるにても其の死後未だ數年ならざるに、一石の其の名字を標するなく、天津居留民にして一人の其の死處を悉すなきは、殊に愴懐の念を深からしめたり。

嚴、王諸人に會せしは此夜の事にて、我が宿處なる第一樓に之を招きて、小宴を開きし也。此の前々日、即ち十三日に、國聞報館にて其記者方若(藥雨と號す)と會したる次で、此地の名士を何人ぞと問ひしに、方氏は告ぐるに數人の名を以てしたり。即ち

嚴復、字は又陵、福建侯官の人、現に北洋侯補道にして、水師學堂總辦たり。

王修植字は菀生、浙江定海の人、現に北洋候補道にして、大學堂總辦たり。

陳錦濤字は瀾生、廣東南海の人、現に大學堂の西文敎習たり、此人算學清國の名家たり。

蔣國亮字は新皆、浙江諸曁の人、擧人にして現に育才館の漢文敎習たり。

溫宗堯字は欽夫、廣東香山の人、現に海關道飜譯員たり。

王承傳字は欽堯、安徽桐城の人現に旗兵學堂の德文敎習たり。

是れ皆時務に通ずる者と。因て之を一堂に集めて會晤せんと欲せるに、支那人の習官に上下あれば、一堂に會するに便りあしからんとの國聞報西村氏の忠告ありしより、先づ嚴王二人を招くことゝし、方藥雨、及び西村、安藤虎男、(以上皆國聞報記者)小貫慶治三氏も同じく招きたり。嚴復は年齒四十七、二十年前日本に遊びしことあり、十年前英國に游學することと三年、英語を能くし、已にハックスリーの書を譯して天演論と名け印行したる者あり、眉目の間、英爽の氣あり、政變以來、人々口を鉗する間に在りて、往々談論縱横、忌諱を憚らざるあり、蓋し此地方第一流の人物なるべし。王は年齒四十一、容貌溫藉にして如才なき所あり、歐文に通ぜざるも猶現職に在り、蓋し才物なるべし。方若は猶三十左右の人、藥雨と號し、傍ら畫を善くすといへり。一夕の談ずる所、多く筆を以て舌に代へたれば固より未だ互に底蘊を盡すに暇あらざるも、多少新主義を抱懷する人々の所見を徴するに足る者あり、因て其の要を左に錄す。

王　昨方君、先生が遊歷此に至るを告知す、走未だ地主の誼を盡さず、乃ち先施の雅を承く、甚だ感甚だ歉、嚴君已に轉約を爲す、想ふに惠然として肯て來らん。

聞く先生萬朝報館主筆たりと、平日著作必ず富まん、悉く印行有らざるや否、能く示されんや否。

予　平生報紙に從事し、著して成書少し、帶ぶる所僅に一種あり、當さに貴鑒を乞ふべし、但だ行るに邦文を以てす、大雅の批正を得難きを恨む耳(かくて近世文學史論一本を贈れり)別に諸葛武侯、及び涙珠唾珠あり、今皆帶び來らず

王　敢て問ふ、貴邦時局當に何處より手を着けて、方に起色を見るべき。

政府諸公、大都耄にして勸に倦む、必ず毛革の望なし、鄙意須らく百姓自ら相團結するより做し起すべし、但だ弊邦人不學者多く、見解甚だ短淺、恐らくは一時猶ほ此を語り難き也。

予　貴國時事、尚ほ變法に難ずる耶。

王　目前尚ほ未だ説て此に到る能はず、大約十年以後、列邦交々逼らば、即上變せざるも、下亦必ず變ぜん。

予　變法も亦輕々しく談ずべからず、弊邦三十年來、變法を以て富强の本を立つ、然るに今日より之を觀れば、措置失當なる者、亦復く少な

からず、是れ貴邦志士、宜しく鑑戒すべき所、但だ弊邦人進むに勇にして守るに拙、貴邦人は之に反す、進む者は之を退け、退く者は之を進む、意ふに貴邦人今日の事、未だ守成を言ふに遑あらざる耳。

王　尊見甚だ高し、去年諸君子、亦正に進むを知て退くを知らざるの病に坐す。

予　康梁二君、弟東に在りて之を見る、康意氣過鋭、敗を招く所以、百年太平の基を開くは、務め育英に在り、先生職已に此に存す、望むらくは効を百年の後に待ち、成るを歳月の間に期すること勿れ、但だ未だ十數年後、貴邦何の狀なるを知らず、慮る可しと爲す耳。北洋大學堂、俊髦定めて多からん、敢て問ふ現在學生幾名、課する所何事ぞ。

王　敝堂學生、八班に分ち、每班三十名、學堂に入る日より始めて、八年にして業を畢ふ、前四年は敎ふるに傳通の學を以てし、後四年は則ち専門を分習す、専門學には律例、工程、礦務、機器四科あり、走西國文學に通ぜず忝く此職に居る、愧を抱くの至。外國文字を以て、工藝製造等の學を敎ふ事、倍して而して功半ばす、敝邦今日、敎育の法、乃ち此病に坐す、地球各國の無き所たり、鄙意敎育の事、又須らく廣譯より倣し起すへき也。

予　譯書の局、今已に撤せる乎。

王　北京去年に撤す、現在上海學堂、尚ほ譯局あり。但だ其事を主とするは、急功近名の人に係る、武備を譯するを以て要と爲す、則ち又誤る、近日嚴君天津に在りて、譯局を設けんと擬す、已に北洋大臣に於て之を言ふ、尚ほ未た允准せざる也。

先生明日、將さに北京に赴かんとす、杯酒の歡を敘する克はず、甚た歉、不佞約十日後、亦京に赴かんと擬す、悉さず、先生京に在りて、幾日の勾留かある。

予　約十數日なるべし、先生京に赴かば、何處に寓せんと擬する。

王　不佞京に到る後、潘家河沿楊宅に寓せん、到る後不佞、貴國使署に至りて、踪迹を訪求すへし。矢野公使も亦熟人なり。

右　王莬生と談する所に係る

嚴　先生何時か津に到り、幾日の勾留を作さんと擬す、曾て北京に到るや否。

予　洋九月十一號津に來り、明日北京に往かんと擬す、京に留まることと旬日、當さに復た此に來るべし。

嚴　聲應氣求、形跡に拘らす、先生賞して不佞に及ふ、人をして喜感せしむ。

予　大著天演論、方先生の惠贈を蒙り、奉讀するに文字雄偉、繙譯に似す、眞に大手筆を見る。

嚴　觀る者の曉り易きを欲するに因るか故に、原文句次に拘々たら

(31)　禹域鴻爪記

ず、然るに此れ實に譯書の正法眼藏に非ず、弟近ごろ譯する所計學は、則ち謹で繩墨を守れり、他日書成らば、當さに以て敎を求むべし、

予　敝邦維新の際、最も府帑空竭を患ふ、富豪に假貸して、以て一時の急を濟すに至る、意ふに貴邦時事、亦復是の如けん、敢て問ふ府帑を裕にする道有る乎。

嚴　國家歲入、止だ此の數あり、其の常に足らんことを求めば、財政を主とする者、新舊緩急の間に斟酌するに在り、既に其の新を爲せば、則ち當さに其の舊なる者を節すべし、若し新者日に進み、舊者除かずば、自然に日に不足を形はさん、此れ今日敝國理財の大弊なり、搜括遺さず、以て無益の軍政に供するに至ては、則ち尤も財を糜すと爲す耳、今日の兵の如きは、百萬と雖も、勝負の數に益なきなり、先生吾が言を以て何如と爲す。(末節暗に剛毅が江南廣東に籌款するを刺譏する也)

予　敝邦歳入、現に二億五千万圓、貴邦十倍の土を以て、政府入る所、一億餘万に過ぎず、蓋し中飽の弊に由る、此等の弊を防ぐ、豈に策なきを得んや。

嚴　枵腹公に從ふは、人情の必ず能くせざる所の者、故に中飽なきを欲せば、必ず先づ增俸より始まる、俸增さずして而して中飽なきを欲せば則ち相率應するに欺を以てする耳。

予　京中與に時務を談ずべき者ある乎。

嚴　政變より以來、士大夫鉗口結舌、安ぞ時務を言ふ者あらん、僕知らざる也。

今日丰采を瞻るを得、殊に深く喜幸す、須らく足下と一重の翰墨緣を結ぶべき也。

右嚴又陵と談ずるに係る、此日嚴來ること較ゝ晩し、故に談ずる所も亦較ゝ少き也。

かくて翌十六日は正金銀行の小貫氏と同じく北京に赴かんとせるに、チャン汽車に乗り後れといふ古今のヘマを演じたれば、一日を延べて十七日に北京には赴きし也。

③坪谷善四郎「経済時評　盛に天津に往け」（『太陽』第七巻第九号、一九〇一年八月）

經濟時評

坪谷善四郎

○盛に天津に往け

日本軍隊の勇武は、優に世界列強國に對して遜色無きを得るも、戰後の効果を收むるに至つては、我の彼等に及ばざること到底日を同じくして語る可らざるものあるは、全たく軍人以外の國民が、商工業を以て其利を圖らざるに由る。二十七八年戰役の結果、馬關條約を以て淸國の各港を開きしも、之に由て日本商人は何の利する所あるを見ず。蘇州、杭州、沙市、重慶等の新開港場は、特に日本の爲に開きしも、毫も日本商人の店舗を開く者無く、徒らに他人の爲に嫁衣を製するの愚を見しは現時の實況なり。而して今回の北淸事變に於て、日本軍の戰功は實に列國の首位に在り。然ども戰後に於て日本人が永遠に收むべき利益は果して如何。幸に天津に於て紫竹林居留地と天津市街との間に、將來最も有望なる地區六十萬坪許の專管居留地を得しも、若し日本人にして之に移り住み、能く日本市街を建設するにあらずんば、日本人は何の利する所なく、終に列國をして日本は戰に勇なるも商利を收むるの能力無しと笑はしむるも、辨解の辭無るべきなり。

抑も今回の事變に於て、世界列國の爲に彼れの如く多く勞苦したる日本は、淸國に於て如何なる利源を開發せんと望むも、列國は殆ど異言無るべし。而して日本人にても最も利益を收め易きは天津に於て各種の事業を營むに勝るは無し。抑も天津の地、人口六十萬、水陸の要衝に位し、鐵道は一面北京より保定府に通じ一方は太沽より山海關に連なり、更に錦州より牛莊までの關外鐵道と、露國の滿州鐵道に接續して工事既に成れり。其地元來白河の岸に位して、大運河と三岔河の注ぐ所、南淸北淸交通の衝點たり。故に古來北淸第一の繁昌地なるが上に、將來は鐵道の延長と共に其の繁榮の增進する測り知る可らざらんとす。昨年來の事變により、全市殆ど兵燹を被むり、非常の大打擊を被りしと雖も、今は既に略ぼ舊狀に回復し、之を當局者に聞けば、本年五月の貿易額は昨年同月に比して既に增加せりと云ふ。また其の現時の住民も、都統衙門の調査によれば、昨年の開戰前よりも既に多しといふ。其の回復の速かなる、驚ろくべきものあり。

此の發達力に富むの地に於て日本の專管居留地は、戰後夥多しく擴張せられ、天津城の內外に於る支那町と、紫竹林の各國居留地の間、今回の兵變によりて掃蕩せられたる新疆域を占領し、而かも人家は皆な燒けて直ちに日本人の移り住むに適する好位地を占め、殆ど望む儘の市區改正を行ひ、新たに道路を通し、排水工事を施し、山口、福島、秋山等我が戰功將校の名を冠したる新市街の形丈けは既に成る。然ども我國人の家を建て舖を開くもの無く、唯だ慧眼なる西洋人若くは支那人の土地拂下を出願する者續出するのみ。此の如くにして過ぎば、日本の專管居留地も、久しからずして歐米人若くは淸人を以て充たさんとすと云ふ、是れ眞に惜むべきなり。

方今天津は日英露佛獨伊の六國委員より成る都統衙門なる新政府に於て管轄し、東方軍糧城太沽に至る。而して衙門は從來淸國政府が施したる稅法によりて課稅し、其の收入は月々十五六萬圓に上るも、衙門の政費は、僅に六國の委員六人と數人の屬官及市中の警察費徵稅費等に過ぎずして、其の收入の大部分は使用の途を求むるに困む。是れ從來淸國官吏が私曲の中に消滅したるもの、今は明白なる費途の外に散すること無き故、此の多くの剩餘を生ずるなり。試みに其の收入額を聞くに、最近の統計は左の如し。

明治三十四年六月一日より卅一日に至る一ヶ月間
天津都統衙門收入

	兩
內地稅	六〇、九九九、三七
家屋稅	三、六三五、四二
營業稅	九、七一七、五〇
渡船稅	一四、五〇
人力車稅	一、二八〇、一〇
二輪貨車稅	二七、五〇
一輪貨車稅	二一三、六〇
貨馬車稅	一八一、五〇
鴉片店稅	二五七、二五
音樂場稅	一〇〇、〇〇
石炭稅	二、六四六、五〇
特別稅	四九七、六〇
罰金	一、一〇三、二八
兩銀重量の差違	六、〇六
漢文司課より請取りし金	一、一三
佐藤大尉より請取りし金	四七一、五〇

以下は弗にて算する分

	弗
船稅	四、五〇四、五〇
船用旗費	八〇〇、〇〇
貨物通過免狀費	二、七〇
軍糧城稅釐局より請取りし金	一、八八五、二五
裁判課より請取りし金	一九四、〇〇
漢文司課より請取りし金	四一〇、二〇
警察課より請取りし金	二四五、八〇
沒收贓拂下け金	八、〇〇
總計	八、〇五八、四五弗
	八一、一八二、三九兩

其の收入此の如く多くして、支出は幾ばくも無き故、其の歲

計に剩餘あるは左の如し。

明治三十四年六月三十日都統衙門現在財產表

	弗	兩
德華銀行預金殘高	一四五、六六四、三八	二〇一、六二七、九〇
都統衙門官銀號に預金殘高	一七、三五二、六九	二八、四七九、七九
總計	一六三、〇一七、〇七	二三〇、一〇七、六九

都統衙門の收入此の如く多き故、其の大部分は力めて市街の改良に投じ、道路橋梁の改良、水道下水の裝置、等着々進行し、昨年七月連合軍の進擊を防守したる天津城四面の城壁の如きも、今は既に盡とく取崩されて、其の址には近日電氣鐵道を敷設せられんとす。況や白河には既に鐵橋の架設に着手し、天津より太沽まで、白河の河流にも大浚渫を施こし、二千噸以內の滊船を天津まで入港せしむるの設計も既に成り、其の經費も五十萬兩を支出するに決す。諸もろ此の如き施設は、皆な將來天津の繁榮を增進するにあらざるは無し、將來の隆盛察すべきなり。

斯かる間に於て日本人は、彼の如き樞要の好位地を占め、殊に其の新居留地は白河の岸に沿ひ、貨物の揚陸に適するのみならず、天津城外より紫竹林までは、電氣鐵道の敷設權をも得たりしに、逡巡躊躇して之を實行せず、本國の東京馬車鐵道會社が電氣鐵道に改むるの後、其廢物と爲すべき馬匹と軌道を送て之を利用し、馬車鐵道を天津に敷設せんとするが如き迂遠の思想を懷き、到底日進の潮流に伴ふ能はざる爲に、城壁址の新道路と、白河を渡りて鐵道停車場までの間に新たに電氣鐵道を敷設するの權は、近日に至りて終に天津居留の歐州人に許可せられ、日本人は僅に居留地の敷設權を維持するのみ、其れすら終に實行の機の何れの日に在るを知る能はず。嗚呼是れ何等の醜態ぞ。

醜態は獨り之に止らず、戰後內地より入り込む同胞は、無賴漢にあらずんば醜業婦のみ。而かも其の醜業婦は肥前天草邊の最下等人種にして、列國人環視の中に帶も纏はずして橫行し、彼等こそ日本婦人よと指目せらるゝに至ては、勇武を列國に誇りし日本軍隊をして、赧然として背に汗せしむる者擧て計ふ可らずといふ。嗚呼何ぞ商工業者たる日本男子の意氣地無きや。千載また逢ふ可らざる好機運に際會しながら、徒らに袖手傍觀し、無賴漢醜業婦をして跋扈せしめ、徒らに佛頭に糞を塗るの羞辱を被むらしむ。

元來日本の商工業者とて、利を好まざるにあらず、而して眼前に天津の好利益あるを顧りみざるは、畢竟事情に通せざるに由る。何ぞ進んで先づ其の實況を探らざるか。近日東京より有馬組の森清右衛門氏、東京建物會社の木村粂市氏等が、天津事情視察の爲に赴きしは、空谷に跫音を聞くの思あり。抑も門司天津間は三晝夜にして達すべく、日本郵船會社は每月四回の定期航海あり、其の往復費の如きは言ふに足らざるなり。或は曰ふ、太沽天津とも、內地人民の往來に憲兵の檢束嚴なるに困しむと。是れ彼の無賴漢の渡航を取締る爲のみ。純良の事業家が渡航するに、憲兵の檢查何かあらん。或は又曰ふ、天津に放資するも、他日再び義和團の如き亂民の蜂起に因て、資產を蕩盡せんことを恐ると。此事必無を保せざるも、最近の列國將官會議は、將來北清の居留民保護の爲に、北京天津山海關間に平時にも約六七千の兵を駐め、其中約四千は天津に置くに決す、而して他日都統衙門の假政府を清國政府に引渡すとも、既に居留民の爲に施設したるものを變更せざることを條件とすると聞けば、將來清國政府若くは亂民の爲に其の財産の安固を害せらるゝこと無けん。若し夫れ此等の事業を調査し、資本を携へて渡航し、永住の計畫を爲さば、天津に日本人の勢力を扶植すること今日より好きは無し。彼の六十萬坪の專管居留地は、一に日本人の來り住むを待つ。若し日本人にして漸やく之を充たさば、其の勢力は豈に朝鮮に於る釜山仁川の下にあらんや。

④坪谷水哉（善四郎）「宇品港と北清韓国行路」（『太陽』第八巻第八号、一九〇二年六月）

宇品港と北清韓國航路

坪谷水哉

名譽の宇品港

極東の天地に風雲の急なるとき、我國より軍隊を派遣するには、常に先鋒の位地にあるものを廣島の第五師團と爲し、其の第五師團は勿論、廣島以東の各師團の兵を海外に輸送するとき、乘船地として唯一の港灣は宇品と爲す。二十七八年の戰役に、第五、第一、第二、第三、第四及び近衞の各師團を乘船せしめたる地は槪ね宇品なり。三十三年の北清戰亂に、第五師團を發送したる地もまた宇品なり。將來とても本州の各師團兵を海外に輸送する必要ある毎に、宇品は必ず水運による發送の起點たるや疑ひ無し。實に宇品港は、事變の海外に起る毎に其の價値を增し、軍事上に、全國を通じて最も大切なる港灣の一と爲れり。故に此等の軍隊の輸送せられたる、宇品港と北清及韓國各港間の航路を視察するは、帝國海上の位地を知る爲に、極めて重要にしてまた趣味多し。而して其の航路の紀行に入るの前に、先づ此の軍事上に最も大切なる宇品港の、由來と位地並に事情に就て說くの必要あり。何となれば今日こそ彼の如き大切なる宇品港も、十數年前には一個の寒村漁落に過ぎず。之が築港の爲に太だしく苦情ありたる歷史ある地なればなり。

宇品築港の始末

明治二十七八年の戰役當時以來、北清事變の際にも、灣頭常に數十隻の軍艦と御用船とを一時に碇泊して、毫も障礙を感ぜざりし宇品港も、今より十五年前には其の潮の乾くときは、白沙數里に連なる遠淺にして、滿潮にあらざれば船を進めがたき所なりき。當時廣島海灣は、廣島市街と、安藝佐伯の二郡、東南より北西に繞り圍み、其の灣內の半徑八千有餘間、前面には大小數十の島嶼散在して以て西南の風浪を防ぎ、海面穩かにして最も船を泊するに適す。而して廣島市は、人口十二萬の大都會、第五師團、縣廳、控訴院等の諸官衙を置かれ曾て四十二萬石の大藩の舊城として、今も中國第一の繁昌を極め、物貨の集散頗る頻繁ながら、水上の運輸には甚だ不便を感じたり。其故は、廣島市を貫流する太田川は、數派に分れ市中を流れて海に入り、凡そ海路を經て廣島に入る者は、必ず此等の諸川を溯らざる可らず。然ども太田川は、從來年々上流より夥多しく土砂を流がして、次第に河口を塡め、艀舟を入るゝにも今は滿潮の時を待たざる可らず。故に大船舶は皆な廣島灣頭なる宇品島に繫ぎ、滿潮を待て始めて艀舟を進むるの不便は、人皆な之を感ずるに及び、宇品を浚渫して港を築くの議は起りぬ。然ども工事の容易ならざると、經費の多きとに躊躇して久しく決せざりしに、明治十三年、時の廣島縣令千田貞曉の赴任するに及び、鋭意して築港に着手し、先づ内務省御雇技師ムルドルの設計に從ひ、陸地より海堤を築きて宇品島に接續し、因て廣島各川より流送する土砂の通路と風浪を防ぎ、宇品及金輪兩島の海峽を船舶碇泊場と爲し、宇品港より築堤に沿ふて新道を廣島市街に開き、以て陸海の交通を接續す。案成りて内務省の許可を得、工事に着手したるは十七年九月五日にして、竣工せるは二十二年十一月三十日。其間年を閲すること六、人夫を役すること百萬人、資を費やすこと三千百四十萬圓、落成式は御名代として小松宮殿下親しく臨みて其の式を擧げさせ給へり。而して工事中には、十八年十二月高潮の爲に海堤を破壞せられ、僅かに修築したる後、翌十九年三月再び破壞せられ、既成の工事を徒勞と爲せるが如き、經費は頻りに豫算を超過して、非難の聲は上下交々も起り、局に當りし者は具さに苦辛を嘗む。然ども其の築港に依て、安全なる碇泊地の外に、五十一萬三千三百坪の耕地と四萬六千七百五十坪の宅地を得、且つ宇品より廣島に通ずる道路、溝渠、堤塘等を得たるは、今より之を見れば、非常に廉價なりしと雖も、其頃の廣島市が之を負擔するは至大の責任なりしや必せり。況や築港落成後も、數年の間は未だ港灣の効用を發揮する能はざりしかば、由なき工事を起しけりと、之を非難する者多く、千田貞曉氏が多年の苦心も、之を感謝する者稀なりしが、二十七八年の戰役一たび起りて、宇品の眞價は始めて全國民に認められたり。當時若し宇品港無りせば、軍隊輸送の爲に被むる不便は名狀すべからざるものありしならん。何となれば大軍の駐屯と乘船とに適する陸海の便宜あること宇品の如き地は他に匹ひ無ればなり。

宇品港の位地

抑も宇品港は、東は安藝郡海田灣に連なり、西は佐伯郡草津に延長し、北は廣島市に接續して山陰地方に通じ、市街の中央は國道にて貫き、南は海を隔て丶遙に伊豫の諸山と相對し其間前面には大小の島嶼星羅碁布して一大屏障を爲し、以て西南の風浪を防ぎ灣内は濶くして、海水深く、干潮にも港内概ね八尋以上なれば、大艦も小船も、碇泊極めて便なり。二十七八年の戰役中、常に數十の軍艦と御用船とを碇泊して毫も不便を感ずること無かりしは、洵に故あるなり。

築港一たび成り、陸海運輸の便開けしより、宇品は啻に軍用のみならず、商店軒を並べ、行旅の客は麕集し、船舶港内に輻輳して、忽ち繁華なる商業地と爲れり。市街は分ちて海岸通り一丁目乃至五丁目(六丁目以東は陸軍用地)中通一丁目、二丁目、北通り、一丁目乃至五丁目、御幸通り一丁目乃至七丁目、並に大河通り西堤防通り等と爲す。海岸通三丁目には御幸松なるものあり。是れ明治十八年車駕臨幸の事あり。同所にて御休憩の上、御乘艦あらせられし時、紀念の爲に、植ゑしものにて、御幸通りの名も之に因む。後に三十二年東宮殿下の行啓を紀する爲に、更に一本の松を植ゑて、第二御幸松と稱す。

此地廣島市を距ること一里に充たず、而して山陽鐵道廣島停車場より支線を敷設して此所に通ず。然ども廣島市と密接する爲に、商業上の施設は多く廣島に於てし、宇品にあるは、日本郵船會社及大阪商船會社の兩支店と、廣島棧橋會社、黒川鐵工所、潮田鐵工所、古賀鐵工所等あるのみ。而して陸軍用地には、宇品陸軍補給廠、糧秣廠、軍用棧橋等あり。方今此地は尚ほ商業よりは軍用に重を置かるゝを知るべし。

然ども宇品の地は將來軍用のみならず、商業上にも極めて樞要の位地にあり。之を海運の便より言へば、内地諸港とは、中國航海の關西同盟汽船に依りて、東は東呉、音戸、竹原、東海、三原、尾道、鞆、多度津、高松、神戸を經て大阪に至り、以て東京、横濱、北海道及東北各港と、紀勢、尾參、及阿波土佐行汽船に接續し、また西は宮島、岩國、久賀、柳井、德山、三田尻、門司に至り、九州各港、山陰、北陸、北海の各道行汽船に接續す。此等の汽船は、上下とも毎日二艘乃至三四艘づゝ必ず寄港す。其他伊豫の三津濱へは毎日二回、呉、音戸を經て往來し、同地にて豐後、日向各港及鹿兒島行、さては琉球、八重山、臺灣線にも接し、又宇和島を首とし、伊豫の南部にも接續す。其他呉、江田島へは別に毎日數回の往復するあり。伊豫の今治と、備後の尾道とは、各毎日一回の往來あり。其等の各線と連絡して尙更に内外各港に往くを得べきのみならず、特に陸軍の御用船は專ら此所より太沽、山海關に向ひ、方今毎月二回づゝ往來しつゝあるなり。更に陸上の交通を見れば、宇品停車場より廣島に達する汽車により、西は馬關まで、東は神戸、大阪、東京、青森まで、四通八達するを得べきなり。若し今後廣島より山陰道の濱田、松江に達する陰陽連絡の鐵道にして成らば、宇品の交通は更に幾度の便を加ふべし。故に曾て中國沿岸に開港場を選定するに當り、宇品を取らずして糸崎に決したるは、識者の今も大に非難する所なり。或は宇品の軍事要港たるを以て、之を商港と爲すを嫌ふ者あるも、灣内廣き故其の一部分を開港と爲せばとて、蓋し不便無るべきなり

三十三年の海嘯

三十三年八月十九日、宇品に海嘯あり。當日朝來風雨暴れ、正午過る頃より海上に激浪起り、午後三時最も激烈を極め、終に宇品市街地の防波堤を破り、潮水は耕地に氾濫し、同時に國泰寺新開堤防も破壞したれば、忽ち廣島宇品間の交通を遮斷し、救助の人夫をも出す能はず、新開地は滿目渺茫たる大海原と變じたり。當時北清事變中にして、北京城陷落後僅に三日、清國駐屯軍隊冬期交代大輸送の期に迫り、宇品の交通は平時に百倍す。此の時に當りて、鐵道は水中に沒し、陸軍用地は孤島の觀を爲す。軍事當局者の爲には、其の修繕を待つこと一刻千秋のみならず。故に廣島市は陸軍省の補助を請ひ、晝夜工事を急ぎ、僅に九月五日に及びて潮水の侵入を防止し得たり。而して爾後陸軍省は、現在の用地に隣る潟水を埋立て、更に地盤を高くし、以て將來に暴風雨の變あるも、用地と鐵道の安全を計り、一昨年來其の工事中にして、遠からず竣工を告げんとす。以て本港の如何に軍事上に重視せらるゝかを見るに足る。

御用船便乘

宇品より北清に往來する定期船は、皆な陸軍の御用船なり。故に其の航路の事情を記するには、御用船に便乘するの外無し。余は明治三十三年九月、北清戰亂地を視察の爲に、御用船仁川丸に便乘を許され、宇品より乘船したるは同月十八日なりき。

御用船に便乘を許さるゝは、多くは新聞記者にて、當時は一社一人と制限せられたり。余もまた記者の一人として、先づ陸軍省に出願し、且つ戰地視察とは云へ、外國に赴くものなれば、東京府に海外旅行券の下附を請ひ、當初は赤十字社の病院船博愛丸に便乘するを許されたりしも、廣島に赴くの後、仁川丸の博愛丸より三日早く發し、且つ當時重要なる政府の使命を帶び、戰地に急行する陸軍の將校多く仁川丸に乘られたるを以て、之に隨行するの便宜多きを思ひ、更に請ふて之に便乘するの許可を得たるなり。

御用船の便乘は船賃を要せず、唯だ船内の食料實費を拂ふのみ。而して余は代議士田口卯吉君と同行し、船中には陸軍歩兵大佐宇佐川一正、同砲兵大佐稅所篤文、同二等監督辻村楠造、同歩兵少佐立花小一郎、同砲兵少佐山川丈三郎の諸氏乘り込めり。後にて聞けば、宇佐川大佐は駐屯軍半數撤退の用を帶び、稅所大佐は分捕軍器處分の用を帶び、立花少佐は列國聯合軍司令官獨逸のワーデルゼー元帥の幕僚として、山川少佐は前に北倉の戰に負傷して廣島豫備病院に送られ、今は平癒して再び戰地に赴くなり。斯かる任務を帶びる諸將校と同船するを得たるは、戰地視察者の余等に、無上の便宜にて、殊に仁川丸上等船客室は、諸氏と田口君及余の八人にて滿たし、其他に一人をも加へざれば、船中は無責任の氣焰をも遠慮無く吐くを得、食時も毎次服裝を改めて出るが如き窮屈無きは、御用船の便乘ならでは、また得べからざるの快樂なりき。

十八日午後四時纜を解き、宇品港内に拾數隻の軍艦と御用船の碇泊する間を漕ぎ出し、晝間の殘暑も、晩景より退き天和かにして波平かなるとき、畵の如き風光を賞しつゝ行進し、晩餐後は皆な甲板の上に出で、微醺を帶び、面を海風に拂はせつゝ、談論風發、快言ふ可らず。深更に室に入り、一醉醒め來れば、十九日の朝、船は既に長州壇の浦を過ぎ、間も無く碇を門司に投じたり。是れ石炭を積み込まんが爲といふ。

馬關の一日

仁川丸の石炭を積むには、約一日を費やすと聞き、終日此の海峽内に滯在することを得るや、余等は朝餐後直ちに對岸の馬關に上陸し、春帆樓に入り、裝を解き浴を取り、杯を取て醉を呼ぶ。回顧すれば既に六年前の明治二十八年、前年來の連戰連敗に困じたる清國は、終に李鴻章自ら欽差頭等全權大臣と爲り、李經芳、吳廷芳、羅豐祿等、部下の俊秀を選拔して之を從がひ、媾和の爲に日本に向ひ、汽船裕禮號外一隻に乘りて此地に來り、馬關に上陸したるは三月二十日なり。日本の全權大臣伊藤侯陸奥伯の、數しば會見して議論を上下したるは此の春帆樓にて、中ごろ李全權は兇漢の爲に負傷し、爲に我軍の北京總攻撃を延期して休戰と爲り、最後の和議の調印を了したるも此の春帆樓なり。當時余は此地に出張し、親しく李全權一行の上陸より、兇漢狙撃の事變、馬關全市を沸騰せん計りの大騒動まで、詳かに目撃したりしが、今は六年後、再び淸國に事變起り、日本軍が前年果さゞりし北京攻撃を實行し、旭章の軍旗に北京城頭に飜へるの時、其の戰況を觀察する爲に發したる余は、今馬關に上陸し曩日の媾和談判場に杯を手にして坐す。往事を追懷して感慨殊に深からざるを得ず。況や前日敗後の媾和全權たりし李鴻章は、今回もまた敗後の媾和全權たらんとする說あり。其の境遇を察すればまた氣の毒の情に堪へざるなり。

午後春帆樓の背後なる安德帝の廟を拜し、また平家一門の墓を吊ひ、船に歸りしは午後五時頃なりしに、偶たま船長來り報じて曰く、中央氣象臺より警報を傳へ、九州沿海を警戒す、故に今夕は發するを得ずと。斯くと知らば今夜は馬關に一泊すべかりしに、惜きことしてけりと悔るも今更詮なく、晩餐後はまた例により皆な甲板の上に出で、晩涼を納れつゝ、兩岸を望めば、一方は廣瀨旭莊が山陽小浪華を咏じけん馬關の市街、海に臨む樓々の燈光銀河の如く、一方は新開日進の門司港、土一升に金一升を以て鳴る繁昌は、また歌吹の海を涌かし、其の間を往來する大小の船舶は、絡繹として織るが如く、昔日にてさへ千帆忽去千帆來ると歌はれし地、今は舊時に百倍して、前後應接に暇なきばかりなり。

朝鮮近海の風浪

翌れば二十日の朝、拂曉錨を拔き、船は玄海洋に向つて發す。此時海峽の夜航を危ぶみ、前夜來六連島邊に碇泊したる內外の大汽船は、舳艫相啣んで內海に入り來るもの、七八隻あり。余等の乘れる仁川丸は、右に岸柳島を望み、左に小倉町を眺め、漸やく六連島の間を過ぎて玄海洋に出れば、前日よりの波浪は未だ收ならず。船は左右に動搖して、船客多くは眩暈し、午餐の食卓に就く者半ばに上らず。頓て對馬近海に及びて微しく靜かなるを得しも、進んで朝鮮近海に及べば、再び風暴れ浪激し、船は掀翻簸蕩せられて、海水は斷へず甲板の上を洗ひ、夜に入りて益ます暴る。故に船は進路を轉じ、避けて韓國長直路の劍島內に入る。翌二十一日の朝、浪の平かなるを喜び、甲板に出れば、細雨絲の如く、海上濛々たるも、四方は陸を以て圍み、恰も湖水の中に在るが如く、時に漁舟の波上に漕ぐ者を見れば、皆な日本の漁夫なり。傍にまた大阪商船會社の汽船名取川丸、紀陽丸等五六隻あり、余は身の外國にあるを覺へず。然ども是れ實は韓國全羅道の長直路灣にて、前年二十七八年の役、終に我が海軍の根據地と爲しゝ所、地の僻にして貿易港に適せざるも、軍艦の碇泊には無上の良灣なりといふ。大阪商船會社の汽船は、皆な陸軍の御用船にて、今淸國より歸航の途、また風浪を此所に避けしなり、而して此邊、皆な日本漁夫の終歲漁業に從ふ所にて、宛然日本領海の觀ありとぞ。此日終日此所に滯留し、本國への通信を草し、商船會社の汽船に托して郵送す。此の如きは郵便と言はんよりは、寧ろ好便と謂ふべし。漁夫の來りて魚を賣るあり。船の事務長は一舟の漁獲物を盡とく買ふ。鯛あり、魴鮄あり、潑溂として舟中に躍る。價を聞けば一貫目六十錢といふ。漁夫の鄕里を問へば、愛媛縣人にて、本年二月本國を出で、今年十二月まで此邊に漁業を營み、捕魚の一部は韓人に賣りて米鹽に換へ、他の大部分は親船の來るを待ち、鹽漬して本國へ送るといふ。既にして魚を賣らんとする漁舟また交はる／＼來り、爲に雨中滯留の無聊を消し、また食膳上鮮鱗に饜くを得たり。

太沽到着

長直路に滯留すること一晝二夜にして、風浪の全く收まるを待ち、二十二日纜を解き、濟州島を左舷に望み、終日朝鮮沿岸を航行す。翌日快晴、午前十時半微かに清國山東州の山東岬角を望み、午後には曾て二十七八年の役に我が軍の始めて上陸したりと聞く榮城灣の前を過ぐ。近く山上の燈臺を望み、漸く北進すれば、當時の激戰地たりし百尺崖、摩天嶺等、指顧の中に在り。日島より劉公島に沿ひ、威海衛北口の灣門を望めば、英國の軍艦は、大小十數隻、帆檣林立し、儼として渤海の灣門を睥睨す。黃昏の頃より船は渤海に入て漸やく陸地を遠ざかり、翌二十四日間尚は渤海を行く。此日は愈いよ太沽に上陸の日なれば、陸上は既に戰亂地にて、また飲食を縦にする能はざるを思ひ、先づボーイに命じ、湯を沸かさしめ入浴して裝を更むれば、午後二時前方遙に煤烟の颺るを認む。漸く近づくに随つて帆檣林立し、更に近づけは大艦小艇五十餘隻海面を掩ふて群がり泊し、白きもの黑きもの、灰色なるもの、各國其色を同くせざるは、猶ほ人種の異なるが如く恰も軍艦の競進會の如し。此日日本軍艦は、淺間、高砂、秋津洲の三隻在り。御用船の小蒸船もまた數隻ありて、頻りに陸上と往來す。船の最も多きは佛國にて、是れ其の本國より新たに大兵を送り、今正に到着したるが爲なり。之に次ぐは獨逸にて、聯合軍司令官ワーデルゼー元帥は、此朝始めて太沽に上陸したるなり。仁川丸も進んで此等軍艦の碇泊する前を過ぎ、太沽砲臺の僅に見ゆる邊に錨を投ずれば、陸上より御用船筑後川丸は來り迎へ、之に乘り移りて始めて脚は清國の土を踏めり。

太沽港は白河の河口にて、直隷灣の北岸なり。海水は白河より吐き出す泥沙の爲に黃色を帶び、河口は年々に填塞して、千噸以上の船舶は、廿哩の沖にあらざれば投錨するを得ず。故に若し滿潮時にあらざれば、上陸する能はず。幸ひに余等の入港するとき潮の高かりし故、小蒸汽に移りて直ちに航進せしも、本船より河口までは二時間を費やしぬ。河口の左岸に日本國旗を掲ぐるは北口の砲臺にて、日本軍の占領に歸し、右岸に屹立する砲臺は露西亞の國旗を樹つ。更に進んで我が軍艦鳥海愛宕の二艦の碇泊する前を過ぎ、日本砲臺の上流に今は英國軍の占領するものこそ、開戰の始に日本海軍陸戰隊が先登第一の名譽を博したる砲臺なり。其の砲臺は關門を河に面し、當時開戰の朝、河中に碇泊したる各國の軍より、陸戰隊の上陸したる地點、其の聯合軍の背後に在りし我が愛宕の陸戰隊が各國軍の間を通り拔けて前進したる河岸の線路等、陸上より迎ひに來れる士官の説明にて詳かにするを得たり。

舟は白河の左岸なる西沽の日本運輸通信支部の前に投錨す。時に午後六時。而して日は尚は高かし。怪んで質せば、宇品と西沽とは緯度の差違より時間も一時八分の差違ありとぞ。斯くて満船の客皆な時計の針を四時五十二分に改む。太沽の市街は白河の兩岸にあり。東は東沽、西は西沽と云ふ。人口三千餘。余等は翌朝此所より十丁許上流なる塘沽停車場にて汽車に乗り、天津に赴くに決したれば、暫らく西沽に上陸し、我が軍運輸通信支部を訪ひ、更に闇を冒して西沽の市街を散歩するに、戰亂の爲に土民は多く四方に散じ、家々は一物を留めず、市街は極めて不潔にして、輙もすれば路上に糞を蹈むの危險あり。故に再び船に歸つて甲板に起てば、各國の商船水雷艇は斷へず闇中に往來し、陸上には各國兵營中に燿やく燈光星の如く、遙かに海上を望めば、軍艦に點する電燈は白晝よりも明かに、中にも露國軍艦と、塘沽停車場守備の露軍及び砲臺中の露軍との間に、三方より數しば回光通信を以て空中に電光を交換し、其狀宛かも彗星の如く、また我が運輸通信支部の前には、河岸にて熾んに炬火を焚き、火光水に映じて頗ぶる壯なり。

太沽は白河の河口ながら、日夜河中より吐き出す泥沙の爲に、河口近く船を泊する能はざれば、全たく商港の用を爲さず。而して此の汚濁なる白河の上流に、別に一大繁盛なる開港場あらんとは、未だ此地に臨まざれば信ずる能はざるなり。

太沽と天津

日本の港は盡とく海灣に限るも、淸國には河岸の港少なからず。天津港もまた其の一なり。日本及其他各國の汽船にして、天津發着と稱するは、全たく太沽を發着するの謂にて、天津港は、太沽より白河を溯ること日本里程五十里の上流に在り。其間陸上を往けば三十里に過ぎざるも、白河は屈曲甚だしき爲に然るなり。太沽より天津までは、小形の河汽船の外は、專らジャンク船のみ、斷へず織るが如く往來す。而して余等の來りしときは、此等のジャンク船は、皆な列國軍隊の占領に歸し、各所屬國の國旗を揭げ、專ら兵器糧食等の軍用品を輸送し、中にも露國々旗を揭ぐるもの最も多く、日本の國旗を揭ぐるものは之に次げり。

太沽の停車場は、白河の河口より二十丁許上流なる塘沽に在り。塘沽より東は北塘、蘆臺、唐山、開平等を經て山海關に達し、北は軍糧城を經て天津に達す。塘沽天津間は其距離二十六哩にして、余等の乘りしときは露國の軍隊之を管理せり。

余等の一行は、九月二十五日拂曉、船を塘沽の停車場前まで進めて上陸し、午前六時停車場に至るに、會たま前日太沽に上陸したる佛國兵士二聯隊一時に乘車し、爲に雜沓甚だしかりしも、幸ひに余等の一行中に陸軍の將校數人あるの故を以て、特に上等の一室を供せられ、貨車客車を合せて十五六輛を連絡せる汽車は、廣軌式の鐵道を走りて、一たび軍糧城に停車せる外は、二十六哩間を直行せしも、戰亂の爲に所々破壞せられて、修理未だ全たく成らざる爲に、殆ど三時間を費やしたり。而して沿道は村落少なき上に、會たま存する人家は概ね燒かれて、全たく生類を留めず、野に生草なしといふもの必ずしも誣言にあらず。然ども一たび天津に達すれば、停車場は數十日間の激戰を經て、建築は盡とく燒け若くは破壞せられて僅に軌道の上に汽車を走らするに過ぎざるも、汽車の停ると共に、數百の支那人夫は、苦力々々と呼んで遠慮なく車室中に入り來り、荷物を運ばんことを求めて、煩はしきこと言ふ可らず。

余等は携ふる所の行李を集めて苦力に命じ、之を一車に積ましめ、停車場を出で丶市街の燒け跡を歩し、列國軍隊の往來絡繹として塵沙面を撲つの間を行くこと三四丁許にして白河に架したる舟橋を渡れば、對岸は即はち天津紫竹林の各國居留地なり。余等は河岸を上方に歩し、佛國居留地内の三井物產會社支店に到り、當時我が海軍陸戰隊本部と其の內に置かる丶所に至りて小憩す。

當時天津北京間の鐵道は破壞せられて、修理未だ成らざれば、北京に赴くには水路通州を迂回するの外なし。故に即日余等はジャンクの御用船三隻を艤し、毎船十人許の苦力を役して之を曳かしめ、白河を遡ること二十四里、此間六日を費やして始めて通州に達し、通州北京間の五里は、馬車にて往き、北京に留まること五日、其間具さに我軍激戰の跡と、戰後荒涼の景とを眺め、或るときは北京宮城內に今は主なき皇帝の玉坐を見、或るときは滿壽山の離宮に西大后の豪奢を極めたる榮華の夢を傷みつ丶、歸路は再び通州を經、白河を下りて天津に來る。其の陸上の見聞は、此に記するの要無ければ、今は專ら天津港に就てのみ記せんと欲す。

天津港

天津は清國直隷省天津府天津縣の治下に屬し、白河の河口より上流五十里の右岸に在り。白河と永定河その外、南北運河は皆な此に會流して、然る後太沽に至り、渤海灣に注ぐ。故に北京を首として直隷省に要する食料米は、皆な南方より水運によりて此地に運び來り、恰かも北京の咽喉たり。故に數千のジャンク船は隙間も無く河岸に繋ぎ、帆檣の茂き、林立のみならず。白河に架する舟橋は、此等ジャンク船の上下するもの集まるを待ちて橋を中斷す。其の橋を斷つごとに、船の通過するもの五十隻を下らず。實に天津通洲間に往來するジャンクは　平時六千隻餘と云へば、其の天津港頭に輻輳するの多きは察すべきなり。

此地芝罘へ水路百五十四里(日本里程)上海へ六百八十七里、牛莊へ二百三十五里、日本の長崎へは七百八十九里。千八百五十八年の天津條約により開港場と定まり、同六十一年に開港し、現に六十萬の人口を有し、北淸に在ては北京に次で最も繁昌なる市街なり。南方江蘇省の楊州より、山東省を貫きて直隷省に達する大運河は、此地にて白河と合流するのみならず、太沽より北京に通ずる鐵道も此所を過れば、鐵路と水路の何れを問はず、天津は實に物貨集散の中心たり。

宜なる哉、彼の汚穢醜陋なる太沽の河口を入り、滿目不毛の荒野を過ぎて後、意外にも此の大都會あり。而かも紫竹林の各國居留地の如き、大道坦かにして且つ直く、層樓石室相連なりて數條の華麗なる市街を爲し、其の居留地と支那街との境する所は、日夕人馬の往來織るが如く、爲に街上に跨がりて大額を揭げ、路隘人多、不許走馬、の八大字を書するの必要を感ずるに至れる也。

天津の位地此の如く樞要なれば、古來此地に天津府城を置て防備の鎭と爲し、直隷總督の衙門も近年此所に置かれ、其他陸海の兵學校、兵器製造所、大學等を設け、其の駐防兵は全國の精鋭と稱せらる。而して義和團匪暴發後、六月十七日太沽の砲臺に戰端を開きしより、此地は戰闘の中心と爲り、列國の先着兵は、居留地と對岸の停車場とを守り、天津城の淸兵と對戰し、相持すること二十餘日、終に七月十三日より十四日に連なる天津城の總攻擊を以て、日本軍は世界に比類なき勇武を發輝して能く城を陷いれ、北淸の事變をして其の大勢を定まらしむ。而して此等激戰の跡は、居留地に於る家々の彈痕、支那市街の燒跡、借は白河々岸の楊柳の幹と云はず枝と言はず銃丸砲彈に打ち碎かれて完膚なき、皆な一見して如何に戰闘の激しかりしかを思はしむ。

久しく淸兵の根據として、列國連合軍を困しめたる天津府城は、白河と運河の合流する岸にあり。四方に城壁を繞らし、其の延長一里十丁五間といふ。城壁の高さは二丈四尺。四方に門あり、東は鎭海門、西は衛安門、南は歸極門北は帶河門と名くるも、普通には東門西門南門及び北門と呼び、城内は此四門を通じて四大街を爲し、中央と十字形を爲す所に鼓樓を設け、其の街路を鼓樓大街といふ。此の城廓外に更に壕に沿ふて土墻を繞らし、之を外城と爲す。市街は多く府城の内に在り。城内の道路は狹くして甚だ穢なし。而して市街の最も繁華なるは東北門外に於る白河の岸にあり。河岸の市街は、府城より下流の西岸に沿ふて約一里に連なり、柴竹林の外國居留地に接す。

紫竹林の外國居留地は、佛國最も府城に近く、次は英國、次は獨國と連りしも、近來日本の專管居留地は、佛租界と支那人街との間に定められ、各國居留地中最も府城に近き所を占め、一方は白河に沿ひ、一方は田野に連なる。此邊一帶に兵燹に罹り、居留地を經營するには甚だ便宜多し。然ども我が居留地内には、從來我が國民の居住する者無く、三井物產會社支店、または橫濱正金銀行な店等皆支佛租界に在り。各國居留地中、英租界最も中央の位置を占め、富商は多く其内に住し、從來淸國招商局、怡和洋行、太沽洋行等の各汽船會社の埠頭も、また其の河岸にありて、太沽よりジャンクにて運び來り運び去る貨物は、此所に上下するが故に、大小船舶輻輳し、苦力と稱する勞働者は、常に蟻の如くに群集し、頗る雜沓を極む。

天津太沽芝罘間

當時太沽と宇品間には、御用船の往來頻繁なるも、余等は芝罘を經て韓國に遊び、爲し能ふときは旅順牛莊にも巡廻せんと欲するが故に、三井物產會社支店に就き、太沽芝罘間の便船を聞くに、戰亂以後久しく定期航海を斷ち、唯だ元と淸國招商局に屬したる汽船を、今は英國又は日本の國籍に移し、時々太沽より芝罘を經て上海に往來するあるのみといふ。而して幸ひに近日其の公平號の太沽を發するありと聞き、怡和洋行に就て乘船劵を買ひ、十月十二日天津を發し、恰かも當時我が第五師團兵の一半を撤退する爲に、旅團長眞鍋陸軍少將(斌)聯隊長粟屋大佐(幹)の諸氏と共に、來時の如く塘沽まで汽車に便乘し、塘沽より白河の河岸に出で〻汽船公平號に乗る。公平號には上等船客室二にして四人を入るゝに過ぎざるに、天津にて乗船劵を買へるもの、日本人、英人、獨逸人を合せて二十一人あり。平時ならば苦情百出すべきも、他に船便なき爲に皆な默し、英獨人は甲板に出でゝ臥し、余等は食卓の上に寢床を設けて臥すことゝ爲す。加之乗船後船は尙ほ貨物を積み込む爲に發船せず。豫定期日より二日を遲れたれば、乗客は皆な空しく白河河口に二晝夜を消し、時々上陸して露佛軍の兵士が、分捕品を携へ來り、手眞似にて賣り歩くを冷やかすを以て、僅に無聊を慰す。況や北清の氣候は寒氣の來り襲ふこと早く、前日此地にて筑後河丸の船中に一夜を明かしたるときは、尙ほ熱に困しみしに、二十日餘を過ぎたる今日は、既に飛霰の甲板を打つあり。斯かる間に英國の士官が、上等船客にして夜間毛布を身に纏へる儘、天幕も無き甲板上に臥し、日本の上等船客をして皆な室內に起臥せしめたる雅量に服せざるを得ざりき。

斯くて十四日の午後、太沽を解纜し、白河々口の砲臺の前を過る頃は、日既に暮れ、太沽沖なる列國艦隊の側を過るときには、各艦上に輝やく燈光は花の如く、また蜃氣樓を海上に現すかと疑はれ、壯觀を極む。翌十五日午後二時過る頃、淸國山東省なる芝罘港に到着す。

芝罘港

芝罘港は、淸國山東省登州府福山縣に屬し、實に山東岬の北面に突出せる一角なり。此地は盛京省の旅順口と相對して、渤海灣の咽喉を扼す。其の淸國の國防上に必要なること、恰かも日本の東京灣の關門に位する富津と觀音崎との相對するが如し。故に往時明末の時代に、和寇の支那沿岸を侵すとき、此の岬端に警備の兵を置き、敵の海上に現はるゝを見るや、直ちに烽火を擧げて警を報ずる所と爲す、故に其地を烟臺と云ふ。其の岬端の海灣、三面は丘陵を繞らし、灣內水深く、また風浪の虞無く、能く一千噸以上の汽船五十艘餘を繋ぐに足る。故に千八百五十八年六月(淸國咸豐六年日本安政五年)英國は先づ天津條約によりて此地の開港を約し、後に千八百七十一年七月の日淸條約により、日本もまた此地を開港場と爲す。而して本來烟臺と稱するも、其の海灣の對岸なる村落を芝罘と呼ぶより、外國人は芝罘と稱して今に及び、淸國人の外はまた烟臺と呼ぶもの無く、唯だ各國居留地の高丘の上、淸國海關の在る所、往時烽火を擧げたる地をのみ烟臺と稱するに至れり。

芝罘は、北淸各港に對して最重要の位 地に在り。威海衞と膠州灣は其の東南に隣りし、旅順と大連灣とは其の北方の對岸に在り。皆な一日若くは一夜の航海にて達すべく、更に渤海灣內にては、太沽、天津、山海關、牛莊、何れの港に往くも、芝罘實に其樞軸たり。而して灣內の諸港は皆な冬期氷結して航行を止むるも、芝罘のみは年中斷へず日本內地より定期船の往來するのみならず、香港上海よりも常に定期船の往來あるあり、其地は日本の神戸より千二百二十八浬、馬關より九百八十八浬、長崎より八百四十浬、淸國太沽より百五十四浬なり。實に日韓淸三國の沿海に往來する船舶は、芝罘を以て中央碇泊所と爲す。天然の地勢之をして然らしむるなり。

芝罘は、國防上、貿易上に於て好位地を占むるのみならず、其の風景また北清に冠たり。他の各港は、何れも景色の賞すべきもの無く、山は禿にして水は濁り、嶋嶼の奇もなく、巖石の勝も無し。之に反して芝罘は、海色澄みて水底の游鱗を數ふべく、山は翠松茂りて常に海風に嘯き、山光水色映對して、風致頗ぶる愛すべし。故に牛莊天津威海衛邊に在る外國人は、夏時此地に來りて海水に浴する者夥多しく、ビウチ、シービヴイウ等の各ホテルは、各室塡充して多く客を謝するの盛況を呈すといふ。

余は田口君と共にビウチホテルに投ず。英人の事業にて支那人之を管す。家は三棟に區ち、客室は樓上樓下に分れ、其數二十餘、余等は二人を一室に容れ、建築は壯麗と稱しかたきも、東京築地の精養軒等に比すれば、伯仲の間に在り。食堂は一棟を異にし、食時には庭を過ぎて集まるものとす。シービウホテルにも知人を訪ふて數しば往き試みしに、海灣に面して眺望に富み、眺海樓等の支那人風なる扁額まで揭げ、眞にシーヴイウの名に背かず。其の規摸ビーチに比ぶれば稍や大なり。而して食事は兩ホテル相似て、其味ひ間然する所無し。在北清各地の外國人が、遠方より來り遊ぶもの、此の風景と氣候の外、飲食起臥に不便無きものまた一原因たり。

芝罘港の位地此の如く重要なるも、日本人の此地に住する者は未だ多からず。領事館員、郵便局員、其の家族と在留人とを總計して六十人許に過ぎず。醫士、寫眞師等を除けば、專ら商業に從ふ者は幾ばくも無し、其中に日本商人の牛耳を執る者を高橋某と云ひ、高橋洋行の所有汽船は、日々に此港と旅順大連灣の間に往來しつゝあり。尙ほ外國船の代理店をも取扱ひ、淸人及其餘の外國人間にも信用厚し。

此地には魚類、鳥肉、菓物の類に富み、其價廉にして味は皆な美なり。故に日本人の居住は甚だ容易に、常に日本食に飽くを得。又豆索麵と稱する特產あり、其名の如く豆にて製する索麵にて、其味は饂飩粉製の索麵に比すれば遙かに勝れり。また菓物中にも芝罘より數里を隔つる萊陽にて產する梨子は、萊陽梨と呼び、美味淸國全州に冠たり。其味は檎の如くにして滋味多く、而かも口中に入るれば直ちに消し了り、毫も糟粕を留めず、眞に絕品たり。

芝罘市街と其風俗

芝罘の外國領事館及居留地は、市街の東端烟臺の半腹に在りて、近く港灣に瀕す。其の居留地より、市街の西端玉皇廟まで約二十丁の間は、數條に劃せられたる淸國人の市街にて、道路は狹きも、市街は賑やかなり。戶數約七千、人口四萬と稱す。繭紬は此地の特產にて、支那の南北各地に輸出す。また大豆の產出多く、豆粕と共に近來日本への輸出も漸やく增す。其他桐材の產出も多く、日本にて支那桐と稱するは多く此地より輸入すといふ。

淸商中には資產家多し。中にも兩替を業とする饒莊なる者には、百萬兩以上の富を有する者少なからず。彼等の發行する手形は、信用頗る多く、其の流通は外國にて政府の發行する紙幣の如し。

余等は領事館員に伴はれ、一日市街の西端玉皇廟に至る。廟は寺院に屬し、關羽に似たる偶像を安置し、道士之を守護す。道士は辮髪を垂れず。髷を結んで頭上に置く。會たま清國官人來りて寺内に遊び、余等の其中に入るを謝絶す。官人は轎に乗り、兵士二十人許之を護す。兵士等は銃を庭樹に掛け、皆な日光を背にして丘腹に臥す。試みに其の銃を手にすれば、錆びて銃身に斑點多し。彼等はまた余が携ふる仕込杖を見んことを求む。拔て之を示せば、其の明光々たるに一驚を喫するもの丶如し。

玉皇廟を辭して山を下るとき、少婦の盛装して轎に駕し來るを見る。謂ふ是れ藝妓なりと。惟ふに寺院に遊べる官人の召に應ずるものか。當時北清戰亂の後を受け、天津北京の間の如きは、野に生草なきの慘狀を呈するも、直隸省を去て其の隣りなる山東省中に來れば、清人は皆な戰亂の如何なる狀を呈せしを知らず。天子西方に蒙塵するも、毫も關知せざるが如し。上下皆な此の如くなれば、有司の寺院に遊び、妓を招きて飮むが如き、毫しも怪しむに足らざるなり。況や兵士の銃身錆びて斑點あるをや。其の連戰連敗するも洵に止を得ざるなり。

牛莊事情

北清に於て經濟上の事情を究めんと欲せば、牛莊港は決して之を不問に措く能はず。故に余等は北京天津の歸路、太沽より山海關を經、牛莊にも赴かんことを期せしも、當時鐵道は皆な破壊せられて、陸行に由なきのみならず、山海關も僅に清國守備隊より列國聯合軍に引渡したるのみにて、軍隊以外の徒は未だ往くに由無く、隨つて太沽より牛莊に行くの便無りき。故に芝罘に赴くの後、更に芝罘より牛莊に直航の船便あるを望みしも、戰後の秩序未だ定ならずして久しく定期の航海を絶ち、僅に近ごろ牛莊に赴きたる玄海丸の、牛莊より來りて仁川に赴かんとする船便あるを聞くのみ。而して若し其の船便によりて仁川に赴くにあらずんば、何時歸朝するを得べきか、之を知る能はざるなり。故に芝罘に留まること三日にして、會たま玄海丸の牛莊より來るに乘じ、直ちに仁川に向つて發し、牛莊に赴く能はざりしのみならず、渤海灣口に相對する旅順大連灣にも往くの暇なかりしを憾む。然かも牛莊の事情は、當時牛莊より歸航せし船中の同乗者に就き　略ぼ之を聞くことを得たり。故に今は左に其の梗槪を記せんとす。

牛莊は滿州盛京省に屬し、遼河を海口より遡ること十四海里の上流なる左岸に在り。清人は此地を營口と稱す。清國最北の開港場にて、滿州の生産品を輸出し、其の需要品を輸入する唯一の咽喉なり。市街は河岸に沿ふて縱に長く、中央關帝廟を以て上下二區に劃し、上流に在るを西營子と稱し、各國人の居留地にて、下流に在るを東營子と稱し、清國商賈の市街たり。此年七月二十六日露國兵此地に亂入し、侵掠を縱まゝにせしかば、清國守備兵之に抵抗し、激戰の後、清兵終に敗走し、市街は露兵の占領に歸し、刼奪剽掠到らざる無し。故に一時は清國人も他の居留民も、避けて外に走りし者多かりしも、露軍暴行の非難は、世界の表に嘖々たるに及び、露國また戒飭する所あり。暴行熄んで人心稍やく常に復せしも、未だ避難民は多く歸來せずといふ。

牛莊には帝國領事館及郵便局の外、日本人の商店は、正金銀行支店、三井物產會社支店、海仁洋行、兼松洋行、高濱洋行、福富洋行、東肥洋行、松村洋行、金福洋行等あり。三井以下の諸店は、紡績糸、綿布、鐵道枕木、石炭、雜貨等を賣り込み、大豆、豆粕、豆油等の輸出を取扱ふものにして、居留民中英國人を除けば、日本人最も多く、其の貿易品は、輸出入とも日本最も多きに居る。啻に輸出入のみならず、船舶の出入も今は日本最も多し。試みに明治二十九年以降五ヶ年間の出入船舶及各國籍別を示せば左の如し。

最近五箇年間牛莊港出入船舶國別表（滊帆船とも）

	二十九年 隻數	二十九年 噸數	三十年 隻數	三十年 噸數	三十一年 隻數	三十一年 噸數	三十二年 隻數	三十二年 噸數	三十三年 隻數	三十三年 噸數
日本	七七	一八,六四〇	五五	四三,九七七	一三一	一〇〇,九五六	一六六	一七三,[illegible]	一六九	[illegible],六八二
英吉利	一八〇	一九九,〇九九	一八四	一八二,九六二	一六八	一六二,[illegible]九	一八五	一八四,九九七	一五五	[illegible],八八一
獨逸	七〇	五五,〇八六	九九	九八,七三七	四四	四三,四〇〇	四九	四一,六二一	四〇	[illegible],七〇〇
支那	五五	五六,三三三	七七	四四,三三〇	八五	六七,〇三三	一三	一〇,七三三	一三	[illegible],七四四
瑞典及那威	六四	四一,〇七二	三四	三五,〇八六	四三	三三,四四一	一五	一〇,七四四	一四	一五,六〇一
露西亞	二	一,八二四	一	七三五	四	一,七五六	三	八,一七七	六	一,九四三
亞米利加	一	五五九	三	一,四二一	四	三,四九七	三	三,一〇八	一	一,三二六
澳地利	—	—	—	—	—	—	—	—	一	九八九
丁抹	一	四四〇	—	—	二	一,〇一八	一	三,四八九	—	—
和蘭	—	—	三	三,四四八	三	三,四四八	—	—	—	—
佛蘭西	二	一,五五六	—	—	一	三五九	—	—	—	—
總計	四三三	三三三,一〇八	四三三	三六五,四八二	四六六	四三三,八六五	五八二	五〇三,一〇九	三八八	三三三,七九四

即はち二十九年には、各國中第五位に在りし日本は、年々長足の進歩を加へて、三十三年には各國の第一位に進めり。三十三年は北清戰亂の爲に各國とも著しく減じたるも、尙ほ日本は各國の第一位を失はざるなり。

次に同年度間に於る貿易價格は左の如し。

最近五箇年間牛莊港輸出入貨物價格表

年次	單位	外國品輸入元價	內國品輸入元價	土產品輸出元價	輸出入總額
二十九年	海關兩	八,一二三,九二三	三,三六一,一四七	一二,二七七,三六七	二三,七六二,四四八
三十年	同	八,九五五,九三五	三,三五四,一三〇	一三,八〇八,六三三	二六,三九八,七〇一
三十一年	同	一〇,五四七,四四一	一七,四四八,一六〇	一七,四四八,一六〇	三五,四四一,[illegible]
三十二年	同	一三,七五五,九二〇	一〇,六一五,七五一	一〇,六一五,七五一	四八,三五七,六六五
三十三年	同	七,七五一,四四四	一二,四六九,五五七	一二,四六九,五五七	三二,〇四五,六五四

而して同年度間日本への輸出入は左表の如し。

最近五箇年間牛莊港及日本間輸出入貨物價格表

年次	單位	輸入元價	輸出元價	總計
二十九年	海關兩	一四〇,六八一	三,〇八九,五六八	三,二三〇,二四九
三十年	同	二七八,五九五	五,〇七四,六二四	五,三五三,二一九
三十一年	同	五九四,三九〇	六,六三〇,八二八	七,二二五,二一八
三十二年	同	一,七二三,九九九	八,〇八九,九二〇	九,八一五,九一九
三十三年	同	一,二三九,八〇六	三,三八八,〇七二	四,六二七,八七八

此の如く三十三年は、戰亂の爲めに稍や減退せしも、二十九年より三十二年に至る四年間に、日本よりの輸入は十倍、日本への輸出は二倍半餘と爲れり。此港の貿易の、將來日本に對して有望なるや多言を俟たざるなり。其の輸出は專ら豆類と豆粕とのみにて、輸出中には紡績糸過半を占め、鐵道枕木之に次ぐ。

元來滿州一帶の地方は、冬期の寒威嚴烈にして、遼河も全く氷結し、船運絕ゆるを以て、其の特產たる大豆は、上流なる田庄臺、通江子等へ陸送し來りて之を積み貯ひ、四月初旬、河氷の解くるを待て船に積むなり。故に其の貿易も、冬期は全たく休止し、開河以後、結氷までの間に於て行ふものといふ。

此地の鐵道は、二線にして、一は營口停車場より錦州を經て山海關に至り、楡津鐵道に連なる者、一は營口の上流九哩なる牛家屯より東清鐵道の南部線に接續し、南方は旅順口に達し、北方はハルビンに於て東清本線に接續するものなり。此等の諸鐵は、工事半ばにして、戰亂生じ、清國暴民の爲に甚だしく破壞せられしも、其後全たく舊に復す。

また電信は三線あり。其一は金州を經て旅順大連灣に連なるなり。其二は錦州、山海關、天津、北京、上海を經て歐羅巴各國に連なるなり。其三は遼陽、奉天、及鐵嶺を經て東北に走り、朝鮮に達するなり。此等の諸線も戰亂の際には暴民の爲に盡とく切斷せられたりしも、秩序定まるに及びて漸く舊に復せり。また郵便物は、清國郵政局を經、滊船に托して內外各港に送ると云ふ。

余は十月十八日の朝芝罘を發し、船中にて此等の材料を聞き、翌十九日の正午近き頃朝鮮國仁川港に到着せり。

仁川港

仁川は、韓國京畿道の西海岸にして、漢江の下流海に注ぐ海灣に近き所にあり。京城を距ること十二里、此地より京城までは我が京仁鐵道會社の鐵道通じ、京城に往來する內外人と貨物とは、總て此港によつて吐呑せる。其狀恰かも日本の東京に對する横濱に似て、重要の價値は遙かに横濱の上に在り。實に韓國八道中、京畿、忠淸、黃海、平安の四道に通ずる貿易の咽喉にして、釜山元山と共に韓國三大互市場の一なり。北は黃海道より灣入し、南は忠淸道の西角に突出し、仁川港は其の間に在り。

一たび此地に上陸すれば、恰かも日本內地に在るが如く、四千人の日本居留民は、專管居留地內に純然たる日本市街を組織し、領事館、居留民役場、警察署、郵便局、小學校、公園等の官署と公共機關と備はり、金融の爲には第一、第十八、第五十八の三銀行支店あり。交通の爲には、日本郵船會社、大阪商船會社の各支店あり。また商業會議所、米穀取引所、邦文日刊新聞の朝鮮新報等あり。其他旅館、料理店、藝妓、待合業、湯屋、髮結床等に至るまで、日常必要の機關備はらざる無く、市街の要部は全たく日本人にて占領し、多く韓人を使役して勞働せしむ。況や此所より京城までの鐵道も、此の港頭に發着する滊船も、見るもの概ね日本人の事業のみなるを思へば、此地に於て、身の外國に在るを忘るゝは、宜べなりと謂ふべし。

仁川の地、今こそ此の如く貿易の盛んなる互市場たるも、今より二十餘年前には、唯だ荻蘆茂る間に數戶の漁家點在する一寒村に過ぎざりしといふ。それをして此の繁昌區たらしめしは、實に明治十五年四月、日本政府より此地の開港を韓廷に求め、其の條約成り、翌十六年一月始めて開港したるに始まる。而して其年の末、日本居留民の全數は三百四十八人なりしもの、廿一年には增して一千三百五十九人と爲り、廿七年日清戰役生じ、先づ韓國に於て我軍大に牙山、平壤、黃海等に連捷するや、居留民の數は更に增して同年末には四千四百九十九人の多きに及びしも、其頃の居留民は、一時の奇利を僥倖せんが爲に渡航せる者多く、事變收るの後、多くは歸朝せり。故に其後殘りて現時に至る者こそ、實に永住の計を定めて、仁川を第二の故鄕と爲すの徒にして、韓國に於て平和の手段により日本の勢力を確立する最大の要素たらずんばあらず。

仁川港は、世界に比類稀なる潮水滿乾の差違激しき所、其の滿潮に深さ二十七尺の海面は、乾潮には水底の汚泥を日光に暴露す。故に滿潮には埠頭まで二三千噸の滊船は近づき泊するも、乾潮には艀舟を一里餘の沖まで漕がざる可らず。然とも港灣は、前面に月尾島横はりて、三面の陸岸と相對し、港內は殆ど風浪の危險を知らず。韓國西海岸には、海灣多しと雖も、此地ほど開港場に適當の地なきなり。

歸朝

余等は仁川に上陸し、京仁鐵道によりて京城に至り、留まること三日、京城の居留地もまだ日本人の數は仁川に劣らざるも、此所は列國の外交舞臺にて、また仁川の如く日本人獨り勢力を縱まゝにする能はず。余等は韓國宮內官に導かれ、昌德宮、慶福宮等の古王宮に赴き、宮殿に昇り、庭苑に步し、曾て大院君の全盛時代に、土木の壯麗を極めたるに嘆服し、前王妃の非命に崩じて以來、皇帝其の中に住むを嫌はせられ、規摸は其の十分一にも足らざる現王宮の慶運宮に住ませ給ふを惜み、其の舊王宮の荒れに荒れて、今は唯だ紅楓の獨り時を得がほに色を添へ、鶺鴒の牆の上に鳴くのみなるを見て、覺へず昔ながらの山櫻かなの故人の歌句の巧なるに服し、も、此等の詠嘆は、今は此に說くの要無ければ略しつ。

斯くて余等は再び滊車にて仁川に歸り、此度は日本郵船會社の肥後丸が、今まで奉じたる陸軍御用船の任務を解かれ、北清より仁川に寄港し、神戶へ直航するありしかば、之に乘り、臨時船のことゝて乘客少なく、前日公平號の窮屈に引替へ、滿船を我物顏に占領して、二十五日午後三時解纜し、恰かも日々秋晴、天は拭ふが如く、海波平かに、往路には長直路に避難せる朝鮮海峽も、歸路には平地を行くが如く、二十七日の正午馬關海峽を過ぎ、風光絕佳なる瀨戶內を航行して、神戶に着したるは翌日の午後四時なりき。

⑤吉野作造「支那観光録」（『新人』第七巻第四号、一九〇六年四月）

支那觀光錄

法學士　吉　野　作　造

支那人と金錢

予は未だ「支那人の金錢に對する觀念」を概括的に說明し得る程に多くの觀察を積んで居らぬ。只茲には淸國に來てから僅か一ヶ月ばかりの間に見聞した所の二三の事實を列記して支那人の金錢上の掛引の工合を一寸御紹介するまでゝある。

予はわが敬愛する多數の敎友諸兄姉に送られて一月二十二日新橋を發し、二十四日朝相模丸に乘つて神戶を出帆し、門司、長崎、釜山、仁川（京城にも行つて海老名兄にも面會した）を經て三十一日芝罘に着した。御承知でもあらうが芝罘といふ所は冬期間は時々北風に襲はれて港內甚だ浪高く、陸地を鼻先きに眺めながら上陸の出來ぬことが多いのである。予等の入港した三十一日も風浪甚だ高くして上陸が困難であつた。上陸するには支那人の小舟を傭はねばならぬ。彼等は之を舢板といふ。人の五六人しか乘れぬ小舟である。三十一日は兎も角も六七艘の舢板は來た。併し風浪の荒きを見込んで一艘

（二三）

の傭賃言ひ値が二十圓だ。乘り合の支那商人はセリにセッて何んでも五圓位で乘つて行つた樣である。支那人は萬事こんな風に掛値するが普通であるさうな。聞けば亂暴な日本人などは二十圓でも三十圓でもよしと云つて乘船し、上陸してから一圓位を投げ與へてサッサと行つて仕舞ふ。グヅ〳〵いふとステッキもて擲れば夫れで事が濟むといふとである。

右の樣な場合にどういふ譯で船乘りが約束の二十圓若しくは三十圓の支拂を强請せず却て擲られて默つて仕舞ふかといふに、之には面白い否な氣の毒な譯がある。それは日本人（他の外國人でも同じ事だ）と支那の車夫とか船乘とか苦力とかゞ言ひ爭をして居ると其處へ支那の巡査がやつて來て、理非曲直の何れに在るやは毫も確めずして、必ず支那人を擲るにきまつて居る。だから下等社會の支那人は決して外國人と爭はぬのであるといふ事である(假令自分に理があつても)されば支那人は執拗に金をねだるけれども、一喝すれば大の男もヘコたれるのである。

予は舢板に乘り移るのが、如何にも危險に見ゑたから三十一日には上陸を見合した。翌日二月一日は一層浪があらくて舢板が一艘も來ない。空しく此一日も船中に暮さねばならぬことゝなつた。相模丸と相對して陸地の出ッ鼻には日本領事館の建物が見ゑる。そこには親友奥山淸治君(君は亦わが「新人」の熱心なる愛讀者である）が予を待つて居る筈である。予も早く彼に逢ひたいが是非がない二月二日も浪は隨分荒かつたが三四艘の舢板が來た。餘り船が厭になつたから上陸と決しボーイをして直段の談判をさせたが、五圓といふのを二圓に直切つて乘船した。サテ愈上陸した。予は五圓紙幣の外持つて居なかつたから、五圓紙幣を出して釣錢をくれと請求した。其釣錢の出し方が面白いのである。彼は一圓の露西亞紙幣と五十錢の日本軍票二枚とを出した。予は夫れを受取つてポッケットへ入れたけれども猶一圓不足だから五圓紙幣を渡さなかつた。通譯の人に聞いたら一圓酒代として呉れといふのである。予は支那語を解せざるを利用し、請求の主旨を解せざる顔して默つて立つて居つた處が彼は五十錢の日本銀貨を出した。夫れでも予は五圓紙幣を渡さぬ。スルト彼は更に二十錢の淸國銀貨を出した。餘り面倒だから三十錢を損して五圓紙幣を遣つたが、後で聞けば斯くて遂に殘りの三十錢も呉れるのださうである。斯んな風で支那人は取れるものなら一文でも餘計に取らうといふ考が隨分深いのである。されば車に乘つてもさうである。五十錢相當の所を三十錢やつて一喝しても夫れで滿足して歸つて行くが、又七十錢とか八十錢とか餘分にやつても一度は酒代を呉れと請求して見るのである。要するに支那人の頭には自分の勞働に對して相當の賃銀を得んとの考が無くして、相當以下の賃銀でも格別不滿足がない代りに、若し取れるものなら一文でも餘計に取つておかうとの僥倖心が頗る强いやうに思ふ。

支那人の店(店舗のみならず役人の住宅なども亦然り)には能く赤い紙に文字を書いて貼り付けて居る。最も多いのは赤紙を菱形に切つて之に福といふ字を書いて貼つて居る。門にも貼つてあれば壁にも貼つてある。一軒の家で少くも五六枚、多きは何十枚となく貼つてある。福字をかいた赤紙は總督衙門

（三三）

即ち袁世凱氏の役所の壁上にも澤山貼つてあるのを見た。次には長方形の赤紙へ「對我生財」の文字を記したが多い、多いも多いも非常に多い。それから「出門見喜」だとか「紫氣東來」だとか「萬事亭通」だとか「發福生財」だとか「利達三江」だとか「本固枝榮」とか「根深葉茂」とか「財恒足矣」とか「聚積財源百川會海」とか「財源茂盛達三江」とか「財源似紅日高升」とかの類頗る多い。最も中には詩的の美字麗句も見ないでは無いが、多くは利とか財とかいふ文字を見るのである。中にも滑稽を極めるは「大學十章半理財」とか「君子以義爲利」とかで甚しきは「仁者以財護身」といふやうなのもある。而して之等は自分の家にばかり貼り付くるのなら宜いが、他人の家の壁やら塀にまで貼り付ける。日本駐屯軍病院の塀にも誰が貼つたのやら「出門見喜」とか「春王正月天子萬歲」とかの貼紙を見た。

日本人の支那人から物を買ふ買ひ方も一寸面白い。予の宿屋に支那人の果物賣りが來た。宿の番頭が梨や密柑を買つて居つたが、先づ梨十個で十錢に負けろといふ。言ひ直が三十錢である。負からぬ二十錢まで賣らうといふ。斯くて段々セリにセツテ十八錢となり十五錢となり十二錢となり十一錢となる。スルト番頭は十一錢で買つてやるから密柑一つ添へろといふ。遂に梨十個と密柑一つを十一錢に買つてやつた。慣れぬ日本人は餘り面倒しいから十八九錢で賣り付けられるのであらう。支那人の「取れるものなら一文でも餘計に取らうといふ思想」は日として予の見聞せざることはないのである。

支那人の射倖心

我國では賭博や富籤の如きはトカク懶惰者のすることゝなつて居る。支那人は決して懶惰者では無いやうである。金さへやれば骨身を惜まずどんなことでも能く働く。先づ勤勉な人民と云はねばならぬ。併し其射倖心に富んで居ることには一驚を喫せざるを得ぬ。各種の賭博は到らぬ隈なく行はれて居る。こゝに其尤も著しき一例をあげやう。

支那の下等社會は能く買喰をする。上は五十六十の老人より下は五ツ六ツの子供に至るまで買喰をする。從つて各種の菓果を賣る店が日本の駄菓子屋のやうに澤山あるのみならず、又小さな笊又は箱に入れて行商するものも非常に多い。之等の店又は行商人は必ず一個の竹筒を備へて置く。其竹筒の中には我國の賣卜者の持つて居る様な細い竹が這入ツて居る。今之等の者から菓子を買はんとするに、支那人は決して我々の様に金と引換に菓子を買はぬ。必ず金を出して竹筒から細い竹を引く、竹筒からは一度に三本の竹を引き、而して一錢につき三度引くことが出來る。竹の末端には文字が書いてあつて、其文字の如何によりては何度引いても金をやるばかりで一つも菓子を取れぬこともあれば、又一度で五六錢分の菓子を取ることもある。支那人は五六十の老人でも五ツ四ツの子供でも皆此流儀で買ふのである。畢竟これも「取れるものなら少しでも餘計に取つて置かう」といふ横着な考から來るものであらう。どうも彼等には釣り合といふ思想が無いやうである。出す所と受くる所との均衡を得るといふことのみでは滿足せぬらしい。

支那の巡査

芝罘(チーフ)に着いたとき、街の辻に土方風の男が三尺ばかりの棒を

（四三）

以てボンヤリ立つて居る。背に巡捕の二字が記されてあつたので巡査か知らんと思つたけれど、風體の汚いのと餘りボンヤリして居るのでマサカ巡査では無からうがなと思ひつゝ、人に聞いて見ると之れが芝罘の巡査であつて、狹い道路にボンヤリ立つて居るばかりだから徒らに通行人の妨害となるのみだが、併し之れでも土人に對しては相當のオーソリチーがあるのだと聞いて、呆れたのである。

後ち予は秦皇島に着き、此處より天津に向ふの途次、秦皇島より湯河まで滊車に乗り、之より山海關より來る滊車に乗り換へるため湯河停車場で三十分ばかり休息した。停車場には日本に於けると同様に取締のため例の巡捕が五六人來て居る。然るに之等の先生達は予が妻と子供との日本風俗が餘程珍らしかつたものと見ゑ、皆ゾロ／＼と寄つてたかつて何かコソ／＼言ひ合ひ、甚しきは子供に話しかけて愛嬌を振りまき、衣物をイヂつて見たりなどする。秦皇島の駐屯兵の名越隊長は態々湯河まで予を送つて來て呉れたが、餘り巡捕がうるさいので「去」と一喝した。此一喝に遇つて一寸一二歩退いたが、又ニヤリ／＼笑ひながら寄つて來る。職務も取締もあつたものでない。之で巡査とは呆れるではないか。

天津の巡査は流石に少し巡査らしい。服装も少しキチンとして居る。天津には二月中ばより電車が開通した。物珍らしいので見物の男女山の如しである。ソシテ見物人は電車の通路内にまで這入つて來るので、巡捕は棒を振り聲を張り上げ、此の寒いのに大汗になつて警戒して居る樣は中々感心であるを見た。併しまた斯ういふ話も聞いた。或る町で支那の苦力が鑵詰を車にのせて引いて行く中に一つ車から落した。路傍に警戒して居た巡捕先生之を見るや否や忽ち走つて之を拾ひ取りポッケットに入れて濟まし込んで知らぬ顔で居る。するとモー一人の巡捕先生は其苦力を捉まへて通さぬ、何かいひ合つて居つたが、結局鑵詰一個を呈上して無事通行を許されたとの事である。こんなことも有り相である。

天津には支那の役人としての巡捕の外、外國租界で雇つて置く巡査もある。例へば日本租界（居留地のことを租界といふ）には日本人たる巡査の外、四十人の支那人を月給七圓乃至九圓位で雇ひ込んで、之に多少の訓練を施して巡査となし、町の辻々に立たしておく。英租界にも佛租界にもあるのである。斯かる外國の雇巡査は外國人に對しては一向權威が無いが支那土人に對しては中々エライ權力あるものである。之等雇巡査は二頁の理由によりて土人に對して權力がある。一は役人としてゞある。支那では役人といへばドンナ小役人でも絶對の權力を一般人民の上に有して居る。宛かも封建時代の士族對町人百姓の如き關係であらう。二は外國租界の役人としてゞある。天津（其外の地方でも同様であらうと思ふが）に於て外國人の勢力は非常である。外國人のする事は支那人の間には無理でも通るのである。ソコデ外國の雇巡査は外國を笠に着て猶更土人をイヂメるのである。支那人は平素役人に苦められ通しで居るから、一度自分が人を苦め得る位置に達するや、盛に人を苦めるのである。先達て予は散歩の途中、日本の雇巡査たる支那人が喧嘩した二人の支那人を捌くに、棒を以て散々に打擲して居るのを見た。其慘酷見るに忍びぬのである）其癖打たれる支那人は割合に平氣であつた）。併し日本人が一喝すれば巡査は打擲を止めるさうである。

屋巡査が外國を笠に着て支那人たる同胞に對して暴慢無禮を働く一例として近頃面白き問題が起つて居る。ソレは過般袁總督が英國皇帝の御誕辰を祝する爲めに、英國領事館を訪問せられたが其時何かの間違で袁總督の護衛騎兵が英國屋巡捕と衝突した。然るに其支那人たる屋巡捕はイキナリ護衛騎兵の隊長を擲り、頭部に輕からざる傷を負はしむるに至つたさうである。袁總督といへば當今飛ぶ鳥も落つるばかりの大勢力で、諸外國も袁總督に對しては餘程憚り且つ尊敬して居るのであつて、況して支那人間にありては帝王も同様の勢力であるのに、英國屋の巡捕が此の袁總督の護衛隊長を擲るといふに至つては、如何に外國の勢力が支那人の間に重視せられて居るかゞ分るであらう。

收賄の風習

支那の官吏はコンミッションと收賄とで喰つて居るとかいふことは衆々聞いて居たが、來て見ると之は獨り官吏間のみでない、上下官民共に行はれて居るを見る。この二者は上下一般の公々然行ふ所で、決して彼等の見て以て惡事とする所ではないらしい。

支那人のクックを雇ふ際の談判が面白い。彼等は曰ふ、買物を拙者に御まかせ下さらば毎月の給料幾ら〳〵で宜しいが、買物をおまかせ下さらずば幾らでなければいけませんと。斯の如きはクックのみでは無い。ボーイを雇ふにも同様であつて、すべて買物をまかせるといふ約束であれば給料が安くて濟むのである。安い給料で濟むわけは彼等はコンミッションを取るからである。

假りに予が甲といふ大工に机を造らしたとする。机が出來上つて代價を予が拂ふといふと、其大工が代價を受取つて歸るとき、必ず門番のボーイから幾らか請求される。之をやらねば大工は非道い目に遇ふ。すべて物買りが來て一圓でも二圓でも物を賣ると、其幾分は必ず門番の爲めに取られる。又必ずやり且取る習慣ださうである。予の知人が此間大工に机を造らした時に、五圓の所を四圓に直切つたら、大工はお宅のボーイに知れぬやうに代金を御拂ひ下さらば負けますと云つたさうだ。

更に甚しきはボーイを連れて買物に出かけ、或る店（勿論支那人の店）で物を買て歸ると、翌日頃私かにボーイは其店に行き、昨日幾ら〳〵の買物をしたから幾ら〳〵を呉れ、若し呉れぬなら以後主人を此店に伴はぬぞと强請する相である。

甲の人がボーイを使者として乙の家に贈物をすると、乙の家は必ず甲のボーイに贈物の價格に應じて金をやるのが普通の禮である。ボーイは歸りて必ず其金を主人に見せる。主人はボーイの貰つて來た金の多少によりて、乙が如何ばかり自分に對して敬意を表して居るかを判斷するさうである。そこで如才のない支那人は左もない物を貰つても莫大の金をボーイに呉れて見れを張る相である。腐れ玉子十を贈つて二圓貰つたといふ奇談もある。

甲の家と乙の家と非常に懇意だとする。すると正月又は三月五月等の節句には甲家のボーイは乙家に、乙家のボーイは甲

（六三）

家に必ず祝に來る。否な祝に來るのではない、金を貰ひに來るのである。來らるれば必ず二十錢や五十錢は呉れねばならないのである。甲家の主人が乙家を訪づれて家のボーイや門番に御目出度うなどゝ言はれた時も同様であつて、金をやらねばならぬ相である。三井物産會社とか大倉とか支那の官署と取引して居る所へは、節季には總代を寄越して向ふから請求に來るさうである。

支那の官署には新築といふことはあるが、修繕といふことは無い。例へば昨年學校を建てたが、生徒が多くて今年は狭くなつた且つ多少壊れたとする。日本ならば増築修繕といふことになるが、支那ではさうでない、すぐ別の場所に新築するのである。之れは増築や修繕では官吏の懐は温まらないからであるさうだ。因襲の久しき遂に今日では役所はすべて修繕とか、増築とかすべきものでないといふことになつてしまつた。

⑥坂本箕山「天津日本租界地の繁栄」（『太陽』第一三巻第二号、一九〇七年二月）

天津日本租界地の繁榮

在天津　坂本箕山

天津の位置は北緯三十九度五十五秒、東徑百十七度十三分五十五秒に位置し、地勢平坦にして山陵なく開濶なる曠野なり。三面は河口に落み大海は其東方に在り。且つ三角淀は其西北を繞り衛河、北河は帶の如く廻注し、南河は蛇の如く奔流し、相合して白河となり、濁水黃色を呈し、蕩々として海に向て流る。縣の寬長を見るには一百淸里にして渤海に至り、西は三十五淸里にして靜海縣界に入り、北は三十五淸里にして、順天府武淸縣に至り、東南は百十淸里にして渤海灣に抵り、西南は二十淸里にして靜海縣に抵り、西北は五十淸里にして順天府武淸縣界に接す。東西の長さ九十淸里にして、南北の寬さ七十五淸里あり。而して淸國の首都北京を距ると二十九里、北淸貿易の關門なる太沽海口を距る十四里半にて、眞に水陸の通衢畿內の要地なり。

天津はもと附郭にして、東西南北の四郷に分ち、凡そ三百七十四の村莊を管領せりと、其區域左の如し。

東郷　陳家溝と滅河とを以て北と東に分ち村莊八十一ありき
南郷　海河を以て東と南に分ち村莊百二十一ありき
西郷　衛津河と赤龍河を以て西と北とに分ち村莊百〇二ありき
北郷　子牙河を以て西と北とに分ち村莊百　二ありき

天津の市街はもと城垣を以て、其四周を劃し、城内と城外とに分ち、城内は乃ち鼓樓を中心として十字街となり、東大街を鼓樓東と稱じ、西大街を鼓樓西と稱じ、南大街を鼓樓南と稱じ、北大街を鼓樓北と稱じ、其十字街より更に幾多の胡同を形成し、各大街に通ぜしめあるが、城内固より殷賑なるも、城外また繁榮の所少なしとせず。

今は城趾の大街東を東馬路とし、西を西馬路とし、南を南馬路とし、北を北馬路とし、舊時の城外とは僅かに一帶の街路を隔てゝ相通ずるに至れるを以て、商賈往來の頻繁なる舊時の觀を一變す。又城外と稱せらるゝ所にして、最も繁盛なるは北門外一帶の地なる鍋店街、針市街、估衣街及東門外なる宮北、宮南の地方なりとす。北門外一帶の地方は重に海產物及綿布類の問屋多く、估衣街は各種の衣裳、獸皮毛等を列べ、鍋店街また豪商多く、宮北宮南の二街は小賣店、多くして、中等以下の住民なれば頗る雜沓を極め居れり。

天津市街東馬路の南角より、白河沿岸を迂回して海光寺に至るの間は、日本租界なり。此租界に接して佛國租界ありて、東北沿河一帶に至る。英租界は紫竹林に在りて、東は海河に至り、西は佛租界に接す。獨逸租界は英租界に接し、東海河に至る。露租界は海河の左岸にあり。其他澳、伊、白等の租界あれども市街をなさず。就中英租界、佛國租界最も賑盛を極む。日本帝國總領事館、正金銀行支店は目下未だ英租界にあり。其他若干の日本人商店あり、船舶の碇泊場も紫竹林にあり、諸般の物資も、英租界ビクトリア街最も善く整ふ。佛租界は支那人の商店住宅多く、獨逸租界は漸次家屋の新築成り居れり。春秋二季競馬擧行の際は、獨租界最も賑ふ、其租借地坪數は左の如し。

日本租界	三十万坪	英租界	四十万坪	佛國租界	四十万坪
獨租界	五十万坪	澳租界	二十万坪	伊租界	二十万坪
露租界	七十万坪	白租界	六万坪		

但米國に限り租界地なし

此等の租界地の地價は一毛（我百八十坪）に就き英租界は約一萬兩租界は五六千兩、日本租界は五千兩位なりと。

天津の日本專管居留地は、今を去る十年前即ち明治廿九年十月、現外務大臣子爵林董氏が、清國公使たりし時、清國官憲と訂結せられたる日清議定書に依りて、始めて設定せられたり。同議定書第三條第二項に「清國政府より請求の上は早速上海、天津、厦門、漢口等日本占有の居留地を設くるとを允すべし」とある條項に基き、明治三十一年十二月、時の天津駐在一等領事鄭永昌氏と、天津道臺との間に、天津居留地取極書を交換し、兩國政府之を認可し、直に實施せられる事となりたり。其地區は白河岸（今の福島街より秋山街に至る山口街一帶の地）より今の西福島街に沿ふて海光寺に至る東、秋山街に沿ふて土壁に至る其内部一圓にして、其坪數約三十萬坪なり。後ち明治三十六年四月に於て日清兩國の官憲の取極に依り、第一次取極區以外の地域を擴張居留地となす。其坪數約十萬坪あり。而して現定居留地より、西方に向ひ即ち今の旭街の北端より、城趾に沿ふて舊天津城南門に至り、又南門より海光寺の居留地界に至る一帶の土地、約四十萬坪は豫備居留地にして、將來日本居留地擴張の必要を生じたる時は、日本政府は清國政府と協商の上、擴充し得る事の特權を條約上有す。故に日本居留地の區域は、現定地區約四十萬坪と、豫備地四十萬坪都合約八十萬坪あり。

然るに明治三十三年二月の我帝國議會に於て、在外帝國專管居留地特別會計法案の通過するや、同年三月、日本政府は、日本專管居留地經營事務所官制を公布し、之を天津に適用する事となりたり。是に於てか先づ第一次取極地區內の白河に沿ふて、約五萬坪を第一期の經營地區となし、之を九區に分ち、事務所長は鄭領事の兼任にして、技師は工學士長崎武秀氏其外技手數人を以て開始せられ、事業に着手せり。其後間もなく領事交迭し、事務所長は前總領事伊集院彥吉氏兼任する事となり、着々工事も進行し四ヶ年度に渉りて、第二期の經營地約二萬坪を、第十區より第十二區に分ち合せて、七萬坪餘埋立工事及護岸、道路、雨水溝の築造を完了し、現形の地區を整成するに至れり。而して之が第一期經營の第九區に至る五萬坪の內より、領事館、郵便局の敷地及外國人所有地等を除きたる土地は、東京建物株式會社に之を拂下げ、同社をして「土地の交付を受けたる日より、滿三ヶ年內に居留地の體面品位を維持するに足るべき建物を建築すべし」との命令條件の下に、家屋を建築せしむるに至りたり。

因て東京建物株式會社は、天津に支店を置き、小松林藏氏之が支配人となり、直に工事に着手せしめ、年一年と進捗し、今や煉瓦又は石造の家屋を建築し、高樓大厦天に聳へ、商品軒を列べ、市街井然、街路清潔にして、毫も歐洲列國の租界地に劣らざる體裁を備へ、天津市街と他列國市街との中間に位し、車馬の來往頻繁を極め頗る殷賑なり。聞く同建物會社が、昨年中新に築造落成せしは合計八十六戸にて、壽街、旭街等著しく繁盛の狀を來したり。其他昨年建築の豫定に屬したるものにて、冬期に入りたる爲め工事を中止し、今春早々建築せらるべきもの、及四十年度經營の家屋は左の如しといへり。

▲第四區の內　旭街壽街の間に於て東南は秋山街、四北は蓬萊街を以て限られたる一區劃內に於て旭街に面して二階商店七戸、壽街に面して平家住宅大小合計九戸の設計あり又同區內なる旭街、壽街、蓬萊街、松島街によりて限られたる一區劃內に於ては旭街に面して大商店六戸、松島街に沿ふては商戸二戸、壽街に沿ふては二階建住宅九戸の設計あり、壽街に面しては二階建商店八戸、松島街に沿ては三戸、壽街に沿ふては二階建商店七戸の設計あり

▲第七區內　秋山街、蓬萊街、常盤街、旭街を以て限られたる區劃內に於ては旭街大通に二階建大商店四戸、其裏手に六房宛の支那家屋二軒と常盤街に面して九房宛の支那家屋十二軒と蓬萊街に面して平家建小商店六戸との設計あり其四北に隣れる區劃には旭街に面して商店四戸と德義樓と云へる支那料理店の東南に隣りて一大戲園を建設するの計畫なりと

▲第八區內　榮街に沿一に所及租界局隣大住宅建築の筈

其他日本郵船會社、大阪商船會社、大倉組、三井物產會社等の各支店は、白河々岸に高屋を建築して、既に落成して、市街の位置を高め、領事館も旭街より公園豫定地附近に向け新築せられんとし、又起業組合の經營に成れる埋立地直らし工事も、略ぼ竣成し、此組合の建築に成れる家屋と、支那人の經營により建築中のもの、日を逐ふて多く、天津の日本租界は三十三年後の當時までは、空漠たる一の沼地たりしもの、今は化して繁華熱鬧の衢となり、將來益々發展し、天津の中心點と變じ商業の實權は、一に此日本租界に集らんとする形勢なり。

天津の日本租界は斯の如く發達し、斯の如く外觀の美を致せり。而して内容に於ては明治三十五年日本租界局を設け、行政委員一名警職十名を置き、專ら道路、衛生、教育の事より經費、道路費、衛生費、教育費等一切の公利を計り居れり。社交團體として日本人倶樂部の設けありて、總ての宴會は此處にて行はる、此處には圖書館の設けあれば、新聞、雜誌、書籍の縱覽又は玉突場に玉を突くの人集り來るもの多し。又婦人會ありて、時々此處に會し有益なる講話を聞き、且つ家庭實用のミシン裁縫、及支那料理等の稽古をなすよし。又商談會、實業團體と云へる團體ありて、實業上の研究をなす事あり。又基督教青年會ありて、夜學部を設け、支那語と英語を教ゆ、昨十二月よりは淨土宗僧侶の發起にて、高等學堂内に夜學部を設け、支那語の教授を始めり。又宗教上は本願寺布教所、淨土宗出張所、日本基督教會あり。又公立の小學校ありて居留民の兒童を教育す。此小學校は去る明治三十五年十一月有志の發起して、家塾的に設立せしものを、後ち小學校となし、駐屯軍經理部長日匹信亮氏監督の下に、里村信子、川本忍子、伊藤祐子の三婦人が、家事を抛ち、篤志其任に當り、租界局より毎月二十五弗の補助をなし、授業料一弗を以て、經常費に充て、書籍器械購入の臨時費は、寄附金を以てしたり。當時生徒僅かに十二三名、收入毎月四十弗に充たず。教員たる三婦人は、無報酬にて能く熱心に努めたるよし。後ち三十七年三月二十日、臨時居留民大會を開き、小學校を租界局行政の下に置く事に決し、五月卅一日引渡し、爾後居留地各戸に教育費を負擔し、昨三十八年度には歳入三千四百弗、歳出二千三百六十六弗の經濟を有するに至り、今や生徒は百人以上となり、高等師範學校卒業生を校長とし、他に三名の教員を以て、教授の任に當り居れり、其他居留民の娛樂としては倶樂部以外には、公園豫定地にて、テニス會、大弓會開かれ、夏期には租界豫備地内の池水に水泳會、冬期には白河上の氷滑りあり、銃獵期には三角淀附近に鴨を獲んとて赴くものあり、漁魚期には附近の運河池水に綸を垂れるものあり、又室内の慰みとしては、謠曲に熱心する人多く、流儀は觀世流多く、寶生流の人もありと、婦人はピヤノ、オルガンを彈ずる人多く、琴を奏する人は少なきが如し。又少しく俗に入りては偕樂館と云へる劇場ありて、芝居浮連節も行はるゝ事あり、天仙茶園、同樂茶園の二劇場ありて、支那芝居は絶えず興行せるも、日本人の赴くもの少なし、日本人の料理屋數戸ありて、賣聲賣肉の婦あり、需用多く供給乏しきとのよし、居留民の之が爲め過つものなくんば幸甚なり、而して公園豫定地は未だ公園としての設備なきも、近時之が完成の議起り、本年十一月伊集院氏この地を去るに方り、氏が租界地に盡力せられたる功勞を頌し、紀念として之が命名を氏に求めたるに、氏は之に應じ題して大和公園と命名したり、居留民は尙ほ伊集院氏紀念の音樂堂建設を企て募金したるに、忽ち千有餘弗の申込を得たり、斯るが故に近々公園の完成を見るに至るべし、然るに居留民間の内情を見るに、小軋轢小紛擾は絶えずなきにあらざれど、大體は一致和合せるが如く見ゆ、全體に賑般なるの觀ありて、天津は何をなしても利益ありと云へど、能く洗ひなば身分不相應の外面を飾り、其實甚だく苦しむ人もなきにあらず、一時の遣繰算段に其日送りをなすものもあり、初は脫兎の如く、終は處女の如き事をなすものもあり、或は時として實力と伴はざる事業をなし、不健全の擴張に走らんとする傾向もなきにあらざるが如し。其然るが爲めかあらぬか天津の事情に精通せる伊集院氏は、其去るに臨み居留民に告げて曰く「天津の發達が秩序的に健全ならんを望む」と戒む、是れ實に模範居留地の稱する天津居留地民の注意すべき所なりとす。

以上の如く發達設備したる天津に在る日本人の數を先づ既往に遡りて見るに、明治六年二月廿七日訂結せられたる日清修好通商條約に基き、翌七年我全權委員は淸國と交渉し、今の英租界の領事館敷地を買入れ、同年春より工事に着手し、翌八年竣工し爾來領事として左の人々來任したり。

明治八年	池田寬治	明治廿一年	鶴原定吉
仝十三年	竹添進一郞	仝廿三年	荒川己治
仝十五年	島村久	仝廿九年	鄭永昌
仝十七年	原　敬	仝三十四年	伊集院彥吉
仝十九年	波多野承五郞	仝卅九年	加藤本四郞

此人々及之に隷屬する官吏の外、この地に來りしものは日淸戰役前までは至て僅少なり、眞に商業を營みしは武齋洋行の武內才吉氏あるのみ、其他四五の商店ありしも、或は開き或は廢し繼續するもの少なかりし、然るに日淸戰後漸く日本人の來るもの多く、左の如き增加を見るに至れり。

	戸數	人員 男	人員 女	人員 計
明治廿八年	一八戸	二一人	一三人	三四人
仝　廿九年	一五	二九	三〇	五九
仝　三十年	一一	二五	一七	四二
仝　卅一年	二一	三二	二〇	五二
仝　卅二年	二六	五二	二三	七五
仝　卅三年	一三四	四三〇	一二	四四二
仝　卅四年	二〇四	八二四	二二九	一、〇五四
仝　卅五年	二六六	八五四	三八三	一、二三七
仝　卅六年	三一六	八三七	四七三	一、三一〇
仝　卅七年	三〇三	六七〇	五〇六	一、一七六
仝　卅八年	三四五	九二三	六六八	一、五九一

此表によれば三十二年に七十五人のものが、三十三年には、四百四十二人となり、卅四年には千五十四人となり、卅八年には千五百九十一人となり、更に本年に入りて一層多きを加へ來れり、而も今や日本人を收容すべく設けられたる租界地は、八十萬坪の多きありて、諸般の設備をなして、日本人の來り住むを迎へつゝあり。吾人は日本內地に在りて、不景氣の歎聲を放つ人々の速に來らんを望むものなり。

▲明年宮中月次乘題

明治四十年に於ける宮中月次御歌會兼題は左の通り御治定あらせられたり

一月	朝水鳥	二月	春淺
紀元節	老鶴	三月	習字
四月	濱に花見ゆ	五月	釣
六月	博覽會	七月	菊池武時
八月	廢兵院	九月	苔路にはぎさけり
十月	農	天長節	寄野祝
十一月	寒鳥鳴川	十二月	曉爐火

⑦吉野作造「天津に於ける自治制施行の現況」（『国家学会雑誌』第二一巻第六号、一九〇七年六月）

天津に於ける自治制施行の現況

在天津 吉野作造

（一）

昨年の今頃より今年の春にかけて、隨分世間を騷がせし清國立憲運動は、結局何物をも與へずして煙滅に歸せんとす。若し强て此運動の自然の結果として產出せしものを求むれば、清國二三都市に計劃せられつゝある自治制の施行ならん。大山鳴動して窮鼠出づ。幾多の詔勅と幾多の上奏と果ては五大官の海外派遣とまでなりて、一時は血眼になりて熱中したりし立憲の運動も、只其副產物たる覺束なき自治制施行に名殘を留めて、空しく往生を遂げざるべからさるを見ては、清國の爲めに私に長大息せざるを得ず。

立憲運動の表面裏面の經過、幷びに其頓挫の原由に關しては、別に一篇の論文を草して讀者に告げんと計劃しつゝあり。不幸にして目下職務頗る繁劇にして悠々筆硯に親しむを得ず。玆には單に立憲運動の餘派たる自治制施行の今日迄の經過を簡略に報導するに止めん。

○天津に於ける自治制施行の現況

(二)

去年の秋、遣外五大臣の歸朝するや、立憲の二文字は到る處の清國人の口より發せられ、彼等は宛かも此二字に醉へるものゝ如かりき。立憲詔勅の發布を紀念すべく定められし一日の如きは萬壽節よりも賑なりき。若し彼等が果して立憲の眞義を知り其利害得失を明にして而して之に謳歌するものならしめば、清國は立憲制度を確立するに左まで長日月を要せざるべかりしなり。然れども實際のところ這般の理義に通達せる者幾人かありけん。思ふに臺閣の大臣諸公と雖も多數は無我無中なりしならんと思はる。只此間に在て卓然時流を拔き、立憲制度に關して正確なる見識を有せしものは流石に直隷總督袁世凱氏なりき。袁氏は元と近世の實學を學びし人に非るも、能く識者の說を聽容するの雅量と又之を能く理解するの智力あり、加ふるに博聞强記勵精不倦、孜々として善政を布かんとするの熱心あるが故に、自ら政治上に於て卓拔の見識を有する者ならん。直隷省の清國政界に重きを爲す所以は啻に總督の幕下に日本留學の多數の俊才を網羅するのみに非るなり。

立憲とは如何樣の事かは知らねど兎に角面白きものに相違あるまじといふ位

の考を持てる者多き中に袁氏の建策は堂々として割合に首尾貫徹せるものなりき。即ち彼は憲法制定其自身よりも寧ろ先づ中央地方の官制を改革して政弊の大根本たる政治組織に斧鉞を加へ、更に民智を開發し四億の民衆をして明確なる國民的意識を抱かしむるを以て急務となし、憲法制度設定の豫備として官制改革及自治制施行の必要を提唱したりしなり。思ふに清國々運の發展を妨くる者は實に腐敗を極めたる其の政治組織と驚くべく劣等なる其の民智となり。民智の開發と組織の改革と共に到らずんば、清國の前途には未だ容易に光明を許すを得ず。組織の變更は一片の官制改革に依て之を期待し得べきや否やは大なる疑問なれども、亦其一階梯たるを失はざるべく、自治制の施行は學校の設立等と共に慥かに民衆敎育の有力なる一手段たるべき也。

先きに漫然として立憲の二字に謳歌したりし廟堂の大官は、袁氏の提議を見るに及び所謂立憲制の自家の利益と必ずしも一致せざるものなるを知り、飜然として反對の地位に立てり、斯くして清國に於ける立憲運動は頓挫を來せるなり。否一切の改革運動は一先挫折せるなり。玆に於て袁氏は、率先して自家の鼻先に自治制を試み行はんと決心し、上奏して允可を得たり。袁氏の腹には見事成功して

○天津に於ける自治制施行の現況

○天津に於ける自治制施行の現況

頑迷派の鼻を明かさんとの考もあるらしく思はる。要するに天津の自治制問題は夫の八釜しかりし立憲運動の殆んど唯一の副産物にして、一方に於ては中央に於て失敗せる袁氏の餘憤の發出點にて、其成功すると否とは實に清國將來の改革に大なる關係あり。事柄其自身は小なりと雖も、其關係する所は重大なるが故に、清國の時事に注目する者は大に刮目して其成行を知るを要す。予は袁氏の名譽の爲めに、又清國の前途の爲めに切に其成効を祈る者なり。

予は之より以下三節に分ち（一）天津自治局の組織及權限（二）自治規則の大要及（三）自治局當面の活動を論ぜんとす。但し材料收集の都合に依り茲には順序を顚倒し、次に自治局當面の活動を敍述し、自治局の事と自治規則の事とは次回に讓らん。

（三）

天津府縣に將來自治制を布かんが爲めの準備として、袁氏は去年七月天津自治局なるものを設けたり。云はゞ自治制施行準備局とでも云ふべき者にして、自治に關する事は一切此處にて取扱ふ。我が早稻田大學出身の秀才にして、過般日露戰役の功により我が勳六等を贈られたる金邦平君、天津知府凌氏と共に其長たり。其詳しき事は後節に述ぶべきも、只茲に其大體を說明せんに、自治局の差當つての仕事四あり、一は研究（地方の公吏を集めて自治法規を速成教授するもの例へば我邦の講習會の如し）、二は講演（地方の有志家を會して自治に關する講演を爲す）、三は期成會（郷紳官吏會同して自治に關する法令を起草す）、四は法政官話報の發刊是なり。而して右の期成會は本年二月を以て自治規則全部の起草を終り、之と共に一ト先づ其事業を閉鎖せり。

自治期成會が今春漸く自治規則全部の起草を終るや、天津自治局は直ちに之を直隷總督袁世凱氏に呈して其批准を求めたるに、袁氏之を可として採納するに決したるを以て、同規則八章百十一條は『試辦天津縣地方自治章程』として發布せらるゝに至れり、是れ即ち天津の現行自治規則にして又清國に於ける唯一の自治規程なり。因に云ふ。天津にて自治局を設立せる後廣東奉天の二市亦天津に倣ひて自治局を設け、共に吏員を天津に發して研究に從はしめつゝあり。奉天の自治局には我が末松法學士顧問として聘せられたりと聞く。

（四）

自治章程第百十條に依れば『本規則は直隷總督の批准を經たる後、公布の日より之を施行す』とあり。故に本規則は今現に施行の効力を有する所の法規なり。

〇天津に於ける自治制施行の現況

○天津に於ける自治制施行の現況

今此規則を施行せんには先づ第一に議會を組織せざるべからず。議會の組織は則ち議員の選擧を意味す。而して議員の選擧を爲すには規則定むる所の條件に照して選擧權者及び被選擧權者の名簿を作らざるべからず。然れども讀者の熟知せらるゝ如く清國には全く戸籍と云ふものなし。故に何某なる者が果して幾何の財産を有し又如何なる經歷あるか等の如きは勿論、一市一町若くは一部區に果して幾戸ありや又各戸平均幾人ありや等の事に至る迄公私共に全く之を詳知するの手段を欠く。世に支那の人口四億と云ひ天津の人口九十万と云ふが如き、畢竟概算の大概算にして毫末も據所あるに非ず。戸籍全く整はざるが故に茲に自治制を布かんとせば先づ其自治區內に居住する人民に付きて詳細の取調を第一着に試みざるべからず。是れ中々容易の事に非るなり。戸籍の調査は何故に爾く困難なりやと云ふに「第一」役人中に斯かる細かき綿密なる事業に矻々として働く如き勉强家を得難き事其の一なり。清國人は役人とは寢て居て飯が食へる者と思ひ居るが故に、心身を勞する而かも戸籍調査の如きつまらぬ仕事に從はんことを欲する者絕無なり。若し日本の樣に巡査や役場の書記などに調べしめては如何と云ふに、此種の人物は多く無智蒙昧にしてトテモ實際の用を爲さゞる也（第二）人民自身が調査さるゝことを厭ふ事その二なり。人民は役人を以て壓制者乃至掠奪者など考居るが故に、役人より何事か問はれたる際には成る丈け將來の迷惑にならぬやう、少々位僞りを申立てるが利益なりと云ふ風に思ひ居るなり。故に戸籍調査の一事の如きに付てもドーセ碌な事はあるまじと獨斷して、事實の申立を躊躇し、甚しきは之を以て租税重課徴兵招集の目的に出づるものなりなど流言蜚語を放つ者あるに至る也。

併し兎に角戸籍の調査は基礎なり。此事にして整はずんば、自治規則は全く施行するを得ず。於是天津自治局は其自治章程の公布後直ちに戸籍調査に從事したり。而して如何なる方法を執りしかと云ふに、先づ『塡註格式紙』なる一枚紙の票を作り使丁をして之を各人各戸に配らしめ、各本人をして必要の事項を記入して之を自治局に返交せしむる事とせり。斯の方法は一見頗る迂遠なるに似たれども、清國の如き土地にては此外別に良法あるまじく思はる。各人各戸に配る所の所謂塡註格式紙の雛形は次の如し。

○天津に於ける自治制施行の現況

○天津に於ける自治制施行の現況

表面

選舉人
被選舉人 填註格式紙

此紙限于三月十一日起填明送交分課至十四止

注意事項

一填註人先將此紙後面所載各章程詳細着明

一填註人如有第九條第十條情事者無庸填註

一填註人合於第六第七條及第十一第十二條中各項者據實逐項填註於下方其無可填註者缺之

一填註既完將此格式紙交選舉分課

姓名	年歲	籍貫	住居	職業	財產	經驗
填註於此行之下格	填註於此行之下格	填註於此行之下格	填註於此行之下格 如非天津縣籍者須書明已住幾年	填註於此行之下格 就現在之職業填註其代人營業者須填營業地址字號並其資本若干	填註於此行之下格 其營業者須書明地址字號及資本若干其有不動產者須書明坐落及價值若干	填註於此行之下格 在學堂者須書明學堂何名何年學業有著述者須書明何時出版曾辦學務或地方公益事務者須書明年月曾經出仕者須書明履歷曾得科名或在庠者須書明科分

縱八寸五分
橫五寸五分

裏面

摘錄試辨天津縣地方自治章程如左

第六條　凡有本縣籍貫而備具左開資格者均有選擧權

一　二十五歲以上有業之男子

二　不仰地方公費賙恤者

三　能自寫姓名年歲職業住址者

第七條　凡非本縣籍貫之本國人備具前條之資格而現住居（指營業或財產所在而言）本縣境內繼續滿五年以上並在境內有二千元以上之營業資本或不動產者亦有選擧權但共有者自定其中一人行使之

第九條　凡有左開各項情事之一者停止其選擧權

一　犯國律褫明之刑罰者

二　爲不正當之營業者（其範圍以條例定之條例未定以前從習慣）

三　失財產上之信用確有實據而尙未清了者

四　有心疾者

五　吸鴉片者

以上五項除法律及條例特定制限外於公認爲情事完結後仍得有選擧權

六　犯本章程停權事項者

第十條　有左列之身分者停止其選擧權

一　現爲官幕胥役者

二　現爲僧道及其他宗敎師者

第十一條　凡有選擧權之本籍人具左開各項中身分之一而無第九第十條情事者得被選擧爲議員

一　高等小學堂或與之同等及以上之學堂畢業者或有者述經官鑒定者

二　自有二千元以上之營業或不動產者或代人營業至五千元以上者

三　曾辦學務或地方公益事務者

四　曾經出仕或得科名或在庠者

第十二條　凡非本縣籍貫之本國人現住居本縣境內繼續滿五年以上並有五千元以上之營業資本或不動產及備具第六條之資格而無第九條第十條情事者亦得被選擧爲議員

選擧分課地址
（第一區ヨリ第八區マデ名稱ハ略ス）

右の譯文次の如し

○天津に於ける自治制施行の現況

〇天津に於ける自治制施行の現況

選擧人
被選擧人 填註格式紙 三月十一日ヨリ十四日マデノ間ニ填註返送ス可シ

表面

注意事項

一、填註セントスル者ハ先ツ本紙裏面ニ載スル各章程ヲ詳細ニ一覽ス可シ

一、第九條第十條ニ該當スル者ハ填註スルヲ要セズ

一、第六條第七條及ビ第十一條第十二條中ノ各項ニ該當スル者ハ實ニ據リ逐項下方ニ填註ス可シ其填註ス可キ無キ者ハ之ヲ缺ク

一、填註を完了セル者ハ此格式紙ヲ選擧分課ニ送付ス可シ

姓名	年歳	籍貫	住居	職業	財産	經驗
此行ノ下格ニ填註ス可シ	此行ノ下格ニ填註ス可シ	此行ノ下格ニ填註ス可シ	此行ノ下格ニ填註スベシ天津縣ニ本籍ヲ有セザル者ハ既往何年間住居セシヤヲ明記ス可シ	此行ノ下格ニ填註ス可シ現在ノ職業ヲ填註ス可シ其ノ他人ニ代リテ營業スル者ハ營業地名字號并其資本額ヲ明記ス可シ	此行ノ下格ニ填註スヘシ營業者ハ他名字號及其資本額ヲ明記シ其不動産ヲ有スル者ハ其件數々量及價額ヲ明記ス可シ	此行ノ下格ニ填註ス可シ在學當者ハ學校名及卒業ノ年度ヲ明記ス可ク著述アル者ハ出版ノ年月ヲ明記ス可ク曾テ學務或ハ地方公益ノ事務ニ與リシ者ハ其年月ヲ明記ス可ク曾テ出仕ヲ經タル者ハ其履歴ヲ明記ス可ク曾テ科名ヲ得又ハ庠ニアル者ハ其科分ヲ明記ス可シ
				（記者注 支那ノ營業者ハ必ズ普通ノ姓トハ別異ナル屋號ヲ有ス之ヲ字號ト云フ）		（記者注 支那ニ科擧ノ制アルヿハ識者ノ知ル所ナリ試驗ニ及第シテ或ハ進士トナリ或ハ擧人トナルヲ科名ヲ得ト云ヒ試驗ヲ出願シテ未ダ受驗セザル者ヲ庠ニ在ル者ト云フ科分ヲ明記セヨト云フハ科名ヲ得タル者ニ在リテハ其進士ナリヤ擧人ナリヤヲ記シ庠ニ在ル者ニ在テハ何科ノ試驗ヲ出願セルヤヲ記スノ意ナリ）

裏　面

試辦天津縣地方自治章程摘錄

第六條　凡ソ本縣ニ本籍ヲ有シ左記ノ資格ヲ具備スル者ハ選擧權ヲ有ス
一、二十五歳以上ニシテ有業ノ男子
二、地方公費ノ賙恤ヲ仰カサル者
三、自ラ其姓名年齡職業住所ヲ書シ得ル者

第七條　凡ソ本縣ニ本籍ヲ有セザル者ニシテ前條ノ資格ヲ具備シ且現ニ本縣境内ニ住居（營業所或ハ財產ヲ有スル者ヲモ含ム）スルコト滿五年以上繼續シ幷ニ境内ニ在リテ二千元以上ノ營業資本或ハ不動產ヲ有スル者ハ亦選擧權ヲ有ス但シ共有者ハ其中ノ一人ヲ定メテ之ヲ行使ス

第九條　凡ソ左記各項ノ一ニ該當スル者ハ其選擧權ヲ停止ス
一、國律載スル所ノ刑罰ヲ犯ス者
二、不正當ノ營業ヲ爲ス者（其範圍ハ條例ヲ以テ之ヲ定ム條例未ダ有ラザル時ハ習慣ニ從フ）
三、財產上ノ信用ヲ失シ確ニ實據アリテ尙ホ清了セサル者
四、心疾アル者
五、鴉片ヲ吸フ者
以上ノ五項ニ該當スル者ハ其事實ノ終結ヲ待テ其選擧權ヲ恢復スルヲ得但シ法律及條例ニ於テ特ニ制限ヲ定ムル場合ハ此限ニ在ラズ
六、本章程停權事項ヲ犯ス者

第十條　左記ノ身分ヲ有スル者ハ其選擧權ヲ停止ス
一、現ニ官幕胥役タル者（記者注官ハ正式ノ官吏ナリ幕ハ幕僚ナリ胥役ハ下役ナリ）
二、現ニ僧道其他宗教師タル者

第十一條　凡ソ選擧權ヲ有スル本籍人ニシテ左記各項中ノ身分ノ一ヲ有シ且第九條第十條ニ該當セザル者ハ選擧セラレテ議員トナルヲ得
一、高等小學校或ハ之ト同等以上ノ學校ノ卒業者又ハ著述アリ官ノ認定ヲ經タル者
二、自ラ二千元以上ノ營業或ハ不動產ヲ有スル者又ハ人ニ代リテ營業シ五千元以上ニ至ル者
三、曾テ學務或ハ地方公益ノ事務ニ與レル者
四、曾テ出仕ヲ經或ハ科名ヲ得或ハ庠ニ在ル者

第十二條　凡ソ本縣ニ籍貫ヲ有セザル者ニシテ現ニ本縣境内ニ繼続住居スルコト滿五年以上ニ及ビ且五千元以上ノ營業資本或ハ不動產ヲ有シ幷ニ第六條ノ資格ヲ具備シテ第九條第十條ニ該當セザル者ハ亦選擧セラレテ議員トナルコトヲ得

○天津に於ける自治制施行の現況

○天津に於ける自治制施行の現況

右の格式紙にも見ゆる如き、各人民は餘白の個處に各必要事項を記入して三月十一日(我か四月二十三日)より仝十四日までに自治局に交附すべきものなり。併し人民の無智なる種々の流言に惑ひて申告の責を盡さゞる者少からざるべきを憂へ、天津知縣及知府は共同して次の告示文を發し、右の格式紙と共に之を各戸各人に配付せり。

錄天津府縣會銜告示文

爲出示曉諭事、照得天津縣自治的事　自治局和本縣各紳商公訂了一個章程　總督大人已經批准　着先行試辦按照章程　天津縣先要立一個議事會　公擧議員　應該把天津縣境　分作八區　就現在巡警局所定的各段界裏邊　設立辦選擧事情的總課和各分課凡是天津縣的住戶　都發給一張空白的格式紙　要照紙上各項格式一一塡注明白　送回各該選擧課　看他合了選擧資格　再換給他一個選擧執照　到了應該選擧的期　憑執照換選擧票選人　你們該知道地方自治　和你們身家大有好處　還成以後將來公共的事情　自然旺盛　但是這事　是頭一回創行　恐怕有糊塗人亂造謠言　從中擱擋　也許猜疑着這事是爲徵兵爲加稅打算　你們受了他們的愚弄也許遲疑不進　實在是地方自治的妨害　所以先要明白曉諭你們一番　你們見了告示以後　要緊按照自治局所發的格式紙據實塡寫　不要隱瞞　不要撒謊　這是盼望你們的意思

切　切特示

之を邦文に譯すれば次の如し

天津府幷ニ縣ノ共同告示文

天津縣自治局ノ事ハ、自治局先ニ本縣各紳商ト會同シテ一章程ヲ訂シ、已ニ總督閣下ノ批准ヲ得、先ヅ之ヲ試行ス可キノ命ヲ受ケタリ。今章程ニ依ルニ、天津縣ハ先ヅ一議事會ヲ立テ、議員ヲ公選スルヲ要ス。而シテ現ニ巡警局定ル所ノ各段界ニ依リテ、縣境ヲ八區ニ分チ、選擧事務ヲ司ル爲メニ、總課ト各分課トヲ設立ス。該選擧課ハ天津縣内ノ一切ノ住戸ニ對シテ、空白ノ一格式紙ヲ交付シ、該紙上各項ノ格式ニ照シテ、一々明白ニ塡註シ、以テ之ヲ當該選擧課ニ返付セシム。選擧課ハ、之等ヲ一覽ノ上、其ノ選擧資格ニ合スル者ヲ取リ、更ニ之ニ選擧證ヲ給ス。選擧證ヲ有スル者ハ、選擧期日ニ至リ、選擧票ヲ得テ、選擧權ヲ行使ス。汝等ノ地方自治ニ通知スルハ、汝等ノ一身一家ニ取リ大ナル利益アリ。選擧制度成立ノ後ハ、公共ノ事業自ラ旺盛ナルベケレバナリ。但シ此事タル、今回始メテ行ハントスル所ナルニ依リ、野人或ハ謠言ヲ亂造シ、政府ノ意思ヲ阻止シ、之ヲ以テ徵兵又ハ加稅ヲ目的トスル者ナリト想像猜疑スル者アランヲ恐ル。汝等彼輩ノ愚弄ヲ被リテ、遲疑進マザルガ如キコトアラバ、實ニ是レ地方自治ノ妨害タリ。是レ先ヅ明白ニ汝等ヲ曉諭スル所以也。汝等此告示ヲ見タル上ハ、必ズ自治局發スル所ノ格式紙ニ按照シ、實ニ據リテ塡註セヨ。隱瞞スルコト勿レ。僞リ欺クコト勿レ。是レ實ニ汝等ニ希望スル所ナリ。切ニ之ヲ特示ス。

右告示曉諭スルモノナリ

以上は自治局の小吏をして各人各戸に配付せしめたるものなり。之と同時に自治局は當天津の各新聞にも同様の文字を廣告として掲載せり。併し清人は新聞を購讀する者極めて少く、例へば北清有名の某新聞の如き、全刷高僅に二千部にして、而かも其過半は在留外國人の購讀に係るの有樣なれば、新聞の廣告乃至利用

○天津に於ける自治制施行の現況

○天津に於ける自治制施行の現況

なるものは商業上にも政治上にも案外效力薄きものなり。是れ必竟淸人の大多數が無學にして目に一丁字なきに因る。故に新聞には一ト通りの廣告はせしも猶ほ念の爲め一々丁寧にも格式紙に添へて告示文まで配らしめしものならん。猶ほ新聞紙には右格式紙及び共同告示文の外選擧執照、初選擧票及復選擧票の三種の樣式を示せり。

（一）選擧執照は選擧資格證明書なり。告示文中にも見ゆる如く、塡註格式紙に所要の事項を記入して自治局に返付する時は、自治局は之を檢査し、其選擧資格に合する者に限り、此執照を交附するなり。樣式次の如し

選擧執照
天津府自治局　　爲 發給執照按照試辦章程第十九條選擧人應各給選擧執照一紙以憑臨時換領選擧票爲此合行發交本人收存如有遺失概不補給須至執照者 光緒三十三年　月　日　自治局發

右の意味を大體譯するときは次の如し。

天津府自治局ハ試辦章程第十九條ニ照シ各選擧人ニ本證壹通ヲ交給シテ以テ證ト爲ス選擧期ニ至リ各選擧人ハ本證ト引換ニ選擧票ヲ受領シ以テ選擧ヲ行フ可シ本證ハ本人之ヲ保有ス可ク之ヲ遺失スルモ復タ補給セス

(二)初選擧票　後にも説明する如く天津自治規則は復選法の主義を採れり。即ち各選擧權者は先づ自己の欲する者一名を選擧し、其選に當れる者後會同して更らに其中より議員を互撰する也。初選擧票は此の初めの方にあたる。其樣式次の如し。

表面

初選擧票	
此票塡寫所擧一人姓名住址	
姓名	
住址	
光緒三十三年　月　日　自治局發	

〇天津に於ける自治制施行の現況

裏面

摘錄試辦天津地方自治章程如左

第二十四條　凡選擧票應作廢者如左

一、被選擧人不在被選擧人各冊或無資格而誤列被選人各冊者

二、不依式寫或夾寫入他事者

三、模糊不可認識者

四、不用選擧課所發票紙者

五、選擧人自署已名或寫所擧人之號者

今裏面所載の第二十四條即ち選擧票の無效條件を譯すれば次の如し。

一、被選擧人名簿ニ在ラザル者又ハ資格ナクシテ名簿中ニ誤入セラレシ者ヲ選擧セシ者

二、記入其方式ニ反シ又ハ冗事を加記セシ者

三、模糊トシテ認識ス可カラザル者

四、選擧課ヨリ發スル票紙ヲ用ヰザル者

五、選擧人自ラ已レノ名ヲ署シ又ハ擧ゲント欲スル人ノ號ヲ記セル者

(三)復選擧票 之は初選擧票によりて擧げられたる被選人が相會合して更に最終の議員當選人を決定する爲に用うるものにして、前の初選擧の場合と異り連記式を用う即ち一票中に三十名を列記する也。樣式次の如し。

復選擧票

第　號　此票每格塡寫所擧人姓名

光緒三十三年　月　日　自治局　發

(五)

之れも後に述ぶべき事に屬すれども、序なれば其選擧法の特異なる點を述べん。

天津縣は自治規程上八選擧區域に分る。而て初選擧票に依りて擧げられし所の者全部を其住所に依り右の八區に分ち、其各區在住者に就き最多數の票數を得たる者四人宛即ち總計三十二名を先づ當選者と定む。後ち其三十二人以外の全體に於て八區在住者を通じ最多の票數を得たる者百〇三名を當選者と定む。通計百三十五名なり。

復選擧に於ては右の百三十五人の者會同して其中より連記式にて三十名を互選す。而して擧げられたる者全體を八區に分ち、各區に於ける最多數者一人づゝ即ち計八名と、其餘の全體を通じての多數者二十二人とを當選者とす。斯くして三十名の議員を得るなり。

起草者は此方法に依りて小選擧區制と大選擧區制との利益を併せ有するを得べしと云へり。國法學者の研究問題ならん。

（六）

要之自治局の仕事は目下玆處まで進み居れり。併し玆處までは左程の面倒は無く、此の後が尤も困難なる事業なり。第一に淸曆三月十四日までに返交を得べかりし筈の塡註格紙の如きも實際返送し來りしもの極めて少數にして、トテモ現在の儘にては物になりさうもなしと聞く。自治局にても固より初めより完全を期するの意なく、大抵の所に諦めを付けて直に選擧の方に進み行かんとの意向なる由なるも、之とて急に行ふを得べくもあらず。塡註格式紙配付の方法も今年中猶兩三回之を試みんとの內議もありとの事なれば、愈本施行を見るは來年の春に至るも如何かと疑はる。

格式紙の配付に對する一般人民の意向は如何と云ふに、全く風馬牛相關せざるものゝ如くにて、恰かも吾人が東京にて蕎麥屋の引札を配られしと一般なれば、斯かる輩を相手としての自治局の仕事の困難なる所以も察するに難からざる也。

（四月末日稿す）

○天津に於ける自治制施行の現況

⑧巖谷小波「満鮮の小国民」（『三越』第四巻第一号、一九一四年一月）

滿鮮の小國民

（大正二年十一月九日日本橋倶樂部に於けるオモチヤ會講演會にて）

巖谷小波氏

毎回口上言を致しました役の者が今回は太夫の末席を汚して前藝を相勤める事になりました非常な光榮に想つて居ります、丁度九月の末からツイ兩三日前まで約六週間ばかり滿洲と朝鮮とへ參りまして歸つたばかりの事でありますから、何か土產話が有るのであらうといふので歸らない前から今晩の會には皆さんの御淸聽を汚すことになつて居つたのでございます、他の先生方からは有益な御話がありますが、私のは說でも論でも無い、唯、見て來た儘の御話をするのであります。それ迚も滿洲と云ひ、朝鮮と云ひ、今日では最早珍しい處ではありませぬ、併し私には珍しかつたのであります、初て見た處でありますから總ての事が大變珍しく感じました。自分に珍しいからと思つて珍しがつて段々御話して居ると、殆ど一晩中饒舌して居るかも知れませぬが、其中で丁度今晩の御集りに向つて子供に付ての御話丈けを致して幾らかの御參考にしやうと思ふのであります。付いては何の爲に滿洲と朝鮮へ出掛けたかといふ事を一つ御話して置かぬと茲に立ちました譯が分りませぬが實は矢張り私の事でありますから、子供の爲に參つたのであります。滿洲には御承知の南滿洲鐵道會社といふものがあつて此鐵道會社の沿道に、會社が經營して居る學校が澤山あるのであります。其小學校に最早今日の處では兒童が澤山居りますので其子供等に話をして貰ひたいといふ御依賴が豫てから私に有つたのであります。それが漸く今年になつて、約束を果すことが出來ました。又滿洲へ行く以上は、序でにどうしても朝鮮を見たいと思つて居り

ました處が、幸にも此機會を利用しまして、朝鮮では京城日報と朝鮮新聞といふ二つの新聞があつて此新聞社が案内をするから來て貰ひたいといふ譯でありました。此方は渡りに船でありますから直ぐ之を快諾して參りました次第であります、序でに其處まで行つたのだから、時間が有つたら覗いて見たいと思ひまして、北京と天津とへも行つて參つたのであります。御承知の通り昨年から今年へ掛けて、あの地方は大變物騷で、石が飛んだり、爆裂彈が彈けたりしますから、氣を附けなければ不可ぬぞと言はれまして自分でもビク／＼しないでは無かつた。或人は短刀でも持つて行つたら宜からう、或はピストルを貸してやらうかといふ者もありましたが、そんな物を持つて行つて見た處が、卒ざといふ時には置いて逃げる。で反對に斬られると危いから持つて行かない。又一方からいふと非常に寒い處であり又水が惡い處であり食物が危險だからお前見たやうな弱虫は危いと言はれました。然るに又幸ひにして、その用意の藥も御茶を引いて歸りましたやうな譯で、誠に自分に取つては幸運な旅行であつた、隨つてその幸運であるが爲に、自分の豫ねて豫期して居つた丈けの事が出來ました。

九月の二十九日の午後に大連へ上陸してから十月の二十日迄は、滿洲及北淸に居りまして其間に參つた場所は十九ヶ所。其學校で話しました數が五十回でありました。それから朝鮮へ參りましてからは二十一日から三十日迄十日間に九ヶ所廻りまして、其所で話した數が二十一回になります。その何回も話しますのに、聽衆は皆變つて居るので、大多數が子供でありました。朝鮮や滿洲へ行つた者も澤山あるけれ共、子供ばかり斯んなに餘計見て來た者は、恐らく澤山は無からうと思つて居るのであります。俗に言へば嫌になる程見て來たのでありますけれ共、私は子供が好きですから、幾ら見ても嫌にはならなかつた。そこで先づその經過の順序を御話しまして即ち行程の順序をザッと御話した上で、子供の有樣それに付ての感じ等を御話するやうな順序にしたいと思ひます。

一番初に大連へ着いた。大連は御承知の通り露西亞が豫て經營して居つた處で、其後を日本がソックリ貰つて今日の繁榮を來して居るのであります。波止場の大きな處丈けでも日本から出て行つた者には、確かに驚かされるに足る。其中に居ります人口は、殘らずで十萬程と思ひますが、中に日本人は二萬人程居るので、其子弟が丁度一割ばかり即ち學齡兒童が二千人程、これに對して小學校が三つ

ある、其他に本願寺で經營して居ります幼稚園や又子供館といふものがある。是等は即ち私立幼稚園である。其他に支那人の學校がある、私立高等女學校が一ヶ所、中學校のやうな程度のものは大連に無くして旅順に在る。大連に滯在四日間に三つの學校へ行きまして二度づゝ話をした。それはどう云ふ事かといふと、生徒は澤山居りまして尋常一年から三年までを一つの句切とし四年から高等二年までを一つの句切とする。斯う云ふ風にして二度づゝ御話をやり、それからまた沙河口といふ處があります。是は大連の側でありますが即ち南滿洲鐵道會社の工場の在る處で、其處には汽車を造つて居る汽關車は別でありますが、函を造つて居る大きな工場があるので、其處へチヨツと出拔に行くと日本と思へない程立派な西洋風の住宅地があつて、其工場に出る高級の技師から、日雇の職工といふ者までが皆其所に居ります、其一段高い處に、大きな煉瓦造の學校がある。此學校は新しいものでありますから、殊に立派であります。兎に角其處にも一つの學校があつた。即ち工場へ出る人の子弟の來る學校で其處に五六百人の生徒が居りました。それから旅順へ行きました。旅順では二つの學校の生徒が一つの處へ一所に集つて話を聞いたのです。序でに有名な二百三高地とか、東鷄冠山等の戰跡は言ふ迄も無く見て參つた。二百三高地と言ひまするともう十年も經つたものですから、今は戰爭の事は忘れて、直ぐに女の頭髮を聯想する有樣になつて居りますが、行つて見るとナカ〳〵さうで無い、二百三高地の頭に丁度爾靈山と書いた立派な記念塔が立つて居る。石佛が頭に簪を挿したやうな有樣であります。乃木さんの書かれた大きな記念塔が立つて居る。是も想像以外であつた。陰で考へて見るとどんな峻險な山かと思ふやうですけれ共旅順の戰跡は總て馬車で見物に廻はれる。是は露西亞人の贅澤な處を知るに足るので砲臺の何處へ行くのでも、馬車に乘つて行けるやうになつて居つた。ステツセル將軍が、奥さんと同道で砲臺へ行つたと、其當時の新聞に見まして、ナカ〳〵偉い奥さんだと思ひましたが、馬車に乘つて行くのならば、何處の奥さんでも行けると思ひます。其位大きな道が附いて居る。二百三高地と雖も殆ど百八十高地位までは馬車で行ける、あとを僅に御歩いで行くと直ぐに頂上に達する。ですから裏から行けば何の譯は無い山である。處が登り切つて外側を見ると、ズツと急斜面になつて、其斜面の下は廣々とした畠でありまして、其處から日本軍が攻めて來たとする

と、成程餘程攻め惡い、迚も眞直には行かれない。誰も居なければ上りますけれ共、彈丸と云ふ一の恐い奴が來る、隱處が無いからポカ／＼擊られる。そこで例の稻妻形に穴を掘つて登つた。その苦心の程が其處へ行つて見ると思遣られる、併し今日ではどうかといふと、實になだらかな山になつて、而も木も無ければ岩も無い。之に反して野菊は一面に咲き亂れ、御辨當でも持つて行つてユッタリと遊びたいやうな山であります。其他の戰跡も隨つて太した峻險な處は無い、唯、東鷄冠山であるとか松樹山であるとかいふ處は平坦の處で後で方々に砲壘が殘つて居ります。砲壘は如何にも堅固な處で能く斯んな處を壞はす事が出來たものかと思ふ位な處であります。其中にはコントラチエンコが此處で討死をしたといふ凄い處もあります。その當時の凄さを思ひ遣るにはどうしても其所の記念館と云ふ處へ行つて見るが一番だ。戰跡記念館といふのは、露西亞軍の將校集會所で有つたさうであります。そこが今記念館になつて遊就館の小さいやうな處になつて居る。可兒大尉さんと云ふ、義足を着けた方が、今日ではモウ豫備か後備の方ですが、其方が館長として、親切に說明して吳られましたが、手に取るやうな話をして聞かして吳れる。可兒大尉といふ名前から足が一本缺けて居るのは、チヨッと妙だと思ひましたが、義足で以て少しも苦にせずに、方々歩いて說明して吳られました。其處へ行つて見ると、鶴嘴といふ鍬があります。其所には完全な鶴嘴と、それから使ひ古した鶴嘴が陳べてあるのを見ると完全なのは長さ二尺五寸か三尺位ありますのに、其側には長さ八寸位になつて、後先が圓くなつて居るのがあります、是は何かといふと、我軍が稻妻形の穴を段々掘つて行つて、漸く砲壘に近く事を得た名譽の鶴嘴であります。鐵で造つた物が二尺五六寸から僅に八寸位に減るまで掘つたので此鶴嘴の如きも亦勳章を貰つて宜いと思ひます、又其記念館の一室に、天井に穴が明いて居ります。その穴は我軍から打つた大砲の痕であります。故意と繕はずにあるが、是が又其當時を偲ばれる樣に出來て居る。兎に角此處へ行くとどんな感じの鈍い者でも、其當時の戰さを懷はずには居られない。ですから此處の學校は大變仕合せで、日露戰爭當時の實物教授が出來る、學校の先生の話に依ると、能く二百三高地の方へ連れて行つて、片方は露西亞、片方は日本兵の、その當時突喊の眞似などをやらせるさうでありますが、さう云ふ實物教授には、大變宜い舞臺を持つて居る譯であります。

その代り他のことは實に氣の毒な程何も無い、例へば田圃なぞは更に無いから、米の成る木を知らぬといふやうな譯で、畑と言つても殆ど畑らしい畑は無い。況や米などは全く無いのであります。先生が態々汽車に乘つて、米の在る處まで行つて、其米か麥の穗でも取つて來なければ、本當の實物教授は出來ないといふ有樣であります。

そこが濟むと瓦房店へ行つて、それから大石橋へ行つた、それから横へ行つて營口、營口といふのは遼河の傍であります。此處は日露戰爭の時のみならず日清戰爭の時にも戰さのあつた處です。それから進んで遼陽へ行きました。遼陽では首山堡といふ有名な古戰場があります。此處へも行つて見たのであります。首山堡といふ堡の字の附いて居るのは、實は下の方で、側に首山といふ山があります。それは大變景色の好い處で、上の方には岩が澤山あつて下には寺が有るといふやうな畫にしても宜いやうな立派な景の處であります。其山へ登つた時に、丁度師團參謀の櫻井中尉といふ人が案內して吳れて、當時の戰況を手に取る樣に御話しなさる。彼處が軍神橘中佐の討死の處、此處は關谷聯隊長が戰死の處と委しく說明して吳られましたが、聞いて見ると、實に我軍の苦戰といふものは思ひ遣られる。大變日本が勝つたやうでありますけれ共、實はなか〳〵危かつたといふ事であります。即ち天祐といふ言葉も、其時には實に痛切に感じられるので、日本の武器は、實に其時分には弱かつた。首山といふ處から遙か隔つて遼陽の町が在るのですが、遼陽の方に陣取つて居る露西亞の打つ彈丸は、日本の陣地へボカ〳〵落るのに、日本からドン〳〵打つ彈丸は、其處まで屆かなかつたさうであります。そこで彈丸は盡きて來る、兵はドン〳〵仆れる、ナカ〳〵慘憺たるもので、一つの道に日本の兵士が、行儀好く眞直ぐに列んで、殆ど將棋仆しに仆れて居るといふ位。何しろ道が定つて居るから向ふで機關砲をポン〳〵擊つと日本の兵がバタ〳〵と仆れる、嘸、面白かつたらうと思ひますが、擊たれた者は嘸苦しかつたらうと思ひます。(拍手) さう云ふやうな風で、日本でも隨分酷い目に遭つたのですが、唯、露西亞の大將クロパトキンといふ人が、戰術の學者であつた爲に、斯う來るのは必ず斯う來ねばならぬからであると、碁で云つたら定石を知つて居つた。だから向ふが定石通りに見て、豫て備へて居る方を、左の方へ廻はして、片方を明けてしまつた。其處へ日本がドン〳〵進んで行つ

た爲に、却つて日本が勝つたのだといふ事を、參謀の副官が話しました。だから相手に取るには成るべく學者と戰さをした方が得だなど言つて居りました。蠻勇を相手にすると却つて負ける。(大笑) それで日本の彈丸が屆かなかつた爲に、又大きに仕合せした物が有る。何かといふと、これは有名な遼陽の白塔であります。成程白い喇嘛式の塔でありまして、其頭が少し缺けて居る丈けで、今でも完全な形をして立て居ります。此塔が有つて初て遼陽の特色がある。當時日本軍からは、專ら之を目標として撃つたのですから若し日本の彈丸が旨く中つたら、此塔などは疾くに無くなつて居る筈である。此塔が完全に殘つて居るのは、言はゞ日本の彈丸が屆かなかつたお蔭で。して見ると日本の彈丸は矢はり美術思想にも富んで居たと言つて宜からう。(笑) 其塔の下に遼陽小學校があります、其小學校へ行つて御話をしたのでありましたが、此處の先生が言ふのに、私の學校は實に不思議な學校で、殆ど日本中の人が居ると言ひました。生徒は四百人足らずありましたらうか、其出身別を見ると、三府四十二縣の者が皆這入つて居る。殆ど日本中の子供共進會と言つても宜い。唯、無い處は宮崎縣と山梨縣と奈良縣と斯う三縣が無い丈けで、後とは何處も皆來て居る。それでありますから方々の子供の特色が分り方々の子供の言葉が分るから、大變都合が宜い事がある。例へば海を知らない地方に生れた子供もある、其代りに、又海岸で生れた子供も來て居るから、教科書に海といふ事があつて、一人の子供には分らないでも、隣の子供に聞くと、すつかり海の樣子が解ることがある。或は都の子供も居れば、又山の中の子供も居るから、互に知識を交換することが出來るので、子供同士互に知識を交換することで都合が宜いといふ事を言つて居りました。成程さうであらうと思ふ。御承知の通り滿洲へ行く人は何處の者で無ければならぬといふ譯で無く、日本各地の人が、彼處へ行つて働いて居るのですから、自然さう云ふ結果を來すのであります。

遼陽の次には、撫順へ行きました、撫順は有名な炭坑の在る處で、チヨツと考へると、石炭の出る山だから、其處らは煤だらけで眞黑で、咽せ返る位だらうと思ふと大違ひ。停車場から降りて見ると此處は滿洲で最 綺麗な所で、無論日本には比べる所がない。寧ろ亞米利加の新開地へでも行つたかと思ふ位。何方を見ても新式の煉瓦造で、其間に非常に高い烟突があつたり、立派な工場が有つたり

して、石炭の烟などはあまり出て居ないから、臭い事も少しも無い。是は豫ても聞いて居りましたが歐米に於ける最新式の炭坑に型を取つたもので、之には資本も決して吝まずに卸して居るのであります。所が泥溝一つ隔てた隣を見ると、これは支那人町であるから、それは又どうも實に汚ない。其橋一つでどうしても三世紀や五世紀は隔つて居るやうな非常な汚ならしい支那町が、又其儘に殘つて居る、まことに面白い對照であります。また炭坑の中へは幸ひ坑長が案内して連れて行つて呉られましたが、その大山坑と云ふのが千二百尺もあります、千二百尺と聞くとチョイと驚くが、併ながら落ちて見ると更に驚く、その千二百尺が、エレベートルでたつた二十四セコンド。一分間の半分より短い二十四秒の間でズッと降つて了ふ。呀と言ふ中に落こつて居る。其落ち方がまことに妙で、パッと云ふ間にスーッと降りたが、暫く經つと足の下から、逆に上へ押あげられるやうに思ふ。オヤ〳〵逆戻したかと思ふ中にコトンといふとモウ着いた。開けて見ると電氣が點いて居る。地の下の隧道へ來て了つた、何だか途中から上へあがつたやうな氣がしたが、これは初半分丈け、急速力で降りて置いて、それから少し速力を緩めるから今度は下から上げられるやうな心持がしたので、下から上へあがる時も丁度それと同じ樣に。ドンとあげられる、來たなと思つて居ると、また下りるやうな氣がする、其中にゴトンと歸るといふと、パッと明るくなつて出てしまふ。理學上珍しい事ではありませぬが乘つて居ると、誰でも驚く。それに千二百尺も地下へ降りたら嘸、寒いだらうと思ふのに、これが又暖かである。外套などは着て居れない。通風器で風の來る處丈けは涼しいけれ共、それが無いとムシ〳〵する。それでも下に働いて居る人がある。是も石炭を掘つて居る許りで無い、立派な事務所が出來て居て、そこで事務員が働いて居るのだ。云はゞ地獄の一丁目といふやうな處に事務所があつて、鬼ではない人間の洋服を着た人が働いて居る。尤も皆上着は脱いでシャッ一つでやつて居る。左も無ければ熱くて仕方が無い寒暖計も實に七十五度位になつて居る。それから又撫順の學校に行きますといふと此處は一番生徒が多い。五百人も居りました。それに此處の生徒は粒が好い。何故なれば立派な紳士が多い。技師であるとか博士とかいふやうな人が居ります。炭坑といふけれ共其處へ行つて居る子弟の中には一名もソッな者は無い立派な人の子弟が居つたのであります。

其次は奉天であります。是は有名な陸軍の大戰爭の有つた最後の土地でありまして立派な町である停車場も中央停車場には敵ひませぬが、立派な停車場があります。そこを出て見ると鐵道馬車が通つて居る。此鐵道馬車を見ると、今昔の感に堪へないといふのはマア幼さい方は御存じありますまいが東京に長く住んで入つしやる方は鐵道馬車の見覺がある。日本の東京の町を通つて居た鐵道馬車が、何處へ行つたらうと思ふと今奉天の町で無事にグル〳〵廻つて居るから、御安心を願ひ度い。奉天の學校では二回話しましたが此處も無論生徒が澤山居つた。奉天から進んで鐵嶺と開原との二ヶ所へ行つた。鐵嶺といふ處はモウ戰爭の無かつた處で、開原には更に無かつた。併ながら戰爭は無いけれ共鐵嶺の方は大分前から這入つて居つたものですから、立派な日本町があります。日本の料理屋があり更に驚く可きは商品陳列館などといふ、大きな建物がある。鐵嶺に過ぎたる物の一つださうであります。這入つては見ませぬでしたが實際大きな建物がある。其商品陳列館が兎に角存在し得る丈けの程度までに、日本式に開けて居る。所が其土地の者に聞いて見ると、鐵嶺も開けて居るが未來の望を屬する處は、寧ろ開原に在りといふ事です、是は非常に廣い野原のやうな處へ、滿鐵會社が經營をして立派な市區のプランがあります。即ち碁盤形の町が出來て居つて、其中には日本人はまだ左程來て居りませぬが、支那人は非常に入込んで最早三千人程住んで居る。何故此開原がそんなに開けたかといふと、是は御承知でありませうが最近滿鐵の支線が、此處からズッと進んで、海龍城といふ處へ行く。此處は有名な大豆の出る處で、樞要な地でありますから支那の商人が此邊へやつて來て、非常な大きな倉庫を造り、店を造り、又その店や倉庫を持つて居る人の爲に、需要品を充す店が出來たりして、最近三四年の間に、非常に發展したのであります。其大豆といふ物が奥の方から出て來る時に凄じい勢ひで、六頭立、或は八頭立の馬車の大きな車へ載せた大豆の袋が、十臺二十臺と揃つて、支那人の御者が附いて砂煙を立てながら、ドン〳〵と出て來る有樣は、實に凄じいものだと云ひます。その爲めに又停車場の附近には、方一町位の店を持つて居る問屋が澤山ある、店と云つた所が一町殘らず店ぢや無い一町丈けの土塀の圍ひがあつて、其中に大豆が貯つてあるのであります。

其次に行くと昌圖、四平街といふ處があつて、次が公主嶺となつて居ります。昌圖は日本人の一番

先きに進んだ處で、公主嶺は露西亞兵が一番先きに出た、其間に四平街があつて此四平街は兩方から代理者が出て來て初て休戰の約束をした處ださうであります、昌圖にも四平街にも寄らなかつたが、公主嶺の學校では話をした。一番先きは長春であります。此長春が南滿鐵道の行止りでありますそれから先きは東清鐵道で、露西亞の經營に屬する、一歩踏出すとモウ露西亞の經營地である。其處から哈留賓へ十時間程で行ける。此長春といふのは長い春と書きますが、滿鐵の一番北の方であつて、一番寒い處であります。私が行つた朝なぞも汽罐車の油が凍つたなどと聞きましたが、それからもつと先になると車掌がピーツと吹く笛が、唇へ凍り付いて了つて、周章てゝ取ると唇が破ける位だと云ひます。或は迂つかり手套を嵌めずに、汽車から下りやうと思つて眞鍮のハンドルへ手を着けると、そのまゝ手がベツたり付いて無理に取ると掌が破れるさうです。併ながら其寒い處に、人間がどうして居るかと云ふにナカ〳〵元氣好くして居る。學校へ行つて見ますと華氏の零下十八度といふ寒さの時にも野原へ出て雪の中で羽織を脱いで體操して居る寫眞があります。

此長春といふ處は殆どもう蒙古の土地であります。さうして又露西亞領にも直ぐ界して居る。かう云ふ地であるから、長春の學校の生徒は、高等科になると、露西亞語もやらなければならぬ、蒙古語もやらなければならぬ支那語は無論の事、日本語は言ふ迄も無い。幼さい時に四ケ國や五ケ國の言葉はやつて居る。更に注意すべきことは、日本へ歐洲の陸から來るものは西伯利亞線によるとする、それが一番先きに入るのは何だと云ふと、この長春の停車場である。して見ると此長春は、餘程注目すべき土地であります、だから其處の學校の先生などは、ナカ〳〵元氣な先生で、殖民地教育に付てもなか〳〵議論を持つて居る樣でした。賴もしい事だと思ひます。

所が此所から直き一哩程の處に、寬城子といふ處がある。俗に露寬城子とも云ふ。何故なれば露西亞の領地になつて居るから。それが東清鐵道の最終の停車場で、此方は長春であります。所が戰勝國と戰敗國とは斯う違ふかと思ふ程、露寬城子の方は、トルストイの小說に出る露西亞の田舍の寒村の有樣である。書にしたり或は詩にするのに、都合の好い處かも知れませぬが、實地見ると實に憐れな姿になつて居る、元は其處にも支那の町があつて支那の人は大勢店を開いて居つたさうであるが、今

日ではスッカリ寂れて、唯、餘儀なく殘つて居るのは其停車場だといふ有様であります、其露寛城子は露西亞の勢力範圍、長春は日本の勢力範圍と斯うなつて居るが、其間に三不管といふ處があります。此三不管を三度續けて言つて御覽なさると、大抵鼻へ聲が抜けて了ふが、此名は新しく出來たので日本でも支那でも露西亞でも無い、即ち三國不管といふ處であります。日本の領分も其處には及ばぬ、露西亞の領分も其處には及ばぬ、實は支那の領分であるが、元よりあんな大きな國だから、そんな處はどうでも宜いといふ地であらう。斯う云ふ風な處が百戶ばかりあつて、其所にはどんな者が住んで居るかといふと惡黨ばかり住んで居る、露西亞の惡黨、日本の惡黨、支那の惡黨、三惡黨が住んで居る。さうして方々へ行つて惡い事をしては、其處へ逃げ込んで濟まして居る。彼處がさうだよと言つて指されました。大きな浪のやうに枯野が、右から左へすつと來て居る。其間の凹地で、汚らしい家がズッと列んで居ります。丁度箒の屆かぬ處に、芥が溜つて居るやうなもので惡黨ばかりが住んで居る、併ながら其處は本當の自由の天地で、暢氣な處だと思ふと、又美しく思はぬでも無い(拍手)長春は斯う云ふ面白い處があるが、又一つは乞食の多い處で、何だつて長春に限つて乞食が居るかと思ふ人があるが、露西亞の内地からして、己の方は乞食は要らぬと言つて段々逐ひ出してしまふ。それが支那へ這入つて來ると、支那の方でもいらぬ／＼と追ひ戻されて、仕方が無しに此處へ寄つて來る。三不管の反對に、方々から集つた奴が、長春へ溜つて了ふのである。私が町を散歩した時も是が料理屋だといふので這入つて見ると、料理屋の入口に汚ならしい乞食が、彼方にも此方にも居る。モウ中には片息になつて死掛けて居るのもある。死ぬと仕方が無いからマア何處か畑へでも持つて行つて埋めて了ふ。兎に角長春といふと名は綺麗ですけれ共、乞食は澤山居ます。惡黨なら殘らず三不管へ行くのでありますが、惡黨になる力の無い奴は、皆乞食になつて長春の土になるといふ譯であります。今一つ面白いのは、蒙古に關係の在る處でありますから、蒙古王の會議は長春でやる。此間私が行つた時にも、丁度蒙古王の會議があつた、尤もこれは暢氣な會議らしい。是は惡口であるか何か知らぬが、此間も蒙古王等が大變心配をした。何だといふと、支那が民國になつた。民國である以上は王といふ者は認めないだらう。己達はどうなるだらうと言つて心配し出した。さうすると日本の

人が、それは氣の毒な事だ。迚も王などは認められぬ。其處へ行くと、朝鮮は實に甘い。王樣は日本から年に百五十萬圓づゝ御金を貰つて、暢氣に暮らして居ると言ふと、それは美しい、どうかさう云ふ事に己達もして貰ふ譯にいかぬかと言つたので、今にしてやる、待つて居ろと言つたさうであります。或は追々にさうなるだらうと思ひます。

それから又此間に、天津と北京とへも、僅かに五日間行つて來ました。京奉線といふのが今奉天と北京との間にある汽車で其汽車に乘つて行きました。此時私は不思議に感じました。それは他でもありません。今まで滿鐵に乘つて居る間は、此方が天下樣だ、支那人の顏を見下すことが出來る樣に感じて非常に愉快でした。土地は支那の土地であるけれ共、此方が借りて居ると借りた者天下で、此會社の土地を支那人が借りて家を建てる。地主の物を借りて置いてさうして地主の方へ貸して錢を取る、さう云ふ處は大手を振つて步ける。處が京奉線へ這入りますと其汽車は支那人で無ければ西洋人殊に一等車などは、どちら向いても西洋人ばかり。其處へ丁度私が乘合はした。佛蘭西人が多かつたから、どちらを向いても話が出來ない。丸るで一日一晩といふものは一言も言はぬ。今まで饒舌つて居た奴が、僅か食堂へ行つて物を誂へる時に、たゞスツプとか、オムレツとか言ふ丈けで、後とはモウ本を讀むか、坐眠をするか葉書を書くより外に仕樣は無い。此葉書を汽車の中で書く時に、日本の內地の汽車ではブル〱して書けませぬけれ共、そこは廣軌の難有さで、幅の廣い汽車ですから、實に寬たりして、ブル〱動きませぬから、汽車の中でも、罫紙へ小さな文字で書くことが出來る。

それから天津へ行つた。天津へ行つても、同じやうな感じがする。滿洲でこそ自分は大將だけれ共天津へ行くと日本人は肩幅が狹い。日本の居留地へ行くと、日本の居留地はナカ〱立派で、曙町とか、唐崎町とか言つて、名から綺麗だ。煉瓦造で銀座の町より屋根の高い丈でも立派だ。所が佛蘭西租界とか、獨逸租界の方へ行くと、又それより以上に立派に見える。その立派な町を步いて見ると日本人は甚だ肩身が狹いやうな氣がする。どうか此邊までもモツと大きくなつて步けて、彼等を見下すやうになりたいと思ひます。天津では有名な白河など見ましたが、これは白河で無くて、黃河と言つた方が宜い。非常に濁つて居る。さうして其黃河の傍の支那町など見ましたが、非常に荒れた處で、

某の店は燒打を喰つたとか、誰某は此處で怪我をしたとか、或は革命黨の巨魁が往來で首を斬られた所だとか、凄い話がまだ殘つて居る。併ながら今日は少しもそんな危險な事は無い。さうして各國は互に競爭して、自分の租界地を綺麗にして居る樣な有樣であります。茲でも私が御話しなければならぬ段になつて日本の學校へ行きました。此天津に來て私が感じた事は、在外支那は女權國であると云ふことであります。東洋は何所でも男子が權力があつて女の頭の上らぬ處だと思つて居ると大間違ひ天津等へ行くと、なか〳〵女が威張つて居るのださうで。例へば、夫婦喧嘩をしても、御內儀さんが呶鳴つて居る。旦那はブツ〳〵言ひながら逃げて居る。さういふ時には巡査も傍見をして居る。決して夫婦喧嘩をして居る處へは立入らない。何故なれば、若し女に直があつて男に曲が有れば宜いけれども、女に曲があつて、男に直がある場合、女の方が惡くても、それを惡いと云ふことは決して言へないのださうで、仕方がないから脇見をして居る。又商品陳列館の如きも、婦人の入るに極つた日は男は這入る事は出來ない。また此間電車で或職人が轢かれた。すると其命日の來る毎に、お內儀さんが出て來て、其場所で大きな聲で泣き出す。其間二十分か三十分と云ふものは、電車もちやんと立往生をして通る事が出來ぬさうです(笑ふ)。實に女の勢力は偉いものだと思ひました。支那人は女を大事にするので、さういふ風であるが、日本人がそんな事を仕樣ものならお內儀さんは直ぐに轢殺されて了ふか、交番所の御厄介になる譯であります。是は事實見て來た人のお話です。

それから北京へ行きました。此所は僅か一日半。兎も角も東洋の大都會である、此大都會を一日半で觀たいと云ふから、貴樣は侮辱したものだと或人は申しましたが、併し私は時間が無いから仕方がない、夫では今晩倶樂部で話をしろ、するならば明日自動車を出してやる、斯ういふのでありました。夫ではやらうと云ふので、一時間許り話をした。其時には、居留地の子供が三四十人に、大人が百人程も見えた。話をした上で其晩は御馳走がありましたが、其翌日一日自動車を宛行はれた。其自動車の御蔭で萬壽山を初めとして、又北京の然る可き名所は一通り參る事が出來た。此萬壽山といふのは、大變美味さうな山でありますが、字で見るとむしろ御目出度い山であります。萬年の壽と書いであります。是は西太后の隱居所であります。豫てから有名な所で、我國の日光とも云ふべき所だか

ら是非見なけりやならぬと云ふ風に聞いて居ります。行つて見ると何樣想像したよりは立派な所で極彩色の宮殿樓閣が、巖山の上にズッと立つて居る。其中を觀るだけでも、二時間許り掛る。又其處へ行くだけでも、一體ならば一日仕事であらう。それを自動車の御蔭で半日で觀ることが出來て、歸つてから天壇までも見る事が出來た。更に觀て愉快であつたのは、一昨日袁世凱が大總統に成つたと云ふ其式場であつた。其式場は言ふ迄もなく、宮城の内の大和殿と云ふ所で、字を見ると日本に在りさうな御殿ですが、即ち其大和殿が、支那の紫宸殿であります。歷代の天子が其處で即位をした。其即位をする椅子の上で、袁世凱が大總統の位に即いたと云ふのですから、名は大總統ですけれども實は皇帝の位に即いたと言はれても仕方がない。只遉がに氣が咎めたと見えて、大和殿の額だけは取外づし其處に禮堂と云ふ額が、急拵へに掛けてあつた。それで式場を其儘にして、十日間觀せて居ました所が迚もあんな大きな御殿は、世界中に無いだらうと思ふ位の所であります。其宮城の石疊を踏むだけでも大變疲勞する。で其處には兵隊が澤山居て、其兵隊が皆嬉しさうな顏をして居る。何故かと云ふと、金ピカの着物を被て居る。如何にも偉さうで、支那人に聞いて見ると、矢張り金服を着ることが嬉しいらしい。無暗に金モールをピカ〳〵させる、傍へ寄つて見ると粗末なものでありますけれども遠方から見ると綺麗であります。觀兵式の時なぞは、袁世凱は樓門の上から、之を觀下ろして居たさうであります。兎に角誰が見ても此袁世凱が大總統に就いたのは、丁度王冠を戴いて皇帝に成つた樣な形であつたらうと思ひます。然し之に對して別段憤慨して居る者も無かつたやうです。或車屋の話に『大總統と云ふのは何んな者だ』。『それはやはり天子の樣なものだ』。『それぢやア又金が出來るだらう』と言つて居たさうですが、此處が支那人流の考へでありませう。それから動物園、植物園、是も序でに觀ろと云ひました。私は支那まで來て、そんなものは觀なくても宜いと言ひましたが、そこに不思議な者があるから、之を觀に行けと云ふので、それは何であるかと云へば、成程動物に違ひはないが、門番に非常に大きな奴が居る。恐ろしい大きな人間が居る。私は記念の爲めに寫眞に撮りました。私の樣な者は背伸びしましても其男の乳の處までしか行かない。それに又其人間には、大きな瘤が附いて居る。頰邊に大きな瘤が喰著いて居る。動物園の中には大した價値の有る物はないが、門

番は正に見ものでした。それから又孔子の廟等へも行つて觀た。是程の靈場が斯う迄に哀れになるかと思ふと實に氣の毒であつた。それは只荒廢して居ることが哀れなのぢやない。案内者の質に下劣な事、顔さへ見れば手を出して金を貰ひたがる。一つ門を開けさせやうと思ふと必ず手を出す。幾らか遣らなければならぬ。漸く開けて貰つて、又中に入ると門がある。すると又手を出す奴が居る。一緒に行つた人が、支那の役人であつたから、此徽章を見ろと云つて叱り附ける。ニヤ〳〵笑つて開けて吳れました。無料でも開けるのだけれども、兎に角さう云ふ事をする、貰つただけが德であります。斯うなつて來ると、宗敎も道德もあつたものぢやない。兎に角支那人位手を出すことの好きな國民はないと思ふ。其代り又働くことも非常なもので、ステーションへ降りて、車夫を呼ばうと思ふと十臺位も車を寄せて來る。車はゴム輪の立派な車であるけれども、車の車臺が低いチョッと安樂椅子に車を喰つ附けた樣なもので、乘つてる奴よりは挽いてる奴が高い。挽いて居る奴の臀が、乘つて居る奴の頭の所にあります。何だか不格好なものだが、乘つて見ると存外乘心地が宜い。其上又早い〳〵。支那人は何でも御客を乘せることが忙がしいので、客が乘ると直ぐに挽き出す。何處へ行くかも聞かぬ内に引つ張り出す。それから何處ですと聞く。言葉の解るものは宜いが、私共の樣なものは大變迷惑する。現に自動車で乘り廻つた晩に、ある所に宴會がありまして、それは小路でありますから、あとは車に乘らなけりやならない、生憎時雨でありますから、車に幌を掛けてある、車夫は心得顔してかけ出したが、何時迄經つても行かない、何うも見當が違つて居ると思つたが、車夫が振向いて旦那何處ですと云ふ、多分さうだらうと思つたけれども、私の方では言ふことが出來ない。仕方がないから歸ると言つて背後を向いた。後ろへ引返してウロ〳〵して居る内に、先の者が心配して迎へに來て吳れたので、辛うじて助かつて其會場へ行きましたが、それでも二町か三町餘の所を廻つて居たのだが、車夫は別に賃金を增して吳れとも何とも言はぬ遣る丈け默つて取つて居る。さうして取つたと思ふと直ぐに出て行つて了ふ。直ぐに他のお客を乘せる。是は誰でもさうださうであります。支那人の車夫は客を乘せて行つて待つて居る間でも、外にお客が出來れば何處でも行つて了ふ。お客を待つて居るよりも、新らしいお客樣が來たら其方を乘せて、少しでも取つた方が德だと考へて居る。だか

ら始めから値段の談判も仕ないでドン〳〵連れて行つて、直ぐと又新しいお客を見れば飛んで行く。實に能く働くものだと思ひます。支那人は勞働の天才と云つて可いでせう。日本の職人は迚も競爭が出來ない。往來で働いて居るのが、大抵日給三十錢位で働くさうであります。大連あたりへ行くと澤山棟梁さへ日本人であれば、壁を塗ることも椽側を張るのでも、何でも日本流の仕事をする。それで三十錢位しきや取らぬ、何うして喰つて居るかと云ふと一日八錢で喰つて居る、一日八錢なら三十錢の日給でも、二十何錢か殘すことが出來るから到底日本人にはさういふ人間と競爭は出來ない、だから勞働者の連中が行つても駄目である。

是から又、話は滿洲へ戻りますが奉天から安奉線へ乘つて朝鮮の方へ參りますると、スッカリ景色が變る萬事に付て變つて來る。是は實に不思議であります。今までは何處を見ても山に木も何も無い岩か左も無ければ草ばかりの山で、野原と言へば砂漠のやうなもので、木と言へば柳ばかりであると言つたやうな景色でありました。處が安奉線へ這入ると、山が段々聳つて、楓が色付いて居る。柳も青々として居り、處々に松がある。大變景色が好い。その溪流に沿つたり隧道へ這入つたり度々景色が變つて來る。其景色が變つて來ると同時に、施設も經營も、スッカリ變つて來た。其處へ來ると、段々日本式になつて、安東へ來ると、もう日本の國へ來たかと思ふ樣に日本の家並が揃つて居る。奉天は一旦露西亞人が經營したのであるから、學校の如きも總て西洋風の學校、所が安奉線へ來ると木造がある。甚しきは支那人の建てた家の跡を斷切つて、僅か造作丈け日本風にして學校にして居る所などもあつた。私は初め、滿鐵から大連へ出て奉天を見た時如何にも立派であつたが、安奉線へ行つて見ると、斯う云ふ事を感じた。日本人は手本さへ好ければ立派にやる、其代り手本が無いと隨分拙いことをする。眞似をすることが得意であつて露西亞人が經營を殘して置くと、其跡を引繼いで大きくもする。自分で獨りでするのならば、餘り大きな事は出來ないといふやうに感じられた。

それから安東を打切りまして、朝鮮へ歸つたのであります。朝鮮は有名な平壤から始まつたのであります。平壤では牡丹臺を見に行つた、非常に愉快な所である。又大同江も下つて見た。此位景色の好い處はチョッと無い。その代り旅順から見ると、平壤は小さいものだ。今この平壤の古戰場は、大

公園にする計畫をして居る。今に之が出來上つたら、大いに平壤を賑はす事と思ふ。

京城へ來て南大門で下りると、電車が來る、南大門といふのは朝鮮風だけれ共其近所の家並は、殆ど日本風になつて居る。三越支店の處などは、道幅も狹し繁昌の工合は殆ど昔の大阪を見る位。數年以前の大阪と思ふやうな賑ひであります。

それから仁川。是は昔から開けた處であるが今日は殆ど朝鮮離れがして居る。大田になると日本人の開いた處で、朝鮮人は搜さなければ見附ける事は出來ない。それから群山、それを朝鮮人は濁りが嫌ひだから、クン山と讀む、其近所は日本人の經營の水田が一番多い。見渡す限りズーッと整理されて居る。立派な耕地が出來て居る。其水田の端が即ち群山の港であります。農工業も好ければ水產も採れると云ふので、群山は前途有望の處である。それから大邱といふ處がある。是は釜山へ來る道であります。此大邱は朝鮮に於ける名古屋といふ處ださうで、是もナカ〳〵開けた處であります。

それから釜山へ來た、釜山の側に草梁と云ふ處があります。それで話は遂に打揚げたといふ事になります。

此朝鮮へ來ますといふと、朝鮮人と支那人とは、一概に能く似た者かと思つたのが、思の外違ふ。寧ろ朝鮮人は日本の方に近い。斯う思ふ感じが色々の點で起された。第一に朝鮮人の風俗を見るといふと、眞白な着物を被て、鷹揚に歩いて居る。所が日本人も、平安朝時分の女の子供などは、單に淡色、桃色とか萌黃とか黃色とか靑色とかいふ着物を被て、頭の眞中を分髮のやうにして、松の下などに長閑に遊んで居る處は、藤原時代の繪卷物を見るやうな心持がする。それで人間も優美な顏をしてヌーッとして居ります。何時も大宮人の態度を持つて居りまして、支那人のやうにガツ〳〵して、往來で御客を取り合つて居る車夫などは、見やうと思つても見られない。朝鮮には車夫は殆ど無い。妙なもので、今まで支那人の車に乘つて居るのが、朝鮮へ來て日本人の車に乘ると、誠に不愉快だ。その不愉快といふのが、汚いから、遲いからといふので無くして、同じ同胞を斯う云ふ者にして乘るのが嫌やな心持がするといふ譯だ。さう云ふ意味から不愉快な話である。そこへ行くと朝鮮人は、滅多に車など挽かない、悠々と遊んで居る。更に可笑しいのは先刻御話した通り、長

が居る。其他天津にも北京にも居りますが、朝鮮へ來るとどう云ふものか乞食が居らぬ。是は朝鮮といふ國が良いからであると思つた。勿論良いには相違ない。實は朝鮮で乞食の出來ない譯がある。何故なれば、一たび零落れたら誰か一族の處へ行つて喰潰す權利がある。又一族は親類の者で困つて居る者があれば救つて喰はしてやる義務が有る。己の處へ來ちや困るなどと言つて門前拂でも喰はすものならば、警察へ行つて屆けると、警察ではそれは心得違ひだ。何故貴樣の方で養つてやらぬと言はれる。誠に極端な家族制度になつて居るから、困れば誰の處へ行けば養うて吳ると思つて、車などはなか〳〵挽かない。それに反して支那人は極端な個人主義である。兄弟と雖も金錢は他人といふやうな風で、困れば些とも相手にして吳れない。それでガツ〳〵働く。車を挽く奴も挽かなければ、乞食になるといふ迄零落れる。朝鮮ではそんなに零落れない中に、何處かへ行つて厄介になつて了ふ。其厄介が決して氣の毒がらないやうな厄介で、大きな聲をして喰ひ潰す厄介だから朝鮮では迂つかり金持にはなれない。(笑)それで皆がノツタリして了つて、互に弱り果てゝ了ふのぢや無いかと思ひます。

京城へ行きますと有名な景福宮を見、昌德宮を見ました。景福宮は御殿でありますが、今日は空家になつて居る。昌德宮は李王殿下が住んで居られる。それを見ました。是は大變綺麗になつて居ります。日本の方で李王職即ち宮內省の樣な物の手で、御世話を燒いて居る。今の殿下は何も御用が無くて每日遊んで居らつしやる。その御遊代が、年に百五十萬圓宛であつて、如何にして之を使はうかといふ事ばかりに苦心して居られる。御客が無ければ此所へブラリと出て來て玉場へ來て、玉を突いて居る、日本の御守役は玉の相手をする、碁を打つ、烟草を燻す、其中に夕方になる御飯を喫べる世間話をする、それで御終ひといふ譯で每日同じ事だと云ひます。(拍手)丁度昨日此處で觀楓の御宴が有つたといふ跡で、天幕などもまだ殘つて居りました。是は景色の好い處で、其中を馬車で步けるやうになつて居る。二時か三時には必ず殿下が御馬車に乘つてグル〳〵御廻りになる。此頃裏の御池で燈籠流しの催しがあつた。實に馬鹿〳〵しい子供のやうな御遊びだと皆笑つたけれ共、それはナカナカ因緣が有る。今の大王殿下が誕生日には、必ず燈籠流しをして百官を集めて御遊びになつたさう

であります。其事を今の殿下も思ひ出して、アー云ふ面白い遊びがあつた。段々謂れを聞いて見るとなか〳〵床しい又頼母しいこともあるのであります。尤も馬鹿〳〵しい遊びをしたことは唯、それ切りであります。感心な事には近來は大變美術といふやうな事に注意して來て、宮中にミユージヤム（博物館）が出來て居る。それは狹いけれ共、兎に角良い物が揃つて居る。其目錄が立派にコロタイプ刷になつて出來て居た。私は一冊貰つて來たから、御參考の爲に御覽に入れても宜い。が是は隨分面白い物があります。此處に有名な笛があります所謂新羅時代の笛であります。是は秋風嶺を越へて高麗の方へ行くとそれ切り音が止つて了ふといふ傳說の有る笛であります。それは彼有名な大院君の時代に、大院君の勢ひを以て、其笛を取寄せやうとした時、是は差上げる譯にいかぬといふのを、無理に取寄せたのです。すると其途中で音が出ないやうになつて了つた、それで祟りを恐れて、元へ返した處が、其後また再び李王宮の博物館へ納める事になつて取寄せたが其時には途中で毀はれてしまつた。その上間も無く朝鮮は併合になつて了つた。矢張り笛の祟りぢや無いかと言つて居るさうであります。兎に角其笛は玉で拵へた、實に重い笛であります。あの笛を吹くのには、餘程力が要る。或人は多分一人で以て吹くのぢや無からう、人に持たして置いて吹くのだらうといふ話。朝鮮人の事だから其位暢氣に吹いたかも知れませぬ。兎に角玉で拵へた此位な物を吹いて、誰家玉笛暗飛聲といふのは、例の文飾かとばかり思ひましたら、本當に玉の笛がありました。矢張り白髮三千丈なども、昔は本當かも知れませぬ。それから群山の側には大きな石佛があります。此佛に付て私は面白い話を聞いて來た。高さが七丈八尺といふ非常に大きな石佛であります。汽車の窓から遠く山の半腹に見えるので格好の惡い佛であります。其石佛に首を乘つける時に、どうして乘せたら宜いかと思つたが、どうも仕樣が無い。或時に其佛を建てる人が、思案をしながら河原を步いて居ると、子供が大勢遊んで居て、矢張り石を積んで上へ乘せる。高い處へ乘せるに、周圍から土を持つて來て、土でなだらかな傾斜を造つて、その石を轉がして來て上へ乘つけた。さうして周圍の奴を取拂つたといふのを見て、成程斯うすれば可いといふので、周圍の山から土を落して、段々積んで、それから上へ佛さんを乘せたさう云ふ佛が汽車から見える處に在る。若し佛の好きな人が有つたら、態々行くでありませう。大石

佛であつて、有名な處であります。所謂恩津といふ處であるが、佛恩を絶するのでありませう。

それから釜山は、昔から日本と交通して居ります。彼處へ來ると殆ど日本へ歸つたやうに思ふ。丁度私が參りましたのは十月の三十日で、新天長節の前日またその翌日は釜山開港三百年祭といふ時でありました。宗對馬守が初て行つて開港談判をした時から三百年に當る。あの山の上に龍頭山神社があります。それは宗對馬守を祭つてある。その御祭りをするといふので大變な騒ぎでありました。殊に朝鮮人の側から大騒ぎをして居りましたから、私は非常に愉快な事と思つた。

是はザッと見た見物の御話でありますが、さて私の見た子供に付ては、滿洲の子供は思ひの外元氣なもので、斯う云ふ土地を嫌がつて、斯んな寒い、斯んな詰らぬ處は嫌やだと言つて居るだらうと思ふと、さうで無い。元氣好く、愉快に發育して居る。私が見ると滿洲の子供は、存外自衞心に富んで居る。何故なれば、今御話しました通り、寒い處へポッンと來て知らない處の人と一緒に交はつて、三府四十二縣といふ各地から集つた處へ這入つて育てられ、又阿父さんの都合で、一つ學校に長く居られない場合がある。甚しきは六年間に七回も轉校したといふ者もあります。それから邊鄙な處に居るが爲に、尋常一年から寄宿舍に這入る制になつて居るから、七つ八つから已に他人の中へ這入る、さう云ふ風でありまして、父母の側に居る者は少いから、大變幼さい時分から氣の勝つた、意志の强い元氣の有る子供が出來る譯になつて居る。それは大變好い方面であるが、之に反して惡い方面はどうかといふと、自然物に慰みになる物が無い。山があつても木は無く川があつても水が無い。唯樹木と言へば柳と楡しか見たことが無い。花も櫻の花は教科書には在つても、實物を見た事が無い。自然物を見た事が無い。自然物で慰める物が無いから趣味といふものに乏しい。隨つて獨立心は有るけれ共、始終喧嘩早くて、粗暴な性癖が有るといふ事になつて居る。これは私もさうであらうと思つたが其地の先生方に聞いて見ると、果してさうでありました。又かう云ふ事もありました。私の御話するのは相手が幼さい子供だから、成る可く動植物の御話をした方が面白いだらうと思つたが、却つて失敗した。尋常二三年の子供に人間同士の話よりは植物、動物の面白い御話を出したらよからうと、猿がどうしたとか、犬がどうしたとかいふ風にやつた處が、滿洲で育つた子供は、大方それを知らぬ者

が多い。或處で蛤の話をした處が、子供に分らぬ。蛤などを見た者は無い。又猿蟹の話をした處が、猿は分つても蟹は見たことが無い。又山といふと、岩ばかりと思つて居る。松の木はどんな木だか知らぬ。さう云ふ風になつては丸るで御話が出來なくなつて了ふ。尋常四五年からは分りますが尋常一年位の幼稚な子供になると、大概な話をしても分らぬ事がある。

丁度私が先年亞米利加のシヤトルで國語學校の子供に話して失敗した、お團子の話をして失敗したことがあります。それと同じ事で幼さい子供はさういふものを見たことがない。實物教授を受けて居らぬ可愛想なものだと思つた。それから學校の先生方の訴へた所を見るのに、內地向きに敎科書を書いてあるが、其事が殖民地の子供には分らぬから何うか殖民地敎科書は別にして貰ひたい。で是は只智育の方ばかりでなく、修身の方も注意して貰ひたいと云ふことを言はれましたが、是も私は非常に同感である。日本內地の學校で敎へる修身は、日本內地に通用するもので、ア、云ふ所へ出て行つて、曩つきお話した通り、蒙古人とか露西亞人とか、支那人とか云ふ者と世界的に交際をする場合に常に心得可き修身上の色々の條件がある處に及んで居らぬのは、誠に困る、と云ふことを申しましたが、是は道理もで其土地に就て考ふべきことであらうと思ふ。只幸ひな事は、滿洲は初めて經營された當時には多くは男が大多數を占めて居る。斯かる席で申すに忍びないが、女の多數は醜業婦であつた。即ち女として獨立に働く醜業婦、男として獨立に働く事業家或は勞働者ばかりあつて、家庭らしい家庭が成立つて居らぬ。偶々成立つても所謂る滿妻、滿洲に於ける妻なるもので、日本に於ける妻とは別だと云ふやうなものがある位で家庭と云ふのは無かつた。所が段々滿洲も開けて、細君を迎へ其中子供も出來ると云ふやうなことで、今日では餘程社會が進んで、家庭らしい家庭が出來て來た。でありますから、追々に舊來の頭腦も違つて來るだらうと思ひますが、それでも滿洲で生れた子供は蛤も知らぬ松の木も知らぬと云ふやうなことで、實に氣の毒であります。併し又意志の敎育には大變都合が宜い。其代り情的の敎育には氣の毒であります。

是を以て考へるのに彼地の子供は少しでも玩具を多く持たしてやりたい。玩具などと云ふものは實は無いのであります。氣の毒なほど玩具の價値を知らない。お話の價値も知らない。繪本の價値も知

らない。只もう朔漠の天地自然の間に取巻かれて、寒い風に吹かれて、其寒い風に負けずに元氣を保つて居る、誠に氣の毒であります。それで朝鮮へ來て見ると、朝鮮の子供も然うだと云ふことでありますが、私の觀た所では朝鮮は矢張り內地と違ひますから、豈夫と思ひましたが、朝鮮の教育者に聞いて見ると、朝鮮でも內地の子供に比して、趣味が乏しいさうである。又朝鮮に就ては一言皆さんに御記憶を願つて置きたいのは、朝鮮に於ける小學令の中に、吾々同胞の治下に朝鮮人があると云ふことであります。朝鮮人の子供が、今は皆日本の教育を受けて居る。で、是は吾々決して他人行儀をすべきものでない。又向うでは本氣になつて、日本の教育を受けて居る。是も二、三年前までは出來なかつたが、國が併合になつた爲めに、今では教育家が大いに扱ひよくなつた、朝鮮の家庭も喜んで日本の教育を受けさせるやうになつた。其學校も二、三行きましたが實に可愛い。朝鮮の子供が熱心に日本の教科書を讀んで、日本の唱歌を歌つて、日本の言葉で、先生何がありますか彼があります、と言ふ處を見ると、實に愉快なものです。又高等女學校へ行つた時に、私にも話をして行けと云はれた。何うせ解りはしないだらうと思つて居つたけれども、少しばかり眞面目な話をした處が、聽いて居る者は眞面目に聽いて居ました。又前の方には幼ない子供が並んで居る。其儘引込むのも變だから、試しに一つ言つて見やう、如何に朝鮮人が顏の表情が乏しいと云つても、怒つたら怒つたらしい顏をする。可笑しい所は笑うだらう一つ試しにやらうと思つてお伽噺の滑稽なのをやつて見た。始めはクスリ〱いつて居たが、其中にゲラ〱笑ひ出した。能く聽いて見ると、私の書いた物を平常子供が讀んで居るから、皆よく分つたと云ふことであります。それで大變安心した、是程朝鮮にまで早く言葉が分るやうになつて行つてるかと思ふと、實に賴母しい話であります。尤も朝鮮人は大變言葉が甘い語學に長して居るから、日本人より早く覺えるものと見えます。今日の處では別々に教へて居りますけれども、今に何うしても之を一緒に教へなくちやならぬ。何うか一緒に日本人を混ぜこぜにして教へて貰ひたい。朝鮮の父兄でも、氣の利いた者は自分の子供を日本の子供の處へ入れる、今日規則では許さぬがどうか入れて吳れと言つて無理に入れて居るのもあるさうであります。

平壤などでは是より先きに基督教の傳道師が這入つて學校を開いて居て、一時はナカ〱勢力が有

つた所が國が併合になつたから、此先生方は日々衰へた。何故なれば其學校で教へる事は日本人になるべき教方で無い、朝鮮人としての教方であつた。處が併合の今日になれば、總て平等で、日本人同樣の教育を受ける。それを受けないとすれば、注意人物と認められる。殊に伊藤公を狙撃した安重根の如きは、斯んな學校から出たといふのでありますから、驚いたのは基督教の學校で、皆大恐慌で俄かに規則を改めた。然し今日になつては日本風の教方をするやうになつたさうです。

概して申上げますると朝鮮人も今日の處では殆ど日本風になつて居る。所が大きな聲では言へませぬが、朝鮮人の中學以上の教方は、何處に在るかといふと、それは成る可く精神教育といふ事を見なくして、實科教育ばかり、此處が少し違ふ處であります。日本の内地であれば實科ばかりでは困るから、精神教育といふものに重きを置いて、それで大に國家思想を養はねばならぬのであるけれ共、朝鮮人を教へるのにはあまり精神教育をするのは、却つて危險だといふので、詩を作るより田を作れの方針で、無暗と實科教育で、實際役に立つ人間を養成する方針ださうであります。朝鮮人も子供の中は、ナカ／＼俊秀でありまして決して望みが無いのでは無く、立派に養へば物になる。併ながら物は見方に依つて日本に取つて困ることもあるので、その腕の達者な頭腦の鈍い人間を作つて貰ふやうな作方にして居る。日本に於けるやうな高等遊民を作られては困るからそれで能く働く人間ばかり作る方針でやつて居るらしい。朝鮮人は子供の中は皆悧巧だけれ共、大きくなると馬鹿になる。これは早く結婚する爲である。成程高等女學校へ行つて見ると、上の方の級の人は大抵ミツセスだといふ事で日本ならばまだ肩揚がある位の、ニコ／＼した阿孃さん、それが奥さんだ、其時分から結婚をして家庭を組織するから、折角俊秀な者も、段々と馬鹿になつて了ふ。男も同じく段々と精力が衰へる。然し今日は教育制度で早婚を段々矯めて參りますから、未來は大丈夫でありませう。朝鮮人は大變記憶は宜いが、理解力が鈍い。即ち暗誦は大變巧くやるが、數學などはあまり出來ない。その缺陷を補ふ爲に數學的の事や、科學的の事に重きを置いて居るといふ事であります。是も決して他人の事で無い

我々未來の　　現在も同胞でありますから其積りで之に對するに情を以て、能く導いて行つたならば大に今後は頼母しい國民になるであらうと思つて居ります。

今晩は「おもちゃ」會の事でありますからさう云ふ玩具の方の事を申上げると、大變都合が宜いですが、不幸にして支那にも朝鮮にも、我々の參考になるべき玩具が無い。寧ろ是は我々の方からドンドン玩具を供給してやらねばならぬやうに感じた。これと云ふのもまだ子供といふことの研究が足りない結果で此方から教へてやらねばならぬ。誠に今申上げた通り、滿洲に居る我々の同胞の、子供が所謂無趣味といふことに慣れて情味といふものが缺けた有様であるとすると、其缺陷を補ふ爲には、どうしても所謂趣味教育を喚起し、玩具とか讀物とかいふ物を提供することが必要であらうと思ひます是等の御參考の爲にも御聞き入れて置かうと思つたのであります。今晩はまだ多數の有益な御話があるのに、私が先きに長い時間を取つて、誠に申譯ない事でありました。では是で御免を被ります。

（拍手）

⑨巌谷小波「満鮮いろは噺」（『少年世界』第二〇巻第五号、一九一四年四月）

満鮮いろは噺

小波

あゝ旭山の古戦場

旭山と云ふのは、安奉線の橋頭驛に沿うて居る一帶の丘陵を呼ぶ名だ。多分日本側で付けたのであらう。此邊は三十七八年戰役の際、鴨綠江から進んだ黑木軍が、頗る苦戰をした所で、一名細河沿とも亦白雲寨とも云つて居る。

今當時の記念としては山上に自然石の忠魂碑が立つて居て、其側には分捕の砲も置いてある。

又、當年騎兵團を率ゐて御勇戰あらせられた閑院宮殿下の御座所であつた古寺は、今も崖下に殘つて居て、守

釣魚臺

備隊の兵營になつて居る。

この山は、一方は勾配の緩い傾斜になつて居るが、他の一面は切り立つた樣な岩壁になつて居て、下は一望萬頃の平野、その間を細河の流れが、白蛇の樣に縫つて居る。

僕の行つたのは十月の十八日、岩の間を彩る紅葉は、當年の勇士の血煙をも偲ばせて、一層の美觀を添へて居た。

美觀と云へば、此所から二三哩隔てた所に、釣魚臺と云ふ所がある。此所はこの安奉線中で、隨一と稱せられる絶景の地だが、惜しいかな、汽車があまり近くを通るので、特に後尾車のプラットホームに出て居ても、長く嘆賞する事が出來なかつた。

の奇勝

さ、三百年祭の釜山

釜山は朝鮮の中でも、最も内地に近い丈に、最も早くから交通も開け、市街も最も日本式に發展して居て、現に大正の二年は、其開港三百年に當る事になつたが、僕の行つた十月三十日には、新天長節と三百年祭との準備で、市中は非常に色めき立つて居た。

但し其當日は、もう僕は門司へ來て居たので、其賑ひは知らなかつたが、何でも日鮮人合同の大提灯行列などがあつて、頗る振つたものらしかつた。

市の中央の岡の上にある、龍頭山神社と云ふのは即ち釜山開港の恩人、宗義智を祀つたものである。

き、居留地の共進會

天津は北清事變の古戰場で、また革命亂の騷擾地ともなつた。

然し今は立派な貿易市となつて、各國の居留地が、殆んど共進會と云つた樣に、道路にも、公園にも、民家にも、官衙にも、それ〴〵その體裁を飾り合つて居る。

中でも一番立派なのは、佛蘭西と獨逸だが、日本も此所ではなか〳〵發展して居て、其の旭街などと云ふ所は、內地で一寸見られない程、ハイカラ式の發展をして居る。これも近隣の刺戟のお蔭だらう。

僕の弟は此地の三井洋行に在勤して、已に足掛八年になつて居るが、其實際見た話によると、先年革命の亂の時なぞは、官軍に捕はれた暴徒を斬るのに支那街の一番賑かな所へ引き出して、群衆の環視して居る中で、二十近くの生首を、ゴロリ〳〵と薙ぎ落したさうだ。

天津の日本居留地

一方居留地の文明式なるに對して、一方支那街にはかうした蠻風が、まだ平氣で殘つて居る所が、又天津の天津たる所かも知れない。

ゆ、輸入の魁

歐羅巴の文明が、我日本に入るには何うしても海上から來ざるを得なかつた。但しそれは昔の事である。

袁大總統

袁就任式に招かれたる各國大使

る。今や朝鮮は併合され、滿洲も我手に委かせられたとなると、先に海を渡つて來た文明は、今は陸から入つて來る樣になつた。

そしてその一番最初に、我々邦人に觸れるのは、即ち南滿線の最北端にある、彼の長春と云ふ所である。

此地は元と蒙古に屬した、一寒驛に過ぎなかつた。それが露國の手に移り、次いで我手に轉じてからは非常の發展を來たすに至つた。

歐羅巴からの文明の輸入を、一番先に受取るのは、即ち此所だぞと云はぬ計りに、何れも大いに意氣込んで居る。現に小學校の生徒すらも、高等科に居る者の中には、支那語蒙古語を學ぶ外に、露西亞語をも解する者がある位だ。なんと賴もしい所ではないか。

⑩谷崎潤一郎「支那劇を観る記」（『中央公論』第三四年第六号、一九一九年六月）

支那劇を觀る記

谷崎潤一郎

瀧田君から梅蘭芳の事に就いて何か書いてくれと云ふ依賴を受けたが、私は去年二た月ばかりちつと支那を覗いて來たばかりで、支那通でもなし支那芝居のことなどは無論分らない。それに本誌の前號には權威のある人たちの面白い記事が掲載された後であるから、今更私の如き門外漢が彼れ此れと半可通を並べるのも嗚呼がましい次第である。で、茲では單に一箇の白人の考として、梅蘭芳に限らず一般の支那劇に關する私の感想なり見物記なりを述べて見ようかと思ふ。

支那へ行つたら出來るだけ多くの劇場を廻つて見たいとは、最初からの私の希望であつた。支那の演劇、支那の俳優、――刺戟の強い色彩と甲高い音樂とから成り立つて居るらしい彼の國の舞臺の光景は、見ない前から私の好奇心を唆り、其處へ行けば自分が常々憧れて居る夢のやうな美しさと、怪しい異國情調との織り交つた物に接する事が出來るだらうと想像して居た。北京に梅蘭芳と云ふ名優の居ることも夙に聞いて居た。そんな譯で朝鮮から始めて支那の領土に這入つて、先づ奉天の木下杢太郎氏の家に落ち着くと、早速芝居を案内してくれるやうに同氏に賴んだのであつた。

「奉天なんぞは支那の場末だから此んな所の芝居を見たつて仕樣がないさ。見るなら北京へ行つて梅蘭芳を見給へ。あれを見なければ駄目さ。」

かう云つて杢太郎氏は取り合はなかつたが、それでも平康裡の中華茶園とか云ふ劇場へ案内して貰つた。ついでながら支那では何々茶園と稱する芝居小屋が多い。茶園と云ふからお茶を飲ませる家かと思ふと大概は劇場なのである。南方はどうであつたかハツキリと記憶しないが、奉天を始め天津、北京などはさうであつた。兎に角この奉天の芝居が私の最初の經驗なのである。觀客席の模樣は日本の活動寫眞小屋のお粗末な物だと思へば間違ひはない。等級は樓上と樓下と二つに別れて居たきりであつたと思ふ。樓下の方は地面へ直にベンチが並べてあるだけであつた。私が這入つて行つたとき、舞臺では小柄な若い女優が、きらきらと銀色に光る燦々しい冠を戴いて、眞紅な地に金色の刺繡を一面に施した服を着けて、キャア、キャアと猫の啼くやうな聲を張りながら臺辭を云つて居た。何だか斯う赤く煠でた蛇のやうな感じがした。その女優だけはそんなに嫌ではなかつたけれど、後から出て來る役者たちはみんな氣味の惡い度強い隈取りをして居るので、惡夢に魘されるやうな不愉快を覺えた。おまけに立ち廻りとなると音樂がヤケに騷々しい。銅鑼のやうな物を無闇にチヤランチヤランと鳴らし續けるので、耳が聾になつてしまふ。活版刷の番附は貰つたけれども一と晩のうちにいろ〳〵の芝居をやるのだから、今演じつゝあるの孰がの藝題で孰の俳優なのか見當が附かない。筋は勿論まるで分らない。私の抱いて居た幻覺は此れで滅茶々々に壞されてしまつた。

北京へ行つたらこんな筈はあるまいと其れを賴みにしながら、天津でも到る處の芝居小屋を覗いて見た。其處は可なり芝居が盛んな土地だと見えて、日本ならば淺草公園とか道頓堀とか云ふやうな町を歩いて居ると、芝居の廣告とか劇評とか云ふやうな記事ばかりを載せた新聞を、資子が賣つて歩いて居る。（此の種類の新聞は、少し大きい都會には何處でも發行されて居るやうであつた。）それを一枚買つて、廣告欄に出て居る劇場を一つ一つ見物して歩いたがやつぱり一向感心する氣にはなれなかつた。第一小屋が不潔なのには少からず辟易した。甚しいのになると、立ち廻りの際にトツタリがとんぼ返りを打つたりすると舞臺からぱつと埃が舞ひ上つて其の邊が濛々となるのである。それから美人だの色男だのに扮して居る役者までが、舞臺へペツト痰を吐いたり手鼻をかんだりする。（藝者でさへお客の座敷で手鼻をかむ奴が居る。）眼のさめるやうなケバケバしい衣裳を着て居て其れをやるのだから全く不思議である。しかしお客は平氣なもので、音樂に聞き惚れつゝ首や手足で拍子を取りながら、佳境に來ると熱狂して掛け聲をかけたり喝采したりする。私はつく〴〵、支那人は音樂を好む國民である事を知つた。

北京へ着いた明くる日、神田の小川町のやうに書店が列んで居る琉璃街へ行つて、支那現代の戲曲を集めてある戲考と云ふ書物をあるだけ買つて來た。それから劇通を以て有名な辻さんや、同文書院出身の村田孜郎君や、平田泰吉君などに說明を聞いたり案内をして貰つたりして居るうちに、だんだん分るやうになつて來た。北京に前後十日ばかり滯在して居た間、私は毎日一つや二つの劇場を覗かない事はなかつた。新聞の廣告に依つて其の日の芝居の藝題を知り、それから戲考を開いて其の戲曲の筋を呑み込み、その上に劇通の講釋を聞きつゝ見物するのだから、俄然として悟りを開いたやうに分り出して來たのである。尤も共れには奉天や天津で下等な芝居を澤山見て居た間に、知らず識らずあの調子の高い音樂が耳に泥んだと云ふ事もあつたのだらう。さうして筋さへ呑み込んでしまへば、支那音樂のメロディーには西洋の共れと違つて、日本人にも共通な感情の流露があるのだから、悲しい所は悲しく感ぜられ、勇ましい所は勇ましく感ぜられるのである。李陵碑などゝ云ふ戯曲の悲壯な味はひは、私にも可なりよく分つたやうな氣がした。

辻さんの話に依ると、目下の梅蘭芳は二三年前ほどの人氣はない。容貌も頬がこけたので以前ほど美しくはないし、聲もいくらか惡くなつたのださうな。梅と同型の女形で、彼の後輩である尙小雲の方が前途有望で、將來梅と匹敵すべき名優になるだらうと云ふ。私は尙小雲の孝義節を見たが、どうも梅蘭芳ほどは感心しなかつた。梅蘭芳は聲ばかりでなく、表情があり動作があるのだから、我々の如き民人にも理解され易い點もあるのだらう。此の意味に於いて、梅蘭芳と共に一對の夫婦を演ずる立役の王鳳卿が、今度日本へ來なかつたことはいかにも殘念である。やゝ幸四郎に似た趣があつて、藝から云つても顏から云つてもあんなだらだらした缺點のない、カッチリと引き締まつた、何となく支那の古英雄の如き颯爽とした風貌と態度と肉聲とを持つた王鳳卿が來たらば、或は梅よりも評判になつたかも知れない。

帝劇で私が見たのは御碑亭であつたが、王鳳卿が一枚缺けて居た爲めに、北京の廣德樓で見た時よりも劣つて居た事は爭はれない。それから柳生春に扮した俳優も、北京でやつた役者の方が上手であつたやうに思ふ。王有道と柳生春とが、試驗官の前で話をする時の臺辭の云ひ渡しや抑揚が、馬鹿に好かつたのだけれど、此の間はそれほどでもなかつた。御碑亭の雨宿りの場の梅蘭芳の出來榮えも北京の時の方が優れて居た。廣德樓の舞臺では、御碑亭の側に楊柳の立ち木を据ゑて、それがいかにも雨の情景を添へて居たのに、どう云ふ譯か帝劇では柳を置かなかつた。孟月華は御碑亭の上手の柱のほとりにうづくまり、柳生春は下手の柳の蔭にしよんぼりと彳みつゝ、互ひに更け行く鐘の音を數へて歌をうたふのである。あの柳は是非ともあつた方がいゝ。王有道が妻を離緣する際の表情も、王鳳卿が演ずるとあんなに騒々しくはなく、もつと男性的で沈痛を極めて居た。

南支那へ來て蘇州杭州上海邊に流行して居る新劇をも見たが、此ほ頗る奇拔なのがあつて、腸を抉り出したり皮膚を剝ぎ取つたりするやうな無邪氣で殘酷な芝居もあつた。女優では杭州の西湖鳳舞臺で見た張文艶の妖艶さを未だに忘れる事が出來ない。それから上海の大世界で見た人形芝居は非常に綺麗な美しいものであつた。支那の舊劇は動作よりも音樂が主で、加ふるに衣裳があの通り絢爛であるから、人形芝居には實に適して居るのである。

⑪石田秀二「白河の天津」（『日華公論』第六巻第一・二・三号、一九一九年八・九・一〇月）

白河の天津　上

三井洋行　石田秀二

著者は統計が舊き故、訂正したる後にと言はれましたが頗る簡明に出來て居るのと、當地に重要の事柄である爲め、强ひて本號に載せる事に致しました。（記者識）

白河の天津

第一章　緖　　言
第二章　天津と白河の地理的關係
第三章　天津貿易と白河
第四章　白河改修工事の沿革及現狀
第五章　支那政府の白河上流治水計畫の天津に及ぼす影響

第六章　海河工程局の白河改修計畫
第七章　結　論

第一章　緒　言

天津は往古四千年前、夏の時代には冀州の屬地なりしが、周の時代に至り始めて幽州と稱し、戰國時代には燕と呼べり。其の後、秦漢隋唐宋等諸代を經て元の時代に至りて海津鎮と改稱し、明朝に及んで天津と稱し衞を置く。夫れより大凡三百年後、淸の雍正三年天津衞より天津州に昇り、同九年又改めて天津府となす。其後淸暦咸豐十年（西暦一八六〇年）英人ロードエルヂン氏の淸國と締結せる北京條約に依り開港場となれり。爾後商勢年を逐て隆盛に赴き、光緒二十六年（西暦一八九九年）團匪の騷動に遭ひ、一時異常の打擊を蒙りしも、之れが鎭定後各國租界の經營益々發達し、大に天津市面の革進を促し、年一年長足の進歩をなし、今日の盛況を見るに至れり。天津が斯くの如く長足の進歩をなし、今日の如き繁榮を來したる素因種々ありと雖も、其中諸水潆滙より受くる影響最も大にして、就中白河（海河 HaiHo）に蒙むる恩惠最も多しとす。

即ち白河は五十餘年前より汽船を受容し、天津をして貿易港たるの資格を有せしめ、且つ之れが發達に人爲の作用を受け、運輸上西よりの西河、北よりの御河を直接海に聯續し、北支の交通を自由ならしめたり。是今日天津が貿易港として北支に牛耳を取る所以にして、是蓋し白河の賜たると同時に、白河は天津の生命と謂はざるべからず。故に茲に『白河の天津』と題し、不文拙筆の誹謗をも不顧、一述するものなり。

第二章　天津と白河の地理的關係

天津は北緯三十九度九分、東經百十七度二分に位置し、四方一面直隷の平野にして、四顧茫々として山陵の眼界を遮るものなく、北支一帶の諸水（即北は北河により通州に、東北は東河を以て蘆台に西北は永定河により宣化に、西は上西河を以て保定府に、西南は下西河により正定府に、漳河衞河を以て遠く河南に、南は御河により江蘇に通ず）

の會流する白河の沿岸にあり。此の白河を東に下ること三十七浬にして大沽を經て渤海灣に臨み、遠く海洋の連絡自由なり。

　此地は古來九河の要津に當り、路は七省（直隷山西、山東、河南、陝西、甘肅、蒙古）の舟車を通ずと稱せらる。北支水運交通の中心にして白河之れが中樞たり。

白河は其の源を沽河と云ひ、赤城を東に遶り、北より來る白馬關河に合し、蜜雲の南にて東北よりの潮河に會し、二水を合して南流し、途中諸水を容れ、通州に來り、西北よりの運糧河に合し、天津の附近にて永定河（渾河）と會流し、紅橋に於て西より來る西河を合せ、又東北よりの東河に會し更に天津の三岔河口にて南より至る御河を容れ、北支一帶の諸水を合して海河となりて海に注ぐ全長百八十浬の河流を云ふ。

然し今茲に白河と呼ぶは、右百八十浬の全河程を云ふに非らず、天津三岔河口より大沽口に至る三十七浬の流れ、即ち白河の主要部たる海河（Hai Ho）の謂なり。

白河は以上の如く諸河の水を集め海に流る。其水量大凡次の如し。

御河（一秒間）	一〇五〇立方呎
西河	一六六〇立方呎
運糧河	二三〇立方呎
北運河	一六〇〇立方呎
渾河	一〇一〇立方呎
風河及龍河	四〇立方呎
計	五五九〇立方呎

白河の河幅は天津外國租界より上流百七十尺にして、下流は三百二十六尺となり、白塘口より鹹水沽に至る間は二百三十尺乃至二百七十尺に狹り更に下流新河附近より漸次增大して大沽河口に於ては六百六十尺を有す。

白河の水深は天津附近に於て十二尺乃至三十尺塘沽に於て十二尺乃至二十二尺、北砲台に於て十三尺乃至十八尺なりと雖も、現時は減水埋沒の爲め右の如き充分なる水深を有せず。甚だしきは干潮三尺に滿たざる淺瀨ありと云へり。

　河岸は天津市を貫流する部分に於ては護岸工事を施せども、下流は自然に放置して何等の施設をなさず。白河の流速は天津大沽間に於ける測量の結果に依れば平均三乃至四節にして、稀れに五節に達することあり。白河の河床は岩石絶無にして天津附近、及其下流は含砂粘土なるが故に一般に粘土深くして且粘質强し。

天津は前述の通り北緯三十九度九分に位し、我國仙台以北の地と仝緯度に位すれども、四面渺々たる平野にして山脈なく樹木なく加ふるに土質は砂及砂土より成るを以て、日射吸收量、輻射熱共に大にして、從て氣温の變化酷烈に、夏季は甚だしき苦熱を感じ、冬季は寒烈を極む。即ち大陸的氣候なり。故に冬季は白河結氷の爲め二ヶ月半乃至三ヶ月は船舶の交通を杜絶す。

白河結氷は普通十一月下旬に始まれ共、閉河は十二月下旬にして、又解氷の始まるは二月下旬なれども、開河は三月上旬とす。結氷の最高度に達するは今日までの處一月中旬にして、其厚さ天津に於て一尺五寸に達し、下流に至るに從ひ厚度を増加し、大沽口は層々相重疊して數尺に達すと云へり。次に過去廿年間の白河結氷の統計を掲げん。

年次	開河（月、日）	流氷（月、日）	閉河（月、日）
一八九七	二、二六	二、一〇	一二、二
一八九八	二、一八	二、一三	一二、一五
一八九九	二、二三	二、八	一二、三
一九〇〇	二、二〇	二、三〇	一二、八
一九〇一	二、二六	三、七	一二、二七
一九〇二	二、二三	三、五	一二、二四
一九〇三	二、二四	三、一	一二、一七
一九〇四	二、二七	三、一五	一二、一八
一九〇五	二、二六	三、一二	一二、一四
一九〇六	二、二六	二、二三	一二、一〇
一九〇七	三、三	二、二四	一二、二四
一九〇八	三、六	二、二七	一二、一九
一九〇九	三、一九	三、九	一二、一七
一九一〇	二、二七	三、一	一二、三
一九一一	三、五	三、二六	一二、二九
一九一二	二、一九	三、七	一二、二三
一九一三	二、二四	三、三	碎氷船使用
一九一四	碎氷船使用	三、三	一、一九

一九一五	二、三	ー	ー	ー
一九一六	ー	ー	ー	ー

白河の流るる直隷の曠原は平坦砥の如く何等勾配のあるなく、三十七浬を隔つる渤海の潮汐も、天津の上流七浬乃至十五浬に感應し、河中に於ける高潮及落潮の差は天津に於て三尺とす。

次に河口たる大沽に於ける潮汐の輸送上に及ばす影響の著しき事は他に其比を見ず。高潮の際は吃水十尺の滊船を優に通航せしめ得べき航路も、低潮に於ては吃水僅か二三四尺の小蒸滊船と雖も尚且つ出入する能はざるなりと云ふ。潮流は高潮後一時間乃至二時間に起り、低潮後約四十五分乃至二時十五分に止む。方向は上げ潮には陸岸に沿ふて北走し、下げ潮には南走し、流速の最も大なるは二浬乃至三浬なりと云ふ。

沙灘（Bar）の狀態に就て記述せんに、白河の吐出する泥砂は河口の外方に於て堆積し、沙灘を形成す。其長さ約五浬に延び逐年其水深を減ずと雖も、海河工程局の浚渫により滿潮に於ける滊船の通航に差支なき樣常に改修しつゝあり。

第三章　天津貿易と白河

一九〇一年より一九一〇年に至る十ヶ年間の支那全國外國貿易は長足の進歩をなし、輸出入共に均しく約二倍の增進をなし、殊に輸出貿易は頗る順調に發達せり。

次に輸入貿易を見るに、一九一〇年以前は一高一低、動もすれば減少の傾向ありしが、一九一一年より一九一三年に至る三ヶ年間は、革命の爲め支那經濟界に對する影響尠からざりしにも不拘、輸入貿易は却て益々增加せり。次に又輸出狀態を察するに其額漸次增加し、一九一三年は一九一〇年に比し二倍半以上の增進を見たり。

左に最近十四年間に於ける輸出入額を掲げ、以て支那貿易の趨勢を察せん。

支那總貿易統計表

年次（年）	總輸入	總輸出	合計
一九〇一	二七七、一三九、七三五	一七八、四九三、五七二	四四五、六三三、三〇九
一九〇二	三二五、五四六、三一一	二二四、三六三、九九〇	五四九、九一〇、三〇一
一九〇三	三三六、八五三、一二四	二二四、四六六、四六八	五六一、三一九、六〇一

年次			
一九〇四	三五七、四四四、六三三	二五二、八七〇、七三八	六一〇、三一五、四〇一
一九〇五	四六一、一九四、五三二	二四一、九八一、九三八	七〇三、一七六、四七〇
一九〇六	四二八、二九〇、二八七	二五四、四七六、九四四	六八二、七六七、二三一
一九〇七	四二九、〇七一、六六二	二七七、〇五〇、九九〇	七〇六、一二二、六五一
一九〇八	四〇九、五五四、六五三	二九一、七〇九、五七八	七〇一、二六四、二三一
一九〇九	四三〇、〇四八、六〇六	三五〇、八八三、三五三	七八〇、九三一、九五九
一九一〇	四七六、五五三、四〇二	二九四、四二一、八三六	八七〇、九七五、二三八
一九一一	四八二、五七六、一二七	三八八、四一〇、三五〇	八七〇、九八六、四七七
一九一二	四八五、七二六、〇八〇	三八三、一四九、四五三	八六八、八七五、五三三
一九一三	五八六、二九〇、四三一	四一九、四三三、四二〇	一、〇〇五、七二三、八五一
一九一四	五七二、〇五七、九七〇	三六〇、二二九、七九六	九三二、二八七、七六六

如斯支那に於ける外國貿易は過去十數年間に著しき發達をなし、之れが門口たる各貿易港も遂年非常なる進歩を見たれども、就中天津の如きは其發達の最も著しきものと云ふべし。

一九〇一年に於ける當天津貿易額を見るに、僅かに四千九百四十一萬一千四百二十三兩に過ぎざりしが、其後十ヶ年を經たる一九一〇年には實に九千八百九十萬三百五十五兩の多額に上り、又其四年後なる一九一三年に於ては一億二千三百六十三万九千七百七十六兩、即ち一九〇一に比し倍二半强の増加を示せり。過去十四年間の天津外國貿易の發達增進と、他の二三主要港の夫れとを比較するに、其數量に於て二首位を占むる能はざるも、進歩の步調より云ふ時は第一位にあるものと云ふべし。

次に支那四大港總貿易額比較表を掲げ、之れが發達の状態を窺ふべし。

支那主要港總貿易額比較表

年次	天津	上海	漢口	廣東	其他	總計
一九〇一	四九、四一一、四二三	一一八、四二五、七七六	六二、二一九、六九八	五九、九九〇、二六四	一五五、五八六、一四八	四四五、六三三、三〇九
一九〇二	八九、四七八、四六四	一三八、七七五、七〇八	七二、八一一、一七八	七九、七四四、七〇七	一六八、一〇〇、二四四	五四九、九一〇、三〇一
一九〇三	六八、七二九、〇六一	一一八、八一二、八九九	九九、一二九、五〇〇	一〇〇、五五九、八二六	一六四、〇八八、三一六	五六一、三一九、六〇二

一九〇四	六八,九五四,六九四	一四五,四八〇,一七〇	一〇七,四四九,三七四	九六,二四七,〇七六	一九二,一八四,〇八七	六一〇,三一五,四〇一
一九〇五	九六,五六五,六七二	一七六,九七九,一九三	一一一,〇四三,〇四六	九二,二四三,六五〇	二二六,三四四,九〇九	七〇三,一七六,四七〇
一九〇六	一一二,八六四,五五五	一六八,七三六,三三九	九七,一四二,三七七	九四,一〇八,六九六	二〇九,九一五,二七四	六八二,七六七,二三一
一九〇七	九六,七七八,九六六	一三七,〇五八,二三九	一一五,〇七一,三八三	一〇三,〇八二,九四七	二五三,四三一,一一七	七〇六,一三三,六五三
一九〇八	七九,四五四,七三三	一三七,八〇一,〇二〇	一二〇,〇三八,二九三	一〇三,六九六,五三〇	二六〇,三七三,六五五	七〇一,三六四,二三一
一九〇九	九八,七九二,五八四	一六一,一一八,三三六	一二五,二九六,六九〇	一〇七,〇六七,二六七	二八八,六九七,〇八二	七八〇,九三二,九五九
一九一〇	九八,〇九〇,三五五	一七二,九二三,一一四	一三五,二九九,一六七	一一三,七六六,六八七	三五〇,八九五,九一五	八七〇,九七五,二三八
一九一一	一一六,五三六,六四八	一九七,二六〇,四九〇	一一七,九五七,四八四	一〇二,三二四,六二一	三三七,〇〇七,二三四	八七〇,九八六,四七七
一九一二	一〇二,二五八,一一八	一八五,九一〇,一三四	一三五,〇三三,一七九	九六,一七〇,六三一	三四九,五〇四,四七〇	八六八,八七五,五三三
一九一三	一三三,四五八,二七四	二〇七,二三三,二四九	一五四,〇二九,九三九	一一三,二八五,八八八	三九八,七二九,五〇一	一,〇〇〇,七二三,八五一
一九一四	一二三,六三九,七七六	二〇八,〇七五,一三五	一四一,三二八,六七二	一〇五,二九六,三二三	三五三,九四七,八六〇	九三二,二八七,七六六

右四大港の一九〇一年と一九一四年の貿易額を比較するに大凡次の如し。

港名	一九一〇年	一九一四年	%
天津	四九,四二一,四二三	一二三,六三九,七七六	二五〇、%
上海	一一八,四二五,七七六	二〇八,〇七五,一三五	一八〇、%
漢口	六二,二一九,六九八	一四一,三二八,六七二	二三〇、%
廣東	五九,九九〇,二六四	一〇五,二九六,三二三	一七〇、%
支那總計	四四五,六三三,三〇九	九三二,二八七,七六六	二一〇、%

右表により天津港貿易の發達狀態を按ずるに、支那全國總貿易の發達の程度より其進歩の度大にして、即ち支那總貿易は二十一割の增進なれども天津貿易は實に二十五割の增加、前者より四割の增大と云ふべし。

次に又一九〇一年の支那總貿易額に對する右四大港の貿易額步合と、一九一四年に於ける夫れとを比較するに、

港名	一九〇一年	一九一四年	%
天津	一一、%	一三、%	(十) 二、%

上海	二六五、%	二二四、%	(一)四一、%
漢口	一三九、%	一五二、%	(十)一三、%
廣東	一三四、%	一〇三、%	(一)三一、%

漢口の發達は目醒しきものなれども、尙天津の發達には及ばず。上海廣東の如き一般的に云ふ時は其步合却て減退の狀を呈し、天津のみは其發達頗る偉大にして、獨り其の群を抜けり。之れ一に北支那に於ける生産力及購買力の豐富に依るは勿論なれども、天津其のものの位置の其處を得たる爲めにして、即白河に依る交通自在の地にあればなり。

抑々貨物の集散は一方に之れが大なる生産地と消費地を控へ、他に交通運搬の自由なる地に多く又盛なる貿易は貨物の集散繁き地に多しと云ふは常に經濟學者の口にする所にして、又實際に於て然りとなす。天津が今日の如き貿易旺盛となり、北支那唯一の貿易港となりたるは、一に貨物の集散盛なりしが爲なり。即ち後方には直隸、山西、蒙古、甘肅、陝西、河南、山東等の一、九二六、五三〇、平方哩の廣き大生産地と、九二、七三〇、〇〇〇人の多數人口を有する大消費地を控へ、之れに通ずるに水陸共に交通の便開け、水運の如き殊に其著しきものとす、(第二章參照)

右生産品の輸出及び消費物の輸入が天津に於て如何なる方法により行はれつゝありやと云ふに、輸出輸入共大部分は白河を溯航する汽船に依て行はれつゝあり。汽船にして若し白河を航行すること能はざる時は、天津輸出入貿易は爲めに一朝にして衰微し宛然白河結氷中の天津市場の如き寂寞たる觀を呈するの止むなきに至らざるべからず。茲に於て白河は天津貿易の生命を掌る唯一の貿易補助機關にして、一日も之れが關係を等閑に付し忘却すべからざるものと云ふべし。

天津港總貿易額統計表

年次	總輸入	總輸出	總計
一九〇一	三九、二五七、三一七	一〇、一五四、一〇六	四九、四一一、四二三
一九〇二	七五、九一〇、五四二	一三、五六七、九二二	八九、四七八、三六四
一九〇三	五七、四〇九、七七二	一一、三一九、二八九	六八、七二九、〇六一
一九〇四	五四、〇五九、三一五	一四、八九五、三七九	六八、九五四、六九四
一九〇五	八一、八二六、三一三	一四、七三九、三五九	九六、五六五、六七二

支那の農業改良

一九〇六	九一、〇三九、二四七	二一、八二五、三〇八	一一二、八六四、五五五
一九〇七	七九、五二五、七五一	一七、二五三、二二五	九六、七七八、九六六
一九〇八	六〇、三〇九、七九二	一九、一四四、九四一	七九、四五四、七三三
一九〇九	七〇、六七五、八九九	二八、〇七六、六八五	九八、七五六、五八四
一九一〇	七三、〇七二、二〇四	二五、〇一八、一五一	九八、〇九〇、三五五
一九一一	七七、二四一、六九九	三九、二九四、九四九	一一六、五三六、六四八
一九一二	六四、八一五、九六二	三七、四四二、一五六	一〇二、二五六、一一八
一九一三	九五、六二九、六五一	三七、八二八、六二三	一三三、四五八、二七四
一九一四	八九、九三八、〇七〇	三四、七〇一、七〇六	一二三、六三九、七七六

白河の天津『中』

石田秀二

第四章　白河改修工事の沿革及現狀

今を去る二十七年前、天津地方に洪水あり。時の直隷總督李鴻章は、丁抹國技師「リンド」をして白河を實測せしめたり。又一方海關稅務司「デットリンプ」は、白河水路改修に關し學術上より河流狀態の不良を述べ、財政上より經費支辨の方法を具し、之れが改修計畫を提議したれども、頑迷なる地方官吏等の反對により、遂に同氏の計畫も立消となれり。

爾來、年々泥沙は、河底に游積し、船舶の出入漸次困難を告げ、西暦一八九五、六年頃には、泥沙の游積更に甚しく、水深僅かに六尺に充たざる淺瀨を生じ、汽船の航行、愈々困難となれり。從來滊船は、白河々上五浬の地たる塘沽に碇泊し得たるも、爾來水利益々惡しく、依つて大沽沖に投錨し、天津出入の貨物の積卸は、同所より曳船に依るの外道なく、曳船は其數少き爲めに、貨物の停滯一週間に及び、又曳船料として日本天津間運賃の三割前後に相當するものを支拂ふの止むなきに至れり。

如斯白河の航行に不便を來せしもの、其原因種々あるべしと雖も、就中其主なる点を見るに、

一、人民は灌漑又は交通の爲め濫りに溝渠を鑿し之れに依りて白河の水量大に減少したる事

二、護岸設備極めて不充分なる爲め両岸の侵蝕作用劇しく泥沙の游積速かなりしこと

三、河道の屈曲甚しく水流不充分なる爲め泥沙を沈澱せしめたること

四、是等河底の泥沙は次第に大沽河口に游積し之を疏通せざりしこと

茲に於て白河改修を怠りたる時は、天津港と海洋の直接聯結を維持すること能はず、延ては天津貿易に至大なる影響を來し、遂には天津の生命に累を及ぼすべしとの説を唱ふるもの、天津商業者間に漸次增加し、遂に公使團の決議を經、且つ直隷總督と商議の上、海關道稅務司、領事團之れが委員となり、一八九〇年茲に始めて白河改修に着手することゝなれり。

之れ第一次白河改修工事にして、其計書及所要經費二十五萬兩の支出、及償却方法を左の如くに決定せり。

一、改修工事計書

A、溝渠に閘門を設け、或程度に減水すれば之れを塞ぎ、以て水路を斷つこと。

B、護岸工事を施すこと。

C、河線の屈曲を直くすること。

二、支出方法

A、十萬両　直隷総督衙門より支出

B、十五萬両　英國居留地の保証により香港上海銀行より額面二十萬両、利子歩合七朱、三年据置、償却期限十年と定めたる居留地債の發行。

三、償却方法

天津輸出入貨物に對し海關の稅一歩を附加稅として課稅することとし、海關稅と共に之れを徴收す。

右の如く設計せられ、其一部起工せしも、偶々

團匪事件に際會せし爲め、一時該工事を中止するの止むを得ざるに至りしのみならず、兵亂により既成の工事も大に毀損せられたり。

其後一年にして事變平定、又々白河改修のこと大に唱へられ、領事團、都統衙門、稅務司等、之れが委員となり、第二次白河改修工事を起したり其計畫次の如し。

一、白河現狀維持

白河現狀維持の爲めに、政府每年六萬両を支出すること。

二、白河改良

白河改良の爲めに、政府二十五萬両を支出し、居留地をして二十五萬両の公債を引受しめ、其償却方法は、輸出入貨物より更に一分の海關附加稅を增徵すること。

三、改良事業完成後に於ける白河保存

右の如く設計を立て愈々一九〇一年九月より之れが實行に着手し、團匪事件にて破壞せられたる個所は、間もなく修復せられ、次に又溝渠の最も大なる蘆台(東河)に閘門を設けて、其水路を閉塞せし爲めに、水勢俄に盛となれり。又一方河線屈曲の大なる地点は切斷工事を施し、漸次其完成を見たり。

第一切斷は一九〇二年七月完成す。

掛甲寺楊莊間舊水道二、一浬水道〇、九浬短縮一、二浬

第二切斷は一九〇二年九月完成す。

下園何家莊間舊水道四、二浬　新水道一、二浬短縮三、〇浬

右第一第二切斷共河道三百二十五尺乃至三百六十八尺の幅を有し、地下二十三尺の深さを保たしめたり。

一九〇三年秋海關附加稅を又更に一分增徵して合計三分となし、仍て新たに三十萬兩の債劵を發行し、第三掘割工事に着手せり。

第三切斷は一九〇四年七月完成す

楊家莊辛莊間舊水道七、一浬　新水道二、二浬　短縮四、九浬

茲に於て舊水道五十浬二なりしもの三回の切斷により、四十七浬一に縮少せり。尙ほ之れと同時に、河水流行の速度俄かに加はり、一九〇一年九月、即ち掘割工事施行以前滿潮時に於て、一秒時間一、七五尺なりしも、三ヶ處の掘割工事施行後は、二、四尺の好結果を示し、土砂の沈積を防ぐと共に、白河の水量を增し、浚渫其他の作業と相俟て改修の効を奏し、吃水十二尺の汽船をして、

紫竹林に遡航せしめ得るに至れり。

然るに一利あれば一害を免れず。右白河改修浚渫の爲めに、水勢頓に其速度を早め、河底の土砂は掃流せらるゝも、多年船舶航行の障害をなせし大沽沙灘の游積は、爲に一層其度を加へ、今や干潮時に於て水深僅かに一尺餘、滿潮時と雖も、七八尺に及はざる状態に陥りたる爲め、滊船の通航は益々不自由となり。之れが開鑿をなすにあらざれば、前述の改修工事に於て收め得たる効果も、河口の閉塞によりて實益を擧ぐる能はず。航運業者の不便損失甚しきのみならず、天津貿易に至大なる影響を來すを以て、白河工程局は一九〇四年十一月、之れが開鑿をなすの計書を立てたり。該設計の内容は、即ち大沽沖合なる淺瀨に於て

深さ(滿潮時)　十三尺
幅　五百尺
長　約一萬尺

の水道を開鑿せんとするにありて、其經費概算四十五萬兩を要するを以て、之れが支辨は公債發行によることゝし、尙ほ竣工後毎年の支出額は、

保存工事經常費　七萬乃至八萬兩
臨時費　一萬五千兩

と此外

債金元利償却額は一ヶ年四萬五千兩
合計　十三萬五千兩を要するを以て之れが償却方法として

一、海關附加税　一分增加
一、大沽沙灘を通過せる船舶は登簿噸數一噸に付十五カンダリン(同十五厘)
一、通過し得ざる船舶、若くは之れを通過せざるものは、積卸貨物各一噸に付十五カンダリンを課税す

以上の案を立て、之れが贊同を得ん爲め、支那官憲及北京外交團代表者に依頼すべく決定せるも各航運業者は、改修員會議に自家の代表者を列席せしめ得るの時機に達する迄は、其要求に應ぜざる旨を各所屬領事に届け出でたり。

爾來本問題は暫時著しき發達を見ざりしが、一九〇五年六月に至り、英國の有力者は、該工事の一日も忽諸に附すべからざるを悟り、右工事費調達の方法として

英國工部局資產中より　二十萬兩
白河改修公債　二十五萬兩

合計四十五萬兩を集め、尙ほ之れが償還資金調達

の爲め、

改修稅　四分引上

の提案を具し、白河改修委員會に交付し、且つ速に浚渫に着手せん事を促さん爲め、地主會議及天津商業會議所に付し、共に其贊同を得、次で改修委員會の決議となり、北京外交團の認可をも經たれども、支那官憲よりの修正案出でたる爲め、終に當計畫は實行するの運びに至らずして止みたり

大沽沙灘開鑿浚渫工事に對する右計畫は、前述の通り、終に畫餅に歸したるが、沙灘に於ける白河吐出泥沙の堆積は、依然止むことなく、日一日と白河の水路を梗塞し、益々船舶の通航を困難ならしめ、航海の不安甚しく、最早此の上放置する能はざるに至れり。茲に於て白河工程局は、之れが一時の急を凌ぐべく、白河々口に一條の水道を作らんとして、時の(一九〇六年の夏季)天津鈔關長たりし「トーマス、ファギユソン」氏の發明にかゝる鋤起法(Banking)に據る浚渫作業を試驗的に實行せしが、其結果意外に良好なりし爲め、翌一九〇七年末には、舊水道の北方に當り、幅百二十尺水深舊水道に比し、三尺を增せる新水道を開鑿したる結果、白河を遡航し能ふ淺吃水の船舶は何れも大沽沙灘を通航し得るに至れり。

白河改修委員會に於ては、白河の改修及大沽水道の開鑿より受くる利益を、永遠に保持せんが爲め、從來の設計規模擴張し、永久的大工事として次の計畫を立てたり。

一、ファギユソン氏發案の鋤起法に由る大沽水道開鑿計畫に係る作業を續行し、以て新水道の水深を維持することとし、白河工程局は、一九〇八年北京外交團の承認を得たる改修稅增徵の範圍内に於て、從來の課稅に五厘を增し、三分五厘を徵すると同時に、船舶に對し、噸稅五分を課し、以て右經費に充當すること。

二、計畫は一九〇八年末、愈々關係當業者及支那官憲の承認を經、起工するに確定せるが、其計畫の内容は、

A、全長二萬尺に亘る白河第四切斷工事。

B、白河浚渫並に大沽沙灘の永遠的開鑿工事にして、之れに要する經費は、

十　萬　両　　砂土鋤起用淺吃水の小蒸汽船四隻購入費

三十二萬兩　浚渫機一台、他に附屬具一式購入費
四十五萬兩　第四切斷工事費
合計　八十七萬兩、外に小蒸汽船及浚渫機械維持費として毎年七萬二千兩を要す

に對し新に六分利公債を發行し、之れが償還金としては、翌一九〇九年二月一日より改修税を四分に引上げ、之れにより調達することゝせり。

第四切斷は一九一三年七月完成す。

趙北莊屯泥沽間舊水道七、九四浬　新水道二、三浬　短縮五、六四浬

右切斷にかゝる新河道は其幅二百尺にして水深十七尺なり

一九〇二年より一九一三年の間になしたる四回の堀割工事の効果は、全長五十六浬二と云はれし白河水道を四十浬四四に短縮し、船舶航程と其時間を節減し得るに至れるのみならず、水流を迅速ならしめ、且つ水量をも増加せり。

大沽水道の浚渫

Ｂ工事中の大沽水道浚渫工事は第四切斷竣工と共に着手すべき豫定なりしが、和蘭に註文せる浚渫船の延着の爲め、豫定の通り工事に着手出來ず漸く一九一四年五月着滞せるを以て、翌六月より工事にかゝり、引續き目下作業中に屬せり。工事の概略は舊水道は其儘に放棄し、ファーギュソン氏に依て開鑿せる新水道を利用し、水道口を稍南に向けて白河より流出する埿沙の直接流入を避け水深は季節風位により一定せざるも、平常潮時に於き十六尺を保たしむる計畫なり。

白河碎氷事業

一九一一年春太古洋行(Butterfield & Swire)は市内有數の貿易業者と相謀り、冬季結氷期間を打破し、以て四時船舶の出入を可能ならしむべく其筋に建言せり。之れ即ち碎氷計畫なり。

其後白河工程局に於ても、碎氷作業の必要を認め、其成否を確かむる爲め、技師をして調査せしむるに一決せり。

茲に於て技師リーセ(獨逸人)は、一九一一年の冬季五ヶ月間塘沽に在り、實地を觀察調査し、成功の見込を立て、左の報告をなせり。

冬季中沙灘より、外洋に至る迄の白河の水流を船舶の航行に適する如く保存し得るには、次の問題に依り決定す。

一、塘沽と河口の間に於ける水身の方向並に沙灘に至る迄の航道の位置。
二、最寒の時期に於ける普通風位。
三、沙灘に於ける最淺の水深。
四、氷の狀態。

鐵道と瀛船との連絡ある新河停車場より、河口迄の河流の長さ大凡七哩半にして、其間の河身は三個のS字形をなし、其直徑最も廣きは二千七百尺、最も狹きは一千三百尺なりとす。右三個のS字形をなせる屈曲点は、風位の何れを問はず、氷塊の流失を阻礙し、特に流氷を集中すべきなり。

然れども碎氷船をして、數次往復通航せしむに於ては、其集積せし流氷を移動し、以て出入船舶をして流氷に觸れつゝ上下せしむることを得べし。

河口より沙灘に至る航道の方向の大部分は、冬期普通吹き荒む風の方向、即ち北西より南西に向ふものなるを以て、碎氷船により破壞されたる流氷は、容易に海上に排除することを得べし。但し高潮の際浮動すべき泥沙と、沙灘に於ける水深の淺きは、碎氷船を擱着すべき困難あり。淺瀨に氷塊の集中するを防止するには、圓錐狀の防塔を作り、河岸に沿ふて水道の兩側に配置せば、以て其氷塊を流失せしめ得べし。

碎氷船に對する最も困難なることは、ファギュソン水道內の沙灘に於ける水深の極めて淺きことなりとす。即ち碎氷は碎氷船の推進機が、深く水中に入り居る程良好なる効驗を顯はすものなるが如し。沙灘に於ける水道の水深を深ふせば、氷塊の流去は從て容易なるべく、泥洲區域の間に於てなされたる碎氷は其結果を現はすべし。

白河工程局はリーセ技師の報告に基き一九一二年六分利付公債十七萬五千兩を發行して、江南機器局より大小碎氷船各々一隻を買入れたり。

是れ即ち開凌、通凌の兩船にして本船は一九一三年七月十一日到着し、白河に碎氷船を浮べたるは之れを以て嚆矢とす。此二隻の碎氷船は殆ど隔日の如く大沽天津間を往復して、海面及白河流域を絕わず監視し、薄氷の結ぶ毎に、之れを破壞して外洋に排除し、流氷の停滯に遑無からしめたる爲め、若し汽船會社にして、航海を繼續せば冬期を通じ汽船は少くとも塘沽迄は難なく出入するを得たるなり。然し一九一四年十二月二十日前後に於て、氣溫華氏零度以下に下降せる際、元來ならば結氷を見るべきも、聊かも然ることなく、翌一月中を屈曲點に於て僅かに流氷の停滯せるのみなりしが、之れを以て直ちに碎氷作業の効果のみに歸する能はず。風位の關係にも依ることにして大躰に於て碎氷作業の効果著しきものありしは明かなり。而して一九一四年に及び、之等碎氷船と共同的作業に從事する大型碎氷船も到着し、尙冬は本船も第一回の碎氷を實行する計畫なりしが、氣候は案外に溫暖にして、十二月中塘沽に於て一度七寸の結氷を見たるも、直ちに消滅し爾來十二月初旬に及ぶも、結氷を見す從來の結氷期を通じて航運を繼續し得べき狀態にありたるが、俄然十二月十二日に至り氣候の激變を生じ、近來稀有の最寒なる北西風は容赦なく水面を襲ひ、僅か一晝一夜にして四寸乃至六寸に達する氷を以て、白河並に大沽沖を閉塞し去れり。茲に於て白河工程局は從來の開凌通凌二隻の外、紫竹林に達する區間の碎氷をも實行せん爲め、新たに購入せる大型碎氷船沒凌及び開灤礦務局の所有に係る碎氷船一隻を借入れ、合計四隻を以て爾來大沽天津間の碎氷を實行し、客臘以來之等碎氷船の應援に依り、塘沽及紫竹林に着埠せる滊船は、多數に上り天津開闢以來のレコードを破りたり。然れども尙ほ充分なる碎氷作業にあらずして、潮水極めて低き時は、碎氷作業の進行上阻障を生じ、又白河を碎氷せる流氷の大沽水道上に浮游するもの多く、更に寒氣の加はりし爲め、之等流氷は水道に沿ひたる厚氷と結合して、滊船の通路を塞き航行の不便甚しかりき。

（未完）

カントの人格至上主義は哲學としては貴重な產物である然し理性はそれが唯だの法則化した場合には餘りに冷靜で、消極的で、我等の行爲の直接指導者として殆んど無力である。されば講壇哲學の調味によつて、現代の社會主義が何れだけの力をうるかは疑問である。況してヰイニンゲルの言つた通り、カントの道德は幻滅的思想家の遁れ家にのみ適當した孤獨の道德である。それは欲望や必要から遠く距たつて居て、遙かに社會的道德を超越する。かやうな世界に住んで居たケーニツヒベルヒの哲人に決して喧擾を欲しなんだであらう。　（中澤臨川）

白河の天津『下』

石田秀二

第五章　支那政府の白河上流治水計畫の天津に及ぼす影響

白河の一支流たる永定河は、其流水量白河（海河）の流水量に比し割合多量にして、又兩河の河底を比較するに、永定河は白河の河底より三尺餘りも低く、之れが爲めに永定河の水は、充分に白河に注ぐを得ず。毎年六七八月の雨期に至れば、永定河の下流渾河地方は、一面に水溢れ洪水となり、之れが爲め同地方は尠からざる損害を蒙るなり。

茲に於て支那政府は、數年前より之れが治水に腐心しつゝありしが、偶々一九一二年白河の上流李遂鎮に於て、洪水の爲め堤防破壞し、支那政府直ちに之れが修繕をなせしも、又々不幸にも翌年洪水起り堤防を破壞せり。然るに此度は支那政府之れが修理をなさざりしが故に、破壞點たる李遂鎮より運糧河の會合點たる通州との流れは兩端に於て、三十五支里中央に於て、十五支里の間沈泥物の爲め堰き止められたり。

之れを幸に支那當局は、永定河下流の氾濫を防止せんとし、白河（海河）へ注ぐ水量を減ずる一方法として、白河上流の水量を堤防破壞せる李遂鎮より新北河を通じ北塘河に導けり。

右計畫に對し外交團は支那政府に之れが、中止を申出で其交渉中なるにも拘らず、運糧河の水の流れ込む新北河に最も接近せる牛木屯に、堀割を作り、北塘河に運糧河よりの水を導かんとする計畫を立てたるも、早くも外交團の看破する所となり一時中止せり。然れども又近時右堀割工事を計畫し之れが作業に着手せりと聞く。

右の如く白河上流に於て、治水工事を施せし爲め夫れが計畫通り、河水を減少し尚且之れが爲め河底埋沒と云ふ一現象を生せり。

河水の增減は天候暦日及び風位の如何により、差異あるは敢て喋々の駄言を要せざれ共、目今に於ける白河々水の凋落は、是等の影響よりも白河唯一の水源と頼む、牛木屯以北の上流より落下する河水の根本的減少に基因せるや瞭然たり。即ち前章記述せる如く北運河の水量は、

一六〇〇立方呎（一秒間）

なるが故白河に流込む總水量五五九〇立方呎の內一六〇〇立方呎が、他に流れる時は白河の總水量は三九九〇立方呎となる。即ち三割弱の減水と云ふべし

白河の埋沒

白河々水の減少せるに乘じ、多くの土砂を含める永定河の濁水は滔々として白河に流下し、其水中に含める土砂は非常なる勢を以て、白河の河底を埋沒し諸處に淺瀨を作り、砂洲を發現せんとしつゝあり。減水は三割なれども、之れが爲め永定河より白河に流込む沈澱物は、其水量の二%にして即ち二〇、二立方呎（一秒間）を供給し、一ヶ月二六〇、〇〇〇 Fang となる。其半分は砂にて白河の河底に止まり、沙灘に至るまでには相當時日を要すべし。

即ち白河上流李遂鎮及牛木屯に於ける治水工事の直接の影響としては、白河々水の減少と白河々底の埋沒なり。又之れより受くる間接の影響として、最たるものは白河航運の不自由汽船溯江の不可能にて、本年三月四日頃航運業者の騷ぎ立てる問題即ち之れなり。右航行の不便は延て天津輸出入貿易の衰微となり、終には支那四百餘州中第二位を爭ふ迄に發展進歩せる、天津港の生命を斷つの止むなきに至るべし。

第六章　海河工程局の白河改修計畫

天津今日の盛況を來したるは、白河の航運自由にして、巨船の溯江を可能ならしめたればなり。即ち巨船の入港を自在ならしめたる迄には、幾多の努力と巨萬の經費を投じたる結果にして、其經費の一部として、支那政府より支出ありたりと雖も、白河改修に與へたる努力の大部と河工稅の名

目にて、支拂へる白河改修費の殆ど全部は、吾等各國人によつて提供せられたるものなれば、天津に關係を有する各國人は何人と雖も、天津港盛衰に關しては直接間接其責を負はざるべからざると同時に、天津港興廢に係る問題に就ても、矢張り之れに干渉し、且抗議を申込むの權利を有することと當然と云ふべし。

先づ第一權利の主張として、吾等各國人は前章に記述せし支那政府の計畫せる白河上流治水工事に對し、之れが中止を申込み、而して支那政府をして速に其計畫實行を停止せしめざるべからず。

次て又一方天津港を今日の危險狀態より救濟すべき方法として、其病根たる白河の減水及び埋沒に對する改修計畫を考案し内外人は共に、協力して之れが實現をなし、天津港の生命を永遠に存續せざるべからず。

白河の減水及埋沒に對し海河工程局が畫策せる白河改修計畫を左に紹介すべし。

白河の上流に於て、堤防の破壞せる李逕鎭地方に於ける决口を潜りて、北塘河に注ぐ新しき流れ即ち新北河の河底の土壤を見るに、圍堰を作業するに充分なる硬土を有す。されば先づ古流に埋れる土を掘り上げる迄堰を以て、水の流れを差止め土壤掘上工事完了と同時に、新河に堅固なる圍堰を作り、以て水を古流に流入せしむべし。

右工事に要する經費大凡次の如し。

掘鑿（二十五里）	二〇〇、〇〇〇兩
圍堰	三〇、〇〇〇同
新堤防（五　里）	七〇、〇〇〇同
防岸工事（五里以上）	五〇、〇〇〇同
計	三五〇、〇〇〇同

右破壞も時日を經たる後の事故、工事六ヶ敷費用割合に多額を要す。之れ破壞當時なれば七五、〇〇〇兩の小額にて充分修理する事を得たる也。

第二の方法としては、牛木屯に於ける掘割これなり。此の掘割のみに要する費用なれば二五〇、〇〇〇兩にて充分なれども、牛木屯は掘割のみにては、不充分の個處ありて、之れを根本的に工事せんとせば、從來洪水の起りつゝありし大區域に洪水を防止する爲め二つの附加堤防を築くの必要あり。

即ち之れに要する經費は

掘割及防岸工事等	二五〇、〇〇〇兩
二つの堤防	二〇〇、〇〇〇同
計	四五〇、〇〇〇同

を算すれども、此工事に必要なる地面の買收費は此の中に含まず。

右二方法の何れかを施すにあらざれば、遂には天津の絶對的死活問題を惹起するに、至るべきこと火を見るより明かなり。

第七章 結論

北支那に於ける開港場の外國貿易の趨勢を見るに大凡次の如し。(單位海關兩)

年次	大連	牛莊	秦皇島	天津	芝罘	青島
一九〇一	—	四三、三六二、三〇九	—	四九、四一一、四二三	三七、六六〇、五一〇	八、七三〇、九二〇
一九〇二	—	四二、六二九、一三五	四、五〇五、三三一	八九、四七八、四六四	三五、九二四、四一三	一〇、三四四、六四二
一九〇三	—	四七、六三三、〇五九	八、一一一、七三〇	六八、七二九、〇六一	三八、一八三、九一三	一四、五九八、四一一
一九〇四	—	四一、五一七、八七八	一〇、一七三、六五八	六八、九五四、六九四	三四、二五五、一七五	一八、八六三、八〇八
一九〇五	—	六一、七五三、九〇五	二一、八五一、〇七九	九六、五九五、六七二	三九、一三一、三八四	三三、三二二、六八〇
一九〇六	—	四四、四八二、〇〇一	八、四七〇、六八八	一二三、八六四、五五五	三四、七四〇、二六七	三〇、五一二、三八一
一九〇七	一三、八三七、七三九	三三、二九四、六六三	五、二九三、八七〇	九六、七七八、九六六	二八、六三六、五一三	二八、六三七、八八九
一九〇八	三三、二五八、四六一	四一、一九九、〇二七	六、五六七、二五六	七九、四五四、七三三	二七、九八五、三六二	三一、六五三、八九五
一九〇九	四三、五六二、八一四	五五、〇一八、〇八〇	九、七四九、三五〇	九八、七五二、五八四	三四、四二一、六二五	三九、七〇五、〇八四
一九一〇	五〇、九四〇、二四二	五三、〇一三、二〇〇	一一、四九七、五三八	九八、〇九〇、三五五	三〇、一九五、七八三	四二、五八〇、六二四
一九一一	六二、〇六二、〇九六	五八、〇八二、五三一	九、五〇二、一五七	一一六、五三六、六四八	三〇、五七〇、五四四	四六、一四一、六五七
一九一二	六〇、五二四、三〇三	五〇、三八五、三三六	九、二三五、七三六	一〇二、二五八、一一八	二八、七三六、四五〇	五四、七一二、〇九一
一九一三	七二、三四六、八九一	五〇、〇六四、四五四	一〇、八二一、五九二	一三三、四五八、二七四	三一、六四一、三三四	五九、一六八、八八〇
一九一四	七八、七一七、七九一	三七、三九五、五三〇	一二、四四七、七六五	一三三、六三九、七七六	二五、七八三、二七七	—

右表の內牛莊及芝罘の發達は、何等數ふるものあらざるも、青島は獨逸經營後、山東鐵道の完成と共に非常なる勢を以て達成し、實に其貿易額十年間に五倍半以上の增加をなせり。昨年一昨年は日獨戰爭の爲めに、充分味ある貿易をなすこと能はざりしが、戰後の整理完全すれば又昔日の如く盛に貿易行はれ、北支那唯一の貿易港たらざれば止まずとの勢を以て增進するならん。又秦王島は渤海灣內唯一の不凍港にして、英國は之れに巨萬の資を投じ築港を施し、京奉鐵道の引込線を敷設し、水陸共に交通の使を計り、北支那貿易を一手に掌握せんと努め、之れが設備に餘念怠りなし。

右の如き將來望を屬する二大强敵を控へたる、此天津港の現狀を見るに天津の生命とも賴むべき白河は昨今減水埋沒日に盛にして、其影響陰に陽に之を實施すれ共當局敢て之れを意に止めず、却て其禍根を增長するの疑なしとせず。天然自然の力は人爲の之れを如何ともなすこと能はざるに、又更に人爲的妨害を加ふるは火に油を注ぐが如く焰益々熾となり灰をだに殘すことなく、燒き拂ひ遂には牛莊の大連に侵害せらるるが如く天津貿易も漸次青島に二分され、昔を偲ぶの日來らざるなきを期せず。

吾等天津に直接間接に關係を有するものは、一日として此問題を等閑に附すべきものにあらず。大々的に攻究すべき緊急重要問題と云ふべし。

大正五年五月三十一日　（完）

參考書

支那駐屯軍司令部　天津誌
大村欣一　支那政治地理誌
東亞同文會　淸國商業綜覽
川畑竹馬　北淸之栞
西山榮久　最新支那大地理
東亞同文會　最近支那貿易
中東石印局　天津案內
東亞同文會　天津年鑑
長谷川櫻峰　支那貿易案內
海河工程局　海河工程局年報
天津日本人商業會議所　同半年報
天津日報社　天津日報
支那稅關　支那貿易年報

⑫谷崎潤一郎「或る漂泊者の俤（A Sketch）」（『新小説』第二四年第一一号、一九一九年一一月）

或る漂泊者の俤

(A Sketch)

谷崎潤一郎

それは去年の今頃――十月二十五日の午後二時時分のことである。當時私は天津の佛租界にあるインピリアル、ホテルに泊つて居たが、ちやうど其の日の其の時刻に佛租界の朝鮮銀行で或る用件を濟ませた後、何處と云ふあてもなく其の邊の街を散歩して居た。その邊の街――それは天津の市中でも一番立派な、まるで歐洲の都會へでも來たやうな感じのする、美しく整頓した街であつたから、いつも其處を散歩するのが私は非常に好きだつたのである。て、朝鮮銀行の角をバロン・デュ、グロウ街の方へ曲り、その通りのところどころにある雜貨店のショウ、ウインドウなどを覗きながら歩いて居る最中であつた。私とは反對の方向から疲れた足どりでよぼ〳〵と躓いて來る一人の男に出會つたのである。男の歳は五十前後、瘦せて背の高い、しかし肩幅の廣いガッシリした骨組みの頑丈さうな體つきで、だらりと兩側へ他人の物のやうに力なく垂らして居る腕の先の、日に燒けて澁紙色に赤茶けた手の甲や、大きな掌や、節くれ立つた太い指から判斷すると、勞働者らしくも見えないことはなかつたが、その服裝は此の邊に居る苦力のそれとは違つて居るし、勞働者にしてもあまり穢過ぎて見すぼらしいので、どちらかと云へば寧ろ乞食に近いのであつた。ぼろ〳〵に破れて

胸板のあたりが露はになつたメリヤスの古シャツの上に、カラアもカフスもなく、煤けたコール天の茶色の上衣を直に着て、方々に泥やペンキのしみの附いた、靴の踵が隠れるほどだぶ〱した長い黒羅紗のヅボンを穿いて、頭には縁が綻びて醬油色になつた麦藁帽子を冠り、その帽子の下には蓬々とした髪の毛が揉み上げから頤鬚の方へつながつて居る。勿論ヅボンにも靴にも穴があいて居て、その隙間から露出して居る脛や足の甲の皮膚は、ぱさ〱に乾涸らびてひゞが入つたやうな細かい皺を疊み、人間の肌ではなく松の樹の皮か何ぞのやうな感じを與へたのである。と、かう云つたゞけでは、場所が天津であるから、此の男が支那人であるやら西洋人であるやう、讀者には判明しないであらう。いや實を云ふと、その時其處て彼に行き遇つた私ですらも、擦れちがひに一瞥したところでは彼が何處の國の人間であるか合點が行かなつた。それほど其の男の顔は窶れ凹んで、輪廓が分らないくらゐに髯が一面に生へて、且夥しく垢て汚れて居た。が、だんだん氣をつけて觀察すると、その瞳の色だの、多少の白髪を交へて居る髯や眉毛の色だの、濃い黒さから推し測つて、彼が東洋人であることだけは、――支那人やら日本人やら朝鮮人やら其處までは明かでないにしても、東洋人であることだけは疑ふべくもなかつたのである。さうして、なほよく注意して見るのに、乞食のやうではありながら面長な顔だちの何處か知らに品のいゝ趣があり、生れながらの賤しい人間ではないらしい様子があつた。眞黒な鬚と垢との中に光つて居る二つの眼、形が崩れて歪みかゝつて居るけれど、元は立派であつたらうと想像される優雅なきやしやな鼻筋、それ等はたしかに勞働者や乞食の顔の中にあるものではない。殊に私の興味を動かしたのはその眼であつた。まるで小説か活動寫眞の主人公にでもありさうなその眼であつた。暗い帽子の鍔の蔭の、落ち凹んだ眼窩の奥にある大きな瞳が、不思議に美しいつやと輝きとを持ちながら、何等の表情もなく云はゞ深淵の水のやうに靜かに澱んで居て、それは美しさの點から云つても、また美しい癖に無表情である點から云つても、全く襤褸に包まれた寶玉であつた。無表情なのは疲勞のあまり意識が朦朧として居るのか、酒に醉ひ過ぎてうつとりとなつて居るのか、或は白痴か麻痺狂でもあるのか、——恐らく此れ等の孰れもが原因であるのかも知れない。さうして其の無表情の爲めに、瞳の輝きは猶更美しさを増して見えたのである。彼は折々立ち止まつて、はつと夢から覺めたやうに往來を眺め廻すことがあるが、そんな折には、彼の穩やかな瞳にも云ひ知れぬ憂愁の色がほんのりと漂うて來る。しかし其れとても彼自身の表情ではなく、靜かな湖の表面へ雲の影が落ちるやうに、或る暗い陰が何處からともなくふいと翳つて來て、無心に澄んで居る彼の瞳へ陰鬱な曇りを懸けるのではないだらうか、と、さう思はれるほど其の眼差は生氣を缺いて居た。——兎に角私は最初に一と目見た瞬間から、妙に其の男に心を惹かれたので、彼が歩き出す方へと、後になり先になりしながら喰着いて行つた。

先云つたバロン、デニ、グロウ街を、前のめりによろけさうな歩調で、竹馬が歩くやうに一歩々々蹈み固めつゝ歩いて來た彼は、とある曲り角へ來ると、又立ち止まつて例の陰鬱な眼つきをしながら、往來をうろうろ見廻して居る樣子であつた。彼は其處までは電車路に沿うて自然にやつて來たのだが、電車の線路は其處から左の方へ曲つて行くので、自分も其れに附いて曲つて行かうか或は猶も眞直ぐに此の通りを進んだものかと、ちよいと考へさせられたのだらう。けれど、考へたのはものゝ一分とはかゝらない間で、直ぐまた大通りを一直線に歩き出した。曲るのも大儀と云ふやうな風で、前の方へ張られるやうに動き出したのである。

北支那の秋の天氣は、毎日々々カラリと晴れ渡つて居るのだけれど、その日は珍しく生暖かい南風が吹いて、それでなくても煙突の多い天津の町の空には時々氣紛れな雲の塊がどんよりと浮んでは、又いつの間にか明るい日の影を地上へ洩らしてすうッと消えるやうに過ぎ去つて行く。風は地選びをしながらくるくると大道に渦を卷いて、下から吹き上げるが如く走つて來るのだが、コンクリートで張り詰めた鋪道の上からは舞ひ騰るべき砂埃もなく、却て平らな堅い表面が、その風に洗はれたやうにつるつるに光つて見える。若し其の清潔な鋪道の上に、何か穢い物が動いて居たとすれば、それは其處を通りつゝあつた例の男の足だけであらう。其處てはたしかに、踏まれて居る地面よりも、踏んで居る靴の方が比較にならぬくらゐ見すぼらしいのであつた。が、肝心の本人はそんな事實に氣がつく筈もなく、たゞ滑かにコチコチした路を歩き惡さうに、重い踵を引き擦りながらのめつて行くのである。もし其の男が乞食であるとしたなら、彼は物を乞ふのに最も不適當な街路を擇んだ譯であつた。なぜかと云ふのに、一體に物靜かな佛蘭西租界の、おまけに電車の通つて居ない其の邊は、銀行や會社の煉瓦造りの高い建物が晝間も森閑と並んで居るばかりで、稀に物を賣る店はあつても、それ等は孰れも城廓のやうに巍然とした大商店で乞食などの傍へも寄り付ける構へてはない。たまたま路端に腰を卸して休むべき地點を求めるにしても、コンクリートの大道がつやつやと研かれて居る限り、附近には彼の汚れたヅボンの臀を据ゑるべき空地もなければ、腰かけの代りになりさうな石ころもない。往き交ふ者は大概品の好い身なりをした西洋人が、たまには優雅な黒塗りの箱馬車が、寛濶な二頭立ての馬の蹄を戞々と鳴らして通り過ぎる。二三軒のショウ、ヰンドウに、けばけばしい刺繡をしたキモノだの派手な婦人の洋服だの毛皮の外套や襟巻だのが、それを身に着ける女たちのなまめかしい姿を想ひ出させるやうな形に、花やかに垂れ下つて飾られて居るのだけが、單調な街の空氣を纔かに浮き立たせて居るに過ぎない。しかし例の男はそれ等の物には無關心のやうに、うつろな瞳を空に睜いて進んで行つたが、やがて其の幅の廣い肩を引き昂げて安心したやうな深い溜息をついた。その時彼の眼の前には、今迄の寂しい街路が盡きて、賑やかな白河の海岸通りが突き當りに現れて來た。

男は其處へ出ると、岸邊の石崖のほとりに植わつて居るプラタナスの並樹の陰に佇みながら目ざましい活氣に充ちた周圍の有樣に、暫く茫然と氣を奪はれて居るらしかつた。其處は萬國橋の下を流れて來る河が、ぐるりと一とうねりうねつて居る邊で、天津の市中でも最も大都會らしい景況と騷擾との沸き立つて居る區域であつた。川緣には二三千噸の汽船が隙間もなく錨を卸して巨大な横腹を並べ、その近所にアンペラで包んだ荷物だの綿花を入れた白い袋だのが山のやうに積まれて居るのを、大勢の苦力が一箇々々肩に擔いで片端から運んで行く。ニユウ・ヨーク・スタンダード・オイル・コムパニー、アジアティック・ペトロリユウム・コムパニーなどの諸會社が此方河岸にぎつしりと軒を連ね、その對岸には其れ等の會社の石油タンクが、河を埋めて居る汽船の帆柱よりも高く、丘のやうにもくもくと聳えて居る。タンクは一樣に饅頭のやうな圓い形をして、白や黃色のペンキで塗られた上に、會社の名前が太い英字で大きく黑々と書かれて居る。BRUNNER ALKALI MANUFACTURING Co.と記された、最も大きなゴシックの文字のあるタンクの上に、夕日が赤くカツキリと照り付けて、傍に堆く盛り上げられた石炭の山の上には、人夫がぞろ〳〵と蟻のやうに繋がつて居るのが見える。船から荷物を揚げ卸しする數臺のクレーンの鎖の軋めきが絶え間なくガラ〳〵と響いて居る中を、氷を擔いで行く者や、毛皮を載せて行く車や、撒水馬車が忙しさうに右往左往する。川緣には苦力の休息所に充てられたアンペラの小屋掛けが五六軒あつて、むさくろしい支那人の勞働者が其處にうよ〳〵と群がりながら駄菓子を喰つたり茶を飲んだりして居るけれど、それでもあのプラタナスの木蔭に立つて居る男に比べれば、彼等の顔には生き〳〵とした氣力が現はれて居るのである。例の男は、自分の前を通り過ぎる果物賣りの車の上を羨しさうに見送つて居たが、ふと小屋掛けの横の方にある煉瓦の堆積が眼に留まると、いかにも恰好な休み場所を見附けたやうに、のつそりと歩いて行つて其の上に腰を卸した。それから兩手をヅボンのポッケットに入れて何物をか搜し始めた。苦力たちが食つて居る喰物の香が激しく鼻を襲つて來たので、急に堪へ難い空腹を想ひ出したのであらう。しかし其のポッケットに一文も這入つて居ない事は明かだつたので、或は最初から錢を搜さうとしたのではなかつたかも知れない。やがて彼が其の右の手に、錢の代りに摑み出したのはマドロスの持つパイプであつた。彼はそれを空つぽのまゝ口に咬へて、頻りにすぱ〳〵と脂を吸つた。幾分かでも肌を凌ぐに足ると思つたのでもあらう。

　彼はもう、そこへどつかと腰を据ゑたなり、一寸も動けないほどくたびれ切つて居るらしかつた。兩手を膝頭の上に載せて、兩の掌をだらりと垂らして、口に挾んだパイプのこともいつの間にか忘れてしまつたやうに、ぼんやりと自分の脚下を視詰めるともなく視詰めて居る。その脚下から一間とは隔たつて居ない石崖の下には白河の水が、その名とは反對に泥の如く濁つて、天に墓る煤煙を溶かしたやうな色を湛へながら、無氣味に悄げに流れて行くのである。そんな景色が彼の心に何等かの感慨を催さしめるのでもあらうか、彼の瞳には、さうして休んで居る間に、恰も晴れたり曇つたりしつゝある折柄の空模様のやうに、いろ〳〵の蔭がさつと蓋さつて來ては又急激に遠のいてしまふ。つひ今しがた迄は、その双眼が涙を帶びたやうな光と潤ひとを刻々に増して來て、遣る瀬ない情緒が胸に迫つて來たかの如き悲壯な色を漲らして居たかと思ふと、忽ち次ぎの瞬間には何も彼も打ち棄てゝのどかな夢を見て居るやうな、恍惚たる表情が浮かんで來る。或る刹那には女のやうな優しい眸をしさうになつたり、餓鬼のやうな卑しい慾望がむら〳〵と燃え上るかと見えたり、盗賊をでも働きさうなこすつからい眼つきがちらりと閃めいて通つたりする。が、それ等のあはたゞしい眼の働きは、先も云つたやうに、別段彼自身の與り知らぬ事であつたかも知れない。彼自身は恐らくは、零落の淵に沈淪する今の境涯を嘆く心をさへ失つてしまつた人間であらう。さうした彼の瞳だけが、長い變遷と漂泊とをし續けた過去の幻影を追うて、さま〳〵な物の形を映しては消し映しては消しして居たのであらう。兎に角その謎の如き瞳は、蹉跎たる彼の半生を殘りなく語つて居るやうに見えた。彼が餘念もなく水を眺めて居る間に、其處には彼の數奇をつくした五十年の經歴がもう一度繰り返されて走馬燈の如く走りつゝあるのではないかと訝しまれた。

　西に傾きかけた夕日が、プラタナスの影を前よりも一尺も長く地上へ曳くやうになつた時分、その男は未だにぢつと項垂れたまゝ立ち上りさうにもしなかつたが、ちやうど其の時に川上の方から異常な物音が、――機械の齒車が廻るやうな物音がごう〳〵と轟いて來たので、私はその響きの方を振り返つた。見ると、それは萬國橋が汽船を通す爲めに廻轉を始めたのである。橋詰のインピリアル、ホテルの前には通行を遮られた人々が黒く堆く群がつて、後から〳〵と殖えて來る雜沓の中を、數臺の電車や馬車や轎などが威勢よく驅け付けて來ては其處で同じやうに喰ひ止められて居る。煉瓦の土臺を中心にして虛空に浮かびつゝ動いて居る鐵橋の上では、二三人の人夫が橋の床板を掃除しながら、時々塵埃を箒木で河に掃き捨てゝ居る。掃き捨てられた塵埃は、朦々たる砂塵となつて舞ひ下りながら、更にそれよりも薄穢い白河の水に呑まれて行く。しかしそんなに濁つた河でも、太陽の光を反射する事は出來ると見えて、土臺石の煉瓦には夕日がきら〳〵と水面から照り返されて、美しい波紋を描いて居るのが、寧ろ不思議な現象のやうに感ぜられるのである。橋は川筋と並行になるまで向き變ると、其處で暫く廻轉を止めた後、再び騷々しい響きを立てながら元の方角へ動き出した。さうして兩岸の連絡が全く舊に復すると同時に、停滯して居た群集は長い列を作つて橋上に延び始めた。

私は又ふり返つて煉瓦の堆積に腰かけて居る彼の男を見た。と、彼は依然として先の姿勢を寸分も崩さずに、パイプを口に咬へたまゝ默然と脚下の濁つた水を視詰めて居たのである。・・・・

⑬藤江眞文「天津をして北支那に於ける大工業地たらしめよ」（『日華公論』第七巻第一号、一九二〇年一月）

天津をして北支那に於ける大工業地たらしめよ

藤江眞文

自分の此問題に對する意見は、甚だ平々凡々別に新しきものに非ず、極めて淺薄なる論なるも、世人の此問題に對する注意の餘りに冷淡なる所より、本誌を借りて卑見を述べむとす。

抑も日支親善なる語は共聞くこと久し、恰かも此一熟語は、流行語の觀あり、思ふに此語の因て出でたる源は日支兩國が同文同種の國民より、成立し、政治上、經濟上、其他種々の方面に於て、離るべからざる、密接なる關係を有し、彼は我を捨てては其國家の、獨立維持は殆ど、不可能なりと云ふも、可なるべく、我亦彼を顧みずしては、其國威の發揚は、全きを得ず、と云ふ事にあり、而かも此關係は現代に於て、突發したるものに非ずして、神代の時代は知らず、佛教が我國に傳來せし頃より、彼我の交通は頻繁となり、其間幾多の變遷を經て今日となり、各種の關係は兩國を結び付けて、遂に離る可からざる現狀となりたるなり。

兩國の關係は斯くの如く各種の點に於て密接なるを要す、然るに現今に於て兩國の關係は圓滿に結び付けられ居るや否や、不幸にして否と答へざる可からず、排日の聲は到る所に起り、最も親密ならざる可からざる兩國の關係は今や極めて險惡の狀を呈するに至れり、之れその因つて來れる根源は多々あるべし、と雖も彼の國民の我政策に對する誤解、某國人の煽動、或は之を利用して私腹を肥さんとする徒輩の盲動等は其重なるものなるべし、然らば如何にして此禍根を絶し排日思想を鎮め、所謂親善の實を擧ぐるには、非常に大なる努力を要し、而かも急激的に其根絶を計ることは難し、尤も兩國政府交渉の結果高壓的の政策を以て、之を鎮定し得ざるには非ずと雖も、高壓的に出でたる鎮壓は永續するものに非ず、又國民の思想を融和し以て永遠に親日の情を懷かしむることは難く、久しからずして彼等は機會ある毎に、再擧を計るは明なり、故に之が禍根を全然絶やし、永久の親善を計らむとせば、勿論政策に依る所なきに非ずと雖も、要は彼の國民思想を融和せしめ、我政策に對して誤解を有するものあれば、其誤解を解かしめ、以て永久に彼等をして、我國に賴ることの、幸福利益なることを深く悟らしむることにあり、之が爲めには例ば、教育事業、慈善事業等、其他種々の方法あるべし、と雖も、經濟上殊に工業方面に向ひて、支那を指導することは、目下の狀況に鑑みて、急務なりとす。

由來支那人は舊慣を守り。之を廢することは甚だ好まざる國民性を有し從而、工業方面に於ては産業革命以來、各國は何れも機械工業の大なる發達を見たるに、支那のみは依然として、手工業卽ち、家内工業を守り、機械工業は今尙ほ幼稚の域にあり、此に於て、吾人は支那人に向つて、資本を出し、工業の發達を計れと說きても、之に耳を傾ける者は少なかるべし、故に彼に對して之を望むよりも、進むで我國に遊べる資金を移し、以て盛に機械工業を起し、幼稚なる彼の家内工業に一大改革を行はしむべし、かくなれば遂には彼の資本家も亦覺醒すべし、此に於て從來の下級民は向上すべく、農民又大に利するに至り、彼等は從前よりも大なる幸福を得るに至る、而して幸福なる域に達したる場合に於て、彼等は此幸福は何れも之れ皆日本の賜なりと云ふ感じを頭に深く印するに至るべし、かくなりて後は他に如何なる煽動者あり又野心家の如何なる盲動ありと雖も、夫に動さるゝが如きことは殆となかるべし。

以上は理想論なり實際論としても、我國民が戰爭以來增加せる遊資を物資豐富なる支那に對して、放資することは、極めて有益なることなり。而して放資につきて、最も有望なるは、機械工業にあり、もとより、如何に機械工業に對して放資すべしとは云へ、放資すべき地方が、工業地として適せざる所なれば不可なり、然るに支那は工業放資として最も適せる國なるは疑ひを容れず、殊に天津はその最も適せる地方なり、故に天津をして北支那に於ける大工業地たらしめよ、と論ずる所以なり。

思ふに工業地としての資格ある地方は左の要件を具備することを要す。

一　原料品の供給豊富なること
二　動力の供給充分なること
三　勞力の供給豊富なること
四　交通の便あること
五　廣大なる敷地を得るに便なること

而して試みに、天津の地勢を觀察するに、右の五個の要件を最もよく具備せることを發見し得、即ち

第一　原料　此點に關しては改めて、述ぶる迄もなく、其背後に豊富なる供給地あり、例ば製油工業の方面より見るに北方京綏沿線よりは、亞麻仁、菜種、牛油あり、東方、南方よりは落花生、大麻子の供給あり、骨粉原料としては北方南方より、牛骨の豊富なる供給あり、勿論之等は一例に過ぎず、夫々專門家が詳細に觀察せば、その有望なる蓋し想像以外なるべし。殊に玆に等閑にすべからざるは紡績事業なり、もとより、現今に於ては天津にもその見る可き工場なきに非ざるも、到底滿足するを得ずその原料たる棉花に至りては、山西棉、御河棉等の豊富なる產地を控へ、供給充分なり。

第二　動力　機械工業に缺ぐべからざる物は、動力の供給なり、而して動力を起すに必要なる物は、石炭なり、而かも石炭を成る可く、安價に得ることを要す、然るに天津は安價にして、且つ豊富なる石炭の供給を受くることを得。

第三　勞力　如何に機械力によりて運轉する機械工業と雖も勞力を缺くべからず、而かも此供給は充分なり、尤も工業によりては甚だ熟練職工

ならざれば不可なる場合あれども、この點は勿論指導如何によりては、熟練の域に達し得らるべし。

第四　交通　工業に必要なるは原料其他の供給の爲めと、製品の販賣の爲めに、交通の便なることなり、この點に關しては述ぶる迄もなく天津は北支那に於ける貿易の重要なる地位にありて、その咽喉をなせるのみならず、陸路交通としても亦河川の交通としても至極便利なる地位にあり。

第五　敷地　天津が地勢上、氣候上次第に河口に向つて發展することは明なり。而かもその間には廣大なる地面を有す、而かもその地面たるや河に沿ひて存す、故に敷地の點に關し毫も憂ふる所なし。

以上は只單に工業地としての要件の各點につきてその一端を示せるのみ、要するに理想論として、天津を北支那に於ける一大工業地たらしむ、必要あると共に、實際論としても亦目下の一大急務なり。尚ほ吾をして、事業上天津が大工業地となり。恰かも我國に於ける大阪の如くなりたる時を想はしめよ、即ち從來に於ては、天津に出廻はる、所謂工業原料品なるものは、其盡海外に輸出されたるを以て相場其他の理由によりて、其取引の、一度頓坐を來さんか。奥地の供給者は、天津への輸送を止め、奥地にて消費するか、或は手持となし、翌年に於ける、收獲に大影響を及ぼさしむるに至る。之れ支那人の習癖にして、即ち本年取引多ければ翌年は收獲を大ならしめ、反對の場合には、收獲を減ぜしむ。亦彼等としては已むを得ざる所なるべし、然るに若し、天津の各種の工場が發達し、盛に之等の原料を消化するに至らば奥地の供給者を益すること甚だ多し、即ち彼の國民の大部分を占むる農民を益し、遂には彼等は競て、收獲物の改良を計るに至るべし。實際に於て現今彼等か農作物殊に工業原料品に對する智識は、甚だ幼稚にして、只天然に委せ、決して改良を施さず、從而、品質の改良を要す可き物多々あれども、敢て意に止めず、然し一度之等原料の、需要を喚起すべき、大工業起らむか、從來の盡にては、滿足し得ず、彼等を促して、改良を計らしむるに至る、此外に於て、直接に利益を受くる者は、下級勞働者なり、現在に於ける支那の勞働者の狀態は如何、彼等は所謂苦力、として多くは悲慘なる生活狀態にあり、凡そ世の勞働者中支那の勞働者程、哀れなる者はなし、殊に冬季に於て行倒れを多く見る、何たる人世の慘事ぞ、所謂人道問題より云ふも、之等の下級民を救ふことは、忘るべからざる所なり。此點より見るも機械工業を盛にし、之によりて幾分にても、彼等勞働者の生活を向上せしむることは、必要のことなり。

要するに前にも述べし如く、日支親業は支那人が、我に信頼するに至りて始めて、その實を擧ぐることを得るなり、然らばその方法の一たる機械工業を起さしめ、國内の遊資を之に放下せしめ、以て我を利し、彼を益する、即ち一擧兩得の方法を以て、不知の間に國民感情を融和せしめなば、所謂排日の問題も根本より滅せしむることを得て、兩國の關係は愈々密接なるに至るべし。

殊に現今歐米人は、口に博愛人道を唱へ乍ら、實際に於ける彼等の言動は全然一致せざるもの多し、日支兩國は同文同種宜しく團結して以て、言行不一致の歐米人に對抗し、永久の平和、幸福を得べきなり、夫には兩國民宜しく區々たる感情問題に左右せられず、親善の實を擧ぐることに、努力せんことを望む者なり。(完)

支那鐵鑛産額

米國鑛務局次長ビエン博士の調査せる支那の鑛産額は左の如し

△鑛山名	
鞍山站(滿洲)	一五八、〇〇〇、〇〇〇噸
廟兒溝(同)	八〇、〇〇〇、〇〇〇
金嶺鎭(山東)	二〇、〇〇〇、〇〇〇
鳳凰山(江蘇)	三〇、〇〇〇、〇〇〇
桃冲(安徽)	二〇、〇〇〇、〇〇〇
大孤山(同)	一三、七一〇、〇〇
小孤山(同	
銅良山(同)	三、〇〇〇、〇〇〇
安慶(同)	六〇、〇〇〇、〇〇〇
大平山(同)	二五〇、〇〇〇
大冶(湖北)	四三、〇〇〇、〇〇〇
鄂城(同)	三、九四八、〇〇〇
鷄子山(同)	一七、一〇五、〇〇〇
外九鑛(同)	九、七四〇、〇〇〇
城門山(江西)	六、〇〇〇、〇〇〇
安溪(福建)	一、〇〇〇、〇〇〇
潘田(同)	二九、〇〇〇、〇〇〇
合計	四九四、七五三、〇〇〇

⑭芥川龍之介「雑信一束」（『支那游記』改造社、一九二五年一一月）

雑信一束

一　歐羅巴的漢口

この水たまりに映つてゐる英吉利の國旗の鮮さ、——おつと、車子にぶつかるところだつた。

二　支那的漢口

彩票や麻雀戲の道具の間に西日の赤あかとさした砂利道。其處をひとり歩きながら、ふとヘルメット帽の庇の下に漢口の夏を感じたのは、——

ひと籃の暑さ照りけり巴旦杏

三　黃鶴樓

甘棠酒茶樓と言ふ赤煉瓦の茶館、惟精顯眞樓と言ふやはり赤煉瓦の寫眞館、——その外には何も見るものはない。尤も代赭色の揚子江は目の下に並んだ瓦屋根の向うに浪だけ白じらと閃かせてゐる。長江の向うには大別山、山の頂には樹が二三本、それから小さい白壁の禹廟、………

僕——鸚鵡洲は？

宇都宮さん——あの左手に見えるのがさうです。尤も今は殺風景な材木置場になつてゐますが。

四　古琴臺

前髪を垂れた小妓が一人、桃色の扇をかざしながら、月湖に面した欄干の前に曇天の水を眺めてゐる。疎な蘆や蓮の向うに黒ぐろと光つた曇天の水を。

五　洞庭湖

洞庭湖は湖とは言ふものの、いつも水のある次第ではない。夏以外は唯泥田の中に川が一すぢあるだけである。――と言ふことを立證するやうに三尺ばかり水面を拔いた、枯枝の多い一本の黑松。

六　長沙

往來に死刑の行はれる町、チフスやマラリアの流行する町、水の音の聞える町、夜になつても敷石の上にまだ暑さのいきれる町、鷄さへ僕を脅すやうに「アクタガハサアン！」と鬨をつくる町、…………

七　學校

長沙の天心第一女子師範學校並に附屬高等小學校を參觀。古今に稀なる佛頂面をした年少の教師に案内して貰ふ。女學生は皆排日の爲に鉛筆や何かを使はないから、机の上に筆硯を具へ、幾何や代數をやつてゐる始末だ。次手に寄宿舎も一見したいと思ひ、通譯の少年に掛け合つて貰ふと、教師愈佛頂面をして曰「それはお斷り申します。先達もここの寄宿舎へは兵卒が五六人闖入し、強姦事件を惹き起した後ですから」！

八　京漢鐵道

どうもこの寢臺車の戸に鍵をかけただけでは不安心だな。トランクも次手に凭せかけて置かう。さあ、これで土匪に遇つても、——待てよ。土匪に遇つた時にはティップをやらなくつても好いものかしら？

九　鄭州

大きい街頭の柳の枝に辮髮が二すぢぶら下つてゐる。その又辮髮は二すぢとも丁度南京玉を貫いたやうに無數の青蠅を綴つてゐる。腐つて落ちた罪人の首は犬でも食つてしまつたのかも知れない。

十　洛陽

モハメット教の客棧の窓は古い卍字の窓格子の向うにレモン色の空を覗かせてゐる。夥しい麥ほこりに暮れかかつた空を。

麥ほこりかかる童子の眠りかな

十一　龍門

黒光りに光つた壁の上に未に佛を恭敬してゐる唐朝の男女の端麗さ！

十二　黄河

汽車の黄河を渡る間に僕の受用したものを擧げれば、茶が二椀、梨が六顆、前門牌の巻煙草が三本、カアライルの「佛蘭西革命史」が二頁半、それから——蠅を十一匹殺した！

十三　北京

甍の黄色い紫禁城を繞つた合歓や槐の大森林、——誰だ、この森林を都会だなどと言ふのは？

十四　前門

僕——おや、飛行機が飛んでゐる。存外君はハイカラだね？
北京——どう致しまして。ちよつとこの前門を御覧下さい。

十五　監獄

京師第二監獄を参観。無期徒刑の囚人が一人、玩具の人力車を拵へてゐた。

十六　萬里の長城

居庸關、彈琴峽等を一見せる後、萬里の長城へ登り候ところ、乞食童子一人、我等の跡を追ひつつ、蒼茫たる山脊を指して、「蒙古！　蒙古！」と申し候。然れどもその僞なるは地圖を按ずるまでも無之候。一片の銅錢を得んが爲に我等の十八史略的ロマン主義を利用するところ、まことに老大國の乞食たるに愧ぢず、大いに敬服仕り候。但し城壁の間にはエエデル・ワイズの花なども相見え、如何にも塞外へ參りたるらしき心もちだけは致し候。

十七　石佛寺

藝術的エネルギイの洪水の中から石の蓮華が何本も歡喜の聲を放つてゐる。その聲を聞いてゐるだけでも。——どうもこれは命がけだ。ちよつと一息つかせてくれ給へ。

十八　天津

僕——かう言ふ西洋風の町を歩いてゐると、妙に郷愁を感じますね。
西村さん——お子さんはまだお一人ですか？
僕——いや、日本へぢやありません。北京へ歸りたくなるのですよ。

十九　奉天

丁度日の暮の停車場に日本人が四五十人歩いてゐるのを見た時、僕はもう少しで黄禍論に賛成してしまふ所だつた。

二十　南滿鐵道

高粱の根を匍ふ一匹の百足。

支那遊記終

⑮蔵重仁一「天津に於ける穀類取引」（『内外商工時報』第一五巻第四号、一九二八年四月）

天津に於ける穀類取引

在天津貿易通信員　藏重仁一

（一）集散穀類と其需給狀況

天津は北支那第一の穀類集散市場にして、外國產穀類の輸入年額六百十九萬海關兩、支那品の沿岸諸港より移入せらるゝ年額千百九十萬海關兩、鐵道又は河川により移入せらるゝもの千九百九十四萬海關兩にして、合計輸移入年額三千八百餘萬海關兩に達す。（最近五ヶ年間海關及常關統計平均年額、以下輸移出入年額は倣之）當地へ輸移入せらるゝ穀類の主なるものは、米、小麥、玉蜀黍、粟、高粱及び豆類の六種にして、各種類別に其需給狀況を觀るに次の如し。

米

外國米の輸入年額九十六萬擔支那米の移入年額八十六萬擔合計輸移入年額百八十二萬擔なり。需要地は天津、北京、京奉鐵道沿線唐山地方を主とし、京漢鐵道沿線保定地方、山西省、河南省の一部及び外蒙地方へも仕向けらる。當市場關係の各地方に於ける米の產出は南支と異なり僅少なるが、其内主要產地たる直隷省内の米產概量次の如し（米の一石は重量三十七貫目）

玉田、灤州地方	年產量	一四五、〇〇〇石
北京、通州地方	同	八、〇〇〇
張家口地方	同	五、〇〇〇
保定地方	同	六、〇〇〇
石家莊地方	同	一七、〇〇〇
天津地方	同	五、〇〇〇
合計	年產概量	一八六、〇〇〇石

即ち產額僅かに、十八萬六千石内外にして、是に對する省内の需要年額は約八十萬石以上なるを以て、省内のみに於て差引六十一萬四千石の不足を生ずる狀態なり。

市場に於ける米の種類は、糙米と糯米とに分類し、更に原產地又は集散地名により區別せらる。即ち小站米、西河米、蕪湖米、蘇常米、懷遠米、靖港、暹羅、仰光、西貢、敏黨米等の種類あり。

小站米は天津附近の葛沽、鹹水沽一帶に產出するものゝ總稱にして、其内葛沽米の品質佳良、粒圓大にして重量ありて粘性に富む。

米の重量は其價額決定の一要素とせられ、天津集斗、（一石が衛斛二百三十管に當る）及び三厘秤を以て米の重量を秤る小站米は一石の重量約百八十一、二斤、燕湖、除州、明光、張八嶺及び烏衣米は約百七十五、六斤、蚌埠、懷遠及び湖南靖港米は約百七十四、五斤なり。普通市價は小站米最も高く西河米は一石につき小站米より二三十仙安、蘇常大米は美味にして消化し易きも西河米より二三十仙市價低く、除州、明光、張八嶺、烏衣等は、西河米より更に一石につき一元內外低廉にて、蚌埠、懷遠籼米は、西河米に比し石につき二元見當安價なり。

米の出廻りは津浦鐵道によるもの多量なりしが、近年戰禍のため運輸惡化せる關係にて、香港、上海、日本等より海路にて暹羅米並に西貢米等外米の輸入せらるゝもの增加せり。是等外米は蕪湖米と同格に賣買せらる。

小　麥

大正十二、三年頃支那小麥不作なりしため、米國產又は加奈陀小麥の輸入ありたるが最近は殆んど引合なし。支那小麥の天津移入年額は海關經由十七萬八千擔、常關經由二百三十八萬七千擔にして、合計二百五十六萬五千擔なり。移入品の消費地は天津第一位にありて、北京地方之れに次ぐ。

省內に於ける小麥產地は、天津附近、保定、滄、石家莊地方にして、省內の年產概量五百九十萬石內外なり。

小麥には春麥及び秋麥の二種あり、秋麥は舊曆八月に蒔種し、其粒の重量稍々重く、製粉步留良好なり。春麥は一、二月の候に蒔種するものなるが、製粉率不良なるため市價秋麥より石につき三四十仙安價なり。春麥は概ね直隷口北道及び察哈爾、綏遠、東三省等に產し。京綏、京奉鐵道により輸送せらる。直隷口北道以外の各縣にて秋季多雨なるとき、春季に蒔種することあれども極めて稀れなり。秋麥は御河、上河及び沿線に最も多く出廻る。尙當市場に出廻る種類に、白麥紅麥、花麥等あり。白麥は上河（楚王、大名府小灘、回回營道口、新鄉等の地方）及び濟南、平原、德州、桑園、連鎭、東光等に產し、紅麥は南京、明光、蚌埠、南宿州、淮陽、固鎭、滄州、興濟等に產出し、花麥は徐州、泰安、除州等の地方に產す。白麥は製粉工場に需要せられ、紅麥は白麥に比し製粉の色澤稍々劣れ共膨張性あるを以て、舊式磨坊に重要され、油炸食物業者に最も多く使用さる。花麥は白麥、紅麥の混合せるものにして、其混合割合により、紅花麥と白花麥の二種あり。紅麥は白麥に比較し石につき十五、六仙安、花麥は白麥に比し三十五、六仙安なり。

玉　蜀　黍

支那品の海關經由移入年額百十七萬擔、常關經由移入額八十萬擔、合計年額百九十七萬擔の移入あり。

右の外朝鮮產の輸入あるも極めて少量にして、一昨年度に九萬八千擔內外の輸入ありたるに過ぎず。直隷省內の玉蜀黍產額は八百二十二萬石見當なり。

本品には黃白二種ありて、黃色のもの多く品質も亦佳良とせられ、白色のものは味頗る淡泊なるを以て、麥粉に混入して麵として食用に供す。從前當市場に出廻はるものは御河物を主とせるが、近年關東州物の移入漸增せり。北河物（涌州永清、武清の產）は粒大にして品質優良、琉璃河物は粒最小御河物は中位なり。價額は北河物最も高く、御河物は北河物に比し十五、六仙安なり。關東物は錦州十二站中後所產品質優良なり、安東皮口物は錦州物に比し石につき四十五、六仙低廉、朝鮮産は安東物と同格なり。

粟

支那品の海關經由移入年額十六萬擔、常關移入四十七萬擔合計移入年額六十三萬擔なり。主なる消費地は保定、石家莊天津、張家口地方にして、省内年産概數一千六十二萬石内外なり

粟には黄白の二種ありて黄色のもの多量にして品質佳なり産地別の品質を觀るに、東河物（玉田、三河等諸縣の産）及び北河物最も優良にして御河物之れに次ぐ。關東物及び東綏物は粒大なるも重量輕く味淡泊なると、産地に於て土砂を混合せるため御河物に比し石に付四、五十仙安なり。

高粱

朝鮮産の移入あるも僅少なり、支那品の海關經由移入年額百七十三萬六千擔、常關經由移入五十七萬八千擔、合計移入二百三十一萬四千擔なり。天津、灤州、玉田、張家口地方に於て需要せらる。省内に於ける産額は八百五十四萬石内外なり。

高粱は玉蜀黍、粟とともに、北方人の主要なる食糧品にして、紅白の二種あり、白色のものは食用に供せられ、紅色は燒酒釀造に使用せらる。特に天津は支那第一の燒酒製造地なれば、酒造用として消費さるるもの極めて多量なり。移入數量は關東産最も多く、御河物、西河物之れに次ぐ、品質亦關東物最も佳良、御河、西河物次位にありて、京綏物は劣等なり。關東物は市價御河より四十七、八仙高く、西河物は御河物より重量輕く價格低廉なり。

豆　類

支那品の海關經由移入年額八萬二千擔、常關經由移入九十五萬擔、合計移入額百三萬擔餘なり。海路沿岸諸港及外國向輸移出せらるゝ年額は八十二萬擔内外なり。

當地に出廻はる豆の種類は頗る多種にして、其の内綠豆、黑豆、黄豆最も多く、青皮豆。白黑豆、蠶豆、小豆、豌豆、紅豆等之れに亞ぐ。綠豆は粉條（豆素麵）製造材料に使用し吉豆とも稱し、大小の二種類あり。大吉豆は主として御河及び京綏線より出廻り、御河物の内故城、東光、連鎭、滄州及び興濟物の品質佳良にて、京綏物は粒大なるも品質稍劣る。小吉豆は上河及び西河より來り、上河物は回々營、館陶、臨淸等の地方産最も佳良にて、西河物は南宮、冀州、臧家橋、沙河橋、正定、及び饒陽産の品質佳良なり。黄豆は元豆と稱せられ、豆腐製造用或は搾油用に供せられ、北河貨（通州、楊村、蔡村等の産）最も多し、青皮豆、黑豆は何れも黄豆の一種にして青皮豆は丰慶沱地方産のもの多く、豆芽菜を作るに用ひ、黑豆は一に合豆と稱し、家畜の飼料又は搾油用に供し滄州興濟、東光産最も佳良とせらる。白黑豆は黑豆の白味を帶びたるものにして、其價格低廉にて豆腐製造用に供せらる。

小豆の種類も亦極めて多く、大別して白、黑、紅の三種あり、其内白小豆最も多く、黑小豆之れに次ぎ、紅小豆最も少し。小豆の品質は御河物（滄州、興濟産）最も優良なり。最近日本向輸出增加せるため紅小豆の市價上騰し、一石につき白小豆に比し一元三、四十仙高價となれり。

紅豆は江豆とも稱し、花、紅、白の三種あり、紅江豆は一に赤豆と稱し、御河物最も多し。蠶豆には白皮、青皮の二種あり白皮は稍褐色を帶び、京綏沿線より出廻り、青皮は多く御河上河より移入す、品質は京綏物の粒大にして優良なり。

豌豆には白豌と麻豌の二種類あり、麻豌豆は製麪用に供せられ、白豌豆は張家口物の粒大型にして日本向相當輸出せらる。

以上の六種は當市場に集散する穀類の大宗なり。

【12】

⑯岡本誠「専門家の見たる天津港の将来」（『海友』第二三巻三月号、一九三二年三月）

専門家の見たる天津港の將來

關東廳海務局長　岡　本　誠

昨夏天津ナショナル・グランド・ホテルに於て開かれた、支那技術協會天津支部の晩餐會席上に於て、白河工程局主任技師ハーデル氏の述べた、「天津港の將來」なる講演は、時節柄有益と思ふので、茲にその要旨を紹介する。以下ハーデル氏の演述要旨。

私が天津に來て現職に就いたのは、今から十三年前即ち、西暦一九一八年であるが、着任早々私を驚かせたのは、一體斯樣な小河に不相應の大型船が航海して居る事實であつて、僅かに百三十米の幅員しかない河に、二千五六百噸の航洋船が出入し得るのは、吃度先任の人々が、優秀な施設をしたからに違ひないと思つた。

白河工程局の事業の重なるものは、水路開鑿（カッチング）、浚渫及び冬季に於ける碎氷作業である。大沽バーの改修に依り、通航船舶の吃水増加の狀況を述べると、一九〇三年には吃水最大限度十二呎なりしに、一九二五年には、十八呎まで增加するを得た。此の期間に度々大出水があつて、バーを埋めたが、工程局の奮闘に依り浚渫を急ぎ直に舊に復した。

天津に於ける水深も、一九〇三年には十二呎に過ぎなかつたが、漸次増大して一九二五年には、十八呎に達した。然るに不幸にして、此の年に永定河が汎濫して、土砂を流し、河深を減じたが、漸くにして十六呎まで復舊し、それからずつと十四呎を保持して來たが、最近（一九三一年）又もや出水し、僅か二十四時間内四十萬方（註一方は一〇〇立方呎なり）の土砂を河に押し流した結果、普通の浚渫工事にては、復舊に二箇年を要する損害を蒙つた。

カツチングの價値

天津河の屈曲を整流する爲めに行つたカッチングの結果、白河のタイド・シンヂは非常に增大した。

譯者註。白河の屈曲の多いことは、類例が少ない。巷說に白河とは百河に足らぬこと一即ち百より一を減じて白河と稱すと。蓋し百近き屈曲ある意なり。

タイド・レンヂは一九〇三年まで二呎に過ぎなかつたが、一九二五年には五呎半に增大した。其後悪條件の爲め一時減少したが一九三〇年には再び復舊した。

カッチングの地の利益は、白河の距離短縮であつて、其の結果天津を發した汽船は、其日の內に大沽バーを航過し得らる丶様になり、從前の如く塘沽に十二時間の潮待ちを要しなくなつた。これは非常な利益である。

一九一四年までは冬季は全部港を閉鎖したが、一九一四年より一九二三年までは、一年を通じて僅少の日數を除き殆んど閉鎖することはない。一九二三年より現在に至るまで、一箇年全部航行自由である。

將來は如何

目下のところは前述最近の洪水の爲めに、港の狀態は滿足であるとは言はれない。四十萬の土砂を浚渫するには、工程局の最大浚渫船の一日の能力六百を以てしては、復舊に二箇年を要する勘定になる。尤も二箇年間この最惡の狀態が續くといふ譯ではない。それは河流が充分に浚渫工事を助けて、土砂を海に排出して吳れるからである。世界中白河程土砂を沈澱せしめる河はない。それで世界中の人は白河の實際を知つた人が少いのである。洪水に對應する唯一の處置としては、洪水期の水を土砂排出に利用し、汎濫に依り流れ込む土砂は河に入れない事であるが、これは非常に重大な問題であつて、此の計畫の完成には、十年の日子を要すると思ふ。

大浚渫に伴ふ大なる困難は、浚渫した土砂の處分法である。この土砂は深海に棄てるか、河岸に揚げなくてはならぬ。白

【14】

河に於ては併し河中に來てゝ、河流で押流すやうな時期は、汎濫期の僅かの日數しかない。この日數は最近の二箇年間に數週間しかなかつたのである。故に此の方法を一定の方針とは定め難い。故に排泥を處置する爲めに、二箇所の喞筒場を設けたが、何れも二、三キロ米の所まで、排棄操作をしつゝあるが、斯樣な長距離になると喞筒の壓力が問題であつて、仲々充分の能力を發揮し難く、隨つて浚渫工事も能率が少くなる次第である。

白河の改善に關しては、更にカツチングを續行し、河流を出來るだけ直線に近くし、潮流其の他の利便を得なければならぬ。現在に於ては天津の航運は沿岸船を使用して居るが、將來は尠くとも塘沽迄は、大型船が來航するものと見なければならぬ。バーの改善方法は二つある。それは順導堤の築造と浚渫である。天津では併し順導堤の築造はいまだ採用された事がない。その理由としては工費が高い事である。然らば浚渫一本槍で進むべきてあらうか。併し不幸にしてバーの沈泥は浚渫し惡い種類のものであり、而も長さが三浬もある故一定の水深を保持するには、浚渫船を年中チャンネル內で働かせなくてはならぬ。これは工費と人件費の倍加である。然らば浚渫船を二、三隻に增したらはどうかと言へば、それは經費を數倍に增加するのみである。一隻の浚渫船の經費は、一箇年二十萬兩を要する現狀である。(本註經費算定はフリューリング式浚渫船として爲したものか。)

バーの築堤

バー・チャンネルの順導堤について論ずるに當り、了解しなければならぬことは、抑もこのチャンネルは、主として潮流に由て現狀を維持して居る。然るに潮流の力は現在の狀態ては、チャンネルの內端で二五％外端で 一二・六％しか利用されて居ない。今二箇の築堤を行へば、潮流は全能率を發揮して、チャンネル內の水深を二十五呎に達せしめ、それを潮流に依り維持することが出來るだらう。

最後にハーデル氏は結論を述べて曰く、工事が思ふ通りに進行した曉には、バー・チャンネル內の水深を增して、航洋船の塘沽出入が自由となり、カツチングの續行によつて、白河內の水深は十六呎若くは夫れ以上となることは、決して困難なことでないと。(昭和七・一・二一)

時事吟

動亂に馴れて糧足荷を丸め　五南
生贄を役德にする便衣隊　若蛙
戰爭と別に支那兵夜を待ち　泥柳
從軍を志願飢餓線から逃れ　呑狂
正規兵馬賊になつて強くなり　月南

⑰桑島主計「天津対日貿易の現状並上海事件の影響」（『海外経済事情』第五年第一六号、一九三二年四月）

天津對日貿易の現狀並上海事件の影響

（昭和七年三月十八日附在天津桑島總領事報告）

對日貿易の現狀　對日輸入貿易―對日輸出貿易―滯貨狀況
上海事件の天津市況に及ぼせる影響
主要輸入品商況　綿絲布―麥粉―砂糖―洋紙―日本米
主要輸出品商況　棉花―胡麻―麩―麻―亞麻種―芥子種―鷄卵

對日貿易の現狀

對日輸入貿易　昭和七年一月下旬以來當天津の排日貨運動は停止の形となり、偶ゝ對日爲替安、中國日貨取扱商の手持薄、上海事變等と相俟て本邦品の買氣を刺激するに至りたるも、時恰も舊正に差懸れることゝて市況沈靜、本邦品の當地輸入目立て增加し始めたるは舊正休後即ち二月二十日頃以後なり。卽ち當地大阪商船、近海郵船及東興洋行三會社の輸入貨物統計を基礎とし考察するに、舊正前十日間（舊正は二月六日）に於ける本邦よりの輸入貨物數量は右三社合併にて僅々四千七百七十噸（一船當平均約三百五十噸）に過ぎざりし處、舊正休後の十日間に及では九千四百七十八噸（一船當平均約八百噸）に增加し、之を昨年同期に比すれば約四千四百噸の增加（一船當平均約二百五十噸の增加）なり。而して輸入は爾來引續き漸增の傾向にて昨今に及では大阪商船及近海郵船の阪神來航船の積荷は一般普通千噸以上に上り、大體七分腹を有する現狀なるのみならず、今後輸入貿易を阻害する惡材料の現出なくば奥地甚しく品薄を告げつゝある際にてもあり、解氷期と相俟て更に增加を見るべき形勢に在り。

目下輸入品は綿絲布を主とし砂糖、金物、紙、麻袋、染料、雜貨、鐵亞鉛板、青果、石油、鹽、鰊等なり。

對日輸出貿易　當地の對日輸出は舊正前旺盛を告げたるも其後漸次減退し、舊正休後の十日間に於ける前記三社合併の對日輸出數量は八千三百噸にして、前年同期に比すれば約五千七百噸を減少し、昨今は一船積荷四百噸乃至六百噸見當に下れり、右原因は爲替暴落及内地市場不振に加ふるに當地棉花水氣檢査問題に依る棉花積出皆無なりしこと、棉實の當地出廻稍ゝ遲れたること。麩は上海事變の影響に依り二月中大部分積出を了せると（約十萬二千俵を輸出せり）、當地製粉工場休業し居り、在庫品缺乏し居りたること等にして、今後此等の障碍除去せらるれば河川已に解氷し、棉實等も隨て相當數量の出廻あるべき見込あるのみならず、爲替も目下稍ゝ安定を告げつゝあれば、本邦向輸出は活況に至らざる迄も幾分の好轉を見るべきものと觀測せられつゝあり。

目下の輸出品は牛骨、胡麻、麩、麻、牛肉、棉實、胡桃等なり。

滯貨狀況　當地邦商取扱に係る輸出入品ストック數量大體左の如し。（噸）

綿布	一、五〇〇	外米	一〇、〇〇〇
綿絲	八〇〇	麥粉	五、〇〇〇
洋紙	二、八〇〇	骨粉及骨	一〇、〇〇〇
雜穀、麩胡、麻、棉實等	二、〇〇〇	鷄卵	三〇
雜貨	二、〇〇〇	計	三四、一三〇噸

棉花は邦商手持なく、輸出の都度中國商ストックを契約し居れり。雑穀、棉實等亦同樣なれども相當改造を要するものありて、中國商より引取りたるものを表示せり。鷄卵は目下取引絶無、從てストック極少なり。

上海事件の天津市況に及ぼせる影響

天津と上海市場との貿易年額は當地海關統計に明記なきを以て的確の數字を擧げ難きも、天津と沿岸諸港間の貿易總高の約七割に當ると見て大差なし。卽ち之を數字にて現せば外國品の上海市場を經由して天津に再輸入せらるゝもの年額約三千五百萬元、上海より移入する中國品の年額約九千萬元、天津より上海向中國品の移出年額約三千萬元計約一億五千五百五十萬元と推定せられ、當地輸出入總貿易額の三分の一弱に當るを以て上海事件は當地上海間の貿易に一大打撃を與へ、延て當地邦商取扱輸出入品にも善かれ惡しかれ著しき影響を及ぼすものと期待せられたるが、實際上本邦よりの輸入品に於ては綿絲布を主とし洋紙、米等本邦向輸出品にありては麩等に於て相當顯著なる好影響を與へたること事實なるも、他の商品にありては今日迄左迄多大なる影響顯はれず。其理由は輸入品にありては當地の情勢として爲替變動の爲昨秋以來の滯貨價格に著しき變動を來せる爲賣買雙方共苦境に立ち、約定荷引取不能に陷れるもの續出し、中には昭和六年十一月渡のもの最近に至り漸く荷渡するものなどもありて既約定品の消化に困難を感じたること及其後時局並排日に關する謠言盛にして、一般中國の日貨取扱商の警戒相當濃厚なりしこと等其主なるものゝ如し。然れども中國商の中には佛、英租界の安全地に出張所を新設し、從來の商號を改變して邦商と取引するもの相當出現するに至り、叉前記の謠言も逐日消滅の傾向にある外、各商の協調に依り舊約定品の取引も目下大體片付たるを以て本邦品の輸入は今後一層促進せらるゝ形勢にあること前述の通りなり。

今邦商取扱に係る輸出入品にして上海事變の影響を蒙りたるものに付摘記せば、綿絲布は上海よりの供給杜絶と、對日爲替安の爲共に本邦品の輸入手合出來たるが、其中綿絲は二月下旬より三月上旬に懸け四十二番手及三十五番手等の輸入契約あり其額約五百俵、價格金十萬圓見當なり。綿布は二月末頃より現在迄本邦七、八月渡約六千俵金七百五十萬圓見當に上る新契約出來、尙內地相場高に拘らず引續き商談成立の見込。

洋紙は舶來品の上海積換困難と爲替安にて舊正前後より今日迄本邦品約一萬俵價格約金六十萬圓の契約出來たり。

麥粉は上海粉並上海積替外粉の輸入絶えたる爲、一時二元三十仙見當の安値より二元八十仙見當迄昂騰したるも本邦商は滯貨の荷捌に苦心せり。

砂糖は瓜哇糖、香港糖の當地輸入に幾分の不便を與へたるも元々直航線もあり、本邦品に對する影響少し。

外米は上海事變影響に依り一時米市場活況を呈し、今日迄約二萬俵の取引出來たれども其後北平及奧地方面の排日懸念にて商談起らず。

麩は前述の通り上海より積出不可能に陷りたる爲、本邦より當地に買氣集中上海事變當時より今日迄本邦向輸出約十二萬俵あり。

蠶豆も本邦よりの買氣當地に集り今日迄商談成立せるもの約三百噸なり。

主要輸入品商況

現在に於ける當地對日主要輸入品の商況左の如し。

綿絲布　舊正休後の二月下旬に入り買氣頓に擡頭し荷動一日平均三、四萬兩を告げ例年に比し活潑、荷動活況と共に高値舊約定品は其埋合安値新約定品を殘して殆ど荷渡濟となれり。尙加工綿布は時局後中國商が大阪川口出張員を引上しめたる爲自然當地に於ける取引加はり、當地の邦商は有利の立場となれり。綿絲は相場關係と上海との取引復興を見込み、目下見送狀態なり。尙目下大阪筋より五、六名の註文取出張し居れり。

麥粉　上海粉の當地輸入は年額は普通千二、三百萬袋二千八百萬兩見當にて、同地事件發生以來一部外國船に依る外積出不能、相場上押たるも當地の滯貨の多くは昨年來時局其他にて特税票期限(三箇月)經過分にして、運單取引不能の爲奧地向積出出來ず、中國商の手にて期限延期交涉せるも急速解決せず著しく荷渡を阻害せり、目下邦商は何れも舊約定荷の荷渡に努め一日三、四千俵の荷動を見るに至りたるも新規賣約なく、從て現在本邦より本品の輸入殆どなし。尙上海春荷は千五百萬袋の約定ありしも千二百萬袋解合たりとの風說あり。

砂糖　二月初の市中在庫約七萬袋、內四萬俵は日本糖なりしが、二月中約半數の荷動を見、尙開河期を控へ一時買氣擡頭したるも其後相場關係等にて新規契約なく、商內鈍狀を呈し居れり。

洋紙　本年は例年より暖く河筋の解氷早かりしと、中國商が排日謠言に依り日貨の引取を急ぎたる爲二月中旬過より荷動良好となり契約も弗々出來、今日迄三十萬兩見當の商談成立せる模樣なり。

日本米　當地在荷約一萬噸、中日本政府拂下米は約八割強を占め居る處、日本米は從來最需要多かりし北平方面に排日懸念の爲一向運搬されず、僅に租界內の需要に充て居る程度にて見るべき取引なし。

主要輸出品商況

現在當地の對日主要輸出品の商況左の如し。

棉花　舊正明三十兩にて初商內ありたるも、其後日商筋買氣薄にて三月三日は二十八兩見當迄相場暴落、目下本邦向賣契約殆どなき模樣にて商內閑散なり。但し水氣問題にて滯貨を餘儀なくしたる舊契約の西河棉約十萬俵は組合間に於て辨法を見出し、略々問題解決したるを以て多分之が輸出を見ることゝなるべし。

胡麻　舊正明早々本邦の買氣旺盛、石十八元半乃至十九元半にて約一萬三千石(石約百二十二斤)の商談出來たるも、其後本邦向不引合の爲漸次氣配軟化相場下押せり。

麩　上海事件以後本邦向積出旺盛なりし外、當地各製粉會社仕事中止の爲在荷一掃賣品なかりしこと前記の通りなるが、最近製粉工場弗々開工し百斤三元三、四十仙にて約一萬五千俵の商談ありたる趣なり。

麻　產地方面には約六百萬斤の在荷ありと稱せらるゝも、昨年洪水なかりし爲麥の植付を殖し、本品の植付は昨年に比し約三分の一見當に減じたるより、奧地手持筋は安値賣らず最近相場昂騰せり。本邦向商談は引續き弗々出來居れり。

亞麻種　當地品割高の爲本邦向不引合にて取引なし、當地在荷約百五十噸、奧地在荷約千噸あり。相場百斤七元見當、當分本邦向引合出來ざる見込なり。

芥子種　奧地已に品涸れを告げ、當地への入荷皆無今後共當分出廻絕望の見込なり。

鷄卵　金輸出再禁止以來本邦內地諸物價昂騰せるに反して、日本產鷄卵相場著しく低落、一圓に付殆ど百個見當となりたると、一方對日爲替安にて昨年十一月天津事變勃發以後當地の本品輸出邦商全然休業の餘儀なき狀態となれり、當地相場現在一元に付六十個內外なり。

⑱満鉄北平事務所「天津に於ける最近の排日貨運動と日貨輸入状態」（『満鉄調査月報』第一三巻第二号、一九三三年二月）

時事雜錄

政治・社會

○天津に於ける最近の排日貨運動と日貨輸入狀態

支那に於ける日貨ボイコット運動は國民大衆の不買行爲に基くのでない事は南北を問はず同樣である。大衆は寧ろ之を買はんとし又大衆に供せんとする日貨商あるに拘らず、之を妨げんとする第三者たる團體が介在して、或は名を愛國運動に藉り、或は抗日對策として大衆と日貨商（直接には支那人商人なれど間接には日本人商人にも及ぶ）の賣買行爲――（多くは支那人日貨商の日貨販賣行爲）と仕入行爲を不當に禁壓せんとする所に支那排日貨運動の特徴は存ずるのである。從つて此の團體にして多少の勢力を有する限りに於ては壓迫を加へ得るも、其の不法なる存在たる以上、永久の存在たり得ざる理由であつて解散又は有名無實のものとなり終り、玆に日貨の進出は舊に復して行はれるのみならず、日貨商間には將來を見越して大々的輸入を行ふものなどあつて抵貨救國運動中に表裏矛盾の奇觀を呈するのである。之を天津の日貨ボイコット運動に就て見るに亦同樣の事が言へるのである。次に最近の抵貨運動と日貨輸入狀態を明かにしたいと思ふ。

1　上海の鋤奸團の北上と天津の抵貨運動

從來天津に在つては排日貨を目的とし、日貨封鎖を行ふ商民救國會なるものあつたが、中及南支に於ては上海事變以來日貨輸入殆ど杜絶に近き狀態を呈したとき獨り天津は日貨輸入を續けてきた、故に上海の鋤奸團の憤慨を買ひ其の北上を招來し玆に爆彈の飛ぶ恐怖狀態を續出し、熾烈なる排日貨運動を展開するに至つたのである。

昨年八月十四日上海より北上せし血魂鋤奸團の一味の者が中原公司に爆彈放擲を行つてより、同時に市內に二、三の同樣爆彈事件頻出した爲法界天祥市場商人は自動的に日貨封鎖をなし、危禍を免れんとし又市商會に在つても、日貨封鎖を三日以內に斷行し再び日貨輸入を行はざる旨を誓はしむる事を決議し、之を各商店に通告し行はざる時は委員總辭職をも辭せずとしたが其の結果は僅かに綢布紗業、雜貨、糖業、魚業の三業者が同意を表示したに止まり、委員も辭職を延期するの外なく、一方日本領事館の抗議により市政府側の非法團體の取締となり日貨封鎖も事實上無期延期になつた。而して同月十五日より末日迄に輸入された日貨は綿布、海味、五金、雜貨等正に九萬餘件を突破する狀態であつたとは當時の新聞紙の傳ふる

時事雜錄

所である。

然るにかかる情勢を微溫なりとしてか九月二十九日に至り再度の爆彈事件を三箇所に勃發せしめたものがあつた。中國街の仁昌綿店華竹布莊及中源公司が其の被害者であつたが、仁昌の如きは極度の恐怖をなし、一切日貨を新聞界の監視の下に封鎖し興業銀行の倉庫に移し、又自ら率先して同業の聯合を組織し日貨の共同登記をなし各除奸團の監督に資し、登記の日より販賣停止する事と相互監視を行ふ事を決し各除奸團及商民救國團體に監督あらん事を請ふた。此の事件が刺戟となつて一時沙汰止みともならんとした、市商會側の日貨封鎖運動は活氣を呈し日貨明細簿を造り同會に送付する様勸告を發するに至つた。

抵貨運動と積極的關係を有せざるも消極的關係を有するものに國貨展覽會が十月一日より、青年會國貨展覽會が開かるる共に河北省に於ても十月三日に開幕することとなつてゐたが、十月十五日頃から實際に開會されるに至つた。國貨展覽會は國貨提唱の目的を以て國民の認識を深めるものであるから間接には低貨と同結果を生むのである。此の外商民救國會にあつても、如上の刺戟を受け、廣貨店十軒と自動對策に對する策を商議する所があつた。然し此の傾向が永續したので市商會など極力各商を勸告して日貨を登記し封鎖せしめんとしたが十一月に至るも解決を見ず、爲に血盟鋤奸團より不滿なりとの警告に接し玆に商會は十一月二十三日更に一歩を進めて抵貨運動を督促する爲、委員聯合會議を開き各商店をして速かに所有の日貨を明細に報告し、十一月二十五日に日商代表者を召集辦法を研究する所があつた。其の二十九日に決議した主なる點は次の如くである。

一、各業公會は各會代表二名を三日以內に推擧し商會に報告すること

二、凡て各業公會に屬する個々の商店はストックを一律に檢査することに着手し五日を限つて所有に斯る日貨を明細に商會に報告すること

三、各業公會より責任ある代表者を推擧し明細書成りし後一週間に商會より派遣する各業公會代表と共に各商店を戶別に訪問し封鎖の實行を監視すること

四、封鎖後其の工業原料及各種必需品等に就て救濟の協議を決すること

五、日貨の來路に付ては此後各同業公會竝商會相互に監督すること、違反する者ありたる時は之を嚴罰に附すること

斯の如くして十二月六日に至る一週間內に此の辦法に贊意を表せるは十五業に及んだ。綢布紗業、魚業、磁業電料業、藥業、米業、玻璃洋鐵業、紙業、自行車業、海貨業、洋廣貨業の中布業、油漆顏料業、乾鮮藥品業、木業等にして其の他の五金、雜貨、糖業は尙ほ未だ表示しなかつた。封鎖は八日より開始する筈であつたが九日とし先づ各商店の登記せるものとストックの日貨を照合し符合するとき封鎖することとした。十日は各業代表が各商店を廻り日貨封鎖を實行した。其の封鎖する所海貨、廣貨兩業三十餘家に及んだ、第二日は前日の遺漏の外、隆昌、源豐永、愼豐等十家を封鎖し斯くして二十日頃封鎖を完了するに至つた。其の金額約二百萬元餘と言はれる。

上述する所を以てすれば八月除奸團の活動ありて以來遂に自動的封鎖を行はしめるに至りたる所より或る成功を納めたりと言ふ事も出來るが事實は必ずしもさうでなく、自動的封鎖なるものは決して日貨の眞のボイコットと見る事を得ないものがある。商人は一般農民の購買力減退せると時節柄交通不便とを見越し又表面には自稱愛國團體の暴利を免る爲、此の自動的封鎖を選んだのであるが舊年末の押迫る際とて早くも開封を商會に申出たる洋貨同業會があり商會も何等か辦法を講ぜざるを得ない狀態となつてゐるのである。

終りに既存の商民救國會多數の除奸團及び市商會の抵貨活動を綜合して見る時各團體の步調一致を缺き、或る時は除奸團中商民救國會の御用を聞くものもあれば又反對に市商會の走狗となるものもありと言ふ支那各種運動の必然の亂脈を示し、又或る時は商民救國會が嘗て銀五萬元を商民より取立てたる事實暴露し、除奸團は中國貨に關する書籍刊行を利用して商人に寄附を強要し之に應ぜざれば中國貨をも日貨とし、又反對に彼等の要求に服するものは日貨をも中國貨とすると言ふが如き腐敗を生むに至り、又市商會中にも派を生じる等、此等抵貨團體は各動搖を感じ其の活動を大いに鈍らしてゐるのである。近時各團體の步調不一致に鑑み各界聯合會を組織せんとする機運が動いてゐたが未だ實現に至らない。

（附）除奸團の內容　除奸團は今日に於て名義を異にせるものを數ふれば二十五、六種に達すると言はれるが、殆ど總てが無宗旨無居所無工作であつて僅かに時局に應じて一片の通電なり警告を出す文書宣傳を專らにして居るもので十九路軍の兵たりしものの東北を追はれし學生、衣食の途に窮する無賴の徒より成るものにして、金次第では其の反對の行爲をも辭せないと言ふ烏合の團體に過ぎない。

２　排日貨運動の日貨に及ぼせる打擊

天津に於ける小賣商人及個人輸入商は口を揃へて、支那人との商賣は停頓狀態にあることを言つてゐるが、之は一方對日反感が民衆を支配し他方日商の取引を警戒してゐる支那商人の消極的態度に歸するもので排日貨運動の打擊であることに疑ない。然らば其の他の大口の輸入品に付ても同樣であるかと言ふに日常必要品麥粉の如き綿絲布の如き、砂糖の如き、紙の如き、染料の如きは依然として取引されてゐる事實があつて經濟絶交、日貨は買はず賣らずといふ抵貨運動の理想には遠く及ばないものがある。

今昭和六年と昭和七年（一月より十月に至る）の日貨輸入量を比較對照すれば次の如くである。

天津港輸入日貨量（大阪貿易調査所の調査）

主要商品名	單位	一九三一年度	一九三二年度
綿絲	梱	二、八〇四	一八九
人造絹絲	箱	五、四四七	二、〇二一
金巾	俵	六、七六〇	四、五五五
綾木綿	同	九、七〇三	六、五三九
繻子	同	六、三五六	六六八
細綾木綿	同	六、八二〇	二、一〇三
同綾	同	七、六〇四	六〇七
織布	同	一八、九六二	二六、七九六
綿織物屑（新）	同	七、八四〇	四、六九三

時事雜錄

天竺布	俵	八三六	一,四六二
棉花(印度及米國産)	包	三,八〇〇	四,七九六
メリヤス裝品	箱	六三一	一,三四四
麥粉	袋	一〇四三,一四九	二,三五九,五七五
白米	俵	一〇	二五三,四五一
精製砂糖	俵	六三,〇七九	三四六,〇九八
氷砂糖	箱	三六〇	三〇一
ビール	箱	一〇,七六九	四,七一三
粉茶	俵	四,五九五	三,六七七
硫酸曹達	樽	一七	一,四七八
硫酸曹達	袋	二七七	三,三一〇
マグネシューム			
硫黄	ドラム	一三,〇七九	一三,一一六
硫酸加里	錯	二七,四三六	五,三五四
	箱	一	三,六三〇
	樽	一	八,一七〇
	ドラム	四四〇	八,一一〇
炭酸石灰	箱	八三	三三六
晒粉	同	一七,一七一	一六,五三三
マコール	同	三一〇	二,三五〇
染料	同	一,一三三	八八五
	ドラム	四五四	
膠	梱	一,二一〇	九三九
眞鍮線	コイル	一,五〇五	二,二五一
同板	束	六五九	七六五

鐵線	コイル	五,五三五	二,九九四
亞鉛引鐵線	同	一三,〇四九	七,三六九
鐵條	束	五,〇四五	四,三六九
同圓	同	三,五五三	一三,〇〇〇
同角	同	二,一三一	二〇〇
同板	同	三,八八五	七〇,七三一
	枚		一五,一〇四
亞鉛引鐵板	束	一三,七〇一	一六,六一五
鐵釘	樽	一四,〇一六	二八,一八八
屑(?)鐵	梱	八三一	二〇,二〇一
	個		一九,六〇一
自轉車用品	束	九,二六六	四,五五九
電氣器具	箱	一,一〇一	一,一一七
電線	梱	一,三八五	五四一
洋紙	俵	五二,八九五	三八,六七八
陶磁器	箱	三,四九八	三,二五四
硝子器	箱	一,六九二	一,九六九
空瓶	梱	四〇,六七一	五三,一五一
	袋	三三,三六三	
護謨製品	箱	三,一三一	三,三三〇
古麻袋	梱	二七,四七六	一八,五一七
木材	本	一九,四五一	一
石油	箱	四四,三三六	八,四一六
	ドラム		

時事雜錄

バナナ	籠	三五、〇四三	二〇、二三一
長昆布	俵	四八、八〇七	五三、二四一
海參	俵	一、〇六六	一、六六六

（一九三二年一月より十月に至る統計は海關報告を得ないから單に船會社のマニユフエストによつた旨大阪貿易調査所員が申傳へられた。）

以上の統計は正確を保證することを得ないが、之に依り吾人は其の運動の大體の動向を知ることが出來る。概して言へば昨年は一昨年に比して輸出入共に減退であるが、輸入に付ては上の統計に見るが如くである。然しながら之は日支貿易の數字で之が直に排日貨運動の影響を現はす數字となすことは出來ない。今日に於て日支貿易の不振なのは第一に支那民衆殊に農村（北支那の）の疲弊の極に達し購買力絕無の狀態なるを擧げねばならず、第二に商人側に日支爲替を見越す向もあるので一概に抵貨運動の打擊と見てはならないのであるが抵貨運動も與つて力あることは言ふ迄もない。

以上を以て最近の排日貨運動と其の影響を終つたが、今は華北の時局急を告げ之を機會に抵貨運動も熾烈化せむとするは豫測に難くない所であるが之は後日の研究調査に俟つ外はない。（北平事務所）

⑲山上金男「天津金融経済管見」(『満鉄調査月報』第一四巻第四・五号、一九三四年四・五月)

滿鐵調査月報　第十四巻　第四號

調査及研究

天津金融經濟管見

山上金男

目次

一　緒論—華北經濟圏の構成と天津の地位
二　天津金融組織の構成關係
1　天津金融組織の史的發展
2　天津金融組織の現狀
三　天津金融經濟の解剖と展開（以下次號）
1　三派鼎立と其の分業體系
2　天津金融經濟の對內外關係
四　結論

本小論は、先づ華北經濟圏の構成關係を單簡に展開し、其の中樞をなす天津の經濟的地位を發見し、それが有する金融組織の史的發展竝びに現狀を見、更に其の金融經濟を華北經濟圏の中樞的內包關係に於いて考察し、よつて以て其等の角度より華北經濟の解剖への一步となさんとするものである。

天津金融經濟管見

一　緒　論―華北經濟圏の構成と天津の地位

十九世紀以來支那經濟は、急激に外國資本主義と接觸し、支那市場は遂に國際市場に捲き込まれた。即ち數個の主要商埠を關門として外國資本主義商品は流入し、又それに刺戟されて其の商埠を中心として、支那民族資本主義商品の端初的生產を見、それ等は背後農村に向つて流れ込み、それと逆流して支那土產は、其の關門に向つて吐き出される仕組が發展するに至つた。勿論全國大の運輸交通資本の有機的構成の低度、度量衡・貨幣制度の不統一、苛捐雜税の苛徵、匯兌の不通、土匪、內亂等々は其の市場の擴大傾向を著しく阻止するも、資本主義的聰明はそれを克服し開拓せんと努力する。こゝに於いて、從來の土產品の閉塞的地方市場は順次結合され、擴大され、土產はよく主要商埠に集結し、更にそれは背後農村の購買力となつて、資本主義商品を吸收するに至る。從つて支那經濟場面は、數個の主要商埠を原點とする經濟圏が構成されるに至つた。

玆に吾々の問題とするのは、華北經濟圏である。天津を中心として描かれたる半圓即ち華北經濟圏には、河北・山東・山西・陝西・河南・甘肅の六省が包含され、往時は更に其の外圓は內外蒙古・新疆・伊犂に迄擴延した。今吾々は其の經濟圏の中に、天津を中心として、より緊密な商品流通の有機的關聯性を發見せねばならぬ。

由來北平が遼・金・元・明・淸等の長き古都であり、其處に限りなき官吏資本・地主資本從つて商人資本等が、蓄積される契機を包藏せることは、いとも見やすき道理であり、從つて前人の「條々大路通北京」と言へる如き數多の管を通じて、地方物資が一大消費市場に向つて流れたであらう。而してそれに隣接して、天津が明代以前は濱海の一小縣に過ぎざりしものが、永樂十九年(一四二一)明の成祖北京に遷都してより、「天即ち天子の都たる北京に、津即ち渡る處」として發展し、人口増加商業隆盛を見、一大商業都市としても已に二百年の歴史を有し、華北に於ける物資の大集散地たりしことを見ても、其の市場の背景と資本的來源に就いて、何等吾々は怪しむ必要はない。更に咸豐十年（一八六〇）開港場に指定せられ、中外互市の地となつた。從つて華北經濟と外國資本主義との接觸點となり、「條々大路到天津」卽ち新式交通路の出發點となるや、華北土産の天津に集中し、天津を通じて資本主義商品は分散されるてふ華北經濟圏の中樞點となるに至つた。從つて全國大に考察するときは、支那民族生産竝びに消費の地方性・非連續性及び非有機性を見ると雖も、一段縮少して華北大に考察するときは、天津を中心として一個の有機的市場を構成する相當古き歴史を發見し、更に古き封建的生産様式の基底を脅かす支那民族資本主義竝びに外國資本主義の故に、天津を中心とする鐵道網、航路網、外國商館、近代工場、外國領事館等には、華北土産品と外國資本主義商品との交換を不可避ならしめる。換言すれば、天津を關門として華北封建的生産と外國資本主義は接續される。實に華北土産は天津に集中し、其處の華商問屋、仲立人、外國貿易商、外國銀行、支那銀行、銀號等を一團とする商業組織網を通過して、銀價格は金價格に變じて輸出され、反對に比較的大なる市場性を有する支那民族資本主義商品竝びに外國商品は、又天津に集中し同様の組織網を潜つて華北に分散される。

　天津華商業組織は、本地商人・經紀人・寄莊・外客等によりて構成され、天津商人は外地貨物の仕入には、寄莊をして代辨せしむ。例へば洋布綿紗商等は、上海及び大阪に寄莊を設置し、海產物五金雜貨商等は長崎神戸横濱に、棉花商は石家莊辛集唐山胥等に設け、藥商は祁縣に、皮毛商は西北一帶に置き、土產の仕入を代辨せしむ。斯くて輸移入品は天津に集中し、經紀人の介在に於いて、更に外客を通じて移出され、又外國貿易商を通じて輸出される。卽ち天津各種商業は、未だ交易所なきを以て、仲買人の存在は重要性を有し、經驗閲歴に富み、貨物の鑑識賬を有し、相場の高低に通じ、賣買雙方に信用を有す。外客とは內地商人の來津代理店を言ひ、內地への分散基點として重要なる存在である。（『銀行週報』六五七號、天津商業調査概略參照）

然らば斯る天津を中心とする華北經濟圈內の物資の移動は、如何なる管を通じて行はれるかゞ、次の問題である。間接に自然的條件から演繹される要因、卽ち北部一帶に於ける多數の駄獸と牽引獸との存在は、北部の多くの地方のより粗放的な農業に基く處の之等諸地方のより盛大な牧畜に關連し、從つて黃土臺地の上に横たはる車馬路が、往時華北交通諸關係を決定したものの一である。（ウイットフォーゲル『支那の經濟と社會』邦譯下卷三二八頁）之等の車馬路の上を走るものは、富農や資本家的運送屋のみ利用する四五頭若くは六頭の牽引獸につながる大きな荷車、全く賤民的な型體たる手押車、支那の交通技術的畫面に於ける近代的要素たる人力、華北全體に亙つて無數に弘まつてゐる駄獸就中最有益な騾馬等々である。其等は頗る原始的形態たる狹い道路網を通つて、莫大な商品の塊を運搬する。（同上書三一九—三二五頁參照）更に其等の狹い無數の道路は、威壓的な主要幹線に注ぐ。物資の天津に接近するに從ひ、河川或は鐵道に吸收され、天津を基點とする北京道・山東道・保定道・山海關道・塘沽道・大沽道等の幹線網あると雖も、それが自然的條件に演繹され且つ天津附近の近代的設備の故に、利用價値は著しく減少し、天津の之等による物資集散は、僅かに全體の四%に過ぎずと云ふ。

天津商業組織の展望

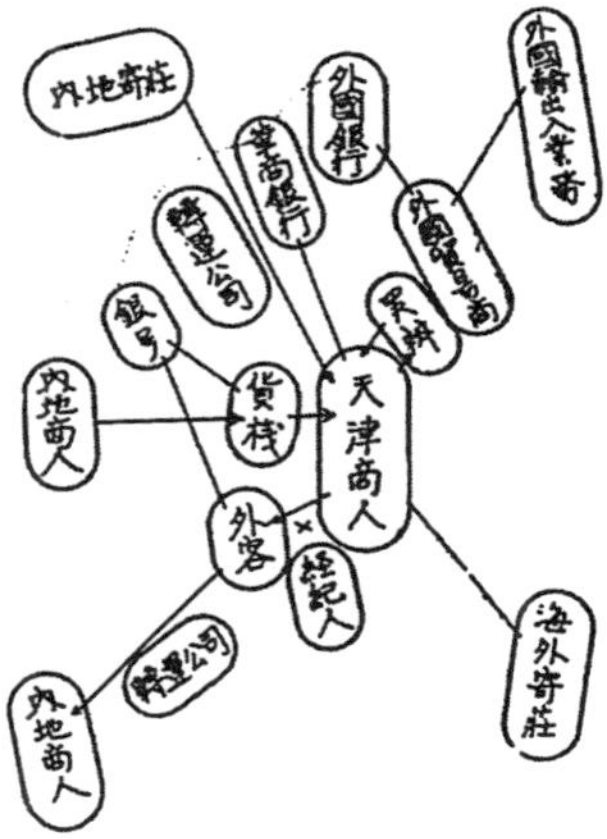

更に一の要因は、黄土地帯の内外を流れてゐる河川の種々な性質である。著名な「河北五大河」は、海河に結合し、天津市場に結び附く。昔日の軍糧要道たる北運河は、陰山に發源し、杏仁欒材の集中する管であり、永定河は山西に、大淸河は河北西部に、滹沱河は山西泰戯山に發源し、東南流して河北境に入り、之等の管を通じて欒材棉花羊毛皮革等が集中し、南運河も亦山西に發源し、棉花麥稈眞田羊毛皮棗其の他雜穀等の通る管である。古人は南船北馬と云ふも、天津を中心とする斯かる河運系統を輕視しては、天津經濟を理解し得ない。吾々は嘗て紹興地方を遊歴したとき、其處では江南の典型的水運が眼前に展開された。凡そ車馬道と概念されてゐるものは、總て堀割であつた。凡そ華北の車馬が、此處では小舟に置換されてゐる。而してそれとは對蹠的に、華北の黄土河川地帯は、リヒトホーフェンの言ふ如く、水上交通は陸上のそれより二十倍乃至二十五倍コストが安いであらうか？　黄土河川の堆砂機構と關連して、之等の河川では小さい舟で、而も河川航行がより僅かしか行はれてゐない。それにしても尙ほ帆船は、之等諸河川を溯航する。春末及び初夏の頃內河水淺きときと雖も、尙ほ木船が地方商人の小口貨物を積載して溯航する。吾々は之等水路貿易が、天津對內貿易の約三六%を占めてゐるのを見て、之等の運搬態樣が尙ほ華北の總生産關係樣式に緊密に適合してゐることを認めねばならぬ。其の故に凡ゆる限りの高利貸的關係が幅を利かせつゝ、其の全部若くは大部分賤民的所有に屬する小船舶も、又一部分はそれを運轉する者に屬するが、他方船舶所有者が特許運輸會社「行」に依存し、彼等により大なる商業利潤の獲得と分配を托するより大きな船舶も（前掲ウイットフォーゲル三三一—三三三頁）、河床の砂で充された諸河川を通じて、物資を運び天津經濟の繁榮に貢獻するのである。

然るに十九世紀以來、支那經濟の外國資本主義との接觸を見、支那民族土産と資本主義商品との交換過程の擴充は、華北に於いては平津を中心とする鐵道網の展開を招來し、天津の經濟的地位の向上は加速された。往時對內貿易の大半を占めたであろう陸路貿易、水陸貿易の地位を侵蝕して、其等の交替過程の反復の結果は六〇%に達すると云ふ。

最後に天津の對背後貿易額は、次の如き巨大な數字を示す。

天津背面貿易額累年比較

	一九二五年	一九二六年	一九二七年	一九二八年	一九二九年
移入支那貨物	八五、六〇九、六五四	八二、〇四八、八〇七	一二四、三三九、〇四四	九〇、六六二、五〇九	六九、四五〇、九六四
同上三聯單附	四二、三二九、四三六	一七、〇一三、六三〇	一三、三九七、九四一	五、八二〇、九五〇	一一、一三五、七七六
移出支那貨物	一五九、七三八、〇四四	一一六、七六三、六六三	一二九、五四七、五〇五	一三七、九九九、五四五	一五〇、六五〇、四〇三
移出外口貨物	五三、九二三、七二九	五〇、九八四、八四〇	五六、一一八、九一一	六一、八五四、〇四八	五三、八五三、六四〇
同上子口單附	一〇、一四八、〇六一	六、六三八、九五五	四、〇二一、八六九	五、七四〇、五六四	一三、三五三、八九七
計	三五一、七四八、九二四	二七六、四六八、〇八五	三〇六、一二五、二四〇	三〇一、七五七、五八六	二七七、四三一、三四六

（昭和四年北支那貿易年報、五一頁）

次に天津の對外直接輸出入及び移出入の最近の狀勢は、次の如し。

	一九二八年	一九二九年	一九三〇年	一九三一年	一九三二年	一九三三年
直接輸入	一二三、六三三、六二九	一二四、〇六八、五一〇	一〇四、一八五、一一三	一〇九、三五二、〇四三	一〇四、五四八、九九七	一二〇、七七八、〇〇〇
直接輸出	八一、九九六、一〇四	八三、三三四、七九三	七六、七四八、七九五	八八、七〇一、三六一	六三、八七四、五三四	八八、四七二、〇〇〇
移入	九九、八七二、〇五一	九〇、六四六、四四七	七二、五〇四、四八三	八五、八三三、八八〇	七六、二六六、五九四	—
移出	三一、六〇八、四三八	二六、八八四、六二二	三一、九四四、九九三	四五、〇六二、一八九	三九、二五六、四九七	—
計	三三七、一一〇、二二二	三二五、九三四、四〇一	二八五、三八三、三八四	三二八、九四九、四七三	二八三、九四六、六二二	二〇九、二五〇、〇〇〇

（單位、一九三二年迄兩、一九三三年元）

斯くて華北經濟圏內に於ける天津の中樞的經濟地位の概念を得た吾々は、進んで其の巨大な商品の移動を可能ならしめる背面の金融組織の解明に向はねばならぬ。

二　天津金融組織の構成關係

天津金融組織は、他の通商口岸のそれと等しく、銀行組織に於いては外國銀行華商銀行、竝びに銀號の三派鼎立競合關係を見、次に貨幣組織に於いても銀元、銀兩竝びに外國貨幣の競合流通關係を見、其等の貨幣流通によつて繋がれたる各種銀行の有機的結合關係に於いて構成される。

吾々は、其の現構成關係を檢討する前に、先づそれの今日ある所以の過去の史的發展過程を考察しなければならぬ。

1　天津金融組織の史的發展

其の第一期は所謂票號創設以前にして、通用の貨幣は專ら制錢竝びに銀錠（吉田虎雄著『支那貨幣研究』「一歴代貨幣沿革」張家驤『中華幣制史』八頁清代之硬幣參照）にして、金融機關としては、僅かに當戶・換錢舖竝びに首飾店てふ極く原始的態樣である。而して換錢舖は、制錢銀錠の交換を以て主要營業となし、間々存款放款等を營むと雖も、其の數額甚少であつた。蓋し當時は款項の存放は、尙ほ大部分土豪の富戶の操る處であつたから、又首飾店は、銀錢の兌換、元寶の鎔製を兼營し、款項の收存に及ぶは副業に過ぎずして、其の主要營業は依然として金銀首飾の監製にあつた。（『楊著中國金融論』二七四頁參照）從つて第一期の特質は、制錢及び銀錠の流通と其等の兌換を中心とする金融機關によりて、構成されると云ふことである。當時の貨幣制度竝びに銀行組織は、全く封建性を帶びてゐた。蓋し封建社會にありては、地方的排他的異質的なる地方經濟の故に、其の基礎の上に發生したる貨幣制度も亦、封建的貨幣制度——地方的異質的なる貨幣制度であつたから、即ち貨幣主權が各地方に分散され、從つて各地方異る品位量目の價値單位發生し、就中銀錠は、其の價値單位と交換用具自體とは遊離して、自由に爐房に鑄造され鑑定されて、各々地方慣習法によつて統制されてゐたからである。（『東亜經濟研究』第十四卷第一號、田中忠夫「貨幣制度より見たる支那社會の封建性」參照）

次に斯かる封建的貨幣制度の故に、當時の金融機關——換錢舖、首飾店等も亦、地方的異質的各種貨幣の兌換を主要業務となし、それは金融機關として支拂流通に貢献する最も幼稚なる端初的形態であり、存放を行ふ富戸は、貨幣信用經濟の非近代性竝びに停滯的生産様式の故に、社會的重要性を有しない副次的存在である。之等の粗笨的貨幣取引資本の支拂流通に貢献する過程に於いて、商品貨幣經濟範域は擴延し、遂に發展の第二期に入る。

商品貨幣經濟の地域的擴大傾向は、異地間の送金需要を增大し、玆に現銀輸送を省略する爲替が登場した。從つて繼續せる封建制貨幣に加へて近代貨幣竝びに外國貨幣の端初的出現を見るてふ錯雜せる貨幣組織の上にも、尙ほ銀兩爲替を中心とする金融機關の出現を見るは、當然の飛躍であり且つ轉化である。果して支那金融史上に見る票號は、まさにそれである。

先づ貨幣制度に於いては、從來の兩單位の銀錠竝びに制錢の流通に加へて、道光以來支那經濟の外國資本主義との接觸より、後者の利益を內包する外國貨幣の流通を見、（吉田虎雄『支那貨幣研究』一一四—一一八頁、張家驤『中華幣制史』流入銀圓の項參照）更に光緒以來支那近代貨幣たる銀元の鑄造を見、（同上『支那貨幣研究』一一四—一一八頁、『中華幣制史』自鑄銀圓の項、『中國近代幣制問題彙編』二奏請仿鑄銀元摺參照）玆に漸く封建貨幣、支那近代貨幣竝びに外國貨幣の三派鼎立・競合流通關係を招來せしめたりと雖も、依然として支那社會の保守性と封建性は、銀兩を本位貨幣に止めた。

而して斯かる銀兩を中心とする亂脈なる貨幣組織の上に、一層の飛躍を見たる廣範圍の商品貨幣經濟の故に、銀兩爲替を中心とする票號を出現せしめた。卽ち山西票號を先驅として、更に在來の換錢舖其の他よりそれへの轉換を見、天津錢業の一大飛躍を招來した。蓋し其等の勃興より、支拂決濟機能の充實により對內取引は開け、殊に開港以來は華北土產と外國商品との交換過程の進展に伴ひ、國內匯兌の需要も日に增し、山西票號は支那金融史上華々しい足跡を印したのであるから。

山西票號の興起時代に就き、定說はないが、多くは前淸の乾慶年間となす。當時平遙人雷履泰が蒲村姓李の資本を領達し、天津にて日昇昌なる顏料舖を開設した。顏料中の銅綠は、四川に產するを以て、雷氏は遂に重慶に赴き銅綠を仕入れ、天津にて頗る利益を獲た。營業日に盛、日昇昌の名は、津・蜀間に喧傳され、雷氏は時に日昇昌經理となり、遂に匯兌の法を創設した。凡く各商は往來銀錢を皆之に劃付した。其の便益は、從來の鏢局による現銀保送と比すべくもない。而して日昇昌の營業は日に廣く利益日に增し、之を以て山西票號の濫觴とする。日昇昌の票號設立後、同縣人毛鳳翽なるもの蔚泰厚布莊の執事となるや、日昇昌の爲替利益の大なるを見、其の法を倣つた。數年ならずして、彼も亦利益大なるにより、更に人々爭ふて之に倣つた。凡そ長江各埠の茶莊、典當、綢緞、絲布業及び京津一帶の皮毛雜貨等を營む山西人は、群起して之に倣ひ、往々本號に票號を附設するものさへあつた。咸豐初年に至り、遂に鉅資を籌集して之を專營するものがあつた。

平　遙——蔚盛長、天成亨、新泰厚、協同慶、協同信、百川通、蔚豐厚、蔚長厚、寶豐隆等

祁　縣——元寶久、巨興隆、巨興和、存義公、三晉源、大德通、大德恒、合盛元、大盛川

太　谷——世信信、志成信、協成乾、錦生油

等はそれであり、祁・太・平の三帮に分れ、其の總號の平遙にあるものを平帮と云ひ、太谷にあるものを太帮と云ひ、祁縣にあるものを祁帮と云ひ、總號を本縣に設け、分號を各省に分散せしめた。時恰も黄河以南福建廣東

間は、皆髮捻各匪革命の地となり、道途梗塞、轉運困難となるや、各省の錢商顯臣は多く資財を票號に託して匯兌し、更に國家の餉需、協款、丁銀等も亦票號に託し、斯くて票號は清末迄約百年の繁榮を維持した。(『中外經濟周刊』百十九號山西票號商盛衰之調査、施伯珩著『錢莊學』五頁、『楊著中國金融論』二十三頁、潘子豪編『中國錢莊概要』十五—十七頁等參照)彼等は異質的貨幣制度の匯兌業務の上に躍り狂つて如何に儲けたかは、いかにもウイツトフオーゲルの云ふ如く彼等は家父長的國家を識つてゐたので、營業上の實際を秘密にし、從つて其の利潤額は正確には算出出來ない。(同上ウイツトフオーゲル四〇二頁)併し吾々は膨大な其の利潤を充分に認めねばならない。されば「以是票號掌櫃無不窮奢極侈、起居飲食可擬之達富貴人、此項消耗、毎歳亦屬不貲、而毎歳除去號中一切開支、穫利尚如是之豐、則當時票號之發達可想而知矣」と。(『中外經濟周刊』百十九號山西票號商盛衰之調査)

彼等の金融覇權の原因として、リヒトホーフエンは部分的に山西の儲けのある錢取引と、それと全く偶然に競合したことになる山西人の著しき貨幣技術的天性に求めんとしてゐる。——いかにも其の住民の精神的基礎は、多くの文獻に說かれてゐる。『太原圖册』に「敦厚不華、淳儉好學、工賈務實勤業……」『太原志』に「風土深淳、民物茂雅……」『交城志』に「俗尙儉嗇、人性朴實……」『文水志』に「動而輕生、儉而趨利、澆朴相半、勤則其性也」『臨汾志』に「其民甘粗糲、力稼穡儉朴不吝」等々と云ひ、山西民性の一班を覗ひ得る。ウイツトフオーゲルは、それでは「全然危蹟信仰的な性質」が明白になる。より古い文化を誇る陝西の存在の故に、「山西の銀行家の場合でも、生産及び流通の發達並びに此の兩行程を擔當してゐる人口部分のそれに照應する一般的智的訓練の發達の間の關連の立證」を注文してゐるが、——それはもとより是認せねばならぬが、彼は陝西の物的基礎の薄弱を除りにも輕視してゐる非難を免れないであろう。(同上ウイツトフオーゲル三九五—三九七頁參照)

斯かる票號の繁榮を飾る第二期も亦、光緒末葉を以て終末を告げた。即ちそれは外國資本主義の刺戟による支那政治革命の勃發、――之に契機する支那民族經濟革命の進展による衝擊に出來する。元來山西商人は、吾が國の近江商人に相應し、近江商人の保守的非近代的經營は、資本主義と相容れず、明治以來沒落過程に入つた。山西票號も同樣の運命を以て、辛亥革命を一轉機として沒落した。彼等は直隷官銀號の經營を拒絕し、戶部銀行の株式引受を拒んだ。舊習を墨守し毫も達識なく、世界大勢の趨く處を知らない。鴉片の嗜好を以て至生活となす財東が、僅かに十餘萬元兩を大掌櫃的一人に出資する經營狀態は、必然的に排擊されねばならぬ。大淸銀行・交通銀行の成立、更に辛亥革命以來の華商近代銀行の出現により、官金匯兌を而め、一般存放匯兌等何れも彼等の奪取する傾向顯著なるものがあつた。斯くて山西票號は顚落して、第三期に入る。（『中外經濟周刊』二一九號山西票號商業之調查『揚著中國金融論』二七五頁參照）

其の第三期は、光緒末葉以降を云ふ。支那沿岸大都市に於ける支那民族資本主義經濟の發展過程に於いて、銀行組織に於いては票號は銀號と交替し、更に進取的分子は近代銀行として支那近代的銀行資本の先驅を開き、銀號と外國銀行との中間を侵蝕するてふ三派鼎立・競合關係により、又貨幣制度に於いては、より高度化せる商品貨幣經濟への飛躍過程に於いて、近代貨幣「元」は漸次的に封建貨幣「兩」を壓倒し、更に民族意識は外國貨幣を追拂ふ等の諸傾向により特色づけられる。詳言すれば貨幣制度にありては、從來の價値單位と交換用具實體との分離せる秤量貨幣――封建貨幣は近代的生產諸關係範疇では、著しく不適合の故に、漸次排擊を受け、近代貨幣銀元の不完成により、其の價値單位のみは永續したるも、元寳實體の存在は消滅すべく運命づけられ、同時に又外國資本主義の利益の爲に散布された外國貨幣も、支那民族經濟革命の進展に伴ひ、彼等民族意識の嫌惡の對象となり、只管敗退傾向を辿り、之と反對に價値單位と交換用具實體との同時的具存を要求する近代的生產諸關係の故に、支那近代貨幣の征服・普及・統一傾向を見るのである。更に銀行組織に於いては、貨幣取引資本の近代的發展過程に於いて舊來の票號は衰落し、それと交替に前清末葉より天津商人を中心とする銀號が興起し、一部は匯兌莊として山西票號より改組され、何れも存放款電票匯等に業務範圍も擴大され、票號より近代銀行への過渡的形態として餘命を繋ぐに至つた。これより先、天津開埠より三十年を經過して德華・匯豐銀行等を初めとして、諸多の外商銀行設立され、其の中間に近代的要求に適合するべく、光緒二十八年の直隷官銀號の成立、これに續く戸部銀行及び交通銀行の創設を先驅として、支那近代銀行の飛躍を見、玆に三派鼎立・競合關係を見るに至つた。

其の鼎立の本質的諸關係を檢討する前に、吾々は先づ次節に於いて天津金融組織の現狀を詳細に見なければならぬ。

2　天津金融組織の現狀

先に言及せる如く、天津金融組織は封建貨幣、支那近代貨幣、竝びに外國貨幣の競合流通關係によつて繋がれたる銀號、華商近代銀行竝びに外國銀行の有機的結合關係によつて構成される。其の現狀を解明するのが、本節の目的であるが、構成分子の一應の分離解明は、必ずしも各々の切斷と非連關を意味するものではない。

A　天津に於ける貨幣竝びに信用

1　封建貨幣竝びに信用

天津市場に於ける銀兩は、初め化寶銀を以て標準銀となせるも、後に其の不正濫造の弊ありたる結果、他省銀兩卽ち東海關白寶銀（山東省税務署標準銀）（公稱品位一、〇〇〇）、山東省煙臺花銀（一名芝罘白寶銀、）（公稱品位九九八）竝びに河南省高足銀（公稱品位九九六）等の流入あり、改鑄することなく、原型の儘流通し、就中前二者は重要地位を占めた。然るに其の後外來銀兩は姿を沒し、廢兩改元迄は、津埠銀爐の鎔鑄せる白寶の通行を見た。白寶は成色十足（純分千位）と稱するも、其の實際成色は〇・九八七七五五にして、紋銀（標準銀の基礎となる支那特有の假想銀）成色〇・九三五三七四より大なること〇・〇五二三八一、卽ち申水（割増）每錠（寶銀）五十兩に就き二兩八錢である。然るに價値單位「兩」は行化（所謂天津兩）にして、其の成色白寶よりも少(0.935374×{1+(0.056−0.008)}=0.973571952)にして、白寶五十兩は行化五十兩四錢とされる。蓋し行化は、二四寶銀の成色（0.935374×1.048=0.973571952)に相應し、更に白寶は二八寶銀（0.935374×1.056=0.987755)に等しく、兩者の差額錠五十兩に就き四錢となるからである。

此の兩銀の供給は、多く之を上海市場に仰ぎ、上海市場より移入し、或は之を仲繼として間接に輸入されると云ふ全市場への依存關係は注目に値す。

然るに銀兩は、民國三年の「國幣條例」の發布を一轉機として、銀元が普及するに伴ひ、漸次其の勢力を減少した。華北農村が先づ銀元化し、天津銀號の對背後地爲替も銀元爲替に轉化したるも、天津では外商並びに外國銀行筋が銀元を信認しないため、市中大口取引銀行間取引!、他の開埠との爲替は、尙ほ銀兩が用ひられた。然し銀元の普及勢力著しきものがあつたために、行化——固定せる抽象的價値單位——は永續したるも、白寶は漸次銀元と交替した。從つて取引は行化建なるも、決濟は日々の洋厘（銀兩に對する銀元相場）により、銀元に換算して行ふ仕組が多年經過した。

然るに昨年多年の懸案であつた廢兩改元の斷行を見た。卽ち昨年四月五日中央政治委員會は、四月六日以後廢兩改元に關する宋子文の提案を可決した。此の廢兩改元の命令と、上海に於ける混亂事情とは、卽時天津にも傳へられ、津埠財界に一大波紋を投じたのであつた。先づ華商銀行公會は、四月七日午後臨時大會を開催し、協議の結果「銀兩取引の停止並びに四月五日迄の銀兩建諸取引は、凡て五日最後の上海向爲替一、〇六〇兩で規元（上海兩）七一五兩を除したる六七四、五二一八三…（銀元千弗は行化六七四、五二一八三兩）を基準として決濟し、六日以後は凡て銀元建とすること」を決議し、之を公表し、更に外國銀行組合にも通牒を發した。次で錢業公會も亦、銀行公會と同樣の方法により、財政部令を遵守することになり、玆に於いて從來銀兩建にて取引されてゐた天津地方輸出大宗品たる棉花を先驅として、綿絲布・金物類・砂糖・麥粉等の輸出入商品等一切銀元建にて取扱はるゝに至つた。本年三月一日現在某調査によれば、天津市場銀兩在高は香上、華比、正金等の外銀筋と銀號間に約百萬兩ありと觀られてゐる。そこに興味を唆るは、華商銀行の皆無なると、外銀所有は銀號手持の二倍以上を占めると言ふことである。然し之等の殘存銀兩の大部分は、漸次上海に仕向けられ、新銀元に改鑄されて還元されるであらう。(『楊著中國金融論』二九四―二九五頁、『天津商業會議所週報』一九四號、朝鮮銀行調査『廢兩改元實施と天津』等參照)

貨幣鑄造權の分散と營利的鑄造のため、亂脈を極めた品位量目の各種制錢は、兩單位に基く銀兩の補助貨なりしも、(一)天津經濟の繁榮に伴ひ、生活程度低き華北農村に移動し、(二)歐戰以來の銅價騰貴に基く日本への輸出により、已に天津市場より其の跡を絕ち、現今は銀元對制錢の相場のみ存在し、文單位は單に農產物取引に於いてのみ用ひられる。(『天津商業會議所週報』一九四號參照)

制錢と交替したのは、銅元である。光緒二十六年廣東幣廠の鑄造を先驅として、各省之に倣ひ、大淸銅幣、光緒元寶、開國紀念幣、民國當十銅元等の亂雜な流通を見てゐる。現今平津地方に見る當二十舊銅元は、天津造幣廠已に久しく停鑄したるため、多く開埠、蚌埠、徐州等より移入されたものである。蓋し之等の地方の銅元市價は、每元五百枚にして、天津に輸送するを有利としたからである。

銅元鑄造の無統制、卽ち國庫の無制限兌換の不履と造幣利益を目的とする各省造幣廠の濫造により、銅元相場は必然的に下向傾向を辿る。

銅元相場下落の影響

(一)食料品等の日用品小賣物價は、銅元建なるため、銅元の下落は物價の騰貴を來す。然し物價には、常に隨

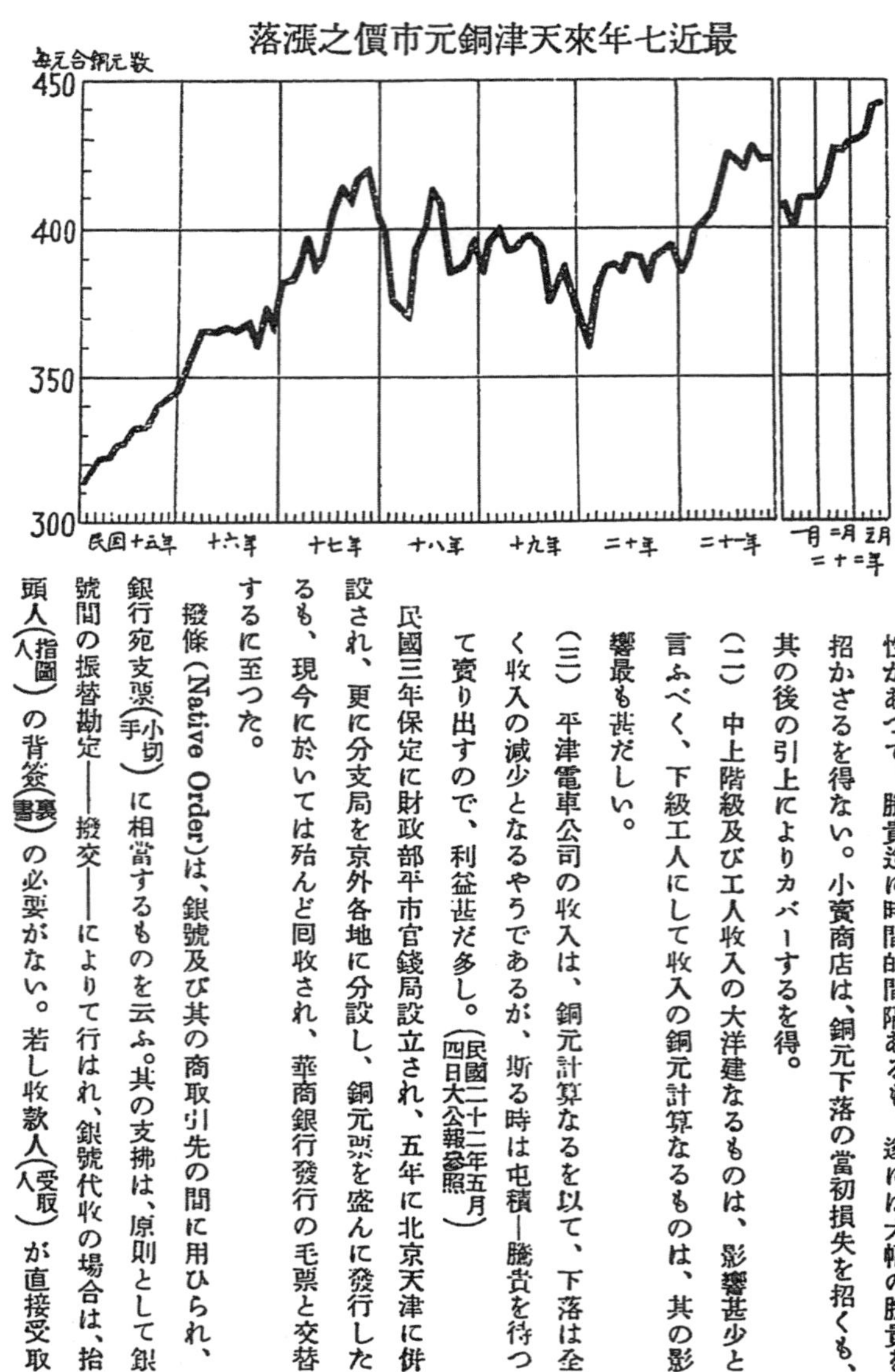

性があつて、騰貴迄に時間的間隔あるも、遂には大幅の騰貴を招かざるを得ない。小賣商店は、銅元下落の當初損失を招くも、其の後の引上によりカバーするを得。

(二) 中上階級及び工人收入の大洋建なるものは、影響甚少と言ふべく、下級工人にして收入の銅元計算なるものは、其の影響最も甚だしい。

(三) 平津電車公司の收入は、銅元計算なるを以て、下落は歪く收入の減少となるやうであるが、斯る時は屯積―騰貴を待つて賣り出すので、利益甚だ多し。(民國二十二年五月四日大公報參照)

民國三年保定に財政部平市官錢局設立され、五年に北京天津に併設され、更に分支局を京外各地に分設し、銅元票を盛んに發行したるも、現今に於いては殆んど回收され、華商銀行發行の毛票と交替するに至つた。

撥條(Native Order)は、銀號及び其の商取引先の間に用ひられ、銀行宛支票(小切手)に相當するものを云ふ。其の支拂は、原則として銀號間の振替勘定――撥交――によりて行はれ、銀號代收の場合は、抬頭人(指圖人)の背簽(裏書)の必要がない。若し收款人(受取人)が直接受取らんとするときは、相當の擔保を供し、出票人（振出人）の特別通知を要す。

撥碼（ Native Order）は、銀號間の帳尻の振替決濟用の出合票を云ふ。其の形式は極めて單簡にして、其の必要文字は、僅かに期日と銀額のみである。付款人（支拂人）の姓名は、之を省略し得べく、僅かに「見碼交」と書くも可である。若し其の付款人を指示せんとすれば、「某々照交」と書き、何家の撥碼なるやを明らかにす。銀額上に押捺する圖記は、多く緊要なる文字ではないが、「計數不符、登賬作廢」「往來計數、取現不符」等の如きものを用ひ、各銀號一定の様式と字語があつて、同業者に非れば辨別し得ないものである。

津埠に於ける番紙とは、銀錢號の外國銀行華賬房宛振出す支票を云ふ。番紙の特質は、（一）撥交によらず滿期日當日現金を受取り得、（二）外國銀行は銀號撥條を信用しないので、外銀筋への支拂には必ず番紙が用ひられると云ふことである。（『楊著中國金融論』二九六―二九七頁參照）

2　支那近代貨幣並びに信用

現今天津市場に流通を見る銀元は、大清銀幣・孫文紀念幣・袁世凱像新幣・船圖新貨幣等であるが、最も多く流通を見るは袁幣にして、孫文紀念幣之に次ぐ。而して船圖銀元は日尚ほ淺く、流通額極めて少きも、數年にして舊銀元と交替するであらう。之等銀元の市中流通額は、最近の華北農村より天津市場への銀の集中傾向著しきため、三千萬元に上ると云はれ、且つ銀行保有高も外銀筋支那側各三千萬元、合計約六千萬元に達すると稱せられる。（詳細は後節天津金融經濟の對內外關係參照）昨年四月の廢兩改元斷行を以て、行化は消滅し、洋厘は六、七四五八三錢に固定し、統一的近代貨幣の基礎を固めた。

銀角（小洋錢）の天津市場に流通するものは、袁世凱像の二角、一角、並びに天津造幣廠鑄造の二角、一角等であるが、其の流通額極めて少く、最近の銀角相場は、大洋一元に對し十三角を上下してゐる。

由來支那の發券制度は、分散發行制度にして、而も自由制度（外國銀行、地方錢莊商店等の發行）特許制度の（各華商近代銀行の發行）兩者が雜然と行はれてゐるので、中央銀行による集中發行制度への統一は、容易でない。天津市場に於いては、中國銀行、交通銀行發行の兌換券最も多く流通し、前者は千四百萬元、後者は一千萬元と稱せられ、中南銀行其の他の普通商業銀行發行高は、合計九百五十萬元と稱せられ、就中後者は僅少である。

中國銀行の發券は、民國元年以來の「中國銀行兌換券暫行章程」五條により、民國十七年十月二十六日公布「中國銀行條例」により國際匯兌銀行となるも、同條例第九條「中國銀行經財政部之特准、得發行券、但須遵照兌換券條例辦理」により行はれ、民國二十一年に於いて一億八千四百四十二萬六千九百三十七元の發行額を示す。從つて天津市場の流通額は、總發行額の約七・六％を占める。

交通銀行の發券は、光緒三十三年「交通銀行章程」第十七條、更に民國三年「交通銀行則例」第十三條に認められ、中央銀行設立後も、民國十七年十一月十六日公布「交通銀行條例」第七條「交通銀行經財政部之特准、得發行兌換券、但須遵照兌換券條例辦理」により行はれてゐる。民國二十一年發行總額は、九千四百五十萬九百二十五元にして、天津市場の流通額は、約一〇・六％を占める。

中南銀行は、民國十年創辦と同時に政府の核准を經て、發行の特權を得た。次いで民國十一年九月金城・鹽業・大陸の各銀行と共に代表會議を開き、聯合營業事務所の下に四行準備庫を設立し、中南銀行鈔票發行、準備及び兌換の一切を事務を辦理せしめるところの「四行準備庫規約」、竝びに「四行準備庫發行章程」を議定した。現中南銀行券の發行はそれによるものにして、二十二年七月十五日現在の發行額六、四九八、九〇〇元にして、現金準備九二・六

%保證準備七・四%である。

中央銀行は、民國十七年十月五日公布の「中央銀行條例」第五條第一項により認められ、其の發行は民國十七年十月十二日理事會通過の「中央銀行兌換券章程」による。中國交通其の他の銀行も、同章程により現金準備六割、保證準備四割にして十足準備とされる。天津市場に於いては。尙ほ銀元券の流通を見ず、僅かに銀角票（二角、一角の兩種）のみ河北省、邊業、中國農工の各銀行發行のものと共に流通してゐる。（朱彬元著「貨幣銀行學」附錄「中華幣制史」第二編現代貨幣參照）

支票とは、華商銀行預金者の現金引出に用ふる票據を云ひ、銀號間の撥條に對立する近代的信用貨幣である。

3　外　國　貨　幣

外國銀元は、已に支那銀元に驅逐され、現今は外國銀行券のみ流通を見る。

由來外國銀行の發券は、條約其の他の規約に基くものではなく、淸末以來天津上海等に紛々として外國銀行の設立を見ると同時に、租界内に自由に兌換券を發行した。當初支那政府は、何等の制限を加へ得ず放任したるも、其の流通極めて圓滑なるに及び、國家權利上の損失大なるを覺り挽救せんとしたが、及ばず、慣例によつて自由發行が續けられ以て今日に及ぶ。併し之等の外幣は、嘗て支那に普及せる銀元が廢退せると同樣の運命を以て、華商銀行紙幣に壓倒される傾向がある。

現今天津市場に於いては、香上・喳打・華北・花旗・正金・美豐の六行が發行し、其の流通高は極めて少く、三百七十餘萬元と云はれ、華商銀行の一割餘に過ぎない。

以上に於いて、天津市場に於ける現在通行の貨幣並びに信用の主要なるものに就いて概觀した。吾々は更に次項に於いて、銀行組織の現狀を見なければならない。

B　天津の銀行組織

吾々は已に天津金融組織の史的發展に於いて、換錢舗は票號に代置され、票號は百年の華々しい金融覇權を、遂に抛棄して、清末以降更に銀號と交替するに至つた段階過程を概觀した。

1　銀　號

現在天津錢業者を構成するものは、四幇に分たれる。一は山西幇である。山西票莊は清末以來衰退し、現に餘命を繋ぐものは、僅かに天通德、大德協、三晉源、大盛川の四家にして、取引範圍も縮少し、且つ地元銀號と新式銀行に壓倒され、已に强弩の末となつた。更に山西票號の一部は、匯兌莊に改組し、預金貸付と同時に山西向爲替を營むものに鴻記、晉豐、森德義、蚨榮等の如きものがあるが、往時の如き勢力を見ない。併し天津の對山西貿易關係は、緊密なるため、天津市場に於ける幇機構の有力に作用する限り、山西幇は山西向爲替竝びに在天津山西商人との取引關係を獨占し、其の勢力を維持するであろう。

二は南宮幇である。南宮幇商人とは、直隷大名道の一著名縣南宮及び其の附近の衡水、冀縣等の出身商人にして、由來創造と冒險の精神に富み、商才に長じ、小山西商人とも稱すべきものにして、平津商界に活躍してゐる。而して南宮幇銀號は、六七家に過ぎざれども、南宮幇商人の預金貸付爲替を獨占してゐるので、又隱然たる勢力を存す。

三は地元幇にして、民國以降山西票號の廢退の後を襲ふて興起した天津人經營の銀號である。往時は天津鹽商を顧客に有したるも、近代銀行興起後鹽商は多く彼等に奪はれた。併し普遍的に地元商人を對象とする預金貸付兌換を營み、又他方金票地金銀公債等の投機賣買を行ひ、其の數も七・八十家に達し、天津銀號の中堅をなす。

四は其の他の幇である。匯昌、永增合、源通厚、恒興、正陽、敦泰永等は、北京銀號の在天津分號にして、北京向爲替を獨占する。其の他河南（仁品銀號等）保定等の分號は、同方面の爲替を獨占し同帮商人を取引先とする。（廣畑茂著『支那貨幣史錢莊攷』二八七—三八九頁、曲殿元著『中國之金融與匯兌』一四七—一四九頁、『銀行月刊』第七卷第十號、曲殿元『天津金融市場之組織』等參照）

天津銀號間には往々靠家關係を預訂し、同業中運營に支障を來したるときは、直ちに應急の融資が行はれる（楊著『中國金融論』二九二頁）ものゝ如くであるが、それは恐らく又同一帮内を中心に構成されるものであろう。

銀號の資本は二、三萬元乃至十五萬元にして、組織は獨資と合資に分たれる。元來銀號の組織は、數人の合資よりなる所謂合夥組織を通例とするが、天津銀號中には獨資のかなり多數を占めると云ふことは注目に値す。

在天津著名銀號の字號、經理、組織、資本金、所在地、取引先、營業種目等を示せば、次の如し。

字號	經理	組織	資本金（元）	所在地	取引先	營業種目
余大亨	王鳳鳴	合資	二〇〇、〇〇〇	北門東	北門外各商店	預金、貸出、金銀賣買
洽源	房元理	合資	六〇、〇〇〇	竹竿巷	綿糸商	預金、貸出、代金取立
晉豐	朱嘉寛	合資	一二〇、〇〇〇	竹竿巷	在津山西人商店	山西省各縣向爲替、預金、貸出
利和	李熙和	獨資	五〇、〇〇〇	針市街	在津福建廣東砂糖商	預金、貸出
敦慶長	高增蔭	獨資	三〇、〇〇〇	北門東		短期預金、貸出、小口抵當貸
永昌	孫家瑞	獨資	五〇、〇〇〇	北門東		河北省各縣向爲替、預金、貸出
鴻記	曹如麟	獨資	一五〇、〇〇〇	北門內	山西人商店	山西省各縣向爲替、抵當貸、預金
德源	毛啟齊	合資	五〇、〇〇〇	竹竿巷	綿糸商	預金、貸出
中興	王英桂	合資	四〇、〇〇〇	竹竿巷	倉庫業者	預金、貸出
森源益	郭家善	獨資	二〇、〇〇〇	河北大街		預金、小口抵當貸
天興恒	沈治	合資	二〇、〇〇〇	河北大街		預金、小口抵當貸
永謙	杜銘勛	合資	六〇、〇〇〇	針市街	西頭穀物商	預金、爲替
義成裕	王廷棟	獨資	一五、〇〇〇	北門外	果實商	預金、貸出、爲替

天津金融經濟管見

永源	王松臣	合資	五〇、〇〇〇	針市街	倉庫業者砂糖商	預金、貸出
義勝	王錕	合資	八〇、〇〇〇	估衣街	皮革商	預金、貸出、內國公債地金銀賣買
和濟	王若銘	獨資	四〇、〇〇〇	竹竿巷		短期抵當貸出、公債其他有價證券賣買
敦昌	范毓秀	獨資	一五〇、〇〇〇	宮北大街		抵當貸出、公債地金銀金票賣買
同裕厚	張金藻	合資	六〇、〇〇〇	鍋店街		預金、貸出、公債賣買
宏康	唐振山	獨賀	一〇〇、〇〇〇	宮北大街		抵當貸出、爲替、地金銀、外國爲替、金票公債賣買
敦誠	王長齡	獨資	一〇〇、〇〇〇	佛界		抵當貸出、山東、河南、河北向爲替、地金銀、公債外國貨幣の賣買
誠明	楊煥章	獨資	二〇、〇〇〇	針市街	輸入綿布商	短期預金、貸出、貸出の周施
祐源	汪如濤	合資	二五、〇〇〇	針市街	輸入綿布商	同
中和	王大珍	合資	四〇、〇〇〇	北馬路	輸入綿布商果實商	預金、貸出、地金賣買
頤和	倪紹鏞	合資	八〇、〇〇〇	佛界	各洋行コンプラドー	當預、貸出、外國貨幣の賣買
永恒	孫雲軒	合資	七〇、〇〇〇	宮北大街		地金銀各國貨幣賣買、其の他の投機賣買
恩慶厚	趙恩和	獨資	三〇、〇〇〇	英界		預金、貸出、地金及公債賣買
永信	胡維善	獨資	二〇、〇〇〇	佛界	廣東人商店	預金、貸出、公債賣買
中寶	張恩榮	合資	六〇、〇〇〇	日界		外國貨幣、地金、公債賣買
聚豐永	崔春霖	獨資	五〇、〇〇〇	佛界		日紙幣、地金、公債買賣
寶生	張璞	獨資	八〇、〇〇〇	日界		日紙幣、地金、公債賣買
恩慶永	趙恩第	獨資	一五、〇〇〇	英界		預金、貸出
義恒	桑恩元	合資	二〇、〇〇〇	東新街	倉庫運送店	預金、貸出、運送等周旋
永濟	尙雲書	合資	七〇、〇〇〇	宮北大街		地金、公債其の他有價證券賣買
鑒華	何濟元	合資	五〇、〇〇〇	宮北大街		同
義生	齊寶鏞	合資	六〇、〇〇〇	佛界		日本紙幣、地金、公債其の他證券賣買
益興珍	徐恩銘	獨資	二〇、〇〇〇	東新街	運送店及荷主	預金、貸出

天津金融經濟管見

謙生	王永賑	獨資	五〇,〇〇〇	佛界		日本紙幣、地金、公債其の他證券賣買
和豐	劉恩德	合資	四〇,〇〇〇	佛界		同
裕津	沈夢蘭		一〇〇,〇〇〇	宮北大街		公債、地金銀賣買、預金、貸出
永增合	王甲三		五〇,〇〇〇	針市街	倉庫業者及荷主	預金、貸出、爲替
益善	顧鉼		四〇,〇〇〇	針市街	倉庫業者及荷主	預金、貸出、爲替
宏利	任殿卿		四〇,〇〇〇	竹竿巷	綿糸商	預金、貸出
天瑞	顧育華		三〇,〇〇〇	針市街	綿糸商	預金、貸出、內口公債賣買
寶大	穆傳璽		三〇,〇〇〇	佛界	各洋行コンプラダ	當預、貸出
詳發	張恩榮		一〇,〇〇〇	東站	旅館、運送店	預金、貸出
信源溢	陳雅亭		五〇,〇〇〇	日界		日本紙幣、地金、公債、其の他證券賣買
大康	洪子敬		六〇,〇〇〇	日界		同
永盛德	璽學瑞		二〇,〇〇〇	日界		日本紙幣、外國紙幣、公債賣買
寶隆	張殿斌		三〇,〇〇〇	宮南街		地金、公債其の他證券賣買
仁品	王子久		六〇,〇〇〇	佛界		河南出身商人、河南省向爲替

天津銀號は、他埠に見る如く銀業同業公會を組織し、其の事務所を鼓樓北大街に設置す。公會は同業利益を維持し、同業の積弊を剔除し、感情の融和、團結の鞏固を計り、同業の營業を發展せしめることを以て宗旨となす。入會銀號六十家に達し、市黨部の指導を受け、或は同業を維護し、或は電滙有價證券賣買の公會附設市場を經營し、或は爭執の調解を行ふ。現公會主席は余大亭銀號經理王鳳鳴氏にして、常務委員は張玉珍、朱嘉寬、沈夢蘭、公賓琛等の諸氏、執行委員は高增陸、毛文裕、曹如麟、趙恩第、盧文荃、王堃、顧育華、王士珍、桑春、尙雲書等の諸氏である。（楊著『中國金融論』二八九―二九一頁參照 The Chinese Economic Bulletin 1926 December 4376 Tientsin Native Banker's Guild）、其の章程は次の如し。

天津市錢業同業公會章程　民國十八年十二月重訂

第一章　總　則

第一條　本公會定名曰天津市錢業同業公會

第二條　本公會所設於舊城南鼓樓北大街

第三條　本公會以維持同業利益矯正同業弊害及聯絡感情固結團體俾經濟事業得以逐漸發展爲宗旨

第二章　職　務

第四條　本公會之職務如左

一　籌議本市金融流通同業交易安全並鞏固公共信用事項

二　會內附設公左局鑑定⽶商通用之銀色事項

三　會內附設市場議定申匯及銀元並各種有價證券之行市買賣事項

四　調解同業因商事行爲爭議事項

五　關於同業商爲有必要之請願得承轉建議於本市各法定機關及答復各機關之諮詢

第三章　職　員

第五條　本公會設執行委員十五人由全體會員代表用無記名法投票公選之設常務委員五人由執行委員互選並就常務委員中選任一人爲主席

第六條　主席常務委員均爲名譽職如因公外出得給車馬費

第七條　委員任期四年每二年改選一次

第八條　主席因故出缺時由執行委員就常委中補選之常委出缺於執委中補選之

第九條　本公會委員有關於商會法第二十二條所列各款情之一者應即解任

第十條　主席對內主持會務對外爲本公會代表

第十一條　本公會設祕書一人並書記會計交際各一人由主席與常委協商延聘任用之

第四章　會　議

第十二條　本公會以會員代表大會爲最高權、機關閉會時爲執行委員會

第十三條　會議分左列三種

一　常　會　每半年開會一次

二　臨時會　執委會認爲必要時或會員十分之一之請求召集之

三　常務會議　毎週一次

第十四條　會員代會大會須出席會員過半數並得出席者三分之二之同意方可決議

第十五條　各項會議主席有事不能出席得由常委公推一人爲主義如表決事項同數時由主席決定之

第五章　入　會

第十六條　凡欲入本會之同業家號須有會員二人以上之介紹寫具志願書及經理人署名蓋章經本會調査後由會員代表大會決定之

第十七條　入會會員如有變更登記之事須據實聲請執行委員更改之

第十八條　會員有犯左列情事者經會員代表大會決定由其出會

一　有不正當行爲者

二　喪失營業能力者

三　破壞公益者

四　不服從會章者

第十九條　請求退會者應具退會願書經本會審察後決定之

第七章　費　用

第二十條　本公會經費由全體會員擔任之計分入會費、常年費、特別費三種

第八章　附　則

第二十一條　本公會辦事細則另定之

第二十二條　本章程如有未盡事宜得隨時修改之

2　近代銀行

屡々言及せる如く、清末民初に於ける票號の衰頽後、それと交替して、一方に銀號の興起を見たると同時に、他方に進歩的分子は近代銀行として現はれた。

光緒末葉より戸部・交通兩特殊銀行並びに浙江興業・北洋保商等の普通商業銀行逐次設立を見たるも、民國第一次革命の紛亂に因る企業熱の衰頽と共に、一時中絕した。民國四、五年以降再び新華信託儲蓄・鹽業・中孚・金城・大生・

大陸・中國實業・上海商業儲蓄・東萊等の諸銀行の續設を見て年々其の數を增加し、民國十二年末當時は在天津本支店銀行四十行を算した。然るに其の後財界の不況、內亂の擴大等に累せられて倒產閉業續出し、加ふるに民國十七年首都の南京移轉以來、中國・交通等の主力銀行が本店を上海に移し、北京銀行界に一大打擊を與へると同時に、天津諸銀行も一層衰頽に傾き、中孚・中國實業は上海に本店を移し、天津本店銀行も營業の中心を上海に移すに至つた。

現今在天津有力銀行卽ち中國・交通・浙江興業・中孚・新華信託儲蓄・中國實業・中南・上海商業儲蓄・中國農工・中國墾業等の諸銀行は、凡て總行を上海に有し、總行を天津に有する有力銀行は鹽業・金城・大生・大陸・東萊等の數行に過ぎずして、其の拂込資本額も僅かに貳千參百四拾貳萬九千百拾五元である。

次に之等近代銀行は、北支財系を中南支財系の二系統に分たる。

中南支財系の最雄なるものは、浙江財系にして、中央・中國・交通・浙江興業・大陸の諸銀行は之に屬す。

中國銀行は、民國五年袁世凱の「中交兌換停止令」を發布したる當時、上海支店長宋漢章、副行長張公權等は、北京總行と斷然關係を脫離して兌換停止に反對し、未曾有の恐慌に善處し得て、中外の信用と同情を博し、上海支店の基礎を固めたるを契機とし、更に民國十七年國民政府の中央銀行創設と同時に、國際滙兌銀行に改組し、總行を上海に移し、最高幹部は悉く浙江人で固められ、愈々國民政府後盾の浙江直系となるに至つた。從つて現天津支店長卞白眉も、浙江財閥系の要人である。

交通銀行は、元來準國家銀行として中國銀行と併立し、連年の政變に災せられたるも、浙江系の錢永銘、盧學溥、盛竹書、胡孟嘉等の盡力により上海支店を中軸とする同行の基礎を固め、民國十七年國民政府の中央銀行創設と同時に、上海を以て總行となし、特許實業銀行に改組し、幹部も凡て浙江系又は浙江傍系にて固めた。天津支店長楊德森は江蘇呉縣人なるも、浙江系要人である。

浙江興業銀行は、浙興鐵路公司の機關銀行として創設された純浙江直系にして、民國三年總行を上海に移すと共に、本行の同鐵路公司持株は浙江財界有力者に肩代りとなり、浙江直系民營となるに至つた。同行の天津進出は、光緒三十三年である。

大陸銀行は、民國八年江蘇無錫人談荔孫竝びに南京豪商萬弼等が、浙江財系の後盾を得て設立したるものにして、浙江系の天津に總行を有する唯一のものたることは注目に値す。

中央銀行は、國民政府經營の國家銀行なれども、其の實質は浙江系である。天津分行は、民國十八年七月一日の開幕にして、日尚ほ淺く一般の信用を得ず、天津に於いては無力である。

之等の浙江直系銀行の民國二十一年に於ける資產勘定合計は、拾五億六千貮百四拾八萬五千參百六拾八元にして、其の巨大な資力を背景にして、天津近代諸銀行を牛耳つてゐることは事實である。

更に準浙江系と見るべきものに、勸業銀行、中國墾業銀行、中國農工銀行がある。勸業銀行は、拂込資本二、三九一、一七五元の小銀行なれども、山東出身政治家が寧波系と結んで設立したるものである。中國墾業銀行は、民國十六年以來浙江財閥の主腦秦潤卿が引受改組したるものにして、民國二十一年資產勘定は二八、四二四、四八五元である。中國農工銀行は、民國七年財政部が福建人王大貞をして大宛農工銀行を設立せしめ、九年農工放款を中心とする商辦農工銀行に改組したるものにして、幹部には金城・大陸等の重役が入り込み、民國二十一年の資產勘定は、三〇、三二〇、四一七元である。

次は江蘇財系にして、上海商業儲蓄・鹽業・金城等の諸銀行は之に屬す。

上海銀行は、民國四年陳光甫、荘得之、張公權、李馥蓀等の發起にて設立され、常州無錫等の米麥の擔保貸付の儲けより端を發し、江蘇財界を背景に膨脹したるものである。

鹽業銀行は、袁世凱が民國三年鹽稅收支を代理せしむる目的を以て發企し、腹臣張鎭芳をして創設せしめたるものにして、民國五年袁の失脚と共に、吳達銓代つて總理となり、更に現總理も江蘇人吳鼎昌にして、大株主は江蘇財系鹽商である。

金城銀行は、民國六年の創設に係り、特殊銀行の如き政治的關係なく、商業金融儲蓄倉庫に專念し、一般に信用大にして、總理は浙江傍系の江蘇人にして、平津金融界の巨頭周作民である。

之等三江蘇系銀行資產勘定合計は、民國二十一年に於いて三億七千六百八十五萬一千九百〇二元に達し、而も金城鹽業の二行は天津に總行を置くを以て、天津市場に於ける江蘇系の勢力は大である。

次は廣東系にして新華信託儲蓄・香港國民商業儲蓄は之に屬す。新華信託儲蓄銀行は、民國三年中・交兩行の出資により設立されたる貯蓄銀行なりしも、民國七年章程の修正と共に五百萬元に增資し、官株を回收し、廣東財系の商株のみとなり、現董事長馮耿光は廣東番禺人である。民國二十一年資產勘定合計は一四、九二五、六一七元に達す。香港國民商業儲蓄銀行も、廣東財系の商業銀行にして、民國十八年資產勘定合計は一三、三三五、四二六元である。

中南銀行は福建財系に屬す。民國十年の創設に係り、最大株主は厦門出身華僑成功者黃奕住で、次は現總理江蘇江都人胡筆江である。民國二十一年資產勘定は、一〇六、三二五、九一六元に達す。

次に中孚銀行は安徽系に屬す。同行は通惠實業公司總裁孫多森の發起せるものにして、商業金融と共に信託儲蓄を兼ね、現總理は孫多森の實弟孫多鈺にして、安徽壽縣人である。民國二十一年資產勘定は、一八、七四九、七七八元に達す。

大中銀行は、四川財系に屬し、民國八年資本百萬元を以て創設され、十年に四百萬元に增資し、政府借款に應じ十一年休業したるも後に復活した。

之等中南支財系諸銀行は、更に浙江財閥の傘下に直接間接內包されてゐることは、注目に値す。卽ち中南・金城・鹽業・大陸の四銀行は、各自貳拾五萬元出資して四行聯合儲蓄會（民國二十一年資產勘定八一、四七九、〇五七元）及び四行準備庫（民國二十一年發行高三三、三〇四、八五七元）を共同經營し、更に相互融資を行ひ、重要投資は共同動作をとり、所謂龔家關係を結ぶ。然るに四行は浙江系錢永銘を準備庫主任となし、且つ彼等主腦者の個人的關係により、浙江財閥と連絡提携する。更に中孚銀行・上海商業儲蓄は共に浙江興業と龔家關係を結んで浙江財閥と手を握り、其の他廣東系と云ふも、其の幹部中には浙江人が入り込み、浙江財閥と協調し、其の傍系たる觀がある。斯く見れば、中南支財系即浙江財系にして、其の典型的なるは上海なれども、同樣の關係は天津迄北上し、在津近代銀行は、大半浙江財閥の支配裡にある。

北支財系は、前者に比し餘りにも貧弱である。先づ中國實業・東萊は山東系に屬す。

中國實業は、民國八年李士偉周學熙等の創辦せしものにして、大株主は山東を主とする河北、河南、浙江の鹽商にして、民國廿一年の資產勘定は九一、九七九、八九二元に達す。東萊銀行は、民國七年山東掖縣人劉子山が青島に創辦せしものにして、民國十二年營業を擴充し、三百萬元に增資し、上海天津等に分行を設け、十五年總行を天津に移したものである。民國二十一年の資產勘定は、一六、六〇八、一九七元に達す。

山西系の山西省銀行は、閻錫山の政治的地位の向上により、民國八年從來の山西官錢局を擴大し、省銀行に改組したるものにして、十六年山西勢力の京津進出と共に、京津に分行を設けた。其の拂込資本は、僅かに百七拾六萬元である。

其の外河北財系と見るべきものに、北洋保商・農商・裕津・華新等の小銀行あれども、何れも微力である。

從つて吾々は、玆に銀號は天津財系の支配するところなるも、近代銀行は完全に浙江財系に牛耳られてゐることを認めざるを得ない。

天津華商銀行は、又錢業同業公會と同樣の宗旨を以て、民國七年二月以來天津銀行公會を組織し、在津有力銀行十八行之に加入し、市黨部の指導を受け、同業を統制し其の發展を企圖してゐるも、其の主席執行委員は中行經理卞白眉にして、其の他の執行委員も交通・中南・金城・大陸・鹽業・浙江興業等の浙江系の經理が占め、彼等の指導地位に立つは、更に注目に値す。

現銀行公會章程を示せば次の如し。

天津市銀行業同業公會章程

第一條　本公會定名爲天津市銀行業同業公會

第二條　本公會辦理銀行公共事項以聯絡同業感情維持公共利益促進銀行業之發達矯正營業上之弊害爲宗旨

第三條　本公會會所暫設英租界達文波路一五三號

第四條　凡在天津市營業之本國各銀行或中外合資之銀行依照中華民國法令註册設立者均得加入本公會

前項所稱中外合資之銀行加入本會時應依照部頒中外合資之公司商店加入商會辦法辦理

第五條　凡加入本公會之銀行須有會員二員以上之介紹並須將該行最近一年間營業報告書及入會願書送交本公會存查入會願書內應詳記左列各項並由介紹之會員及入會之銀行署名蓋章

一　銀行名稱

二　資本總數

三　已收資本數目

四　註册及成立年月日
五　總分行之所在地
六　董事及監察人之姓名
七　津行經理姓名
第六條　凡加入本公會之銀行即爲本公會會員每行得推擧代表一人至二人以經理人或主體人爲限其最近一年間平均使用人數每超過十人時應推
代表一人由各該行之店員互推之但至多不得逾三人
第七條　凡有左列情事之一者不得在本公會爲會員代表
一　非中華民國國籍者
二　有反革命行爲者
三　褫奪公權尚未復權者
四　受破産宣告尚未撤消者
五　無行爲能力者
第八條　會員有左列情事之一者即喪失其爲會員之資格
一　請求退會
二　受破産宣告
三　與他銀行公司合併或遷移他埠或自行解散
四　被本公會削除會籍
第九條　會員請求退會者應具退會函書
第十條　會員有左列情事之一者由本公會開會員大會公決削除其會籍
一　有不正當行爲妨害本公會名譽者
二　爲銀行業不應爲之業務經本公會勸告無效者
三　喪失營業之效力者
四　不遵守本公會章程者
第十一條　本公會由會員大會用無記名連擧法就會員、代表中選擧執行委員十五人、候補委員五人由執行委員、互選常務委員五人並就常務委員

中選任一人爲主席委員

第十二條　執行委員缺額時由候補委員依次遞補其任期以補足前任任期爲限補委員在未遞補前不得列席會議

第十三條　本會執行委員均任期四年每二年改選半數不得連任第一次改選時以抽籤法行之但委員人數爲奇數時其留任之人數得較改選者多一人

第十四條　主席委員主持本公會一切事務對外爲本公會之代表

第十五條　本公會酌設辦事員辦理文牘會計庶務等事由主席委員聘用

第十六條　本公會會議分左列三種

一　會員大會　由全體會員代表組織之

二　執行委員會議　由執行委員組織之

三　常務委員會議　由常務委員組織之

第十七條　會員大會分左列二種均由執行委員會召集之

一　常　會　於每年一七兩月舉行

二　臨時會　由執行委員會之議決或會員十分之一以上之請求由執行委員會召集之但須呈天津市黨部及社會局備案

第十八條　執行委員會會議分左列二種均由常務委員會召集之

一　常　會　每月舉行二次

二　臨時會　常務委員會認爲必要或有執行委員過半數之請求時召集之

第十九條　常務委員會每星期舉行一次由主席委員召集之

第二十條　常務委員會與執行委員會開會時均以主席委員爲主席會員大會由常務委員組織主席團輪流主席

第二十一條　會員大會之決議以會員代表過半數之出席出席代表過半數之同意行之出席代表不滿過半數者得行假決議將其結果通告各代表於一星期後二星期內重行召集會員大會以出席代表過半數之同意對假決議行其決議

第二十二條　左列各款事項之決議以會員代表三分二以上之出席出席代表三分二以上之同意行之出席代表逾過半數而不滿三分二者得以出席代表三分二以上之同意行假決議將其結果通告各代表於一星期後二星期議

一　變更章程

二　會員或會員代表之除名

三　職員之退職
四　清算人之選任及關於清算事項之決議
第二十三條　會員大會每一代表有一表決權
第二十四條　會員提出議案須有二員以上之連署
第二十五條　會員大會已經議決之事項未出席之會員不得有異議
第二十六條　會員大會議決事項須記載於議錄由主席委員字存於公會並錄送各會員
第二十七條　執行委員會應另有議事錄記載左列各項
一　所議事件
二　會議結果
三　列席執行委員署名
第二十八條　本公會經費由會員擔任
第二十九條　本公會會員應出之經費規定如左
一　入會費每行銀元一千元入會時交
二　常年費照預算案公議分擔每月十日交
三　特別費由會員大會臨時議定之
以上各項會費會員出會時概不退還
第三十條　執行委員會應編製上年決算及本年預算提交會員大會通過並呈報天津市黨部及社會局備案
第三十一條　本公會會計事務除由會計員秉承主席委員辦理外並由執行委員按月輪流稽核一切帳目
第三十二條　本公會辦事細則由執行委員會訂定之
第三十三條　本章程呈請、天津市黨部核准並呈報社會局轉報、市政府核轉、實業部備案後施行之
第三十四條　本公會章程如有未盡事宜應遵照本章程第二十二條 規定之手續修改通過並呈報、天津市黨部及社會局轉報、市政府核轉、實業部備案

（次號完）

天津金融經濟管見（續）

山上金男

目次

一　緒論—華北經濟圏の構成と天津の地位
二　天津金融組織の構成關係
1　天津金融組織の史的發展
2　天津金融組織の現狀　（以上一部前號發表）
三　天津金融經濟の解剖と展望
1　三派鼎立と其の分業體系
2　天津金融經濟の對內外關係
四　平津財閥と浙江財閥の資力の一考察

2　天津金融組織の現狀

3　外國銀行

一八六〇年天津の開港を見、それに契機する華北土産と資本主義商品の交換過程の反復の故に、僅かに三十年を經過して外國銀行支店の進出を見た。卽ち一八九〇年匯豐、德華の兩支店、續いて一八九六年に麥加利銀行、一八九八年に正金、東方滙理の兩行、一九〇六年に華比銀行、更に續いて花旗、華義・大通・中法工商・美豐・運通等の諸外銀支店の開設を見、恰も時を同じくして北京に於いて之等外銀支店の對支借款、利權獲得を中心とする政治的投資進出を見たると對蹠的に、之等の天津支店は商業爲替金融を中心に、その活躍を展開するに至つた。

現今在津外國銀行は、十五行に達し、日本資本系の正金・朝鮮・正隆・天津の四行、英國資本系の匯豐・麥加利、米國資本系の美豐・大通・花旗・運通の四行、佛資本系の東方匯理・中法工商の二行、白の華比、獨の德華、伊の華義銀行等はそれである。

英國資本系の滙豐銀行（Hongkong and Shanghai Banking Corporation）は、一八六五年 Sir Thomas Sutherland の發起により非法人組織として設立され、其の目的は英國資本主義の東漸、即ち印度就中孟買を中心とする英國活動が更に東進し、一八四三年香港割讓と共に、同地を中心とする對支活動の帮助にあつた、而して翌年香港政廳令第二號（Special Ordinance of the Legislative Council of Hongkong）によりて法人に變更し、資本金を五百萬香港弗と定めた。其の出資內容は、開設當時國際的合辦の方法により、英商怡和洋行、仁記洋行等を初め香港在住の英國商人、竝びに獨乙の Siemssen 米國の Russeland Co. 數人の波斯商人等の後援を得、更に一部分は倫敦・華商方面より招募せるものなりしが、漸次華商株は英人に讓られ、加ふるに各國の爭權奪利による分裂を招來し、獨の脫退を見ると同時に、全權は英人の手に落ちた。而して支店網は、漸次北支那各地にも擴延し、それの天津進出は、一八九〇年である。同行北京支店が淸末以降京漢興辦實業借款・英德洋款・續英德洋款等の諸借款を先鋒として活動したるに對し、天津支店は在津英商の對上海、本國、其の他の貿易活動を帮助した。——英商の後盾たるべく上海支店を中心とする同行の磅爲替の無限の供給、支那外國爲替金融の操縱活動と步調を合して。それの華商銀行、銀號、其の他の外銀に君臨し得たことは、巨大な同行の自己資本と外來資本の然らしめるところである。——久しく關稅鹽稅の出入保管による豐富なる銀資本を擁し、更に二千萬元の拂込に加へて、六千四百萬元の金銀準備を動かしてゐる。

麥加利銀行(Chartered Bank of India, Australia and China)は、一九五三年英國國王の特許狀(Royal Charter)により、八十萬磅の資本にて本店を倫敦に設け、印度濠洲支那方面に活躍する英商を對象とする存放款滙兌等の商業貿易金融を中心に發展した。同行の上海進出は一八五七年にして、天津進出は一八九六年である。今世紀に於ける同行の取引高竝びに取引範圍の膨脹は、實に素晴らしいもので、一九〇〇年の總資産千四百六十萬磅より一九一三年には二千七百二十萬磅に增加し、更に大戰中竝びに其の直後歐洲の東洋物産に對する巨大なる需要と、銀價騰貴に基く東洋諸國の購買力の增加の故に、對東洋貿易膨脹の潮流に掉して、一九二〇年末の總資産は七千百萬磅に增大した。續いて銀價下落、西歐の東洋物産需要の減退により、貿易萎縮の影響を受け、九百萬磅以上の資産の收縮を見た。其の後の業態も下向傾向を辿ると雖も、尙ほ全額拂込資本三百萬磅とそれを凌駕する四百萬磅の積立金を擁し、滙豐銀行と倂立して上海を中心に、英商の貿易活動と結び付くも、同様の關係は天津に於いても見出し得る。

米國資本系の花旗銀行(The National City Bank of New York)の前身は International Banking Corporation である。同行は米國の比律賓領有と共に、朝野を通じ對東洋貿易振興の輿論喚起され、其の進出の先鋒となすべく、一九〇一年ロックフェラー財系の The National City Bank of New York 其の他の後援の下に、拂込資本五十萬弗を以てコネクチカット洲法により設立されたものである。同行一家にて米國の對支輸出の石油、洋布等の期日拂爲替、割引、等を獨占し、更に不動産金融證券金融信託等をも兼營する。それは米國の對支貿易發展の波に乘つて、漸次增資支店の擴張を見、專ら活動の中心を支那におき、一九二四年には Asia Banking Corporation を倂呑し、更に支那貿易金融を牛耳る英國銀行と競爭せんと企圖し、一九二七年にはロックフェラー財系の同行最大株主 The National City Bank of New York に合併され、其の資本金全額拂込にて壹億壹千萬弗に達し、其の膨大な資本的背景の見るべきものがある。

大通銀行(Equitable Eastern Bankisg Corporation)は、一九二〇年ロックフェラー財系の Equitable Trust を

中心に Prentice Oldrich, Standard Oil Co., The Citirens National Bank of Los-Angels, Mercantile Trust Co. of San Franci Francisco, Northwestern National Bank, Portland, Abo Stein & Co. Inc., New York等の共同出資にて紐育州法により、花旗銀行と併立して米國の對極東貿易發展の先鋒となすため、設立されたるものにして、其の拂込資本貳百萬弗に達す。

美國運通銀行（American Express Co., Inc.）は花旗銀行を背景とする。由來 American Express system は金融、海運、觀光の三部門に分れ、單純なる commercial bank にはあらずして、所謂 mixed banking system に屬するものである。其の資本金全額拂込にて六百萬米弗、本店を紐育におき、約八萬の支店、副代理店を世界主要商業、觀光地に分散せしめ、約一萬の銀行、海運のコルレス先を約し、それが極東に於ける活動の中心は、横濱・香港・上海・北平・天津であると云ふ。然るに一九二九年四月同行はナショナル・シティに併合され、玆に於いて在津米系の前出三行は、何れもロックフェラーの資本系統に屬するに至つた。

米系に今一の小銀行がある。即ち美豐銀行（American Oriental Banking Corporation は福州の美東銀行、上海の統一銀公司と共に、紐育に本據を有する普益銀公司（Raven Trust Co., Fed. Inc. U. S. A.）を後盾となすものにして、コネクチカット州法により設立され、本店を上海に有し、上海・天津の米人を對象とする一般銀行業務竝びに貯蓄銀行業務を營む。其の拂込資本僅かに參百四拾九萬七千七百六拾五元に過ぎない。

佛資本系の東方滙理銀行（Banque De L'Indo-Chine）は、佛國の佛領印度支那經營を目的として、一八七五年在佛本國の有力大銀行の聯合組織にて設立されたものである。當初本店を巴里に、總支店を東京に、一般支店を西貢・盤谷・新嘉坡・海防・河内等に設置し安南・シャム・マレー半島方面に活躍した。然るに一八九八年以降、佛國の對支貿易借款進出を企圖すると共に、漸次北方に支店を擴延し、香港・上海・廣東・漢口・天津に其の勢力を延ばしたが、其の業務は依然安南・香港・上海等の南方を活動中心となし、天津市場の勢力は微弱である。其の資本一億二千萬法、總資産二十七億五千八百七萬五千百二十七法に達す。

今一の佛系、中法工商銀行（Banque Franco-Chinoise Pour Le Commerce et L'Industrie）は、中法實業銀行を改組したるものである。辛亥革命以後、支那政府は六國銀行團に善後借款を提議して尙ほ容易に纒らないとき、東方匯理銀行は中佛兩國聯合して實業提唱を看板に一銀行を設立し、之により外資を輸入し、支那財政の困難を救濟せんことを主張した。熊秉三氏も其の提議を支持し、一九一五年一億五千萬法（約三分の二佛、三分の一支但し一少部分廬公司の英資混入）の資本にて設立を見たのが、中法實業銀行である。本店を巴里に、支店を上海・漢口・北京・天津・其他に設置し、就中北京支店は其の先鋒となつて膨大な投資に活躍した。實に東方匯理の佛領印度支那を中心となすに對し、其の別働體として中法實業は、支那本土に喰入らんとしたものである。然るに一九二一年七月本店缺損のため破綻を來し、營業を停止し恐慌を惹起したるも、外國銀行界は漠として顧みなかつた。そこで北京・上海方面の華商銀行は、二百九萬餘元を融資して同行鈔票の代理兌換を引受け、小民の累を免れしめた。次で一九一五年七月改組、中法工商銀行となし、華商銀行代兌の鈔票を回收し、凡ゆる存款匯款は五厘美金債票を以て支那人に與へ復興した。一九三一年の拂込資本五千萬法、資産勘定八億六百六萬一千七百四十四法に達す。

白資本系の華比銀行（Banque Belge Pour L'Etranger）は、一九〇二年合資會社組織の如く僅かに二十七人の株主が百萬法の資本を引受け、本店をブラッセルに、支店を北京・天津・上海におき開業せるものである。爾來白の對支投資機關銀行として活躍し、更に東洋爲替市場にも重きをなし、一九三一年の資産勘定は四十八億九千七百二十五萬六百三十六法に達す。

獨系の德華銀行（Deutsche-Asiatische Bank）は、獨乙が一八八九年 Discont-Gessellschaft, Deutshe Bank, Darmstadter und National Bank, Reichsbank 其の他の出資を求め、並びに之等諸銀行の支配機能の下に設立せるものにして、本店を伯林に、支店を極東各地に配す。當初獨乙の傳統的 mixed Banking system の經營心理に累せられて敏活を缺ぎたるも、山東經營を契機とする在支勢力の膨脹と共に、或は對支貿易の機關銀行、或は五國銀行團の一として活躍し、往時は滙豐の勢力を凌駕せんとした。然るに歐戰勃發支那參戰と共に、支那の沒收するところとなり停業淸算を見たるも、歐戰終結後獨乙は極東商權回復の目的を以て、民國十三年支那銀行條例により支那政府の認可を得て復業し、本店を上海に移した。其の一九三一年に於ける拂込資本四百六拾萬銀兩、總資產勘定貳千七百九萬貳千九百拾參兩に達す。

伊系の華義銀行（The Italian Bank for China）は、一九二〇年伊支合辦組織にて公稱資本金支那側四百八拾萬元（拂込百貳拾萬元）伊側千六百萬リラ（拂込四百八拾萬リラ）を以て天津に設立され、一般銀行業務借款に活躍した。然るに民國十二年末、支那側株主脫退したるため、伊側之を引受回收し、其の最大株主は Credits Italians となす。その一九三一年に於ける拂込資本百萬米弗、總資產勘定四百七拾壹萬五千四百八拾參米弗に達す、（David Arakie, Far Eastern Investor's Year Book p1-p9 永嘉徐寄廎編、「最近上海金融史」上册第六、七節參照）

之等外國銀行の在津支店は、爲替金融を中心に活動し、其の共同利益の發展のため「天津外國爲替銀行組合」（Tientsin Foreign Exchange Banking Corporation）を組織し、それに加盟せるものは滙豐・麥加利・花旗・正金・東方滙理・華比・華義・德義・美國運通・中法工商・朝鮮・大通の十二行に達し、就中滙豐・正金は其の指導地位に立つ。

以上に於いて、吾々は天津に於ける銀行組織――銀號、華商近代銀行、外國銀行の三派鼎立關係を構成する各機關に就き、其の現狀機構を概觀した。されば次にそれ等の活動機能の體系――三派鼎立關係に於けるそれ等の分業體系を檢討しなければならぬ。

三　天津金融經濟の解剖と展望

1　三派鼎立と其の分業體系

天津が地理的に華北經濟圏の中心點に位置し、且つ帝都に隣接したことは、それが華北主要商業都市としての古き歷史を有するに至る契機となり、更に一八六〇年の開港以來、外國商品と華北土産との交換てふ必然的關係よりして新式交通路の基點となるに及び、北方商埠としての一大飛躍を見たことは、已に述べたる如くである。由來鴉片戰爭後の海港の發展は、漢口・青島・上海・廣東等皆然りである。陶希聖は曰く、前人は嘗て「條々大路通北京」と云つたが、吾々は今や「條々大路到海邊」と云ひ得る。……斯くて現在の經濟組織は「海口中心的經濟組織」であり、且つ「都市と農村の對立的經濟組織」であると。（「中國經濟」第二卷第一期陶希聖「中國經濟發達的一個趨勢」）

その古き商業高利貸資本竝びにそれの利潤の蓄積膨脹と、その一部の貨幣取引資本への轉化、山西・南宮其の他よりの商業高利貸資本竝びにそれより轉化したる貨幣取引資本の移轉と、北平官吏の蓄財よりの商業高利貸資本或は貨幣取引資本への轉化、更に淸末以降の南方の近代銀行資本の侵入竝びに開港後の外國金融資本の進出等々は、巨大な華北經濟圏を支配し得るに足る素晴しい商業高利貸資本竝びに貨幣取引資本の集積となつた。吾々は、それを、偉大な山西會館に具現されたる山西商人、或は山西票號に見、南宮帮に見、天津商人或は天津銀號に、或は租界に展開する華麗な華商近代銀行竝びに威壓的な外國銀行等の繪卷物に於いて見る。天津銀號形態の史的背景は、已に見たる如くであるが、玆に又その資本的背景を容易に理解し得る筈である。淸末民初以來の南方より侵入せる近代銀行資本と、その運營能力は似て非なる近代銀行に具現された。卽ち彼等の擁する銀行資本は、資本主義的企業と結びつく機會を得なかつたから。更に一八六〇年以來の外國銀行は、各國資本主義の餘剩價値實現範圍の擴大傾向の必然的要求に伴ひ、土產と資本主義商品の交換機構の運營を可能ならしめるための短期商業金融活動形態にある金融資本を實體となすものである。而して天津金融界に於ける三派鼎立關係を構成するものは、山西河北の地主資本・宣吏資本・商人資本を源泉とする商業高利貸資本の小賣機關形態にある貨幣取引資本――銀號の活動と、又南方の同樣の資本源泉を有するが、然し一面に近代的產業とは沒交涉に只管慢性的財政窮乏症に陷れる政府に結びつくが、他面に多くは銀號當舖への商業高利貸資本の大口卸賣機關としての形ばかりの近代銀行資本――華商近代銀行の割込と、更に華北封建的生產樣式によりて產出された民族土產と資本主義的商品との交換機構の金融媒介機關――直接的には貿易金融の操縱、間接的には華商銀行銀號への貸付により――としての外銀活動の三因素に他ならない。その鼎立關係は、又それ等三因素の分業體制を維持することにより、一の均衡を保つてゐることを認めねばならない。玆で吾々は天津金融經濟の解剖に於いて、これ等三因素の分業體制を根本的に分析しなければならない

A　銀號の機能

天津銀號の本質は、山西・河南・河北一帶の地主官吏若くは前官吏資本竝びに商人資本を源泉とする商業高利貸資本の小賣機能を生命とする非近代的貨幣取引資本である。彼等は小賣機關の故に、獨資或は合資により數萬乃至二、

三十萬元の弱少資本を以て、直接下層に展開する細商民と結びつき、それ等を取引の對象とする。

業態による天津銀號の派別卽ち東街派、西街派、租界派の區別は、有名である。

宏康・永濟・永恒・泰豐恒・天源・元泰・鑒華・敦昌等の銀號は東街派に屬し、天津舊城の東に集結する。それ等は標金、金塊、日金、日票、公債、電匯、更に往時は俄票、牛鈔、奉票の賣買を中心に活動し、「作架子」卽ち存款放款は附帶業務となし、大部分は投機取引に從事する。それ等は外國銀行並びに華商銀行と一般商民との中間に介在し、小刻みに資本を投下して、投機の對象を賣買し、集積されて甫めてめだつ利潤を獲得する。然し近來投機賣買の危險より、その營業穩健に傾き、業態の改趣を來しつゝありと云ふ。

銀號の典型的業態は、西街派に於いて見られ、天津舊城の西に集結す。中裕・瑞生祥・益豐・義勝・治源・晋豐・復源・和濟・泰和・和豐・誠明・謙生・裕源・永謙・永源・天瑞・中興・利和等は之に屬し、その營業の十中八九は「作架子」卽ち存放款及び期票の割引である。從つて西街派は、天津商界と最も密接に結びつき、彼等こそ典型的の商業商利貸資本の小資機關である。然しその取引對象となる下層商民との結びつきには、自ら勢力分野があることは、天津銀號の幇機構により若干了解し得る筈である。

租界派とは、天津各租界及び特別區一帶に散布し、永盛・敦誠・義生・順和・寶生・中實・恩惠厚・聚豐永・倂源溢・永信・蚨榮・餘大亨・恩慶永等は之に屬す。その營業範圍は、東街西街を合體したるものであるが、特色とするところは、租界內の洋行並びに華商と結びつき、直接輸出入貿易幇助に偏重すると云ふことである。

之等の派別は、地域的分割と業態のそれとが好都合にも一致する興味ある區分である。往時は東街西街の二派のみに劃分された。然し華街に於いての營業は、軍閥の苛斂誅求絕え間なく、且つ連年の內戰の度每に、敗殘兵の掠奪等頻出し、危險この上もないので東西兩街錢業者は漸次日佛租界に移轉し、遂に租界派なるものが生じたのである。從つて往時の東西街のみの劃分は、漸次不明瞭となり、殊に民國十九年營業税の增税以來、その傾向更に甚だしく、天津市場そのものの中心が河北より佛日租界に移轉すると共に、兩街の區分は益々歷史上の紀に過ぎざるに至つた。蓋し華商市場の中心も、又安危を特に銳敏に感ずる銀號資本も、華街より租界に移轉したとて、何等怪しむ必要はない。彼等は何時治安の紊亂するとも知れぬ危險な華街より、それに隣接する信託倉庫的安全地帶を慕ふから。（廣畑茂著「支那貨幣史錢莊攷」二三八九頁、「銀行月刊」第七卷第十號曲殿元「天津金融市場之組織」、「楊著中國金融論」二七七頁等參照）

之等銀號の下層商民との結びつきは、如何なる關係に於いて行はれるか？それは先に觸れた如く、幇の分派によりて勢力分野が分割される。凡そ南宮幇銀號は南宮幇商人を、山西幇銀號は山西商人を取引の對象とする。所謂客幇の構成（根岸佶著「支那ギルドの研究」七十五頁參照）はそれである。從つて商民は、存款も放款も爲替も同幇の銀號の門を叩く。例へば土産を天津に運來した山西商人は、山西幇問屋に販貨を委託し、又彼等の手を經て商品を仕入れ、資金の融通も送金も、山西銀號に依頼する。更に曲殿元は、南宮幇銀號と南京商人との關係に就き說いて曰く「南宮は直隸大名道の一有名なる縣の名で、該縣人の特性は、最も商人に適し、且つ創造と冒險の精神に富み、天津北京の商業界には、南宮及び其の附近（衡水・冀縣）の者が多く活躍してゐる。故に商業界には、特殊の勢力がある……南宮及び直南一帶の商人は、鄉黨交誼の關係により、貯金及び爲替事務は多く南宮幇に托して取扱はせてゐる。南宮幇は、同鄉商人の信用及び資產の狀況に對して、比較的明瞭であるから、大膽に經營する。それで往昔土着獨占の金融市場が、忽ち南宮幇に奪取されて來たのである。土着幇は極力競爭に努めるけれども、土地の關係にて結局如何とも出來ない。……」と。又地元幇に就き楊氏は云ふ「地元幇は、本埠存放款を以て主となす。由來本鄉に創業せるにより、地元の情形を知悉し、且つ地元商人と最も親誼多く、從つて地元の存款を吸收し、放款を經營するには、極めて容易であるから。（「銀行月刊」第七卷第十號曲殿元「天津金融市場之組織」、「楊著中國金融論」二七七頁參照）

天津銀號の吸收する長期預金は、多くは天津土着の富人或は支配人の親友等よりの預金である。之を票存と云ふ。從つて社會各層より普遍的に受信し、大規模に與信する近代的銀行とは甚だ趣を異にするものである。その貸付は、又同帮商人に對する信用貸付を原則とする。銀號古老の估計によれば、信用貸付七割、保證貸付三割となしたるも、漸次保證貸付抵當貸付への轉化の傾向あるは注目に値す。此の傾向は、已に上海に於いても之を見、上海錢業公會の主席秦潤卿の經營する福源莊が從來の信用貸主義を廢し、工場貸付、信託、爲替貯蓄、代理業務、保管業務と共に、擔保貸付を始め、寅泰莊も同慶莊も之に倣つた。（「東亞經濟研究」十七卷三號米澤秀夫氏「支那新式銀行の發展と其の特質」）內滙は上海・北平・包頭・張家口營口・奉天・大連等向なれども、上海爲替最も多く、就中上海電滙は毎日五、六拾萬元に達し、內滙上最も重要である。錢業界の外滙と云ふも、實は日滙一種である、大阪より綿絲布、神戸より海產物の輸入あるを以て、それ等爲替を取扱ふものは、大阪・神戸に外莊を設ける。更に日本金票の賣買を行ふ。卽ち天津商界と吾が國との貿易關係は、緊密なるにより、天津市場に於ける金票の需要旺盛であり――天津市場に於ける金券在高は約拾萬圓と稱せられる――從つてそれ等の投機の對象となる。

天津に於ける錢業の金券賣買は、平井洋行にて行はれる。昭和三年十二月七日より取引を開始し、其の出入取引銀號は、現在四十三家に達す。取引方法に關しては、何等成文の規定なく、一に慣習によりて行はれる。仲買人と稱するもの七名あり、同洋行の一室に圓卓を置き、卓上に電話を備附け、銀號の出張員に使用せしめる。實際の取引は、之等銀號の出張員が各個に行ひ、仲買人は單に之を監視し、記帳方をして記帳せしめる。仲買人は手數料として賣方より金壹萬圓に對し、小洋式弗を徵し、銀號が客筋より徵收する手數料は、各々區々にして一定せずと雖も、多くは相場に含ましめ特に手數料を徵しない。尤も平井洋行に對して、賣買取引毎に客筋より金壹萬圓に對し銀五元の手數料を徵す。取引方法は、日金百圓に對し天津元幾何と定め、日金五千圓を賣買單位となす。稀に現物取引行はるゝも、多くは十日及び二十五日を受渡日となす先物取引にして、自由に轉賣買戾をなし得る。受渡物件は、日銀券にても差支なきも、實際は殆んど鮮銀券である。從來各地との相場に大なる差あるときは――奉天或は大連間等――往々現送せられたることあるも、最近は餘りなく、普通は市中在高の範圍內に於いて、現物受渡行はれ、他は乘換の方法により居れば、時により可なりの乘換鞘を生ずることがあると云ふ。玉は自己又は客筋の註文による賣需賣買及び時に爲替業者のヘッヂ取引もありて、必ずしも其の全部を投機取引と云ひ得ざるも、其の大半は鞘取を目的とする投機取引なるは事實にして、大連・奉天・上海等と連絡を圖り、殊に奉天との間には最も密接なる關係を保持して、兩地間の金圓相場の開きを生ずる場合、鞘取を行ふこと多しと云ふ。尙ほ最近の金圓相場は、八十五元を上下し、一日の出來高最少、二十萬圓、最多二百萬圓である。

更に一部銀號の投機節は、金塊の投機取引をも行ふ。

金塊取引は昭和八年一月邦人數名が出資し、日本租界に榮興公司なる賣買所を設け、市內各錢業者を出入せしめて、相對賣買をなさしめたるに端を發す。同公司の取引は、其の後漸次活況を呈するに至りたるを以て、英租界の永盛公司、興祐公司等の英支合辦の會社も、最近に至り之を取扱ふことゝなり、競爭化せんとする狀況を呈せり。然し之の對立競爭は、却つて相互の不利益を來すに過ぎないとの見解より、三者の間に協約なり、三家の出來高を凡て共通計算となし、賣買手數料を一定步合により各出資者に分配する制度となせり。取引方法其の他は、平井洋行のそれと略々同様にして、實際賣買は相對的に行はしめる。仲買人手數料として賣買雙方より金塊二條(百兩)に付、各銀七十仙を徴し、三家の經營者並びに錢業組合に分割計算となす。錢業者が客筋より徴收する手數料は、各店により區々にして不明なるも、大體金塊二條に付銀三元見當なるが如し。取引物件は、足赤(純金)十兩のもの五箇を一賣買單位となし、相場は一兩に付幾何元と唱へ、毎月二十五日を受渡日となす。取引は凡て先物のみなるも、受渡物件に上海の如き代用物なきため、單なる鞘取取引の外は未だ一般に爲替のヘッヂとして利用せられるに至らず、投機取引の域を脫しない。最近の當地金塊取引出來高は、一日約百萬元見當なりと云はる。(朝鮮銀行天津支店調査、天津に於ける金融界並に通貨狀況參照)

かくの如く天津銀號は、其の一部の投機分子は金塊金票公債等の投機賣買を行ふと雖も――其の金賣買がヘッヂに使用されるとき小口の貿易金融と結びつく――一般には下層商民と緊密に連繫し、彼等の預金貸付爲替を獨占し、以て小口商業金融機能を果し、從つて錢業界の資金を需要する華商に對しては、商業高利貸資本の小賣機關として臨む。

一般に錢莊は兩替業より出發し(一)預金業務(二)支拂の媒介(三)信用若くは(四)金融業務等の諸機能を、貨幣經濟的諸關係の展開につれて遂行して來た。(前掲ウイットフォーゲル三九三頁)現今に於いては兩替業は下級の錢舖が之を占め、それ等は同時に高利貸を營む。上中層の錢莊は、第二第三第四の機能を果すも、商業資本的企業への小口融資がその中心である。彼等の銀行資本――貨幣取引資本は、その一部は當舖に信用を與へることによりて、銀行資本自らが高利貸付をやるのではないが、高利貸付資本を融通し、――銀號資本は當舖に手渡されるや否や、高利貸資本に轉身し搾取の武裝を整調して貧民に向つて突進する。又其の一部は、それ等の銀行資本を紛碎して、小口に商人や工人と結びつき商業資本の小資機關となる。換言すれば根本的には古代的生產形態と結びつき根强き勢力を保持する。さればウイツトフォーゲルも曰く「農業家內工業及びマニユフアクチユアルに於ける古代的生產形態が、益々盛んに浸潤しつゝある近代的生產形態と竝んで、ともかく未だに支那の生產有機體の中に少々ならぬ程度に存續しておる間は、從つて支那の政治的上層建築も未だ多數のアジア的な特徵を保持してゐる間は、其の間は近代的資本主義的銀行制度も亦、この國の古代的な銀行を眞に排除することは出來ない。今日でも舊式の支那銀行は、ヨーロツパ、アメリカ、日本の大銀行及び一聯の近代式の支那銀行と竝んで輕微ならぬ役割を演じてゐる。(前揭ウイツトフォーゲル四〇三頁參照)

B　華商近代銀行の機能

天津華商近代銀行は、天津貨幣經濟諸關係の一段の飛躍と共に——從つて貨幣取引資本の一層の上昇を必然的ならしめると共に、一九〇七年の交通、浙江興業銀行、一九一〇年の北洋保證銀行を先驅として、舊銀號と外國銀行の中間に介在して勃興して來た。それ等は支那民族資本主義と、その運命を共にして進むべきものであつたが、それは不可能に陷つた。卽ち支那生產有機體の中に、普遍的に散布されてゐる商業高利貸資本が、古代的生產形態の網の目に根强く喰ひ込んだ儘、本質的には何等の轉化をも見ない——產業資本への轉化も、更に金融資本への轉化をも見ないの故に、天津都市に於いても如何に商業高利貸資本が集積されやうと、又貨幣經濟諸關係の發展が如何に貨幣取引資本を膨脹せしめやうと、產業資本のとり立てゝ目立つ程の發展を來さない。從つて華商近代銀行資本は、依然として——單に稍大口に商業高利貸資本を吸收し、近代的產業とは沒交涉に、單に銀號の機能を擴大したに止まる商業高利貸資本の卸資機關とならざるを得なかつたから。されば華商近代銀行の本質は、その華麗な資本主義的銀行形態は、單なる虛無的外裝に過ぎずして、直接的には、稍大幅に古代銀行的機能を果し、間接的にも、古代的銀行を通じて古代的銀行と全く同様の役割を演ずるに過ぎないものである。强ひて銀號との區別を求めんとすれば、商業高利貸資本の小賣に對する卸賣と云ふことに止まる。その卸賣に關連して、一半は上層の商工と結びつき、一半は公債と結びつき、アジャ的特質の中に、資本は資本主義的生産に貢献することなく、却つて霧消することさへある。華商近代銀行が古代銀行的形態を以て活動することは、ウイットフオーゲルも指摘して曰く。「否それどころかその場合にこそ、近代的資本――帝國主義的大銀行のそれも、支那近代銀行のそれも――は、それが活動し得るがためには、こゝではアジャ的形態を以て、自らを裝はざるを得ないと云ふ事實は、歴史的觀點から見て、非常に注目すべき現象たらざるを得ない」と。（前掲ウイットフォーゲル四〇三頁）

それでは吾々は次に在上海諸銀行を中心として、華商近代銀行の典型的發展形態を具體的に見ることとしよう。

一　全國銀行存欵總額三十五億元の一半以上を占むる上海二十七銀行公會々員銀行の存欵は、その受信の來源を分析するとき左の如き數字を得る。（「中國銀行民國二十一年度營業報告」の統計）

種別	民國二十年度	民國二十一年度
機關存款	八・二五%	四・四六%
商工業存款	三三・二九	三三・八六
團體及び個人存款	五八・四六	六一・六八

個人、團體及び機關存欵は、已に百分の六十六以上を占め、工商業存欵と雖も、その中同業存欵の百分の七を除去するとき、純粹の工商よりの受信は、百分の二十五前後に過ぎない。かくの如き利喰ひ階級の存欵の巨大な吸收は、支那民族資本家の、不振に喘ぐ生産事業に投資することなく、より高率な利殖を得る銀行預金となすによる。支那民族資本の社債株式に向はないで、租界の銀行に安住の地を求める傾向は、極めて注目に値するものである。

二　民國十年度に於ける五一五、三一八、一七〇元の放款は、民國二十一年度に於いて一、六六一、九一〇、七三二元に増加した。而して産業放資の遮斷されてゐるの故に、巨大な存款の放出は公債と政府借款に向けられる。玆に中國銀行の放款性質比較の百分率を示せば次の如し。

	商業	工業	公用事業	同業	國證	機關	個人
二十年	二一・七九%	一〇・一四%	一・〇八%	一五・〇二%	一・三七%	四七・一九%	三・四一%
二十一年	二二・三八	二一・四六	一・一九	一八・九二	〇・六〇	四二・六一	二・八四

放款の約半數を占める機關放款は、疑もなく政府借款の引受である。

三　吾々は更に巨大な有價證券への投資に、注目しなければならない。少數の株式、外國債券を除くの外、大多數は政府發行の公債引受である。

	有價證券額	保證準備の有價證券額	共計
民國十年	五四、三一〇、一三一元	三〇、八二五、四〇九元	八五、一三五、五四〇元
同十一年	五五、八七九、六〇九	三六、六〇七、九六五	九二、四八七、五七四
同十二年	五〇、三四七、四四七	四四、五五五、七〇五	九四、九〇二、一五二
同十三年	六〇、〇四七、二八二	四九、七五六、一七〇	一〇九、九〇三、四五二
同十四年	六四、七三〇、二二八	六六、五四一、八〇八	一三一、二七二、〇三六
同十五年	九〇、〇五八、一四五	七三、九五七、八四九	一六四、〇一六、〇一四
同十六年	一〇四、三二四、二一七	八三、六一九、一二三	一八七、九四三、三三〇
同十七年	一二六、二二一、七七三	九九、二五七、五一三	二二五、四七九、二八六
同十八年	一四一、八九三、三二二	一一二、八一〇、一〇九	二五四、七〇三、四三一
同十九年	二二二、三一一、一八九	一三四、五八六、〇五六	三五六、八九七、二四五
同二十年	二三九、二二六、九七四	一三一、一四一、九三一	三七〇、三六八、九〇五

上表の保證準備の證券額は、發行準備の三割としての換算である。銀行保有の有價證券は、民國十年度の八千五百萬元より二十年度の三億七千萬元、即ち百分の四四〇の增加を示す。その證券額は市價の八、九割或はそれ以下に評價せるものにして、若し二十年度の證券平均價格六九・六四元の九割とすれば、二十年度銀行保有の證券額面價格は約五億九千萬元となる。而してその三分の二を政府債券とすれば、二十年末政府欠債餘額八億元の一半は上海二十七銀行の保有に屬すること丶なる。更に全國百八十二銀行を合計すれば、政府公債の百分の七、八十は銀行の手中にあることであらう。

由來斯かる政治投資は、華商近代銀行の特質を示す普遍的現象である。民國以來の政府發行公債は、十七億元の巨大な數額を示す。民國七年より十四年迄は北京政府が公債借款を最も多く濫發したる時期である。民國十六年より二十年迄の國民政府發行のみの公債でも、已に十億元以上に達す。之等の公債發行の引受と結びついて、華商近代銀行の開設を見たものが多い。慢性的財政窮乏症に陷れる政府は、不確實な擔保の上に立つて高利率、割引發行の好餌を揭げて、公債を濫發する。極少數は、一般の强迫勸募的方式によるも、其の余は銀行の引受發行となる。更に北京財政整理委員會の統計によれば、民國十四年迄の北京政府の借款は、合計、鹽餘借款未償還元利四四、一一二、三八八・五三元、內國銀行短期借款元利三八、九〇四、二八二、二七元、各銀行墊款元利三〇、三三三、三九九・二六元に達す。華商銀行は之等借款のよき引受者であつた。公債借款を引受けて、より高き利廻を稼ぎつ丶、それを投機賣買の對象として、更に投機利益を儲けんとする。だから支那財政の近代銀行への影響は、甚大である。民國十四年北京政府債款の元利支拂の不能、滿洲事變後の公債の償還遲延と減息の如きは何れも金融恐慌を惹起せしめ、銀行を倒閉せしめる。

四　支那銀行は商業高利貸資本の卸賣機關である。中國銀行の放款總額の百分の二十餘を占める商業放款は、大部分錢莊への貸付にして、華商への直接投資は甚少である。錢莊を介在せしめることによりて、アジヤ的形態を裝ひ、間接に下層商民に連繫する事實こそは、注目に値する。それは近代的銀行體制に於ける中央銀行或は親銀行とは、本質的に異る資本活動である。

五　膨大な存款を擁した都市銀行は、更に信託安全倉庫の如き租界內の房地產に投資する。それは內地農村經濟の崩壞と、政狀不安とに基因する租界への富と人口との集結に關連し、租界房地產の需要增加と、その騰貴は益々彼等の投資の好對象とならざるを得ないからである。

六　政治借款・公債・房地產投資に熱中するには、自ら資金をより多く造出せねばならぬ。最近の兌換券發行增加は、素晴しいものである。

	兌換券總額（元）	指數（%）
民國十年	一〇二、七五一、三六二	一〇〇・〇〇
同十一年	一二二、〇二六、五五一	一一八・七六
同十二年	一四八、五一九、〇一八	一四四・五四
同十三年	一六五、八五三、八九九	一五二・六五
同十四年	二二一、八〇六、〇二六	二一五・八七
同十五年	二四六、五二六、一六三	二三九・九五
同十六年	二七八、七三〇、四一〇	二七一・二七
同十七年	三三〇、八五八、三七五	三二一・九九
同十八年	三七六、〇三三、六九七	三六五・九六
同十九年	四四八、六二〇、一八八	四三六・六一
同二十年	四三七、一三九、七七〇	四二五・四一

最近の銀の集中によつて銀行の手持銀の増大を來し（詳細は天津金融經濟の對内外關係の項參照）之等は容易に紙幣發行の現銀準備に繰入れられ、更に公債は保證準備の内容となるを以て、公債の病的引受は益々準備基礎を得ること丶なり、愈々紙幣の増發を招來する。その發券範圍は、紙幣發行銀行のみに止らず、然らざる銀行錢莊も兌換券を領用することによつて、共の傾向は更に著しくなる。

七　由來銀行の穩固なる發展は、積立金の増加を來さねばならぬ。華商銀行に於いては近代銀行資本的發展を見ないことは、注目に値す、華商銀行公積金の増加率は、遠く共の他の各項の發展に及ばない。民國十年に於ける公積金は、僅かに拂込資本の二六・五％に過ぎず、民國二十一年に於いては三三％を示し稍々増加せるも、總資產に對しては民國十年に於いて三・三四％、二十一年に於いて一・八九％を示し、著しくその低下を見る。公積金の過少は、銀行自體の危險性を示し、その業態の不健全さを暴露せるものである。

斯くして吾々は極めて單簡ではあるが、上海華商銀行を中心として、支那近代銀行資本の具體的發展形態を見た。要約すれば、支那民族資本家の抱く休息資本を吸收し、それを或は錢莊に卸賣し、或は公債借款を引受けて、政府への消費金融機關となり、或は租界の民族資本家の安住のための土地家屋への金融に、大部分の機能を捧げるものである。されば支那銀行こそは、資本主義的範疇に屬する生產金融機關ではないことは、それ等の事實がよく證明する。（『前途』第二卷第二號平明「中國銀行業發展及其危機」『東亞經濟研究』第十二卷二、三號米澤秀夫氏「支那新式銀行の發展とその特質」中國銀行經濟研究室出版『民國二十一年度中國重要銀行營業概況研究等參照』）

天津華商銀行も、その例外たるを得ない。卽ち北京政府當時は多く公債借欵を引受けて、共の消費金融に躍り、國都南遷以來は多く商業金融に乘替へ、所謂商業高利貸資本の卸賣機關として發展した。

先に見たる如く、民國七年より十四年迄は北京政府が最も多く公債借欵を濫發したる時期である。平津財閥が官吏地主、富豪等の休息資本を抱いて、而も產業投資への道が遮斷されてゐるとすれば、必然的により大なる利潤を獲得すべく北京政府のドル箱となるは、蓋し自明の理である。然るに國都南遷以來は、南京政府が漸く固定せる浙江財閥とより緊密に結びつき、上海の租界の上には繁榮せる華商近代銀行の絢爛物が繰り擴げられた。それと反對に津埠華商銀行は、その機能の重心を商業貿易に關連する商業金融に乘替へ、株式の共同引受、單獨又は共同の產業への定期放款等の產業との關連性は依然として貧弱であつた。具體的に見れば、國外匯兌を兼營するものは中國、上海商業儲蓄銀行等の二三のものに過ぎずして、多くの華商銀行の業務は、商業境域內の存款放款押匯等を中心に活動するに至つた。然るに近年各業不振に傾き、從つて放款押匯等の業務も衰微したるため、各銀行は更に巨額の資を投じて貨棧を創設し、各地客商の貨物保管業に重心を移すに至つた。中國銀行の中國貨棧、浙江興業銀行の浙江興業貨棧、鹽業銀行の鹽業貨棧、大陸銀行の大陸貨棧、中國實業銀行の中國實業貨棧、上海銀行の上海貨棧、墾業銀行の墾業貨棧等はこれである。斯くて貨棧を經營することにより、倉敷料の收入に加へて、客商への擔保貸付——保管貨物擔保の短期商業金融利潤を獲得することゝなる。（『銀行週報』四十二期十七卷「津市金融業之演變」、『經濟研究季刊』第四卷第四期周作氏、「華北產業之發展與金融之關係」參照）

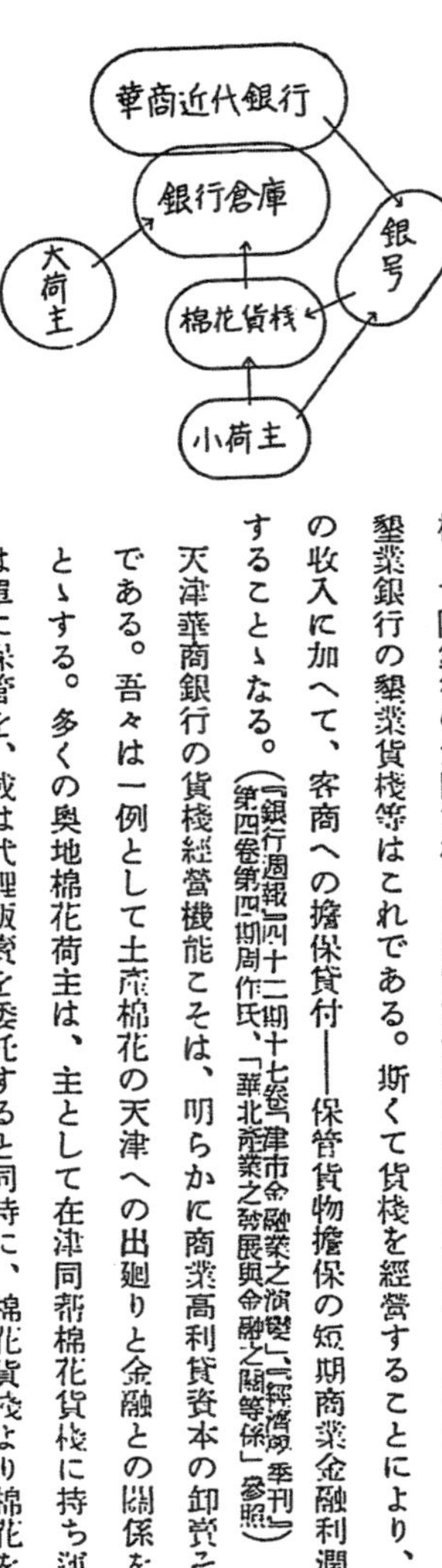

天津華商銀行の貨棧經營機能こそは、明らかに商業高利貸資本の卸賣そのものである。吾々は一例として土產棉花の天津への出廻りと金融との關係を見ることゝする。多くの奧地棉花荷主は、主として在津同帮棉花貨棧に持ち運び、或は單に保管を、或は代理販賣を委託すると同時に、棉花貨棧より棉花を擔保に融資を仰ぐ。然るに棉花貨棧は、又時により直接に荷主も、同帮銀號より融資を受ける。更に棉花貨棧は銀號のみ

ならず、銀行經營倉庫よりも融資を受ける。然して銀行の銀號への貸付は、已に見たる如くである。されば銀行貨棧は大口荷主を顧客となし、彼等への貸付に當ると同時に、棉花貨棧、銀號を通じて間接に小荷主への融資をも行ふ。之等諸機關の諸機能を綜合すれば、それは華北土產と外國商品との交換の諸關係を推進せしめる總活動となり、銀行機能は依然として商業高利貸資本の卸賣段階にある。（大島讓次著『天津棉花と物資集散市場』一四二頁—一四四頁參照）

斯くて天津華商銀行の與信活動を見た。然らばその資金は何處より如何にして吸收されるか？ 凡そ華北民族資本家の抱く休息資本の多くのものは、天津租界內の華商銀行に流れ込む。——天津を中心とする官吏若くは前官吏、地主、富豪の資本も、華北農村の財東、地方地主、地方官吏のそれも。最近は歷次の內亂による內地政狀の不安、華北農村經濟の崩壞等により——具體的には天津への銀の集中傾向の顯著なるものあり（詳細は天津金融經濟の對內外關係の項參照）巨大な存款を示すもの〻如くである。天津華商銀行は儲蓄會を附設し——四行儲蓄會、金城銀行儲蓄部、其の他中國實業、新華信託儲蓄のそれの如く——安全保管、有利な利殖を標榜して、散在せる休息資本を吸收する。それ等の儲蓄存款は、素晴らしいものである。鹽業、金城、大陸、中南の四行儲蓄會の民國二十二年六月末の資產勘定は八五、一一六、九三四・四六元、金城銀行儲蓄部の民國二十一年十二月末の資產勘定は二三、六〇二、三四〇・九五元の巨額に達す。

任曙氏は錢莊と銀行との隆替によつて、或る程度迄支那現代資本主義經濟の發展程度を見出さんとして何廉、方顯廷の「支那工業化の程度と其の影響」中の左の如き統計を引出した。

一九一二年及び一九二〇年における支那銀行業及び錢莊業の投資百分率

一九一二年　一九二〇年

錢莊	六八％	三七％
銀行	三二％	六三％
合計	一〇〇％	一〇〇％

而して彼は曰く「この統計は非常に小さいものであるが、非常に有意義なるものである。僅か十年間に銀行と錢莊とは決定的な新陳代謝の關係を表現してゐる……こゝに吾々は非常に明白に支那も全世界經濟の發展と異ることとなく、已に金融資本主義支配時代に推移してゐることを見ることが出來る。人々は今後歴史上に於ける商業資本主義なる語を以て今日を擬することが出來ない」と（田中忠夫氏譯『支那經濟論』四一二―四一三頁―任曙氏論文『支那經濟研究』）彼の引用せる「非常に小さいものであるが非常に有意義」とせるこの統計は、餘りにも妖怪な快美過ぎるものである。銀行投資の計數を算出するは、未だ可能としても、全國に偏在する錢莊投資――それには成本の外に往々祕密或は不明の譃本がある――の消長を見ることは殆んど不可能に屬する。――それは單に傾向を示すに役立つだけに止まるものであらう。それにしても、「支那も全世界經濟の發展と異ることとなく、已に金融資本主義支配時代に推移してゐる」とは全く驚いた。彼は吾々の先に見た如き華商近代銀行の本質的機能を見て、何と答へるであらう。彼は本質的には錢莊も華商銀行も、餘りかけ離れたものでないと云ふことを知らない。

C 外國銀行の機能

餘剩價値實現範圍の地域的擴充過程に於ける商品輸出竝びに、資本輸出が世界産業資本主義竝びに金融資本主義發展史上に、華々しく展開されてゐることは今更贅言を要しない。鴉片戰爭を一轉機とする支那舞臺への歐米資本主義の進出は、支那經濟をして世界經濟の一環に繋がしめ、それを舞臺とする對支貿易進出・對支事業投資等の資本主義利潤獲得の亂舞狀態も亦多言を要しない。而してそれ等資本活動總關係の媒介機關こそ、在支外國銀行そのものである。

レーマーの研究（Remer, Foreign Investment in China P70）によれば、一九三一年の銀行及び金融の外國投資は、二億一千四百七十萬米弗に達し、それは全外國投資の六・六％に過ぎざるも、先進資本主義活動の總關係をリードする先端的因素であり、且つ利潤の吸上管である點に於いて重要性を失はない。それだから過去に於て銀行投資は素晴しい增加を示してゐる。卽ちその投資は、一九一四年に於ては、僅かに六百三十萬米弗にして、全投資の〇・四％に過ぎざりしものが、一九三一年に於いては、先に見た如く二億一千四百七十萬米弗に增加し、全投資の六・六％に達し、十五六倍の增加率で、他の如何なる目的の投資もその追隨を許さない。而して吾々に興味を與へることは、その二億餘の外國銀行資本は、爾餘の三十餘億の對支投資の直接間接の媒介機能を果すと云ふことである。それのみではない。更にそれは四億八千萬米弗の貿易資本と密接に結びつき、支那外國爲替を繰縱すると云ふことは、驚くべき機能である。中國銀行二十一年度の外滙數額は、僅かに一億數千萬元に過ぎず、二十億前後の支那對外貿易額の一割にも充たない狀態であるから、殘る九割餘は、他ならず殆んど外銀活動の占める處なるは明らかである。

それ等二億餘の外國銀行資本が、斯る膨大な投資と貿易とに關連する活動を可能ならしめる所以のものは、餘り優大ならざる自已資本と雖も、巨大な外來資本の吸收があるからである。兌換劵の發行、關稅鹽稅の保管、軍閥官僚資本の安全保管等は、それである。卽ち支那への前衞金融資本は、各自偉大な祖國の勢力と信用と好意を背景に、巨大な支那官吏資本、地主資本等を呑み込み、自已資本と合體して、一半は、或は投資に、或は對支貿易企業の運營資本への轉化に向はしめ、一半は「アジア的形態を以て自らを裝ひ」、支那銀行錢莊へとそれを逆流せしめる。而して投資機能——支那政府公債・借欵の引受は、それが賠償金支拂、武器、私腹、縮少再生產等々となつて漸次霧消し、經濟的建設を見ざる結果は、元利囘收の不安を招來するを以て休息狀態となれば、前者の外國銀行活動の中心は、支那の對外貿易關係に局限されることゝなつた。

天津外國銀行は何れの時代にも貿易關係活動に局限される。それ等の支店自己資本に加へて外來資本——就中それ等の手中に河北・山西の官僚資本地主資本が變名にて而も低利子に保管されるは事實である——を擁し、各々買辦(註)を操つて、天津貿易三億兩の大半を繰縱し、他面華商銀行並びに銀號に連繫し、商業高利貸資本の最高卸賣機能を果し、直接間接に貿易總關係を運營せんとする。

註 正金銀行(信記、魏信臣)　朝鮮銀行(林記、趙石林)　花旗銀行(守記、金亮臣)　匯豐銀行(同記、郭瑞臣)
喳打銀行(義記、鄧仰周)　東方匯理銀行(竹記、范竹齋)　中法工商銀行(晋記、張晋卿)　華比銀行(致記、季致堂)
美豐銀行(豐記、閻豐恩)　華義銀行(品記、趙品信)　德華部行(新記、阮新三)　大通銀行(其記、張亦吾)

天津市場に於いても日英米三國の激甚なる角逐狀態が見られる。——貿易市場に於いても、從つて又爲替金融市場に於いても。

一　英國は永年の對支經營により、天津市場に於いても、古くより商權を擴張した。その英商の發展に資すべく、一八九〇年に匯豐、六年遲れて麥加利銀行の進出を見、早くも一九〇五年には二百萬兩の貿易額を有した。爾來貿易は逐年增加し、一九一二年に六百三十萬兩、一九二一年には千二百七十萬兩に倍增し、更に增加傾向を辿つて一九二九年の如きは二千萬兩に垂れんとした。(註)而して吾々はその背後に於ける先に見た英商銀行の豐富なる資力と活潑な英商のための爲替金融活動を見逃してはならぬ。天津より輸入するものは、駱駝毛・蛋白及蛋黃・山羊絨・山羊毛・豚毛・麥稈眞田・羊肉等、天津へ輸出するものは、晒金巾を最とし生金巾・曹達灰・毛糸・綿織・鐵力板・諸機械及附屬品・紙捲煙草・毛織ベネシヤン・晒天竺布等にして、これ等の貿易に活躍する英籍貿易商は、太古

(Butterfield & Swire)・怡和(Jardine Matheson & Co. Ltd.)・仁記(Forbis & Co. William)・高林(Collins & Co. Ltd.)等の洋行である。これ等各洋行は、その輸出入貿易或はそれに關連する資金移動の必要上より、爲替の實需筋として爲替市場に現はれ――匯豐、麥加利銀行と結びつく。就中怡和洋行の活動は最も素晴らしく、對英米對上海等の爲替取組が主要なるものにして、外人側取扱商の主位を占めると云ふ。それのみではない。更に香港を中心とする英商の出商業――天津の對香港貿易の主要なる部分――對上海を中心とする英商の沿岸貿易活動、(開灤鑛務局(Kailan mining Administration)の對英本國と同時に對上海爲替の取組の如く)により、英商並びに英國銀行を一體とする勢力は、尙ほ素晴らしい。

二　米國は十九世紀末以來比律賓領有と共に東洋に進出し、門戶開放、機會均等主義を提唱して、猛然對支貿易の發展を圖つた。而してその進出の先鋒となすべく、一九〇一年に花旗銀行、一九二〇年に大通銀行の設立を見たることは、已に說いた如くである。天津市場においても、漸く歐洲大戰當時より顯著な發展を示し、卽ち一九〇五年には僅かに二百八十三萬兩、一九一二年に三百二十三萬兩に過ぎざりしものが、大戰後一大飛躍を見、一九二一年には四千萬兩を超過し、更に一九二九年の如きは最高五千七百五十八萬兩を示し、天津市場に於ける勢力の見るべきものがある。米國よりの輸入品は石油最も多く、麥粉・木材軟木・ガソリン・ナフタリン・ベンヂン・自動車諸機械及附屬品・葉煙草・金屬箔・蠟・パラフイン・紙捲煙草等にして、輸出品は、綿羊毛・絨氈・豚毛・棉花・麥稈眞田・山羊毛・蛋白及蛋黃・羊豚牛等の腸・胡桃仁等である。これ等の貿易を取扱ふ米籍貿易商の主要なるものは、美豐(The China American Trading Co. Ltd.・愼昌(Anderson Meyir & Co. Ltd.)・協隆(Fearson Daniel & Co. Ltd.)・光裕(Vacum Oil Company)・美孚(Standard Oil Co. of New Yook)等の各洋行である。而してそれ等の各洋行は又、英國のそれと等しく花旗・大通等の米系銀行と緊密に結び、それ等の貿易金融を解決する。――土産買入資金の需要も、荷爲替の取組も、取立手形の支拂も、凡そ米國資本主義勢力の一環をなす米系銀行の門を叩く。

三　日本は各國より遲れて市場に現はれたるも、日露戰役後、日本資本主義の急激なる發展に伴ひ、天津市場へも貿易進出を見、一躍その貿易額に於いて他國を壓し、大正元年には已に首位を占め、最近に於いては次位の米國に倍し、天津總對外貿易の約半數を占めてゐる。而して斯かる發展の背後に、早くも明治三十二年に正金の進出を見、初期の貿易發展に貢献し、已に主位を占めた。大正元年には土着實業家の居留商民の小額金融を目的とする天津商工銀行（大正九年北京實業銀行と合併し現在の天津銀行となつた）の創設を見、更に貿易の發展と共に、大正四年に正隆、七年に朝鮮銀行の進出を見、それ等の助成機能に俟つ處大なるを見逃してはならぬ。

日本よりの輸入品中多額なるは、綿織糸・小麥粉・生金巾・精糖・繻子・綾織・棉花・寒冷紗・モスリン・天竺布・捺染綾及細綾木綿・染色綾及細綾木棉・晒金巾・捺染綿・繻子・木材・軟木・印刷紙等にして、輸出品は棉花・鷄卵・麬・廢骨・骨粉・馬皮・黄麻・絨氈・モルモット皮・亞麻仁・綿羊毛等である。而して邦商貿易商は、三井・三菱（輸出入共）を初め、三昌・清喜・正華・松本各洋行・土産公司（以上輸出）、東洋棉花・泰信洋行・大同公司・王子公司・伊藤忠商事（以上輸入）等である。三井・三菱を除く他の邦商は、專らそれ等商品の對日輸出入に活動し、對日爲替の實需筋として、小は天津・正隆銀行に向ひ、大は正金・朝鮮銀行に結びつく。然るに三井・三菱は更に發展して各國向輸出入の出商業に活動するを以て、正金と結び各國向輸出入爲替の實需筋となる。而して津埠の貿易を中心とする邦商の經濟的勢力を反映して、外銀中に於ける正金の勢力は大である。卽ち從來各外國銀行は殆んど上海相場に追從する感があつたが、近時は吾が正金のみは上海相場に關係なく、獨持の正金相場を立てゝゐることは注目に値す。

註　天津對外貿易額國別累年比較表

	一九二六年	一九二七年	一九二八年	一九二九年	一九三〇年
日本	六五、三〇一、六五一	八一、二七一、六九五	七八、〇七一、四三三	六一、〇一六、二三六	八四、二五九、〇五一
（朝鮮）	（一四八、九〇六）	（二三三、七八八）	（二七、五三二）	（三六、四四七）	（二一五、二一七）
英國	二〇、三八二、一一三	一七、九五四、六二二	一七、六七八、六四三	一九、八二〇、二八三	一四、二五五、四四九
香港	一四、七五三、九〇五	一六、三四五、二九一	一五、七八〇、三〇三	一四、五四一、六三二	一六、八九四、四八九
米國	三五、八五七、五三五	四九、一九九、五七四	五三、〇八一、九一七	五七、五八八、九一八	四〇、三二二、六六八
其の他	一八、六四五、四七四	二〇、七九〇、九四六	三〇、五三八、九九六	四三、七九一、二〇一	二七、五四二、二三〇
計	一四五、六四四、六八三	一九〇、七九六、一七五	一九五、二六八、七九一	一九七、一二三、七三九	一八三、四七八、〇〇四

要するに、外國銀行は、それと華商近代銀行竝びに銀號を一圏とする津埠金融機關機構の最高位に位置し、銀號・華商銀行の金融活動の助成作用により、華北奥地より運び出されたる土産が外國貿易商竝びに外國銀行を一圏とする外國資本主義の出先機構を潜つて、銀價格は金價格に變じて吐き出され、反對に、資本主義商品は後者の機構を通つて、再び銀號・華商銀行の助成作用により、奥地に散布される總交換經濟關係の最高機能を果すものと云へる。

×　×　×　×

以上に於いて吾々は、銀號・華商近代銀行・外國銀行の諸機能を各個に見た。更に吾々は茲で、これ等諸機關の諸機能の綜合的把握――三派鼎立分業體制の展望――三派鼎立諸關係の總和を見なければならない。

要するに屡次言及せる如く、銀號は下層の商業高利貸資本の小賣機關であり、華商銀行は其の上層に位して一半は銀號へ、一半は稍々大規模なる商工への商業高利貸資本の卸賣機關であり、外國銀行は更にそれ等の上に君臨して、華商銀行・銀號への最高卸賣機關たると同時に、外人貿易商の利益のための金融資本の貯藏池でもある。斯くてそれ等三機關は、鼎立競合關係にあると同時に、それ等の勢力分野を劃分し得るに足る分業體系を發見し得るは、已に吾々の見た如くである。

而してその競合關係に於いて興味あるは、劇烈なる銀號・銀行間のそれである。先に見た如く、任曙氏は、錢莊と銀行との隆替によつて、支那現代資本主義經濟の發展程度を見出さんと努めた。だが然し、屡々吾々の見た如く、支那商業高利貸資本の產業資本への轉化を見ないかぎりに於いて——同種のものを如何に蓄積しても異質することなく、貨幣取引資本も常に資本主義經濟範疇に屬することを得ない。從つて外面形態に於いては銀號と華商銀行が如何に交替過程にあろうと、それは單に小賣機關より卸賣機關への取引量の上昇關係のみに止まり、その本質的機能には何等の動搖をも見ない筈である。それ故に、近代銀行は眞に銀號を排除することを得ず、銀號は支那銀行と並んで輕微ならぬ役割を演ずる。而して銀號と支那銀行の所謂盛んな競合關係に超然として、支配的地位に立つは外國銀行である。それ等は銀號華商銀行の資本とは異質的な資本を擁して、極めて雄大に銀號華商銀行の上に蔽ひかぶさり、(註)銀號華商銀行の機能を直接間接に操縱し、貿易運營の總指揮をなす。從つて三派鼎立諸關係の總和こそ、他ならず、外國銀行を頭目とする、それと華商銀行並びに銀號を一圏とする津埠金融機構の津埠貿易運行助成作用を內容とする合作關係そのものである。

註　具體的にその資本額の比較を見ても、支那銀行の被征服狀態は明らかである。任曙氏の所謂修正派よりの引用句を見るに、「支那に於ける列强の銀行は合計四十三、內外合辦のものが二十ある。支那自身のものは僅かに百四十に過ぎない。こゝに外國銀行、內外合辦銀行及び自國銀行の資本を表示すれば次の如くである。（單位百萬元）

	公稱資本	拂込資本
外國銀行	九一〇	六八二
內外合辦銀行	一五〇	一〇四
自國銀行	三七五	一五八

この數字を見るとき、吾々は自國銀行が外國銀行に比べて、その勢力が如何に微小であるかと云ふことが判る。更に多數の支那小銀行が實際外國銀行の支店の狀態に等しいことを考慮に入れるならば、より一層微小なことが判る」と（前掲支那經濟論三九七頁參照）吾々は今天津に於ける三者の資本額を正確に抽出し得ないのは遺憾である。――極く大ざつぱには、結論の項に於いて華商銀行、銀號に就いてのみ試みるであらう。只だ銀號の資本は、有力銀號五十家の資本を集計するも僅かに、二百七十六萬五千元に過ぎない。尤もその外に外部に餘り明瞭でない資本的積立金たる護本であり、且つ無限責任の故に、財東の私財が後盾となるも、それにしても尙ほ餘りにも貧弱である。

斯かる本質的合作關係の基礎の上に立つを以て、三機關は過去及び現在に於いても天津金融市面の維持について共同工作を試みてゐる。

一　公約の訂立　民國十三年九月河北の大水に加へて江浙戰爭傳へられるや、津埠市面は停頓し、金融緊縮し、拾收すべからざる狀勢に陷つたとき、銀錢兩業は維持辦法を會商し、市面救濟協力の公約を訂立した。

二　維持會の組織　民國十三年九月相互輔助の目的を以て、津埠銀行公會、錢商公會、總商會、外國銀行華賬房倶に加入して維持會を組織した。其の事業の內容は「今後恐慌期中に、若し銀行或は銀號に營業行詰りの起つたときは、維持會加入の各團體より該行號の業態を審査し、適宜の辦法を講じて之を輔助し、以て市面を共同にて維持す」と。(『揚著中國金融論』二九二—二九三頁參照)

吾々はそれ等の競合關係にあるかに見えながら、而もそれ等の斯かる合作工作を見ても何等怪まない。外國銀行迄グルになつて、華商銀行のみならず、銀號迄救濟せんとするは、先に見たる如き本質的作用の運營の維持にありと見るべきである。

而して玆に吾々の注意すべきは、斯かる津埠各機關機能の總關係の上海への依存性である。即ち銀號は華北土着資本を源泉とし、而も河北山西人の經營なるを以て天津市場に於いては全く獨自性を有するも、華商銀行に於いては、その有力なるものは大半浙江財閥系のものにして同財閥系要人の支配機能の下にある。從つて津埠華商銀行は、在天津市場に於けるインターバンクの關係よりも、より緊密に上海の本支店と結びつき、その指揮を仰ぎ、それ等の天津に於ける獨立性は乏しい。若し一歩讓つて假りに任曙氏の云ふ如く、銀號と銀行の隆智により支那資本主義發展の程度を發見し得るとすれば、華北は南方資本主義勢力に壓倒されつゝある傾向を有することゝなる。更に外國銀行に於いてもレーマーの集計(Remer P73)に見る如く、投資の中心は上海であり、且つ對外貿易の半數は上海であり、從つてその活動の中心も上海であり、天津支店は上海の本支店の指揮を受ける。そこで吾々は玆に天津金融機構の上海への隷屬的關係を認めざるを得ない。——支店資本の擴張も、その引上も、營業方針の變更も、新規の發展策も、上海本支店の支配機能に從つて動かざるを得ない。

2　天津金融經濟の對內外關係

毎年冬期結氷の後を受けて、白河及びその支流が一時に開通するや、三月より五月迄は、山西蒙古地方より羊毛・駱駝毛・獸皮・獸骨等の出廻繁盛を呈する。次に夏期閑散期を過ぎ九月に入るや、棉花・雜穀その他の農産物の出廻を見、十月十一月を最盛期となす。これ等春秋二回の出廻期には、その土貨の天港への出廻と反對に、或は上海より或は外國より輸移入の綿絲布雜貨等の奥地流入を見、斯くて對內外貿易は、活氣を呈するを常例とする。然るにこれ等の對內外貿易に於いて、華北農村經濟の崩壞の故に、天津の輸移入は、多年輸移出に超過してゐる。而して天津の輸移入超過は、移して以て華北經濟の輸移入超過に照應され、從つて奥地への銀の流入は減少し、先づ天津への銀の流出のみ增加する。更に斯かる華北の輸移入超過による銀の天津への流出に加へて、天津都市銀行の對農村貸付さへ、內地政狀不安の故に停頓し、益々華北農村は資金の涸渇に若しみながら、それとは全く反對に、天津には流入銀がだぶつくことゝなる。それのみではない。後には農村に安住してゐた富と人口の逃避とさへなつて、其の傾向は益々著しくなる。從つて華北農村は、購買力全く衰へ、それは最近の天津の輸移出と共に、輸移入の著しき減退に反映してゐる。——嘗て行政院が實業部等に小麥滯貨狀況を調査せしめたるとき、その調査に於ける滯貨原因の一に、特に「華北人民購買力薄弱」なる一項を掲げてゐるは、注目に値す。されば內地政情不安、農村經濟崩壞等と、それと全く對蹠的に天津の畸型的繁榮——富と人口の天津租界への流入等の諸傾向は、華北銀の天津への集中によつて具體化される。從つて吾々は銀の集中傾向を中心として、その金融經濟の對內外關係を考察せんとす。

然るに天津は、華北大に描かれたる經濟圏の中樞に過ぎさるに對し、上海は全國大のそれである。從つて銀集中の典型的傾向は、上海に於いて最も著しく見られるの故に、吾々は先づ上海を中心に考察し、以て支那全面的傾向を捉へて、然る後に天津のそれに及ばんとす。

左の統計によれば、一九二〇年以後上海の銀行手持銀は急速なる增加を示し、一九三三年十月に於いて已に十二倍以上の增加を示してゐる。カン氏の估計によれば一九三一年末の中國在銀元兩を合計二十二億元（Finance and Commerce Vol, 19 No. 27 E. Kann "How Much Silver is There in China."）となしてゐる。されば爾後その大變動なきものとすれば、一九三二年一月上海銀行手持銀は全國銀貨總量の百分の一一、八となり、一九三三年十月に於いては百分の二〇・八となり倍增してゐる。更に張公權氏の估計（『中行月刊』五卷三期）によれば、支那全國銀貨の中資金と稱し得べきものは約六億元に過ぎずとなす。されば上海一埠の諸銀行は、已に全國資金の百分の七六以上を占めてゐることゝなる。（『申報月刊』、第三卷第二號李紫翔上海金融的地位及其前途參照）

上海中外銀行手持銀の增加統計

年月	銀行手持銀高（千元）	指數
一九二〇年一月	三七、五六九	一〇〇
一九二二年一月	六八、〇二〇	一八一
一九二四年一月	六五、七五四	一七五
一九二六年一月	一四五、二四二	三八七
一九二八年一月	一三三、七〇四	三五六
一九三〇年一月	二二九、二五八	六一〇
一九三一年一月	二五八、〇五二	六八七
一九三二年一月	二六〇、一九二	六九三
一九三二年六月	三六九、三三七	九八三
一九三三年一月	四四六、六三九	一、一八九
一九三三年六月	四四六、七六一	一、一八九
一九三三年十月	四五六、八一六	一、二一六

備考　揭著中國金融論及中行月刊第六卷第七號より作成大條銀兩は七一五にて銀元に換算

然らば何故に斯かる銀の都市への集中を來すか？

張公權氏は、昨年九月十六日「中國經濟同業之病態及今後之治療」と題する講演に於いて、內地より上海への資金の集中には、二つの原因ありとなし、（一）內地の土匪共產の跋扈官廳の壓迫のため、財產家は鄉より鎭に――城に――市に彼の有する現銀を都市銀行に預入する。（二）內地需要の洋貨は、上海香港天津等より購入するは云ふ迄もない。最切要なる必需品――石油煙草、甚だしきに至つては、米麵に至る迄上海より購入す。更に上海事變以來、上海は對內地放欵を停止してゐる。從つて上海への仕拂は、現銀輸送により、斯くて內地埋藏の銀は、持ち出される。（『中國銀行月刊』第五卷第三期參照）

又陳光甫氏は、上海への銀の集中原因を、（一）內地の不安、（二）信用の緊縮、（三）都市銀行の內地預金者の現銀預入の引受に求め（新中華第一卷第一期「怎樣打開中國經濟出路」）又千家駒氏は、（一）連年の軍閥の泥戰と貪官汚吏の搾取――支那農村經濟の全面的崩壞等は、巨大な游民と兵匪を形成せしめ、遂に資産家は、大都會に游資を集中せしめる。（二）內地需要の洋貨は、通商大埠より流れ込む。然るに對外貿易は入超、內地對大埠は又入超なるによるとなす。（『中國的內債』六四頁）更に陳鴻根氏は、上海への銀の集中は、巨額の産業資本の需要によるに非らずして、大量商業資本の積餘なりとし、その原因は、（一）內地匪患により資産を擁するものは上海に避難し、又上海資本は對內投資に向けられない。（二）內地の上海への支拂超過代金は、現銀輸送を惹起せしめ、（三）銀價下落により、外商の利潤は本國に引上げられることなく、上海に留滯するによるとなす。（『申報』經濟專刊第三十六期「中國現經濟階段之認識」）

之等諸氏の諸見解を綜合して、趙惠謨氏は更に云ふ。要するに銀集中の原因は、（一）內地の不安、（二）外貨の侵入（三）更に在上海利殖の有利性にありとなした。

（一）趙氏は內地の天災、兵災、匪患、稅捐の苛徵、不確實公債の濫發とその引受の强制等を掲げて、內地の極度の不安を說いてゐる。資金の感覺は最も鋭敏にして一度動亂あれば先づ逃亡するものは、人に非ずして資金であるとなし、斯かる不安の故に、現銀は上海に集中し、流れ出た資金は、再び農村に還元することなく、益々その集中を導く。

（二）外貨の侵入　支那對外貿易は、六十年來入超を示し、殊に最近數年は、その傾向更に著しく、民國二十一年の如きは、五億五千萬兩を突破し、二十二年の如きは、七億四千萬元に垂んとした。就中長江流域各省の生産低減により、上海の入超は最も甚しい。（註）由來支那入超は、多く（一）現金の運出、（二）華僑の送金、（三）對外借款或は外國の在支投資等により、決濟されて來たのであるが、金高銀安の關係より、年々金貨の流出は見たるも、世界銀貨は支那を以て最終歸着點となすを以て、銀貨は却つてより以上に輸入された。然し年々の貿易入超の激增により、金輸出の增加銀輸入の減少により、金銀は民國二十一年に至つて四千五百八十八萬三千海關兩、二十二年には五千八百八十六萬八千兩の出超を見るに至つた。而して上海の入超は、華僑の送金も多く閩粤に限られるの故に、內地輸出の土貨の外は大部分現金輸出によらざるを得ない。從つて內地鄉村は、現銀を上海に運出するも、上海より輸出するは、金高銀安により集中銀より化身せる金貨にして銀幣ではない。玆に上海市場の現銀は、猛增せざるを得ない。斯くて商品入超の激增と共に、現銀の上海集中を來す。

最近七年支那全國入超額と上海入超額

年次	全國入超額	增減率（但民國元年を一〇〇）	上海入超額
民國一六年	九四、三一一千兩	九一・九四	一三二、四一五千兩
同　一七年	二〇四、六一四	一九九・四八	一九〇、〇六四
同　一八年	二五〇、〇九一	二四三・八一	二六四、五六二
同　一九年	四一四、九一二	四〇四・四九	三七一、一三九
同　二〇年	五二四、〇一三	五一〇・八五	五五六、〇九一
同　二一年	五五六、六〇五千元	五四二・六二	三四一、三四九千元
同　二二年	七四六、六八五	―	四一二、八四八

（三）更に在上海利殖の有利性――上海の游資誘引力を說き、それを外在的原因となす。上海にさへ持出せば、先づ資金の安全が保證される。――內地の如き臨時加捐、募款の强迫がない。兵匪の焚殺搶掠等を蒙らない。大水災により富者が忽ち赤貧に陷るやうなことがない、匪區附近の如き賦税過重による地價激落の如き損失がない、而もそれが有利に利殖出來る――公債地產に投資し、或は銀行に預金すれば、內地の地主生活よりもより高い利廻を得る。（『民族』第二卷第一期趙惠謨「游資集中上海的三大原因」參照）

然し彼等が如何に說くも、その底流をなす本質的原因は、支那經濟の全面的――畸型的崩壞に他ならず。その故に彼等の云ふ商品入超も、內地不安も、上海市場の有利性も、凡てその本質的底流の上層に漂ふ小浪に過ぎない。而してそれ等の派生的因素は、支那經濟の全面的崩壞過程に於いて互ひに因となり果となる。外貨入超は慢性化し、農村經濟の崩壞は更に拍車をかけられ、農村に於ける不安と動搖を招來するや、益々富と人口の上海への移動を來す。

其の結果は如何？　農民の嫌惡しながらも、尙ほ泣きついてゐた高業高利貸資本の逃避——農村資金の枯渇——土地の投資——愈々以て農村經濟の瓦解等々の農村暴風雨狀態と對蹠的に、上海では、集中する巨大な商業高利貸資本の塊が銀行に蓄積される。——嘗ては田舍で鴉片の嗜好に耽溺し安住してゐた財東は、上海諸銀行に儲蓄存款をなす。——地主資本官吏資本も亦同樣に。斯くて人と銀の上海殊に租界への匯集のため、租界人口は增加し、租界住宅地には華麗な近代銀行の分支行が增設され、建築は增加し、房地產は騰貴し、それ等は公債と共に益々近代銀行の投資の對象となり、上海租界の繁榮となる。更に匯集した銀は、益々世界銀市場と緊密に結びつき、銀逃避の危險にさらされる。——銀價と外匯の騰貴は、直ちに國內投機者の出動となつて現銀は輸出され、銀行手持銀は銳減することゝなる。

同樣の關係を全國大より華北大に迄縮少して考察するとき、華北の包藏せる銀の天津への集中關係が容易に理解される。

天津に於いては、上海の如く銀の市場在高の統計なきにより、正確なる增加傾向を表示することは、不可能である。然し從來は多く七、八百萬元を上下せるものなるが如きも、數年來銀集中の傾向顯著となり、今年一月末某調查によれば、天津銀行庫存は兩銀百十九萬兩、元銀六千七百萬元と推量され、更に華商筋では、それを七千萬元、尙ほ一般商民間に三千萬元の銀が溢れてゐると云ふ。

その集中の原因は、他ならず、全く上海のそれを華北大に迄縮少したるに止るのみである。それは、先に概觀したる如く、華北農村經濟の崩壞過程に於ける內地の不安の故に、資金はより安全にしてより利廻の大なる天津へと流れ、土產出廻の極度の不振の故に——昨年の如き華北土產の大宗たる棉花の出廻は、從來の三分の一に激減したと云

ふ。――天津の對外貿易は入超、從つて華北內地の對天津貿易も亦入超となつて、その支拂超過部分の現銀は天津に流出し、更に天津の安全と利廻の好條件は、又それをよく吸收して農村への逆流の機會を與へず、その傾向を加速さへせしめる。

吾々は次に最近の天津輸移入超過並びに背面貿易の移出超過の狀勢を見ることゝしよう。

第一表　天津對外貿易入超額

民國一七年	五八、四三三、一〇五兩	民國二〇年	四九、四八六、〇九三兩
同　一八年	六七、一九五、三四九兩	同　二一年	四一、六七四、四五五兩
同　一九年	五七、二二五、八三一兩	同　二一年	三二、三〇六、〇〇〇元

第二表　天津對內貿易入超額

民國一七年	六七、二六三、六一三兩	民國二〇年	三八、七七〇、七〇一兩
同　一八年	六三、七六一、八五六兩	同　二一年	三七、〇三〇、〇九七兩
同　一九年	四〇、五五九、四九〇兩	同　二二年	―

第三表　背面貿易移出超過額

民國一四年	九五、八五九、七四四兩	民國一七年	一〇九、三九〇、六六八兩
同　一五年	七五、三一六、〇三一兩	同　一八年	一一六、二八一、九三二兩
同　一六年	五三、〇五一、二七〇兩		

左に示す第一表に見る如く、天津の對外貿易は年々入超を示し、常に五千萬兩を上下してゐる。更に注目に値するは、對內貿易の移入超過である。その入超は第二表に示す如く減少傾向にありと雖も、尙ほ對外貿易のそれにも劣らず、素晴らしい額に達するは支那國內製造に係る綿糸布・綿製品麥粉・製革・窓硝子雜貨等が主として

上海より大規模に年々移入されるによる――上海製造の土貨は、一少部分海外に輸出し、他の大部分は本國通商口岸に移出販賣される。昨年上海の土貨は、國內に移出されたるもの參億九千萬元に達せりと（『中行月刊』第六券第三期一六五頁）天津市場に於ける上海向電信爲替の需要旺盛にして、上海向爲替相場が天津の對內爲替相場の標準となるは、それがためでする。

それ等の天津輸移入超過に照應して、對背面貿易に於いても亦恐ろしく移出超過――華北內地の移入超過を示すことは第三表の示す如くである。

斯くて華北農村經濟の崩壞過程に於ける內地不安と商品入超の結果は、銀と人との天津への流入となる。人々は天津の租界にさへもぐり込めば、安住することが出來る。農村は、資金の涸渇に苦しみ、天津には流入銀がだぶつく。それ等の集中銀は、その一部分は先に見たる貿易關係其の他投資採算關係により、更に上海或は上海を通じて海外に逃避するであらうが、現在に於いては尙ほ天津市場は現銀の洪水に喘いでゐる。

吾々は、玆では銀集中の銀行界に於ける影響のみを抽出して考察することゝする、現銀洪水の結果は、一般にその授受を忌避する傾向顯著となり、銀行並びに銀號筋は、その經營上多大の困難を感ずるに至つた。そこで一般商工界への惡影響を慮り、昨年中央・中國・交通等の主要銀行の發意により、銀行錢業兩公會協同して合同金庫（Joint Bankers Treasury.）を創設するに至つた。その金庫へ各自餘剩現銀を預入し、以て市場の現銀在高を調節し、且つその游資の預入に對しては「預り證」を發行し、それを一の有價證券として支拂手段に代用して、市場に流通せしめた。その保管に對しては、當初無利子なりしも、其の後年二分乃至二分五厘の利息を附し、その利息負擔並びに保管費は、加盟者の共同負擔とせり。爾後兩公會は更に外銀筋に**メンタルサポート**を求め、外銀華商銀錢業の三者協同して、その機能の完壁を期し、最後には手形交換所の機能をも果さしめんと意圖したるも、外銀筋は、その趣旨を賞讃したるのみにして、現銀預入を肯じなかつた。(註)斯くて庫存銀の半數を有する外銀の非協調的態度は、痛く打撃を與へ、現銀洪水の弊を多少緩和するに至りたるも、尙ほ十分の機能効果を發揮し得ない現狀にある。

(註) 外銀筋非協調の裏面には華賬房の策動があつた。由來華賬房は、錢業者間の帳尻決濟に於いては賬房宛の番紙によつて決濟されるので、錢業者間の手形交換所の如き機能を果してゐる。然るに、若し外銀筋迄合流するときは、合同金庫は天津全金融機關の手形交換所に迄も發展するは、火を見るよりも明らかである。その結果は華賬房勢力の激減となるので、彼等の策動により、外銀は合流しなかつた。

斯くて吾々は、華北銀の天津への集中傾向を中心として、天津金融經濟の對內外關係の僅かに一考察を試みた。それ等の諸關係を通じても、更に天津の華北に於ける經濟的地位――金融經濟上のそれの占める役割を、概略見出し得る筈である。只だ華北農村金融の困憊狀態、更にそれと天津都市金融との關係等の殘されてゐる一層掘り下げた諸問題は、他日の研究に讓らんとす。

四　平津財閥と浙江財閥の資力の一考察

殘された諸問題の中、就中興味を唆るは、平津財閥の資力問題である。

由來支那では、吾が國に見る三井・三菱の如き財閥のあるを聞かない。然るに人々は或は浙江財閥と云ひ、或は平津財閥と云ふ。玆に所謂支那財閥の特殊性を浮び出さしめることにより、その疑問は容易に解決される。卽ち支那財閥は、先進高度資本主義諸國に見る如き巨大な産業資本の支配的地位に立つ極少數の金融資本家階級そのものでは毛頭あり得ない。それはまさに、未だ、商業高利貸資本段階に於ける、分散せる弱小民族資本――商人資本、官吏資本、地主資本等——を、安全な租界を中心に雑然と堆積したに止るものを抱擁せる官吏、地主、巨商等の一群に他ならない。從つて財閥構成の特質は、分散的であり、冠するに地域名を以てするは、その故にして、それ等の集合體に於いて甫めて恐るべき勢力を有するに至る。

而して平津津閥に對應する上海を中心とする浙江財閥は、南京政府のよきドル箱であることは云ふ迄もない、その財閥の中樞をなす上海諸銀行の資力に就き、嘗て楊氏は興味ある推測をなしてゐる。吾々は茲では單にその集計のみを示すこととする。

上海錢莊華商銀行營業資力の推測　　　　（但民國一六年末現在）

錢莊、華商銀行	資本其の他の合計額		總營業資力		在上海營業資力
一　錢莊					
A　錢莊八十五家	資本附本の總額	一四,000,000兩	×	五＝七0,000,000兩	七0,000,000兩
亨、利、貞莊	同上の推定額	二,000,000兩	×	▲五＝10,000,000兩	10,000,000兩
計		—		—	八0,000,000兩
元に換算		—		—	110,000,000元
二　華商銀行					
A　確實なる營業報告ある三十九家銀行					
イ　總行上海分行の外埠になきもの	拂込資本公積金、兌換券、存款の合計	二六,四00,000元		二六,四00,000元	二六,四00,000元
ロ　總行上海他處に分行あるもの	同　上	九00,000,000元		九00,000,000元	× 0.五＝四五0,000,000元
ハ　各埠銀行の上海に分行あるもの	同　上	三0七,000,000元		三0七,000,000元	× 0.二五＝七六,七五0,000元
計		—		—	五五三,一五0,000元

B　營業報告なく拂込資本のみにて推測し得る三十九家銀行 イ　總行上海他處に分行なきもの八家 ロ　總行の外埠上海に分行あるもの三十一家 計	拂込資本合計　三、三〇〇、〇〇〇元 同　上　二九、四八〇、〇〇〇元 —	×　五＝　一六、五〇〇、〇〇〇元 ×　五＝一四七、四〇〇、〇〇〇元 —	一六、五〇〇、〇〇〇元 ×　〇・二五＝三六、八五〇、〇〇〇元 五三、三五〇、〇〇〇元
在上海錢莊華商銀行營業資力の總計	—	—	七一六、五〇〇、〇〇〇元

備考

▲錢莊は東家及經理の信用と手腕により數萬兩の資本と雖も數十萬の預金を吸收し數十萬數百萬兩の取引高に達することも出來るので、その營業資力は資本及び附本の五倍となすも過としない。

●揚氏の所謂營業資力と云ふは自己資本外來資本、資金造出能力の合計を意味す。

楊著中國金融論　六三頁—七九頁より作成

右に見る如く、楊氏は民國十六年當時の資料を基礎として、在上海錢莊及び華商銀行の營業資力を、合計七億一千六百五十萬元となした。

次に吾々はそれと對比して、平津財閥の中樞をなす天津諸銀行の資力を推定すれば、左に示す如くである。——但し同樣民國十六、七、八年當時の資料を基礎として、同樣の內容を以て、且つ適當の酌量を加へて試みた。

天津銀號華商銀行營業資力の推測　（但民國一六、七、八年當時の資料を基礎として作成）

銀號、華商銀行	資本其の他の合計額	總營業資力	在津埠營業資力
一　銀號八十二家	資本附本の總額　四、五〇〇、〇〇〇元	×　五＝二二、五〇〇、〇〇〇元	二二、五〇〇、〇〇〇元

二　華商銀行			
イ　總行天津他埠に分行なきもの	拂込資本合計　一,五〇〇,〇〇〇元	×　五＝七,五〇〇,〇〇〇元	七,五〇〇,〇〇〇元
ロ　總行の天津他埠に分行あるもの	拂込資本公積金兌換券存款合計　一七六,五八〇,〇〇〇元	一七六,五八〇,〇〇〇元	×　〇・三＝五二,九七四,〇〇〇元
ハ　總行の外埠天津に分行あるもの	同　上　一,三七八,〇〇〇,〇〇〇元	一,三七八,〇〇〇,〇〇〇元	×　〇・一五＝二〇六,七〇〇,〇〇〇元
在天津銀號華商銀行營業資力の總計	―	―	二六九,六七四,〇〇〇元

備考　天津の占める％は上海のそれよりも減少して見積つた。

吾々はその集計に於いて約二億九千萬元と云ふ巨大な資力を得た、その中華商銀行の自己資本に屬する部分は、南方より侵入せる浙江財閥系資本が多くを占めるも、それを除く大半は天津を中心とする華北の資本に他ならず、平津財閥の歴史的背景を偲ばすものがある。

然るにその後の事態は急轉してゐる。卽ち國都南遷以來、華商銀行の活動舞臺の中心は、上海に移轉し、上海市場の繁榮と反對に、平津市場は凋落の過程に入つた。具體的には、平津より上海への本店の移轉、營業資金の引上等による平津諸銀行事業の縮少となつて現はれる。吾々は今、最近の同樣の對比關係を表示するに足る資料のないのを遺憾とする、從つて與へられた貴重な資料――中國重要銀行營業概況研究により、その範圍を有力華商銀行に限定し、且つ資力の內容も資產勘定合計をとつて、兩群の最近の對比關係を見ることゝする。

上海華商銀行資產の推測　(但民國二十一年度中國重要銀行營業概況研究より作成)

上海華商銀行	資產勘定合計	%	在上海資產の推定額
一　上海に總行のみの二銀行	九,二六九,六八九元	一〇〇	九,二六九,六八九元
二　上海に總行外埠に分支行あるもの十八行	二,二六四,〇九二,三五五元	五〇	一,一三二,〇四六,一七八元

三　總行の外埠上海に分支行あるもの九行	四七四、八一〇、九七三元	二五	一一八、七〇二、七四三元
合計	二、七四八、一七三、〇一七元	―	一、二六〇、〇一八、六一〇元

備考　一、四行準備庫は總庫を上海として計算。
　　　二、上海の占める%は楊氏に倣つた。

平津華商銀行資產の推測　（但民國二十一年度中國重要銀行營業概況研究より作成）

平津華商銀行	資產勘定合計	%	在平津資產の推定額
A　天津			
一　天津に總行他埠に分支行あるもの四行	三一二、〇三五、四六七元	三〇	九三、六一〇、六四〇元
二　他埠に總行天津に分支行あるもの十三行	二、〇四七、四二三、〇一九元	一五	三〇七、一一三、四五三元
計	二、三五九、四五八、四八六元	―	四〇〇、七二四、〇九三元
B　北平			
他埠に總行北平に分支行あるもの十六行	二、三三三、八五一、三四三元	八	一八六、六二八、一〇七元
總計	四、六九二、三〇九、八二九元	―	五八七、三五二、二〇〇元

右に表示する如く極めて大膽ではあるが、平津華商有力銀行の資產は、約五億八千七百萬元に達し、上海のそれの約半數を示してゐる。

支那經濟の重心が上海にありと雖も、尙ほ吾々は斯かる巨大な平津諸銀行の金融勢力を見るとき、再び平津の史的背景を回顧しなければならない。古き都と古き商業都市との結合を中心として、そこに限りなき民族資本が蓄積されてゐるであらうことは、已に見た如くである。（完）

（一九三四、四、六）

⑳土井章「天津の商業」（『協和』第一五四号、一九三五年九月）

天津の商業

土　井　章

銀　行

天津は支那では上海に次ぐ大きな都市ではあるが、上海に較べるとマーケットは非常に小さい。對外貿易から云ふと上海の五分の一銀行の發券高及び在銀高から云ふと七分の一及び九分の一程度である。このやうに市場が小さいだけにその組織も、幼稚と云へなければ支那式に非常に古い。

こゝは重要な棉花の集散地であるが棉花の取引所もない。金及び公債の賣買も行はれてゐるが、前者に就ては邦人の個人的な取引所見たいなものが一つあるに過ぎず後者に就ては何れも上海を通じて行はれてゐる。

だから銀行に就てもこゝだけでは仕事が出來ない。勢ひ支那銀行は本店を上海に移すことになる。結局この地方は支那全體から見れば邊境であつて、天津はこの邊境の一都市と云ふことゝなつて了つてゐる。

然し遲れてゐるだけに進んだものから見れば仕事のし易い點もある。即ち上海から見ると、この地方恰好の植民地である。こゝの銀行が本店を上海に移すに反し、上海銀行の支店が極めて多い。

行數から云ふと約三十の支那銀行中、その半數は上海に本店を有するもので、殘つた銀行中二、三のものを除くと、全く錢莊に毛の生へたやうな銀行である。隨つて糧業を兼營し國內貿易を牛耳つてゐるのは何れも上海銀行である。

貿　易

貿易に就て見ると、海上國內貿易では、昨年の移入約一億二千三百萬元、移出五千七百萬元、前者は麥粉、綿糸布、煙草・砂糖及び雜貨並に米を主とし、この中麥粉及び綿糸布で約八千萬元を占めてゐる。これは均しく支那國內製品で海外品ではない。

しかもこの重要商品は何れも上海關係のものである。

對外貿易では輸入九千七百萬元で移入に比して遙かに少いが、人三千萬元とすると、大體同額程度となる。

輸入の主なるものは約八〇%は製品であつて、綿布、雜貨の外に注意を惹くのは金屬製品、化學藥品染料等々である。

輸出は八千百萬元で、これは歐米向の原料品を主とし、次いで棉花、豆、植物等々で從來ではこの棉花は最重要の地位を占め、支那棉花輸出額の殆んど全部を天津から送り出してゐたのであるがこれが最近では非常に減少してゐる。しかも仕向地は全部に近いまで日本だつたのである。

大體この輸出棉花は脫脂綿、火藥、布團綿に使用さるる中綿と稱せられる支那棉の硬毛棉なのであるが、この方面の需要そのものゝ減少、銀高による印棉の代用及び支那棉の質の惡化が原因してゐるものと見られ、過去に於ける四千萬元程度の輸出が現在では四分の一の一千萬元前後に落ちてゐるのである。

この對外貿易は一般的に見て、一九三一年迄の所謂メタリック・

天津市街

入共に半減するに至つてゐる、どちらかと言へば、輸出の減少は輸入よりも早く、現在輸入は尙大巾の減少をしてゐるが、輸出は小きざみの減少である。これは各國の貨幣減價による銀爲替の昂騰が、急激に輸出を壓へつけ、反面輸入を刺戟したゝめ、輸入減少が目立たなかつたのである。

然し輸出の減少と云ふことは結局購買力を減殺するので、一、二年遲れて輸入がぐん／＼と減少するに至つたのであるから、或は今後まだ減少するかも知れない。即ち一九三一年當時ではなしに、もう四五年前の數字と比較する輸出の減少は輸入の減少よりもその年が未だ高いので、輸入減少の餘地？が尙ある譯とも見られるのである

五月の間に於ては、輸出は依然不振ではあつたが、輸入は相當増加するに至つた。然しこれは本當の増加ではない。第一には關税見越し、第二には損失カバー、第三には靑島との關係である。即ち七月から輸入税の引上げらるゝとの見越しから盛んに輸入手當が行はれた。しかも輸入手當後に於ける金爲替の低落、低落に基づく損失カバーのためにまた輸入が行はれてゐたからである。

靑島との關係は一寸歴史的になるが、元來靑島と云ふところは排日のないところであるがため、支那に排日が起ると、天津、上海等の輸入減退は直ちに靑島の増加となる。隨つて排日が下火になるとこの輸入は減少して、天津とか上海が増加して來る。

排日眞最中では靑島の日本からの輸入は六〇%近くであつたものが段々と低下、排日終熄と共に四〇乃至五〇%となり、天津は二五・六から三〇%となるのであつて、最近尙この傾向になることは事實である。然し反面北支全體から見ると決して増加してゐない。寧ろ減少してゐるのである。

それでもとに戻るが、かゝる原因で輸入された商品は決して消化はされてゐない。だから値下り一方で昨今では、輸入は全く停頓し輸入高は値下りによる損失と極度の金融難に陷つただけの結果なのである。

購買力

政局の變化で勢込んで天津に來騰くのも無理はない。時には滿洲國の人口は三千萬、北支は河北省だけでも三千萬だから、購買力から云へば大したものだらうと云はれるが、これは人口だけを見た理窟である。この土地では人口が多いから却つて購買力がない。

日本の人口は一平方哩僅かに百七十位のものと記憶してゐるが、河北省のそれは五百四十何人かであり、豐作の年でもどつこい／＼であるのだが、毎年決まつたやうな旱魃と水災で喰ふのにさへ困つてゐるのであるから、住むことや着ることは次の問題になり、購買力云々迄には中々の距離があるのであつて、到底一朝一夕に、これ等の農民に新らしい晒綿布や捺染綿布を着せる迄には至らないだらう

だから、現在のところ日本品が進出するとなると、中支品だとか或は外國品を壓迫して行くより途がない。しかも押しのけるとしても、そこに得るものは相對的增加であつて、こゝしばらくは絶對的な増加を求むることは少し困難だらう。たゞ滿洲のやうに今後建設材料がゆくとすれば問題は別であらうか。

金融

最後に少し金融逼迫の點を附加しておかう。天津の金融逼迫は昔からの事であるが、はつきりと見えて來たのは、昨年の六、七月頃先高見越しの失敗で多數の擱坐が現れて、銀號が警戒しだしたときからであるが、その銀號も、銀輸出税增率の相場變動で銀價騰貴し、それに年來の不況も加はつて、更に銀行の貸出し制限となりその上銀流出が作用して益々逼迫を來たし、逼迫による融資難から商店、工場の閉鎖續出し、一頃營業税を收める商店にして休業するもの一ヶ月三百などと財政局から發表したことがあつた。

これ程ではないとしても估衣街侯家后等で事實閉鎖した一流商が多數あり、また小工場の休業と共に、大紡績の裕元及び寶成、製粉の罷業、燐寸の榮昌及び北洋等の閉鎖或は解散があり、また本年四月から始められた工場檢査に於て職工三十人以上を使用する工場が數ヶ月の間に九十から六十になつてゐるのを見ても略々見當はつくだらう。

しかも最近では銀の流出が特に甚しい。支那の銀流出の最盛期は昨年十月前後であり、上海の如きは實狀は兎も角、銀行の手持銀の減少は一應休止してゐるかの狀態にあるのであるが、これに反し天津からは月約五百萬元の流出、主として密輸がある。

勿論これは國境線に近い關係も大いに手傳つてゐることだが、何れにしても、その影響は大きく、昨年五月には約九千萬元の在銀は本年五月には三千七百萬元となり、最近では多くとも二千五六百萬元程度と見られ、昨年に比し三分の一以下となり、市中には全く大洋の影はない。隨つてそれは紙幣の發行高にも影響し、一時七千萬元にも上つたのが四千數百萬元となつて、しかも益々緊縮される狀態であり、且つ紙幣不安が漸次高まりつゝある。

試みに外國銀行に行つて見ても弗の預金は、中國、交通、中南の三行紙幣しか受けつけないだらう。その間所謂金券が力を擡げつゝあるかの如くである。要するに天津は現在新らしいものが生れやうとする前の焦燥と不安と沈鬱な狀態の下にあると云ひ得るだらう。

仲の良い御見物振り

「フムー無理もないあだ」

竹[illegible]富士夫

㉑前島正道「幣制改革後の天津金融界」（『満鉄調査月報』第一六巻第二号、一九三六年二月）

○幣制改革後の天津金融界

目　次

一、支那側銀行の對策
二、市政府側の對策
三、管理委員會の對策
四、外國銀行の對策
五、日本側の對策

本調査は十一月四日より實施されたる幣制改革に對する天津市に於ける各方面の對策を纏めたるもので、追て第二輯として銀の移動及密輸出國內爲替の統制、中國銀行券の増加、河北省銀行の銅幣發行等、幣制改革以後天津金融界に現はれたる諸變化を纏める豫定である。

一、支那側銀行の對策―發行準備管理委員會天津分會の設立

幣制改革實施の通告が當地に達したのは、十一月三日であつたが、既に深更であつたため當日は何等の協議も行はず、翌四日銀行の營業時間に先だち八時より中國銀行支店樓上に有力銀行代表者の緊急集會を行つた。右集會に參加した銀行は中央、中國、交通、上海、貯蓄、金城、鹽業、大陸、中南、浙江、興業の九銀行で、協議の結果銀行の營業開始と共に如何なる事態が出來ても、九銀行に於て相互援助を行ふことを約した。

次で十時より銀行公會と錢業公會の聯席會議を開催、銀行二十三行並錢業公會の常任委員王曉岩、顧彼林、張澤湘、范雅林、倪松生出席、中國銀行經理卞白眉氏議長となり、財政部の通告を報告し、次の如き申合せを行つた。

（一）幣制改革を一致遵守す
（二）二日現在の各銀行所有現銀を調査報告す
（三）中、中、交三行以外の兌換券の新規發行を停止す
（四）三行以外の兌換券の受入れを認むれども發行銀行は三行

兌換券に引換の義務あり

當日の會議に於て注目すべきは、早くも現銀の南送を止め、且準備管理委員會分會を天津に設立せしめられたしとの意見が多くの銀行家より述べられたことで、爾後連日會議を重ねたけれども主要なる點は既に當日の會議で盡きてゐた樣である。

五日は財政部より、本市各銀號所有白銀數目を調査せしむる命が到著したので、午後三時より銀行及銀號の聯席會議を擧行、次の如く決議した。

（一）各銀行銀號所有の現銀數目を三日以内に調査表に記入公會に差出せしめる

（二）公會は財政部に調査の結果を報告す

註　十一月四日、五日の會合に於ける決定に從ひ、各銀行及公庫より封存現銀の調査報告が中央銀行天津分行に提出されたが、中國、實業、北洋、保商、大中、河北省等の小銀行の報告が遲れたので、完成したのは十一月中旬で、其の數字は次の如きものであつた。此の數字は從來中國銀行其の他によりて發表されたものに比し、より正確と思はれるが、十二月十五日の發行準備委員會分會第二次全體會議に於て、分會として更に調査することに決定した點より見れば、必ずしも絕對的に正確とは謂ひ難い。

天津支那銀行及公庫の封存現銀調

行名	封存銀	備考
中央	六〇、六七五・〇二元	單位元とは銀幣一枚を指す、但し地銀五六九兩〇六分、卽ち法定價換算八四三元六四を含む
中國	七、三三九、九八三・六四	
交通	七、七八一、四五七・〇〇	
浙江興業	三〇八、一四〇・〇〇	
墾業	六〇、七〇〇・〇〇	
中國實業	六四、八四〇・〇〇	
中國農工	五〇、八〇〇・〇〇	
北洋保商	四五、一〇一・〇〇	
邊業	一四、〇〇〇・〇〇	
大中	一六、五二一・〇〇	
國貨	五、一五〇・〇〇	
國華	一〇、九六四・〇〇	
上海	六九、八三九・〇〇	
中孚	三、八一七・〇〇	
新華	一一、一三一・〇〇	
大生	五〇九・〇〇	
鹽業	八、一五一・〇〇	
金城	四〇、九一〇・〇〇	
中南	一一、三八四・〇〇	
大陸	一〇、四六八・〇〇	
河北省	二一、六六六・〇〇	
四行準備庫	三、八七〇、〇〇〇・〇〇	
銀錢業公庫	八、三三三、四三一・〇〇	公庫とは、當地大部分支那銀行錢業者が出資共組せる手形交換所の如きものにして、加入銀行錢業者が各口座を設け之にて決濟振替をなす機關である。
合計	二七、九八〇、六四八・六四	

六日午後二時よりは、銀行公會並錢業公會が別個に大會を招集し現銀の南送を停止し、天津に發行準備管理委員會分會設立の請願を財政部に行ふ旨決議した。一方天津市長程克は、銀行公會をして南送反對の決議を行はしむる樣種々努力した。之等の形勢を察して、銀行家中には、個人的に上海の準備管理委員會に對し、分會を設立する樣慫慂した者もあつた爲、七、八日頃南京政府より、漢口廣州と共に當地に發行準備管理委員會分會設立に決定した旨通知があり次で委員數名を任命し、周作民は當時上海にあつたが、十二日南京に至り十三日北上して組織に著手した。其の間同氏は、北平に土肥原少將を訪問し、主席を辭退せる旨を辯解したが、結局常任委員として就任、而して十一月二十一日平津準備保管委員會の成立を見た。

委員は次の十六名で、此の中より七名の常任委員を選出した。

周作民(常任)　金城銀行總經理
王叔魯(克敏)(常任)　北洋保商銀行總經理
卞白眉(常任)　中國銀行天津分行經理
李　達　中央銀行天津分行經理
簡　鍔(常任)　交通銀行天津分行經理
王毅靈　金城銀行天津總行經理
卞俶成(常任)　中央銀行天津分行副經理
冷家驥　中國農工銀行北京分行經理
卞燕侯　中國國家銀行天津分行經理
紀　華　天津市商會主席
吳達銓　鹽業銀行總經理
王孟鍾　中南銀行天津分行經理
王曉岩(常任)　余大亨銀號　錢業公會常務委員
鄒泉蓀(常任)　北京市商會主席
姚澤生　北京市錢業公會主席
許漢卿　大陸銀行天津總行經理
邊海成　河北省銀行

註　發行準備委員會章程第三條によれば委員會は
一、財政部派五名
二、中央、中國、交通三銀行代表各二名
三、銀行業同業公會代表二名
四、錢業同業公會代表二名
五、商會代表二名
六、各發行銀由財政部長指定代表五名
より構成せられることが規定せられて居るが、天津分會に於ては此の規定通りには行はれて居らぬもの〻如くである。

而して常任委員會は一週に一回定期的に會合を開きつ〻あるが全體委員會は十二月十五日に至り、始めて第二回の會合を開き、次の如く決議した。

(一)　分會の事務規則十一箇條を制定す
(二)　各銀行の所有銀は各銀行に保管せしむるも分會の名に於て

保管し、分會は中央に對し責任を有す

（三）各銀行所有の現銀總數を三日以內に報告せしむ

（四）平津兩組の檢査員を指命し各銀行に就て現銀を調査せしむ

尙檢査は十二月二十三日より行ふ豫定であるが、依然簡單な調査に止る樣である。

註　十二月十八日北京市政府は財政部より發行準備管理委員會分會章程の通知を受けた。其の原文は

査するに財政部は、發行使用して法幣の信用を鞏固にせむとする趣意により、特に發行準備管理委員會を設け、並天津、漢口、廣州濟南に分會を設立する件は、既に咨を達せり。玆に本部より發行準備管理委員會分會規則を制定し、公布施行す。右の趣を通知し分會するの外、右規則一部を添附す。咨文を以て申請し其の通り照し合せて施行す。

分會規則

發行準備管理委員會分會規則

第一條　發行準備管理委員會分會は發行準備管理委員會規則第一條の規定に依據し發行準備管理委員會の議決により財政部に申請し通商區埠に之を設立することを許可せらる。

第二條　發行準備管理委員會分會は發行準備委員會より囑されて分會所在地の法幣準備金の保管檢査をなす。

第三條　發行準備管理委員會分會委員は發行準備管理委員會より選び財政部に申請して調査の上任命す。且財政部より委員中より一名を指定して主席となす。

第四條　發行準備管理委員會分會は常務委員三名乃至七名を互選し日常の事務を執る。總て發行準備管理委員會に報告し更に財政部に報告し同部は之を調査許可し記錄す。

第五條　發行準備管理委員會分會は人員を採用して會務を辦理す。

第六條　發行準備管理委員會分會は執務規則を定め發行準備管理委員會に報告し更に財政部に報告し同部は之を調査許可し記錄す。

尙分會に於て注目すべきは周作民と他委員との對立である。即ち周作民の主宰する金城銀行は、四行準備庫の一行で、中南銀行券を共通發行する故、夫れ自身としては紙幣の亂發を行ふ由がないが、河北省銀行を支配下に置き同行券を盛に亂發して居る。

されば財政部並財政部系統の他委員は周作民を主席と言ふ責任ある地位に就かしめ河北省銀行の行動を牽制せむとして居るが同人は平津に常任し能はざることを理由として主席を辭退し單に常任委員の一員となつた。

二、市政府の對策

程克は十一月五日頃北平より歸來するや、自ら現銀南送反對の聲明を出すと共に、卯公安局長をして二、三の銀行家に會見せしめ銀行公會をして南送反對の決議をなさしむる樣盡力せしめた。

此の運動は結果に於ては目的を達したるもの丶如き觀があるが、此の時は既に銀行家自身の立場から、天津に準備管理委員會分會を作り、現銀を保留する樣財政部に運動することが決定して居た故、市政府側の運動が果して幾何の效果を有したかは疑問で、一支那銀行家は全然無視せるが如き言を弄し、亦他銀行家は時機

を失して居る故、何の意義もないと言つた。八日市長は公安局長、財政局長を含む六名の委員を任命し現銀の封存並現金在高の檢査に着手せしめたが、繁雜な爲め中途で之を止め中央銀行天津分行より、同行の會計した十一月二日現在に於ける現銀在高調査の交付を受けることゝした（前揭の數字が之である）。

地方當局者が、外國租界に存在する銀行の在銀を調査し得たのは稍意外とする所であるが、中途で止めた點を見れば、依然强制力の乏しいことゝ、頗る無誠意なことを知り得よう。次で中國交通銀行等が秘かに現銀を南送するとの噂が流布したので、之を監視せしめた。

三、冀察委員會の對策―平津金融維持會の設立

冀察政務委員會の成立後間もなく即ち十二月十五日平津當局の手によつて平津金融維持會なるものが組織せられた。

大公報によれば同日午後三時、北京政府會議廳に成立出會を開き、北京市長秦德純、天津市長蕭振瀛（林世則代理）、北京市商會主席鄒泉蓀、天津市商會主席紀華、北平市銀行公會委員冷家驥、天津市銀行公會主席鐘鍔、北京市錢業公會主席姚澤生、天津市錢業公會主席王曉岩、北京市財政局長林世則、津市府代表邢儋庭及び二十九軍部代表等、十五人出席し、次の如く決議した。

（一）秦德純を委員長、蕭振瀛を副委員長に推す

（二）鄒泉蓀、林世則、邢儋庭、紀華、鐘鍔、王曉岩、周作民等七名を常任委員に推す

（三）組織大綱を定む

又益世報によれば、該會の主旨は北平市の金融安定を目的とするもので、並に平津分封の現銀に對し、有力な保障となり以て出境を防ぎ、更に發行準備管理委員會天津分會の職務に對して協力すると言ふ。之に依て見れば、該機關は銀行家側より發生した機關ではなく、政治家が强制的に作つた機關たることは明白で、天津の銀行家は十二月十八日銀行公會に秘密に會合し、對策を協議したが、某支那銀行家によれば、右は秦德純の門外漢が平津の金融を掌握せむとの野心に基くもので、勝手に委員を任命したに止まり、十七名の委員中鐘鍔等六名の銀行家は之を承認せぬ、と。

尙該機關の成立と日本の北支工作との關係如何に就ては、未だ確めないけれども、一說には冀察政務委員會の下に種々の委員會を作り、北支政權の實際の運用を日本側で統制せむとする一般方策の一つであり、平津金融維持會の下に政治家側と實業家側の二つの委員會を作り、後者によつて將來北支の金融工作を行はむとするものであると。

四、外國爲替銀行組合の對策

天津の外國銀行の決濟方法は、從來一部の外國銀行間に於て相

互勘定の方法の行はれる外、原則として現銀の授受に依つてゐた。然るに新幣制により現金の授受は不可能となつたので、今後は各銀行は中國銀行に當座を開き同行の小切手によつて決濟することゝなつた。

五、日本側の對策

　幣制改革の實施と共に、程克天津市長竝劉公安局長は現金の南送防止のため種々畫策した。一方日本側有力者間に於ても、十一月九日頃々　意見を交換した。次で定期的會合を開き、北支金融の對策を協議したが、其の會合で大體次の如く決定された。

(一)　銀の移動禁止
(二)　銀の密輸出禁止
(三)　中央銀行券にデイスカウントを生ぜしむ
(四)　各銀行に監理員派遣

(二)の密輸出禁止に就ては、北寧線に官憲を派遣し、密輸出業者が山海關に至らない中に追ひ返す手段に出でた。之によつて一時紙幣と銀貨との開き皆無となり、密輸出業者は大損失を蒙つたことがあつたが、後、塘沽より海路大連に送る方法が開かれると共に、北支自治政權が頓座の結果、山海關向けに對する取締も寛大となつた爲めか、再びプレミアムを生じた。然して(二)と(三)は、全く實行不可能であつた。

要するに本工作は完全な北支自治政權の即時樹立を豫想したものであるが、事態の進行は豫期に反したゝめ大に支障を蒙つた。此の會合の開催中、高橋龜吉が來津したので、同氏もこの會議に參加した。同氏の北支金融の改革意見は、北支の各銀行が共同して準備公庫を作り此の機關によつて新紙幣を發行し、舊紙幣を回收せしめ、以て通貨の統一を期すると謂ふにあつて、南京政府の通貨改革の難點が、政府と發行機關が合體して居る點に存する故、北支に於ては兩者を劃然區別し、通貨統制は全く銀行自身の手によつて行はしめむとするにある。がしかし、此の實行方法如何、又北支の國際收支如何と謂ふ點に疑問多く、結局有力な具體的對策は得なかつたやうである。平津金融維持會の成立より見て、其の後日本側でも新しい對策がありさうだがない。

　尙十一月末大藏省の湯本國庫課長、山際事務官が來津したが、其の主要な目的は朝鮮銀行券の問題で、兩氏の對策は朝鮮銀行が金建預金を行ふのは可であるが、預金の支拂は弗紙幣なるを要するすと謂ふにあり、朝鮮銀行に對して有利なものではなかつた。(天津前島正道)

㉒前島秀博「天津電業公司の成立」（『新天地』第一六年第九号、一九三六年九月）

天津電業公司の成立
――中日合辦天津電業股份有限公司設立の意義――

前島秀博

第一、はしがき

公稱資本法幣八百萬圓中日合掛天津電業股份有限公司が、興中公司、天津特別市政府との間に設立される事となり、八月二十日いよ〳〵天津に於て創立總會が開かれる事となつた。北支明朗化、日支敦交經濟提携の聲漸く盛んなるとき、その具體化の第一歩として本公司が生れ出づる事は誠に日支双方の爲慶賀に堪へざる次第である。

興中公司としても、同公司が生れ出てから始めて玆に地についで仕事をするわけであり、誠に意味深いものがあると云はなければなるまい。從つてこの新公司設立の沿革並に意義に就いて語るも强ち無用の事ではあるまいと思ふ。

第二、天津に於ける電氣事業の現狀

天津に於ける電氣事業の調査は錯綜せる國際關係介在し、之が詳細を窮むることは極めて困難であるが、その大要を表にすれば次の如くである。

事業者名	事業者國別	營業區域	營業種目	投資額	創業	發電容量
日本租界共益會	日本	日本租界一圓	電燈、電力	一、二〇〇、〇〇〇元	一九二七年	一、〇〇〇KW二基
佛國租界電燈房	佛國	佛國租界一圓	電燈、電力	二、〇〇〇、〇〇〇元	一九一〇年	三、五〇〇KW一基 一、二五〇KW一基
共國租界工務局	英國	英租界一圓及天津市電業公司に賣電	電燈、電力	一、九八七、七〇〇元	一九二〇年	三、五〇〇KW二基 一、二五〇KW二基
比商電車電燈公司	白國	日、佛、英各租界並に特一區及その近郊を除きたる全部	電燈、電力 電車	九、二〇〇、〇〇〇法（二一、二〇〇、〇〇〇元）	一九〇六年	一〇、〇〇〇KW一基 三、五〇〇KW二基 一、五〇〇KW二基

天津市電業新公司	中國	特一區及その附近	電燈、電力	四五〇、〇〇〇元	一九二九年	英租界工務局より受電

尚右事業者の他に紡織工場自家用として自家發電せるもの發電容量總計一二、九五〇キロ、ヴォルト、アンペアーに達するも、各紡織公司とも事業不振の爲殆んど工場を閉鎖し、僅に伊藤忠の裕大紡織公司のみ運轉を繼續するに過ぎない。而して五事業者の中特筆すべきは、比商電車電燈公司である。同公司は光緒三十年（一九〇四年）比商世昌洋行が、當時の北洋大臣袁世凱より天津舊城内鼓樓を中心とし半徑六支里を以て描く圓内に於ける電車軌道敷設經營及電燈電力供給事業の獨占權を得て創業、本店を「ブラッセル」に事務所を天津伊租界東馬路に設置、一九〇六年資本金英貨二三萬磅を以て營業を開始し、現在に至つて居る。

即ち、同公司は、支那市街全部、伊租界、特別第二區（舊墺租界）特別第三區（舊露租界）内の電氣供給事業及天津市内の電車事業を經營し、此の地電氣事業界の王座を占めて居るわけである。

尚電氣原價は各事業者を通して、機器の舊式なること、燃料に關する研究の足らざること、從事員の素質の劣等、等に主因し大體高價である。滿鐵技術者の推算に依れば一キロ時當四錢乃至六錢見當と云ふ事になつて居る。

第三、本公司設立に至る沿革

昭和十年六月の梅津、何應欽、續いて同九月の多田聲明に依つて、日支經濟提携の氣運が漸く濃厚になつて來たが、これが、具體化の第一歩として支那駐屯軍の依囑により滿鐵は乙囑託班なるものを作り、軍と連絡をとりつつ各種の調査に從事することとなつた。

この調査人員約二〇〇名、約百萬圓の豫算を以て之に當つたのであつて、班を總務班、鑛山班、工業班、鐵道班、港灣班、經濟班とし、各班に主査を置き、企業價値を目標としつつ各般の調査に從事したのである。（之等の豫定の中には、既に終つて班を閉鎖したものもあるが、尚一年半もしなければ終らない豫定のものもある。）

而して電氣事業は、乙囑託班、工業班の分擔に屬するもので、之に關し、本年三月工業班として軍司令部に天津に於ける電氣事業の現狀調査を報告し、且意見として現在の濫設せる電氣事業を統一し、綜合發電所を建設する事が低廉にして且確實なる電力を供給することとなり、從て一般民衆の福利增進並各種工業發展を助長する所以なる事を數字を擧げて强調したのである。

一方、天津市電業新公司（天津特別市經營のもの）は、市政府が、歐洲大戰以後獨逸より引繼いだものであり、一時、民間の請負經營に委託せられた事もあつたが、再び市政府の直營する所となつた。而して現在は、英租界工務局から、一キロ時當五錢三厘にて買電し、これを市民に供給して居たのであるが、英國側に電力値上の模樣見えたるに依り市長張擧銘時代初めて發電所の新設計畫を起し、而も英國との電力購入期限は、民國二十五年（一九三六年）十月三十一日を以て滿期なれば、其の以前に本計畫を實現さすべく、獨國A、E、G會社及英國「バブコック」會社と交渉し、それ等會社との間に機器一切の購入契約成立し、正に調印するまでに至つて居た、然るに北支事變、市長の更迭等の爲本契約の進行を見るに至らなかつたのである。

次の市長商震時代、當時、前述の如き計畫ありたるを探知せる我が領事館は此の際、是非とも優秀なる日本品を斡旋すべく、支那側と交渉せるに市長の快諾を得たるを以て之を三井に依頼した。但し三井に於ては外國品の取扱を爲せる關係上之を斷りたれば、本計畫は亦其の儘放置せらるゝに至つた。

程克市長となるに及び、三菱が初めて之を知り、優秀なる自社製品を納入したき望を以て、領事館並軍部の意見を聽きたるに、兩者とも非常なる好意を以て、之に贊成、斡旋する處ありたれば、支那側との交渉も着々進むかに見えたのである。

元來、市政府の特一區の發電所建設計畫は市政府にては最初は會社をつくるが如き意思は毛頭もなく、誰からか金を借りて自分でつくりたいと云ふ程度であるし、三菱は又三菱にて製品の賣込が主なる目的であつて投資すると云ふ樣な考へはなかつた樣である。

本電業公司の設立計畫は實に軍に提出せる意見と市政府側との意嚮との折衷せるものである。此の意圖の下に本年五月初旬、軍の依頼により、滿鐵計畫部業務課長兼興中公司取締役奥村氏並に數名の滿鐵計畫部員が天津電業股份有限公司設立計畫案なるものをつくり、軍案として軍の承認をうけたる次第である。從つて計畫の内容は本年三月、軍に提出せる意見書より規模が小さく、市政府側の意嚮よりも規模が大きくなつた次第である。

　而して興中公司が市政府側と正式に交渉を開始し出したのは、七月に入つてからであるが、爾來會議を開く事二十有數回、幾多の難關に逢着したるに拘らず漸く之を突破して八月三日、茲に設立に關する諸種の契約の調印を了したのである。

　これには軍部並に各方面の御援助による點が非常に多いのであるが、誠心誠意を盡して交渉してくれた市政府の態度も亦十分賞讃に値するものと思ふのである。

　本交渉に於て最も難點になつたものは、

1　市政府側の有する特一區電氣供給施設の評價問題
2　本公司の市政府に對する納付金問題
3　重役の割當問題
4　營業年限の問題

等であつた。

　之等の點に關し、諸種の事情から、興中公司は原案に比し市政府側に對し相當讓歩せざるを得なかつた事は、是非もない次第であつた。

　今最後に決定したる案の大要を云へば次の如くである。

本電業公司の内容

一、會社の名稱　中日合辦天津電業股份有限公司
二、會社の國籍　中日合辦冀察政權準特殊法人
三、事業目的
（一）電燈、電力の供給
（二）電氣鐵道の經營（市内）
（三）電氣、機械、器具の販賣又は賃貸
（四）同種事業に對する投資並に融資
（五）前各項に附帶する事業
四、營業區域　天津特別市政府の管轄する地域
五、事業資金
（一）公稱資本金　法幣八、〇〇〇、〇〇〇圓
　　但　一株　五〇圓　一六〇、〇〇〇株

(二)第一回拂込金　法幣四、〇〇〇、〇〇〇圓

但　一株に付　同　二五圓

(三)出資區分

天津特別市政府　八〇、〇〇〇株

法幣四、〇〇〇、〇〇〇圓

興中公司　八〇、〇〇〇株

法幣四、〇〇〇、〇〇〇圓

但、市政府に於て本公司に出資するを不便とする事情あるときは、乙より甲に對し一時融資するものとす。

六、事業計畫の要旨

本公司は天津特別區に二〇、〇〇〇キロの火力發電所を建設し、現在市有の特一區電氣供給施設（發電施設を有せず）を繼承する外、未だ他公司に電氣事業の經營を許さざる地區竝其の附近の電氣供給事業及日本租界竝に近郊各工場其他に賣電をなすものとす。（特一區の電氣供給施設の買收價格は一切を込めて法幣三〇萬圓）

七、役員の割當

董事長　一名（華人）

副董事長　一名（日人）

董事　四名（常務董事日華人各一名董事各一名）

監察人　二名（日華人各一名）

第四、本公司設立の意義

本公司設立の意義を述ぶるに當つて次の中國法律なり、取極を想起したいと思ふ。

民國十九年三月三十一日國民政府公布、二十年四月十五日修正の電氣事業條例

第五條「電氣事業者は地方政府に申請し、後中央主管政府の許可を得るにあらざれば、外人經營の電氣事業者より買電又は合同をなすことを得ず」

第六條「公營電氣事業は國民政府の許可を得るにあらざれば外資の借用をなすことを得ず」

今一つ民國二十二年二月二十五日に國民政府の中央政治會議で決定せる「華洋合資原則」と云ふ取極がある。

即ち之に依れば

（一）主權を損失せぬ範圍に於て普通借款を除き、政府も亦

外國商人と合法的に各種建設事業を經營することを得、且公司の名義を以て之を經營す。但し相當の制限あるを要す

（二）　政府の投資公司或は中國商人經營の公司は、外國商人の投資又は合資を許可し、共同に經營することを得。

但し、左記の制限辨法の下に於て之を行ふ。

甲、中國株は百分の五十一以上を占むべし。

乙、中國董事は多數を占め、董事長及總經理は中國人より充當さるべし。

丙、商人の合資は中國公司法及其他の法律の制限を受くべし。

以上の法律又は取極を頭に入れて本公司の設立を考へると、讀者は自ら次の如き特徴がある事にお氣がつかれるであらう

（一）　本公司は國民政府の許可を得て設立されたものでなく、冀察政務委員會なる地方政權の特許によりて設立されたものである。

（二）　市政府は國民政府の許可に依らずして冀察政務委員會なる地方政權の許可によつて外資を輸入した。

（三）　中國株は百分の五十一以上でなく、折半出資である。

（四）　中國董事が多數を占めることなく、日支同數である。

（五）　本公司は條約に依らず、前項の特殊の例外を除いては大體公司法其他の法律に準據して股份有限公司の形で設立されたものである。

此等の特徴は將來北支に於て日支經濟提携をなす一つの重大なる示唆をなすものではなからうか。

抽象的より具體的經濟工作に入らんとする今日、本公司の設立は日支經濟提携に對する動向への暗示性を多分に含むものとして本公司設立の意義を認めんとするものである。

今や西南派は沒落に瀕し國民政府の北支壓迫と云ふ事がしきりに放送されて居る。然しながら純經濟的觀點より北支を眺むる時、北支の經濟的再建は、生産の增加を根本とし之には外資の輸入があつて初めて可能なのである。

單なる高利貸的見地を離れて、日本は資本と共に優秀なる技術、機械、並に經營能力を北支に移注するこそ初めて日支經濟提携を意義あらしめ又支那大衆の望む、結果を齎すものではなからうか。

中日合辦天津電業股份有限公司の設立に當り、本公司の多幸を祈りつつ、茲に筆を擱く次第である。以上

（昭和十一年八月十五日）

㉓長谷川一郎「太沽砲撃から天津へ」（『改造』第一九巻第九号、一九三七年九月）

太沽砲撃から天津へ

在天津　長谷川一郎

七月二十八日夜、天津市内は不氣味な空氣に包まれてゐた。支那軍大勝のデマが飛び、便衣隊の市内潜入が傳へられ、フランス租界の支那人商家はこの日午後から各戸に青天白日旗を掲げてゐた。十時頃には各商店の灯は消されて人通りは極めて閑散であり、前日迄營業を續けてゐた旭街中原デパート樓上のホールも、この日はひつそりと沈まり返つてゐた。

勿論これは支那獨特の宣傳を眞に受けた無知な支那人の正直さを語るものであるとは言へ、しかしそれだけでは割り切れない緊張したものがあつた「何かある」との感じはこの日誰の胸にもピンとやつて來た。

しかし一方我軍の最重要兵站線に當る塘沽もまたこの日險惡な空氣の中に置かれてゐた。白河の航行は北清事變に於ける最終議定書によつて國際水路と定められ、支那側が濫りに白河沿岸に陣地を構築することは條約蹂躪の暴擧なるにも拘はらず、白河右岸の大沽に駐屯する第三十八師の第二百二十四團（張宗衡）は今次事變の勃發以來頻りに戰備を固めつゝあつた。去る十九日の如きは塘沽の我が陸軍要地内に兵を入れて桟橋を破壊し、二十八日午後二時には白河を遡行中の阿波氣船所屬長山丸及びこれを護衛する塘沽運輸所の第一號艇に向け、突如四十數發の不法射撃を浴せたのである。

塘沽駐屯の我軍はこの不法行爲に對して嚴重抗議を發したところ、張團長は直ちに代表を派して、先刻の射撃は全く當方の誤發なれば寛容されたしと申し出で極力陳謝をした、我軍は支那側の誠意に倚一縷の望みをかけ張團長自らの出頭謝罪を求めた。しかるに該團はこの日夜に入るも何等反省の色を見せず、我駐屯軍兵舎を離れる對岸二千米の地點まで第一戰を進め、迫撃砲、重機關銃等を増加し益々不遜なる態度を露骨にしてゐた、我が兵站線としての塘沽の重要さに鑑み、こゝでもまた何か起らざるを得ない狀勢にあつた。

北寧鐵路管理局舊館の空爆の跡

筆者は天津にあつて、天津に止るべきか塘沽に出かけるべきか、大いに迷はざるを得なかつた。だが天津の空氣が如何に惡化してゐようとも、北支に於ける我軍の本陣とも言ふべき天津に、まさかあのやうな事件が持ち上らうとは筆者のよく想像し得るところではなかつた。この日午後十一時過ぎ、筆者は遂に塘沽行きを決意した。

夜中の東站プラットホームは、召集されて日本へ歸還する在郷軍人の見送人で賑はつてゐた。此處彼處に一團となつて、勇ましい軍歌が湧き上る、その間を顔見知りの外國武官が和服でぶらりぶらりやつてゐる。常ならば國際情緒豊かな東站のプラットホームも、この日はかりは日章旗と日本の軍歌とが全く他を壓してゐた、まづ天津は大丈夫だ、筆者はさう思つた。そして塘沽行きを採つたことに安心した。しかし筆者が出發して一時間経たない中に、東站は既に激戰場と化してゐたのだ。

十二時五分に出る筈の汽車は一時半頃に漸く出發した、支那軍の駐屯してゐる軍糧城附近も無事に通過して、塘沽驛に着いたのは二時半頃である。闇の中に青白く光る銃劍を持つた警備の保安隊が「皆日本人ですか」と流暢な日本語で言ふ。筆者は先づ我が駐屯軍の兵舎の裏手に廻り河口警備の〇〇艦〇に行つた、岡野司令並びに松原艦長に面會すれば、今發つたばかりの天津東站に於て日支兩軍が目下激戰中とのことである。あまりの意外に總站（中央停車場）の間違ひではないかと幾度も念を押したが、電信の報告は明らかに東站であるといふ。若し汽車がもう三十分遲れて發車してゐたならば筆者もまた銃火に見舞はれてゐた譯である。命拾ひをしたといふ感と共に他方失敗つたといふ感じが強く來た。この日筆者と他の二三の者は艦長室のソフアーを占領して横になつた。

七月二十九日　朝方、天津からの第二報は依然として悪い。更に六時三十二分、塘沽から天津に向つた國際列車が軍糧城驛東方七キロの地點で、突如脱線顚覆し死傷多數との報が入つた。天津塘沽間の電線は昨夜から切斷され、天津の詳報は知る由もない。

午前八時十分、筆者の乘つてゐた〇〇艦〇よりも多少上流にあつた〇〇艦〇が、カツターを下して繫留作業中、對岸の支那軍は突如迫撃砲及び重機をもつて射撃して來た。敵彈は〇の前方十數米の處所に黒煙を上げて續けざまに落下する。

この不法行爲に對し岡野司令は決然應戰を決意し、前記兩艦及び白河々口碇泊の〇等、麾下の〇〇艦三艦に對し斷呼膺懲の命を發した。一瞬にして艦上には「戰鬪準備」の號令が響きわたる。あはたゞしい艦内の雜踏も僅か一二分後には苦しい様な緊張と戰鬪開始直前の靜寂に歸つた。水兵の白鉢巻きが白河の朝風に吹かれながら、きつと前方をにらんでゐる。

八時二十分、我軍の第一砲が轟然と河面をふるはした。この海軍側の砲撃が始るや運輸部北方の舊兵營に待期の我が陸軍砲兵も間髪を入れず立ち上つた。〇〇艦〇の目標は團本部及び兵營、〇〇艦〇の目標は前同、〇〇艦〇の目標は造船所及び兵機廠、陸軍砲兵の目標は團本部及び兵營。砲煙は河面に立ちこめ殷々たる砲聲は耳を聾して、海陸協力による今次事變始つて以來の豪壯極りない砲撃はここに開始された。

偶々〇艦上よりこの一大砲撃戰の豪華な繪卷物を望見し得た筆者は、神技に近い正確な砲撃と長い間の訓練による一糸亂れざる秩序とに獨り感心せざるを得なかつた。「一番砲二番砲用意ッ!!」と叫ぶ砲術長の澄みきつた號令につれて、後ろ鉢卷きに地下足袋といふ甲斐々々しい限りの砲手達が、一齊に聲を揃へて「一番砲二番砲用意ッ!!」と復誦する。やがて「打て――ッ」といふ號令に轟然砲口は火を吐いて、遙か敵陣には濛々たる黒煙が入道雲の様に擴がるのである。

砲撃開始僅か十分餘にして前面三千米の敵兵營の屋根はスツ飛び、造船所は火災を發して逃げまどふ敵兵の群が双眼鏡に手に取る如く映る。やがて團本部にも大きな黒煙が幾條も立ち上つた。砲撃はひつきりなしに續く。まるで海陸の晴の砲撃競演である。かくて九時半、砲撃は一時中止され、十時二十分再度の砲撃が開始された。

總站附近のわが軍の空爆により大破せる建物

この間敵陣偵察に向つた陸軍運輸部の裝甲艇は二十數發の敵彈を受けて歸つて來た。乗組の運輸部傭員並びに兵二名は敵彈のため重傷を負うた。裝甲鐵板を打ち抜いた敵彈の跡が生々しい。味方の戰傷を出した我軍は志氣益々上つて敵陣を完膚なき迄に叩き壞した。この二度目の砲撃も前回同樣約一時間にわたつて續けられた。

晝頃、顚覆現場に向つた救援列車が歸つて來た。筆者は兵站司令官の處にかけつけた、筆者よりも一足遲れて顚覆した列車に乗り合せてゐた飛行准尉が報告にやつて來た。准尉の報告によれば第一輛目の客車は原型を止めないまでに大破し二輛目は三輛目に壓されて線路の右方に顚覆大破、四輛目は五輛目に壓されて左方に顚覆し、邦人始め外人華人の死傷多數あり、調査の結果レールの犬釘が拔かれて居たための脱線と判明、附近一帶には支那軍の堅固な塹壕が構築されてあり。天津襲撃と相呼應せる支那軍の計畫的な行動らしいとのことである。

筆者が天津を發つてこの地點を通過したのは午前二時頃であつた。軍糧城附近には支那軍の部隊が駐屯してゐるといふことは豫て知つてゐたので、かなり緊張した氣分で通つて來たのであるが、その後に此の地點を通過した列車が此の慘劇である。

この時通州の保安隊が兵變を起し、通州東方一里の三河縣縣廳を燒打したとの報が入つた。これによつて天津襲撃は單に天津の襲撃に止るものではなく、支那軍の計劃的なしかも全面的な反撃であることが想像された。

筆者等の不安は漸次濃くなつて行つた。不安があるところには必ず流言があるもので、天津の日本租界は全滅したなどといふことすらあちこちで語られる。天津に歸りたいとは思ふのだが汽車が前述の様な始末で何時開通し得るものやら豫想がつかない。軍用電線は昨夜來切斷されて用を爲さないし、唯一の通信方法は〇〇艦の無電であるが、これもどういふものか天津の詳報は一切入らない。

午後二時、我が軍の飛行機が一臺やつて來た。低く／＼幾度も旋廻しながら、紅白の布片のついた通信筒を落して飛び去つた。この通信筒の知らせるところによれば、東機局の飛行場と海光寺にある司令部との連絡が斷たれてゐるとのことである。とすれば東站附近の特別三區一帶は敵軍のものであると想像されなければならない。これによつて日本租界全滅などといふ流言は一應否定し去られたにもせよ、それに變つて東機局と海光寺間の連絡が斷たれたといふ動かし難い報告に、また新たな不安と焦燥がやつて來る。

支那人避難民の噂によると葛沽（太沽南方三里）に支那兵が約三個團集結して居り、丁度軍糧城と太沽の中間に位して、天津を襲ふか塘沽を襲ふか待期中とのことである。また蘆臺南方には約二百名の支那兵があつて行動を開始せんとしてゐるといふ。勿論これは支那人避難民の噂に過ぎず、半信半疑で聞いてはゐたものゝ、支那軍の反撃がかなり全面的に計劃されたものであると想像される點からすれば、それは充分にあり得べきことであつた。

他方、對岸の敵兵は二度に亘る我が軍の猛烈な砲撃にもこりず、依然しつように塹濠に據つて居り、その兵力は夕刻に至つて増加した模樣である。午後七時半、我軍は三度砲撃を開始した。折柄の夕闇に包まれた白河を挾んで、日支兩軍の交戰は最高潮に達した。轟然たる音響と共に夕闇の迫つた河面がパッと赤く映える。敵軍の打ち出す迫擊砲は、前方の水面に盛んに落下し、その度每に白い水柱が立ち上る。敵は精一杯射程を延してゐるのであらうが、遺憾ながら敵彈は我が艦に迄は屆かない。しかも皮肉にも其の一彈は折柄航行中の英國海軍汽艇に命中した。暗くなると共に我が軍艦の探照燈は敵陣地の上を明滅し、附近一帶に立ちこめる煙硝の臭ひと、ひつきりなしの砲聲とで、物凄い程の緊張した狀景を展開してゐる。

やがて冀東保安隊第四總隊の一部約六百名は、敗殘兵掃蕩の第一線を承つて對岸に渡つた。書き落したがこの保安隊は夕刻我が兵站司令官の指揮を仰ぐと言つて蘆臺からやつて來たものである。通州保安隊の叛亂を知つてか知らずにか、筆者には營庭に整列した彼等の姿が不氣味であつた。しかし彼等は勇躍對岸に向つた。

中原デパート屋上より射撃中のわが軍

保安隊の渡河と共に我軍の砲撃は止んだ。星一つない闇の空を白い探照燈が右に左に、或は短く長く移動する。一方艦橋では望遠鏡は敵陣の向方に釘づけにされ、緊張をはらんだ靜寂の中に對岸の動靜を凝視してゐる。保安隊は分散體形のまゝ次第に前進してゐる模樣である。

長い長い沈默だ。探照燈も何時か消えた。しかし艦橋の監視は依然として續けられてゐる。塘沽の街はと見れば完全な燈火管制を實施して灯一つ見えない。暗いそして暑い夜だ。廣い兵站部營舍の營庭には、處々にアンペラが擴げられ、その上に義勇隊の隊員が銃を握つたまゝ淺いまどろみを續けてゐる。

十二時を少し廻つた頃であらうか、對岸に懷中電燈が二三度明滅した。保安隊の一名が報告に歸つて來たのだ。氣が付いた時には既に川面にはスクリウの音がして運輸部の汽艇が迎ひに出かけてゐた。

報告は漢文で書かれてゐた。通譯の飜譯するところでは、保安隊の第一線は既に敵の塹壕に達せるも附近には敵影なしとのことである。或は我軍の夕刻からの砲撃に、執拗な支那軍も遂に潰走したのかも知れぬ。

暗い空は何時か雨に變つて來た。露天に寢てゐた義勇隊員はあはてゝ軒の下に寢床を移す。雨の襲來と共に大分涼しい風が吹いて來た。天津の情報は其の後一向に入らない。

七月三十日　午前七時、敵の迫擊砲の音が一發聞えた。この頃我軍の一部隊もまた對岸に渡つた。敵は先の迫擊砲の一發を置土產に完全に退却したらしい。その後一發の銃聲も聞えない。

九時三十分、敵の團本部は我軍によつて占領された。日章旗を持つた我軍を先頭に、昨夜來漸次前進を續けた六百名の保安隊が敵陣に入城する。此岸の望遠鏡はこの時一齊に三千米彼方の大沽に向けられた。昨朝來の砲撃戰は我軍の大勝裡に終りを告げたのだ。そして我軍の最重要兵站線は、こゝに完全にその安全を確保するを得たのだ。

運輸部の裝甲艇が支那公安局の河口監視船をけん引して歸つて來た。乘組員は今朝慌てゝ逃走したのであらう。食ひちらしの食卓が擴げられたまゝになつてゐる。

天津の模樣は多少好轉したとのことである。しかし兵站司令部で聞き得た情報はたゞそれだけだ。いま筆者等にとつて必要なことは、どんな危險を冒してゞも、一刻も早く天津に歸ることである。平常は塘沽天津間のバスが動いてゐるのだが、こんな時にバスなどあらう筈がない。自動車でもあればと思ふのだがそれすらもない。たゞ賴るのは汽車だけだが、何時になつたら動き出すのであらうか。

とにかく最初の汽車を掴へなければならない。筆者等は驛のホームで頑張ることにした。線路の回復し次第、最初に出るといふ列車に乘つて我々は二時間待つた。天津救援に向ふ砲兵隊の列車である。正午頃、先驅のガソリンカーが動き出した。それから五分置いて我々の列車も遂に動いた。輸送司令官に聞けば、果して東站まで行けるかどうかわからぬといふ。詳報は一切入つてゐないのだ。行けるところ迄行つて、進めなくなつたら列車を捨て砲撃を續けながら天津に入るといふ。我々もまたその肚を決めた。列車内の兵士は窓際の者は全部銃を握つたまゝである。

軍糧城驛の近くになつた。列車は急にスピードを落して徐行し始めた。前方を見れば昨朝脱線顚覆した列車が、未だそのまゝ線路の周圍に幾輛も折り重つて投げ出されてゐる。恐らくは再び見ることの出來ない慘たんたる情景だ。筆者は動いてゐる列車のステップに立つて、續けざまにカメラのシヤターを切つた。

この附近一帶には線路に沿うてずうつと支那の塹濠が堀られてゐる。處々には泥の小屋があつて線路に向つて銃眼を開いてある。塹濠は何時迄も何時迄も續く。

二時間近くもかかつて愈々見覺えのある天津附近についた。汽車は止つては動き、動いては又止る。止る毎に數名の兵は列車の兩側に下りて歩哨だ。時々思ひ出した樣に銃聲が聞える。附近には支那兵の死體が轉つてゐる。「立ち上つてはいかん」窓の外を覗かうとする兵を、古參らしい下士は休みなしに怒鳴り散らしてゐる。四五名の兵が東站との連絡に出された。こんな場合には初年兵は何となしに氣の毒である。
汽車は遂に止つたきり動かうとしない。東站との距離はそんなに遠いことはない筈だ。種々情報を集めてみるに東站は完全に我軍が占領してゐるらしい。もはやこれ以上ぢつと車の中に坐つてゐることは出來ない、筆者等は列車に別れて歩き出した。少し歩くと丁度都合よく貨車が兩側から我々を防衛してくれる。前方には日本の兵隊の姿が見える。案じた程のことはなかつた。十五分も歩いたら東站のホームだつた。

總站驛東端の製粉工場、わが爆撃により火災を起す（三十一日午前六時）

しかし何といふ變り方であらう。ホームのコンクリートはことごとく堀り返され、驛の事務所には東站運輸司令部といふ紙が貼り出され、我が兵士と義勇隊が忙しげに往來してゐる。ふと氣がつくと足下にさるぐつはを噛まされた二十才前後の支那人が、後手に縛されたまゝ轉つてゐる。學生ででもあらうか。しかしこの時は何の感情も湧かなかつた。また驛の狀況をゆつくり見廻す餘裕もなかつた。筆者は土嚢のバリケードを跳び越えて外に出た。

驛前もまた驚くばかりの風景である。馬の死骸が幾つも折り重つてゐる。支那正規兵の死體が群をなして轉つてゐる。おそらくは我軍の爆撃で倒れたのであらう。顔は黒人の様に黒く光つて、口と眼だけが白く不氣味である。附近一帶の商家は打ち壞されて慘たんたるありさまである。木造と違つて煉瓦であるために柱と壁だけが空しく立つて、破壞の跡も一層眼につく。

滿鐵のバスに飛び乘つて租界に歸つた。中原デパートの屋上に上つて見れば、三不管身面はまだ處々煙を上げてゐる。白河に臨んだ電話局は影もなかつた。街はものものしい警戒ぶりである。

七月三十一日　總站（中央停車場）方面の戰跡を見ての歸り、再び東站（東驛）の方に廻つて見た。何氣なしに驛前の白系露人經營のホテルを覗いたが、そこで筆者は驚くべきものを見た。それは關東大震災を思ひ出す樣な眞黒になつた死體の山でもないし、打ち壞された建物でもなかつた。部屋一ぱいに散亂した衣類や毛皮類の中に、一人の支那保安隊員が絞殺されてゐるのだ。おそらくこの家の露人達は最初の銃聲と共に逃げ出したのだ。そしてその後へ二人の保安隊員が入つて來てりやく奪を始めたのだ。そしておそらくその分配の事から殺し合ひを始めたと考へるより他はない。大きなトランクや衣類戸棚は無理にこじ開けた跡があつた。衣類も毛皮もすべて立派なもののみであつた。それ等の中に保安隊の制服を着た一人の支那人が死んでゐるのだ。筆者は支那の軍隊や保安隊を無理に傷つけようとする意思は毛頭ない。むしろ彼等の必死の抵抗や勇敢な行動には敵ながら敬意を表したい位だ。しかしかゝる事實もあるといふことを曲げることが出來ようか。更に容易に考へられることはこの慘劇が日支兩軍衝突のさ中に行はれたであらうといふことだ。驛前の路上に眞黒になつて爆死してゐる死體と、こゝに絞殺されてゐる死體とを對比して考へるとき、筆者の胸には感慨無量のものがあつた。

その家の廊下の片隅に保安隊のえり章が一つ落ちてゐた。支那保安隊のえり章はえりの上にフックで止める樣になつてゐるのである。多分絞殺した方の保安隊員のものであらう。筆者は記念にそれを拾つて歸つた。

㉔阿部勇・荒木章・臼井忠三・尾崎士郎・岸偉一・佐藤観次郎・中島徳次・永瀬三吾・野崎誠近・堀江栄助「座談会　北支経済を今後どうするか」（『中央公論』第五二年第一一号、一九三七年一〇月）

座談會 北支經濟を今後どうするか

阿部勇　中島德次
荒木章　永瀬三吾
堀江榮助　野崎誠近
岸偉一　臼井忠三
尾崎士郎　佐藤觀次郎
（姓名はABC順）

時　昭和十二年九月十七日
所　天津大和ホテルにて

北支の開發

佐藤　中央公論社のため、お忙しい所をわざわざ御集り下さつて厚く御禮申上げます。戰況も益々有利に展開されて誠に同慶の至りです。少し早手廻しの感はありますが、「今後の北支經濟をどうすべきか」を中心になにか現地での特別な御話を承りたいと存じます。永瀬さん、一つ司會を。

永瀬　僕が司會者ですか、話のさそひ出し役は困つたな。いろんな雜誌では戰況とかその他振返つた話のみが多かつた樣に思ひますから、今日は、之から先「北支はどうなるか」「どうしたらよいか」といふ見通し

寫眞向つて右より栗、白井、堀江、野崎の諸氏、有田、荒木氏、右から中島、阿部、永瀨諸氏並びに尾崎、佐藤兩特派員

に就いて、將來に關する話をしてみたら面白いだらうと思ひます。「一體どうしたらよいですか」希望抱負ですね。

荒木さん興中公司としていろいろの計畫がおありになつた樣ですが、此の事變で御破算になるのですか、從來通り繼承されるのですか。

荒木　興中公司は、對支經濟國策の第一線を承る意味に於て作られた會社と思ふ。然し、北支の情勢がかういふ風に變つて來ればもう少し興中の機構を更に大きくしなければならぬと思ふ。日露戰後、滿鐵といふものが出來て、滿洲の經營をやりましたが、多少意味は異なるとしても、第二の滿鐵と同じ大きな機構を作つて統制的に北支の經濟建設をやらねばならぬものと思つてゐます。之は私個人の考へですから豫めお斷り致します。此度の事變のために二十億の豫算が出ましたが、更に多くの金が要る樣であります。大藏省では六十億の豫算だと巷間に傳へられ、その眞疑は別として金が要るものと見なければならぬものとした時、之だけの國帑を費し、これだけの犧牲を拂つた以上、たゞ支那を參つたと屈服させたことだけで北支の事變が終りとするなれば甚だ心細い話だと思ひます。私個人の考へでは百億の軍費を必要とした場合、更に三十億、四十億の、少くも二、三十億の建設資金を軍費と同じ重要さに於て考へ、それに依つて、北支の經濟工作とか事業とかを北支自身の搖がない基礎の上に建てなければならぬ。その爲には今迄の興中といふものはさういふ使命の下に生れて、機構を擴大して、一興中にこだわつてゐる譯ではないから、名はなくしてもよいが、第二の滿鐵の如き國策會社が生れて、北支の建設をやるべきではないかと考へてをります。

永瀨　興中公司が國策に順應して進んでゆくことは結構ですが、支那人一般は、何かH本が利權をあさつてゐる樣な感じを抱いてをるやうです。興中公司は北支の民衆にも利潤を與へるものだ、共存共榮だといふ風に眞意を納得させる對策はないでせうか。

荒木　過去に於ても儲けるといふ財閥資本家の考の樣な意味合に於て、利潤を主として企業や計畫をやつて來た覺えはないです。

永瀬　我々は勿論それを信じます。然し日本の北支工作は北支の民衆に多大の利益を與へるものだといふ事を徹底させなくてはいけない。

荒木　所謂經濟工作に於て、日本が出て來て獨占的にやるのではなく、鑛山でも炭礦でも、所有企業は日支合作で進むべきだと思ふ。一つの統制會社が生れたとしても、會社の使命計畫といふものは、さういふ支那の資本をとり入れて合作で進んでゆくといふのが根本で、その考を當然受繼がねばならぬと思ひます。例へば財閥そのものに所謂自由企業を許したらよいといふ說もありますし、又企業別に進出さしたらよいといふ說もありますが、企業別でなしに一つの會社を作つて統制的にやらすれば、企業の中には儲かるのもあれば儲からぬものもありませうし、國策のために必要な資源の開發をやつてゆくといふことにすればよいと思ふ。儲かるものばかり日本に持つてゆくとすれば北支の經濟工作は出來ない。どの位金を持つて來るかといふことが根本問題で、砲彈と同じ意味で政府が思ひ切つて何億といふ金を用意してをるべきだと思ひますが、廣い北支には充分だとは思へない土着の資本を利用しなければならぬと思ふ。結局日支合作の精神で以て事業計畫を進めてゆくといふのが根本になり、貴方の趣旨とも合致すると思ひます。

北支には未だ土臺がない

永瀬　臼井さん居留民會と軍との折衝、或は提携、それ等に就て何かその實情と、居留民の意志を代表してお話を……

臼井　今迄の處は別に、當面の軍の行動のお手傳ひの範圍を出ない。こゝにかの治安維持會といふものが出來、政治工作も出來てをりますが、どんな問題も民團として參與してをらない。今荒木さんのお話にあつた樣な問題に就て何の折衝もなし、交涉もなし、我々とても私一個の考でどんな風になるかを考へてゐる、今の荒木さんの御意見は適切な御意見だと思ひます。たゞ御承知の通り天津人士としての我々から言ふと問題は北支なんですが、さて事變は北支事變だつたのが支那事變となり、全支に及んでゐるからどこ迄擴大するか分らず、從つてその戰後に日本が支那に對して採る政治工作、經濟工作は全支に渉り、そこが非常にむづかしい問題だらうと思ひます。少く共我々として北支を目標として考へれば荒木さんの通りなんですが、日露戰爭後の滿洲は、滿鐵といふ一つの線と附屬地があつて經濟工作をやつてゆく足掛りがあつた。今度はさういふ風な都合のよい足掛りがない。興中公司が進出して有限鑛礦といふ樣な經濟工作の足掛りを作るべくお努めになつてをられたが、從來の方針で進んでゆくのでせうが、滿洲に於ける滿鐵の樣に北支に於ける第二の滿鐵を作る足掛りが欲しいと思ふのと、今言つた樣に、局面がどういふ風に擴大してゆくかといふことを考へると冀察といふ狹い範圍と北支五省、黃河以北、上海方面の戰局の納まり方に依ては、支那の全體に對することを考へなければならぬと思ふ。さうすると非常にむづかしい問題で、今いふ通り統制的のもので經濟工作を行ふといふことは效果的でよいものに違ひないとは思ひますが、統制的といふ論旨を目標とした時、印度の何とか會社が出來たといふ意味に於て日本がやらうと思つても、之は問題が大き過ぎるといふことになるかもしれんと思ふ。結論するに非常にむづかしい問題であり、考へにくい事だらうと思ひます。

佐藤　岸さん如何ですか。

岸　之は今臼井さんのおつしやつた事と違ふが、北支事變が支那事變となつたその發端は申す迄もなく冀察政權相手にして進めて來た經濟開發に關する交渉の行詰りと、もう一つ二十九軍の抗日思想、南京政府、共產黨の策動に依て尖鋭化した。さういふ風な緊張した空氣にあつて蘆溝橋で日支の軍隊が衝突した事に端を發したことは勿論なんですが、それが段々擴がつて一番はじめは二十九軍の中でも三十七師が惡いから之が日本人と衝突の最初の蘆溝橋事件を起し結局二十九軍全體に抗日思想が漲つてゐる。最も親日と思つてをつた張自忠の三十八師もいかん、親日派たる張自忠の副師長であつた李文田も保安隊を率ゐて天津攻擊をする、たうとう上海で大山大尉が、飛行場の附近で撃れた事に端を發して、結局支那全體に今度の戰鬪行爲の源となつてゐるといふ樣な狀態になつてしまつた。今の狀態から言ひますと結局北支の問題といふことを考へるよりも、支那全體の問題といふ風に考へなければいけないと思ふ。その前提として、兎に角支那の現在の南京政府、及びその軍隊をとことんまで迅速に降參さして、グーの音も出ないといふ所までもとつちめる樣に戰爭に勝つといふことが第一番に大切だと思ひます。

永瀨　勝つといふことは決定的に明瞭なことだが。

岸　勝つた先きはどうなるかといふ問題が起るが。

永瀨　其の次に來るものは何でせうか。

岸　考へておく必要がある。座談會の趣旨もそこにあるとのことですが、あとどうなるかどうしてゆくかといふ問題に乘り出してゆくには未だ早いと思ひます。

永瀨　吾々が希望を述べるのには、少しも早くはないと思ひますが。

臼井　專門的に考へる事になると、極くぼーつとしたアウトラインしかつかまへにくいでせうが。かういふ事を考慮に入れて將來の方針を定める必要があると思ふことは、

——座談會人物紹介——

阿部　勇　現在滿鐵天津事務所調查課長たり
荒木　章　興中公司の天津支社長
堀江榮助　橫濱正金銀行天津支店長
岸　偉一　天津總領事館の領事たり
中島德次　天津共益會の主事たり
永瀨三吾　京津日々新聞社主幹たり
野崎誠近　元冀察政務委員會の參議たりし人
臼井忠三　天津居留民團長

北支は御承知の通り日本と支那とは明治以來折衝が始まつて、第一に日清戰爭、日露戰爭、その前に北清事變、さうして日本軍の武威といふものが滿洲から北支那にかけては非常にはつきりと支那人の頭に入つてをるが、日露戰爭を去る三十四年の今日抗日だとか排日だとか言つて騒いでゐるのはその當時生れない前の若い者であつて、こゝの古老の五十、六十臺の人は北清事變の時列國の兵隊が北京に入つて來ましたが、最も軍規が正しく最も武力の强かつたのは日本人が第一だとよく知つてゐる。だから若い今の連中には日本といふものがどういふものかといふことは充分に知らない。古老はよく知つてゐる。處が一方上海とかの南支那はゆくと日清戰爭で滿洲に於て連戰連勝しても感じなかつた。日露戰爭も、北清事變もさうで、英國人、アメリカ人はえらい、日本人はつまらん、國も小さいと侮日の觀念が南支那の奴には非常に多い。どうも若い奴は北支も南支も抗日で養成されてをる。現政權、……を叩きつぶし、腹から降參するか、已むを得ず降參するかしらんが、南と北とでは歷史的に差がある。本當に手を握りあつて一緒にやつてゆかうといふのに都合のよいのは北支那の方で、南では上海事變でも日本が勝つたんではないといふ。さういふ風に我々から見るとどうも馬鹿なことをすると思ふけれ共、若い奴にはなに日本人は大したものでない、日本の軍が今に負けるといふ考へを持つてをるのが多く、平和の經濟工作を進めてゆく上に於て北支那と南支那とを比較したら非常な差がある。專門的に考へられても、さういふ風な相手方の違ひを頭に置いて考へれば當然最も力を入れるのが北支だといふことに結論されるだらうと思ひます。その場合にも滿洲事變の日本のとつた政策もどうも老人は相手にならん、將來性のあるものと手を握つてゆくのだといふ考へが相當にある。私はそれは今後北支で經濟工作をしてゆく上に今の若い者は始末が惡い。むしろ古老をつかまへて、其の後益々强くなつてゐることをみせたうへ、その後事をあげてやるといふ風に考へる方が效果的だと思ひます。之はまあこゝで出來た治安維持會の方でいろ〳〵みても可成老人が多い。口先丈けの議論の出來る若手を引張つて來れば恐らく失敗だらうと思ふ、古老を相手にする必要がある。その場合彼等の支那人としての缺點は、合本思想といふものがあるがお互の資本を合せてやるといふ思想が極めて少い。自分の力だけで仕事をやるのはうまいが、株式會社といふ組織にすると會社を喰つてしまふことしか考へない。之は昔からの支那人の最もよくない缺點で、さういふ點に於ては若い教育のある者はもう少しよいかもしれん、古いやつはさういふ點が甚だよくない。併しどうもその點の弊害はあつても矢張之から本當の親善關係を結んでゆくには古老を相手にする方針がよいと思ふ。具體的の問題はどうも未だ僕等ではどういふ風にやつてよいかといふことは分らない、大體最初からの歷史を頭に入れてやるべきだ。

支那の國民性

永瀧　國民性を忘れることは絕對に出來ない。國民性に就ては野崎さんが一番御意見があると思ひますが。

野崎 ……が倒れるといふ目安が付かないとこちらの方の支那人は本音を吐かないと思ふ。成程、南と北とは歴史が違ふ點もありませうけれ共、國民政府が出來てから大分變つたと思ふ。矢張り南京政府がどうなるか分らんといふ間はしつかりした態度はみせんと思ふのです。

中島 南京政府が潰れると見てだね。

野崎 南京政府が潰れて、之から安心して日本人と大手を振つてゆくといふ時代が來たとして、今お話の樣な、何も彼も統制するといふことは、支那人に習はせますと一種の……といふ考へを持つてをります。

中島 統制することそのものが支那人にはさう見えるのですか。

野崎 さうだと思ひます。

臼井 合本思想が全然ないから統制的にものをやつてゆかうといふことは非常に理解しにくい問題だと思ふ。殊に老人連中等には本氣になつて一生懸命仕事を助けてゆくといふ感じを持たせる事が出來るかといふと、一つの統制の下に仕事をしてゆくといふことは彼等の國民性とは遠い。日本側からみると無論、統制的の仕事をしてゆく方がよいが、支那人の性格を考へてみるとその一本槍ではゆかない。いろ〳〵な工作もあるだらうし、立場もあり、一本調子ではいかんと思ふ。

永瀨 尾崎氏はどうです。

尾崎 大分色々な意見が出て面白いですね。まあきいてからです。

岸 今臼井さんは、古老はよく日本の力を知つてゐる、若い者は知らないと言はれたが、結局支那の將來を擔つてゆくのは若い者でそれに日本の力を知らせるといふのは必要だと思ふ。差當りの國防の安全、維持といふ點から一つの說として勿論結構だと思ひますけれ共、矢張り將來の事を考へると若い者に本當の日本の力を知らせる。若い者が第二の古老となるまで、相當永い間日本の力を本當に體驗さして彼等の資本も日本の力といふものを體驗して、結局日本と支那とが提携してゆかねばならぬとしみ〴〵感得させる事が必要ぢやないのですか。

臼井 當面必要なことは徹底的に叩きつけ、日本の力が自分等の力よりも遙かに勝つてゐるといふことをよくしらせる。日本人が優越感を持つてゐることがいかんと日支親善論者に聞くがこの爲支那人と結べないといふが、本當は矢張り英國人、ドイツ人、米國人に對して彼等は一歩自分等よりも偉いものだと思ひ、日本人に對しては北支の人は戰に强いと思つてゐる。商賣は上手だとは感じてゐないかも知れないが、南の方では、强いことも知らない。若い連中が日本恐るべからずとうたつてゐるが、どうしても日本人の强いことを先づ戰爭で充分にしみこませる。さて建設に入る時は、古老を相手にする。それから先きは兄弟を助ける意味で經濟工作をやつてゆけば若い者が日本に賴るべしとなると思ふ。それには矢はりどうしても本當の口頭禪でなく、眞から助けてゆき、共存共榮でゆくのだ。一人で金を儲けるのではなく、日本人丈けが儲けてあてがひ扶持をやるといふのではなく、共に利益を擧げて儲けさせるといふ考へでゆけば、若い者も子供の時からの抗日、侮日が誤つてをり、日本人は親切で而も日本人は我々より一日の長がある。からいふ事になつてはじめて平和が來るので、それが第一歩である。今度の事は今やつてゐる様に徹底的にやつける、中途半端で妥協するといふことは後に悪い影響をもたらす、途中でへこたれたりすると、三年、五年、十年の後にいがみあひをやるといふことになるから、とことんまでやり、若い連中をもふるへ上らせ共存共榮でやる。……にするとか……にするといふ考へでないといふ風にやれば日本人と結んでやる様になり得ると思ひます。

荒木　日本の武力に依て徹底的にやつゝける飽く迄もやらなければならぬ。日本の武威といふものを知らさなければならぬ。日本の文化といふものを支那人に理解させなければならぬと思ひます。勿論…なんかの方でも……をやつてをりますが、更に……丈けでなく、我々日本人は殊に北支なんかに來て住んでゐる我々は、日本精神、武威の先驅者としての心掛が必要だと思ひます。支那人の心をつかむことはそれでなければ出來ないと思ひます。

二段の經濟工作費をどうするか

中島　戰爭の戰時費は無論要るが、戰時工作の一段とか二段とか、之は又莫大なものを軍事費として要るべきだが、工作に對しての準備金が五十億要つて更に平和工作に準備しなければならぬといふ様な二段構へにゆく必要があると、私は思ふのです。悲觀する様な議論ですが、國民が所謂擧國一致で莫大な豫算を通し、今やのりかゝつた船で二段の工作の第一段丈けでもどこまでもやり遂げなければならぬ。戰勝の結果平和工作の第二段をやらなければならぬが日本の現在の經濟狀態として堪えられるか、ソヴイエットはどうなつてをるかといふ様なこともあり、もう一つ後に來るべきものに對する心構へが必要で之等に對してどうお考へですか。

荒木　一年に百二三十億の金が要る、一般の常識として考へられた北支事變に二十億出したから後は出せない。五十億などは出せないといふことは所謂國難を乘り切るといふところまで未だつきつめて考へてないのぢやないかと思ふ。もう少し戰爭が續くと六十億でも百億でも要るだらうと思ふ。平和工作に金を出さないといふのは戰後に於ける經濟工作といふか今度の事件に對して認識と熱情とが足りないと思ふ。一文惜しみの百知らずといふのがありますが、經濟工作に金を出し惜しむために無駄になるといふことがあり得ると思ふ。最も關心を持ち、恐れてゐるのはその點で砲彈のために二十億出すならば平和工作にも半年戰爭が延びたと思へば出るのですから二十億位我々は出すといふ心掛けでなければいかぬと思ひます。一年百二十億要るとしたらそれ丈けの國力は日本にあると思ふ。ある學者の意見ではヨーロッパ大戰の時ヨーロッパの國々は非常な經濟的な犧牲を拂つた。其の當時、伊太利、獨逸、佛蘭西の國力、國家の經濟力から見ると、經濟力に比例して其の當時、その三國が負擔した全部の割合を日本の現在に於ける國力から見ると、一ケ年に百二十億づゝ四ケ年間續けて出すといふことになりますが、徹底的な統制をやつてゆけば、一ケ年百二十億、四ケ年出し得ると或る大學の學者が寄つて計算してをる。理論の當否は分りませんが、多少差引いて見たにしても日本が本當に國民一體となつてやる氣持があれば日本にその力はあるのではないかと感ぜられる。二十億、三十億であきらめて投げるといふのは國家のために命を捨てゝをる連中から見ると何事かといふ氣分が起つて來る。之は戰後の建設に對して、金を惜しむ樣であれば今度の事變の意味は半ば以上失はれるのではないかと思ひます。第一に戰つてゐる將兵に對しても一寸の金は出してもらふべきで、軍人も頑張る必要があると思ふ。………………の時の金は何も殘らない。有終の美を爲さしめるためには、鐵砲彈と同じ樣に考へて金を出してもよいといふのが私の持論なんです。

統制經濟の限界

中島　日本の國帑は兎に角、乘りかゝつた船ではあるし、御承知の通り今度の戰爭の意義を貫徹するにはそこ迄ゆかねばならぬ。そこでその所謂徹底的な統制經濟になつて來る。夫れでなければ出來ないでせうか。

荒木　さうです、さういふ事を惧れてをつたのでは何も出來ない。先刻臼井さんのお話の樣に、南の方よりも北の方が、從來の因緣から言つて、此方からやらなければならぬといふのは同感ですが、臼井さんの考へてをられた以外にも、南の方は、歐米の資本で耕されてをるので經濟的な利權がない。さういふ所に日本が行つて國際關係を複雜にして割込んだりするよりも、先づ耕されてゐない、處女地のまゝ眠つてをる……が多い處で、日本はこゝに手を着けなければならぬと思ふ。喜んで歡迎すべきで、國防から言つても北支を押へるのは必要だと思ふ。

中島　全然同感です。南にゆき列國から押へられてやる必要はないですからな。たゞあまり問題が大きくて實際我々は見通しがつかないし、經濟學なんていふものは我々は分りませんが、北支の平和工作をやるとすれば或は北支の範圍がもう少し狹くなるかも知れんが、たゞ私共の始終聞く所は今度は………を踏まない樣にやり度いといふことです。私は………はしらないが、資本家のいふことか、或はさうでない人のいふことかはつきり知らんが、………………でやつてはいけないといふことを耳にする。この點、貴下はどうですか。

荒木　之は調べておりますが、滿洲國の成立は既成の事實であつて、之は方針通行つておると思ひます。滿洲國でやつておる統制方針がいいか惡いかといふことは別として、北支は滿洲とは違つた勿論、北支に於て日本が滿洲國と同じ樣なことを進めてゆかうとは恐らく誰も考へてないと思ふ。異民族の統治は非常にむづかしいことであります。矢張り、彼等をして自分の思ふ通にやらさなければうまくゆく、ものではないと思ふ。北支の樣に文化的に高められてゐる處に於ては滿洲國と同じ方針をあてはめることは、場所錯誤であると我々は考へておる。來たるべき北支の政權がどういふ過程に於て成立されるか分りませんが、なるべく之は中國人をして、向ふの人をして政治をさして、日本は必要があればもつと高い立場から少數の顧問なり、さういつたものを置いて適當に忠言を與へてゆく、指導してゆくといふ位にしてゆくべきではないかと思ふ。

北支の資源について

佐藤　阿部さん如何ですか。

永瀬　經濟開發の資源方面に就て。

阿部　荒木さんと大體同じで、政治と經濟と同樣に根本的な歷史があるし、之は兎に角新しい政權が出來るといふことは大體自然の成行だと思ふし北支に於て相當人口も稠密だし、南支那と聯關を持つてをる新しい政權が出來たにしても滿洲國家みたいに日本が行政の方面まで深く立入つて指導してゆくことが果して出來るか、出來ないかといふことは非常な問題だ。民族の方面からいふと多少惡い政治が布かれても自分勝手にやりたいといふ氣持があると思ふ。滿洲國家の樣なものが出來ても北支ではどういふよい政治が行はれる樣になつても……：………、…………ない場合があると思ふ。

大體の常識としては新政權が出來たとしても日本と提携する上に於て、間違つたことをやらないといふ風に、導くといふ程度の相談に與つてゆくといふ。顧問でも置くといふ樣な、或は非常に惡い點を日本の知識に依て改廢してゆく、相談に乘るといふ位で、あとは關係しないで支那のするまゝにやらせるといふのが大體の常識になつてゐる。若しもそれでいけなければ澤山の兵士もゐるし、…：でやつてゆかなければならないが、國帑の負擔が多くなるといふことが考へられる經濟の方面では滿洲國家の統制といふこともあるが、大體滿洲國家の經濟統制は資本の濫費、各國の資本家が出ていろ／＼問題を起す。その濫費を防ぐといふ樣な意味と、國防產業といふものが大體あり、利益があんまりない、今こそ物價が騰りましたから可成その當時たてられた會社は利益を擧げてをるが、平常の經濟狀態からいふと利益がない。從て國防の必要から產業といふものは……………………………：といふよりも、國家の必要に依てやらなければならぬ。さういふものが會社の統制下でやり、自由資本の濫費より來る摩擦を防がうといふところから來たものであります。

大體の經濟界の傾向から言へば統制は內地に傾いたやうですが、餘り無理ではなかつたといふ氣がする。滿洲に於てすゝめたその統制はその當時は何から出來たかといふと、國策の必要上から出來ており、殊に先程から言ひました日本の對外資本餘力といふものは普通の狀態から見ると小さくなつておる。荒木さんは百億希望する、いくらでも出るぢやないかとおつしやつたが、さういふ覺悟でなければならぬと思ふが、當今の狀態に於て對外資本餘力は非常に小さくなつてをり、而も日本の要求する資本は、國防の政治狀態、國防力を强化し資本力を擴充しなければならぬ、その資源はどうしても日滿の資格に依て獲得しなければならぬといふことが、重要なことになつてをる以上は、さういふ資源を國策の命ずるところに依て兎に角開發しなければならぬといふことが要求せられる。

佐藤　資源的に見て如何ですか。

阿部　北支から見ると、資源の關係から色々ある様ですが、石炭が一番問題になつてをる、數字は滿鐵の本社の產業部あたりで非常に詳しく研究してをるのですが、商工省あたりで發表したのが一番數字も少いしするから先づ大體目安をとつて見ますと、今後五ケ年間今の狀態で七千五百萬噸要る。此の需要を充すため、滿洲と日本が最大限度に石炭を採つても六千萬噸しか供給が出來ない。あとの千萬噸はどこからか、北支から持つてゆき度いといふのが皆の考になつてゐる様ですが、併も其の石炭の質といふのは製鐵に要するコークス用石炭で、之は幸ひ北支には無限と謂ふ程、山西も入れれば、之を使ふためにはさういふ……：するにはどうしたらよいか、大きな資本が要るが、日本の對外的に投資する資本は少く、而も國家はさういふものを要求してをるといふことになつて來ると、石炭なら石炭に就て儲かつても儲からないでもやることが要求されることになり、一つの會社をして强制的にやらしたらどうか。石炭、或は鐵道に於ても、或は鹽に就てもさうであつて、石炭は石炭、鐵は鐵又は鐵道は別の會社にやらせるといふのが、此の一つの會社に綜合的にやらせるか、大體滿鐵本社の產業部あたりで考へてゐる人の話を聞いたんですが、兎に角さういふもの丶間には利益率が同じでない場合が多い。損失をしなければならんといふ場合が考へられる、國策會社だと、あるものは損をし、あるものは得をするから仲々滿鐵以外の自由企業にやらせることは出來ないのぢやないかと思ふ。儲かるのも、儲からないのも一つとして………所に從てやらせる趣旨によりバランスがとれた仕事もやり易い。日本の對外資本餘力といふものも少いけれ共研究的に出來るといふ考で、從て、統制的にやる國策會社は所有ものに手を出すのでなく、石炭とか、鐵、鹽などに關係して鐵道、港灣だとか經濟の根幹になるもの丈けなんです。あとは他に自由に進出させ開發さしてゆかさうといふ考へでゐる様に思ひます。

當面の通貨安定策

永瀬　堀江さん經濟開發は先づ安定通貨の決定からですが、さういふ意味で圓の安いのに就いてなにか。

荒木　大きな問題だと思ひますが。

堀江　デリケートな問題で當面の問題と將來の問題と二つあるわけですが、日本人が關心を持つておるのは最近の圓の相場の暴落でせうが、上海では圓の相場は一〇二前後、九八前後になつてをり、北支では八月の末から九〇を割つた、其の後恢復したが

九三、四を彷徨してゐる。上海よりも相場の思いといふ現實の問題であり、デリケートな問題があるが、正金銀行として年賦の支拂をやつてゐる關係から詳細に述べることは出來ないけれ共、その對策は對滿事務局から青木さんが、日本銀行も大藏省からエキスパートをつれて來て調査研究をしてをられるから其の成案に信賴してまつてゐます。今こゝで一々個人的に發表するとは控へたいし、する必要もないと思ひます。

永瀧　個人的なお考へでも。

堀江　現在の問題は弗が尠いと見てもよいのだから、弗資金を供給するかどうかといふことは今研究しておるのです。成案が得られると思つて居ります。將來の問題は之は調査研究されてをるのですが、之は結局政治的、軍事的の進展狀況如何に依ると思ふのだね。經濟組織殊に金融組織なんていふものは相關的ものでなければ政治的のものがまゝはつきりしないと成案といふものを樹てることが困難で、僕も考へて研究してゐる事が政治的、軍事的情勢を靜觀してをる、夫れに依て然るべくいい成案を樹て、適當なものをやらうと思つてゐます、抽象的ですが。

岸　商賣といふものは止つてゐる、支那の持つてゐるその札を出すことは前途不安でやらん。そんなに心配しなくとも出して品物を買ふ樣に支那側には銀行に持つて行つて決濟する丈けのビルがない。支那側が前途不安のため大量の銀の取付にあつた時に困るといふので心配して出さないといふので、要するに治安の恢復に伴ふ商業の復活といふことが第一になつて、人間の血が出てしまつたのでなく、血の循環が止まつてをるので、その循行がする樣になれば表面の心配はないと思ふ。

中島　私は分らんが南京政府が瓦潰する時支那人の銀行に預けてをるのですが支那銀行が潰れてしまふ樣なことはないでせうか、北支の何千萬の財產が少く共半分はなくなつてしまふ樣なことはないでせうかな。之が自分等を助けあつて指導してゆく我々が……………せたことにもなりますな。銀行がさういふ場合にちやんとしてをるのなら政治工作で南京政權は倒れたが北支がかういふ今迄の南京と絶緣してこゝに政治工作も出來た場合、本店は南京に、支店はこゝにある銀行は破綻狀態に陷り支那人の金といふものがなくなるなどいふそんなことが全然杞憂なものか分らんのですがね、素人考へで甚だ心配なんですが。

佐藤　善政を布くのはいゝが貧乏になるのを考へてやらなければならぬでせうね。

堀江　混亂さしたり、破壞さしたりしないといふ方針でやつてゐる、そこまでいかない樣にすることを考へてやるのでせうが。

永瀧　支那では政權と經濟機構とそんなに相關的なものでせうか、內閣がかはつたからと云つて直ぐに……

鶴本　此の事變が勃發した時、私の方の十河(信二)社長が最も心配されたのは、一番大切な當面の問題として、治安の維持、金融機構を混亂させないこと物資の供給を豐富にするといふことを何を措いてもやらけなればならぬと、病氣でしたが馳廻つてその意見を述べ物資對策委員會が出來る樣になり、金融機構の金融が攪亂されない樣にする安定工作もやる樣になつたのですが、まあ事變勃發當時その三つを重要視して、夫れ丈けはやらなければならぬ、金融機構が破壞される樣なことがない樣、治安の維持を計るといふことになつた、僕は達見だと思ひます。

永瀬　金融市場といふものは先定るものですが今銀が安定してゐるのは南京政府を過信してゐるのと英國の支持があるからでせう

堀江　支那の幣制といふものが昔の舊幣制の樣に人間の見込みとか不安とかに依り、ぐら〳〵しない樣に出來てをる。一〇一なら賣りますといふことを發表して賣つてゐるうちは如何に前途に不安を持つてゐても賣つてゐる限りは崩れない。昔は前途不安だとなると三弗、五弗、十弗とだら〳〵に下る、今の相場を發表して現地で賣つてゐる限りみんなが如何に不安だらうが下らない。從來相場が下るといふ習慣から下らないといふ質問を受けるが、新幣制の政府在外資金のある間は財政部長が變らうが、個人の問題でない。昔の樣に抽象的に在外資金に充てるとなくなるではないかと不安はあるが、ある間は相場は崩れない。そのよい制度のお蔭で期待してをる、今迄の樣に南京政府が瓦潰しない、しつかりしてをるとよく取引先から言はれるが當前で、中島さんのおつしやつた通り割合に崩れない。財政部長が變らうが、總裁が變らうが崩れない、不安はあるが今迄よか扱ひよい、財政は混亂させず北支を收拾してゆかうと心配してゐるわけです。財政の混亂とか民衆を苦しめるといふ考へは勿論我々も毛頭希望しない。

永瀬　事變が起きると弗が下ると思ふ人もありますが、從來は上りを見越して買ひに廻るのが定石ぢやなかつたでせうか。

野崎　支那人ですか。

永瀬　支那人でも日本人でも。

野崎　昔の現玉時代でしたらさうでしたかも知れぬが今日の幣制ではさうは行きますまい。

堀江　戰があれば金が上つてゐたのだが、今はそんな變態なことはない。

天津異變の裏面話

尾崎　經濟問題を大分ききましたが、天津異變の話がありませんか。

永瀬　事變の時逸早く領事館へオートバイを飛ばしていつて居留民安んぜよといふ告示を受取つて號外にしたのでしたが、領事館は確信を持つてあの告示を出したのですか、實際はどうです。

岸　それはよさうよ……どんな場合でも勇敢なる警察官もゐる。租界の中に敵兵が入る樣なことはないと確信してをつたが、萬が一にも警備してをる部隊に手抜かりがあつたらと相當危險は感じてをつた。機敏な通知に依り、義勇隊、警察官の勇敢な活動に依て安全になつた。

中島　領事館々員で總領事が出て行つて、佛蘭西が中立の意味で萬國橋、あそこを遮斷するといふので二十八日にそんな話があつたといふが、事實あつたんですか。

岸　二十九日の朝佛蘭西側が、支那側が射つて危いから自分の租界を安全に越せないといふので交通を止めた。その後話合ひに依て結局通れる樣になつた。二十九日連絡を取るため、もう一つには兎に角外國租界といふものがあつて自分の領土と同じ行政權を各國が主張してをり、日本の軍隊が通過しなければならない。馴れない軍隊が入つてどこまでが日本租界か分らない。外國租界があつたといふために當時の軍の行動に非常な障害があつたので軍の行動に非常な障害があつたといふのは否定出來ない事實です。

中島　新聞にも出なかつたが青年學校の生徒を三名のせて兵が三名決死隊を作り増援を頼みに來た。その折に軍司令部に行つて増援のことを頼んで一應報告を終つて倒れた。三發喰つてゐた。其の折は氣がたつてゐる。參謀長に報告してばつたりやられたが、三發うけてをつた、本當に氣の毒なことをした。こゝに於ても殺されなければならぬから同じ殺されるならと三人が出て行つた。皆半島人ですよ。あとの四人は第二回の滿鐵の人が出る時ロシヤ公園の方から迎へを受け非戦闘員は大陸に脱出した、その時は未だ萬國橋は渡れなかつた。

佐藤　半島の人もいろ〳〵奮闘したといふことをきいて居りますが。

岸　日本國家のために盡すといふ誠意を示したいといふ切なる希望があつたので、それはよろしいと言つたのは、私の責任なんだが決死隊の中には戦死者も出來たが、天津租界の警備のため働いたといふのは先生等自身も滿足だつたらうし、思想指導上にも非常に效果があつたと僕は密かに滿足してゐます。

宋哲元と最後の別れ

佐藤　野崎さん何かエピソードはありませんでせうか。

承灝　問題の裏に「面子」ありといふことが言へると思ひますが、その面子といふ事をうまく説明して頂けませんでせうか、今度の事件に北京の要人で日本と對策をめぐらす中に我々の想像出來ない面子問題が伏在してゐたといふ様な例を擧げて。

野崎　北京の戦爭が一寸一段落ついて、三十日の日に賈徳耀の家に行つて會つた時に、かういふ話があつた。二十五日の日に日本から最後の通牒が出た、その時宋哲元が會ふことを避けて秦徳純に代つて會はさせようとしたのです。日本側では宋哲元自身にあつて渡すものがあるといふので三時間も待つて渡した。それが最後の通牒でした。賈徳耀がそのことを批評的に言ふのには、若しも宋哲元以外の人に渡してをつたならばあの最後通牒は全部承認してをつたらうが、御大が自身眼の前につきつけられてはどうしても部下に承知する事が出來なかつたと云ふことだが、そこらが所謂支那の面子といふことを玩味する點ではないかと思はれます。

中島　どうもさういふ點が我々が想像せん點で行違があるでせうな、日本人自身は本人にぢかに渡さなければならないからなあ。

承灝　日本人で宋哲元に一番最後に會つた人は誰ですか、貴方ぢやありませんか。

野崎　私は七月二十六日の晩に三十七師の兵を明後日の正午までに城外に出せといふことを言ひに賈徳耀と一緒に進徳社にゆきました。その時恰度廣安門が射ち出しました。其の翌朝から戦爭が始つたのですから或は私が最後だつたかも知れません。

岸　張自忠が天津に自轉車で逃げて來たといふ話があるが本當ですか。

承灝　野崎さん、現在のあの人にそんな危險をおかして迄やつて來るのですかね。

岸　北支タイムスの論文に書いてあつたが、普通そんな境遇に陷入れば自分の私生活を樂しむといふが、張自忠の方は喪服かなんかを着て、自轉車に乘つて歸つて來て英租界に入つた後、此方から船にのり靑島から濟南に渡つて自分の軍を指揮してゐると聞いてをります。

永瀬　そんな危險を冒して廻らなくてももつと簡單に自分の部下と一緖にゆけるでせう

野崎　昨日賈德耀が北京から歸つて來まして話ましたが、宋哲元はどこにをるか全然分らんさうです、此處にゐる家族にも全然分らん。お母さんには濟南にをるといふてだましてゐるが全然分らん、張自忠は保定にも北京にもゐない、天津かも知れんね。

岸　靑島からぐるつと廻つたといふ。

佐藤　宋哲元に最後にお會ひになつた時の感じで、後はどんな心境だつたですか。

野崎　私は多分に秦德純等に誤まられてゐたと思ふ。結局木曾の義仲だつたらうと思ふのですがね。

永瀬　友人間の暗鬪といつたもの、あの當時の例へば馮治安と賈德耀、片方は兵を澤山持つてをる片方は持つてゐない、その間にお互に希望することが大變違つてゐる。それが口に出ないで會議の上にいろいろ意見の衝突があつたといふ樣な……

野崎　會議といふものはあの當時殆んどしてゐない、日本から出る要求が馮治安にいつも引かゝつてゆき、問題がこゝが中心になつてをつた。馮治安の所にゆくと秦德純にいぢめられてをる樣な有樣で、罰せられるのも自分だし、撤退するのも自分だし、みんな俺ぢやないか、君は兵隊を持たんから氣樂でよいだらうけれ共、と馮治安は秦德純に言つてをつたやうな狀態のところへ又丁度宋哲元がゐなかつたし、云はゞどん栗のせくらべになつてをつたのでせうね。

岸　馮治安と張自忠が各國の記者をよんだことがあつたね、張自忠は日本にも行つてゐるが、馮治安は滑稽だつた。宋哲元は今年の春だつたか、芝居に外國人をよんで觀覽席を作つて洋食を喰はしたが燕尾服を着てゐましたよ、今考へると宋哲元の全盛時代だらうな。

永瀬　僕は宋哲元にはじめて招かれた時つゞけさまに三つも欠伸をするのを見た、相當御無禮だけれども日本人を輕蔑してゐるからの欠伸ですかどうですかね。

野崎　それは分らんね、麻雀でも夜通した欠伸かもしれんね。

尾崎　そら仲々面白い男じやないですか。

岸　李文田は警察員をつれて日本に行つて親日振りを見せてゐた、實際支那人は最後まで信用したものでなければならぬ。

中島　岸さんは出席なさらんけれども、二十八日警備連絡委員會を開いた。宋哲元は北平に逃げて行つて生意氣な宣言を發した。子分が一萬もゐるが、どういふ考へですか事變關係もこゝは大丈夫だと言つた。その日の午後五時頃ですがその日の晩やられたのですからびつくりした。李文田は二時頃でも呼びにやれば來る仲だからと言つた。支那人は許せないですね。

岸　李文田も後で吃驚して來たさうですな。號外が出たですが張自忠の命令が徹底しなかつた點もあるが併しけしからん奴だよ。

野崎　二十八日の午後今の特別一區の主任の齊が特別二區の局長でしたから何時も鐵橋を挾んで公安局と兩方の局を往復してをつた。二十八日の午後の二時頃に公安局に行つたら丁度日本租界の地圖を擴げて李文田と馬警署長と參謀長とがしきりに策戰計畫をやつてをつたさうです。そこに知らずに入つたのですから曾君はすぐ監禁された。それでずつと監禁されて夜中の二時の戰爭がポン〳〵はじまつてから曾君が戰爭がはじまつてゐる樣だが、自分を歸して呉れないのなら特別二區の治安を誰かにやらして呉れと言つてそこではじめて歸して呉れた。その時分から少くとも二十八日の午後三時には地圖までひろげて策戰をやつてをつた。四時頃に前後して二人が役所から出た馬が誰かのお祝ひに行つてそこで麻雀をやつた。李はどこか友達の處に行つた。馬の所へ電報が來た。張自忠の電報です。そこに暗號がなかつたのでその儘そこにをつて麻雀をつゞけてやつた。電報が分らんまゝ李文田の所に持せてやつた。李の所にも暗號がなかつたから折角の張の電報は宙にぶらつき、一方書出してあつた日本租界攻擊の命令が進行して射ち出したのです。

中島　その電報は命令の取消かね。

野崎　宋哲元が二十九日に北京を逃げてゆく時冀察政務委員會の代理を張自忠に命令して行つた。ところが張自忠を冀察政務委員會の委員長代理にするのはいかん、天津の攻擊はなんだと日本が言ひ出した。その時に張自忠は私は實際日本を射つやうな考へは全然持つてゐなかつた。二十八日に馬と李の所に電報を二通打つておいたのだとその電報の控へを賈德耀の所に持つて來たのを私は見ました。その電報にはどういふことが書いてあるかといふと一つは北平で和平の相談が出來るから其方で軍事行動は一切やつてはいけない。もう一つは若し…………て來るなら我軍は馬廠靜海の方に撤退しろと書いてあつた。かういふ電報を打つてある位で決して……を射つ考へなんぞはなかつたと一生懸命釋明してゐた。冀察政務委員會の委員長代理に餘程なりたかつたのです。

佐藤　張自忠は戰意はなかつたのですか。

野崎　さういつたことは今私には分らんのです。委員長になりたかつた事は事實です、非常に運動したのです。

中島　非常に蟲がよい話だ、宋哲元の代理になりたいなぞとはね。

野崎　岸さん先刻からお話のあつた國民政府が全然へこたれるまで擊つとして、どこまでいつたらへこたれるでせう。

岸　陸軍省でお聞きになつたらどうでせう。

中島　南京政府が逃げ出した時が、一段落でせうな。

永瀬　蔣政權が崩潰した時次に來るものは抗日より恐ろしい赤色支那が力を得るといふことになるのではないでせうか。

岸　赤色支那にならない樣に日本の力でしなければならぬと思ふ。

野崎　事變前迄は反蔣といふ空氣は相當ありましたね。反共產黨の空氣も相當にあつたのです。戰爭が始つてからやはり段々反蔣といふ氣分は消えるでせうな、支那人の共產黨をにくむ空氣も幾分減つてゐるやうです。矢張支那人は支那人同志といふ點を考へねばなりますまい。

岸　頼るものがないと心細いし、自分の仲間であるといふ氣持だね。

永瀬　尾崎さん何か御感想を。

尾崎　ハヽヽまあいゝでせう。

佐藤　どうも有難う御座いました。これ位にして。

㉕吉屋信子「戦禍危かりし天津に入りて」「天津軍病院に傷兵を見舞ひて」「天津国防婦人会員の献身」
（『戦禍の北支上海を行く』新潮社、一九三七年一一月）

（第二信）

戰禍危かりし天津に入りて

天津東站——横書きに、ふり假名をした、天津驛の白ペンキの指示標が見える。その構内に、軍用列車が突進する。

私たちは、今度は空艙を踏臺にして、生れて初めて乘つた貨物無蓋車から、この生きた荷物は、嬉々として降り立つた。

嬉々としてといふのは、むやみと嬉しがつたのでなく、まづ、これでと、ほつと一息した程度だつた。何故なら、驛構内から、兵隊さんの姿がひつきりなしに、往來し、改札口にも、銃劍を持つた兵隊さんが、一人々々通過の人間を見守つてゐられる。

天津驛の前では、まづ、ほとんど自動車を雇ふことは、出來ない。自動車の多くは、軍用に徴發されて、乘物と言へば、膠皮車(チアオピー)と、天津で稱する、日本流の人力車、それが、汚いこと〳〵、まだしも、上海の黄包車の方が、いくらかましかと思はれる、その汚い人力、古雜巾のやうな幌をかけたのが、あるきり。それならまるで、蟻の群がる如く、驛に降りた客を目がけて、押寄せて、梶棒をおろして、「乘れ」と勸めて、チーチヤ〳〵何やら、口かましく、彼等の聲が騒音となつて、驛前に散る。

私たちは、その膠皮に乘つて、支那駐屯軍司令部に向ふ。驛前を出て間もなく、佛蘭西租界に渡る萬國橋が見える。これが、天津事變の時、交通遮斷されて、日本兵が渡れず、伊太利兵の好意で、別に橋を架けたと、報じられた、その問題の橋。

今は、その橋が通れるが、橋の袂に、黒い服や黄ろい服の武装解除の公安隊、保安隊らしいのが、四五人立つてゐて、通行の支那人は、いち〱調べられてゐる。日本人なら何も言はない。戰つてゐる相手の國の人種の警備が立つてゐる前を通るのだから、少しをかしい。でも考へると、あゝいふ連中も、今こそ神妙にしてゐるが、いつ寢返りを打つかも知れない、と神經質になると、いやあな氣持がする。

佛蘭西租界と河岸との間を膠皮は走る、その街の道角には、まだ鐵條網が置かれて、兵隊さんがそこに立つてゐる。

こゝ天津は、日本内地で、蟲のいゝ想像をしたよりも、まだ〱戰後の砲煙の名殘りが、私共の眼と心を強く刺戟した。

支那駐屯軍司令部は、日本租界の一番端にある。門の中の廣い庭の中に、兵隊さんが、あちこちに屯してゐて、一寸兵營風景で、この街の秩序と平和が、我が皇軍の手で追々と囘復されてゆくのが、はつきり頼もしくわかり、嬉しかつた。

司令部内の、陸軍宣傳部の廣い大きな室に入つて、松村少佐から、いろ〳〵お話を伺ひ、御配慮を戴く。「吉屋さん、第一線へ行つて見ませんか」と仰しやつたが、敢て臆病なわけではないけれど、今度の私の北支にはる〳〵來た使命は、戰況のニュースを從軍記者と競ふためでもなく、あくまで女性として、皇軍慰問に軍病院をお見舞ひし、現地で踏み止る日本女性のお働き等々――すべて、女性の立場から、女の眼で心で見て感じる記事を、書かせて戴き、讀者の皆樣へ報告する目的だつたから、その事を申上げると、松村少佐も、ひどく、それに賛成してくだすつた。

それから、香月司令官にお目にかゝれることになり、副官の御案内で司令官室に、矍鑠として入る。一隅の卓子の前から、司令官は、無造作にお立ちになつてくださる。そして仰しやつた。

「御苦労様です。よく北支を見て行つて、内地へお歸りになつたら、我々は一生懸命で戰つてゐますから、どうぞ銃後の婦人も、しつかりと後援して戴きたいとお傳へ戴きたい」

そして、私たちがこれから何處まで行くかとか、いろ〱優しく訊いて、お話しくだすつた。支那駐屯軍司令官など、いかめしいお役、日頃、あまり武人に御縁のない私は、初めは矍鑠として、恐らく、お目にかゝれても、二分か三分で追ひ拂はれると思つてゐたのに、百萬の兵を指揮なさる司令官その方は、ニコ〳〵して、もの柔かに、悠揚せまらぬ、人なつゝこい小父様とも申上げたい方だつた。すぐれた武人の半面に必ず持たるゝ、もの優しい紳士的態度だつた。

と言つて、何も私は今度、北支現地へ行つたからとて、お世辭を申上げるのでは、決してない。これはまつたく、今度現地で、たくさんの軍部の方に親しくお會ひしての、僞りなき實感である。この實感を得たことは、ほんとに私にとつては、大きな喜びだつた。

この實感の結論は、(だから、日本の軍隊は强いのだ)と思つた。威ありて猛からず、人間味豊なればこそ、いつたん鉾を取りて、生命をみ國に獻げる場合、更に强く雄々しいのだと信じた。

時ならぬお忙しい時、これ以上のお邪魔はと、お暇して、皇軍の御健勝を祈り上げて司令官室を出るに際し、「主婦之友」九月號に、香月司令官のお留守宅のお寫眞の出てゐるのを思ひ出し、一冊をお机の上に進呈すると、「ホヽオ、これは〳〵」と仰しやつて、破顔一笑、口繪のお寫眞を御覽になつた。

司令官室を退出して、廊下へ出てゆくと、その途中から、「吉屋さん、吉屋さん」と呼ばれて振り向くと、さつき司令官室へ御案内くだすつた副官が、出ていらつして、「あなたは赤い折鞄を持つてゐられたでせう、それどうしました？」と仰しやる。あつと氣がついたら、ほんとに、私はその折鞄に、北支の地圖、ノート、等々、私相當な重要書類(？)と、それに、「主婦之友」特派員として軍病院に差し上げるお見舞金を入れて、出立以來、肌身離さず大事に持つてゐたのだつた。香月司令官室へ參上の際も、確に持つて行つたのに、はてなと、きよろ〳〵すると、副官が、「司令官室へ忘れて來られたのでせう」と、司令官室へお入りになると、間もなく、私の折鞄をさげて來てくだすつた。私は鞄の色より紅くなつてしまつた。生れて初めて、司令官室などへ、のこ〳〵入れたので、すつかり、堅くなつて感激して、たうとう大事な鞄を忘れて出て來てしまつたのだつた。

私が恐縮して、その鞄を戴くと、副官殿莞爾として、「少し、あがつてしまひましたね。」

まつたく、仰せの通りだつた。

さすがに副官のやうなお役の方は、違つたもので、人の持つた鞄にまで細心の注意を拂つていらつしやるのだと感じ入つて、私なんか、そこへゆくと、なんといふ慌て者だらう、これでは、これからの北支の旅は、よつぽど氣をつけないと、いけないと思つた。

司令部の建物を出て廣い庭先を眺めてゐると、そこに休憩してゐられる若い兵隊さんが二三人、ニコ〳〵しながら、やつて來られて、「サイン願ひます」と言はれた。兵隊さんにサインをするなんて、願つても無い光榮と喜んで、ペンを取り出し、その方達の御無事凱旋を心に願ひつゝ、サインをしるした。

×

そこへ、軍宣傳部から特に自動車で將校が一人附いてくだすつて、天津に於ける日本軍飛行機の見事な爆撃の跡を見せてくださるとのことで、その庭先から、私達一行は、(軍宣)と張紙した自動車に乘せて戴く。その車の運轉手さんは、若い人で、軍屬のカーキ色の制服を着てゐられる。自動車の運轉技術を腕に持つ人達は、かうして、いざといふ時、お役に立つのだといふ事が、此處に來て眼のあたり判つた。勿論、さうした運轉手さん達は、戰場でも、傷兵輸送、

22

兵站部輸送、その他どんなに危険を冒して働いてゐられるか知れない。戰地にあつては、もはや自動車といふものが、贅澤品ではなくして、戰に必要な輸送車としての榮譽を荷ふのである。

軍宣の自動車は走つて、南開大學の爆破の跡へ止まる。大學の門前には、小舟を浮べるに足る河があり、蓮の花が荷葉の間に浮び、岸には支那風景特有の楊柳の綠の枝が垂れて、折から照りつける陽に涼風を起してゐる。

平和の時の、この大學前の柳も蓮の花も、流れの水も、いかに長閑であつたらう。

だが今は、あはれ、一朝廢墟と化せし最高學府の殘骸が、崩れ散りし建物の煉瓦の外壁を無殘に見せて、陽の下に暗然たり矣。

この大學は、民國御自慢の大學だつた。そして、この學府こそ、多くのうら若き支那の男女學生が集ひて、抗日思想、かつまた共産思想の溫床となつた學府だつた。

門前の橋を渡ると日本の哨兵が立つてゐられる。そして、その中の一人の伍長さんが案內してくだすつた。

大學の大きな圖書館も、中は空爆で灰と化してゐる。その傍に、圖書館の設立の碑らしきものが、これのみは、何も知らぬげに、うち立つて、その周圍の校庭には、松葉牡丹の花が咲いてゐた。それと、花壇と思しきあたりに、黃ろい花、赤い花が、空爆の地の上にも、可憐に咲いてゐるのが、むしろ夢のやうに不可思議だつた。あゝ、悠久の大自然は、戰禍の巷であらうと、なんであらうと、時來らば、花を咲かせ、實をみのらせる、たゞ默々として……

私は記念に、その松葉牡丹の一莖を手折つて、手帳の間に挾んだ。

その時、伍長さんが、腰の日本刀を抜いて、「これで支那兵の首を切つたんです」と仰しやつた。水のやうに冷たく澄んだ、日本刀の刃の先に、一つ刃こぼれがあつた。

「丁度、支那兵の首の骨のところに當つたんで」と、説明された。これが平常なら、私ごときは、キャッと言ふところ、この北支現地に來ると、さうした刃の先にも、腰も抜けず、默つてぢつと、晩夏の陽の下にきらめく、日本刀を見入つてゐた。

この伍長さんは、戰場の勇士で、永い戰陣生活に、剃刀どころではなく、お髭頰髯が長くのびて、丁度加藤清正のやうな面影に見える。いつたい陣中生活を永くした軍人は、おほむね、この清正型が多くて、昔より今に至るまで武勇の將の俤は變らぬものかと思はれた。

それから、同じ大學構内の思源堂に行く、これは大講堂である。これもまた、天井を見事に飛行機から打ち拔かれてゐる。その内部の燒けた跡の雜然たる堆積物の灰や煉瓦や鐵片の中に、銃の燒けたのがまじつてゐた。

「こゝへ逃げ込んだ支那殘兵のものでせう」と將校さんが仰しやつた。その外に、灰にまぶれながらも、形はそのまゝの、なか〳〵上等の切拔帖が散つてゐた。どの頁にもまだ張り込みはしてなかつた。

私は、それらの光景をしみ〴〵見やつて、もしも、もしも――日本の帝國大學などが、もし、敵機の空爆を受けたとしたら、果して、かうして平然と眺めて立てるだらうかと思ふと、身内が引き締つた。

この南開大學總長張伯苓は、傳ふる所によれば、彼は初め清國の海軍將校として、軍艦にて日本に寄港した時、大阪を見物し、折しも北野中學校の開校式を眼のあたり見て、(今支那は武力よりも、國民知識の開發をせねばならぬ。日本はこんなに教育が行き屆いてゐるから、強國なのだ)と覺つて、歸國後、軍籍を退き、まづ手初めに、南開中學を建てゝ、それが今日の南開大學にまで及んだと言ふのである。

北野中學の、北野は地名なのであるが、それに對して、南開と自分の設立校に名づけたといふのも、うなづかれる。

思ふに、この張伯苓の如き人物は、支那人として、偉大な人物、日本の新島襄とも言ふべきか――だが、初め日本の教育普及に感服して歸つたといふのに、いつか、抗日思想となつて、その思想を學府内に充滿させたのは、日本から言つても、殘念至極である。

日本軍は、いかに敵國の大學なればとて、故なくして、空爆などは斷じて行はない。

だがこの南開大學は、天津戰亂の際、暴兵、便衣隊の根據となつたので、止むを得ず、廢墟と化したのである。

あゝ、張伯苓よ、卿はもう一度日本に渡り來て、日本の眞の姿と心に接しられよ！　と言ひたい。

×

それより、なほ私達は、天津市中の我軍空爆の跡を見せて戴いた。天津市政府の樓門が殘つて、そこの建物も爆破され、構内の獅子を彫つた大きな石が、引くり返つてゐる。しかも、その支那風極彩色の樓門の上には、筆太に（禮儀廉恥）と書いた額が、そのまゝ掲げてあるのは皮肉だつた。

「何が禮儀廉恥か！」

と、同行の將校さんが、苦笑された。

いかなる麗句を門に掲げようと、所詮、その精神の實行が、伴はない限り、それは單に嗤ふべき文字の遊戯に過ぎないといふ事實を、あまりに白日のもと、あり〳〵と見せてゐる。それを支那に敎へるために、日本軍が空爆したかとさへ思はれた。

その外にも、空爆の個所は、いづれにしても、軍事上正當な理由があつたからこそ決行されたもので、その證據に、我が正確無比な爆撃は、良民の家屋を瓦一枚も傷けてゐない。上海に於ける支那空軍の盲目バクゲキを想へ。日本空軍萬々歳！

此處まで書き綴つて時計を見ると、もう十一時半、今日は出立以來軍用列車の貨物車に生きた荷になつたり、天津到着以來、暇なしに活動し、感動し、さすがに心身綿の如く、

29

眠い。また明日書き綴ることにして、走り書きの鉛筆を擱く。
（八月二十七日午後十一時半、天津松島街、鮎澤邸にて信子記）

（第三信）

天津軍病院に傷兵を見舞ひて

天津陸軍衛戍病院を、我等「主婦之友」皇軍慰問の一行は訪うた。

初めに軍醫室に導かれ、一行の皇軍傷兵お見舞ひの言葉を、謹んで述べて、お見舞金を差し上げた。

それから、岸岡軍醫大尉に導かれて、傷病室を見舞ふ。此處は平常が衛戍病院なので設備もよく、廣い病室に、澤山の寢臺が左右にずらりと並んで、傷兵の方達は白衣で思ひ〳〵に横になつてゐられる。

岸岡軍醫が、私の見舞慰問のことを、大きな聲で告げられると、いつせいに、傷兵さんの眼が、こつちを向いて目禮なさる。その枕もとには、白の割烹着に肩から斜に、大日本國防婦人會と記した廣襷をかけた婦人が、氷枕の世話、肩をさする人、何か優しく親しげに話をしてゐる人、皆奉仕の看護婦役を勤めてゐられた。

その國防婦人會の方達が、私に、「ほんとに、此處までお出かけくだすつて、御苦勞樣です」と御挨拶を受けると、私の方が、しんから恥しくなる。この戰亂事變の現地に踏み止まつて、こんなに切實な婦人の報國の働きを續けてゐられる方達の前で、內地から來たばかりの私たちは、まつたく頭の上らぬ思ひで肩身が狹かつた。だから小さくなつて步いて行く。

私たちは、その病室の隅のベッドに、ふと日本人らしくない二人の傷兵の顏を認めて、奇異の思ひで足を止めると、軍醫さんが、「この二人は支那人です。一人は、驛構內で兵站部の荷揚げに、我軍で使つてゐた者です、も一人は馬車挽きです。これが彈丸を受けたので、此處へ收容して傷を治療してやつてます。これら二人も、もし支那軍の人夫だつたら、支那軍などは、人夫の負傷など見殺しにして棄てるでせうが……仕合せな者です」と説明なさつた。さういふ日本語が、わかつたかどうか、彼等二人は、ぽかんとして、私たちを見詰めてゐた。

その支那馬車挽さんのベッドの枕許の名札には、(陳六龍)と記してあつた。名だけは、まるで支那軍閥の將軍みたいな、立派な名を持つてゐる。

彼等二人の支那人は、此處で、日本の兵隊さん同様の手當を受けて、かうして安穩に寢てゐる、その姿を見ると、しみ〴〵日本は武士道の國だと思つた。そして勝軍の國なればこそ、かくも寛大な慈心を持てるのだと感じる。

×

外の病室で、山下中尉を見舞ふ。中尉は腹部貫通創を負はれたにも拘らず、軍醫術の進歩で、貴き皇國の强者の生命は保てたのである。

中尉は私に特に仰しやつた。

「醫術の力と云ふよりは、まつたく精神力の救ひです」

と雄々しい聲で。私は首を深く垂れた。精神力！　戰ひは腕力や體力や砲彈だけでは出來得ないのだ。そこへ若い歩兵上等兵小林勝市さんが、銃丸に、ところどころ打ち抜かれた、鐵冑を持つて來て見せてくだすつた。

これは一文字山の戰鬪で、この小林勝市さんが冠つてゐたもの。

「初め、彈丸が、こゝへ中つたんです。僕中つたのを知つてゐたんですが、倒れずに平氣ですから、なほ進みました。するとまた、ピユウと飛んで來て、こゝへ中つたんです」と外の穴を指して、

「その時、額から血がたら〳〵と流れて來たんで、少し除けてゐると、またピユウと飛んで來て此處へ、その時初めて僕倒れてしまひました」

何事でもなかつたやうに、いき〳〵した青年の仇氣ない口調で語られるのを聞いて、私は吃驚した。鐵冑とは、彈丸の通らぬものかと、ばかな事を私は信じて安心してゐたのに、

「直角に彈丸が來たら、通りますよ。たゞ斜にかすれた時は、鐵冑のお蔭で、彈丸が滑つてゆくのです」

と言はれた。

その小林上等兵のお頭には、あり〳〵と彈丸の傷痕が幾つもある。でも、もう元氣で、快活明朗に語られる、まだとても若く、ふつくりと紅顏の美少年と言ひたいやうだ。この人が、なほかつ鐵冑に一つや二つ彈丸が中つても平氣で、

35

ぐん〳〵進軍されるのか。

この可愛い純眞な青年、その子を御國に獻げたこの人の母君に、鐵冑に敵彈で穴を幾つもあけられても、かくも快活に朗かに語つてゐられるこの姿を一眼見せて、安心させてあげたいと思ふ。軍醫さんは、

「此處にゐる誰でも、傷が癒えたら、また戰地に行つて戰友の仇を討ちたいと言つてゐます。ですから、後方の錦州の軍病院へ、また送られてゆくのを、とても、いやがるのです」

と仰しやつた。

傷癒えなば再び鉾を取りて、戰場に敵と見えんと勇志湧き立つ人々の、しばし憩ふこの軍病院には、私の想像したやうに痛ましいとか、悲しいとかいふ、感傷的なものはなく、むしろ生々とした明朗な彈力に滿ち渡つた空氣だつた。

——だが、その瞬時のあと、やがて見た一室の中に、二人揃つて、ベッドに、半ば死せるが如く横はる傷兵を見た時、私たちは暗然として胸がつまつて言葉もなかつた。

その二人の兵は、いづれも揃つて敵の砲彈炸裂に中つて、下顎を全部飛ばされて、僅に咽喉から人工的の空氣吸入を行つてゐられるのである。近代軍醫術のすべての能力は發揮されて、それで生涯不自由なく義足のやうに、人造の顎をつけて、生き續けてゆかれるとは伺つたが——その痛ましい傷兵の方二人の枕邊には、寸時も枕頭を去らぬ國防婦人會員が、付き添つて、一生懸命の看護に當つてゐられる。顎を失つたために、勿論言語を傳へぬので、その傷兵さんの手には、鉛筆と紙の綴ぢたのが、結びつけてあり、筆談で用を達されるのだ。私も、その紙に、心からお見舞と、御國のための貴き犧牲への熱い感謝の言葉を、簡單ながら記して、心重くその室を、足音を忍ばせて去つた。

天津國防婦人會員の獻身

大日本國防婦人會、その名の會が成立してから、まだ日の淺い今日、はからずも、銃後の女性として、戰亂の現地に眼のあたり棲んで、それに直面して、初めて國防婦人會の眞の働きを發揮されたのは、實に此處北支の空、天津の日本女性の方達だつた。

事變突發以來、天津は一時敵兵の重圍に陷つて、新聞にも報じられたやうに、一時日本居留民の不安をさへ感じさせられた。その時、居留民男子は義勇隊として活躍し、婦人は銃後の花となつて、皇軍の送迎はもとより、續々と入り來る軍隊の兵の宿舍を我家に引き受け、そして傷兵收容の軍病院に、赤十字看護婦の手不足（まだ僅に九人ほどよりをられない。）を補つて、手術以外のお手傳ひ、枕頭の看護、不自由な傷兵の身のまはりのお世話、繃帶卷、食事の世話等、一切を引き受けて、（手を負傷したり、手術で切斷した人は、食事も何も人手を借らねばならぬ。）各部晝夜交替で、働きづめなのである。

私は、その方達にひとゝきお話を伺つた。

「私達は、傷兵のお母さんに代つて、奥さんに代つて、一生懸命で看護する氣持です。ほんとに若い兵隊さんが、時々、譫語のやうに、夢うつゝで（お母さん！）と、故鄕の家のお母さんを思つて呼ぶ聲を、枕許で聞くと、胸がいつぱいになつて、あゝどんなにしても、看護してあげねばと思ひます」

まこと、戰ひに傷きて倒れる刹那、「天皇陛下萬歲」を叫ぶも、忠勇無比！

また軍病院に運ばれて、傷の痛みを堪へ忍びつゝ、夢は、はるかに故山の暖かき我家の慈母の俤慕ひて、「母よ」と呼ぶも、あはれ、人の子！

かくも人の子のすべてが慕ふ(母)と呼ぶ名の懷しき、その名に代りて、枕邊近く見守る女性こそ、これぞ、日本のナイチンゲール。

北支天津は、つひに、この事變に當つて、日本のナイチンゲール輩出するに至つたと言つても、決して過言ではあるまい。

日本では古來の惡弊で、一口に(女子供)と言はれて片づけられてゐ勝ちの、その女性が、かゝる非常時にこぞりて立ちて、かくも立派に（女性の手でこそ初めて爲し得る、もつとも善き女性的なる力）を發揮されたのだ。戰爭そのものは、國家に取つて止むを得ぬ不幸な事件であつても、日本女性の隱れたる底力が認められる一つの機會が、此處に與へられたのである。

「此處で及ばずながら、お世話した傷兵さんは、きつと後で、それは涙のこぼれるやうな、心のこもつたお禮狀をくださるのですよ」

と、長瀨さんといふ人が、所持の手紙を見せてくだすつた。それは、天津の軍病院から更に奉天の軍病院に後送された傷兵さんからので、その文中に、「一日も早く全快致し再び戰線の第一線に立つ事が、皆樣に對しての御禮の言葉に代るものと決心して居ります」と、記してあつた。傷兵の意氣をかくも奮ひ立たせる、女性の熱き心こそは、見えざる形なき心の彈丸となつて、敵軍を退ける、み國の士氣となるのだつた。

「私たちは、朝から夕方まで、ずうつとかうして病院通ひで、一日働いてゐますが、これが平常だつたら、家をあけて、そんなに出たりしたら、主人が機嫌が惡くて叱られるのですが、それが、今度だけは、がらりと違ひます。主人が勤め先から先へ歸つてゐて、私があとで病院から歸りますと、出迎へてくれて、

「御苦勞だつたね、お歸りなさい」つて挨拶して、ねぎらつてくれますの。ホヽ
ホヽ」
と誰かゞ言はれると、「家もさうなんですよ」と一同異口同音。ほがらかな笑ひに釣られて私も心嬉しかつた。――と言つて、この女性の方達は、何も家事を抛棄して病院通ひをなさるのではない。家の事は家の事で、子供さんの食事のことも、不自由ないやう、それやあれやと家庭上にも氣をくばつてから、驅け出すやうに、軍病院へやつて來られて、息つく間もなく立ち働かれるのだ。確に平常の家庭の主婦としての、何倍もの働きをしてゐられるのだ。
私はしみ〴〵思つた。これが亞米利加のやうに、女が何事もゐばつて生きてゐる國ならいざ知らず、日頃はさほど尊重されぬかに見える日本女性が、かゝる時は、實に比類なき無言實行の獻身的働きを示す、かゝる婦人を持つ、日本

というお國は仕合せな國だ。

×

この軍病院の傷兵の方の、家庭の方に告げたい。このひと言を!
(名譽の負傷を受けた兵は、かくも、暖かに優しい同胞婦人の手で見守られてゐます。安んじてください!)と。

天津では、その後、中條、中島兩夫人から、天津國防婦人會員の活動振りを、一夜よく伺つた。
(八月二十八日、朝六時――天津日本租界の夜明けの空明るく、この記事をしるす。机上の壺には、長谷部夫人が持つて來てくだすつた、北支特有の美しい匂ひの高い花、晩王香の白いフリジヤに似た花が、執筆に疲れた私を慰め額に活けてある。今日天津を離れ北平に立つ朝、暇を偸んで、この手記をしるす)

㉖村上知行「北京・天津の文化」（『中央公論』第五二年第一四号、一九三七年一二月）

北京・天津の文化

在北京　村上知行

ロンドンの中心には銀行があり、上海の中心には競馬場があり、東京の中心には宮城がある。北京の中心にも宮城があるが、空ツポで、だからして宮城とは呼ばれず故宮と呼ばれてゐる。天津の中心には何があつたつけ？……と此處まで考へて來て、私はハタと當惑した。天津の中心には白河が流れてゐると言ひたいところだが、地圖を展げてみるとそれは町の一端に片寄つて流れ、義理にも中心とは言へない。此處らが中心だらうと見當をつけて指でおさへ、その指をソツと持上げてみると、費家胡同といふ小さい横町の名が出て來た。そこで私は誰からも抗議を申込まれる氣遣ひなしに、天津の中心は費家胡同だと言ひ得る譯となつた。

梅蘭芳が態々アメリカまで行つて披露した崑曲の芝居に「貞娥刺虎」といふのがある。明末の流賊、李闖が北京を陥れた時を背景としたもので、當時紫禁城の大奥に宮女として仕へてゐた貞娥は、國のため仇を報ぜんと誓ひ、一振りの匕首を袖にひそめつゝ、自ら公主（公主といふのは天子の娘のことだ）だと僞つて李闖を刺殺せんとした。ところが案に相違し李闖は貞娥を「そなたの嫁にせよ」と言つて「一隻虎」と綽號された弟の李固に與へた。花燭の夕、君王の仇と國の恨みとを、狭き女性の胸ひとつに疊み込んだ彼女は、

幽がみなしつ、紅唇を彩り、
涙をおさへて脂粉を施す。
殊更ら巧みに雲鬟を梳づり、
錦の袷、錦の裾をまとへども、
懐裡にひそめし一振りの、

冷颼々たる匕首は、
寒き光を噴けり。
佯りて媚粧を凝らし、
掬盞をよそほひ、
花貌、巧語、佞人に諂るも、
繊々たる玉手もて、
仇人の眼を剜り、
細々たる銀牙もて、
賊子の臍を啖はむとす。

と唱ふ。そしてその歌詞のとほりに、酒を勸めて一隻虎を醉ひつぶれしめた上、匕首で刺し殺し、自分もその場で自殺する。私には今もつて、此の一幕物がどうしてアメリカ人の氣に入つたのか解せないが、兎に角梅蘭芳が彼の地で公演した支那劇のうちでは、一番受けたものださうな。

　ところでこの女人公の貞娥が、姓を費といひ、天津の眞ッ只中に位置した費家胡同は外でもない彼女の故里であつた。恐らく今日の天津人は朝から晩までガブ〳〵お茶ばかり飲んでゐて、――天津人とお茶とは、鐵路者と雀ほどの深い關係だ。彼等はお茶を貪り飲んで、その腹を正眞正銘の太鼓腹にしないと承知しない――この健氣な殉國の一女性など忘れてしまつてゐるだらう。だが私をして言はしむれば、現に天津にゴロ〳〵してゐる一百二十萬の太鼓腹などは忘れられても、費家胡同が生んだ費貞娥のみは、中華民族の生命が續く限り、忘らるべからざるものだらう。事實、私は天津について、彼女の記憶以外、何等の心を惹かるゝものをも發見しない。私にとつて、天津は惡臭そのものである。天津に文化があるかないか、私は知らない。知らないと言ふのは、實はお世辭であつて、私は無いと確信してゐるのだが、若し假りにあつたとしても、それは惡臭鼻孔を劈くが如き文化であるに相違ない。天津と惡臭、この二者の關係は、きのふけふのものでなく、歴史的に臺がたつてゐる。「天津小志」に據ると「天津城河は古く昔て清水を通ぜず、毎歳、夏季になると穢氣熏蒸し、單に附近の居住民が疫癘になやまされたばかりか、附近を通行する者はみな鼻を掩ふて歩かなければならなかつた」とある。

　私は今度の日支事變の初期、北京郊外の戰ひが終つて間もなく、記憶に生々しい新戰場「南苑」を弔つたことがある。南苑街道を自動車で駛つてゐると、やがて何とも彼とも形容しがたい惡臭が、楊柳の枝をなぶつて吹いて來る風の一陣一陣に漂ふので、どうしたとかと怪しみながら降りてみると、道を縁づけた大きな溝のなかに、水浸しになつた無數の人馬の死骸が腐つて、溶けて、雨水に打たれて流れ出した襤褸鐵の赤錆のやうな色をしてゐるではないか！ 惡臭はそこから發散する。それが一旦我等の鼻孔に觸れたが最後、耐へようとしても耐へきれない嘔氣が、五臟六腑を驅けめぐるのだ。『十里風腥し新戰場』などと、乃木さんは詠じてゐるが、現實の新戰場は、十里ぢやない、僅か一里そこ／＼でも到底腥しなどと詩を弄してゐられるどこの沙汰ぢやないなと、其の時つく／＼感じたことだつた。「天津小志」の「穢氣熏蒸」といふ四文字は、私にさうした惡臭を追懷せしめる。後になつて周玉山といふ役人が西洋式の浚渫を行つてから、さすがの臭氣も天を熏さなくなり、天津繁華の基礎が定まつたといふ。成程、それで河水の惡臭は退治されたらうが、そのかはり外國租界が出現し、不平等條約のかげにかくれた幾多の國際的スキャンダルが惡臭を發散しはじめたのである。なかでも著しいのは鴉片、モルヒネ、コカインなどの麻醉性毒藥であらう。獨逸人も、亞米利加人も、英人も、佛蘭西人も、みなそれをやつた。紅毛のやることなら、何でも彼でも文化的なんだらうと心得て御座る正直などこやらの君子もそれをやつた。後には軈て「巴卍字」から「日の丸」の國民に早變りした朝鮮の新しい君子連が、幾千となく隊を組んで流れ込んでこの濡手で粟の商賣を執拗にやりはじめた。商賣？ 成程それには違ひない。蒼褪めた、痩せひよろけた、まるで一塊の泥のやうにじめ／＼した亡者的支那人が、よぼ／＼した手にのせて差出す金と引替へに品物を渡すのだから、確かに商賣だ。だが此の商賣は、經濟手段といふよりも寧ろ政治手段だ。『人間といふものは力を所有してゐて、機會が提供される場合には、經濟手段よりも政治手段を選ぶものである。』さうだ。そして天津の場合では、租界が、不平等條約が、彼等不正業者に力と機會とを惠んだのであつた。

偖て、斯うした天津に果して如何なる文化が産れただらうか？

成程英租界あたりの大通りを散歩してみると、兎も角も茲に西歐の近代文化が、恰かも遠い離れ小島の磯に漂ひ寄つて伸び育つた一本の椰子の木の如く、小さいながらに結實してゐるやうにみえるだらう。だが勿論それは外表だけがさうなのであつて、中國の俗諺の所謂「六月的包子、外面光裏頭臭」（六月の肉饅頭、外は綺麗だが中味は腐敗してゐる）である。その證據には、ちよつと横町に外れてアパートか何かを覗いてみたまへ。白系ロシア人が他國人、別してお人の好い支那人などの金を騙り取つて、怪しげな石鹸製造とか、或は密輸とか、そんなことをやつてゐる。彼等は無國籍者である。悪事を働いたからといつて國際的に捩ち込む先がない。それかと云つて本人を捕へてみたところで、罰金など金輪際出す氣づかひはなし牢屋に叩き込めば假令臭い飯でも喰はしてやるだけが損になる。白系ロシア人はそこのコツをよく心得てゐる。またさうした横丁でなくても大通りに面した大ホテルなど、上層の部屋は大抵淫賣婦の巣窟だ。まア假りに天津に西歐文化の移植があるものとすればモンマートルかピカデリーの文化であらう。

それでは西歐文化に影響されない、天津生え抜きの文化があるかと云ふと、これまた無いと言つた方が早解りするやうだ。だが、さう粗茶に斷言したのでは何だか輕率なやうな氣がするので、試みに調べてみたところが、やつと「在理教」といふ天津固有とも言ひ得べき宗教が發見された。これは又の名を「理教」と言ひ、白蓮教の一支派、その祖を楊來如（羊來如とも書く）といふ。彼は山東省即墨縣の人、明末の進士であつたが、北京が流寇李闖の手に陷り、崇禎帝が景山に悲壯な縊死を遂げてからは年老いた母を奉じて故郷に歸り、母なき後は山に入つて道を訪ひ、山東、直隷の各地を遍歴した。

その後鴉片の流毒甚だしきを目睹し、その蔓延を防がんことを思ひ立ち、在理教を草創したのであつた。彼が立てた八つの戒律を見ると、

一、戒烟
二、戒酒
三、戒燒香
四、戒焚化紙帛
五、戒拜偶像
六、戒書符咒
七、戒蓄雞猫犬
八、戒吹打唱念

となつてゐるが、右のうち第一條「戒烟」の烟は鴉片を指す言葉だ。乃ち彼は戒律の冒頭に鴉片を持つて來た。これに鑑みるも立教の主旨が鴉片と如何に深い關係を有するか明瞭であらう。後來「烟」といふ文字は、單に鴉片を意味するばかりでなく、金丹、白面、嗎啡、紅丸などといふ一切の痲醉性毒藥を意味するやうになつた。勢ひ楊來如の所謂「戒烟」は此等一切の毒藥を拒否するものと解さなければならない。彼はまた單に斯うした戒律を掲げたのみでなく、解毒用として貫苓草煉茶将と稱する藥を發明し、遍く信者に頒つたとい

ふことだ。

毒品に對する嗜好を禁じた彼は、更にその戒律に於て酒を禁じてゐる。燒香することを禁じてゐる。その他、八つの戒律を見る時、我等の網膜には迷信打破の急先鋒としての彼の面目が躍如としてあらはれて來る。その辯彼は決して、中國國民生活の中に最も深き根帶を持つ、儒佛道の三教を打倒するものではなかつた。謂はゞ、彼は儒佛道の三教の上に生えた不潔な黴を除かうとしたのであつた。彼をマルチン・ルーテルに比擬することは勿論妥當でないけれど、それでも舊き中國に斯かる先覺者が現はれ、帝國主義そのもの〻表象（シンボル）に外ならなかつた鴉片の黝（くろ）き妖烟に對し勇敢に宣戰し、序（ついで）に一切の『劣等文化』に挑戰したといふことは、相當高く評價されなければなるまい。

彼の宣教區域は決して天津の一地方にのみ限られてゐなかつたけれど、たま〲天津が南支の廣州、中支の上海に相匹する北支の通商大埠であつたがため、しかしてその故に國外から多量の毒品が輸入され、無數の市民がその誘惑の下に悲慘な亡者と化して行つたがため、夫に抵抗せんとする在理教（ファイリーチァオ）も天津で最も廣く普及し、今日では恰かも天津のローカルな宗教ででもあるかの如き觀を呈するに至つたのである。壓迫が烈しければ反撥も烈しい、その一例が茲にも見出される。現在信者總數がどれだけあるか詳（つまびら）かでないが、每年入會する新しい信者は全市で四千人を下らず、耶蘇教の教會に比すべき『公所』が百三箇所あるさうだ。

在理教、それはたとひ如何に貧弱ではあらうとも、確かに天津に於ける文化現象の一つである。しかもそれは、呪はれた天津の運命の闇がりに咲き出た、中國人自身の虐げられた心靈の上に咲き出た、意味深き反抗の紅き花である。

偖て次に私は北京の文化に移らう。

ところが、誠に笑止千萬な話ではあるが、私はまだ『文化とは何ぞや？』といふ命題に對する要領の好い答へを知らない。大學教授でもなければ、思想善導委員でもない、何でもない私だから、平素さうした問題に對する答案を用意してゐないからつて、何處からも抗議される氣遣ひはないが、しかし苟くも文化の問題に觸れようといふ此の一文を草するに、それでは少々賴りなさすぎる。そこであわて〻書棚を漁つてみたら『文化とは人力によつて自然をある目的理想に向はしめる作用過程なり』といふ文句が飛び出した。桑木嚴翼博士の定義である。成程『博士』なんてものは有難いものだ。文部省に喰ひさがり、地上稀れに見る『安樂窩』に安喘いてゐるだけあつて、ちやんとこんな定義まで用意してゐてくれる。そこで私は博士の肩書を借用し、此の定義を間違ひのないものとし、偖て此の尺度から北京の文化を覗よう。

『私は北京に來てみて、すつかり驚きましたね。此の古風な、東洋的な香高き町のなかに、磅礴たる一種偉大な氣があります。』

ある旅行者は嘗て斯う囁いた。それが私を少からず面喰はせた。空巣になつた宮殿と、大學教授と、學生と、ひどい貧乏人と、それからもう一つ、『寄生的無産者』の好標本たるべき人力車夫、北京に覩らるゝものは先づザッとそんなものだらうと高をくゝつてゐた私にとつては、『磅礴たる一種偉大な氣』の存在なんて夢想だもされなかつた。私は穴のあく程相手の顏を凝視しながら、斯う反問した。

『へえ、それはどんな氣ですかな？』

『それは……』と彼は勿體振つて云ふのだつた。『つまり王氣といふ奴ですな。紫禁城の中に立つて、それを感ずるのは、これは當り前でせう。しかし私はさうした王氣を町のなかで感じます。たとへば、今朝私は哈達門大街に出てみました。すると濛々たる朝霧の彼方にあの高い〳〵哈達門の門樓が、幻の如く浮いてみえるではありませんか。その瞬間、私はゾッと身の引緊まるやうな崇高な王氣を感じました。それこそ北京の文化の精粹です。』

弱つたな……と私は腹の中で獨語ちたことだつた。この調子で行くと、三千世界、『氣』ならざるものなしといふことになりさうだ。天地の正氣より、浩然の氣、至大堅剛の氣、下つては鰮の頭にまで脳味噌氣といふ奴を感じなくてはならない……それは冗談だが、兎に角、『王氣』なるものを感じたのは必ずしも此の旅行者を以て嚆矢とはしない。たとへば呉三桂だつたか誰だつたかハッキリ記憶しないが、明朝滅亡の時山海關まで押出して、長白山の麓より潮の如く殺到し來つた清兵を防いでゐた一人の將軍があつた。ある日彼は清兵の大集團の中から、王氣沸騰して天に沖するを覩、旗を伏せて降伏したばかりか、清兵の先軍となつて中原に押寄せて來たさうだ。歴史にまで明かにその時の經緯を誌して『王氣』といふ文字が使はれてゐる。してみると、如何にも大したものゝやうだが、その實、との將軍は清兵の勢ひに怖氣をふるつて降參したまでの話だ。だが相手の勢ひに降參したんでは漢奸めいて、どうも面子が無くなるので王氣に打たれたと言ふとこにしたんだらう。王氣なんて斯程重寶なものであるから遊歴の士が北京でそれを奔と感じたつて決して害にはなるまい。だがそれを北京文化の精粋だなんて、崇拜した日には飛んでもない話だ。北京に漂ふ王氣とは、砕いて言へば王城の地として、帝王を住はせるにふさはしい雰囲氣といふ意味だらうが、それは結局明の永樂四年、元代の故宮の址に改建されて以來今日につゞいて保存されてゐる宮殿があり、それを中心として榮えた貴族文化の數々の記念が殘つてゐて、それ等の都市としての綜合のなかゝら釀し出される一種の雰囲氣であるに過ぎない。然らばさうした雰囲氣を釀し出す北京そのものゝ本質は何であらうか?。今更ら言ふまでもないことだが、中國社會の經濟機構の大部分を占めてゐたのは小農、及び小手工業の生産であつた。社會の生産關係は、封建的な搾取の上に表現されてゐた。中國の社會については色々な論戰が行はれてゐるので、どうと言ひ切つて仕舞ふことは今の私として憚るが、或る人々がそれを目して半封建的社會だと斷定する根據が、斯うした生産關係に在り、それを基礎としてその上に聳立した上層建築——文化——は封建文化に外ならぬ。北京はさうした文化の豪華版的な集大成である。桑木博士の定義に盲從して、北京の文化に一つの定義を與へるならば、舊き封建中國の上層階級——帝王と貴族と、それを維持すべく地主階級から選ばれて出た文官と、及び武官——が彼等自身の權力によつて、自然を彼等自身の目的理想に向はしめんとしての作用過程なのだ。何だか混沌として難しい言ひまはしになつたが、もと〳〵哲學者の口吻を眞似たんだから已むを得ない。

偖てさうした文化の、代表的な遺物は言ふまでもなく時代の巨流に住むべき主を流し去られて空虚のまゝに殘つてゐる紫禁城であるが、それがどんなものであるかについては、嘗て私は『北平』と題した習作のなかで、左の如く語つた。

『埃及の王者の光榮は金字塔とスフィンクスの奇蹟を殘し、革命前のフランスの、ルイ王家の豪奢は終夜奴隷を使役して濠になく蛙の聲をしづめさせた。だがさうした西の國々の如何なる王者と雖も、中國の王者たちの榮華には、結局兜をぬがざるを得まいとは歴史家の考證である。北京内城の中央に位置する昔の皇居、紫禁城はさうした王者の夢の跡のもつとも新しき一つなのだ。…‥流石に四百餘州の王者の應接室であり、事務所であり、私宅であり、遊び場であつただけに、その規模の偉大なること、誰しも舌を捲かないではゐられぬであらう。「餘りに巨きすぎる」とは内地から觀光に來たある詩人の歎息であつた。それは必ずしも此の詩人のみには限られぬ。「此の世をば我が世とぞ思ふ望月の、缺けたることもなしとおもへば」など小癪にうぬ惚れた道長などにしても、此の城をみたら餘りに巨きすぎると腹の底から歎ずるだらう。』

私はこれ以上、玆で、北京の所謂『王氣』を吐く香爐そのものについて贅述しようとは思はない。それよりも寧ろ、さうした貴族文化の下に、おしひしやがれて恰かも雜草の如くに辛うじて生きてゐた此の國の民が、その譬へやうもない苦しい生を生き延さんがために、如何なる道徳を、如何なる民族性を、如何なる習俗を形成して行つたかについての方が、大いに語りたいところであるが、それも紙幅の關係上後日に讓り、たゞ一言ハツキリと、北京の古き文化、及びその文化を育つたところの社會は既に崩壞してゐるとだけ附言して置かう。何故なら、それが極めて分り切つたことであるに拘らず、まだ活きてでもゐるかのやうに思つてゐる妙な人間が少くないからだ。若し假りに北京に王氣なるものが瀰漫してゐるとするならば、それは死骸から發散する惡臭に過ぎない。

然らば如何にして崩壞したか？　此の點についてはアー・ボグダーノフの『經濟科學概論』からの次の斷章が頗る明快に說明してくれよう。

『あらゆる社會が發展するために必要なものは、生產を擴張するため、技術を改良するため、一般的に言へば、社會的勞働の生產力の增加のために用ひ得べき精力の餘剩的貯藏である。かゝる精力の餘剩をもつて居らず、又その精力を不生產的に使用する社會は、たとひ遲くとも必ず崩壞する。此の型の社會に屬するものに、二つの對立する要素——中央集權的官僚政治と、それに全然從屬してゐる下層大衆——より成る東方專制國家があつた。此等の下層階級——東方專制君主に隸屬してゐる無數の奴隸のみならず、獨立した、或は封建的に從屬してゐる小生產者の殘骸——は、信ずることの出來ないほどの困難な狀態の下に生活してゐた。彼等は堪へ難き勞働に壓迫されて、統治者の無制限の要求のために、常に貧困のなかに置かれた。そして、極度に低い生活標準を維持するに必要な時間以外に、餘暇があつても、それは太守や暴君の氣まぐれを滿足するために用ひられた。統治者は、生產的勞働からは遙かに離れてゐて、その社會的機能は、搾取の方法を發見することであつた。怠惰に浸され、東洋の物語りめいた亂行や、奢侈に溺れて、彼等は純粹の寄生蟲となつた。入て此等のことが、東方の專制主義に緩漫な衰退の過程の緒口を與へた。而してそれはより強い外部的な力の干渉によつて促進された。』

紫禁城を以て代表とする死滅した、骸骨化した文化——その殻に名殘りに過ぎないもの——の外に、北京にはもう一つの文化があつた。中國そのもの丶必然的な進路に歩調を合せて、濶歩しつゝあつたもう一つの文化があつた。それがどういふ文化であるかを探る前に、我等は中國の歴史的必然としての進路を一瞥しなければならない。

新中國（ヤング・チャイナ）は先づ何よりも先に「現狀維持」を欲しない。累々然として喪家の狗の如かりし孔子だの、その一族郎黨どもを打倒したのも、決して日本あたりの漢學畑の芋蟲どもがブスブスと呟いてゐるやうに、輕率な氣紛れから出發したものでも何でもない。新中國にとつて、その誕生と、成育とを阻む首枷であり、手枷であり、足枷であつたからである。しかも此の枷には幾千年來の傳統の錆がぶらさがつてゐた。それを排撃しようとすれば、勢ひ過激ならざるを得なかつたのである。然らばさうしてまで儒教思想にとゞめを刺さんとした中國は何處に往かうと言ふのであらうか？　外でもない、現代化であり、世界化である。それを縦の繋がりに於て見るときは現代化であり、それを横の廣がりに於て見るときは世界化である。而して此のコースの行手には、中國そのもの丶國際的な環境からして、二つの終點がある。第一は徹底的な民族解放、そして第二は徹底的な植民地化だ。中國の欲する終點が第一にして、第二に非ざることは言ふを須ひない。中國は進んで行く。その進みが滑らかに捗取らないのは、宿命的に光榮と恥辱との二つの終點を與へられてゐるからに外ならぬ。光榮に手を差伸べつゝ、恥辱を掃たんとすれば、どうしても決死的な鬪爭の形に於て起ちあがらなければならない。

北京を中心とした、華々しい中國の學生運動は、斯る鬪爭そのもの丶赤裸々な姿であり、然るが故に、全世界をも震撼せしめたのであつた。それは明かに一つの文化であつた。古色蒼然たる文化の廢墟の中から、その文化への絶縁を宣言すべく萌え出でた新鮮な文化であつた。蔡元培とか、陳獨秀とか、李大釗、胡適、さうしたスケールの大きい新人達が、此の文化の鬪爭の波に、拔手をきつた。その號召の下に、全中國の知識階級が總動員された。だが、さうした過去の活きたる北京文化は、今日となつては、むしろ顧りみたくない歴史上の血痕斑々たる一頁となり終つて仕舞つた。それ等の總ては木葉微塵に粉碎されてしまつた。大砲の唸りが、戰車の軋めきが、爆彈の響きが…理解ある寛大な心と心とを以て共存することを念つた東洋民族と東洋民族との、仇敵以上の仇敵心が、一擧にして一切を覆してしまつた。文化人らしい文化人、教授も、學生も、その他一切の新中國を築き行かんとする工匠等が、擧つて北京を見棄てゝしまつた。ある者は徒歩で、ある者は驢馬にのつて、ある者は自動車で、奴隷的な壓迫のない自由の天地を求めつゝ、大陸の土壌のなかより蒸され上がつて來るやうな根深い民族解放の巨浪のなかへ挺身せんことを希ひつゝ、「再見吧！北平」の別辭と共に去つて行つた。それはある意味に於て素晴らしい光景であつた。日本に在る日本式インテリなどには想像も出來兼ぬるやうな、劇的な、壯絶な光景であつた。それは私をして彼の「水滸傳」の魔王現出の一節を思ひ出させる。

宋の天子、仁宗の詔を奉じた洪大尉は、權力を笠にきて、怖れおのゝく道士どもを叱咤しつゝ、伏魔殿内の土席をあばいた。深さ萬丈もあらうといふ穴。それに蓋されてゐた石板を除くと、忽ち天搖け、地崩るゝが如き……一陣の怪風が一千の竹竿を一氣にへし折つて仕舞ふやうな、若しくは十萬の軍中、夜半に雷鳴のとゞろくがやうな、さうした響きがしてそれと共に一道の黒氣が穴の奥底から湧きあがり、伏魔殿堂の一角を吹き飛ばし、そのまゝ半天に冲し、一百十條の金光となつて散じつゝ、四方八面に消え去つてしまつた。

中國のインテリが北京を棄て去つた光景は、これによく似たものであつた。新しき「水滸傳」が、軈て今後の中國に演出されるであらう。

偖て北京に殘つた文化的なものとしては何があるだらうか？　勿論搜して歩いたら幾らでも殘つてるものはあらうが、實を言ふと私としては紙屑拾ひぢやあるまいし、今更そんなものを搜して歩く勇氣もないのだ。但し、さうすると殘つてるものを指摘せずして、「殘つてるだらう」でお茶を濁すとは怪しからぬと抗議を持込まれる虞れもあるので、玆に一つの實例を掲げて置かう。それは外でもない、「竈王爺」である。日本流に言へば灶の神樣だ。それは中國の古き劣等文化のなかゝら生れて來た神樣である。世界中のありとあらゆる神樣のなかでも最も平民的な神樣である。第一此の神樣は他の神樣のやうに宮殿も持たなければ、廟も持たず、寺も持たない。人家の厨房の片隅を占領し、紙を糊づけにしてこしらへた龕の裡に鎮まり、一年中朝から晩まで、炊事の煙りに燻らされ、火に焙られてゐながら、別に苦い顔もしない。それでも神様であることには正眞正銘間違ひはないので一年に一遍舊暦十二月二十三日の晩には必ず昇天する。ところが、昇天すると言つてももと〳〵平民的な神様の昇天であるからかぐや姫の昇天のやうに蒼蝿いことはない。

一盞清茶一縷烟
竈君皇帝上青天

と古い詩にも詠ぜられてゐるやうに、一盞の水を供へ、香を焚いて置けば、それで悠々と、天かけり、玉皇大帝の許まで一年中の事務報告に行く。ところが大抵何處の家庭にも夫婦喧嘩とか、借金を踏み倒すとか、隣りの家の悪口を言ふとか、さうした芳しからぬ一面があるもので、それを、玉皇大帝にありのまゝ報告された日には叶はぬと云ふところから、中國の平民等は、一つの狡猾な手段を發明した。乃ち竈王爺昇天の夕、盛んに爐火を焚き、南糖とか、糖瓜とか、關東糖とか、さういつた飴を灶の口に塗る。さうして置けば、たとひ竈王爺が宇宙最高の神たる玉皇の前に出て悪口をつかうとしても、口がねばつて物が言へなくなるといふ寸法なのである。

此の竈王爺が今尙ほ北京に殘つてゐることだけは、私も確信を以つて、斷言し得るが、しかし何しろ『コミンテルン』のお蔭で、東洋の情勢が、九國條約締結の時代とは全く異つてしまつた」今日のことである。何時逃げ出さないとも限らない。現に『老太婆』といふペンネームで、盛んにエッセイを發表し、一時洛陽の紙價をたかからしめたことのある許興凱の話によると、嘗て竈王爺はその女房と次のやうな會話を交換したことがあるさうだ。

先づ王爺曰く「一昨日、龍王と山神と雷公の三人から宴會に呼ばれたが、席上、三人の話によると、混世魔王は既に下界に跨り、久しからずして世界大戰がはじまるといふことぢや。龍王の領地たるハワイ群島一帶では日米の海戰が始まり山神の領地たる興安嶺一帶では日露の陸戰が始まる。のみならず雷公の管轄區域たるパナマや東京灣ぢや、飛行機がポタリポタリと卵をうみおとし、歐洲大陸が西部戰線となり、全太平洋が東部戰線となる。中國の沿海は勿論封鎖されなければならないが、さうすると俺等夫婦もかうしちやゐられまいて。』

するとお妻君が『妾の愛する龍王さま！　さうした時が來たならば、どうしたらよろしうござりましよ』と泣きぢやくる。龍王爺はそれを宥めて曰く『なアに、幾らあばれ者奴が暴力を逞うしたところで、彼奴等に占領の出來るのは都ばかり、田舍には及ばぬ。世界大戰が始まつたら、繁華な地方こそ毀されて廢墟に歸してしまはうが、田舍にはまだ〳〵俺等が忍び込んで一碗の飯を乞ふ餘地もあらうし、またさうした田舍の水呑百姓のなかゝら英雄が飛び出して、天下太平の時代に惠まれることゝもならう。』

草莽の英雄に回天の事業を期待してゐるところは、流石に中國の神樣であるが、それは兎も角として、許興凱が修練の結果得たところの、十八層の地獄の下の私語までも明かに聽取出來るといふ『順風耳』には、確かに斯ういふ世話場めいた對話がきこえたさうである。してみると、時非なりと觀たならば、龍王爺とて、ちやんと北京を都落ちするだけの用意はあるらしい。事によつたら草鞋に菅笠ぐらゐ準備してるのかも知れないが、さうなつて來ると北京の前途も、實に〳〵侘びしさの極みではないか。

（一九三七・一一・一三）

＊　＊　＊　＊

㉗保田與重郎「旅信」(『コギト』第七七号、一九三八年一〇月)

旅信

保田與重郎

小凌河に臨んでゐる錦縣は美しい町だつた。もう内地人が一萬人居るとか、廣濟寺大塔は故都の象徴である。さうしてこゝから近い義縣萬佛堂には北魏の石佛がある。私はそこを訪ねたかつた。雲崗に行くそのさきに手近いわが古藝術の兄弟の國の故郷をとひ、さうしてむかしの交通傳播の途中にあらはれた樣式と感覺の變化の段階をみたいと思つた。しかし錦縣から汽車を乘換へて一時間、その義縣は思ひつゝ通り過ぎねばならなかつた。歸り途に、承德から錦縣を出る途中であるひはと思つたが、丁度大凌河が出水してたうてい河向ふの萬佛堂へは出られぬ始末であつた。しかしこれは後日の話である。

錦州あたりからもう風に砂が交つてくるのに驚く。蒙古から吹いてくる風が、何年かの近いうちに新京あたりをうめるといふ話をきいた。そのために防砂林を作つてゐるといふのだ。綏中までの間に、兵士をのせた車にも何回かあつた。綏中の驛の向ふに滿洲國々旗がひるがへつてゐるのもうれしい。

山海關につく、税關が入つてくる。山海關はその文字の如く、前に渤海をひかへ後に高山を背にした山海の關である。古來北方の者の南下するとき必ずこゝを越した。隋末より現在に及んで、昭和八年一月一日の山海關事變は我國民に周知のことである。近くは張作霖もこゝを越えて北京に入つた。古來大陸に於て皇帝を稱したものは必ず北京に入つたのである。さうして北京に入つた何人かの皇帝は山海關を越したのである。山海關で私は日章旗のはためくのをながめて感慨に耐へなかつた。長城の三十二關は明太祖の築造であり、山海關城も同じ洪武年中の築城であつた。この陸路を月々數千の日本人が關を越えて大陸に入る。我々は旅人にすぎない。釜山より大陸に連結する線は超滿員である。日に二回、特別急行をしたてゝそれでまかないきれない。海の航路は何日か以前に申込んで乘船おぼつかない。しかし我々の經驗では、旅舍は決して不自由でなかつた。待遇は惡いが宿料は內地の程度である。たゞ天津のヤマトホテルといふのは惡かつた。張家口も惡くそれより遠い西がまだよい。北京の話ではもう北京は日本人で飽和してゐるといふ、そのやうにいたるところに、日本人の姿である。しかし北京の內地人の店で買つた日本製の菓子よりも、綏遠の支那人のうる同じ菓子が安價なのはどうだらうか。北京が飽和しても、まだ北の新天地がある筈だ。京包線で會つた後備の下士の人が話しかけて、宣化や下花園や懷來のあたりなら現地除隊をして定住したいといふと、傍から口をはさんで、涿鹿や陽原は、氣候よく果實が稔つてもつとよいと云つてゐた。北京が飽和してもよいだらう。おでんやの開店してゐるのは、今では大同にそれがあつた。飛行機で包頭まで鮪のさしみなんかを送るのも、よいのか惡いのか。私には一寸わからぬのである。本當に皮肉でない。わからぬのである。さういふことは現地の感覺が決定するだらう。無駄と有用を、內地の何某のばあさん女史イデオロギーで決定してゐるのではない。日本政府はこんな大事件になつてもまだあんなばあさん女史たちを供與する程に餘裕があるのか、これは大體無駄をしてゐる。私はさう思つてゐた。旅行中は大てい暇なのだ。戰爭のあともきつと暇だらう、大きい戰ひの終つたあとの恐ろしい久しい靜寂の中で、今日百萬の若者が何をどのやうに考へてゐるか、それを思ふと私は怖ろしい。時代は勇氣と大膽と同時に小心と緻密をもつ若者を要求しさうして作つてゐる。戰爭はそれを要求し、兵士と兵士の肉親は今共通してゐるのである。さうして日本は作られてゆく。戰爭の意義得失を疑問しても、この事實は疑へない。

二十

私は驚くべき浪曼的な兵士たちを見てきた。毎日長城の突端に日章旗をかゝげるために、彼らはあえぎつゝその断崖の城壁をはひ上るのだ。それは居庸の絶景であつた。さうしてその兵士の――一人きりでゐる、その直立不動の姿に、どんな文學も活動寫眞も報告し得ない今日の日本の浪曼的象徴をはつきりと私は知つた。長城の山河を背景にしてそれは想像できない美しさであつた。歴史と風景が未來に拓かれてゆく瞬間の歌の一つの象徴主義である。それは北京でみられぬだらう、南京に見られるだらうか。私はどこでもよいこの一つで充分であつた。

私はもう山海關のことをかきつゝあとさきに錯亂した。私は車旅の退屈の間に、この長城の持主を考へてゐたのである。誰がこの延々とのびた長城を己の庭としてゐるか、さうして私は皇帝の氣持を考へたりしてゐた。ずつと後になつて、この長城の持主が滿洲國皇帝陛下であることを知つた。昭和八年十一月の善後處理の條目に、日本軍に占領された支那側接收地域を、長城線を含まざる以南以西とあるからだといふ。山海關より獨石口の向ふまでの長城の持主は滿洲國皇帝であらうか、或ひは滿洲國といはねばならないのか、さういふ嚴密のことは私は知らない。私は退屈だから、いつまでもとりとめない旅中の感想を一人樂んでゐる。我々は持つ國持たない國といふ今日の世界再分割の合言葉をきかされてきたのである。持たない國ならば持たねばならぬのである。しかし單純に生物學的な範疇と現象に於てさへ、日本の問題を內地の規模で解決しようとするイデオロギーはもう崩壞した筈である。領土的野心がないといふことを何回か世界に放送した日本である。(野心はないが良心はある、といつた將軍があつた。その叡智の神經を私は尊敬する)支那人を對等の兄弟として遇するといふ日本である。この日本は一貫してゐる。私はこの一貫を心配する。しかしアジアの民族として、同じアジアの民を非倫の境遇より解放する聖戰であるといふ浪曼的スローガンに私はやはり心から共鳴するのである。單純な人道主義や單純な帝國主義でない、まして近代の自由主義でもなく共産主義でもない。この高度の日本人の――主に兵士たちの感覺は、やはり日本主義である。私は日本主義の理論を作らうとは思はぬ、要求もしない。その生みの感情をもつて生れ、今その實體にふれ得るからである。私は思ふ、もう一つの大衆の雰圍氣が生れてゐるのである。たゞ革新の指導者が早急に現れない、それは日本の着實さの反映でさへある。たゞ我々は大衆と群衆を分たないで倫理の確立と心理の研究を困亂させるやうなことがあつてはならない。

從つて日本人の戰地レポートが、日本神話から發想され、神武東征から語られてゐることを荒廢と思ふインテリは、むしろその無知をこの現實の、現地の中にあらはれた信念によつて嗤はれるのである。日本のインテリゲンチヤが現地報告に求めるのに、客觀的なものといふ、これは正しい、しかも彼らのいふ客觀的は悲觀的消極的の意味である。彼らの發想は十九世紀的知識と理論（經濟論も入る）の變革の可能と、その變革の必要、又は進んで必然を考へてゐるのではない、この現實の事實を理解せずして、その舊來の知識の結論を滿足させる報告を客觀的と稱してゐるのである。私はかゝる發想の占める大きい勢力をも怖れない。彼らが何を客觀的といふか、何故それを客觀的といふかは、明白である。それは固定した頭腦の自らな保護を表現するのである。戰爭はまことに消極面をもつだらう、生がある如く、死がある。さうして我々は互に眞にせまつた表情をもつて、その消極と悲觀を何時間でも喋れるであらう。しかし今の日本人は昂揚してゐる。その民族の心は悲觀的材料を喜ばねばならぬ程に逆境でない。私は發想に於て現代の日本の動向に反對的なものを、感覺と感情から憎む。表現によつて日本を惡口するものよりも、その發想の反日本的分子を憎惡する。日本のインテリが現地報告の客觀性として望むものは、一顧にも價ひせぬといふこと、それはその發想が、現在日本の動向の發想に背したところに作られるからである。我らのインテリの考へさうなことは、大衆も、兵士も、將軍も、みな考へ疑ひ惧れ、その上で戰爭してゐるのだ。客觀性とは何か。彼らのいふそれの認定は、彼らの主觀がするのである。ないしは彼らが昔におぼえた理論の百科全書に照合す。さうしてそれらの理論と百科全書は、白人專制とアジアの植民地化を理論づけた論理の蜘蛛の巣である。さういふ民族壓迫の論理によつて肯定されたアジアの分割と隸屬の永久化の理論を、今日の日本は粉碎せねばならぬのである。この時明らかに

「支那人」は日本の理想の敵である。この支那に對し、十九世紀文化の組みかへによつて作りあげた文化理論や思想を以てあたらうといひ、己らの知識人的特權をものにし、又己らの位置を戰場の日に得ようとする一切の老朽思想家と教育者と文士は、我らの內の敵である。老朽した精神と知識が今日たゞ慣用と有名の文化の名によつて未來の同一の名のものと同一性をもつと思ひ、新しい戰場に今日以後の將來の指導性をもたうとし、或ひは職場を得ようとすることは、夥しい無知の冒瀆である。文化人の任務は何か、戰場の勇士たちの現實と感覺と發想に近づく戰ひを己のうちに作りあげることだけである。

　しかしルポルターヂュに單純に日常生活をとふことも私はどうかと思ふ。「日本人」にしかかけないものが必要である。何となれば日本人はその日に於て純粹に歷史の日本人である、日本の血統と歷史が集約したものとしての日本人である。日本人が支那人の立場で敵に向へるか、毛唐に共通する氣持で支那人と戰つてゐるか。三千年の歷史と血統がこの身體に波うつてゐる日本人である。その日本人としての立場の假定を、私はドイツ人にもアメリカ人にも今日こそ許さない。さういふ純粹な知性の立場を他國人に許さぬさきに、理性の立場はさういふ純粹の假定のあり得ないことをまづ要求するのである。

　我々は國民である。さうして民族である。己らの手によつて己らの父祖の祭祀と日嗣を三千年に亘り絶やしたことのない民族である。我らの一兵は國民である。しかし京包線の沿線に今も殘つてゐる敵の屍は、國民か、民族か、私は何かそこに純粹といはれる人間と知性を眺めたのである。

　だから現地報告は新聞記者がしたやうにすべて美談の形で表現されてよい、それで正しい。さうして詩であれば一さうによい。一民族が昂揚してくるとき、歷史さへ大なる抒情を奏でる。詩人の歌ふ時である。しかし新聞記者たちの感動の美談報告がもつ誇張——それで七〇パーセント正しいのだが——と、現地の兵士の語る誇張の表現の中には今日虛ろな距離がある。この距離は當分埋めがたい、歷史的立場のレポートはいつかその距離を埋めるだらう。低音部をきいて大きい振幅で表現するといふやうな差にかなりの距離が思はれる。この距離は、しかしいつか埋められるだらう。その時に私は大きい希望をいだき、それを思ふと心が動揺する程である。この距離の造型はまだ氣づかれぬことであらう。それはやがて、日本の文化と造型と表現を變革する混沌の母胎である。この母胎はあと七年にして徐々に影響を殘すだらう。七年によつて日本の老朽した各分野の思想的實際的指導者は死滅し、戰爭はまづ一段階に到るだらうからである。日本の運命はこの七年にかゝつてゐる。

旅行は困憊し、疲勞してゐても退屈である。私は不遜にもそれを戰場の一時に比較してみた。灤縣といふ驛は、河に沿つて美しい町であつた。私はこゝで日章旗をみた。國旗が眼につく。北寧線に入ると一寸様子が變る。支那の汽車になるのだ。給仕がお茶を何回ももつてくる。しぼつたタオルをくれる。車掌が外國士官のやうに立派な風采で入つてくる。さうして北寧線の驛長は日本語を解しなかつた。今度の事變で北寧鐵路を軍隊を輸送するについては一寸したエピソードをきいたが、此は私の舊聞で周知の事實かもしれない。

汽車は鎧戸をおろして、夜九時半に天津についた。天

津の町はさすがにさう〲しい。驛まへには日本人宿のポーターが澤山並んでゐる、この風景は北京も變らない。日本人の巡査もでてゐるが、北京の入口に比べるとずつと開放的であつた。私らの宿のことでポーター同志が喧嘩したりして、そのお巡りさんに世話を燒かせたのも、かへつて落付き易い結果となつた。しかし自動車で町へ出て宿につく迄は大へん警戒嚴重であつた。不穩の流言があつた結果とかで、北京の町も、その前後にあちこちにつくられたといふ防備のいかめしさが眼についた。だが私らも少々不安であつた、始めて事變空氣の中へ入るのだからである。體はそは〲して、空氣は騷々しい。活氣といふより、焦しい位と思つたのは、一寸はその不安のためであらう。しかし不安らしい感じのしたのはこの一夜だけであつた。かなり長い旅の中でこの一夜だけが不安の怕しいやうな空氣を教へてくれた。綏遠では少しも思はなかつた。その深夜にも危險の氣を思つたにすぎない、砲聲のきこゑる包頭でも不安の心は起らなかつた、天津の第一夜——その夜は十一時頃迄佛蘭西租界あたりの見物をした。

翌日朝少し雨がふる、しかしやがて霽れあがつた、私ら三人は總領事館にゆき、天津のあちこちを案内してもらつた。天津の町を歩いてゐるとその以前に排日文字の描いてあつたあとへ、もう仁丹や若楽、味の素などの廣告が進出してゐる。驛の近所は空爆のあとがまだ生々しい、そこに北寧鐵路局が新しい建物でそのまゝのこされてゐる。市政府あとは一物ものこさず爆破されてゐる。天津に籠城した居留民の話は生々しいが、何か遠い昔のことのやうな氣がした。天津より北京の方が支那人の人氣はよいさうだ。我々はさういふ話を斷片にきいた。市政府あとの戰蹟の荒廢の中に、日章旗がひるがへり、小屋がけのサーカスがあり、禮義廉恥の文字の額がかけてあつた。私はこの戰爭の目的を懷疑する方法も知つてゐる。さうしてさういふ發想からの意見もきいた。しかし何かのきつかけで、あるひは左翼より無政府主義より又は自由主義より、極めて最近の偶然の瞬間に轉向した人々が、元來の日本主義者よりも、もつとのつぴきならぬ形で肯定し、感情で以て崇高の意味を發見してゐるのは何ゆゑであらうか。今日の日本には、一つの大衆の雰圍氣があるのだ、私はさうしてもう放縦に、たゞそれをリードする指導者をまつてゐる。色々の人々が考へてゐるより私はさういふものの力を見る。それは群衆的表現になつてゐない、大衆の表現ともなつてゐない、表現は一人の偉大な指導者が與へるのである。我々文化人の仕事は大衆的雰圍氣の出現を助長すればよいのである。そのスキツチを押したら、その燈は一堂を照らすか、もうスキツチの準備は完了してゐるのだ。しかしまだ日は明るい、それは大陸が新時間（日本時間）になつて、夕方が時計面でおくれたやうなものでないか。

私らはこちらで色々の支那通の支那觀をきいた。現地では我々旅行者には、さういふ支那觀がなか〳〵に催眠性を振ふのだ。我々は支那人の人間性の研究に問題終結をおかうとしがちであつた。十九世紀理論と照らし合せるまへに、國家の運命をかけて、十九世紀の全叡智のきづきあげた全體系に變革者の立場をとる方法はなからうか。今日の國家の運命は今日の我々が荷へばよい、さうして明日の日本人はあすを荷ふだらう。我々は何の不平もなく、むしろ感謝と光榮の側面のみをとりだして、又祖の國の始末を荷はうとするのである。それは日本主義である。單純な國內問題の解決でなく、未來の建設が我々の任務である。支那人のためでなく、世界のためである、それは日本人の誇りのためである。

天津の町は砂交りの風が吹いた。我々は各國租界を見物し、南開大學にゆき、中日書院の戰場を見た。南開大學はやはり荒廢してゐる、しかしもう次の日にはこゝを一部公園として公開するといふ話であつた。

さま〴〵の美談はみな既知のやうであつた。壯烈な英雄的行爲のあとで放心した人のこともきいた。しかしその全精神と全神經と全智能を極端に一瞬に集中した人間が、その神の如きつとめをなしあげた瞬間に放心の虛脫狀態に達するのはむしろ當然でなからうか。私は大楠公が湊川に自殺したといふ話を、精神の上から敬虔に隙間なく肯定する。さうして七生報國のことばは、大楠公平素の心懷であつても、最後の述懷でなからうといつた天保の大阪の座付作者の言を信じるのである。私も亦巷の戲作者と共に、崇高にして嚴肅な自殺の瞬間を心で感じうるからである。やられたといつて死に、しまつたと叫び、さういふことばを私は新しく私の立場では飜譯せんでよいと思ふ。ある切迫の表現の飜譯者は、大たい、今日の我國では左翼的思考をとる。左翼的思考が、つねに飜譯だつたのだ、彼らは藝術の表現を社會學のことばに飜譯することに、神話を人間の物質的狀態にこじつけることに、文藝評論の任務を見たのである。しかし私には最後のことばは、そのまゝ、崇高無償の犧牲の歡喜ときこゑる。獻身と犧牲のいまはに、火中に立ちて問ひし君はも、とうたひあげられた、かの古の妃の宮を私は考へるのである。

私らの思ふより、大陸の兵士たちは多く喋りたいことをもつてゐる。しかしさうすることで何か勞し傷めるやうな心が私にわき上る。私は欣んで報導と現地生活の報告をつとめねばならぬ文學者としての任務を放棄して了つた。向ふでこちらの舊文明を注入せずとも、立派な文化が倫理として生れてゐるのだ。我々文學者は政治經濟の技術者でない。又私は神性の語をつたへる才能を少いと感じるゆゑに、專ら抽象的のことを語つて、現地報告を逃げる。あちこちの兵士たちに、向ふみずに語しかけ問ひかけることを、職業意識じみてゐるとためらつてゐた。私の現地報告は抒情にすぎない。客觀的といふのは、不完全な數字でなからう、現地にあるものは內地で想像されることをうらづける危惧の事實のみでない、それらの一面でそれを押しのけて直進してゐる、この巨大な現實と精神の實體を報導することは、文學者の任務である。しかしその報導の事實は內地の若干インテリは認めぬかもしれない、何となればこの實在を認める體系は彼らになく、これを客觀づける理論はないのだ。こゝにはたゞ新しい現實と變革があるからである。

戰爭を國內問題の解決にして了ふのは、日本主義の退歩でないのだ。思想としての意味では、この戰爭が形の上で無償でもよい、それでも日本のなしあげた最大な世界史的事業は進捗する、さういふ偉大な浪曼的事實を、また浪曼的感想を、私は蒙古を流れる大黃河沿で現實に身にしみて味つてゐた。

㉘池田さぶろ「田代天津総領事の肚をたゝく」（『中央公論』第五四年第八号、一九三九年八月）

田代天津總領事の肚をたゝく

池田さぶろ

華北の大阪、天津は今ベッケードと鐵條網で武裝されてゐる。華北のモナコ、伊太利租界、姑娘付（クーニャン）のホテルをもつ佛蘭西租界、タキシードに紳士の假面を裝ふ英吉利租界が白河を、マカダイ舖道を隔てゝ隣りあつてゐる國際都市は又、整然たる襍沓の街だ。

一日、私は重い心を抱いて、總領事館に田代總領事を訪ねた。軍政とはいひ乍ら、外交官は何をしてゐるか、こいつあ總領事の肚をたゝく必要があると思つたからだつた。

「此處と、上海が一番いけないやうですね」

あたりの空氣に堪へきれない氣持で私は思つたまゝをきいた。

「さうだよ……これは私事だが、五・一五事件の起つた頃、鄭孝胥（ていかうしよ）が、送別會の席上君が東京へ歸ると何かしら事件がおこる、と私に言つたことがある。なに今度は大丈夫だといつて、歸京するとあの二・二六事件だよ、實業學校時代から外務省の囑託をやつてゐたので、そのまゝ釘づけにされ、卒業後本省に小一年、スヰスへ一年、伊太利に四年近くゐて、本省の亞細亞局に一年、天津に來た時昭和三年の濟南事件が起つたのだよ。蔣の北伐軍が北京へ乘込む、濟南では日本人が殺される。天津はもの〳〵しい厳戒よりでね。昭和四年末長春領事として今の新京に行くと、六年春から萬里山事件がおこつて、滿洲開發に水田をやつてゐた鮮人が支那側から壓迫を受け、排日の氣勢があがつたんだ。日本官憲が鮮農をかばひ、大事件になり、その交渉をやつてゐるうちに、中村大尉事件が持上り、滿洲事變にまで擴大したんだ。長春は軍の中心になり、翌年三月滿洲國が誕生し、七年秋僕は日本へ歸つた、そんな風で僕の行く先々に何か必ず事件がおこる」氏は苦笑した。

「こんどもさうぢやないですか」

「さうなんだ。昨年四月末こちらへくると租界問題が起つた。上海はテロ横行だが、こゝは英佛租界に排日共産分子が盤動してゐる、事變來外國租界は彼等唯一の安全地帶だ。彼等は地下に潜つて策動し、外部の共産匪その他の敗殘兵と連絡をとり情報を交換し、維新政府の打倒計畫、中でも王克敏の暗殺とか鐵道爆破をたくらんでゐるんだ。これはどうしても取締らなくちやならぬ、所が相手が外國租界だといふ性質上、手がつけられない。英佛側をして取締る樣交渉しても、口でいふやうに思ふやうにいかなかつたのだ」

「英佛側に熱意、誠意がないのだから馬耳東風でせう、バカにされてゐるかたちですね」

「といつて、向うでは不穏分子をおく事を欲しないとは口頭でいふが、抗日共産分子にとつては英佛は當面の敵ぢやない。日本、維新政府だからね、英佛からみれば、足下に火がつかぬ以上對岸の火事をみてゐる恰好だ。相手に誠意があれば排日共産分子を取締るのが當然だよ。つまり新事態の認識が缺けてゐるのだ。そこで止むを得ず煉瓦の駐兵所をつくつたり鐵條網をひいたりして、昨年の暮から一月へかけ、外國と支那側、日本と支那側の界で一々訊問をやつてゐるのだ。表向きの事件はよしんばなくても、地下で策動し、暗躍してゐる、その本據は租界の中なんだ」

「一網打盡にするといふ手はないのですか」

「それには敵がある。數は不明だが」

「外交官といへば一時、華やかなものといはれてゐたですが、威信地におちた形ですね」

「外交官は華やかぢやないよ、世間の人の氣持を買つてやらうとすると、菊池寛の『新道』にでてくるやうな外交官になる、二人の娘をもち乍ら、自分の好きな女をつけねらつてふられるといふ風にキザに描寫される。世間では外交官といへばキザで輕薄だと思ふ筈だよ。

　僕は情報部にゐる頃、あの映畫を下檢分にいつて憤慨したことがある。外人と交際する關係で、外交官といへば御馳走を食ひダンスをやりモダン生活をエンジョイしてゐるやうにいふが、それは目的でなく手段だ。外人の習慣を無視しては話はつかぬ。喧嘩をせず話をつけて物事を圓滿に運ぶことが外交官の使命だからね。それを目的のやうに一般には考へられる。早い話が、喧嘩をするのは一番早道だ。手つとり早い。僕だつて學生時代柔道できたへてゐるから、人の横つ面をはり倒す位何でもない。それをやらずに事をまとめる。周圍の人は齒がゆく思ふ。

　喧嘩をせずこちらの言ひ分を通さうとする芝居ははた目には面白くない。大衆に迎

合の手はある。が、國を思ひ、百年の大計を思ふなら、どんな非難、攻撃をうけても我々は我々の道を行く外ないよ。小村壽太郎侯のポーツマス條約だつて、當時あれだけの非難攻撃をうけながら、その成果は三十餘年後の今日、燦として輝いてゐるぢやないか。あの燒打の當時、僕はたしか小學校の一年か二年だつたが、父が下谷で病院をやつてゐたので、斬られた怪我人が次々に運びこまれてくるのを眼のあたりにみてあの時の事態をハッキリおぼえてゐる。先年小村侯の銅像が大連にできたが、今日から考へると實に明治の一大政治家であつたと思ふ」

「はりあひのあつた仕事としては？」

「滿洲事變後リットン卿一行が長春領事の僕に會見を申込んで來た。昭和七年の春だ。その時リットンが『事變勃發の前夜、九月十八日の夜は何をしてゐたか』ときいたので、僕はザックばらんに次の樣な話をした。その夜は鈴木大將が地方青年團を引卒して滿洲視察に來て、青年團は長春からハルビンに出發し、大將だけが長春に殘られ、六七時頃から軍官民合同の歡迎會があつた。たま〳〵排日事件のおこつてゐるときで、話題は事件に及び議論風發何れも意氣盛なるものがあつた。

その席には長春駐屯部隊大隊長黑石少佐がゐた。話はさかのぼるが、六年四月仙臺の部隊が交替して來たので、長春の地元の連中と將校連がめしを食ふ機會があつたが、のめる奴はゐない。部隊長大島大佐はすぐ顔が赤くなつた。一體東北の兵は慓悍だが酒にかけてはダメだと僕がいつた所が、二三ケ月後大佐が、こんど倅い酒豪が來た。黑石少佐といつて酒では誰にも負けない。軍の代表だといふ前ぶれだ。丁度その九月十八日の夜その大酒豪の黑石も來て我々茶目は黑石をためさうと老人の歸つた二次會で、のみ直した。

こちらは頭數があるからよつてたかつ

て、愚石にのませた。さすがの大酒家も人間だ。十二時頃には大虎になり、玄関を出る時は長靴がはけない位だつた。僕も虎になり車で家へ歸る途中長春警察前を通りかゝると、その晩に限り全署電燈煌々としてさながら不夜城だ。警察は僕の管轄だから、スワ何事ととびこむと大變だ。奉天近く柳條溝で日支開戰中、兵隊もいつ戰火に見舞はれるかわからないといふ話である。かねゞゝ覺悟はしてゐたが、まさに火藥を抱いてゐるやうなものだ。全滿洲に波及の恐れがある。直ちに旅團司令部にかけつけると幹部連中が鳩首協議中で、目下市街の支那兵營の攻擊に出動中だといふ。これはあとできいたが、愚石大隊長は兵舍へ歸り、服を寢換へる暇もなくベッドの上に大の字になつて寢てゐると、突然非常呼集のラッパでガバとはね起き聯隊長の所へかけつけた。『すぐ市街の支那軍を攻擊せよ』といふ命令だ。こゝですか、愚石は拳骨で地圖をたゝき、たつた今大酒をのんだともみえない。大丈夫かと聯隊長は口先鑑田たが今更ひつこめられない。愚石は馬に乘り、攻擊に向つた。それが九月十八日の未明、身をきるやうな寒風の中を一里以上も疾驅し、勇戰奮鬪、一番のりをやつた上三十六門の大砲の内十二門を破壞したものだ。その時支那兵舍にとびこむと、西瓜が路にころがつてゐる。愚石は軍刀でそいつを眞二つに斬つて食つたが、こんなうまいものは生れて始めて食つたとはその後の述懐だ。戰火は十九日の午後にはをさまつた。陸軍省の猛者連はこの戰勝の報に快哉を叫んだが、殊に上戸黨は萬歲を放つた。酒をのむ奴はいざとなると、

普通の奴の出来ぬ事をやつてのけるばかりか、平常の百倍の勇氣が出てくる。酒はのむべし……と僕は以上の話をリットン卿一行に報告したのだよ。

一行はこの話にビックリしたらしい。話が終るか終らぬに、米國の視察員がニッコリして、領事の話によると大分のむらしい。貴方は一體いくらのむかといふ話だ。當時リットンは滿洲に來て御氣嫌斜だ。支那は大歓待してくれた、日本の奴はいけない。どこを歩いても佛頂面をしてゐる、これはすきやきでも食はして別嬪をみせてやれと或る人が耳うちした。

そこで、僕はよろしい、いくら僕がのむかは口で言つてはわからん、實物をおめにかける爲、日本料理屋にお招きしようといつてやつた。すると、これは行儀のやかましいので有名な日本側の參與員(アッセッサー)吉川伊三郎(當時土耳古大使)が、僕の袖をひつぱり、各國の代表をよぶのに、こんな小町にそんな氣のきいた家があるかと心配してきくので、ナーニ大丈夫、策戰は胸三寸にありと言つてやつたが、米代表が、御厚意はありがたいが、拜見した所、貴方は若いし、こちらは年よりだから酒戰となればとてもかなはん。貴方の酒の強いことはわかつたと尻ごみし出した。リットンも大まじめな顔つきで、折角の話だが、昨晩から腹をこはしてゐるから殘念乍ら、とこれもにげをうつた。他の代表は大勢順應、何れもにげ口上だ。

そんなわけで、招待の目的は達しなかつたが、この酒のみ問答で、スッカリ空氣はなごやかになり、うやむやのうちに會見を終つたよ、アッハハハ」

長廣舌三時間、話は一轉して伊太利滯在時代、黒シャツ黨との舌戰まで及んだが、與へられた紙數にはとても書ききれない。三井物産池上支店長の招宴席上、僕は氏とコップでウィスキイののみつくらをやり、美事のびてしまつた事實をつけ加へて、この稿を結ばう。

㉙殿生文男「天津租界問題と事変の性格」（『改造』第二一巻第八号、一九三九年八月）

天津租界問題と事變の性格

特輯　東京會談と日英の危機

殿生文男

一

事變が勃發してから滿二週年が經過して、事變の性格が漸く露呈されんとして居る。當初の不擴大方針から北支事變に發展するに至る迄の間は國際關係に於ける我國の政治經濟的基礎に對し幾分批判的な色彩が我國內部に於て漂つてゐた。然し北支事變は日支事變となり、更に支那の誘因により支那事變といふ國家總力戰に迄擴大さるゝに及んで事變の本質が漸次分明するに至つたのであるが、それ迄は支那の抗日、侮日に對して斷乎膺懲すれば手もなく事變は終結するものと當事者の一部には斷ぜられてゐたかに見える、所が日本の軍事的優越は遺憾なく發揮され、世界驚異の中に連勝は展開され乍らも未だに事變の解決を決定づけ得ぬものがある。それはあたかも事變の性質が變化したかに見らるゝのであるが、支那の民族的意識の高揚、支那社會の非近代化の持つ抵抗力、列强の援蔣等を計算に入るゝならば、事變の擴大と恒久性から來る樣々な矛盾、またそれの克服のための常態的戰時體制の强化等は事變の性質の變化に基くものではなく、初めより內包されてゐた性格であつた。

日本は今蔣政權との爭鬪を持續しつゝ亞細亞の存立のために、支那を繞る樣々な諸勢力との全面的な戰を行つてゐる。聖戰其自體は日本及支那に變化を齎らすのみでなく東亞の搾取の上に立つ列强より支那を解放し、世界赤化の據點たらしめんとする蘇聯をこゝより放逐するにある。

かゝる方向は表面的には事變勃發より一年餘の昨年十一月近衞聲明により初めて指示されたものであるが、直接現地に行動する者にとつては體當り的に感得しつゝあつた經驗であつたらう。

事變の持つかゝる性格の一側面ははからずも天津租界問題を中心に勃發した。西歐列強が支那搾取の足場として租界を設定しこれを中心として諸々の權益を獲得してゐたことから租界は列强の亞細亞に於ける活動の一大支柱であり、また彼等の現狀維持のためには不可缺のものである。それ故支那に租界を持つ一聯の現狀維持國は今次の天津租界を繞る東京會談に特別の神經を集中するであらう。

日本に若し支那新政權との間に日滿の如き不可分關係が確立されるならば小租界内に跼蹐するを要しなくなるし、東亞の新秩序の目標を達成するためには列國の租界を先づ解消せしめねばならない。東京會談は租界に對する日本の態度がかかるものとしてその雰圍氣が醸成されつゝあり英國は天津よりの退場は直ちに全支に於ける租界の措置に關聯し、租界を支柱とせざる東亞進出の方策を見出さゞる限り之を放棄しないであらうし、等しく利害を持つ列強を背景として極力局部解決に止めんとするであらう。

二

作戰の進行につれ事變の中心が政治問題に移行するにつれ、我が工作の前面に大きな障害として立塞つたものは租界である。上海租界行政の改變、コロンス問題、昨年十月の第一次天津租界問題等は何れもこの障害除去の一方策として採られた我が强行方針であつた。それにも拘らずこれ等の方策は何れも其の根本に觸れ得ず一部解決に終つたのは租界の持つ性質の相異と國際關係の複雜性にあるだらう。

昨年十月に斷行された天津英佛租界に對する通行制限は、對外的にも對内的にも其理由を分明し得なかつたため、却つて困亂の中に何等の成果を見ずに終つたかの觀があつた。上海租界問題は根本的な一二の問題を除いては從來のお座なり的な回答と著しく異り工部局の日本側への可成り積極的な協力の示し方をした。其の細目協定を見ると（一）各警察分署に我が憲兵の事務所を開設し、テロの情報蒐集は固より街頭進出をなして直接警戒に當り、（二）黃浦江及蘇州河より上陸して租界に潛入するテロ分子を防遏するため、支那人の上陸及び物品の檢閲を工部局と協力の上實施し、（三）且つ我が方と工部局との緊密なる聯絡協調により、あらゆる活動を敏速ならしめるため、實行力を有する特務課を工部局内に新設し日本人を首腦者たらしめ、（四）工部局の支那巡査中テロに對し全然無力なるものゝある事情に照して、警察隊の監督、指導奨勵に關して日本側より有效適切なる措置を講ずることゝし、(五)又日本側乃至工部局に於て逮捕せる犯人及容疑者は、原則として日本側に於ても取調べ得ることゝなつたのである。

同じテロ行爲事件から端を發した天津租界問題が凡そ右の如き條件の下に、現地接衝で片が付く筈であつたらう。ところが英國側の不用意な程狙撃犯人引渡の拒絶と、問題解決の不誠意な遷延とから、最早單なる犯人の引渡のみでは問題の解決は困難となつた。即ち臨時政府の對英佛通告たる(一)租界内に於けるテロ並に共産犯人の引渡し、(二)租界内に於ける法幣の流通禁止並に現銀の引渡し等臨時政府通貨政策への協力、(三)租界内支那銀行錢莊の檢査、取締の勵行、(四)臨時政府の政策に關し、反對宣傳及右の如き言動の取締等の要求となつて現はれるに至つた。この要求は我が國策たる東亞新秩序の樹立に對し租界の持つ基本的性格に觸れたものであり、我が現地軍當局の累次の聲明と一致するものあり、要は英國側の對蔣援助、租界の敵性芟除に問題の解決が見出さるものとなつた。

對蔣援助と租界の敵性とは相互に關聯するものであり、租界の敵性は日本の對支政策と、英國の對蔣援助との歴史的な相剋より來る現象であると見られよう。かゝる援蔣政策は法幣の流通掩護、新日要人に對するテロ行爲の默認等の問題に止らず、其の主なるもののみを擧げて見ても枚擧に遑ないであらう。即ち、

(一)張自忠の購入せる二十萬元の武器は事變勃發と同時にイギリス學舍及和平洋行に保管され、工部局の庇護の下に抗日幹部が之を遊擊隊に賣却して居る。

(二)支那軍大本營その他抗日幹部遊擊隊との電報連絡は英國側機關の無電を利用してゐる。

(三)遊擊隊總指揮、陳調元秘書李演清及張參議等は英領事館に起居して居る。

(四)中國共產黨主領は腹心の部下を英租界に潛入せしめ英工部局副處長等と連絡せしめてゐる。

(五)舊東北軍長であり王克敏氏狙擊事件首謀者武漢卿、抗日の巨頭王培鎭等は夫々租界内に居住、英工部局の庇護の下に要人暗殺、抗日宣傳工作に沒頭してゐる。

(六)英租界内宋哲元公館、二十九路軍進德社、馬占山公館、石友三公館等は彼等抗日分子の巣窟と化して居る。――(二十五日同盟)

然しかゝる敵性は、租界を死守せんとする英國にとつては大なる重要さはないであらう。租界存在の意義は生命及財產の保障とそれを根據とする特殊な經濟活動を行ひ得る所に存する。天津に於ける租界は上海のそれとは比すべくもないが、英國にとつては尙北支への據點たるを失はない。金融機關を中心として倉庫、埠頭其他一聯の經濟機關を蒐め、天津市を足場とする背後地一帶に對する經濟活動の中心であつて見れば租界内治安の確保は、彼等にとつても有利である。事變に際し租界内英人間には一部經濟的低下はあつた。然し總體的には不動產の値上り、運輸會社、公共事業會社等の收益の增大等により租界の繁榮はなほ繼續し得た筈である。それ故今次の東京會談にしても、英國側は治安に關する限り、上海租界に於ける我が要求程度のものは受諾するであらう。

然らば彼が最後迄拒否せんとするものは何か。謂ふ迄もなく援蔣政策の放棄であり、支那制覇への具體的方策である金融政策の放棄であらう。我々は今これに觸れる前に日本と英國が支那に於ての抗爭を少しく歷史的に見る必要がある。

三

天津の租界問題を繞つての日英の抗爭が、支那事變の性格の一側面を露呈したものであることは先に一言した。

資本主義的に立遲れた日本が東亞の舊秩序を打破せんとし、これに對し世界分割を一應規定し其の上に立つて資本主義的要素を維持せんとする國々を代表する老朽英國が支那に於て抗爭するは必然である。また半封建的、半植民地的支那が統一的近代國家への發展を遂げる爲に、國民の民族意識を必要とし、その手段として排外政策が採られるのはまた必然である。滿洲事變はこの必然性を確實にし支那の民族意識を助長せしめた。

滿洲事變は昭和八年五月塘沽停戰協定によつて一應の終止符が打たれ、南京政府は同協定を大體遵守する態度を執つたのであるが、國民黨部は執拗な反滿抗日運動を展開し、全面的排日貨工作、滿洲攪亂工作中央軍の停戰地帶の牽制等の事態を惹起し、それより二ケ年後梅津、何應欽協定となり、土肥原、秦德純協定により、漸く事態の拾收が見られ非武裝地帶に接壤して新非武裝地帶が設定され滿洲國との接觸地帶には完全に干涉地帶が廻らされたのであつた。

この頃より日本資本主義の脆弱性と對露作戰の必要上から、政治的には支那の統一コースを經濟的にはその分列コースが採られるに至り、或る程度自然發生的な北支民衆自治運動による冀東地區の出現、冀察政務委員會の出現等と相俟つて北支に於ける日支經濟提携が積極的に企圖されたのであつた。然し時日の經過と共に南京側の牽制に依つて成功を見るに至らず冀察政權の中央化は免れなかつた。この南京政府の中央化工作を決定付けたもの、英國の援助に依る、十年十一月の幣制改革である。かゝる經濟的基礎に立上つた南京政府は廣東、廣西の中央化に成功し、日本の對支經濟工作に對して全面的に立塞つたのである。また之れと軌を同じくし、滿洲事變を契機として結成された反帝人民戰線はコミンテルン七全大會によつて決定された方針により中國共産黨の好餌となつた。かくて中央化工作と抗日運動の擴大のため日支經濟提携も廣田三原則も全く實現する所とならず、遂に抗日人民戰線は抗日民族戰線に迄發展するに至つたものである。

これが事變直前の支那の政治經濟の基本線であり、日支關係であり今次事變に迄發展せしめた要素であり、事變の性格は之より抽出さるべきであらう。

租界の存在がかゝる要素を提供したものではないか、問題は支那の中央化工作の成功と民族意識の高揚に力を得た抗日、侮日であり、それと紐帶をなすイギリスの支那金融制覇であつて、支那國民經濟の中樞部の殘存する租界にあつて、支那幣制の實權を掌握し、これに依つて支那の經濟活動の全般を一手に納めんとする支那と租界との間の政治と經濟の紐帶である。新政權下に於て若しかゝる條件が與へらるとすれば、イギリスは敢て租界の解消も拒否しないかも知れない。イギリスにとつては租界内に於ける諸種の權益とか、既存投資よりも、將來に於ける金融の制覇、從つて法幣の維持がより重大であらう。

臨時政府の英國租界への要求には、租界内舊法幣の流通禁止の一項があり、しかも之れは日本にとつても援蔣放棄要求の中心課題である。東京會談の山はこゝにある。

四

東京會談に對する軍中央部の方針は、今次會議を通じ、イギリスの飽くなき對蔣援助に對しこれを徹底的に芟除し、英國の敵性を完全に放棄せしめるといふ拔本塞源的妥結に到達せざる限り、よし本會議が決裂に終るも止むを得ずとする現地軍當局の方針を積極的、かつ全面的に支持するの決意を堅

持し、左の如く發表した。即ち、

一、現地當局の措置に對する全面的積極的支持
二、本問題に關する英國の世界的逆宣傳の排撃
三、本問題は現地に於て我軍に協力、または好意を表しつつある如何なる第三國に對しても他意なきこと
四、英國の對蔣援助の放棄、敵性の芟除によつてのみ會談の目的が達せらるゝこと
五、會談の成否は英國の出様による
六、その成否如何によつては現地軍當局は獨自の所信に基く措置に出ずることが豫想せられる――（東日七、四）

と云ふにある。この方針はまた、外務陸軍の打合協議に於ても完全に一致し、全面的に英國の援蔣政策放棄を不動の前提とする旨を報じてゐる。この間、クレーギー英大使の東京會談申入れ以來、英國側にあつては、會談を有利に導くべく、國際的輿論の喚起に努め、或は對日經濟報復を考慮する等の手段を用ひつゝあり、今次會談に當つては、

（一）日本が英國の對支政策全般の問題を採り擧げざることと即ち新秩序問題に觸れざること
（二）英國居留民の不當取扱を即時停止すること――（東朝六、二）

の二點を先決條件とすることを決定した如くである。

以上では會談に於ける兩國の交衝内容は窺ひ得ないが、日本にとつては英國の全面的援蔣政策放棄を先決とし、英國はその反對に東亞新秩序問題を持出さゞることを建前とする限り、極めて交衝の難關が豫想される。會談は細目接衝に依つて爲されるであらうから直ちに決裂することはないであらうが、會談の結果如何によつては、一は極東よりの敗退であり、一は事變處理に直接關聯するものであつて見れば、一部の人人の見る如く、しかく簡單に英國が屈伏するものとも思はれぬ。

老大國英國は、老朽過程にあればある程、あらゆる努力を拂つて對抗を試みるであらう。英國租界問題の考察は、支那に於ける既存權益の質とか、對支貿易の量とか、對支投資の額とかの外に、更に英國の國內經濟をも考慮に入れねばなら

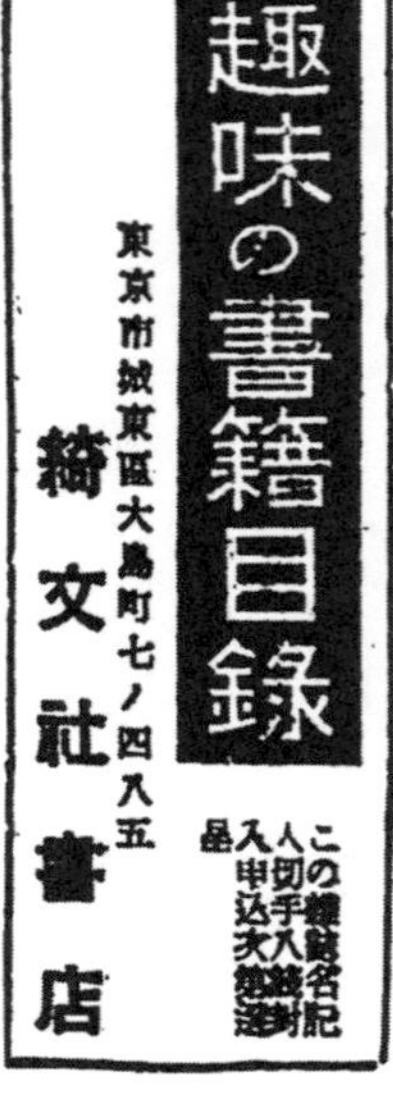

ぬ。現在に於ける英國經濟活動の惱みは、未曾有の大規模の軍需生産による軍需景氣の犧牲による平和産業の衰退のみならず、軍需生産の中樞たる重工業の不況に現はれてゐる。それのみならず、英國經濟活動の基本とも見られる貿易が不振を極め、貿易外收支も亦近時極めて不振である。英帝國ブロック内貿易は對植民地輸出が、本國への輸入よりも著しく減少しつゝある。しかも國際情勢は、獨伊の擡頭とアウタルキー化により、益々世界市場は狹められ、加ふるに植民地自治領に於てさへ國家主義的色彩を深め、本國資本の自由進出を許さない狀態に追込められつゝある。

それ故英國は殘された世界最大の、しかも或る程度金融支配力を掌握した支那市場に囑目せざるを得ず、それを放棄するを得ないであらう。

五

かゝる難關を内包しつゝ日英會談は旬日の日程に上されてゐる。吾々はこゝで會談の外交技術や、其の結果等を豫測することは無駄である。天津租界問題は事變の性格の一側面を露呈せしめた。東京會談は其れに基づく日英宣戰布告である。

日本は日獨伊樞軸に對し益々其强化を深めねばならない。東京會談が如何にあらうと、日本の大陸政策に變更のあるべきではなく、新秩序の達成に全力を傾倒せねばならぬ。老猾な英國は、我が不動の方針の下に漸次從來の方針に一部修正を加へ、吾への接近を考慮するかも知れぬ。局地的解決の範圍内に於て、租界の治安權を我に一任し、或は金融方策にしても條件付の妥協を認めぬとは限らない。吾々は東亞新秩序の下に列强の搾取より支那を解放する責務と方針とを堅持し最後の一線迄戰ひ取らねばならぬと考へる。

東亞の新秩序は、理論の不明確さに拘らず、既にそれの實踐が要求されて來た。英國を支那の市場より追出す代りに、日本がそれに置替へられるのであつてはならない。若し今後日本の對支工作がかゝるものであり、對經濟開發が從來のブロック主義的資源獲得論に墮するならば、租界に於ける問題より一層困難な問題に逢着することが豫想さるるであらう。事變の性格を決定付けるものは、支那に於ける民族意識の高揚と、蔣政權の下に舊支那の秩序を維持せんとする民主主義國家の態度と、亞細亞赤化のために支那の民族意識の高揚を利用せんとする蘇聯の動向である。(七、一一)

㉚「天津租界の北支治安に及ぼす影響」（『東亜』第一二巻第八号、一九三九年八月）

天津租界の北支治安に及ぼす影響

一、天津租界の成立とその意義
二、天津租界を據點とする抗日策動
三、經濟ゲリラ戰と天津租界
四、結　論

一　天津租界の成立とその意義

今日支那各地方に散在する「租界制度」の起源は南京條約（一八四二年）にあり、この南京條約を基本として成立した一八四四年佛清黄埔條約の第二十二條に依つて、始めて「一定地域を劃定し、租地し得る」事が具體的に決定されたのである。（註）

註　南京條約では外國人の居住貿易權を規定したが、その居住貿易をなすべき場所、或はこれを定める方法につき規定なき爲、開放された五港（廣東、厦門、福州、寧波）の市府内すべてを意味する如くにも解され、地域範圍に關し將來紛議を生ずる虞れがあつたので、翌年の追加條約第七條に依つて「雙方の便宜上彼我官憲の協議に依り或る地域を定め、以て外人の使用に當てる」ことが決定された。この居住貿易權に源を發する劃定地域が、後年大いに繁榮し、支那主權の排斥、外國行政權の扶植と相俟つて今日の如き租界を形成するに至つた。

而して英國政府は最惠國條款に基き、佛清黄埔條約と同一權利を獲得し、これに依つて一八四五年上海租界を劃定した（註）。これが支那に成立した租界の先驅であつた。

註　一八四五年蘇淞道兼江南海關監督宮慕久と、英國領事ジョージ・バルフォアとの交渉により協定された土地章程がそれである。

天津が開放され、其處に租界が設置されるに至つたのは、天津條約（一八五八年）及北京條約（一八六〇年）の結果であつて、一八六一年佛國が支那側當局崇厚道臺との間に、天津條約に基き章程十二條を締結し、宣布したに始まる。かくして佛國專管居留地及これに倣つて英國專地管留居（一八六一年）か成立し、引續き次の如き變遷を經て今日の天津租界に至つたのである。

一、獨—一八五五年十二月開設、一九一七年回收。
二、日—一八九八年開設、一九〇三年擴張。
三、露—一九〇〇年十一月開設、一九二〇年回收。
四、伊—一九〇二年二月開設。
五、墺—一九〇二年六月開設、一九一七年回收。
六、白—一九〇二年二月開設、一九二九年返還。
七、英—一八六一年開設、一八九七年擴張、一九〇二年米租界を合併、一九〇三年牆外租界地の獲得。
八、佛—一八六一年開設、一九〇〇年擴張。

即ち現在あるのは英、佛、伊、日の四國租界である。

阿片戰爭が支那近代史に於て持つ意義は極めて重大である。英國は十九世紀の中頃から明瞭になつて來た商業資本に對する產業資本の決定的な勝利によつて、商品市場を急速に擴張する必要に迫られたにも拘らず、支那側の頑强な政治的經濟的抵抗（支那では小農業に附隨して早くより家内工業、手工業が行き亘り、殆んど外國工業商品の輸入を許さなかつた。例へば英支間の貿易關係は英國側の支拂超過となる事が多く、しかもこれは清國政府の鎖國的政治政策に依つて護られてゐた）に遭つてこの目的を達成する事が出來なかつた。斯くの如き條件の下に於て阿片は第一に英支間の爲替決濟の手段となり、第二に阿片賣却自身に莫大な利益がある許りでなく、第三に阿片の產地印度に於ける英國商品需要の喚起に役立つた。從つて阿片賣込みに妨害を受けるや直に武器を執つて立たざるを得なかつた。併し阿片戰爭の目的は單にこの妨害の撤去にあつたのでなく、より本質的にはその鎖國的政治方針を破壞し、商品市場化に對する抵抗力を强力的に崩壞せしめることにあつた。從つて南京條約は單に五港の開放、貿易居住權の設定、領事の駐派、支那側特許商制度の廢止のみに止まらず、關稅自主權の喪失（輸出入稅とも從價五分の均一原則、國內稅從價二分五厘の强制）治外法權規定の設定租界の基礎の確立等に依つて遂にこの目的を達成したのである。

斯くして支那の長城の一角が崩壞するやこれに續いて西歐諸國は怒濤の如く流れ込み、南京條約に基礎を置く不平等條約は益々擴大鞏化されて行つたが、この第一期の特徵は「商品市場としての支那開放及その政治經濟的據點としての租界の確立」にあつた。

第二期は日淸戰爭を轉機として始まる時代である。西歐資本主義は十九世紀の末頃から自由競爭の時代を脱し、帝國主義的角逐の關係に入つたのであるが、この金融資本に依つて決定された對支政策の內容は所謂「銀行と鐵道による征服」であつた。而してこの場合租界は金融資本進出の最も安全なる據點となり、鐵道敷設權の獲得を中心として、領土の奪取租借地の掌握、不割讓條約の取極め等を行ひ、以て軍事的根據地を確立常化し、投資の安全と勢力範圍の設定に努力したのである。

今この列强金融資本の進出に就て見ると、北支の外國銀行は地域的には全く天津租界に限られてゐることを指摘しなければならぬ。この外國銀行こそ列强對支經濟政策の中心機關であつて、商品販路擴張、政治、交通、鑛山借款等は總てこれ等金融機關の手を經て行はれたのである。そして彼等は自己資本に加へて多くの土着資本（官僚資本並に地主資本の預金）を擁し、買辦を操つて天津貿易の大半を把握し、他面支那銀行及銀號と連繫して直接間接北支經濟に君臨してゐた。在天津外國銀行を見ると次頁の表の如くであつて、この內滙豐銀行が指導的地位にあつた。

第三期は歐洲大戰を契機として初まる國權回復の時代である。列國の對支侵略に對する民衆の反抗運動は遠く太平天國運動や團匪事件等に現はれたが、之等の反抗運動は列强の武力の前には蟷螂の斧に等しく、却つて國權喪失の機會になつたに過ぎなかつた。尤もこの間鐵道鑛山等の管理經營權の回收されたものが二、三あつたが、その資金を外國銀行に仰がねばならなかつた爲結局利權の回收も名目化し、借款擔保として鐵道其他の財產が債權者に握られ、實權は依然として外國側に委ねざるを得なかつた。

併し歐洲大戰はこれに劃期的變化を齎らした。大戰中列國資本の對支工作が中絕され、其の間に民族資本が廣汎に發展し、民族ブルジョアージー並に支那プロレタリアートが重要な政治的要素として成長して來た。孫文等の國民革命運動が大衆的基礎を持つに至つたのもこの時代であり、その指標は一九二四年更生中國國民黨の結成として示されてゐる。

この國民黨を指導勢力とする國權回復、不平等條約撤廢運動は、一九二八年北伐の完成、南京國民政府成立に至る期間に於て最も革命的に實踐され、租界回收、領事裁判權の撤廢租借地の回收、內河航行權の恢復、關稅自主權の獲得等が國民運動の重要な對象となつた。而してこの內外國租界に關しては、「租界の發達につれ、租界は漸次外國の領土化し、支那の國家主權は時と共に侵害の度を深められ、租界內の支那

在天津外國銀行表

國籍	銀行名	本店所在地	天津所在地	拂込資本
英國系	麥加利銀行	倫敦	英租界	三、〇〇〇、〇〇〇磅
	滙豊銀行	香港	英租界	五〇、〇〇〇、〇〇〇弗
米國系	花旗銀行	紐育	英租界	一二七、〇〇〇、〇〇〇米弗
	美國運通銀行	紐育	佛租界	六、〇〇〇、〇〇〇米弗
	大通銀行	紐育	英租界	五、〇〇〇、〇〇〇米弗
	商業放款銀行	天津		四八、〇〇〇米弗
白國系	華比銀行	ブラッセル	英租界	一四七、〇四四、一八七米弗
伊國系	華義銀行	上海	佛租界	一、〇〇〇、〇〇〇米弗
獨國系	德華銀行	上海	英租界	五、七〇五、〇〇〇弗
佛國系	義昌枚款銀行（佛白）	ブラッセル	佛租界	七、〇〇〇、〇〇〇法
	中法工商銀行（佛支）	巴里	佛租界	五〇、〇〇〇、〇〇〇法
	東方滙理銀行	巴里	佛租界	一二〇、〇〇〇、〇〇〇法

註　一、其他日本系銀行として正金、朝鮮及天津各銀行あり。
　　二、北支經濟綜觀五八六頁

人は不平等の待遇を受くるに至つた。又租界の治外法權を利用して租界は軍界政界の亡命者の隠れ場所となり內亂陰謀の中心ともなり、一方では租界內に於ける外國産業の發達は支那の産業を脅威するものと感ぜられる」に至つた。

國民黨は斯くの如き見解の下に極力その回收に努力し、その結果今月迄に回收したるもの十租界に及んだのである。而してその內容を見ると、（註）

1　武力的回收—漢口、九江、廈門及鎭江に於ける英國租界（一九二六年北伐軍の蜂起、揚子江流域を中心とする廣汎なる排英運動の發展を通じて實力的に回收せるもの）

2　協定的回收—天津の獨、澳、白租界、漢口の獨國租界、天津及漢口の露國租界（獨澳兩租界は一九一七年歐洲大戰に參加することに依つて回收し、露國租界は一九二四年「ソビエット」政府との國交回復に際して回收、白國

租界は一九二九年ベルギー政府の發意に依つて返還された）

3 參政的回收―租界に於ける參政權を支那人が獲得し、租界行政權を漸次回收せんとするもので、公共租界（殊に上海租界）に於て行はれつゝあり（一九二五年上海に於ける五、三〇事件の結果獲得した）。

註　植田氏著「支那租界論」三九頁

天津に於ては從來八租界あつたが、その內獨、澳、露、白の四租界がこの時代に回收されて、今日殘つてゐるのは英、佛、伊、日の四租界である事は前記の通りである。而してこの四租界に於ては次の如き方法に依つてその行政權が行使されてゐる。（註）

註　支那の租界（東亞問題調査會）

イ、英國租界

租界行政は工部局の下に居留民に依つて公選せられた行政委員によつて執行せられる。委員數は五名乃至十名と規定され、委員長及五名以上の委員はイギリス人とし、一名以上のアメリカ人を加へること。その權限は租界章程の議決公吏の任免、公產の賣買、民有地の監督、社會施設及公共事業の經營、警察、財政、課稅等租界內の共同生活に關する一切の事項を包含する。委員選擧資格者は選擧章程に定めたる條項に該當するもので、年額地租二百元以上を納付する土地所有者（支那人を除く）、査定賃貸料年額六百元以上の家屋所有者（支那人を除く）並に年額二百四十元以上の地租納稅者、年賃貸額三千元以上の家屋所有者たる支那人と規定されてゐる。

ロ、佛國租界

租界行政は天津駐劄フランス領事が行政委員長となり、五名のフランス人、四名の外國人より成る行政委員會が一切の租界行政を執行する。但し支那人は行政委員たることを得ない。委員の選擧は每年一月フランス工部局に登錄された有資格者により駐津フランス領事の召集によつて行はれる。選擧資格は年齡二十一才以上にして六ケ月以上租界內に引續き居住し、每月三十元以上の家賃納付者並に收入每月百二十五元以上のもの及土地家屋の所有者に限る。行制委員會の權限は歲出の審査、課稅、稅則の決定、公產賣買租界章程の制定、其他公共公益設備の事務計畫管理等である。

ハ、伊國租界

租界の行政は行政委員會を中心に五名の行政委員及三名

の諸議委員に依つて處理される。行政委員の内三名はイタリヤ人たる事を要し、諸議委員は全部支那人であるが、これは行政委員會に對する單なる諸議機關で委員會に參加することは出來ない。行政委員はイタリー人及其他の外國人に依つて選擧され、選擧會は毎年十月又は十一月イタリー領事に依つて召集される。諸議委員は支那人が之を選擧する。選擧資格は次の如くである。

一、年齢滿二十歳以上にして滿一個年以上引續き租界内に居住するもの、但しイタリー人はこの限りにあらず。

二、毎月地租又は家屋税三十元以上を納むるものにして品行端直なるもの。

二、日本租界

租界の行政事務は天津居留民團の自治に依つて行はれ、居留民の選出する委員より成る行政委員會及理事に依つて確定し領事の認可を經て執行される。民團の經營する事業は土地經營、道路、水道、下水、電氣事業、衞生設備、敎育、租界警備、消防等日本居留民並に租界内居住者の共存安全に關する一切の設備經營である。

以上によつて明らかなる如く各租界とも支那人には參政權を與へてゐない。唯英租界では極めて高度な制限を附した選擧權、伊租界では諸議委員の選擧、被選擧權が與へられてゐるのみである。但し第二表で見ると租界人口の絶對多數は支那人である。尙これに依ると英租界が面積人口共最大であることが判る。

天津租界人口表

租界名	外國人	支那人	面積(畝)
英租界	四、〇四五	四二、七六四	六、一七六
佛租界	九一五	五〇、五一七	二、八〇〇
伊租界	三七三	六、四四四	七七一
日租界	―	―	二、一三七

註 一、「支那の租界」より作成
二、何れも一九三七年調

二 天津租界を據點とする抗日運動

一九二八年列強との妥協の上に成立した南京政府は、一方に歐米依存を強めつゝ、他方抗日煽動を强化することに依つて國内統一と浙江財閥支配權の擴大を企圖したのであるが、これは又蘇聯の極東政策のプログラム――日本を中心とするアジア民族の結合と興隆の破壞――實踐の爲の絶好の環境をつくり上げた。中共合作とそれに端を發する今次の日支事變は世界史的な一つの悲劇であるが、併しこれを通じて今や過去半世紀以上に亘つて亞細亞に培はれた一切の禍根が拂拭されんとしつゝあり、又斯るものとして把握し實踐してこそ始めて日支兩民族に依つて捧げられた莫大な犧牲を償ふ事が出來るのである。

租界問題も亦この一つであつて、孫文以下の初期革命家の進歩的傳統を喪失し、歐米の走狗となつて中國の植民地化を誘導しつゝある反動蔣政權が放棄して省みなかつた租界問題を、今や新な視角から再檢討する必要に迫られてゐる。卽ち支那の租界問題は日支事變後第四期に入つたのであり、この時代の特徴は租界が抗日の策源地に化した點にある。

五月六日發表された天津日本軍當局談の中に次の如き一節がある。

「忍ぶべからさるは共産抗日分子が英佛租界をもつて陰謀の策源地とし、又各種テロ行爲の避難所として利用する事であつて、租界を巢窟として租界當局の暗默の庇護の下に蠢動を續けてゐる共産系並に國民黨系組織團體の數は十を以て算する。實に華北に於ける抗日惡、社會惡の大半は租界を溫床として發してゐるのである。王竹林、程錫庚の暗殺犯人、在津日本兵の暗殺犯人等糸をたぐつて見ると、悉く租界に端を發し、又聯銀券の流通攪亂工作の中心も亦英佛租界にある」

卽ち英佛租界が今や第一に抗日陰謀の策源地、第二に各種テロ行爲の避難所、第三に聯銀券流通攪亂工作の中心地となつてゐる事が指摘されてゐる。これを更に詳細に分けると次の六項目になる。

一、抗日指導據點
二、諜報據點
三、逃避安全地帶
四、抗日テロ根據地
五、武器、彈藥、其他軍需品供給地
六、經濟ゲリラ戰の中心

この內最後の「經濟ゲリラ戰の中心」問題に就ては次章に檢討することにして、本章に於ては二、三の情報に基いてその他の各項に就て述べる事にする。

一、抗日指導據點

北支に於ける抗日運動の指導機關は、概ねその本據を天津英國租界に置いてゐる。在天津抗日指導機關系統表に示す如く中國共產黨系機關（中共北方局）と中國國民黨系機關（國民政府軍事委員會華北黨軍政聯合辦事處統制下の黨部、藍衣社、ＣＣ團等）とは北支抗日運動の二大指導機關であるが、共にその根據を天津外國租界に置き、又一九三七年十二月に成立した國共合作の民衆動員機關である華北抗日人民自衛委員會も同様天津外國租界にその本據を置いてゐる。この華北抗日運動の三大指導機關は天津外國租界を據點として日支交戰の進展に應じ、國共聯席會議を開き情勢を檢討し、抗日指令を發してゐたのであるが、一九三八年の前半迄は大體に於て國民黨がその指導權を握つてゐた。然るに第八路軍の冀東侵出と晋察冀邊區政府の成立並に日本軍による中南支制壓後は漸次共產黨勢力の成長强化を來し、更に廣東武漢失陷後は、北支抗日運動の指導權を共產黨に全く掌握されるに至つた。而して國民黨側は主として藍衣社、CC團系機關に依る都市の謀略的テロ工作に重點を置き、共產黨側は地方農村に於ける民衆動員粗織の結成と、土匪民團を抗日游擊隊に改編することに努力してゐるのである。

中共北方局は事變前より天津に存在した機關であつて、北支（河北、山東、山西、河西、綏遠、察哈爾の六省）及滿洲に對する黨運動指導機關であつたが、事變後北支情勢の變化に應じその組織機構の改變を必要とするに至り、名稱を中國共產黨華北支部と改め、指導地域を河北、山西、綏遠、察哈爾の五省に制限した。その機構次の如し。

中共華北支部 ―― {書記、指導委員會、特務委員會、軍事委員會、宣傳委員會} ―― 區部 {天津、北京、楡唐、濟南、冀南、通密、張垣、大同、綏包、保定、石門}

註 一、書記は支部の發せる命令議案の保管、並に支部所在地に於ける會議の召集をなす。

二、指導委員會は同志獲得、細胞の擴充等、黨組織の發展工作に關する計畫指導に當る。

三、特務委員會は交通破壞等特殊任務を擔當すると共に一般工作の領導に任ず。

四、軍事委員會は遊擊隊の募集、編成等軍事を擔當す。

五、宣傳委員會は黨議の宣傳、其他抗日一般宣傳、印刷物の編纂等を擔當す。

斯くの如く中共華北支部を中心とする國民黨、藍衣社、CC團等各抗日團體は、天津一帶に於て日本軍倉庫、日界重要建築物の放火、親日要人の暗殺、臨時政府下級各機關の破壞策、鐵道の爆破等の各種テロ工作を指導實踐しつゝある許りでなく、北支の各抗日游擊匪團を統制操縱することに依り北支の治安攪亂の源となつてゐるのである。例へば、

一、第八路軍游擊隊はその活動を圓滑ならしむる目的を以て天津英租界六十八號路三十一號にこれが指導機關を設

置せり。その主任は薊樾（曾て西北紅軍大學教授たりしことあり）にして、彼は昨年（一九三八年）七月頃より天津に潛入し、專ら河北省黨部及長城線一帶の第八路軍游擊隊を指揮したるものにして、同機關内には秘密無電臺の設置あり、常時陝西省延安と通信連絡してゐる。

二、各共產匪の代表者は天津に於て軍事會議を開催せんとし、趙志黨匪（抗日救國軍等十一支隊長）約二百名中より二名、李維周匪（救國抗日軍司令）より二名及其他の匪より各二名、合計十名は天津に潛入せり。亦昨年五月中共華北支部は「各匪游擊隊は二名の聯絡員を天津に常置すべし」なる指令を發した事がある。

三、尚國民黨系匪團鹿鐘麟部隊は在天津國民政府華北黨軍政聯合辦事處の指導下にある。

在天津抗日指導機關表系統

- 天津抗日組織（英國租界）
  - 第八路軍駐津機關
  - 中共華北支部 —— 天津市委員會
    - 民先隊天津地方本部
  - 華北抗日人民自衛委員會 —— 京津各界救國聯合會
  - 國民政府軍事委員會華北黨軍政聯合辦事處
    - 黨部（華北區聯席會議）—— 天津市委員會
    - 藍衣社（華北辦事處）—— 華北抗日除奸團
    - C・C團（華北辦事處）—— 華北民衆動員會

二、諜報據點、抗日テロ根據地、逃避安全地帶

天津租界が日支官憲の手の及ばざる特殊地帶を構成せる事は、他地方とは趣を異にせる強固な諜報、抗日テロの根據地となり、又抗日不逞の徒の逃避場となつてゐる事は言ふ迄もない。例へば、

一、英租界中街泰來大樓第三十八號に止宿せる中央要人王士偉（國地府交通界）は英租界工部局員の護衛の下に中央軍事委員會の命により、華北の鐵道公路並に軍需品輸送情況等を偵察の爲に來津せり。

二、鹿鐘麟部隊團長張德泉はその部下の軍官を天津英租界耀華學校及廣東路小學校に駐在せしめ、京津一帶に於ける日軍の糧秣、軍事施設倉庫等の燒却及暗殺を企圖す。

三、昨年（一九三八年）十二月、天津市總商會主席、日華經濟聯盟會長王竹林氏の天津佛租界に於ける暗殺、本年四月、イギリス租界第一劇場に於ける天津税關監督程錫庚氏の暗殺等親日要人に對するテロ行爲は凡て天津外國租界に巣喰ふ抗日團體に依つて行はれたもので、又絶えず交通通信機關の破壞、報道機關（宣傳刊行物、新聞等の發行機關及販賣者）に對する妨害工作を企圖してゐる。

四、天津租界官憲が單に之等抗日團體の存在活動を消極的に許容してゐるのみならず、むしろ積極的に掩護的態度に出て、抗日分子逮捕等に關し、日支軍警との協力を拒絶するか如き事も屢々である。例へば、

「程錫庚氏暗殺事件發生するやイギリス側は、田代總領事宛書翰を以て本事件に關する日本憲兵の要求に基き、共同捜査により犯人を逮捕せば無條件にてこれを日本側憲兵に引渡す旨の覺書を提出し、日本側に協力を求めたので、我方も鋭意犯人捜査に努めた結果、去る四月二十三日イギリス租界に於て遂に犯人四名を逮捕しイギリス工務局に留置、其の後我が憲兵隊でも犯人取調の都合上前記覺書に基き再三犯人引渡しを要求したが、イギリス首席領事以下イギリス租界當局はこれを認めざるも、獨り總領事のみ些細なる事由を以てこれを否定し、本國政府に請訓するの口實の下に引渡しを拒否しあり」（天津發同盟）

又抗日指導機關の首腦者は主として英國汽船により塘沽を經て香港その他の中央部機關と連絡し、之等要人の天津に於ける身邊警戒は英佛租界工部局員が援助してゐる

五、この他抗日分子往來に際しての一般的な足溜りになつてゐるのであつて例へば、てゐるのであつて例へば、「第八路軍冀東侵入部隊の西方に移動せる際、殘留したる政治工作員の一部は去る十一月各現地より天津に潛入し、英國租界六十號街三十一號住宅に宿營しをれるも、やがて西走せる原所屬部隊に

追隨するもの丶如し」

三、武器彈藥及軍需品供給地

蔣政權に對する武器供給が主として雲南・ビルマルートに依る英蘇兩國の武器輸入に依つて行はれてゐる事は既に明らかであるが、北支に於ては天津租界がその有力な源泉になつてゐる事を見逃かせない。例へば、

一、天津英租界英商安利洋行は、常に河北省內游擊隊の兵器彈藥の供給を擔當し、該兵器彈藥類は常に醫藥品箱に裝入し、英國汽船に搭載の上天津に陸揚げしつ丶あり、安利洋行の取扱ふ兵器彈藥は主として小銃、拳銃、彈藥及爆破藥等である。

二、最近香港方面より多數の兵器彈藥を輸送し來り、既に陸揚げを完了し、各游擊隊天津辦事處に分配した。冀東方面への兵器彈藥は宰領者携行し既に出發し、第八路軍の兵器彈藥は同軍天津辦事處長黃豪華これを受領し、その他共產黨暗殺團長李世冲も兵器彈藥を受領したるも其の數は不明である。

三、鹿鐘麟匪は武器彈藥製造能力擴充の爲、修理廠總務科長張過纔を天津に派遣し、專門職工の募集及兵器原料の銅鐵多量を買收せしめてゐる。尙張は十一月天津に到着し、目下英租界利順德飯店に止宿し、既に職工百餘名を募集を終つた。

四、今一つ重要な事は英佛兩國北支駐屯軍用の武器として輸入されつ丶あるものに就てである。北清事變最終議定書の第七、九條に準據し、英國は天津、北京、山海關に少將一名以下將兵合計一、〇二八名、佛國は天津、北京、秦皇島、山海關、塘沽に將兵二、〇五四名、重機四八、輕機一二四、砲二八、戰車一〇（何れも發表數）を有し、これに對し一九三八年度に於ては次頁表の如き武器輸入を行つたのである。而してこれに對して次の如く言はれてゐる。

「現在輸入される銃器爆藥物の通關に當つては、天津海關稅務司より上海總稅務司メーズの下に申請の上決定されるものにして、未だに蔣政權に申達の手續を繼續しあるものと看做すべきである。而して英佛兩租界に陸揚げする荷物の檢査は英人稅務官吏主としてこれに當り、その檢査は粗漏で、暗に援蔣抗日の溫床と看做さるべき點無きにしも非ず、これが嚴正を期するには英人稅務官吏更迭の必要がある」

如何なる名目にもせよ天津英佛租界に陸揚げされつ丶

ある武器の一部が北支游撃匪團の手に流れ込みつゝある事は事實であつて、今後の治安對策上この點の注意を喚起してやまない。

佛國駐屯軍輸入軍需品（昭和十三年度）

種類別	細別	數量
拳銃		二七箱
小銃	小銃	五〇箱
	同彈丸	一、六一二箱
	同附屬品	四、三二六公斤
輕機	輕機	九四八挺
	同彈丸	三〇〇、九六〇發
	同附屬品	三〇一、八九九個
重機	重機	二三二挺
	同彈丸	一、六〇〇發
	同附屬品	二〇八、二四七箱
大砲	大砲	一二六門
	同砲彈	一二、五六二公斤
	同附屬品	六、五五〇箱
手榴彈	手榴彈	一、三〇八箱
	同附屬品	六、五〇〇個
彈藥		一五六、三九二箱
軍術林料		一、六一三公斤
無電受信機		二四台
軍服		三二、五一六公斤
ガスマスク		八〇〇箱

註　この他に望遠鏡材料、電引機、空砲彈等あり。

英國駐屯軍輸入軍需品（昭和十三年度）

種類制	細制	數量
拳銃彈丸		一五六箱
小銃彈丸		九、二〇〇箱
機銃	機銃	一七七挺
	同附屬品	[illegible]、六六六個
砲	砲	六〇門
	同砲彈	一九〇箱
	同附屬品	一一一箱
手榴彈		一四〇箱
催涙彈		五〇箱
棉花藥		一、一一二個
無電受信機	受信機	五〇個
	同附屬品	一、一五九箱
望遠鏡		二九個
煙幕發散機		八〇個

註　この他に電管、引線、標進機等あり。

三、經濟ゲリラ戰と天津租界

「北京の物價は跳ね上る——最近の物價急騰振りに市民も農民もアレヨアレヨと云つて呆然と見送りの態だ、表立つてピンと來たのは煙草で、御馴染のルビークイン十錢（昨年）が前月末から十一錢に、今月に入つてから日に一錢宛鰻上りになつて今は十六錢……騰貴は物の全面に亘つてゐるが、先台所にピンと來る食糧品では、筆頭が華人の主食品の麵粉で、四月からの急騰振りは物凄く、天津卸市況は四月十五日五圓三十五錢（寶船）が五月一日六圓八十錢と半ケ月間に一圓四十五錢の奔騰……殊に支那の大衆である細民階級の主要食物たる雜穀（高粱、蜀玉黍、粟、豆類）は事變前の二圓台から十二圓台に跳ね上つて洋車夫、苦力等階級の胃袋に悲鳴を擧げさせてゐる始末、更に綿糸類の騰り方も驚異的で、天津現物五福細布が四月十五日十四圓三十錢、五月一日二十圓、綿糸（十七、八碼）が四月十五日四百十五圓、同三十日五百圓、五月一日五百二十圓と云ふ騰り方である。からなる物價騰貴の辛さがヒシヒシと身に浸みて、家屋から台所胃袋は勿論頭の先からつま先まで騰貴せぬものなしといふ有樣で、洋車夫苦力階級は事變前は月七元もあれは悠々と暮して行けたのに、今では月二十元でもどうかと言ふ嘆息を洩してゐる」

「最近の馬車馬式奔騰振りは全く英佛租界内（天津）の舊法幣使用が根本原因である。同租界内で貿易決濟に使用される舊法幣が三月十一日流通禁止の爲、流通量が減少してゐる所に、貿易決濟で急激なデフレッションを惹き起し聯銀券の價値を下落させた事が物價急騰の最大原因で、從つて法幣を所有して蠢動する商人や、これに協力して治外法權をを振り翳す英佛租界の存在が現在支那民衆各層の台所を脅かしてゐる元兇といふ譯である云々」（五月十四北京新聞）

これを二、三の統計に就てより詳細に見ると左表の如くである。

北支賣却物價指數（一九二六年——一〇〇）

	一九三六年	一九三七年	一九三八年	一九三九年(四月)
食料	一一五、五〇	一二七、八五	一五六、三六	一九〇、七八
衣服及原料	九九、一〇	一一七、九七	一三四、九八	一七〇、八四
金屬	一一六、四〇	一七八、五八	二四一、〇七	二九六、二九
建築材料	一一〇、七〇	一二〇、〇七	一七六、五二	二一六、六四
燃料	一一一、四〇	一一八、〇七	一九一、二四	二一七、五三
雜貨	九八、七〇	一二九、七〇	一六五、二七	一八二、七二
總指數	一一〇、六二	一二九、九八	一六八、二一	二〇四、五五

註　支那問題研究所調

北京物價指數（一九三七年──一〇〇）

	一九三九年四月上旬	一九三九年五月上旬
食物類	一四四、一一	一四〇、八一
燃料	一六四、七四	一六八、一九
綿布	一五六、五二	一六五、〇三
雜貨	一三七、五三	一四〇、四三
總指數	一四九、七八	一五三、六二

註　北京新聞より作成

北支流通禁止紙幣發行高

	銀行名	金額
北支流通南方券	中央	三六、一五一
	中國農業	一、五〇〇
	中國墾業	九〇
	大中	五六〇
	北洋保商	三、〇〇〇
	中國實業	一、七三〇
	中南四行	一、五〇〇
	浙江興業	二〇
	邊業	五〇
	小計	四四、六二一
北方券	中國	一六四、九五七
	交通	七八、五六〇
	河北省銀行	五〇、〇〇〇
	小計	二九三、五一七
總計		三三八、一三九

註　一、昭和十二年四月三十日現在、支那新聞研究所調
　　二、南方券は昨年六月十日流通禁止
　　　　北方券は本年三月十日流通禁止
　　三、單位千圓

戰前物價に比すると最近は明らかに二倍になつてをり（總指數）この騰貴振りは金屬類に於て最も甚しく、更に本年四月と五月とを比較して見ると五、六％の騰貴となつてゐる。斯くの如き生活必需品の暴騰は民衆の日常生活を震撼すること著しく、延いて北支の治安問題に影響すること甚大なるものがあるので、詳細なる研究を必要とする。ことにその原因として天津租界を中心とする舊法幣の動向が指摘され、今や租界問題の將來を決定する有力なる條件の一つとなつてゐることを見逃すことが出來ない。

一、中國聯合準備銀行の成立

臨時政府の中央銀行たる聯銀は、臨時政府及參加支那銀行團（中國、交通、河北、金城、大陸、鹽業、中南、冀東の八行）の折半出資による五千萬元（第一回拂込は半額の二千五百萬元で、支那側八行は千二百萬元の現金政府出資は八百五十萬元が現金、從つて現銀保有額は二千五十萬元）を資本金として昨年三月十日創設された。これに對し日本

の有力十五銀行團は一億圓のクレヂットを設定して同行の基礎を鞏固づけた。そして聯銀の發行する紙幣を以て北支に於ける唯一の通貨と定め、圓に對しても法幣に對しても等價とした。この聯銀券は舊法幣克服者たるの運命を擔つて登場したのであるが、その爲に臨時政府は聯銀創設と同時に舊通貨整理辦法と經濟攪亂行爲取締辦法を公布して舊法幣に對する通貨爭鬪を開始した。その經過を摘記すると

1 十三年六月一日限り中央銀行券、中國交通兩行南方券、雜券は流通を禁止。
2 同年六月三日中國、交通、河北、冀東各行券の新規發行並に再發行を禁止。
3 同年八月八日以降中國、交通兩行の發券に對し、聯銀券との交換率一割引下げの斷行。
4 同年十月五日六百萬圓の外國爲替資金を準備、聯銀券に外貨轉換性を與へた。
5 本年一月三日、五十日間の猶豫期間を附して中國、交通兩行券（北方券）の交換率を更に三割（都合四割）切下げることを公布した。
6 本年一月十日良民の損失を可及的に救ふ爲、舊幣建による一切の契約を國幣建にする樣政府命令及布告を出した
7 本年三月一日、舊通貨の流通一切禁止及爲替集中策の實施。
8 山西省、山東省民生銀行券の處理方針（三月一日限り流通禁止）の決定。

斯くの如く果敢な通貨鬪爭を續け、遂に一年足らずして敗殘法幣の一掃に着手する迄に漕ぎつけたことは、北支通貨工作のむしろ意想外の成功と言つてよい。併し通貨鬪爭が一段落付いたとは言へそれは荒ごなしを終へたに過ぎないのであつて、幾多の重大な問題が殘されてゐる。

二、法幣の持つ强靱性

過去一個年に亘る聯銀券の通貨鬪爭の目標は舊法幣を北支から驅逐すると云ふ點に集中された。從つてこの鬪爭成果は第一に聯銀券による舊法幣の回收率如何、第二は舊法幣の對外價値を何處迄切り崩し得たかの二點に表現されると見てよい。

（イ）從來北支に流通してゐた國民政府系紙幣の金額は第三表の如く三億元餘であつて、これに雜券をも含めると五億元近くに達してゐたと見込まれてゐる。然るに法幣流通禁止後三月末に於ける聯銀券の發行高は既に二億數千萬圓に達し、健全なる進展の徵として驚異視されてゐ

るが、この内舊法幣との代替によるものは僅かに三千萬元（昨年中に回收償却された數字）と評價され、舊法幣事變前流通高の約一割に過ぎない。從つて殘餘の二億元近くの聯銀券は日本側の需要に依つて追加的に發行されたものであり、他方約三億元近くの舊法幣か依然として流通してゐる勘定になる。

斯くして北支には引續き二つの通貨が存在してゐる事になる。

（ロ）舊法幣の對外價値は一〇八頁の表の如く、聯銀創設に刺戟され、直接には除州陷落の前後から崩落し始め七月には遂に八片臺を割つた。併し漢口廣東戰後に於ては意外にも八片臺を維持し續け、最近に於ては八志二五片になつてゐる。斯くの如く舊法幣の爲替相場が强靱であり從つて北支に於ては一志二片の聯銀券と、八片の舊法幣との二種類の爲替が存在し、しかもこの兩者間の關係に於て聯銀券の舊法幣に對するディスカウントが常に現はれてゐるのである。この聯銀券のディスカウントは聯銀券發行當時から發生し、昨年八月舊法幣一割切下げ後は四、五％、本年に入つてからは一、二％を上下してゐたのである。然るにこのディスカウントは舊法幣流通禁止前後から急速に增大し、三月末には一割、四月末には三割五月始めには五割にさへ達するに至つた。又この事は通貨鬪爭の最も激烈に行はれてゐる北支に於て舊法幣の天津爲替が上海相場に上廻ると云ふが如き變態を示したのである。

A、舊法幣强靱性の原因

以上によつて明らかなる如く形式上は舊法幣流通禁止に依つて一應問題を解決した如くであるが、實質上は舊法幣の生命甚だ强硬であつて、眞の北支通貨問題の解決は今後に殘されてゐると言はざるを得ない。しからば舊法幣の强靱なる原因は何處にあるか。

（イ）第一は聯銀券が舊法幣を克服し得るだけの經濟的實力を備へてゐなかつたと言ふ事である。聯銀の現銀保有額は二千五十萬元あつて、聯銀券は全くの不換紙幣である。且つ雜券を含めて約五倍に達する國民政府系紙幣を回收、償却してそれと引換へに聯銀券を發行する爲には上記の聯銀準備額は甚だ僅少と言はなければならない。且つ聯銀券は後述する如く外貨に轉化する事の困難な通貨であつた。從つて聯銀券はこれを純經濟的に見れば一種の管理通貨であるが、貨幣的性能のみから言へば舊法幣より劣弱であつても優越してはゐないと判斷せざるを得ない。併し聯銀券は臨時政府の新法幣であり、その限り北支に於ては政治的強制通用力をもつてゐる。この武力を以てバックされる政治的強制力が舊法幣克服の爲の主要武器だつたのである。

（ロ）現在北支の通貨圏は治安確定地區―聯銀券圏（地域的には海岸線地帶と鐵道沿線地帶）と匪團圏區―舊法幣圏との分離を來し、前者に於ては二億數千圓の聯銀券、後者に於ては四億元以上の舊法幣が公然と或ひは隱然と通貨機能を發揮してゐるのである。從つて聯銀券圏の擴大は治安工作の進捗に隨伴してのみ可能であつて、匪團側は聯銀券の流入を經濟部面に於ける戰爭として凡ゆる手段を盡して妨害に努めてゐるのである。例へば第八路軍は晋察冀邊區銀行を設置して、邊區銀行券を發行し、又山東省の劉京良匪は山東省政府の名を藉つて多額の私票を發行してゐる。これによつて聯銀券の流通を阻止し、地方物産の搬出を妨害し、舊法幣を維持するのみならず、軍費を賄ひ、地方經濟の攪亂を圖りつつあるのである。

「晋察冀邊區銀行が蘇橋鎭に代辦處を設立以來、附近に於ける邊區銀行券の流通狀態は極めて良好なれども勝芳及覇縣以北地區は未だこれを行使せざるにつき、本行に於ても該地區商民に流通方を交渉宣傳せり。又覇縣一般住民に對しても邊區銀行券の信用宣傳をなし、金融の圓滑を圖れり。邊區銀行は準備金充實しをれるにつき、以前より流通行使されたる法幣、硬貨、鈔幣と共に各商民は本券を公私共に利用すべし。これを拒絶する者は嚴罰に處す

民國二十七年十一月廿四日　覇縣縣長　崔　階　平」

「金融政策の重點は舊中國紙幣の吸收阻止と邊區銀行券の強制流通にあり、この他盛んに聯銀券の流通を我等の金融財政を誤る毒計なりとして宣傳し、これを使用する者は嚴罰に處すのみならず沒收す。邊區銀行券の流通に關しては極力信用保持に努め昨年（一九三八年）十一月下旬冀中區に於ける發行流通高百五萬圓に及べり。而して現銀の移出は嚴に禁止しつつあり。該法令による取締りは自衞團稽査處その他を使用しつつあり、尙近來は謀略的經濟工作として武淸縣南部に於ては聯銀券、河北省銀行券の僞造紙幣を流通せしめつつあり」（十四、二、十五日地區情報處）

「聯銀券價格を八割に減額使用し、新幣制統一工作を攪亂しつつあり」（遷安縣方面李雲長匪情）

「遷、灤縣西方某地區では舊法幣を強制使用せしめ、聯銀券を使用せし農民七名を銃殺せり」（同上十四、二、一七）

現在河間縣下に於て流通せる紙幣は晋察冀邊區銀行券及大中實業、墾業、北洋、北洋保商　農民、河北、交通、中國、中央等各銀行券にしてその内最も多く流通せるものは邊區、中央、中國、交通、農民、北洋保商各銀行券である。而して邊區銀行券は從來多く使用せざりしも、國民敎道第

二大隊長馬永標、政治指導員黃淮川が一月二十八日連名を以てその使用强要方を佈告せる爲今後多數流通すべく豫想さる。而して共產軍は聯銀券の流通を極度に阻止し、聯銀券を所持せる者は漢奸として投獄し、その數二十六名に上る。斯くの如く舊法幣は匪團側によつて積極的に擁護されてをり、地方農民は聯銀券を受取る事を好まず、受取つたとしても自分の村に歸る迄に法幣或は物品と交換され、聯銀券は還流する場合が多い。又鐵道沿線の治安確保地域內の住民は聯銀券を以てしては奥地との商品取引が出來ない爲に種々な手段で舊法幣を入手しやうとしてゐる。

(ハ)次は物資との關係である。例へ新通貨體制が確立されたとしてもこの新通貨が物によつてバツクされない限り實際の流通は困難である。これを貿易部面から言ふと第一に北支輸出入の不均衡―入超狀態、第二に事變後に於ける中南支經濟との切斷、第三に日滿支間に於ける通貨工作と物資工作との不一致の諸問題がある（北支貿易に於ける外人勢力の問題に就ては後述する）。

一、入超問題――北支五省は大體に於て入超經濟國である。この基礎事實は聯銀券の發展に對して重大な桎梏になつてゐる。第五表は最近數年間の北支六港貿易統計であるが、大體に於て入超を示し、一九三五年以後の出超は不況及排日貨による輸入大減少が原因であつて常態を示すものではない。

聯銀券を貿易通貨として確立する爲には、この入超傾向を是正しなければならない。現在の樣な過渡期に於ては特にその必要性が絶對的である。しかし法幣勢力が殘存し、法幣と第三國との連繫が有力なる限りそれは不可能である法幣の徹底的驅逐と日を同じくして貿易、爲替管理の斷行に踏み出した所以である。

既に述べた如く聯銀は昨年十月から六百萬元の爲替基金を創設し、個人リンク制に基く外貨賣を開始したが、第一に聯銀は一志二片爲替を堅持せねばならぬのに、外國銀行の協力なく、從つて輸出ビルを集め得ない。これは聯銀の蓄積外貨を僅少にし、外貨賣能力を貧弱ならしめる結果となつた。第二に北支輸出の大半を牛耳る外國銀行が舊法幣による八片貿易を支持し、從つて輸出ビルは外國銀行に集中した。斯くの如く聯銀券は貿易通貨として實際上利用されなかつた許りでなく第三國向貿易の外商集中を强化し、貿易統制を不可能にしたのである。三月十一日から實施された聯銀の爲替集中策によつて貿易爲替管理が可能になつた。これは十二品目の物資輸出及中南支向け移出には聯銀の爲替賣却證明に關する確認（一志二片基準）がなければ通關させないこと及輸移入資金の聯銀よりの配給については「聯銀が當該爲替銀行から現實に受入れ金額の範圍內」に於て許され、原則として各國別に輸出入均衡を圖ることの二點に依つて實行されてゐる。

併し乍らこれは第一に指定商品が十二品目（鳥卵及同製品、胡桃、落花生油、杏仁、綿實、葉煙草、バーミセリ、マカロニー、石炭、毛製カーペット、麥稈眞田及麥稈帽、鹽）に限定されてゐること、第二に中南支向け交易の管理は現狀に於て極めて困難なること、第三に輸入物資については産業開發に必要なる物資並に民衆生活に必要な物資について輸移入に優先權を與へることにしてゐるが、何等具體的制限を加へてゐない。要するに天津外國銀行側が未だに非協力狀態にある點を除外してもこの爲替資金集中策も過渡的辦法たるを免れない。

2、對中南支交易の問題――北支經濟圈は常態に於ては中南支に對して移出より移入の方が遙かに多いと見られてゐるこの點から北支經濟圈を聯銀券の下に獨立させるには、對中南支關係はあたかも第三國貿易と同じく聯銀券の價値安定の爲に首枷となる。そこで必然的に中南支經濟と北支經濟との切斷工作が採られた。併しこの切斷は決して完全には行はれない。地理的接續及現下の治安狀態に於ては言ふべくして行ひ難い。その反面にこの交易管理によつて發生する北支民衆必需品の缺乏と言ふ大問題がある。既に一九三八年に於ては一九三七年に比して約四千萬圓の移入減となつてゐる。從來の對中南支交易の內容は、北支から主として工業原料品（鐵、石炭、皮革、羊毛、棉花、落花生、葉煙草等）を移出し、民需品（綿製品、砂糖、穀物、紙、石油、木材等）を移入する關係に置かれてゐたのであるから、他の方面でこれをカバー出來なければ北支民衆の日常生活に忽ち影響する。

上海爲替相場

十三年 一月	一志、二片、二五〇
二月	一、二、五五〇
三月	一、一、九三五
四月	一、〇、九二九
五月	一、一、三三七
六月	八、九九五
七月	八、八三九
八月	七、九五二
九月	八片、〇八一
十月	八、〇七五
十一年	八、〇〇〇
十二月	八、〇〇〇
十四年	
二月	八、一四三
三月	八、二三五
四月	八、二五〇

註　支那問題研究所

北支六港對外貿易（單位千圓）

	輸入	輸出	入出超△（入超）
一九三二	二六四、四七六	一六三、三九二	△一〇一、〇七五
一九三三	二〇四、六七五	一五二、二七一	△五二、四〇四
一九三四	一六一、七七六	一三五、七八一	△二五、九九五
一九三五	一五〇、一三三	一五九、六四三	九、五一〇
一九三六	一四〇、九〇二	一九一、九一一	五〇、二〇九
一九三七	一四五、七九〇	二一五、七四一	七九、九五一
一九三八	三一八、五八八	二五四、五二六	△六四、〇六二

註　支那問題研究所

3、日滿支間に於ける物資工作——聯銀券の價値安定にはこれが强制的流通力を持つ許りでなく、物資によつて現實的にバックされなければ不可能である。而るに聯銀券は從來日滿兩國を除き、對外購買力を持たなかつたから、北支の物資供給は、日滿を支柱として行はれて來た。然るに昨年の後半期から圓ブロック內の輸出制限が强行される樣になり、從つて聯銀券に對する物による裏付けが重大な支障を蒙らざるを得なかつた。聯銀の爲替集中策實施以來、聯銀券の第三國購買力が確立鞏化されたから形式上の問題は一應解決された如くであるが、輸出入リンク制を固守する以上、輸出の增大せざる限り輸入の增大を圖る事が困難であり、この輸出の增大たるや治安攪亂による生產力の破壞配給網の斷絕、舊法幣圈との離隔等に依つて速急に望み得る所でない。

B、天津外國租界の政治經濟的意義

以上に依つて聯銀の成立と舊法幣に對する鬪爭過程を述べたのであるが、この間舊法幣の最も强力な擁護者として聯銀の挑戰に應じたのは天津租界に根據を置く外國銀行であつた

1、從來京津地方の金融爲替市場は外國銀行（十五行、內日本系三行）を中心とする支那銀行（二七行）及銀號の有機的結合に依つて構成されており、これ等外國銀行は主としてその得意先を自國商人に持ち北支と本國との貿易に基く爲替取扱ひを主要業務とする。從つて北支に於ける貿易金融の八、九割迄は外銀の手中にある。

2、又之等外國銀行及支那銀行、銀號間の國內爲替兌換尻は天津銀錢同業公庫を中心にして決濟されて來たのであるが聯銀券流通後はこの決濟事務が大通、滙豐、滙理、華北、德華、花旗、麥加利等の外國銀行に移された。

3、天津の外商は約三百餘軒に達するが、事變前北支貿易の內、輸入の四〇%、輸出の三〇%は日本商社に依り、殘り

は米、英、獨、佛系の商社に依つて行はれて來た。從つて輸出に於ては外商の勢力が支配的であつた。

以上の諸條件の爲に外銀及これに追隨する外商は、天津租界を安全地帶とし、聯銀の不承認、舊法幣による爲替取組、聯銀券の手持ち回避を行つたのである。これに依つて聯銀券が如何なる影響を受けたかを述べると、

1、昨年舊法幣が八片毫に暴落した時、北支では法幣に二つの爲替相場（圓にリンクした一志二片爲替と八片の上海爲替）が存在し、爲に鮮銀券を南送して法幣を買ひ、法幣を北送して鮮銀券或ひは聯銀券を買ひ、その間に巨利を占める思惑行爲が横行した。これに對して聯銀は舊法幣の一〇％切下げを以て對抗したのである。

2、青島にかて一志二片基準による爲替管理が強行されたとき、米政府は日本政府に對し抗議したのみならず、外商はこれに對する對抗策として、山東產物資を濟南經由天津に運び、治外法權を持つ天津租界の埠頭から積出しを開始したのである。これに依つて聯銀の貿易爲替政策に對抗し聯銀券の深化を不可能にした。

3、三月十一日舊法幣流通禁止と同時に金融攪亂處罰法が公布され、舊法幣利用者を嚴重取締ることになり、これに對し舊法幣所有者は次の如き對策を執つた。

イ、舊法幣は禁止と同時に天津外國租界の安全地帶に逃避し、そこで金塊、麵粉、砂糖、綿糸等を選んで換物し、同時に上海向送金に依つても逃避が企てられた。

ロ、天津外國租界と奥地匪團地帶とは舊法幣を媒介として流通關係が持續されてゐる爲、奥地小麥、棉花買付け其他の資金として租界内の舊法幣に對する需要が相當旺んであり、前項と相俟つて舊法幣のデフレーションとなり、聯銀券のディスカウントが日増しに擴大するに至つた。

ハ、この爲に聯銀初の價値下落となり聯銀券地帶に於ても換物人氣が昂揚したのであるが、これは八片物價を一志二片物價へ移行せしむる作用（輸出品を中心とする）と縺れ合つて換物人氣を更に深化したのである。

ニ、又この間にあつて上海で滙劃を買付け、天津の滙申相場と聯鉄券のディスカウントとを見合せての利鞘稼ぎが盛んに行はれた。

以上の諸事情の相互作用に依つて一般的に騰勢にある北支物價をして五月前後から爆發的に上昇せしめたのである。物價下落の世界的趨勢の間に於てこの一般的騰勢理由には品不足による騰貴、交通及治安關係に基く配給の不圓滑、及八片

輸入等があるが、要約すれば輸移入品の不足と、農産物出廻り薄による騰貴と見て好いであらう。

この間にあつて租界に巣喰ふ外國銀行が舊法幣を擁護する事に依り聯銀券の發展と臨時政府の貿易爲替管理工作を妨害し、物價工作に重大な障碍を與へた事は否定すべくもない。

外銀系は以上の如く抗爭し續けて來たのであるが、他方その内部的動搖は蔽ふべくもない。

1、租界内外銀が常に一致的態度にあつたのではない。外國銀行中日本側正金銀行を除けば豐滙（香港上海）銀行が、その資本、規模、取引額等から見て最も强力であり、その他の諸銀行はこれに追隨するのが常態であるが、對聯銀工作に於ては分裂的傾向を取り、德華銀行（獨逸系）は聯銀行支持佛國及白國系銀行は形勢觀望、而して英米系は積極的反對態度を持し、特に指導勢力豐滙銀行は聯銀不承認の擧に出て、天津の中央、中國、交通その他國民政府系諸銀行に對し極力南方移轉を勸誘し、中國、交通兩行の聯銀支持を牽制した。この爲に中國、交通、金城、鹽業、大陸、中南等の各銀行は聯銀の加盟銀行であるにも拘らず、その本據が外國租界にあるを幸として、第一にその保有する現銀五千萬元を收納して外貨資金蓄積に充當せんとする聯銀の要求を拒絶し、第二に臨時政府に依る銀行檢査を拒絶し第三に聯銀との提携方につき消極的拒否態度を取つた。

2、英國租界は昨年の十二月一日から從來の態度を一變し、公租、公課、水道、電燈料金を聯銀券を以て受入れることになり、佛租界當局もこれに追隨した。これは直接には舊法幣のデフレーションに依つて止むを得ずとられたのであるが、間接的には聯銀券勢力の發展の前に一歩退却し、臨時政府聯銀の動かすべからざる存在を確認せざるを得なかつたことを意味する。又この事は天津金融市場のデフレーションを緩和し、舊法幣の天津爲替を低落に轉ぜしめた。

3、又昨年十月五日から六百萬圓の外國爲替資金を準備したことは既述の如くであるが、これは山東葉煙草を英米煙草トラストに一志二片基準で賣却した三十萬弗を充當したもので、第三國に對する一志二片賣の最初であつた。

4、米國系花旗銀行は「舊法幣に依る預金は一月三十日以降一切舊法幣を以てのみ拂出しを受くることに異議なき旨一札を入るべし」とし、舊法幣の減價又は流通禁止に依る損失を預金者に負擔せしめる準備工作としたのである。

5、聯銀の爲替集中策實施以來の状況を見ると、外銀側は未だ協力の色を示さず、爲替買入れをなしてゐるのは日本側の正金一行に止まつてゐる。併し外國商人側は爲替資金集中制に協力しなければ指定十二品目の輸出に關する限りその地盤を喪失することになるので（十二品目の一九三七年度輸移出高は八千八百萬圓で總輸移出高の四〇％、その内二千二百萬圓が日滿輸出、六千六百萬圓が中南支及第三國輸移出で、明に第三國輸出を主眼として選擇されてゐる）何れも自國銀行に對し協力方を慫慂してゐるが、或ひは直接正金との間に取引を開始せんとしてゐる。特に獨逸商店は日獨關係に鑑み、本制度に協力すべく腐心してをり、獨逸系銀行たる德華銀行は聯銀に對して協力方を申込み、資金の供給其他について折衝中である。又英國側は蔣政權支持の本國政府の方針に基き、滙豐、麥加利兩銀行は一應本制度に協力しない事に決定してゐるが、外商の間には正金との取引を開始したものもある。次に米國側であるが、天津米國商業會議所は同國系の花旗、大通兩銀行に對して本制度に協力方を要請してゐるが、他方英國商業會議所と並んで本國政府に對し强力なる抗議提出を要望してゐる。

以上に依つて明らかなる如く天津租界當局及其處に根據を置く英、米、佛系外國銀行は、矛盾と動揺に滿ちつつ一歩々々退却してゐるが、依然本國政府の蔣政權擁護抗日原則に從ひ、治外法權の掩護下に舊法幣支持、聯銀＝臨時政府＝日本との抗爭態度を持して讓らないのである。

五月以來の北支物價暴騰の責任が彼等にありとする深刻なる民衆の聲は誠に然りであつて、この聲は今や北支の禍根、天津租界の斷乎たる剔抉の要求に向ひつつあるのである。

最後に注意すべき事は蔣政權に對し昨年十二月英國が一千萬磅のクレジット（雲南・ビルマ間鐵道の建設）を提供し、これと相前後して米國も二千五百萬弗のクレジット（農産物並に工業品を支那に輸出し、支那から桐油を輸入する）を提供したことである。

これに對して我國は日本外務省情報部長談として次の如く發表した。

「蔣介石政權の在外正貨は支那事變勃發以來次第に減少し、昨年（一九三八年）末には既に二億六千萬法幣弗を剩すのみとなつた。爾來今日迄八ケ月を經過しこの間この資金をも使ひ果し、法幣に斷末魔が來たのであらう。最近蔣政權は今日迄あれ程克明に凡ゆる犧牲を忍んで拂ひ續けて來た外債の元利拂ひを停止したことはよくよくの事と思はれる。斯樣に支那の法幣の對外爲替は正に一落千丈の傾向が見え始め、斯くて英國政府の一千萬磅の借款か必要となつたのである。現在奥地流通の法幣は十七億弗に達するに拘らず、これを保證する正貨も貿易も又信用も全くない。これに對する今次借款は渇者に對する一杯の水の如く蔣政權は喜び迎へるであらう。……英國政府が法幣强化に乘り出した動機が問題で、英國の對支政策は飽く迄東亞舊秩序の囘復にある。これは全く態勢に逆行せるもので英國東亞政策の根本的誤謬であつて、吾人として英國の聰明なる政治家がこの點に一日も早く氣づかん事を希望する。……」

斯くの如く舊法幣强靱の基礎には英米兩國の積極的な支持があるからで、この借款成立以來舊法幣は國民政府の管理通貨から英國の統制下に立つ協同の管理通貨に變つたのであり蔣政權の運命は完全に英國の掌握下に置かれるに至つた。從つて今や法幣に對する鬪爭は英國との鬪爭の內容を完備するに至つたのである。

C、將來の問題

物價暴問題は最近小康を得つつあるが、これは次の様な諸理由による。

1、聯銀の爲替集中策の成功的發展

「爲替集中制實施後五十日を經過した四月三十日迄に聯銀が買入れた輸出爲替は對英二十萬磅、對米十七萬弗に達し、更に滿二個月後の五月十日には英貨三十一萬磅即ち一志二片基準に依つて換算すれば、實に五百萬圓以上の巨額に達してゐる。而して右は聯銀當局が買入れた額であるが、正金銀行が受付けた豫約爲替を加へれば英貨にして大約六十萬磅、即ち一千萬圓を突破し、期待以上の好成績を收め、貿易通貨としての聯銀券の機能は爲替集中策に對する外銀側の非協力的態度にも拘らず、飛躍的に擴張しつつある」（北京新聞）

この事は一時五割に迄達した聯銀券のディスカウントを漸次低下せしめ、最近に於ては一割臺に落付かしめたのである。

2、政府當局に依つてとられた斷乎たる思惑取引の禁止。

3、天津租界內の換物人氣を抑制する爲、綿布以下纖維製品の租界搬入を取締ることによる租界封鎖。

4、滿洲及中南支よりの米、粟、高粱等の急速購入。

これ等は何れも應急彌縫的手段たるを免れないのであつて根本的には次の諸點を考慮すべきであらう。

1、匪團區——舊法幣圏に對してであるが、これは勿論治安工作の進展を條件とする。併しこれと並行して積極的な聯銀券流通工作を實施する必要がある。幸に聯銀に次の如き對策を準備しつゝある由であるからその一日も早き實現を要望して止まない。

「聯銀に普通銀行部を設置し、奧地に於ける融資等の普通銀行業務を擔當せしめ、他面災區救濟委員會等の日用物資の聯銀券による配給と相俟ち治安工作と相呼應して聯銀券の普及を圖り、匪團區と治安區との間に生ずる貨幣と物資との斷層を極力緩和する。

尙舊法幣流通禁止後に治安回復せる地區の舊法幣に對しては體大一定相場により買上げを行ふ方針と決定してゐる」（大毎）

2貿易爲替管理徹底、この爲に國際貿易局を設置し、物に結びつけた爲替管理を徹底せしむべく論議されてゐるが、その必要なることは理論的にも實際的にも言ふ迄もない。併し當面の問題として第一に爲替集中策の對象となつた指定十二品目以外の物品にも擴大して舊法幣による八片輸出を徹底的に取締るべきである。

第二に稅關の機構充實强化を行つて、舊法幣による密貿易の横行を斷乎として抑制すべきである。第三に輸移入物資に就ても建設資材及民需品を第一として統制品目を具體的に決定し、貿易管理機能を擴充すべきである。

3、支那側銀行に對しては、第一に聯銀に協力態度を闡明せざる銀行に對して融資を拒絕すること。第二に特殊强硬銀行に對しては國家管理を斷行すること。第三に中國、交通等有力銀行の首腦者の人事更迭を行ふこと。

4、中南支地方との經濟的斷絕は北支との諸條件（治安情況政治機構の確立程度、滿洲國との地理的接續、工業資源としての重要性、防共對蘇工作地としての意義）の差異に基く日本大陸政策の重點主義の必然的結果であるが、この經濟的斷絕は出來得る限り速に撤回さるべきものである。新支那中央政府の設立の如きはこの經濟的斷絕が續く間は一つの物語りに過ぎぬ許りでなく、北支の貿易管理の如きも實際的に困難である。

5、聯銀券の流通圈擴大に伴ふ物資による裏付け工作の問題である。治安工作の進捗により流通圈が都市及鐵道沿線から漸次奥地に向ひ平面化されるに隨つてこの裏付け工作は益々重大な意義を持つて來る。現在に於ては聯銀券の還流傾向交通配給網の破壞等の諸事情も手傳つて都市に於ては明にインフレ様相を呈してゐる。これを抑制するには根本的に物資によるバックを充分にすることにある。

第三國市場の狹隘化による日本商品の北支集中は昨年三月以來顯著となり、關稅改正に依つて益々この傾向を强めたのであるが、その爲圓ブロック內輸出は圓爲替を常化する所以に非ずとして制限問題が起つた。この制限論は本年に於ても蒸し返されてゐるが、併し民心安定と治安確立を第一義とし、その爲に聯銀券の普及常化が凡ての建設工作の前提となつてゐる北支の現狀に於ては妥當でなく、今は全力を擧げて先づこの波を乘り切ることが大切なのである。殊に舊法幣禁止、爲替集中策實施以來北支は八片物價から一志二片物價への過渡期にあるのであつて、この間に輸出品物價と輸入品物品との關係から來る不利な影響が凡て民衆に轉化される危險性が多い。從つて第一に安價な日本商品を必要なだけ供給すること、及第二に物價統制をより以上に强化する事、第三に聯銀券發行の量的調節に就ても充分考慮すること等が必要である。

6、最後に天津租界と英米佛系銀行の問題である。彼等は聯銀の攻勢の前に一歩々々退却し、次第に追ひつめられて行き、戰前有してゐた北支貿易の支配權を喪失するであらう事は明瞭である。併しこの事は彼等が聯銀支持（臨時政府の承認）に轉ずるや否やとは別個の問題である。これは英米政府の全般的な對支政策の如何によつて決定される。第二にこの問題は單に聯銀に對する協力要求なる經濟問題でなく、東亞將來の運命をかけた政治問題である。從つて單に彼等の衰滅の必然性を確信するのみを以て問題は終了しない。言ひ換へれば租界を回收するには如何なる時機と手段を選ぶべきか、如何なる準備をすべきか、本質的な問題はこの二點である。卽ち拔本塞源的な對策こそ東亞新秩序建設の爲の不可缺の要件である。

四、結　論

今日北支に於ては二種類の地點に於て治安攪亂が企てられてゐる。第一は抗日游擊匪團游行地であり、第二は天津英佛租界である。而してこの兩者間は臨時政府とこれに協力する日本軍とに依つて遮斷され、天津租界は恰かも孤島の如く見える。併し實際的には次の三本の糸に依つて兩者は緊密に結合されてゐるのである。

一、抗日組織——共產黨並に國民黨系各組織
二、武　器
三、舊　法　幣

人的組織と武器と軍費とは戰爭繼續の爲の不可缺の條件である。北支匪團はこの三本の糸で聯繫される事に依つて命脈を保ち、活動を强化しつつありと云つても決して過言でない。而して天津英佛租界は北支匪團の集中點であつて、抗日援蔣の英佛と匪團とは此處に於て具體的に結合されてゐる。從つて治安を確立し北支の天地を明朗化するには、天津英佛租界を回收することに依つて三本の糸を切斷し、ヨーロッパ勢力との結合を破壞することが絕對必要である。

口支官憲は治安確立の爲に從來天津租界に對し次の如き對策を實施した。

一、昨年十月外國租界內居住日本人（英租界一二六戶——三

五一名、佛租界二八二戸――一、一一三名）の總引上げを決行した。

二、十二月十四日より日本租界と英佛租界との間の交通制限（萬國橋、旭街、中街は自午前六時至午後十二時、芙蓉街山口街、英競馬通、泰安通りは自午前六時至午後十時、上記時間以外及上記街路以外は一般人の通行を禁止す）を實施し、電車、自動車、其他凡ての車輛は日本租界若しくは特一區、特二區に於て日本軍の檢査を受ける事にした。（二月七日上記七街路の交通制限解除）

尚天津軍當局は次の如き談話を發表した。

「抗日共產分子の策動を根絕することは、明朗北支建設の爲絕體的要件であるから軍はこれが拔本塞源的手段を斷行するの決意を有してゐる。從つて再び彼の暗躍策動が開始せらるるの兆があれば直ちに隨時檢問檢索を復活するのみならず、或ひは現在より一層强化せる交通制限又は他の有効なる手段に出ずるの止むなきに至るであらう。又その準備も着々進められてゐるのである。英佛租界當局も一般日支官民もよく大局的見地より抗日共產分子の剿滅に協力し、以て明朗天津の現出に努力せられんことを希望する次第である」

此處に言ふ拔本塞源的手段とは英佛租界回收以外にはない。

一、租界の設定は支那領土主權を侵害するものでない。これは今日國際法學者の一致した意見であつて、更に條約上にも明文がある。（一八五八年米支條約第一條、杭州日本租界追加取極書第一條等）從つて租界行政權の範圍は租界設立の目的、卽ち第一に開市場に於ける外支兩國人雜居に伴ふ不便不利を避けんが爲めと、第二に條約上の居住、貿易權を一層確實ならしめんが爲との二目的の範圍內に於ける道路溝渠、埠頭、警察、衞生、敎育等純然たる地方行政に限らるべきである。

二、故に支那領土主權は次の五點に於て租界に發動し得る。イ、地稅徵收權、ロ、司法權、ハ、租界の中立權、ニ、租界閉鎖權、ホ、租界の秩序維持權

この內租界閉鎖權及秩序維持權は領土主權に基く自衞權の發動であり前者は消極的、後者は積極的なる點に相異がある。後者は條約或ひは取極書により租界の設置、租界內に於ける居住、貿易等を許されたる外國人は「平靜なる享有」の下に於て租界を利用する暗默の條件或は義務を負へるものと見ることが出來る。故に萬一租界內に於て主權を脅す如き秩序攪亂狀態を現出せる際は、支那は秩序回復の爲これ等障害物を除去する權利を當然與へられてゐる。

三、故に天津英佛租界が抗日反新政權分子の策源地となり、これに聯繋せる第三國勢力が之等の分子を擁護し武器を供給し、更に舊法幣を支持して經濟撹亂を行ひ以て北支治安を惡化せしむるが如きは主權の侵害であり、臨時政府はこれに對し租界を封鎖し、必要に應じて實力的に一時これを占據管理し、禍根を一掃する適切なる手段を取り得る。

併しこれは租界回收とは別個の問題である。回收は一方的にしろ相互協定に依るにしろ條約の破棄であるからそれだけの覺悟と準備を必要とする。ヨーロッパでは英佛ともにベルリン・ローマ樞軸に壓倒せられその對抗策に焦つてゐる。英國の對支政策の基準は蔣政權の出來得る限りの支援による對日控制にある。これに依つて第一に日本と直接事を構へる事によつて生ずる對ヨーロッパ工作力の低下を避けること、第二に日支事變の恒久化を圖り、日本の參加によるベルリン・ローマ樞軸のより以上の强化を防止すること、第三にしかも支那に於ける英國の利益を、これに依つて最大限に擁護することの三點にある。この英國の根本精神は今後對蔣政權支援の實力が衰弱すること必然なりとしても、變ることはない。言ひ換へれば英佛は極東問題に對して今日以上に干渉する餘力を持たない。且つ英國は蘇聯の極東を含めた軍事同盟案を拒否してゐる。これは日本の乘ずべき點でこそあれ、英國の對日好意として對英妥協論に傾むくが如きは亞細亞百年の大計をたつる所以でない（佛國は英國追隨主義であるから論ずる要なし）明に今日國際環境は天津英佛租界を實力的に回收するに有利である。加ふるに舊法幣支持による經濟撹亂は、北支民心の動搖を引起しつつある。一般に戰時に於けるインフレ現象は抑へ難いから物價騰貴による生活困難は多かれ少かれ必然である。從つて動搖する民心、特に北支の如き新政權の民衆把握の不充分な地域の民心動搖は治安確保上の重大問題たらざるを得ない。故に動搖する民心を一定の方向に常に組織付け、抗日反新政權に逆轉するを防止する必要がある。

この爲には政治的に排英、天津英佛租界回收に焦點を置いた强力な國民運動を組織する事が重要である。

×　×　×　×　・

㉛「天津猶太人協会の現況」（『情報』第一八号、一九四〇年五月）

二、天津猶太人協會の現況

在津猶太人協會は一九〇四年天津英租界十一號路に於ける現「クンスト倶樂部内に設立せられたるものにして、當時會員は僅かに四名に過ぎざりしが、爾來三十六年を經過せる今日、其の會員數實に一、八〇〇名の多きを算するに至れり。而して同協會は其の間種々の施設を試み、殊に一九三八年十一月以降獨伊兩國より追放せられたる避難民猶太人に對しては、救濟委員會を設置し其の救濟に當り、更に日支事變勃發を契機として各所屬本國に對し、夫々情報を蒐集の上之を提供する等、其の活動實に活潑なるものあり。而して當天津に於ける政治的團體としても「フリーメーソン」結社と共に唯一の團體と見らるるものあり。之等猶太人は如何なる地に移住するも二名以上集まれば第一に協會を設立し、猶太系、ラビー（牧師）を呼び寄せ、人口増加に從つて寺院・學校・慈善會「クラブ」等を設立し猶太民族向上の途を拓かむとする傾向濃厚なり。之等の例に漏れず當天津猶太人協會に於ても一九一〇年頃左記諸施設を試みたるが之等の現況を述ぶれば左記の如し。

一、天津猶太人避難民同盟「テオ」

幹部　ライステン　（移民）
　　　トッパー　（同　）
　　　モーリス　（米國）
　　　マリンスキー　（波蘭）

パ　タ　フ　（チェツコスロバキア）

會　員　一二〇名

二、パレスチナ猶太人支部（英界中衙）

エル・ピアストノツク　（移　民）

三、クンスト倶樂部（英界十一號路）

會　長　ゼー・モーリス　（米　國）

委　員　オ・クズネーツオフ　（白系露）

同　カウフマン　（同　）

同　ピ・エル・トツパー　（移　民）

同　アール・イ・マリンスキー　（波　蘭）

同　サンドラー　（ラストニア）

同倶樂部に要する經費は一年七萬五千弗にして何れも會員の負擔とし、其他同クラブ内には圖書室・娯樂室を設け會員相互の親睦を計るを目的とす。

現在會員八〇〇名、猶太人以外約八〇名を擁し居れり。

四、クンスト倶樂部内金融會

會　長　ゼ・モーリス　（米　國）

委　員　　エム・ミセブスキー　（移　民）

同會は猶太人協會會員の積立により現在約十萬弗の資金を有し、會員中生活困難に陥り居る者及企業、營業上に要する爲の資金調達方法として會員は同會を利用し、現在十萬弗中四萬八千弗の貸付あるも仲々回收困難にして、中には支拂はずして離津するものさへあるとの事なり。

五、慈善會（英界馬廠道）

會　長　　ゼ・モーリス　（米　國）

幹　事　　イ・フリーゲル　（移　民）

同　　エス・シローゲル　（同　）

同會は前記記載の如く獨伊よりの避難民猶太人渡支の場合を考慮したる結果、從來ありたる會を强化擴充し、更に一九三八年十一月より在津及び北京地方に於ける各種外人團體に呼びかけ一年間二萬弗の募集を計畫してより現在に於ては約六萬弗の多額に上りたりと、更に同會に於ては避難民猶太人以外の猶太人救濟に當りても同會より出資し、毎年之等に要する諸經費は二萬弗を下らざる現況なりと。

六、猶太人學校（英界中街一二八）

校　長　　イズグール　（白系露）

職　員　　クツシル　（米　國）

同　　ハリーコービソン　（米　國）

生徒猶太人　一二〇名
猶太人以外　三〇名

同校は一九一四年の設立にかかり當時は數名の猶太人子弟が在學せるに過ぎざりしが一九四〇年二月より現在に於ては前記記載の如く猶太人子弟一二〇名、猶太人以外三〇名を擁し、教授目的としては之等子弟に對し猶太語竝に猶太民族歴史を教授し猶太謳歌の實相を普及宣傳する目的にありと。

同學校に要する一ケ年の經費は三萬弗にして之等諸經費は猶太人協會より特別出資に基くものなる模樣なり。

七、猶太人教會（英界三十二號路）

會　長　シ・レービン　（白系露）
幹　事　クリムチヤンスキー　（移　民）

同教會も前記學校と同時に設立せられたるものなるが現在に於ては約二千名の信徒を有し居る現況なり、毎年之に要する經費は六千弗内外にして此の出費も協會側の負擔にかかるものなり。

八、猶太病院（英界オツクスフオード路）

院　長　ゼ・モーリス　（米　國）
　　　　アル・イ・マリンスキー　（波　蘭）

同病院は一九三一年の設立にかかり、現在に至りたるが、設立目的は一般猶太人にして罹病せるものの外一般外・華・日人病者に對しても廣く開放し居れる模樣なり。諸施設等他の病院と變りなきも入院診察料等は他院に比し低廉且つ猶太人にして出費能力なきものに對しては無料にて取扱ふと云ふ點が特長なりと。同病院に於ける一ケ年の取扱患者數は約一、〇〇〇名、これより得る收入は大體二萬弗、病院維持費に要する費用は約三萬七千弗の出資が必要なる現況なりと。

其の他白系猶太人會・猶太人民族舊軍人會・「トロペンドルフ」倶樂部等あるも之等は總て防共委員會の支配下にある故差して見るべき施設動向なきものの如し。

以上の如く猶太人協會は諸種の施設を試み且つ之等を討議すべき審議機關ありて、同機關には各々「クラブ」より一名乃至二名の委員が選出せられ定員二十一名に上り居れり。因に主なる委員の顔觸を列記すれば次の如し。

委員長	ゼ・モーリス	（米　國）
副委員長	サンドレル	（ラトヴィア）
委　員	トッパー	（移　民）
同	イズグール	（白系露）
同	パタク	（チエツコスロバアキア）

其の他

右審議機關は在津猶太人に關する總ての指揮命令統制權を有し、更に各倶樂部に要する諸經費の檢討をなす。且つ諸情報の交換會をも催し絶えず日・支側官憲當局の動向竝に日滿支經濟狀態調査等に餘念なき模樣なり。

同協會の現況は大體以上の通りなるが、更に同協會に於ては次の二問題に對し重大關心を有し、近く實現化する迄は何等かの方法を以て運動を開始する模樣なり。

一、獨・伊よりの追放猶太人にして目下上海滯在中の者を相當數河北に入境せしめ度き意嚮に付き、之に對する日側軍當局の最近に於ける意見に若し異存あらば如何なる範圍、如何なる程度迄の制限が加へらるるか、それと共に其の緩和運動。

二、在津猶太人協會は諸施設經費、活動狀態等何等他地方の協會と遜色なきも、今尙在哈爾賓の支配下にある故速かに同協會より分離し、獨立的協會たらしめ度きに付き、日軍側の之に對する絕大なる後援を渴望し居ること。

（『北速』四・　）

㉜植田捷雄「天津租界の変遷」（『支那』第三一巻第六号、一九四〇年六月）

天津租界の變遷

植田捷雄

（一）緒言

天津の名が始めて史上に現はれたのは明朝に在るが、當時は未だ衛に過ぎず、淸の雍正三年に至つて州となり、更に同九年縣に改められ、玆に天津府の創設を見たのである。而してその商勢は既にして北京が支那の首都として定められて以來、北京の繁榮と相伴つて發展を續けたが、特に對外關係において躍進を遂げたのは一八六〇年の英支北京條約締結以後——即ち各國租界が續開せられてからのことに屬する。

外國租界については、英佛聯合戰役により支那を攻略したる後、一八六〇年、先づ英國が北京條約に基き天津を開港せしめると共に英國租界を設定したのが最初であり、佛國もまた殆んど同時に成立せる天津條約により佛國租界を開設した。米國も時を同じうして一旦租界を創設したが、その後條件を附して一時之を返還し未だ回復成らざるに先立ち、一九〇二年その豫定地域が英國租界に併合せられたるため結局實現を見ずして終つてゐる。次いで日清戰役後列國の所謂「利權獲得時代」に入り、一八九五年には獨逸租界成立し、翌一八九六年には日本租界が開設せられた。更に義和團事變にあたり、聯合軍が天津を占領するや、一九〇〇年には先づ露國、一九〇一年には伊太利、一九〇二年には白耳義及び墺太利と列强相繼いで租界の設定を要求しいづれもその成立を見るに至つたのである。かくして世界大戰前における天津租界は英、佛、獨、日、露、伊、墺、白の八箇國租界に達したが、大戰後、獨、墺、露、白の四租界は支那に返還せられ、今日現存するものは英、佛、日、伊の各國租界である。本文においてはこれ等各租界の設定經過を敍述し、その回收に及ぶことにする。唯、英國租界については既に他の機會において論じたるを以て茲には省略に歸せしめる（雜誌「太平洋」第二卷　第八號掲載の拙稿「天津英國租界の法律的地位」參照）。

（二）租界の設定

一、佛國租界　佛國租界は一八五八年の佛支天津條約第十條及び一八六〇年の天津追加條約第七條における租地及び貿易、居住に關する佛國人の權利に基き、一八六一年六月二日、時の道台崇厚と佛國大使館一等書記官クレツコウスキー伯（Comte Kleczkowski）との間に結ばれた協定十二箇條によつて成立したものであつて、その前文において「佛國天津租界内における佛國人または佛國保護民の土地永租」（L'affermage à perpétuité des terrains par les

Français ou protégés de la France dans les limites de la concession Française a Tien-Tsin）が確認せられてゐる（註一）。而して右の租界は白河の左岸を占め西を海大道（Taku Road）、南を米國租界とし、三百六十畝の面積を包含し、佛國領事に該地域の管轄權が賦與せられ、領事は界内土地所有者より地租を徴收してその一半を支那政府に納付するの制度がとられたのである。

次いで、義和團事變起り各國聯合軍の天津占領行はるゝや、露國が租界設置の擧に出でたるを始めとし（後出參照）、佛國もまた租界の擴張を企て、一九〇〇年十一月二十日、佛國天津總領事シャイラール（M.G. de Chaylard）の名において左の如き廻狀を發表した（註二）。即ち

市參事會議長たる佛國總領事は……近く佛國租界に編入さるべき地域を購入せる外國居留民に對し戰鬪の開始せられたる六月十七日以後における一切の賣買契約は有效と認めざることを警告す。また六月十七日以前に發行せられたる正規の地券を所持する一切の土地所有者は之を佛國領事館に提示しその確認及び登記を受くべし、本租界の擴張は左記の地域を含む、

一、支那街における舊倫敦教會堂に達する巴里路（Rue de Paris）、海大道（Taku Road）、佛國碼頭（Quai de France）間の地域

一、租界の西方、即ち海大道、英國租界、墻子（mud wall）及び該墻子より起り倫敦教會堂の前面において白河に接する劃線によつて限られたる地域

玆に佛國租界の面積は一躍して從來の約六倍餘に達し二、三六〇畝を保有するに至つたのである。

然るに、その後更に佛國租界の擴張問題に關聯し所謂「老西開事件」（Lao Hsi Kai dispute）の發生したることを述べなければならぬ。老西開とは佛國租界の境線たる墻子河の南方に擴れる地帶であつて、佛國は一九〇〇年の擴張に引續き該地方（約四千餘畝）をも租界内に編入せんとする企圖を抱き、一九〇二年、佛國領事の名において時の天

津海關道唐紹儀に右の要求を提出したのである。併し、唐海關道は之を置いて何等の回答をなさゞりしため、佛國側は爾來十有餘年の間、該地方に租界警察を派遣し事實上支那側官憲の勢力を排除しつゝ變則的狀態を維持せしめるの結果となつた。然るに、一九一四年七月に至り支那側警察官の該地進駐行はれるに及び、俄かに佛支紛爭の激化を來し、交涉の結果兩國警察官の共同支配に妥協點を求めて一時解決を見たのであるが、翌一九一五年、日支二十一箇條問題の展開に刺戟せられた佛國側は更に强硬なる主張を唱へ右の妥協は全く無に歸する有樣となつた。卽ち、佛國領事ブールヂョア(Bourgeois)は曾つて一九〇二年唐海關道が佛の要求に對して回答を與へざりし事實を以て支那の默認ありたるものとなし、前回の二分の一に相當する地域の租界編入を强要したのである。之に對する支那側中央當局の態度は頗る軟弱であつてむしろ佛の要求を許容せんとするにあつたが、天津における官民の反對意外に强く、徒らに逡巡を重ねて遷延を續ける狀態となつたため、佛國側は一九一五年十月十八日、四十八時間の期限附最後通牒を送り以てその急速なる決斷を促すに至つた。而もなほ支那側の態度一決せず、玆に佛國側は十月二十日、自由行動に入り、佛國領事指揮の下に安南兵を以て該地を占據し九名の支那側警察官を逮捕したる上、租界警察官を送つて警備に就かしめた。然るに、これを契機として支那側の民情は正に爆發點に達し、省議會、公民會、商務總會、參衆兩院等は舉つて佛國の不法を鳴らし、要求の拒絕を政府に要請して已まず、遂に事態は一般民衆の排佛ボイコットとなり惡化の一途を辿つた。併し、この時にあたり英國公使ヂョルダン(Sir John Jordan)の調停案出で、漸くにして佛支双方の贊同を見たる後、同年十一月十四日、北京政府外交總長代理夏詒霆が參衆兩院において事件の經過を報告すると共に該案の承認を得たることにより始めて解決に到達したのである。卽ち、解決案の內容は左の如くであつて、佛國は租界外なる老西開において租界に準ずべき特殊地域を保有することゝなつたのである(註三)。

一、老西開の原狀恢復

一、老西開を佛支兩國の共同管理下に置く
一、佛支兩國より警察官を派遣しその監督權は市政會に委任す
一、老西開における佛支兩國民の既得權を尊重す

爾來、佛國租界は特筆すべき擴張を行はなかつたが、今日見るが如く日、英兩國租界、白河及び墻子河に圍まれたる地域を占め、萬國橋によつて天津停車場との連絡を保ち宛も天津外國租界の中樞をなす感を與へ、殊にその中街、海大道の如きは最も繁華なる商店街となつてゐる。佛國租界がかくも發展を來した原因はもとよりその惠まれたる地理的條件にもよるが、一面、英國租界に先住する英國人が後來の外國人に租界を開放して居住の餘地を好んで與へざりし結果であるとされるのは注目すべきところである（註四）。

（註一） Henri Cordier, Histoire de la Chine avec les puissances occidentales, I, P. 116.

（註二） En-Sai Tai, Treaty Ports in China, P.126. H. B. morse, The Internatonal Relations of the Chinese Empire, Ⅲ, p. 326.

（註三） 老西開事件については劉彥、中國近時外交史、五六六—五六九頁 Chang Chung Sing, Les Concessions en Chine, pp. 100—102.
En—Sai Tai, op. cit, pp.152—155.

（註四） O. D. Rasmussen, The Growth of Tientsin, p. 20.

二、獨逸租界　獨逸は日清戰役後、俄かに活潑となれる列國の支那における利權獲得の風潮に乘じ、先づ一八九五年十月三日、漢口租界の設定に成功したが（本誌第三十一卷、第一號參照）、之と殆んど時を同じくして同年十月三十日天津においても租界を確保した。設定の理由としては漢口の場合と變らず、「英國人若くは米國人と同等の權利に均霑する」目的を以て「獨逸人の利害上海に次いで最も大なる天津……に於て特に專管租界を設立すべきことを決定し

たといふにある(註一)。同時に、當年の直隷總督裕祿がその奏文において「德國領事以彼有協同收回遼地之功中國誼應酬謝」となしてゐることより察すれば(註二)、獨逸の天津租界獲得もまた三國干渉の一報酬なりしことを注目すべきである。

右の如く、「天津條約港における租界に關する協定」(Convention in regard to a concession in the treaty port of Tientsin)は一八九五年十月三十日、獨逸領事ゼッケンドルフ(Von Seckendorff)と天津道台任之驊、天津海關道李岷琛との間に成立したが、これによれば獨逸租界は左の如き特權を與へられた(註三)。その地域は天津紫竹林における英佛租界より以南の地であつて、

一、北は福建及び廣東會館敷地の北面に沿ひ海大道に至る道路
一、東は白河
一、南は小劉莊の北端より起り海大道の東端に至る道路
一、西は海大道の東面

をその四界として、面積一、〇三四畝(二一六五エーカー)、白河の沿岸一、八〇〇碼を含むものである。獨逸政府は支那國政府より該地域を永租(lease in Perpetuity)するも(第一條)、該地が依然として支那國主權に屬する證據として毎年一畝につき大錢一千文(1000 big cash)の地租を領事を經て天津城内における支那國官憲に納付する(第十五條)。支那人よりの土地買收にあたつては一畝につき七十五兩の地代を支那側官憲に支拂ひ(第十條)、家屋の買收にあたつては佛國租界の規定に準じてその補償額を決定すべきことが定められた(第十一條)。但、これ等の補償額については支那人間に反對起りたるため、その實行に際し土地に關しては之を二四〇兩より四〇兩に至る六級に分ち、家屋に關しては八〇兩より二〇兩に至る八級に分つた(註四)。支那人は「土地賣買に關する規則の尊重を條件として獨逸租界

內に居住することを許される」(第八條)。但、支那國軍艦は租界沿岸において何等の使用料或は租税を支拂ふことなくして碇泊するの權利を保留する(追加規則第一條)。その他獨逸領事が租界內行政の權利を保有し、殊に第三國人の租地に關し排他的權利を與へられたることは漢口租界の場合と同樣である(註五)。爾來獨逸當局は獨亞銀行(Deutsch- Asiatische Bank)及び獨逸殖民會社(Deutsche Niederlassun Gesellschaft)をして租界の經營に當らしめ、一九〇五年には更に居留民會を組織してその經營を引繼がしめた。居留民會は既存租界の制度に則り居留民自ら租界內の事務を管理する自治制度であつて、獨逸領事が職權を以て會長となり之を監督すべき地位に立つたのである。

この間、義和團事變後、天津に列國租界が亂立されたる際、獨逸もまたこの例に倣ひ一九〇一年四月十八日、總領事チムメルマン(Alfred Zimmermann)の名において領事團に對し支那國官憲の同意の下に海大道以西並に南方に對する租界擴張を行ふ旨の通牒を送り、同時に新區域における外國人の既得權を尊重すべき意を加へた(註六)。獨逸租界は右の擴張により約三千二百畝を增加し、原有地域を合すれば約四千二百畝といふ尨大なるものとなつた。併し結局、獨逸租界は商業地帶とならず、英國租界隣接の地に僅かの商店街を持ちバンドに船會社或は碼頭の設置を見たる外、大半は住宅區域として經營せられ、一九一七年、世界大戰の影響を受けて遂に支那の回收するところとなつたのである(回收については後出參照)。

(註一) British Parliamentary Papers, 1899, vol. CLX, China No. 1 (1899), Inclosure in Correspondence No. 4, A Précis of a Memorandum Submitted to the Reichstag on the subject of the Establishment of German Settlements ot Tientsin and Hankow.

(註二) 清季外交史料、卷百三十五、頁八、直督裕祿奏請撥款爲辦理天津德國租界之用片

(註三) 天津獨逸租界設定に關する獨支協定の全文については John V. A. MacMurray, Treaties and Agreements with and concerning China, I, p. 46.

（註四）淸季外交史料、卷百三十五、頁八、前掲文

（註五）Feng Djen Djung, The Diplomatic Relations between China and Germany since 1898, p. 189.

（註六）En-Sai Tai, op. cit, p. 127.

三、日本租界　天津における日本租界は漢口租界と同じく日淸戰役の結果、我國の得たる權利であつて、一八九五年（明治二十八年）の媾和條約に引續き締結せられたる翌一八九六年十月十九日の日淸通商航海條約附屬議定書第一條及び第三條第二項にその條約上の根據を置くものである。

我國は右の條約に基き時の天津領事鄭永昌をして天津海關道李岷琛、天津道台任之驊との間に租界設置の交渉を開始せしめ、兩者間に一八九八年八月二十九日、天津日本居留地取極書及び同附屬議定書が成立し、更に同年十一月四日、右の取極書續約及び附屬議定書續約が締結されたのである。玆に我國は白河右岸の佛國租界と支那街閘口との間に現定租界及び豫備居留地並に獨逸租界下流における我船舶の碇泊地を與へられた。今、これ等の文書によつてその內容を概說すれば次の如くである。

先づ現定租界の地域は取極書第一條において左の如く定められてゐる。

一、東界は福音堂の北界（現在の蓬萊街白河沿岸）より起り白河に沿うて溜米廠邢家木廠の北横街の河岸（現在の東京建物會社河岸）に至る八十五丈

一、南界は福音堂の北界より起り一直線に西に向ひ墻子河に達す

一、北界は溜米廠邢家木廠の北横街河岸より起り斜西走して現在の福島街に出で此處より更に西走して海光寺に達す

一、西界は墻子河とす

以上の面積は一、六六七畝六七であつて、我國はこれを支那政府より永租せるものである。それは租界内土地の買收にあたり、支那側「地主は各其地面を永久に日本に貸與すとの文句を記載」することを要し、我「領事は之を天津海關道を經て天津縣衙門に送付し捺印を受け保存」すると共に(取極書第十條)我國は右の買收せる土地に對し「日本領事館より每一畝に付每年大錢一千文を仕拂ふべし、納期は佛國居留地の例に倣ひ翌年度の借地料として每年十二月十五日に天津縣衙門に前納すべし」(同上第十一條)と規定されたることによつて明かである。土地買收の價格は佛國租界規則の例に倣ひ選出せられたる兩國評價人が公平に定める(同上第六條)。支那人の租界内居住を認め、租界内における支那人所有の船舶は日本居留地規則を遵守することを要する(同上第五條)。「租界内に居住する支那人の婚嫁喪祭は支那の風俗に從つて執行し輿馬儀仗も總て租界内の道路を通行することを許可」され、租界外居住の支那人の輿馬儀仗は共同道路(租界内に支那側の負擔において建設せる道路)に限つて通行を認められる(取極書續約)。租界内に日本警察署を設立し界内一切の警察事務を取扱ふ。租界内における支那人たる犯罪人は共立警察署(後述參照)より派遣せられたる巡査之を逮捕し支那側官衙に押送する。租界内支那人への召喚狀、拘引狀については我領事が檢閲し共立警察署の巡査が之を執行する(取極書續約)。

次に「豫備居留地」とは「溜米廠より朝鮮公館南墻外の道路に到り又此所より一直線に西に向ひ現定租界に接する場所」を占め、「將來日本の商業繁盛し河岸一帶の地實際餘地なきに至る」場合、日本租界として開設さるべきことを豫約せる地域である(附屬議定書第一條)。本地域内における土地家屋は外國人に賣與することを禁止され(同上)また該地域内に共立警察署を公設する。右警察署の規則は日支官憲協議の上之を定める。現定租界より本地域内に逃入せる支那人たる犯罪人は共立警察署の巡査が逮捕の上支那側官憲に押送する。本地域内支那人に對する召喚、拘引は總て支那側官憲の管轄に屬する(取極書續約)。

我國の得た第三の權利は獨逸租界の下流小劉莊河岸における約百畝內外を我船舶の停泊地として割讓せしめたることである。右は現定租界の北界を支那街閘口に定めんとしたる我要求の容れられざりし代償たると同時に佛國租界上流への航行は當時の支那側が許さゞりし結果である（取極書第四條、同附屬書第二條）。

以上の如く、我國は天津租界開設の權利を確保したが、その後一年餘は邦人の來住するもの殆んどなく、一九〇〇年三月に至り始めて天津日本專管居留地經營事務所官制發布せられ、漸く租界經營の事業に着手せんとしたるところ端なくも義和團事變發生したために事業は一時停止の已むなきに至りたるのみならず、事變後列國の租界獲得競爭激甚となり、また同時に邦人の渡來するもの俄かに增加し多くは我租界が未開拓の沼澤地なりし結果、英佛租界に居住するの有様となつたゝめ、我國は租界經營の緊急なるを思ふと共に將來のため租界擴張の必要を痛感するに至つたのである。玆において伊集院總領事が支那側と交渉を重ねたる結果、成立したのが一九〇三年四月二十四日の天津日本居留地擴張取極書である。卽ち、事變中我軍隊の占領した天津城內外の現定及び豫備居留地に接し朝鮮公館の南墻より白河々岸に沿ひ閘口に至つて左折し東南城角に出で南門の西より南門外道路を一直線に海光寺に達すべき地域約四百畝の擴張が約定せられた（第一條）。而して、右「擴張居留地內に在る支那人は日本居留地規則に遵ひ引續き居留地內に居住し竝に土地家屋を所有すること」を許されたのである（第二條）。

然るに、右の交渉成立の後において我國は支那側の要求に應じ、右擴張地域の中現に擴張せる地域を除きたる殘部及び獨逸租界下流における小劉莊一帶の地を還附すべきことを同一擴張取極書において規定したのである（第三條。但、我國は（一）將來必要を生じたる際における優先的擴張の豫約、（二）將來擴張の際には支那人が異議なく土地家屋の買收に應ずべきこと、（三）返還地域における公共事業經營に關する我國の優先權、（四）我軍用道路たる海光寺街道に對する支那側の維持修築、（五）日本租界道路と支那街道路との連絡を返還に對する留保條件とした。

尚、この間、義和團事變勃發後、鄭領事の時代に日本租界に接續せる佛國租界の未經營部分、卽ち、福音堂より白河に沿へる東方約四十八間及びその奥行約一萬八千坪の地域（現在の秋山街より蓬萊街に至る間の地域）を佛國領事より讓渡せしめ、後に支那側の承認を得たる一事を擧げなければならぬ。かくの如き經過を以つて面積二、〇六六畝（約三十一萬三千八百坪）を擁し、白河右岸において支那街、佛國租界及び墻子河の間に介在する日本租界の現狀を見るに至つたのである。以下においては租界經營の沿革を略述することにする。

我國は前述の如く一八九八年に租界設置の權を得たる後、一九〇〇年（明治三十三年）三月勅令第百十號日本專管居留地經營事務所官制、同第百十三號在外帝國專管居留地經營事務監督臨時職制日本專管居留地經營事務監督規程及び法律第二十二號在外帝國專管居留地特別會計法を發布し、以て專管居留地經營事務所を租界内閘口大街に開設し、領事鄭永昌氏を初代所長として經營に着手せしめたのである。然るに、事業は義和團事變のため一時中止の已むなきに至つたが、事變後伊集院總領事の着任によつて復活せられ、一九〇二年五月以來白河の護岸工事、沼澤地の埋立、道路溝渠の建設等に着手し一九〇四年四月に至つて完了した。是、卽ち第一期經營地區（現在の山口街より花園街に至る地域）であつて政府が右の居留地經營事務所をして開拓せしめたものである。而して、該地區は租界における最も重要なる地域を占めるものなるを以てその所有は日本人に限ることゝし東京建物會社その他の邦人商社に之を拂下げた。殊に右の建物會社は該地區の大半を讓受けたるものであり、これは當時の我國財政が多端なりしため天津租界經營の餘力を有せず、民間會社の資力に依賴すべく方針を決定したる結果であつて、拂下に際しては嚴重なる條件を附した。建物會社の建設事業が終了したのは一九〇八年五月である。斯くの如く政府は第一期經營事業の完了と共に居留地經營事務所を閉鎖しその事務を天津總領事館に引繼ぎ更に第二期經營地區（花園街より春日街に至る地域）の開拓に着手した。併し、小幡總領事の時代に至り一部の政府埋立地を除きその大半を日支個人に拂下げ嚴重なる條件の下に彼等の經營に一任したのである。其他の地域――卽ち春日街より明石街の西南土壁に至る地方は廣大なる池沼を以て蔽はれ永年顧みられなかつたが、一九一五年秋以來、在留邦人有志の組織する天津埋立組合の經營するところとなり、遂に一九二〇年その埋立を完成し以て今日に及んだのである。

最後に租界行政の沿革を一瞥するに、我國は大體において領事の監督の下に居留民の自治制を認め、租界創設の當初にあつては大日本租界局なるものを設置した。右の租界局は一九〇二年（明治三十五年）九月九日發布の館令第六號日本專管居留地假規則に基くものであつて、同月十五日より開設せられその事務所を租界內溜米廠舊義和順棧の支那家屋に置いた。當時の行政組織は右の假規則（十五箇條）によれば次の如くである。租界の土木及び衞生に關する事項を審議處理せしむるため領事の選定せる三名乃至五名の委員及び敎育費を負擔する帝國臣民大會において互選せる五名の委員を以て行政委員會を組織する（最初は官選委員のみであつたが、明治三十七年四月二十日の館令第十號により右の公選委員を追加した）。行政委員會はその決議により稅目及び稅率を定め之を賦課徵收し行政費に當てることを得るが、該決議の執行にあたつては領事の認可を經なければならぬ。當時の賦課は支那人に對する船車稅及び日本人に對する敎育費であつて、敎育費負擔者には公選委員の選擧被選擧資格が與へられた。その他互選によつて行政委員會の議長が決定したるときは之を領事に報告し、毎月末行政費收入の明細表を領事に提出し、百弗以上の支出については領事の認可を受けまた假規則施行細則の議定についても領事の認可を要することにより領事の監督下に置かれたのである。

然るに、明治三十八年三月七日法律第四十一號により居留民團法發布せられ、更に同法第一條に基き明治四十年八月一日外務省告示第十八號を以て同年九月一日より上海及び漢口と共に天津居留民團が設立せられた。玆に前記の日本專管居留地假規則は廢止せられ、爾來今日に至るまで居留民團による租界行政が繼續せられてゐる。民團の行政組緖については後述に譲る(註)。

(註)　天津日本租界の沿革については「天津居留民團二十周年記念誌」に詳細の記述がある。

四、露國租界　露國租界は露國が義和團事變の混亂に乘じ最も露骨なる手段を以て設定したものである。一九〇〇年六月、列國が天津救援のため軍隊を派遣した際、壓倒的多數を占めたのは露國軍隊であり、派遣軍の撤退後も最大の兵力を殘留せしめたのは露國であり、英佛租界と相對する白河左岸を占領しその軍隊をして駐屯を繼續せしめたのである。而して列國の天津占領軍が都統衙門（Tientsin Provisional Government）を設立せんとするや、露國はその支配的地位を要求したるのみならず白河左岸の占領地域については該地域が「露國人に歸屬するもの」との理由によつて外國の干渉を排除せんとするの態度に出でたのである。斯くして、一九〇〇年十一月六日、露國は左の如き廻狀を發表し先づ白河左岸が露國の勢力下に歸すべきことを宣言した(註一)。

去六月十七日以來、支那國軍隊は團匪と合流し外國租界及び露國軍隊の占領する停車場を攻撃するに至りたるを以て六月二十三日、露國は援軍を派遣して封鎖を打破り停車場よりマイヤース會社石油倉庫に至る白河左岸の敵を掃蕩し茲に征服の權利に基き該地の武力占領を確立したり……故に露國の直隸遠征軍司令官リネヴヰッチ中將（Lieutenant-General Linevitch）は停車場の上流より石油倉庫に至る一切の地域が六月二十三日の戰鬪行爲により露國軍隊の財産となりたるものと認む、露國軍事官憲が占領し保護する該地域内には露國國旗掲揚せられ多くの箇所に掲示貼付せられたり、依つて露國軍司令官の特別許可なき限り露國が完全に占領せる該地域に關し如何なる讓渡も之を承認すること能はず、但、六月十七日以前に外國人の名義を以て正當に登記せられたる地券を有する支那人以外の土地所有者に對してはその權利を尊重す

一方、北京駐在の露國全權は天津租界の設置に關して李鴻章との折衝を開きその諒解を得るに至つたが、この際李鴻章は「……惟其中設有鹽坨爲長蘆鹽商煮鹽存鹽之所當告以鹽法爲我國課餉大宗不容廢置且係商人世業斷不能價賣與

入應即一律劃出不入租地之内」となして鹽業の保護を留保し、且、露國全權の要求を容れて「先立草約以便日後逐節細商」することゝし、左の如き草約二箇條が交換せられたのである（註二）。

一　天津俄國租界設立在河東約佔所立界牌内之地一段内有鹽坨地界關繫緊要應劃出不入租界之内

一　將來俄勘租界更訂線如視勢所須更改者以及辦理該段關乎地主各事宜照各國租地章程辦法立定經營俄國租界各項章程應由兩國另派委員辦理

叙上の如き經過を以て露國の主張遂に貫徹され、河岸一一、〇〇〇呎を占め面積約一、〇〇〇エーカー（五、四七四畝）に達する尨大なる地域が露國租界とせられるに至つたのである。但、右の地域には最初、天津「停車場その他國際的利用に必要なる財産」を包含してゐたが、米國側より強硬なる反對出で、結局、一九〇一年二月、北京、山海關間の鐵道を露國が英國に引渡したることによつて停車場並にその附屬地域は租界より除外せられ支那の支配下に保留せられたのである（註三）。而して、一九〇三年に至り、露支兩國委員の間に右の租界設置に關する正式協定成立し爾來、その經營に着手した。租界の行政は土地所有者及び借地人の中より選擧せられたる委員を以て組織する市參事會の自治に委ねられたが、領事は職權を以てその議長となり、市參事會の議決に對しては北京における露國公使が否定權を留保し、外國人と雖も租界内に居住するものは租界章程に服從するの義務が課せられたのである。租界は京奉線と白河との間に介在し英佛獨三國租界の對岸を占め萬國橋（International Bridge）の一端を保有することによつて天津の要衝となり、將來の發展を期待されたが、未だ十分なる建設を見ざる裡、一九二〇年、支那側の回收するところとなつたのである。

（註一）　En-Sai Tai, Treaty Ports in China, pp. 124–125.

（註二）　清季外交史料、卷一四五、頁六、全權大使李鴻章奏酌定天津俄國租界條款摺附條款、西巡大事記、卷四、頁一七。

（註三）H. B. Morse, The International Relations of the Chinese Empire, Ⅲ pp. 323―35.

五、伊太利租界　伊太利は嘗に一八六六年十月二十六日の北京條約第十一條及び第十二條により天津を始め十五開港場における伊太利人の居住貿易權を獲得したが、天津租界設定の動機となつたのは同じく義和團事變である。事變勃發するや、伊太利は陸戰隊を上陸せしめ一半は北京に一半は天津に派遣して之を占領したが、一九〇〇年十二月一日當時北京に駐在せる伊太利公使サルヴアーゴ・ラッチ侯（Marchese Salvago Raggi）は本國政府の命を承け左の如き通告を北京外交團に對して發表した（註一）。

伊太利王國政府は伊太利人の商業並に船舶上の利益を有效に保護せんがため天津に領事館を開設し隨つて既存の外國租界と同樣なる租界を創設するの必要あるものと思惟す

この目的のため伊太利王國政府は將來の交渉において支那國政府に對し適當なる土地の租借を要求するの必要あるものと信ず

最近の天津占領に關し余は伊太利王國政府に租界設定の列國と平等なる權利を偏頗なく留保するの目的を以て今事變の列國代表に通告するものなり

以上の如き通告の後、サルヴアーゴ・ラッチ侯は一九〇一年一月二十一日、伊太利軍隊に對して露國租界の西に接し白河と鐵道線路との間に介在する地域の占領を命じ、以て伊太利租界の豫定地たらしめたのである。而して、翌一九〇二年六月七日、租界設定に關する最後的協定十四箇條がガッリーナ伯（Conte G. Gallina）によつて調印せられサルヴアーゴ・ラッチ侯の承認するところとなつた（註二）。契約の內容は他の租界と同じく支那側への年租納付による永租の形をとつたが、その面積は七七一畝であつて白耳義租界に次ぐ小地域なりしのみならず、天津郊外に屬し貯鹽所或は鹽田勞働者の部落をなし沼澤に圍まれ天津最底の土地であつたのである。

かくの如く土地の條件に惠まれざりしに加へ當初は本國政府より資金を提供せざりしため租界の經營は頗る困難に

逢着し一部には放棄論を唱へるものさへ出づる有様であつた。併し、當時の伊太利官憲は月僅か二百弗の豫算を以て事業に着手しあらゆる困難を克服しつゝ、漸次窪地の埋立、道路の建設、溝渠、電氣、電車、水道等の敷設を終り、遂に今日「現代伊太利の縮圖」(Modern Italy in miniature) 或は「貴族租界」(La Concessione aristocratica) と呼ばれる瀟洒たる市街を形成するに至つたのである。殊にこの間において最初の軍政時代の後を繼いで天津領事に任命せられたヴインチエンツオ・フキラーテイ (Vincenzo Filleti)の努力は忘れられない(註三)。唯、隣接地帶に結局發展を見ざりし墺太利及び露國の兩租界を持ちたるため伊太利租界もまたその影響を受けて商勢振はず、更に白河の上流に位することや萬國橋の存在に災されて船舶の航行を阻めることも原因となつて今日なほ住宅街として存續するに過ぎざるは已むを得ざるところである。

租界行政權については、最初軍事占領が續けられたる間、伊太利海軍派遣隊が之を握り、司令官フアッシナ元帥 (Maresciallo L. Fascina) の指揮の下に租界の測量設計、隣接租界との境界劃定、小規模なる警察の組織、警察規則、衛生規則等の制定、人口の調査、寛大なる課税等が行はれた。その後、フキラーテイ領事の時代においても彼は殆んど專制的に租界行政を斷行し租界居住民に參政の機會を與へなかつたが、彼の建設事業終るや、始めて本國政府の許可を得て行政委員會(Consiglio Amministrativo) を設置し以て自治行政の端を開いたのである(註四)。即ち、伊太利租界は領事を委員長とし選擧せられたる五名の伊太利人委員を以て組織する行政委員會によつて支配せられ、その決議に對しては本國政府が拒否權を留保し、他に支那人三名より成る支那人諮議會を置き、伊太利人は租界內外を問はず天津在住者なれば選擧權を有するといふものである。但、右の制度は一九二九年に支那人の參政權が伊太利人と平等となりたる外多少の改正を見て今日に至つてゐる。

(註二) En-Sai Tai, Treaty Ports in China, pp. 126-127.

（註二） Vincenzo Fileti, La Concessione Italiana di Tien-Tsin, pp. 13—14.

（註三） O.D. Rasmussen, The Growth of Tientsin. pp. 25—26, Fileti, op. cit., p. 30.

（註四） Rasmus en, op. cit., p. 26. Fileti op. cit, pp. 18—19. 62—63.

六、白耳義租界　白耳義が早くより支那に租界設定の希望を有したることは既に一八六〇年二月十七日の上院において「白耳義領事並に白耳義人の爲住居建設に必要なる土地を條約によつて讓渡せしむべし」との主張が現はれたことによつても窺はれる（註一）。而して、一八六五年十一月二日、白耳義は始めて支那との間に通商航海條約を締結し、該條約第十二條において支那の開港場における白耳義人の居住貿易權を規定したのである。

然るに、前述の如く義和團の變起り、列國相繼いで天津に進出するや、白耳義もまたこれ等の後を追ひ租界の建設を實現するに至つたのである。即ち一九〇〇年十一月七日、先づ白耳義領事は天津領事團に對して左の如き通告を發表した（註二）。

本日余は北京駐在の白耳義國公使の訓令に基き左記地域の占領を了したる旨貴官に通告するの光榮を有す
該地域は獨逸租界下方の對岸に位し白河岸に沿ふてマイヤース商會石油倉庫の下方約五十米の地點に達し該地點より下方約一粁の別地點に及ぶものにして更に二箇の直線によつて區劃せらる……
白耳義國旗は敍上の地域並にその境界に揭揚せられたり、依つて余は右境界内における一切の財產の賣買、讓渡、移轉を禁止しその効力を認めざる旨貴官に通告するの光榮を有す、但、本占領以前に正當なる登記を經へたる支那人以外の歐洲人名義による地券は尊重さるべきことを諒解す

次いで、白耳義公使ヨーステンス（M. Joostens）は天津領事代理ケテルス（H. Ketels）をして天津道台張蓮芬との間に租界設置の交渉を開かしめ、遂に一九〇二年二月六日、兩者間に「天津永代租地協定」（Convention pour la

Locat on, à perpetuité, d'un terrain situé à Tien-tsin）が成立したのである。右協定（註三）により白耳義は小孫莊及び大直沽莊地方、卽ち露國租界の南方白河岸一、一七〇米を占め北方を京奉鐵道支線によつて圍繞する地域七四七畝五〇を「永租する」(de louer à perpétuité)ことゝなつた（前文）。但この際白耳義は支那側に對し四萬五千兩を支拂つたが、これは「白耳義政府が支那國政府より該土地を買收した」（註四）ものではなく、當時の責任者たる李鴻章の奏文に「……磋磨地價該領事允給銀四萬五千兩…已諭居民繳契領價…」と見え、また協定第一條に「……所有地畝民房由租界委員代爲購買立契交與駐津領事官收執比國商民卽可在租界內建屋」とあることによれば（註五）右の四萬五千兩は支那側が代つて土地を買收するにあたり原所有者に支拂ふべき代價たることが明かである。のみならず第七條において「界內地畝歸比國經管後每地一畝按英法俄德租界章程每年在天津縣署交納租費……」として年租の規定を設けたることによつても「買收」に非ることが分る。其他、支那側は大直沽莊の發展のため租界沿岸に碼頭を設け兩者間を連絡する道路を築造すべき留保を定め（第三條）、租界內に逃入せる支那人たる犯人に關する支那側官憲の逮捕を容認せしめた（第八條）。また白耳義側においては將來、租界の商勢繁榮し租界と京奉線との連結を欲する場合には大直沽莊西方の地域を讓渡すべき一種の豫備居留地を承諾せしめ、該地域における不動產は之を白耳義人以外に賣却せざることを約定せしめたのである（第九條）

斯くの如く白耳義租界は頗る地理的條件に惠まれ將來の發展を豫想せられたのであるが、白耳義政府はその經營にあたり、之を民間會社に委託するを以て便宜とし、La Compagnie des Comptoirs en Chine 卽ち支那商工業株式會社（The China Commercial and Industrial Company Limited）として知られる企業團體（註六）が政府の特許を與へられた。玆において該會社は一九〇二年八月十六日、支那政府との間に契約を締結し土地の買收を終へて開拓に着手したが、忽ちにして資金の獲得に困難を感じ遂に清算の已むなきに至つたのである。爾來、幾度か再起の計營が樹てられたが常に失敗に歸し永年草原の儘放棄せられるの狀態が續いた。この間、白耳義政府においては次第に租界經營の興味を失ひ租界の返還、維持相半ばする有樣であつたが、一九一二年に至りかくの如きは白耳義國の名譽に關する問題なりとしてポンチュス將軍(Le général R. Pontus)、白支協會長ワロケ（R. Warocqué)等の努力により、同年九月十七日新たに天津白耳義租界株式會社(Société anonyme de la concession belge de Tien-tsin)が創立され、翌一九一三年十二月十一日、該會社は白耳義政府と契約を結び以て白耳義國が支那より永租せる地域の讓渡を受けたのである。但、白耳義政府は該地域に對する「高等の指揮及び干涉權」(le droit de haute direction et d intervention)を留保して天津在留の白耳義人より四名宛の委員及び補助委員を任命し以て總領事の監督下に臨時行政委員會を組織してその衝に當らしめた。玆に白耳義租界は再生の意氣を以て諸種の建設事業に着手せんとしたが、圖らずも歐洲大戰の勃發により本國の混亂を來し、再び租界の建設は斷念の外なきに至り遂に完成の機會を失つたのである。而して、その後においても舊態依然たりし白耳義租界は結局一九二九年、白耳義の自發的返還によつてその振はざりし歷史を閉ぢたのである。

（註一）J.—M. F rochisse, La Belgique et la Chine, relations diplomatiques et économiques(1839 1909), p. 369.

（註二）En-Sai Tai, Tre ty Ports in China, p. 125.

（註三）西巡大事記、卷十、頁十四、李鴻章奏與比使議定天津租界章程請旨畫押摺、Frochisse, op, cit. pp, 368, 370,

（註四）O. D. Rasmussen, The Growth of Tientsin. p. 40.

（註五）西巡大事記、同上。

（註六）La Compagnie des Compt irs en Chine は一八九九年十一月八日、ブリッセルに於いて創立せられ極東における商業、工業、資本等の開拓に關する調査を目的とせるものである。(Frochisse, op. c.t. p. 371.)

七、墺匈國租界　墺匈國も義和團事變後、列國が天津に競つて租界を開設または擴張したる形勢に刺戟され、一九〇〇年十一月二十八日、駐支公使の名において左の如き通告を外交團に發表した（註一）。

墺匈國政府は自國の通商航海上の利益を有效に保護せんが爲支那の秩序回復後天津に領事館を設置し且この目的を以て既に存在する列國と同樣なる租界を要求するの必要あるものと信ず
墺匈國政府は叙上の目的の爲來るべき交渉において支那政府より適當なる土地を獲得すべく決意せり
墺匈國政府は最近の天津占領に鑑み租界の設定にあたり他の列國と平等なる權利を留保し且不利益を除去せんが爲豫め右の意圖を北京外交團に通告せんと欲するものなり

以上の發表に引續き、墺匈國は支那側と租界設定の交渉を開いたが、一九〇二年に至り北洋大臣派遣の天津海關道と墺匈國天津領事との間に協定成立し、外國租界中最北の地點、即ち東は京奉鐵道、東南は伊太利租界、西は白河、北は支那街に連接する地域一、〇三〇畝を與へられることゝなつた。その行政は最初居住者の大多數が支那人なりしため墺匈國領事の指名する六名の支那人を以て理事會を組織し領事自ら會長となつて之を管轄したが、墺匈國人の來住するもの增加するに及び之を改めて、支那人並に墺匈國人の中より選擧せる委員を以て市參事會を組織し領事はその議長となるの制度を採用した。而して、市參事會の議決に對しては本國政府が拒否權を留保したのである。

然るに、墺匈國租界は本來白河の最上流に位して航行の便を失ひまた支那街と相隣接して不潔不快の狀態にありしため貿易、居住いづれの地域としても頗る不適當なるものとなり、加ふるに地盤最も低き地方に屬し、遂に十分の發達を遂げざる裡、大戰の影響を受けて支那側の回收するところとなつたのである（註二）。

（註一）En-Sai Tai, Treaty Ports in China, P. 126.
（註二）O. D. Rasmussen, The Growth of Tientsin, p. 48.

（三）租界の回收

叙上の如く、天津白河を挾んで租界を設定せる國家は一時八箇國の多きに達し正に一大國際都市を成さんとする勢ひにあつたが、その後獨墺租界は歐洲大戰の結果支那の回收するところとなり、露國租界は露本國における革命の影響を受けて消滅し、白耳義租界もまた白耳義の自發的返還によつて支那側に引繼がれ、殘存するものは日、英、佛、伊の四國租界に過ぎざる現狀である。以下においてはこれ等の回收事情について述べることにする。

一、獨逸租界の回收　天津獨逸租界は漢口における獨逸租界と共に回收せられたものである。隨つて、その回收經過は漢口租界の場合と殆んど同一であり、また漢口租界については既に本誌第三十一卷第一號において述べたるを以て玆にはなるべく重複を避けることにしたい。

歐洲大戰に際し獨逸が潛航艇政策を採用して國際法違反を繰返すや、支那は列國に倣つて聯合國側に立ち、一九一七年三月十四日、獨逸との國交斷絕を宣言すると共に同日附大總統令を以て支那における獨逸國民は支那側官憲が之を保護すべきことを發表した。卽ち支那はこの機會を利用して獨逸租界の回收を企てるに至つたもので、天津租界については三月十六日、北京政府の任命せる敵國財產管理委員會の手により事實上の接收が行はれた。この際、租界警察は支那側の管轄に移され、和蘭領事の委託下に在つた獨逸の財產、武器彈藥等も引渡され、これに對して獨逸總領事からは別段の抗議なく平和裡にその處理を終つたのである。次いで支那側は三月二十八日、「獨逸租界接收管理章程」を發布し、これに基いて「特別區臨時管理局」を天津及び漢口に夫々設け以て接收租界の管理にあたつた。然るに、八月十四日には對獨墺宣戰の布告を行ひ、獨墺との間における一切の條約の失效を聲明し、玆に右の「特別區臨時管理局」を「特別市政管理局」と改め租界行政權の總てを掌中に收めたのである。而して、以上の事實は大戰後、一九一九年六月二十八日のヴェルサイユ對獨媾和條約第百二十八條乃至第百三十四條によつて確認せられ、支那は始めて獨逸租界に對する完全なる支配權を回復するに至つた。玆において、支那側は一九二〇年十二月十五日、津濱特別區市政局章程」を發布し舊獨墺租界（墺匈國租界については後述參照）に對する支配に當らんとしたるも外交團の承認を得るに至らず、唯、その後舊獨逸租界を特別第一區（First Special Area）と改稱し、天津市政府籌備處（一九二四年に天津市政局と改稱）に直屬し省長公署及び內務部の監督下に置かれたる特別第一區管理局を設け行政事務を管掌せしめてゐた。然るに、一九二八年以後右の制度は改正せられ他の第二、第三特別區と共に共同の行政組織を有するに至つたことは後述の通りである。

二、墺匈國租界の回收　墺匈國租界は全く獨逸租界と同一運命に陷りたるものであつて、一九一七年八月十四日、支那が獨逸と共に墺匈國に對して宣戰布告をなせることにより事實上回收せられ、一九一九年九月十日のサン・チェルマン對墺媾和條約第百十三條乃至第百十七條に基いて正式に支那の管轄に歸屬したのである。爾來、支那側は之を特別第二區となし前記舊獨逸租界と同樣なる制度の下に管理した。

三、露國租界の回收　天津における露國租界もまた漢口露國租界と同時に且同一方法を以て回收せられたるものである。漢口租界については既に述べたるところあるを以て（本誌第三十一卷、第一號參照）玆にはその概略を記錄するにとゞめる。卽ち、一九一七年の露國革命によつて帝制政府倒壞しソヴエート政府樹立されるや、支那は新政府の承認を避けると共に正當政府の承認あるまでの暫行的措置として支那における露國租界を事實上接收し、「俄國事務辦公處」をしてその行政に當らしめた。而して、一九二四年五月三十一日の露支協定により兩國の國交回復し同協定第十條において露國租界の放棄を規定するや、支那は右の辦公處を改めて「收回俄租界臨時管理局」となし暫く經營を續けたが、翌一九二五年七月一日、之に「特別第三區市政局」なる名稱を與へ爾來獨墺租界の例に倣つてその管理下に置いたのである。

四、天津第一、第二、第三特別區の行政組織　叙上の如く、天津には獨逸、墺匈國、露國の三租界回收後、第一、第二及び第三の三特別區設置せられ夫々特別區管理局の支配するところであつたが、一九二八年に至り天津が國民政府の統治下に歸すると共にこれ等の各管理局は「天津特別市第一區（第二區、第三區）公署」と改稱せられ、その組織は「天津特別市第一區第二區第三區各公署共同組織條例」並に「同上共同辦事細則」によつて定められることになつた。右の條例によれば各公署は天津特別市政府に直屬し、市長の監督下に主任を置き、更に主任の下に秘書處及び總務、警務、工程、捐務の四科を設けたるものであるが、特に注目すべきは該組織における外國人の地位である。元來外國人は租界返還後も特別區行政に參政の利益を獲得せんとし運動に努めたることあるも、支那側の拒否に遭つて成功せず、唯、特別區行政に對して不服あるときは各自國領事を通じて公署に申出づるの慣例が存したのである。然るに、本條例實施後は外國人に對して納税の義務を課するもその參政權は一切認めず、支那の完全なる統治下に歸したのである。次いで、一九三〇年六月二十日、天津特別市は國民政府令を以て廢止せられ漢口その他の六特別市と共に天津市と稱せられるに至つたのである。

五、白耳義租界の回收　白耳義租界は開設以來その經營振はず、一九一三年には之を天津白耳義租界株式會社に讓渡してその發展を期したるも依然として改善されざりしことは前述の通りである。この結果、白耳義政府は既に租界維持の興味を失つてゐたが偶々一九二七年一月、白支條約改訂會議開かるるや、一には支那側の好感を得んとして「白耳義政府は一九〇二年二月六日の條約に依り白耳義國が得たる天津白耳義租界區域の權利を支那に返還す」べき用意あることを自發的に聲明した。玆において白支間に租界返還に關する交渉の開始を見たが、支那の內亂によつて一時頓挫し、その後一九二九年一月以來之を再開し遂に同年八月三十一日、支那側代表凌冰、趙光庭、黄宗法、陳鴻鑫と白耳義駐支公使館參事官ギヨーム（J. Guillaume）との間に「天津白耳義租界還附協定」（Agreement between

Belgium and China for the Rendition of the Belgian Concession in Tientsin）の成立を見るに至つたのである。この際、白耳義側は返還の條件として（一）在留民の私有財産に對する保障と（二）工部局債務の引繼とを要求したるに對し、支那側は本協定を以て將來における租界交渉の一先例をなすものなりとの見地により無條件回收を主張し、ために交渉の遷延を來したが、結局支那側が右の二條件を容認することにより條約締結の運びとなつたのである。本協定は本文八箇條及び四箇の附屬交換公文より成つてゐる。その要項を説明すれば次の如くである。

一、租界の返還。白耳義政府は一九〇二年二月六日の白支協定によつて白耳義に租與せられたる天津白耳義租界を自發的に且つ無償にて支那國政府に還附する（序文）。随つて、舊白耳義租界は本協定實施の日より全然支那の法令により統治且保護せられまた支那の現行課税に服すべきものとする（第三條）。但、地税は國民政府が他日新たなる一般的法律を公布するまでは現行税率による（附屬書第一）。

一、工部局の廢止。舊白耳義租界臨時工部局は本協定實施の日より之を廢止し、工部局の公文書、登記簿その他一切の書類は國民政府に引渡す（第二條）。

一、租界公有財産の引渡。租界の公有財産、即ち埠頭、棧橋、道路、鐵道、機械、器具、備品、警裝並に銀行預金は之を國民政府に引渡す　第四條）。

一、私有財産の保護。白耳義領事館の發給したる舊租界内私有土地に關する地劵及び證明書に對しては支那側主管官廳が之と引換に永租地劵を發給する（第六條）。天津白耳義租界株式會社は之を改組して純然たる私的營利會社——一九二九年十二月三十一日の總會において天津不動産會社（Société Immobilière de Tientsin）と改稱せられた——とし、その財産に對しても右第六條の規定を適用する（第五條）。また天津電車電燈公司（Compagnie de Tramways et d'Eclairage de Tientsin）の舊租界内における送電設備及び電力供給權の維持を認める（附屬書第二）。閩廣義園（Fukien and Canton Guild）の被收用地に關する代地要求權の承認（附屬書第三）。

一、工部局債務の引繼。舊白耳義租界工部局の債務天津兩九萬三千八百二十六兩四十仙は本協定實施の日より六箇月以内に支那國政府より白耳義國政府に償還せらるべきものとする（附屬書第四）。

以上の如く、天津白耳義租界は白耳義國の自發的返還によつて支那の完全なる統治下に復歸したが、支那は回收後之を特別第三區に編入し前述の如き特別區行政の下に置いたのである。要するに、白耳義租界の自發的返還は單に白耳義が支那の主權を尊重するの意思より出でたるものに非ずして、開設以來二十數年を經るも租界内はなほ人口稀薄茫々たる草原が大半を占め、却つて白耳義にとつて經營上幾多の困難が加はりつゝある狀態にあつたことがその主たる動因たりしことは注目すべきである。（五月十三日）

㉝新坂狂也「天津に於ける諸外国人の対支文化状況調査」（『調査月報』第一巻第一〇号、一九四〇年一〇月）

天津に於ける諸外國人の對支文化狀況調査

はしがき

本資料は興亞院華北連絡部囑託天津駐在員新坂狂也の調査に係るものなり。

目　次

一、一般概況
二、在留外國人の動向
三、文化施設狀況
（一）天津在留諸外國人々口統計表（昭和十五年一月末現在）
（二）學校
（三）博物館、醫療機關
（四）宗教並びに類似團體
附一、學校名簿
二、博物館及醫院名簿
三、宗教(其の他類似團體)名簿

一、一般概況

一八六〇年阿片戰爭の結果英佛は當時の清國政府に迫り天津條約を締結し天津を開港場として開放せしめ同時に英、佛、米三國は天津に各租界を設定す。其の後日清戰爭北淸事變の終末に於て日、獨、伊、白、墺等の各國も天津に租界を設定したるが、一九〇二年米國は租界設定に關する一切の權利を英國側に讓渡し、其の權利を消滅し次で第一次歐洲大戰の結果獨、墺兩國は租界を支那側に還付し露國は一九二四年五月北京に於て調印せる國交恢復の協約に基き租界を支那側に還付消滅、白耳義は一九二九年八月自發的に租界を無償還付したる結果現存する租界は日、英、佛、伊の四ケ國にして、天津に在留する諸外國人の人口は本年一月末現在戸數二、三六六戸人口八、七〇二名之に駐屯外國軍隊を合するときは一萬四、五千の多きに達す。彼等諸外人殊に英佛米人は一八六〇年阿片戰爭を契期として北支に著目し政治、經濟、文化の基礎を著々として築き多岐多様なる手段方法を以て其の發展をなしたるものにして就中、文化宗敎方面に於ては日支事變迄拔くべからざる根底を有するに至れり。文化宗敎方面に於ては華人子弟の敎育、醫療機關、敎會等の機關を建設し之等機關を通じ各自國の文化を中國人に植付くると共に中國一般人民の把握吸收に努め以て中國に對する各自國勢力の伸張を計りたる結果、一般中國人は彼等歐米人の文化施設に吸收せられ歐米依存の精神を抱持し一面彼等の暗躍に弄弄せられ抗日侮日を敢て爲したるは今次日支事變の一因をなしたるものと認められ今尚ほ諸外國人の施設する文化機關に關係する當地中國人は歐米依存の精神を抱持し居るものと認めらるゝものあり。

二、在留外國人の動向

今次日支事變發生以來在津外國人中殊に英、佛、蘇聯各官憲當局は勿論、各所屬國文化機關が各當局と緊密なる連絡を採り、相呼應して我が日本帝國の對支聖戰に對し陰に陽に反擊的行爲を敢行し、我が對支作戰並びに東亞新秩序建設に甚大なる支障を招來せしめつゝあることは周知の事實なり。殊に英佛兩國租界當局は各文化機關其の他の國體と緊密なる連絡を保持し、援蔣の徹底せる策謀をなし國民黨系反動分子の庇護策動の支援をなしたる事實は租界内に於ける反動分子の檢擧に依り明かに證明せられ、經濟方面に於ては聯銀券に對する防害法幣の支持を以て市場の攪亂を策する等、租界隔絕に依るも今尚ほ之を盛に支援策動し居る狀況に在り、之等反動的暗躍が、文化方面の施設に依る各機關團體を通じ行はれつゝあるは東亞新秩序の建設上至大の警戒と査察を要するものと認められ、之が排除と之に對抗し一般中國民衆を啓蒙是正し其の民心を我が方に吸收把握することは現下の急務なりと認めらる。

三、文化施設狀況

天津に於ける諸外國人の文化施設の濫觴は一八四五年佛蘭西本國より天主敎宣敎師が二名の從者を帶同現佛租界紫竹林に於て佛國醫院を建設したるを嚆矢とし其の後續々諸外國人來津者增加し敎會、學校、病院等を建設し今日に及びたるものにして現在、外國人系學校十八校、博物館二、病院五、敎會八あり、其の狀況を調査したる處別紙の通り（一、人口、二、學校、三、博物館、病院四、宗敎竝に同類似團體に區分す）。

(一)　天津在住諸外國人々口統計表　（昭和十五年一月末現在）

國籍別	戸數	男	女	計
英國	三六〇	七九八	六四〇	一四一八
米國	二一一	二七五	二二五	四〇〇
佛國	七三	一七九	一四〇	三一九
伊太利	四一	四七	四五	九二
ソ聯邦	二四一	四〇一	三一七	七一八
獨逸	一七二	二四三	二一八	四六一
西班牙	三三	四五	一六	六一
丁抹	七	九	五	一四
瑞西	一〇	一六	一四	三〇
白耳義	五二	七六	六八	一四四

波蘭	五〇	六六	五二	一一八
墺太利	二一	三二	二一	五三
致國	三三	五	一	六
瑞典	四	四	五	九
ポルトガル	一五	二三	一七	四〇
和蘭	三	四	一	五
白露	一、〇〇一	二、五九一	一、八二三	四、四一四
印度	四一	五〇	四六	九六
比律賓	一一	一九	一五	三四
エストニヤ	六	六	五	一一
ラトアニヤ	三	四	六	一〇
ギリシヤ	二一	四〇	三〇	七〇
トルコ	九	一四	七	二一
セルビア	四	五	六	一一
ルーマニア	三五	三八	三五	七三
波斯	七	九	四	一三
洪牙利	六	七	四	一一
アルマニア	四	六	四	一〇
ブラジル	五	五	三	八
ボヘミヤ	四	四	〇	四
玖馬	二	五	二	七
リトアニヤ	一	一	〇	一
計	二、三六六	五、〇二七	三、六七五	八、七〇二

（二）學校

名稱	國籍	所在地	經營者又は所有者
天津老西開學校	佛國	天津佛租界老西開	天主教會
究眞中學校	〃	〃河北崑緯路	〃
天津仰山小學校	〃	〃河北岡緯路	〃
私立聖功女子中學校	〃	〃佛租界二六號路	〃
私立法漢中學校	〃	〃〃老西開教會前	〃
江商學校	〃	〃英租界馬廠道	〃
中西女學校	米國	天津華街南關下	メソヂスト教會
天津匯文小學校	〃	〃南關下頭	〃
天津新學中學校	英國	天津佛租界海大街八四	倫敦教會
天津耀華學校	〃	〃英租界二三號路	ジ、エル、シンチエン、ワイテイニ、イ、シビター
天津匯文中學校	米國	天津南關下頭	メソヂスト教會
天津露文中學校	白系露人	〃英租界十一號路一二〇號	天津白系露防共委員會
天津猶太人學校	露國	〃英租界中街一二八號	天津ユダヤ人公會
極東學院	白系露人	〃特三區舊ソ聯領事館內	在天津白系防共委員會
天津美術學校	米國	〃英租界馬廠道五三	ブルヤンチエップ　50
天津學堂	〃	〃英租界アポン路	エス、エーツ　48
天津學院	〃	〃英租界十一號路一八七	テイ、ホイコット　42
法英學校	佛國	〃佛租界ローウエスリユー路	ブロ、ファスト　50

（三）博物館、醫療機關

北疆博物館	佛國	天津特一區工商學院內	カトリック教會
華北博物館	英國	〃佛租界新學中學校內	倫敦教會
佛國醫院	佛國	天津佛租界老西開教會內	カトリック教會
メソヂスト教會婦嬰醫院	米國	〃南門外南關大街	メソヂスト教會
馬太夫醫院	英國	〃佛租界海太街	倫敦教會
英國醫院	〃	〃英租界二十四號路	英國工部局
義國醫院	伊太利	〃佛租界紅牌電車通	カトリック教會
德美醫院	獨米	〃特一區中街一二五番地	獨、米

（四）宗教竝びに類似團體

天津基督教青年會	米國	〃天津佛租界巴黎街六〇 兩支部 華街東馬路	メソヂスト教會
天主堂	佛國	〃佛租界老西開二一〇號	カトリック教會
通聖會	米國	〃特一區吉林路二八號	ホーリネム派
華北救世軍	英國	〃英租界四〇號路三一號	基督新教
女子青年會	米國	〃〃大沽路	メソヂスト教會
美國公理會	〃	〃英租界四〇號馬廠道三號	組合教會派
美似美會	〃	〃華街南關下頭	メソヂスト派
倫敦會（組合教會派）	英系	〃英租界海大道八三號	基督新教

天津に於ける諸外國人の對支文化狀況調査

附一、學校名簿

（昭和十五年一月調査）

校名	天津老西開學校	國籍	佛國
所在地	天津佛租界老西開	系統	天主教會
設立年月日	一九一四年	經營者氏名年齢	天主堂教會
制度	小學部は初級、高級に分れ、修業年限―初級四年高級二年、初級中學部修業年限三年	校長氏名年齢	高李邁
生徒數	男　小初部　二六四　小高部　一二五　中學部　九〇 女　小初部　二〇　小高部　八〇	職員氏名年齢	中學部教務主任何立中外、華人教師九、職員三、小學部教務主任、高純儒外教師一一六人職員四
學級數	一四		
授業料	初級中學部十八弗、體育費、圖書費四弗、小學部三弗、維持費一弗（毎學期）		
維持方法	小學部年七、七五〇弗中學部八、二二〇弗教會より年額一萬弗の補助あり		
沿革の概要	本校は一九〇九年天主教會により天津紫竹林に於て天津私立高等小學校の名に依り開設せられたるが一九一四年に至り教育局の認可を受くると共に佛國在住民、其の他の寄附援助により生徒五〇〇名を收容し得る現校舍を新築、移轉し同時に老西開學校と開稱一九二九年に至りて初級中學部を新設今日に至る		
其の教育方針動向	天主教の教育を主體とす		
備考	同校は從來、排日教育を施したるを以て生徒は何れも排日思想を維持し、同校出身者には排日反動分子あり		

校名	究眞中學校
所在地	天津河北崑緯路
設立年月日	一九二九年三月
制度	初級中學は三年 小學校高級を通し六年制
生徒數 男	初中 一二四　小學 八四　小初 一三
生徒數 女	九七　なし　なし
生徒數 計	二二一　八四　一三
學級數	一〇
授業料	中學部 毎學期 十八弗 小學部 四弗
維持方法	小中兩部を通じて年一萬六千弗不足分は天主教會より補助
國籍	佛國
系統	佛國系
經營者氏名年齡	天主教會
校長氏名年齡	李清賢　五〇年
職員氏名年齡	教務主任　魏寇雄 中學部　一九名 小學部　一二名 計　三二名
沿革の概要	同治五年天主教會の布教附屬事業として支那人男女に教育を施す目的を以て設立せられ一九二九年三月天津教育局の正式の認可を得今日に至る
教育方針其の動向	
備考	従來親日的行動なし

校名	天津仰山小學校	國籍	佛國
所在地	天津河北岡緯路	系統	佛國系
設立年月日	一九二九年	經營者氏名年齡	天主教會
制度	初級、高級併せて六年制	校長氏名年齡	究眞中學校長　李　清　賢　兼任
生徒數	男　初級　高級 女　一二一　一八八	職員氏名年齡	教務長　陳女 外女教師　八名 職員　三名
學級數	六		
授業料			
維持方法	年額經費四一〇弗、學校收入一六〇弗、不足分教會より補助す		
沿革の概要	究眞小學校の姉妹學校にして 同治五年天主教會により支那人子女に 小學教育を授けるため創立せられ 究眞中學と同様一九二九年天津教育局の正式許可を得たるものなり		
教育方針其の動向			
備考	同校教職員の排日思想を抱持し究眞中學と同様注意を要す		

校名	私立聖功女子中學校
國籍	佛國
所在地	天津佛租界二十六號路
系統	天主教會
設立年月日	民國十八年八月
經營者氏名年齡	天主教會
制度	初級三年、高級三年
校長氏名年齡	夏景如
生徒數 男	
生徒數 女	五五五
職員氏名年齡	呉篤之外二四名
學級數	一五
授業料	初級 毎學期 二七弗 高級 二八弗
維持方法	中學部 年一八六三〇弗 小學部 九七五〇弗 不足の分は教會より補助す
沿革の概要	本校は 一九一四年(大正三年)六月天主教會が 同教布教の附屬事業として 支那人子女に小學教育を授け又小學教員養成を目的として創立、小學部と師範部の二部に分れて居たが 一九二九年師範部を中學部に改組し同年一月天津市教育局の正式認可を經たり
教育方針其の動向	
備考	同校は女子校なる故老西究眞の如く排日思想旺奔ならざるも相當注意を要す

天津に於ける諸外國人の對支文化狀況調査

校名	私立法漢中學校
所在地	天津佛租界老西開教會前
設立年月日	光緒二十八年八月
制度	初級三年、高級三年
生徒數 男	三五〇
生徒數 女	
學級數	一〇
授業料	初級　毎學期二三弗 高級　〃　一七弗
維持方法	一ヶ年の經費二六七〇〇弗、河北省政府補助年六〇〇弗、授業收入一一〇〇〇弗工部局より不足分を補助す
國籍	佛國
系統	カトリック教會
經營者氏名年齡	同
校長氏名年齡	許日昇
職員氏名年齡	葛士琦外 佛人教師　四 華人教師　一二 計　一七
沿革の概要	カトリック教會に依り光緒二八年八月創立に當り佛國工部局竝に北洋大臣の補助あり以來佛工部局の補助に依り同長官監督の下に教務は一切教會に依り監理せられたるが民國十年教育部に登記認可を經たり
教育の其方針動向	
備考	從來天津随一の排日學校にして同校職員生徒間には數種の抗日團體あり注意を要す、事變に於て國民黨と通謀し其の行動活潑なるものあり、同校に附屬小學校あり、主任李玗琪以下支那人教師十六名、生徒數二五〇人、高級初級の二部に分れ、高級は授業料毎學期九弗、初六弗なり

校名	工商學校	國籍	佛國
所在地	天津英租界馬廠道	系統	カトリック
設立年月日	民國十九年	經營者氏名年齡	佛國カトリック教會
制度	初級三年、高級三年	校長氏名年齡	アール、チヤードペット
生徒數	男 七一三名 女	職員氏名年齡	アクヨロテダイ 外 二一名 囑託 五名
學級數	一八		
授業料	初―毎學期 五〇元 高 五五元		
維持方法	年經費 二三二〇〇弗 設備費五〇〇〇弗 三〇〇〇弗 不足は教會の補助		

沿革の概要	本學院は一九二三年（大正十二年）天主教に依り創立せられ、工局大學と稱したるが一九三三年教育部の命により現名の如く工商學院と改稱し教育部の認可を得た、これより先一九三〇年高級中學部翌三一年初級中學部を增設し同時に佛人校長を廢し趙振聲を校長としたるが、三三年教育部の認可を得て華南圭を校長とせるが「アールチヤーペット」校長に就任せる模樣なり
教育の其方針動向	大學部學制は工商兩科に分れ、工科は橋路部、機械部、商科普通商業、財政、銀行の諸部に分れ大學生徒一五〇、學級三、三年制、學費は毎學期授業料三五弗、毎月體育費三元、化學實驗費七元、豫備費五元、講義費四元、測量費三元、寄宿費二〇元
備考	從來排日學校として相當注意を要す 本校に於ては刊行物として工商學誌、導先光國刊、旅年月刊、商業叢書校友年刊工商學院一覽等を發刊す

校名	中西女學校
所在地	天津華街南關下
設立年月日	宣統元年
制度	初、高級各三年
生徒數	男
	女　一一一名
學級數	六
授業料	初級　毎學期　二五弗 高級　毎學期　三〇弗
維持方法	年經常費四萬弗、メソヂスト教會より二萬五千弗を補助
國籍	米國
系統	メソヂスト教會
經營者氏名年齡	同
校長氏名年齡	劉芳
職員氏名年齡	范愛德 教務長、主任、英文主任の米人教師三、職員六名あり 其他職員合せて三一名
沿革の概要	一九〇九年匯文中學校と同樣支那女子に中等教育を施すためメソヂスト教會に依り創立せられ、一九二七年國民政府教育部の認可を得た、最初は生徒四〇名に過ぎざりしが女子教育熱勃興に伴ひ中流以上の家庭の婦女子多數收容し漸次內容を充實し天津に於ける歐米人の文化事業並に女子教育に最も成功したる一つなり
教育方針の其動向	
備考	本校卒業生は南海大學及在支教會經營の諸大學に入學し得る特典あり 附屬幼稚園を經營し更に一九三五年校內に教會出資に依る大禮拜堂及體育館あり、排日思想を多分に含む

校名	天津匯文小學校
所在地	天津南關下頭
設立年月日	一八九三年
制度	初 四年 高 三年
生徒數	男 二一〇名 女
學級數	六
授業料	初 毎學期 五弗 高 毎學期 十弗
維持方法	
國籍	米國
系統	メソヂスト系
經營者氏名年齡	メソヂスト教會
校長氏名年齡	白佐周 四〇年
職員氏名年齡	教職員 八名
沿革の概要	一九二九年以後は禮拜を强制的に行はしむるも同年教育部の認可後は自由主義とし一九三五年經費一萬五千弗にて大規模の禮拜堂を建築し更に學校も漸次改善を加へ天津教會學府を形成す
教育の方針動向	
備考	特記すべきことなし

校名	天津新學中學校
所在地	天津佛租界海大街八四
設立年月日	一九〇二年
制度	初級 三年 高級 三年
生徒數	男 六一六名 女
學級數	一〇
授業料	初級高級共二期分に分け年八〇弗
維持方法	一九二八年改組前は倫敦教會より二〇元大學廢止學生增加により年額一萬圓の補助による
國籍	英國
系統	倫敦教會系
經營者氏名	倫敦教會
校長氏名年齡	黃　道　五二年
職員氏名年齡	シ、エッサ、ビ、ロングマン　教務長 エ、ビ、クーリン　會計主任 チ、ラワソーン　祕書 外　二八名
沿革の概要	本校は最初新學書院と稱し一九〇二年倫敦教會の出資により英人「ハート」博士の創設したるものにして北支に於ける英國人文化施設の代表的のものなり、創立當初北洋大臣袁世凱が其の子息袁克定四名を本校に入學せしめたる關係上支那人名流の援助に依り一九〇四年校内に華北博物館を開設し次で大學部を設置したるが一九二八年七月右大學部を廢して現名新學中學校に改稱し教育部の認可を得たるなり
教育の其方針動向	
備考	

校名	天津耀華學校
所在地	天津英界二十三號路
設立年月日	民國十九年九月
制度	初級 三年 高級 三年
生徒數	男 七七六名 女 四四三名
學級數	三二
授業料	初級 高級共毎學期 三二弗 四〇弗
維持方法	社團法人
國籍	英國
系統	英國系
經營者氏名年齡	「シ、エル、シンチエン」「ワイテイミ」「イ、シビター」
校長氏名年齡	陳音鄕
職員氏名年齡	職員 一一三名 書記 一四名
沿革の概要	本校は民國十九年九月英國工部局が華人職員及官憲家族子弟教育の目的を以て設立せられたるものなるが、其後一般租界内居住者子弟にも及び爲に擴大天洋公立學校となさんが爲一九一八年の事變後耀華學校と改稱し、英國工部局董事會が耀華董事會なるものを組織し、同局教育部に於て正式立案し、董事趙天麟を校長として就任せるが今次事變後、同校内に特別班を增設せるが趙天麟刺殺せられ後、金初平なる者校長に就任せるが、一九三九年七月校内に内訌生じ現在董事陳音鄕校長を代理に就任す
其の教育方針動向	
備考	

天津に於ける諸外國人の對支文化狀況調査

校名	天津匯文中學校
國籍	米國
所在地	天津南關下頭
系統	メソヂスト教會
設立年月日	一八九二年
經營者氏名年齡	同
制度	初級　三年 高級　三年
校長氏名年齡	劉　弃　四二
生徒數	男　五一〇 女
學級數	一〇
授業料	初級　毎學期　二五弗 高級　三〇弗
維持方法	一年經費七二〇〇〇弗、メソヂスト教會より一五〇〇〇弗の補助あり不足分は米國教會より補助す
職員氏名年齡	教務長　李　王　賢 外四〇名
沿革の概要	本校は一八九三年メソヂスト教會が支那人に中等教育を施し一面布教に便ならしむる爲創立當時成美學堂と稱し現に四六年の歴史を有し天津に於ける外國人經營の文化施設として最初のものなり、一九一一年(明治四四年)に至り内容を充實せると共に現校長に改め米國人校長の下に米支人兩教員が學生の教育に當り來りたるが一九二八年夏休暇中に各科の支那人主任が國民政府の認可を得る爲米國人側を加へずに主任會議を開き校則を改組し南京政府の教育部に認可の申請をなしたる爲米國人側の憤慨する處となり米國人教師の多くは今後の關係を絶ち教育費の支出を拒絶する事に至りたる處支那側教職員は委員別に依り本校の不動産其他の財産約六〇萬弗を繼承して學校經營に當り一九二九年教育部の認可を得て其後教會側と妥協し補助金の交付を受くることとなれり
教育方針其の動向	
備考	特筆すべき事項なし、匯文小學校と同樣

校名	天津露文中學校
所在地	天津英租界十一號路一二〇號
設立年月日	一九二八年
制度	初級 三年 高級 四年
生徒數	男 八〇 女 四〇
學級數	七
授業料	初級 毎學期 一〇弗 高級 一〇弗
維持方法	防共委員會の
國籍	白系露人
系統	同
經營者氏名年齡	天津白系防共委員會
校長氏名年齡	クリロフ 六〇年
職員氏名年齡	白系職員 一〇名 白人職員 一名 望月鐵之助 四一年
沿革の概要	一九二八年天津英租界十一號路現在住止附近に露人醫師幼稚園を經營設立十二年經營後現在校長白系露人「クロリフ」の努力に依り中學校に昇格教育局の認可を得て專ら防共的建前あり白系露人子弟の教育に當りつゝあり
教育方針其の動向	防共を基本とし白系露人の教育に進みつゝあり
備考	親日的傾向濃厚なり

校名	天津猶太人學校
所在地	天津英租界中街一二八號
設立年月日	一九二五年
制度	中等程度 初級二年　高級三年
生徒數	男 八〇　女 五〇　計 一三一
學級數	八
授業料	初高級共年額　四八弗五〇仙
維持方法	猶太人教會よりの補助と生徒の授業料に依る
國籍	露國
系統	ユダヤ人系
經營者氏名年齡	天津ユダヤ人公會
校長氏名年齡	ゲルシウエッチ　五一年
職員氏名年齡	ペルケエル　六一 ジ・シック　エ・エヌ・イブグール　五〇 ゼメルマン　四八 外四名
沿革の概要	本校は一九二五年の創立に係り在津ユダヤ人子弟教育を主とせるが其の教授振りは排日的となつて現はれ兎角面白からざる風評がある
教育の方針其動向	
備考	本校はユダヤ人教育を目的とせるものなるが白系露人系ユダヤ人に對する虐待、排日的傾向あり、一九二八年十一月避難民猶太人來津當時北支日軍の方針に違反したる行動あり注意を要す

校名	極東學院
所在地	天津特三區舊ソ聯領事館内
設立年月日	一九三九年七月
制度	專門學校(一ヶ年)
生徒數	男 二〇　女
學級數	一
授業料	在天津委員會の經營、日軍滿鐵より五萬圓の寄附あり
維持方法	
國籍	白系露人
系統	同
經營者氏名年齡	在天津白系防共委員會
校長氏名年齡	エクラフ少將(現白系露人義勇隊長)
職員氏名年齡	白露人　三名 白人　二名 囑託　六名
沿革の概要	本校は一九三九年八月一日開校、校舍はソ聯領事館にして一九三九年六月十日當地白系防共委員會の手に依り占據し八月一日より極東學院校舍に其の儘使用せられたるものにして設立當時は在支白露青年を收容して防共親日教育を施し、東亞新秩序建設の一翼として活躍せしめ他方防共委員會の幹部として指導的位置に立つべき人物の養成を目的とす
教育方針其の動向	特筆すべきは一週間の授業時間四四時間中二二時間の日語教授を課す
備考	

校名	天津美術學校
所在地	天津英租界馬厰道五三
設立年月日	一九一八年
制度	高等程度(三年)
生徒數 男	一四〇名
生徒數 女	一〇〇名
學級數	三學級
授業料	月　十弗
維持方法	授業料收入の外篤志家の寄附に依る
國籍	米國
系統	同
經營者氏名年齢	ブルヤンチエツフ　五〇
校長氏名年齢	同
職員氏名年齢	校長他華人職員　五名
沿革の概要	
教育方針其の動向	
備考	生徒總數中外人三分の二華人三分の一にして主として靜物景色肖像畫を專攻す、政治的色彩乃至暗躍的行動なし

校名	法英學校
所在地	天津佛租界ロウエスリユー路一九五
設立年月日	一九〇九年
制度	中等（初三、高二）
生徒數　男	三〇〇
生徒數　女	
學級數	一二學級
授業料	初級　毎學期　三五弗 高級　四〇弗
維持方法	授業料收入の他カトリック教會の寄附あり
國籍	佛國
系統	カトリック系
經營者氏名年齡	ブロ、ブ、アスト　五〇
校長氏名年齡	同
職員氏名年齡	ブロ、ジエセフ 〃、ジヨージ 〃、ルーデント 〃、ネスター 〃、クラウデオ 他八名
沿革の概要	
教育方針其の動向	
備考	生徒數三〇〇名中三分の一は外國人、三分の二は華人にして中等教育の一般課程を教授するの他特に英佛語學教育に重點を置く、色彩鮮明ならざるも排日思想なきものの如し

校名	天津學院
所在地	天津英租界十一號路一八七
設立年月日	一九一二年
制度	中等程度(三年制)
生徒數　男	一五〇
生徒數　女	
學級數	三學級
授業料	月　六弗
維持方法	授業料收入の他篤志家の寄附に依る
國籍	米國
系統	米國系
經營者氏名年齡	テイ、ボイコット
校長氏名年齡	同
職員氏名年齡	ワエイ、ハンソン
沿革の概要	
教育方針其の動向	
備考	本校は極めて親日的にして、他校に率先して日語教授を爲し、日本の事情に通じる樣生徒をして激勵す、其結果は相當注意を要す、生徒數五〇〇名中、一〇〇名外人、華人五〇名收容中なり

校名	天津學堂
所在地	天津英租界アボン路
設立年月日	一九一一年
制度	中等程度　初等二年　高等三年
生徒數	男 三〇〇名　女 二〇〇名
學級數	一〇
授業料	月 十弗
維持方法	月謝本意
國籍	米國
系統	米國人系
經營者氏名年齡	エス、エーッ　四八
校長氏名年齡	右
職員氏名年齡	ゼ、イ、ウットール首席 エ、マクルサー ジ、テ、フオックスリー エッチ、クラーク マストウ王人 十三名
沿革の概要	
教育方針其の動向	
備考	生徒總數中(五〇〇名)三五〇名は外人子弟にして殘り一五〇中、男八〇、女七〇名の華人あり 特記事項なし

附二、　博物館及醫院名簿

（一）北疆博物館（佛系）（Muser·Laboratoire d histoire naturelle）
一、所　在　地　天津特一區工商學院內
一、沿　　　革
本館一九二四年考古學者、地質學者として有名なる佛人神父「リーサン」（Licent）が二十餘年の長きに亙り白河、黃河一帶を跋涉して蒐集したる古生物、動植物、地質、鑛物、其他地方特產物等を基礎にして、工商學院內に建設したるものにして、大學附屬博物館として、主任には「リーサン」神父が就任し開設費は二萬五千弗、其後引續き標本の蒐集をなし篤志家より寄贈せられたる論文、參考書類をも陳列す。
一、設　　　備
陳列室三室、植物標本三萬種、特殊木質標本七千種、哺乳類、匍行類等、動物標本二千種、鑛物標本千餘あり。
一、組　　　織
「リーサン」神父を院長とし事務管理員、同助手の他に事務員四名

（二）華北博物館（英系）（Tientsin Museum）
一、所　在　地　天津佛租界新學中學校內
一、沿　　　革
倫敦敎會の附屬事業として一九〇四年新學中學校內に創立したるが本館の開設に當り、當時の北洋大臣袁世凱

は其の子息が同中學校に在學中の關係上多大の援助を與へた。創立當時は博物館として獨立に組織せられたるも其後觀覽者減少し、遂に新學中學校の附屬となり、之に依り圖書に重點を置き、同中學校生徒は每週水、金曜兩日には同博物館內に於て各種科學の實驗、土、日曜兩日には圖書の回讀に利用す。

一、內　容

陳列物品の主なるものは支那骨董品、古代器具、其他風俗關係物件、植物、鑛物標本等にして、古代器具は倫敦博物館より、支那骨董品は王文敏（前淸國子監祭酒現時の國立大學敎授に相當す、團匪事件の際井戶に投じて難に殉ず）の遺子王崇烈の寄贈にかゝるものなり。

新學中學校附屬に移管してより圖書（主として英文）を蒐集し生徒の參考書に供し居れり。館長は英人ＹＵＫu新學中學校英文主任其の下に支那人五名管理の任にあり。

一、經　費

月額六〇〇圓にして新學中學校よりの補助に依る外、館長自ら若干の補助をなし支出を償ひ居れり。

（三）佛國醫院（佛系）（Hospital Francnse）

一、所 在 地　天津佛租界老西開敎會堂內

一、沿　革

一八四五年佛租界紫竹林（即ち現天祥市場附近）に「カトリック」敎會に依り創立せられ、以來九一年の歷史を有するが、創設當初は規模も小にして信用して診療を受くる者少なかりしが、北淸事變後より敎會側に於て經費を

増加し漸次設備を擴充し一九一〇年に至り現在病院を新築移轉す。

一、公私立の別

佛國「カトリック」教會立

一、內　容

男女兩院に分れ更に施療部あり、院長の下に男女兩院長竝に施療部主任を置き、醫師は佛人一、華人二、「姑奶々」と稱する看護婦二〇名、男病院は病室一、二等各十室、入院料は一等五元、二等三元（醫藥、食費を含むが別に手術料、貴重藥、注射料は別に徵收す）三等は收容人員一二六名（無料）但し佛工部局及び教會の紹介を要す。

女病院は男病院と同じ。

施療部は病院の外に診療所を設け概して無料にて診察、投藥を行ひ居れり。此の外、外國人用として十五人を收容し得る病室あり。入院料九元、醫藥は別に徵收す。男女病院の入院患者數は現在二百名を突破す。

施療部の來診者は毎日平均約百三、四十名に上り繁昌を極む。

一、經　費

一ケ年の病院維持費は八萬餘弗にして病院收入約三萬弗、不足分は佛工部局及教會より毎年約五萬弗を補助す。

（四）メソヂスト教會婦嬰醫院（米系）(Isabella Fisher Hospital)

一、所在地　天津南門外南關大街

一、沿　　革

光緒年間に佛租界海大街に創立「メソヂスト」教會經營の匯文中學校と同樣三十年餘の歷史を有す。創立當初は成績振はざりしが漸次支那人間に信用を博し設備を擴充し、現在の南開大街教會敷地に新築移轉したるものなり。

一、開業年月　一九〇〇年

一、公私立の別　「メソヂスト」教會立

一、維持方法

每月の收入一千四、五百元、教會より年額一萬五、六千元の補助を受け、最近太陽燈其の他の新式の醫療器具を購入し設備の充實を圖り居れり。

（五）馬太夫醫院　（英系）(Manckenzio Memorial Hospital)

一、所在地　天津佛租界海大街

一、沿　　革

一八六〇年、英國軍隊が始めて天津に駐屯せる際同軍司令官ステウーレ少將がゴルドン大尉等と計畫、更に倫敦教會の資出等に依り創立、其後一八七九年李鴻章の信任厚かりしマンケンヂー（Mackenzie）が院長となるに及び名聲漸く上り、北京方面より求め來るもの多く、漸次設備を擴充、現在に於ては天津に於ける英人經營病院中最大の規模を有してゐる。

一、內　　容

英人醫院長の下に副院長王同安以下中國人醫師八名を使用し、現在來診者毎日平均約二百名に上り、來診者の多くは貧困の者なり。入院料は一、二、三等に分れ一等七元、五元、二等三元五角、三等一元、食糧、醫藥は別に徵收す。

患者收容能力約五十名、入院患者は毎朝看護婦より說教を聞くことになつてゐる。病院の外に附屬事業として看護婦學校を經營し、現在生徒三十餘名、修業年限は三年、修了後は主として同病院にて採用す。

一、經　　費

毎月の經費約四千元、診察料、醫藥料の收入の他に倫敦教會より毎年約一萬二千元の補助を受けつゝある故、收支償つてゐる。

一、公私立の別　「財團法人」

一、經　營　者　右に同じ

（六）英國醫院（英系）（Victoria Hospital）

一、所　在　地　天津英租界二十四號路

一、沿　　革

一八九六年英國工部局に依り創立す。最初は規模極めて小にして一九二三年に至りて擴張し今日に至る。

一、內　　容

英國人院長の下に英人醫師三名、華人醫師三名あり、病室は一、二、三等に分れ收容能力約百五十名、入院料は一等五元、二等三元、三等一元、診察料二角來診者一日平均約八九〇人内外。

一、公私立の別　英國工部局

一、經營者　右に同じ

一、經費

經營費年額約四萬元、英國工部局關係支那人中貧困者の受診多き爲、病院收入は每年二萬元內外にて不足は英工部局內より補助す。

（七）義國醫院（伊太利系）（Italian Catholic Hospital）

一、所在地　天津伊租界紅牌電車通

一、沿革

伊太利カトリック敎會が布敎の傍、支那人患者に對し慈善的に治療を施す爲、五萬弗を投じて建設したるものにして、院長は敎會より派遣せられ、伊太利領事館の監督下にあり。

一、經費

年經費二萬五千弗カトリック敎會と病院收入年約七千弗、伊太利領事館より補助一萬八千弗、更に不足を生じたる場合は其の都度敎會に補助を仰いで居る。

（八）德美醫院（German-American Hospital）

一、所在地　天津特一區中街一二五番地

一、沿革

本院は一九二五年一月二十九日米人、ネパタの奔走により天津は勿論在支在留獨美人の支援出資の下に設立せられ現在に至る。

一、資本金　米貨三萬二千八百弗

一、維持方法　獨立

一、經營主　天津德美醫院協會

一、主なる醫師

イ、ハンク（獨人）外に米、獨兩國醫師四名あり、看護婦獨二、佛一、白系三

一、内容

病室十二を有し一等十二弗、二等七弗、三等一元の入院料を要し診察に應ず、内科、外科、産科の各科に分る

一日の來訪患者數約五七八名、一年間の患者延人員數は約二〇〇、〇〇〇名に及ぶ。

附三、宗教（其の他類似團體）名簿

昭和　年　月　日調製

名稱	天津基督教青年會（米國系）（Y・M・C・A）
宗教教派	新教メソヂスト
位置	天津佛租界巴黎街六〇 天津華街東馬路　兩支部
祭神又は本尊	キリスト
設立年月日	一八九五年
所屬財產	教會建築物、附屬商科、職業學校々舍
祭日或は禮拜日	毎日曜日及金曜日を祈禱會とす
維持方法	毎月所要經費約二萬元、會員の會費、事業收益に依る、其の他基本財產若干あり、補助費として、メソヂスト教會本部より若干の補助あり
布教方法	毎日曜日禮拜堂に於て牧師に依り來拜者一般に布教 毎金曜日夕刻より會員相互の祈禱會宣傳方法を研究す
教職者氏名及年齢	ボールゲ・ヤング六四歳 副會長ダブリュー・テイユイン五一歳、記錄書記ジ・ヨンウオング四八歳、會計主任シ・エルドウ五〇歳、書記長チエスター・エッチ・エスイイン四二歳
崇拜者又は信徒數	約一〇〇〇名（外華人）
崇拜者又は信徒數	男　六二一 女　三七九
附屬事業及同團體	商科、職業學校經營
沿革の要概	本青年會は一八九五年「メソヂスト」教會の創立により、同教會より米國人を派遣し、總幹事となし、會務を處理せしめ居りしが當時中國側に於ける教育漸次普及し、天津に各種の學校の創立を見、入會者增加するに及び同教會の出資に依り青年勉勵社と合流し、華街東馬路に青年會を新設一八九六年佛租界海大街に分會を新設す。當時王正廷其の他中國要人連が會の擴充に協力し、一九〇〇年佛界巴黎路に分會を移し華人宋恩張なる者、總幹事に任命せらる。一九〇九年陽旭德なるものに二萬弗を寄附したる機會に支那側に於て董事會を組織し、會務を接收す。董事は張伯苓等八名米國側よりも八萬六千弗の寄贈あり。之を基金として、華街東馬路の現青年會を新築す。自一九二八年至一九三七年間米國人總幹事に任命せられたるが、其後支那人となり現在に至る。
教勢の概要	同會の內容 同會華人董事は雍劍秋、楊錦魁、杜芝良、王普生、張伯苓、陳芝琴、長激成、阮潤隆、金伯平、陳筱莊、王鴻賓、宋裴仰等十二人同會内部は德育、智育、體育、會員少年、財產管理等の各部に分れ官舍、休浴室、圖書室、遊戲室、會員室等あり二百ワット無線放送所を有す。

名稱	天主堂(佛國系)
宗教教派	カトリック教(舊教)
位置	天津佛租界老西開三〇號
祭神又は本尊	キリスト
設立年月日	一九一五年六月
所屬財產	教會堂及び敷地
祭日或は禮拜日	每週、日、月、金、土
維持方法	ローマ、カトリック本部の補助と附屬事業に依る收益、信徒の寄附に依り維持す、每月の經費四萬元内外
布教方法	說教、傳道、講員會
教職者氏名及年齡	會長 モリナリ 副會長 テンペン・シュー 神父 モリナリ・マルネット
崇拜者又は信徒數	一三五〇
崇拜者又は信徒數	男 七〇〇 女 六五〇
附屬事業及同團體	附屬學校を經營す 天津老西開學校 究眞中學校 天津聖功女中學校 法漢中學校
沿革の概要	一九一五年六月五日ローマ法王廳の補助に依り創立、爾來同教會は在華人の子弟教育に重點を置き附屬事業欄記載の通り數種の學校を設立し、學校教育に依り、布教傳道の實績を納め、教化の擴大を計り來たれり。永年に亙る教育方針は同教の教旨を主體としたるものにして其の内には排日思想の宣傳をなし來り居りたり。同教會は佛國工部局と密接なる關係を有し、諸情報を同局に提供しつゝ今日に及べり。
教勢の概要	信徒の大多數は中國人にして學生、青年等其の大部分を占め、當地方に於て相當の勢力を有す

名稱	通聖會(米國系)
宗教教派	ホーリネス派
位置	天津特一區吉林路二八號
祭神又は本尊	キリスト
設立年月日	一八九〇年
所屬財產	教會、附屬學校等建築物
祭日或は禮拜祭日	每、日、水、金各日
維持方法	每月の經費約一萬五十弗内外、會員の寄附並に同教會の基金に依る
布教方法	說教、傳道、祈禱會、會員相互の研究會講演會
沿革の概要	
教勢の概要	
教職者氏名及年齡	ウット・フオード・テイラー師 ジヨン・ジイモー師夫妻 ケンネヒ・ビウエムユ師夫妻 エル・レオナ・アビラ師 ジヨン・ジエ・トラシエル夫妻 アリスエム・リソワ師
崇拜者又は信徒數	四八〇名(外華人)
崇拜者又は信徒數	男　三〇〇名 女　一八〇名
附屬事業及同團體	學校 バイブル・スクール(神學校) 醫療施設 施療所

天津に於ける諸外國人の對支文化狀況調査

名稱	華北救世軍(英系)
宗教教派	基督新教
位置	天津英租界四〇號路三一號
祭神又は本尊	キリスト
設立年月日	一八九三年
所屬財產	
祭日或は禮拜日	毎日、火、金、土
維持方法	救世軍本部よりの補助及篤志家よりの寄附に依る
布教方法	說教、傳道、講演會
沿革の概要	傳道本部　大尉チ・ケーシユン 中央傳道國　〃リウ・ペームー 南傳道國　少佐ワン・ウエン・チユン 西〃　副官サアイ・チンチエン 北〃　大尉チヤン・シユーチエン 太沽傳道國　副官リーブエン・ウイ 勝芳〃　〃カオ・タイピン 蘇教〃　大尉ピエンシヨウイ バンヂヤ、ウオノ傳道國　大尉リユ・シーリン 以上九ヶ所の傳道國
教勢の概要	

教職者氏名及年齡	擔任士官 少佐、デイッチ・ウオーガー夫妻 〃エリオット(女)兒童監督 大尉カザリン・スミス女助監督 外將校十名
崇拜者又は信徒數	一五〇名
崇拜者又は信徒數	男　八〇 女　七〇
附屬事業及同國體	ウオガー少佐は冬季人力車夫及缺食兒童等の救助更に檢問撿察により英租界内に於ける失業者、下級貧困者の救濟に當りつゝあり エリオット少佐夫妻は孤兒院を經營す

名稱	女子青年會(米國系)
宗教教派	キリスト教
位置	天津英租界大沽路
祭神又は本尊	キリスト
設立年月日	一八九五年
所屬財產	
祭日或は禮拜日	毎日曜及金曜
維持方法	毎年の經費一萬四千弗内外毎年春期一回、寄附金を募集し約四五千弗を集む、其の他董事會員二〇弗會員會費二弗を以て之に充當不足分は教會の補助による
布教方法	毎日曜日來拜者に對する說教、傳道毎金曜日一般會員の研究並に祈禱會を催す其の他隨時隨所に於て說教傳道に關し講演會を開催す
教職者氏名及年齡	
崇拜者又は信徒數	五〇〇名
崇拜者又は信徒數　男	
崇拜者又は信徒數　女	五〇〇名
附屬事業及同團體	補習學校經營 毎學期授業料に六弗 生徒數女子約一〇〇名
沿革の概要	男子青年會と同樣一八九五年メソヂスト教會により創立費一萬弗を投じて創立す。天津に於ける名流夫人十八名を以て董事會を組織し、其の下に總幹事、幹事並に會計、文書、庶務の三部を置き會務を處理し、補習學校は英文、漢文、料理、美術の四科に分ち、英文、料理は米人教師擔任す。會員數五〇〇人、補習學校生徒は英文科の五〇人を最高とし、各科合計一〇〇人内白系露人二佛人二米人四あり。
教勢の概要	

名稱	美國公理會（米系）
宗教教派	組合教會派
位置	天津英租界馬廠道三號
祭神又は本尊	キリスト
設立年月日	一八九五年
所屬財産	
祭日或は禮拜日	毎、日、水、金
維持方法	毎月の經常費の二萬五千弗大體に於て收支相償ふ
布教方法	禮拜、說教、傳道、祈禱會、講演會
教職者氏名及年齡	エヂー・グライムス　當六〇年 コンスタンス・プール（女）　當四八年 シ・テイ、シウオル（女） イス・ホッチ・レウー師夫妻
崇拜者又は信徒數	八〇〇名（外華人）
崇拜者又は信徒數	男　四八〇名 女　三二〇名
附屬事業及同國團體	タンレーメモリアルスクール　男女共學の中等學校經營生徒數四九〇名 「ヘルスセンター」施療所經營
沿革の概要	
教勢の概要	

名稱	宗教教派	位置	祭神又は本尊	設立年月日	所屬財産	祭日或は禮祭拜日	維持方法	布教方法	沿革の概要	敎勢の概要
美以美會(米國系)	メソヂスト派(新教)	天津華街南關下頭	キリスト	一九〇八年		毎、日、金、土	メソヂスト本部より毎月一萬弗の補助を受け更に會員の寄附等に依り收支相償ふ	說敎、傳道、講演會		本教會は一九〇八年の創立に依り信徒の大多數は中西女學校、生徒並に婦嬰醫院並に看護婦養成所等の女信徒にして教勢は舊態依然として增加の傾向なり。事變後見るべき活動なし。

敎職者氏名及年齡	崇拜者又は信徒數	崇拜者又は信徒數 男	崇拜者又は信徒數 女	附屬事業及同團體
	五五三名		五五三名	中西女學校 婦嬰醫院 「イサベラ・フイシヤーホスピタル」 附屬看護婦養成所

名稱	倫敦會(組合教會派)英系
宗教教派	キリスト新教
位置	天津英租界海大道八三號
祭神又は本尊	キリスト
設立年月日	一八九八年
所屬財產	教會建築物及附屬事業建物
祭日或は禮拜日	毎、日、金
維持方法	毎月所要經費約二萬三千弗多少の基金と會員の寄附、獻金に依り收支相償ふ、不足分は組合教會本部よりの補助
布教方法	說教、傳道、映畫、通信等に依る布教宣傳
教職者氏名及年齡	ダブリウ・エフ・ドウソン師夫妻 シ・エッチ・ビロングマン夫妻 エ・ビクレーン師 ファール・エス・エッチ・ヂトムブソン夫妻 ヂ・エム・ステクランド(女)
崇拜者又は信徒數	八〇〇名(外華人)
崇拜者又は信徒數	男　三九三人 女　四〇七人
附屬事業及同團體	新學中學校に對する補助馬大夫醫院に對する補助附屬看護婦養成所
沿革の概要	
教勢の概要	

(昭和十五年三月華北連絡部政務局調)

㉞保田與重郎「天津の灯」（『コギト』第九九号、一九四〇年九月）

天津の灯

保田與重郎

「旗艦」の八月號で西川英夫の

天津市灯りぬ物價騰りつゝ

といふ俳句をよんで、近ごろ俳句らしいものの感じにふれた思ひで、大さう欣ばしい氣持がした。

このごろの俳句といへば、下手に近代詩のこなれたやうなものになつてゐるのが、私にはつまらなく思へてゐる。私は古來からあつた俳句といふものにこだはる氣持も多いが、それはたゞ形だけではつまらぬと思ふ。むかしの人が俳句として吟じた生活の中のもののあはれなどにしても、きつとけふのオフイスに、役所に、ペイヴメントの上に、ビルヂングの影に、いくらもあると思ふ。

しかしさういふ新しい生活の感傷や、哀れ、あるひはものの匂ひにみちた風情は、描き出すのが困難にちがひない。生活を文學化する俳句のみちよりも、俳句を新しい趣向で文學化することの方が易しい。さういふ形式ではむかしの俳人も、俳句を文學化することは、大てい試みてゐる。しかしそれらは彼らの近代好みの一面だつたのである。大體に於て昔の人の方が、彼らの表現からみれば、生活の心もちにゆとりをもつてゐたやうに思へる。これは我民族のためによいことであつた。今の人の生活にゆとりがないとは思へない。彼らは生活の餘裕と時局關心の合作で、いつも絶妙なナンセンスとカリカチュアを表現してゐるのだ。つまり心もちとゆとりに對する關心をうつし出すきつかけが少し缺けてゐるのだらう。さういふきつかけを描き出したり、考へ出したりすれば、あとはいくらでも似たものの世界が周圍にあらはれてくるし、次々に氣づくものだらう。

芭蕉も蕪村もえらい俳人で、この人々のしたことは、大體まねられぬかもしれぬが、西鶴や其角もえらい俳人であつた、私はこの其角のやうな人の考へた俳句を、けふの生活の中にみつけ出してみることを、誰か考へてもよさゝうに思ふ。

其角はむづかしいので、私には大へんわからぬことが多いが、又勘違ひの方法で感心して了つてゐるやうなこともあるが、これは何と云つても大作家である。二三年まへなら、私は其角のことなど云はないのだが、けふこのごろのやうに、文學が統制だ新體制だとさわぎ出してきたので、私は特にかういふことを考へるのである。文學的な在野の精神といふのは、私はそれを草莽浪々の文士と呼ぶ習慣にしてゐるが、それはある文學的保守主義である。この文學的も、保守主義も、すべて日本の歴史を荷つてゐるわけだ。

だから私が昨今其角のことを云ひ出しても、これは私の變化でない。變化の大本にある貫通するものが、即ち文藝の志である。大體東洋の文藝は、いつも戰敗國體制を精神上でとつてきたのだから、この點で、保守主義は少しちがつてゐる。今の政治家や軍人が、もつともらしく文學や文化といつてゐるのは、少し困つたことで、彼らのさういふ時に考へる文學も文化も、絶對に日本の兵士のもつべきわれらの理想でなく、舊い自由主義時代の概念である。我々の時代の責任をとるべき純日本産の文士は、かういふ日に進んで日本の文藝をさういふ人々に教へてやる必要がある。日本の文藝といふのは、古事記より始り、つねに至尊によつて貫通してきた理想をさすのである。しかしそれをする文士は、今日の形式で社交性をもつ必要があるだらうし、社交性の様式概念は昨今一變したやうである。しかもかういふ文士の必要な理由は、文學者の時局便乘といふことが風靡する時代だからである。今日は文學者が文學者としてのヒロイズムを最大に發揮できる時代だと思ふ。西行が頼朝の家人たちを驚駭させたやうな、利休が秀吉の一門を支配して威嚇したやうな、さういふ藝術上の仕事が出來る筈である。恐らく私などの年配者に、さういふ榮光にとんだ演技の出來ないのは、私らが有名でなく、社會的權威をもたないからである。しかしそのことによつて、私などは新しい動きに乘る準備は不用であつて、もつと新しい次の時代の同車の客となるだらうと思ふ。

俳句のことから傍みちのことをかいたが、この西川英夫の句をよんで、私は事變の次の年、こちらの氣候で晩春のころに訪れた天津の町を思ひ出した。

さて今日では、ものを描く文士よりも、よく喋る文士の方が有效なやうに思はれ又役に立つと考へられてゐるが、これは變なことになつたと思ふ。私は口で喋るよりも筆でかくことの方がいくらか得意だとの自覺から文學を始めたのである。昭和十三年の四月ごろまでは、かういふ現象はまだなかつた。よく喋つて權力にとり入ることが、文學の必要資格といふやうな考へや事實は、そのころはまだ日本に存在しなかつた。

私が佐藤春夫、同龍兒の兩氏と共に天津へいつたのは五月の何日だつたか、ともかく上旬のある夜だつた。天津のさう〳〵とした喧騷は、今でもよく覺えてゐる。夜の佛蘭西租界などのざわめきは、大へん異常だつた。氣味のわるい感じもしたものだ。始めて入る町へ、おそい夜につくことは、どんな場合でも印象に深い。天津の灯は、さういふわけで、私に、一種獨自な印象である。町も北京のやうな靜かさをもたない、感じの强い國際都市、租界のある町、しかも事變下の町。日本の飛行機の爆擊のあともあつた。どの町角にも支那人巡査が立つてゐて彼らは交通標識の代りをしてゐた。

その夜は大へん暑く、全く夏であつた。支那人街の驚くべき不潔さと、すれちがふ人間共の感じを、私は一番よく記憶してゐる。夜がふけてから夜になる町である。それは日本時間のせいでない。夜はおそく朝は早かつた。私は北京の町では、明け方の四時ごろに、あの交民巷の近くを歩いてゐたこともあるが、こちらでは豚の迷兒が出てきたり、しかもそれが黑い豚であつたので、猪でないのかと錯覺したりしたこともある。さうして老人の人力車夫が、どこからか車をひいてやつてきた。天津の深夜は知らない。今とちがつて、當時の私の生活では、深夜といふのは、大體あけ方であつた。東京の場末では、午前の二時ごろでも、飯を食つたり煙草を買つたり出來たし、錢湯も夏は二時ごろまであつた。天津では夜になるともうじきに十二時だつたやうに憶えてゐる。

この間滿月の夜十二時ごろ、新宿の驛の月を見にゆくと、その十二時ごろに、驛まへの廣場に人影のないのに驚いた。しかし人影のない都會の月夜はこの上もない。丸の内のビルヂング街では、歩きつゝも神祕的な恐怖を味つた。足音がして、誰何されるのは、それでもよくはないやうだから私は他へ曲つた。しかし眞夏の月は、高原や海濱でみるのとは様の異る、都會の建物の底からながめることの趣きを、私は今年の夏の一つの趣味とした。どこにも一人の月見の客のないことに、私は少し異常な氣持だつたが、おかげで凉氣が、身に沁み心に透る思ひがした。尤もこれは月を見るよりも、月に映えた建物と道路の眺めである。私は數年まへに、中秋の名月の夜松島の月を見て次の夜中尊寺にゆき、西行の遺址から平泉の盆地に照る月を眺めて讃美の極と思つたが、今年は貧しき町に非ざる近代資本主義の中樞をなす町の月を見てその人の居ない町の夜を感嘆したのである。この近代城郭の主たちは、海濱や高原の月を見てゐるだらうが、それとしても、この町の月を知らないのは氣の毒であると思つた。

私の記憶の天津の夜には、町の灯と、雰圍氣と、さういふ印象が多いので、この西川君の句をよんだとき、自分の色々の感慨もこめて、感無量のものだつた。夜がふけてから夜になる天津市の灯は、旅人にも印象に深い氣味わるさがある。氣味わるいといふ感覺が、舊時代のものなら、近代の國際都市のもつ焦燥感と云つておかう。あの低くよだんだ沈痛な喧騷の町に灯のつくのは、今ごろではずゐ分おそいのであらう。洪水のあとはどうなつてゐるのか、租界はどうしてゐるのか。私はさういふことも考へる。

天津市の灯りでなければ風情がない。北京でも南京でもだめだらう。しかし夜毎の灯のつく度に、その灯りが一日のくらしの休息を思はせる代りに、別の雰圍氣へ人を走らせる衝動を思はせるのも、近代都市時代の文化―

ーかういふ時にも使へることばであつた――の生んだ生活様式であらう。しかしまじめに働き疲れた人に、一日の憩ひや夜の焦燥を與へる代りに、その灯が、あける朝のために騰りつゝある物價の上昇信號のやうに思へるといふ、正直な生活をしてゐる者の氣持の表現を私は考へて實に無量の感にうたれた。よどんだ、いくらかデスパレートになりさうな、しかし節度のある、まことに云ひ得て妙といふべく、私はそれが如何にもけふの俳句らしいのに感じ入るのである。

正當で正義である民衆の代辯者は、今ではどこへ行くのがよいか、私には少し考への決しきらぬものがあるがもともと私など自分ではともかくも、他人からは日本主義の側の第一線部隊のやうにされてきたのであるから、今日ではさういふことの責任を考へつゝ、南洲の詩句と陶淵明を較べたり、其角の俳句を語るより能がないのである。

三十八

私は從軍の文士を進んで志して、大陸の北に旅したころを思ひ、この西川君の句にそのころを思ひ今を考へて無量の感を味つた。かたがた自分のその感慨もこめて、この俳句をある時代のために記録しておきたいと思ふのである。一日をおくるやるせない氣持には、何か別の藝術的意味さへ味へる。灯に憩ひや享樂を思つてきた中世と近代の人に較べて、今日の人々は苦しく闘つてゐるといふわけであらう、これだけのことでも、新しい中世期などいふ表現は夢語と思はれる。彼らは（我々もふくめて）よく知つて、苦しく闘ひつゞけてゐるのだと、今は自分を合點させてゐるのである。

㉟「天津に於ける純正国民党」（『情報』第四八号、一九四一年八月）

一〇、天津に於ける純正國民黨

A、天津市黨部の創立

民國二十八年（一九三九年）上海に於いて開催の純正國民黨六全大會決定に基づく華北を目標とする黨活動は、一九四〇年一月北京に開設の北方黨務辦事處（處長北大教授焦瑩）を中心として着々具體化し、同年二月同辦事處の申請にて左記十一名が黨中央より天津市黨部準備委員に任命せられたり。

于智膺（兼書記長）、李銘雋、張爾康、徐廷幹、朱小魯、王鑫培、房勤、艾魯儕、劉兆元、郭雲亭、李時雨。

八月市黨部成立、特一區蘇路久安里三號に辦事處を開設せり。その組織左の如し。

（一）市黨部執行委員會

委員五名を以て執行委員會を組織し、其の中一名は南京の中央委員會より指名され委員長となり、會務一切を處理し常務委員會議の際は議長となる。

執行委員會委員長　徐　廷　幹
委　員　李　銘　雋
〃　王　鑫　培
〃　郭　雲　亭
〃　董　秀　山

（二）常　務　委　員

執行委員會中に常務委員會を設く。常務委員會は日常の黨務を遂行する黨部の中樞機關にして其の書記長は執行委員會に對し全責任を負ふ。

常務委員會書記長　張　學　優
常務委員　劉　兆　元
〃　張　範　九

（三）市黨部常務委員會內の實務機關

常務委員會中に左記の各科を置き各科長は常務委員會の命を受け書記長指導の下に黨務を處理す。

（イ）總　務　科

科　長　張　彥　直
總幹事　李　斌　一
〃　吳　汝　詹
幹　事　邢　夢　梅
〃　關　蔭　紹
〃　溫　樹　仁
〃　李　醒　我
〃　趙　洪　基

助理幹事　趙萊齊
〃　宮逸
〃　毛永錄
（ロ）組織科
科長　華璧
總幹事　續世英
〃　黃文章
總幹事　黃紹唐
幹事　林景升
（ハ）宣傳科
科長　白鵰九
幹事　張文亮
助理幹事　馬惠卿
〃　蘇仿斌
（ニ）社會服務科
科長　康儉庭
總幹事　程月樓
助理幹事　曾克淀
〃　李笑卿

（ホ）區　黨　部

全天津市を別紙の如く八箇所の區黨務區と英、佛租界を常務委員會直屬の二區に分ち別表の如き委員を以て區域內の黨務を遂行す。

（ヘ）區　分　部

黨の基本的組織にして黨員が自主的に活動するための組織にして黨の前衞なり。現在は大體一區黨部の下に參個の區分部に組織され黨員數は八名以上なり。

中國々民黨天津特別市黨部組織系統表

- 全市代表者大會
  - 執行委員會
    - 常務委員會
      - 書記長
      - 總務科
      - 組織科
      - 宣傳科
      - 社會服務科
      - 第一區黨部
        - 區分部
        - 區分部
      - 第二區黨部
      - 第三區黨部
      - 第四區黨部
      - 第五區黨部
      - 第六區黨部
      - 第七區黨部
      - 第八區黨部
      - 第九區黨部
      - 第十區黨部

中國々民黨華北連絡部及天津系統表

- 中央執行委員會
  - 北京市黨部
  - 天津市黨部
    - 山東省連絡處
      - 濟南辦事處
      - 靑島辦事處
    - 唐山連絡處
    - 塘沽連絡處
    - 區黨部
      - 區分部
        - ○黨員
  - 河南省黨部
    - 各縣區黨部
      - 各區分部
  - 河北省黨部
  - 山西省黨部

各區黨部所在地

區黨部	所在地
第一區黨部	城內鼓樓西歐家胡同五號
第二區黨部	佛租界五十九路大生里二〇號
第三區黨部	西門外呂祖堂西魏家大門六號
第四區黨部	城內鄕祠廣善里一號
第五區黨部	河北黃緯路東口塘子胡同六號
第六區黨部	特二區瑞安街二十二號（運輸公會內）

天津に於ける純正國民黨

第七區黨部　黨部に設く
第八區黨部　掛甲寺東大街三十七號
第九區黨部　城内葛家大院二八號
第十區黨部　佛租界西開久安里一三號

市黨部委員經歷表

職名	氏名	年齡	出生地	學歷	職歷
書記長兼常務委員	張學優	四〇	山西	北京大學卒	現在南京政府考試院祕書
執行委員	徐廷幹	三五	交河縣	國民大學卒	天津商品檢査局主任たりしことあり
〃	李銘雋	四五	奉天	東北大學卒	天津市公署祕書たりしことあり
〃	王鑫培	四〇	山東	齊魯大學卒	前天津國民黨員前中華海員總工會天津分會幹事
〃	郭雲亭		未だ就任せず		
〃	董秀山	四一	熱河	熱河軍官養成所卒	平泉縣統税局局長たりしことあり
常務委員	劉兆元	四二	固定縣	陸軍大學(中國)卒	現任陸軍大佐、南京黨訓練所教官兼務す
〃	張範九	三八	天津市	黄埔軍官學校卒	現任陸軍少佐にして警察局特高課主任たりしことあり

B、天津市黨部の活動情況

中央黨部に於ては黨員訓練の爲め各地優秀なる黨員を選拔し、客年十月下旬來南京に中央黨部訓練所を新設し訓練を開始し、客年末其訓練を畢へたり。天津より訓練の爲め選拔されたるものは二十四名にして、此等が歸津後も依然として表面的運動を避けつゝ專ら黨員獲得の基礎工作に奔走したる結果、昨年末の黨員總數は僅か一〇七名に過ぎさりしものが最近に至り一千名に達するに至れり。更に天津に於ても新黨員に對し地方的に訓練班を組織し訓練の實施を計畫中なるを以て組織の强化と相俟ち漸次侮り難き勢力を有するに至るものと思料せらる。

C、黨部の動向

（イ）昨民國二十九年五月二十六日特一區李家花園内自宅にて當時の準備委員于智聲が暗殺されたるは重慶派との複雜なる關係が原因するものならんとの噂あり。

（ロ）別紙の區黨部委員の經歴を見るに、其の殆んどが事變前勞資鬪爭及抗日運動の先鋒たりし中華總工會各工會の幹部にして、之と現在南京政府指導下の上海總工會が執りつゝある勞工層指導方針が往時の勞働組合主義的なるものより一歩も拔け切れざる狀態と思ひ合す時、天津市に於て彼等が勞工大衆に指導力を植付くることは困難な思想戰を鬪ひつゝある現在可成の危險なき能はざるものなり。

（ハ）執行委員王鑫培は中國に於ける最も鬪爭的な中華海員總工會の地方幹部にして現在は上海に本部を置く南京政府指導下の中華海員總工會の天津分會準備委員なり。元來海員方面の指導は華北政務委員會所屬の華北航業總公會が天津及青島を中心に中華海員公會を組織し活潑なる活動を示し居るにも不拘上海方面の指示を受けたる王鑫培以下數名の分子が最近市内河北大經路に中國々民黨天津海員特別黨部なる事務所を設け、盛に前記海員公會の内部切崩に狂奔し居る有樣にして、上海の總工會が勞働組合的思想を華北に移植せんとする動向に對しては充分なる戒心を要するものあり。

（ニ）市内電車從業員中には別表の如く現區黨部委員劉治倫、黃振元、鐵泊騤等の前電車工會の幹部が現在も就業し居り、事變前此電車公會が如何に活潑なる勞資鬪爭を行ひたるかを想起し、彼等が國民黨員として當然とるべき工會再建の活動とを合せ考へる時、昨今從業員が示す動搖の原因の一部が此處に伏在するにはあらざるかとも見らる。

D、黨員獲得運動

幹部委員に於ては黨部獲得宣傳に專念し入黨希望者は委員二名の紹介の下に二名の保證人あるものに限り人物詮衡の上入黨せしめ來りたる結果、客年末現在黨員は百七名なりしが其後漸次增加し最近は千名に達したりと云ふ。今回更に左記國民黨新黨員募集大綱及募集細則を決定し中央部に發布承認申請中なるに付ては右規則實施するに至るときは更に黨員の增加を見るに至るべし。

E、中國々民黨天津特別市執行委員會辦事細則

第一條　本細則は省市黨部暫行組織通則第十一條に依り之を規定す

第二條　本會に執行委員七名乃至九名を以て執行委員會を組織し中央執行委員會の命を承け本市黨務を推進するものとす

第三條　本會に常務委員三名を置き日常事務を處理するものとす

第四條　本會に書記長一名を置き常務委員の命を承け本會一切の事務竝に各科工作の監督指導を綜理するものとす

第五條　本會に左記各科を置く

一、總務科

二、組織科
三、宣傳科
四、社會服務科
第六條　本會各科に科長一名を置き常務委員の命及書記長の指導を承け各該科の事務を辦理するものとす
第七條　本會各科に總幹事助理幹事及錄事夫々若干名を置き科長の指導を受け各項工作を分任するものとす
第八條　本會各科の職掌左の如し
一、總務科
1　文件の收發登記淸書及印刷事項
2　書類の整理保管及調閲事項
3　官印の保管
4　議事日程及各項會議記錄の編訂
5　本會會計統計の辦理及財務の保管出納竝に會計報告の編製
6　所屬下級黨部の決算報告の審査
7　本會公產公物の購入分配及保管事項
8　本會工作人員の進退休暇等人事登記事項
9　本會工友の管理訓練及考勤事項

10　機密文件の辦理及其他各科に屬せざる事項

二、組織科

1　下級黨部の組織と其活動の指導竝に成績考査

2　黨員登記の辦理及新黨員徵收事項

3　黨員訓練の實施

4　黨員を指導し黨團活動に參加せしむる事項

5　小組會議の勵行

6　各黨各派及反動勢力の動態偵査

7　黨員の指導及其工作成績の考査

三、宣傳科

1　中央の宣傳方針及綱領に依る宣傳の實施及其施設に關する立案事項

2　宣傳刊行物の編輯

3　新機關事業の協助

4　反動刊行物發行の防止

5　本黨宣傳刊行物の徵集

四、社會服務科

1　本市々民團體の組織及訓練の協助
2　下級黨部を鞭撻して黨員を指揮せしめ社會工作活動に參加せしむ
3　各種社會團體事業の發展竝其錯誤糾正の扶助
4　各業團體との連絡及之が協助指導をなし和運工作に從事す
5　社會事業と之が調整に關する事項
6　黨義敎育の推進及考査に關する事項

第九條　本會工作人員は夫々職務に努力すると共に常務委員書記長及主管科長の指導を受け其他の臨時指令工作を辦理すべし

第十條　本會工作人員は毎日規定時間に出勤し遲刻早引をなすことを得す

第十一條　本會工作人員は毎日出勤退廳に際し自ら捺印をなし他人に委託することを得ず

第十二條　本會工作人員は取扱文書或事務にして未公布のものは絕對祕密を嚴守すべし

第十三條　本會工作員は毎日工作完了報告書を作製し日直に於て取纏めたる上各科長書記長を經由常務委員に報告するものとす

第十四條　本會工作人員にして命に依り外出工作をなすものは其の使命に就き適時夫々書類を以て詳細主管者に報告すべし

第十五條　本會各科に毎日日直一名を置き主管者之に命令し順次交代擔任せしむ

第十六條　本執行委員會議は毎週金曜日午前十時之を開催す但必要の際或は全體執行委員過半數の請求ありたる際は臨時會議を召集することを得

第十七條　本會各科にして必要ある際は科長は科務會議を開催し工作進行を研究討論することを得

第十八條　本會工作人員の休暇及考積辦法は別に之を定む

第十九條　本細則にして若し不充分なる箇處は執行委員會に於て議決し中央執行委員會の認可を得て之を修正するものとす

第二十條　本細則は執行委員會に於て議決し中央執行委員會に報告の上施行するものとす。

（北連六・一八）

エッセイ・解題
関連年表・主要参考文献

増井真琴

近代日本の天津体験――天津九ヶ国租界の興亡

増井真琴

今日の日本人が「天津」という言葉を聞いた時、思い浮かべるものは一体何だろうか。おそらく、多くの人が想起するのは、中華料理の「天津飯（天津丼）」であろう。ご飯の上に熱々のカニ玉をのせて、甘い酢のタレをかけた日本発祥のジャパニーズ中華である。

年配の方であれば、「天津甘栗」を思い浮かべる人も少なくないかもしれない。中国（河北省）産の小さな栗を小石で蒸し焼きにし、甘味を付した――剥くのがやや面倒な――あの間食である。また、これは筆者自身もそうなのだが、ある世代の男性にとって、天津は、鳥山明原作の漫画「ドラゴンボール」（『週刊少年ジャンプ』一九八四～九五年）の登場人物（キャラクター）「天津飯」であろう。相棒の餃子（チャオズ）とコンビを組み、額に第三の目を持つ三つ目の格闘家（必殺技は気功砲）である。そう、スキンヘッドがトレードマークの彼だ。

しかし、これらはいずれも日本国内で流通する天津のイメージであって、天津という都市そのものの実像ではない。言い換えるならば、私たちは、天津という都市それ自体について、さほど具体的な知識を有しているわけではない。北京や上海、香港といった中国の他の大都市に関する知識に比べ、私たちの天津理解は貧弱で、その都市像はいささか茫漠としているものと思われる。

とは言え、このことは、近代日本と天津が歴史的に何ら無関係・没交渉であることを意味しないだろう。むしろ、事態は逆で、両者の間には――良くも悪くも――もっと生き血の通った生々しい歴史的因縁があった。それでは明治維新後の近代日本は、中国の主要都市・天津と一体如何なる関係を取り結んでいたのだろうか。本稿では、今日では忘れ去られつつある、近代日本と天津の関係を素描するとともに、近代日本人の天津体験について概観したい。

一、近代日本と天津の関係――九ヶ国租界の一角

天津は現在、中国中央政府が直接管轄する「四大直轄市」（省と同格）のひとつで、この直轄市に指定されているのは、北京・上海・重慶・天津の四市のみだが、この中国有数の大都市と日本の間には、歴史上、どのような繋がりがあるのだろうか。まずは、近代日本と天津の歴史的接点を概観したい。

もともと、天津の繁栄の起点は、明の第三代皇帝・永楽帝の時代に遡る。永楽帝は、一四〇四（応永一一）年、「天津衛」という軍営を天津に置き、明の首都を南京から北京に移した。天津は、渤海湾の沿岸に位置し、北京の南東一二〇キロメートルほどの場所にある地政学上の要衝――北京の喉元――であるため、北京を守る防衛基地としての役割を期待されたのである。

また、天津という地名も永楽帝に因む、と巷間言われている。彼は政敵・建文帝との戦い（靖難の変）の際、南京を目指して天津を通過したのだが、天子の渡った場所、すなわち、「天子の津（わたし）」であるから「天津」という名になったというのである。

かくて永楽帝以後、天津は首都・北京を守る軍事拠点として、あるいは港を持たない同地の外港として発展し、天津州・直隷州・天津府へと昇格していった。渤海湾に面していることから、製塩業も大いに賑わった。

そんな天津に劇的な変化をもたらす事件が起こる。一八五六（安政三）年に始まったアロー戦争（第二次アヘン戦

争）の敗北である。直近のアヘン戦争の敗戦（南京条約）で、清朝は上海・広州・福州等、五港の開港を余儀なくされたが、イギリス・フランスを相手にした再度の敗け戦（北京条約）で、今度は天津の開港を強制される。そして、この開港された天津の土地を外国人が「租界地」というかたちで借り上げ、半植民地化していく過程が近代天津の歴史に他ならない。

アロー戦争（北京条約）以後、天津に租界を設置した国は、以下の計九ヶ国である。

①イギリス　一八六〇（万延元）～一九四一（昭和一六）年
②アメリカ　一八六〇（万延元）～一九〇二（明治三五）年　※その後、英租界に編入
③フランス　一八六一（文久元）～一九四三（昭和一八）年
④ドイツ　一八九五（明治二八）～一九一七（大正六）年
⑤日本　一八九八（明治三一）～一九四三（昭和一八）年　※その後、汪兆銘政権に返還
⑥ロシア　一九〇〇（明治三三）～一九二四（大正一三）年
⑦イタリア　一九〇二（明治三五）～一九四三（昭和一八）年
⑧ベルギー　一九〇二（明治三五）～一九三一（昭和六）年
⑨オーストリア　一九〇三（明治三六）～一九一七（大正六）年

時期により入れ替わりがあるが、天津に租界を設けたのは右記の計九ヶ国（イギリス・アメリカ・フランス・ドイツ・日本・ロシア・イタリア・ベルギー・オーストリア）で、日本は九ヶ国租界の一角を占めた。総じて言えば、欧米列強＋日本というのが、租界の構成である。もっとも古参の参入者は、日本の江戸時代末期（幕末）にあたる

一八六〇年代から居を構えるイギリス・アメリカ・フランスであった。

そもそも、「租界」とは何か。租界は、第二次世界大戦以前の中国に数多く設けられた外国の特殊権益で、設置当事国は居留地の行政権・警察権を掌握し、行使することができた。それは、中国当局の管理が及ばない一種の治外法権地域であると同時に、列強による中国侵略の拠点でもあった。

反面、租界は、侵略者たる西欧列強の国々を通して、西洋の文明・文化が流入するモダンな——非アジア的な——都市空間でもあった。例えば、天津の場合、租界地には、キリスト教の教会や洋館が立ち並び、路面電車が疾駆した。デパートやレストラン、映画館が開業し、白人が街中を闊歩した。この点について、戦前、満洲映画協会(満映)の女優として活躍した「李香蘭」こと山口淑子は、次のように回想している。

「天津には欧米主要国や日本などの租界区域と天津特別区域があって、一般中国人社会からは完全に隔絶された別世界となっていた。租界地域を歩いているかぎり、ヨーロッパの街なみを散歩している錯覚にとらわれる」(山口淑子・藤原作弥『李香蘭　私の半生』新潮社、一九八七年七月、八七頁)。李香蘭は天津で、アジアの中の西洋、言わば小西洋を発見したのである。

列強の租界が軒を連ねる天津は、東アジアの片隅にありながら、世界の名士と交際可能な華やかな国際都市でもあった。辛亥革命後、清朝の廃帝として、紫禁城から追放され、天津の日本租界・張園(後に静園)に逃れた「ラストエンペラー」こと愛新覚羅溥儀は、自身の天津での優雅な暮らし振りを、後年、次のように語っている。

「当時私が外国租界で受けた待遇は、一般の中国人が絶対に受けられないものだった。日本人のほか、アメリカ、イギリス、フランス、イタリアなどの各国の総領事、駐屯軍の司令官、外国商社の支配人も、私にたいしてはきわめてうやうやしい態度をとって私を「皇帝陛下」と呼び、彼らの国の祝日には、私を閲兵によび、兵営を見学させ、新しく着いた飛行機や軍艦を見学させ、新年や私の誕生日にはいつもお祝いに来た」(愛新覚羅溥儀著、小野忍他訳

『わが半生 「満州国」皇帝の自伝』上巻、筑摩書房、一九七七年一二月、二五八頁）。

溥儀は、天津租界の持つ国際性（海外の要人との人的ネットワーク）や治外法権性を有効に活用し、やがてこの地で清朝の再興、すなわち、「復辟」を画策するようになる。「満洲国」建国の前史である。

さて、かかる国際都市・天津に日本が租界を設けたのは、日清戦争の終結から数年後、一八九八（明治三一）年のことだ。この年の八月に、日本と清国は「天津日本居留地取極書」に調印し、日本は約三〇万坪（約一〇〇万平方メートル）の土地を借り受けることに成功した。沼地や湿地が大半を占める不便な土地で、当初、住む者はほとんどいなかったが、以後日本人は盛んに入植し、ここに日本人の一大コミュニティを築き上げることになる。一九四〇（昭和一五）年の国勢調査によれば、この年の天津在留邦人の数は、計四万九八六一人にまで到達していた。

右記の日本人コミュニティを支える中心的存在となったのが、①在天津日本（総）領事館（一八七五年開設。一九〇二年に総領事館に昇格）、②天津居留民団（一九〇七年設立）、③清国駐屯軍（一九〇一年設置。一九一二年に支那駐屯軍と改称）の三組織である。①在天津日本（総）領事館は外務省の出先機関で、後に首相となる原敬や吉田茂も（総）領事として赴任した経験を持つ。②天津居留民団は租界の行政を担う自治組織で、居留民会議員の選出等を行った。③清国駐屯軍（支那駐屯軍）は陸軍の派遣部隊で、日本租界の海光寺に本拠を置いたことから、別名、天津軍とも称された。

華北最大の貿易港を擁し、華北経済の中心地である天津には、役人や軍人のみならず、商売を志す民間人も多数流入した。「天津は「日本の大阪」と称はれるだけに在留邦人の職業も商店員及び会社員断然多く、次で職工、官公吏等である」（臼井忠三編『天津居留民団三十周年記念誌』天津居留民団、一九四一年五月、四八九頁）と、天津居留民団は伝えている。

天津の日本租界には、これら官民の日本人（家族）を受け入れるための学校や病院、宗教施設が整備され、天津の街路には、旭街・宮島街・福島街・秋山街・山口街等、日本風の名前が付けられた。芸妓や酌婦といった水商売の女性も集結した。かくて、天津日本租界は「日本の大阪」のような賑やかな都市へと発展していったのである。

ところで、ここで注意しておかなければならないのは、右記の日本租界と先に述べた外国租界は――とりわけ、日中戦争開戦以降――必ずしも良好な関係ではなかったという点である。外国租界には中国共産党・中国国民党等の抗日・反日勢力が蠢動している――と、日本の当局は考えていたからである。例えば、天津総領事の田代重徳は、「上海はテロ続出だが、こゝ〔天津〕は英仏租界に排日共産分子が蠢動してゐる、事変来外国租界は彼等唯一の安全地帯だ」（池田さぶろ「田代天津総領事の肚をたゝく」『中央公論』一九三九年八月）と述べ、天津英仏租界を「排日共産分子」の温床と見做している。

一九三九～四〇（昭和一四～一五）年には、天津の日本軍が英仏租界の封鎖を断行した。これは、親日派の中国人・程錫庚を暗殺した犯人（容疑者）の引き渡しをイギリスが拒否したことがきっかけになっている。

また、日本租界を含めた天津という都市の特徴として、もうひとつ見逃せないのは、アヘン・麻薬の流行である。天津では、薬物の密売と吸飲が横行し、売人の資金源になっていた。この点について、ジャーナリストの村上知行は、「なかでも著しいのは鴉片（アヘン）、モルヒネ、コカインなどの麻酔性毒薬であらう。〔天津では〕独逸人も、亜米利加人も、英人も、仏蘭西人も、みなそれをやつた。紅毛のやることなら、何でも彼でも文化的なんだらうと心得て御座る正直などこやらの君子もそれをやつた」（「北京・天津の文化」『中央公論』一九三七年一二月、傍点原著者）と報告している。そう言えば、先に述べた愛新覚羅溥儀の妻・婉容も重度のアヘン中毒者であった。

このように、明の永楽帝以来、首都・北京の喉元として栄えた天津は、アロー戦争（第二次アヘン戦争）の敗北（北京条約）により、開港を強制され、九ヶ国租界が軒を連ねる列強の半植民地と化した。日本もまた、一九世紀末以降、日本人街を形成し、時に西洋諸国や中国人抗日勢力との緊張を孕みながらも、繁栄を謳歌した。渤海湾に面するこの小さな国際都市から外国人勢力が一掃されるのは、第二次世界大戦終結以後のことだ。

二、文学者・知識人の天津体験――内藤湖南・吉野作造・巖谷小波 谷崎潤一郎・芥川龍之介・吉屋信子・保田與重郎

ところで、これは巷間、あまり知られていない事実ではないかと思うのだが、日清戦争以後、日本が進出し、九ヶ国租界が軒を連ねた国際都市・天津には、今日でも名声を博している――多くの読者を獲得している――著名な文学者・知識人が訪れている。ある人は旅行者として、ある人は中国人の家庭教師として、またある人は新聞・雑誌社の特派員として……。そこで本節では、明治・大正・昭和期に天津を訪問した計七名の天津体験について、時系列順に紹介したい。七名とは、内藤湖南・吉野作造・巖谷小波・谷崎潤一郎・芥川龍之介・吉屋信子・保田與重郎の七氏である。

内藤湖南は東洋史学者。近代日本の「支那学（シノロジー）」を代表する碩学である。湖南は、一八九九（明治三二）年九・一〇月に、旅行者として天津の地を訪れた。天津では、日清戦争期、同地で処刑された秋田出身の郷友・石川伍一（小説家・石川達三の伯父）を弔う他、啓蒙思想家の嚴復らと会談した。湖南は、天津について、「天津居留地は所謂紫竹林なるが、洋舘並び峙（そばだ）ちて、思ひしよりは立派なり」（「其二　天津。憑吊。嚴王二子と語る。」『支那漫遊　燕山楚水』博文館、一九〇〇年六月）と、その想定よりは「立派」な印象を書き留めている。

ただし、いくら「立派」とは言え、湖南が訪れた一九世紀末（一八九九年）時点の在留邦人の数は、まだ一〇〇人にも満たなかった。「天津居留の日本人は、七十餘人と聞えたり」（同前）と、彼は書き残している。天津に住む日本人は、明治後期以降、日本租界の発展とともに増加し、日中戦争が始まる一九三七（昭和一二）年には、一万六〇〇〇人程度にまで膨らんでいる。

吉野作造は政治学者。彼が天津を訪れ、滞在したのは、一九〇六（明治三九）年二月から一九〇九（明治四二）年一月の間の約三年間である。来津の目的は、直隷総督・袁世凱の長男・袁克定の家庭教師を勤めるためであった。

天津滞在中、吉野が目にしたのは、日本やイギリス、フランス等からやって来た租界の外国人が中国人以上に勢力を誇る天津の半植民地性である。「天津（其外の地方でも同様であらうと思ふが）に於て外国人の勢力は非常である。外国人のする事は支那人の間には無理でも通るのである」（「支那観光録」『新人』一九〇六年四月）と、吉野は指摘している。

また、外国人が威張っているという事実の裏返しだが、吉野は、外国の権力を笠に着て、同胞を虐げる中国人の姿も目撃した。それは外国租界が警備用に雇う中国人の雇巡査で、「斯かる外国の雇巡査は外国人に対しては一向権威が無いが支那土人に対しては中々エライ権力〔が〕あるものである」（同前）と彼は記している。吉野は天津で、強大な虎（租界の外国人）と虎の威を借る狐（外国人に雇われる中国の小役人）を目撃したのである。

巖谷小波は児童文学者。彼が初めて天津を訪れたのは、一九一三（大正二）年一〇月のことである。この年の九〜一〇月、満洲・朝鮮旅行に赴いた小波は、その道すがら、弟と義母の住む天津に足を延ばした。小波の弟は、天津の三井洋行に勤務していたため、同地に長らく居住していたのである。

小波は、天津の日本租界の文明的発展を目にし、誇らしく思う反面、それ以上の発展を見せる西欧列強の租界に対し、いささかのコンプレックスを感じていたようだ。「満洲でこそ自分は大将だけれ共天津へ行くと日本人は肩幅が（ママ）狭い。日本の居留地へ行くと、日本の居留地はナカ〳〵立派で、曙町とか、唐崎町とか言つて、名から綺麗だ。（中略）所が仏蘭西租界とか、独逸租界の方へ行くと、又それより以上に立派に見える。その立派な町を歩いて見ると日本人は甚だ肩身が狭いやうな気がする。どうか此辺までもモツと大きくなつて歩けて、彼等を見下すやうになりたいと思ひます」（「満鮮の小国民」『三越』一九一四年一月）。

ここで小波は、日露戦争以後、日本の支配下にある満洲では「大将」でいられるが、ドイツやフランスの租界が影響力を持つ天津では「肩身が狭い」心境を語っている。だからこそ、いつかは独仏を超えて、「彼等を見下すやうになりたい」と祈念しているのである。列強に領土を侵食される中国側の痛みや屈辱を顧慮することなく、日本租界の発展・拡大を一途に願う小波の姿は、無邪気な帝国主義者と評する他ない。

谷崎潤一郎は小説家。彼が天津を訪れたのは、一九一八（大正七）年一〇月のことである。谷崎は生涯において二度、中国の地を訪れているが、一度目の中国旅行の途中、山海関から鉄道で天津に入り、フランス租界のインペリアルホテル（裕中飯店）に宿を取った。

谷崎は帰国後、天津を舞台にした小説「或る漂泊者の俤（A Sketch）」（『新小説』一九一九年一一月）を書いているが、本作の主人公である「私」は、谷崎同様、「天津の仏租界にあるインピリアル、ホテルに泊つて居た」人物として造形されている。

本作における天津表象——それは、中国にして中国ではない場所、すなわち、アジアの一角にありながら、欧州を感じさせる疑似西洋としてのそれだ。「その邊の街——それは天津の市中でも一番立派な、まるで欧州の都会へでも来たやうな感じのする、美しく整頓した街であつたから、いつも其処を散歩するのが私は非常に好きだつたのである」「往き交ふ者は大概品の好い身なりをした西洋人が（ママ）、たまには優雅な黒塗りの箱馬車が、寛濶（かんかつ）な二頭立ての馬蹄を戞々（かつかつ）と鳴らして通り過ぎる」。自身、洋行体験を持たない谷崎は、天津の外国租界が持つ西洋風の街並みに、強烈な異国情緒を感じ、小説として形象化したのだろう。

昭和初期に、谷崎潤一郎と「小説の筋論争」を戦わせた作家の芥川龍之介も、天津を訪れた文学者のひとりである。それは一九二一（大正一〇）年七月のことで、大阪毎日新聞社の海外特派員として、天津の地を訪れた。

しかし、前述の谷崎や小波とは対照的に、芥川の天津に対する評価は厳しい。「天津へ来た　此処は上海同様蛮市

だ　北京が恋しくてたまらぬ」（小穴隆一宛絵葉書、一九二一年七月一二日）、「索漠たる蛮市我をして羈愁万斛（きしゅうばんこく）ならしむ　一日も早く帰国の予定」（松本鎗吉宛書簡、同七月一一日）と天津を「蛮市」呼ばわりしている。

芥川は、悠久の古都・北京には親しみを感じる一方、華北随一の貿易港を擁し、西洋文明の日夜流入する国際都市・天津には、嫌悪感を抱いていたようだ。「僕——かう言ふ西洋風の町（天津）を歩いてゐると、妙に郷愁を感じますね。（中略）いや、日本へぢやありません。北京へ帰りたくなるのですよ」（「雑信一束」『支那游記』改造社、一九二五年一一月）と彼は記している。若き日より「西遊記」や「水滸伝」といった中国の古典文学を愛読し、自己形成をした「支那趣味」の保有者である芥川は、天津のモダニズムを好まなかったものと思われる。

一九三七（昭和一二）年七月、盧溝橋事件（七・七事変）が起こり、日中戦争が勃発すると、天津の風景は一変した。日本軍と中国軍の間の戦闘が天津市内で繰り広げられ、天津は死屍累々の戦場と化したのである。

小説家の吉屋信子が天津を訪れたのは、日中戦争の開戦直後、一九三七（昭和一二）年八月のことだ。それは主婦之友社の特派員としての来津で、帰国後は、『戦禍の北支上海を行く』（新潮社、一九三七年一一月）というルポルタージュをまとめている。

吉屋が天津で出会ったのは、「腰の日本刀を抜いて、「これで支那兵の首を切つたんです」」（「戦禍危かりし天津に入りて」）と語る日本軍人や逆に中国兵の砲撃を受け、「下顎を全部飛ばされて、僅に咽喉から人工的の空気吸入を行つてゐ」（「天津軍病院に傷兵を見舞ひて」）る日本の負傷兵である。「こゝ天津は、日本内地で、虫のいゝ想像をしたよりも、まだ〳〵戦後の砲煙の名残りが、私共の眼と心を強く刺戟した」（「戦禍危かりし天津に入りて」）と、吉屋は戦時下天津の印象を綴っている。小波が目を見張り、芥川が嫌悪した瀟洒でモダンな国際都市は、日中開戦以後、血生臭いいくさ場へと変貌した。

日本浪曼派を代表する文人・保田與重郎が天津を訪れたのも、ちょうど同じ時期のことだ。一九三八（昭和一三）

年五月、雑誌『新日本』『コギト』の特派員として天津を訪れた保田は、作家の佐藤春夫やその甥の竹田龍児とともに同地を実見している。

吉屋信子同様、保田も、日中戦争下、戦場と化した天津の荒廃を目の当たりにした。「私ら三人は総領事館にゆき、天津のあちこちを案内してもらつた。（中略）駅の近所は空爆のあとがまだ生々しい（中略）市政府あとは一物のこさず爆破されてゐる」「我々は各国租界を見物し、南開大学にゆき、中日書院の戦場を見た。南開大学はやはり荒廃してゐる」（「旅信」『コギト』一九三八年一〇月）と、彼は記録している。

ちなみに、この時保田が訪れた南開大学は、今日も現存する天津を代表する名門大学で、中華人民共和国初代総理を務めた周恩来の母校である。また、抗日学生運動の拠点でもあった。周恩来自身、一九一九（大正八）年五月に発生した五・四運動時は、天津で決起し、逮捕・投獄されている。

なお、保田は、第二次世界大戦中、軍の召集を受け、中国大陸に渡っているが、敗戦後の一九四六（昭和二一）年三～四月、復員のために天津に滞在し、そこから船で長崎の佐世保に向かっている。天津は、太平洋戦争（大東亜戦争）の終結後、中国に取り残された邦人が内地へ帰還する際の中継地点になっていたのである。

このように、日清戦争以後、日本が進出し、九ヶ国租界の一角を占めた天津には、今日でも名を知られている高名な文学者・知識人が足を運んでいた。ある者は旅行者として（内藤湖南・谷崎潤一郎）、ある者は中国人の家庭教師として（吉野作造）、ある者は天津で働く家族を訪ねる肉親として（巌谷小波）、ある者は新聞・雑誌社の特派員として（芥川龍之介・吉屋信子・保田與重郎）、またある者は内地へ帰還する復員兵として（保田與重郎）、その来津の目的は多岐にわたる。

吉野作造以外の訪問者は、総じて短期滞在者で、彼らの多くは、西洋文明が流入する租界の迫力に——好き嫌いの違いはあれ——強烈な印象を受けたようだ。そして、列強の中国侵略が生み出したその華やかな疑似西洋の空間は、日中戦争以降、時勢の変化を受けて、死臭と緊張の漂う街となっていった。

三、無名の人々の天津体験——日本租界の生活者たち

さて、内藤湖南にせよ、谷崎潤一郎にせよ、芥川龍之介にせよ、保田與重郎にせよ、ここまで見てきた文学者・知識人は、いずれも今日でも著名なビッグネームだが、一方、一般的にはほとんど名前を知られていない無名の人々の天津体験もあった。それは、天津の日本租界で生活した市井の人々の天津体験である。

前者のグループの天津体験がおおむね旅行や仕事等に伴う短期滞在（一時滞在）であるのに比べ、後者のそれは数年以上のスパンを持つ長期滞在である場合が多い。そして、これらの長期滞在者が綴った文章は、現地に根を下ろしているが故に、自ずと前者の短期滞在者とは異なる視点を獲得している。そこで、以下本節では、かつて天津の日本租界で暮らした三人の無名の日本人が一九九〇年代・二〇〇〇年代に発表した天津体験記（回顧録）を紹介したい。三人の日本人とは、八木哲郎・豊田勢子・近藤久義の三氏である。

八木哲郎『天津の日本少年』（草思社、一九九七年一一月）は全三〇二頁。著者の八木哲郎は、一九三一（昭和六）年天津日本租界浪花街生まれで、本書刊行当時の年齢は六六歳（満年齢、以下年齢はすべて同じ）である。一九三一（昭和六）年から一九四四（昭和一九）年の間の約一三年間、主に天津の日本租界や旧イギリス租界で、両親や兄弟とともに暮らした。

八木の父は、熊本商業学校を経て、北京の三井書院で学んだ人物で、天津では三井洋行天津支店で働いていた（後に財団法人華北食糧平衡倉庫の天津支部長に就任）。三井洋行では「小麦課長」の肩書きを持つ高給取りで、自宅の地下には、山東省出身の中国人一家を使用人として住まわせていた。八木本人は、天津淡路日本小学校で学んだ後、

天津日本中学校に進学している。

かかる大企業のエリートサラリーマンの子弟である八木の天津での暮らし振りは、おおむね贅沢で、幸福なものであったようだ。本書には、休日、「チョッピー」と呼ばれる人力車に家族で分乗しフランス租界へ遊びに行ったこと、フランス租界の映画館では二階の特等席で「ディズニーのアニメ映画やアラビアンナイト、ターザン、宝島などのカラー映画」（八五頁）を観たこと、白人のボーイがいる外国租界のレストランで洋食や三色アイスクリームを堪能したこと、宝塚の有名スターや漫談家の井口静波が自宅に泊まりに来たこと等、幼少期の楽しい思い出が縷々綴られている。

その後、八木一家は、一九四四（昭和一九）年に父の仕事の都合で北京へ移り、敗戦後の一九四六（昭和二一）年に内地へ引き上げるまでの約二年間を同地で暮らした。北京では八木の両親が病死するという一家最大の不幸も訪れるが（そして、中学生の八木が敗戦後の混乱の最中、両親の看病に奔走し、幼い弟や妹を連れて内地へ帰る箇所は本書の読みどころのひとつなのだが）、それでも八木にとって、天津時代の思い出は格別に美しく、色鮮やかなものであったようだ。

「親と過ごした幸福な私の少年時代は、それが外地だったという画然と区切りのついた過去だったため、はるか彼方の宇宙空間にかかってキラキラと光芒を放っている天体のように見える。回想にひたると、虹に包まれたメルヘンの世界のようにそれは温かく、懐かしい」（四頁）、「北京というなじみの少ない地で、最愛の子にも看取られずに死んだ父母の最期は哀切きわまりないものだったが、五十年たって私が想いだすのは天津で暮らしたころの父母の生き生きした姿であり、一家の美しい生活である」（三〇二頁）と、八木は語っている。

豊田勢子『天津租界の思い出』（文芸社、二〇〇四年一二月）は全二七五頁。著者の豊田勢子は、一九三一（昭和六）年天津日本租界生まれで、本書刊行当時の年齢は満七三歳である。一九三一（昭和六）年から一九三九（昭和一四）年の間の約八年間、主に天津の日本租界で、両親や兄妹とともに暮らした。

豊田の父は、秋田鉱山専門学校を出た後、東北大学金属研究所で学んだ人物で、天津では天津日本高等女学校の理科教師として働いていた。豊田自身は、天津の大和幼稚園に通った後、天津第二小学校に入学している（後に第三小学校に転校）。

豊田は聡明かつ利発な少女だったのだろう。幼少期のわずか八歳までの天津滞在にもかかわらず、同地での様々な出来事を記憶し、詳細に書き留めている。

例えば、母と中原公司というデパートへ買物に行った時入口の回転ドアでよく遊んだこと、姉と一緒に中国の小麦粉料理である大餅（ターピン）を買うお使いに行った際「「ターピン、イーチンパン（大餅、一斤半）」と注文したあと、ターピン作りを見物するのが楽しみだった」（六九頁）こと、天津神社のお祭りに姉と二人で行き出店でクレヨンと塗り絵を買ったこと、日本人の医者に騙し渡された偽造硬貨を中国人の老いた饅頭（マントー）（中国の蒸しパン）売りに渡してしまい後悔したこと等がそれだ。「私の知っている天津は、しゃれたいい街である」（二七頁）、「天津での八年間は、私にとってかけがえのない宝物である」（二七四頁）と彼女は綴っている。

しかし、結局豊田は、一九三九（昭和一四）年夏に発生した天津洪水を機に家族と日本へ帰国し、その後二度と天津の土を踏むことはなかった。そんな彼女が、七〇歳を過ぎて本書をわざわざ刊行したのは、何故か。

それは、今はなき天津租界の思い出を記録し、後世に残したかったからのようだ。「いつのまにか古希を過ぎ、父の亡くなった年齢も越えて、ふと、自分の幼かった頃の思い出を記録してみる気になった。ことに、今は地球上から消滅してしまった「天津租界」での思い出だけでも記録しておきたい。それは、そこに生まれ育った者としての義務ではないかとさえ思えてきたのだ」（五頁）と、彼女は記している。

近藤久義『天津を愛して百年　そして子々孫々』（新生出版、二〇〇五年五月）は全二九四頁。著者の近藤久義は、一九三二（昭和七）年天津日本租界山口街生まれで、本書刊行当時の年齢は満七三歳である。一九三二（昭和七）年から一九四六（昭和二一）年の間の約一四年間、主に天津の日本租界で、両親や兄弟とともに暮らした。

前述の八木哲郎や豊田勢子の著書が著者本人の自分史を軸に展開されているのとは異なり、近藤の本は、天津と縁の深い近藤一族の家族史（ファミリーヒストリー）を軸に構成されている。本書で取り上げられる主な登場人物は、近藤の大伯父（おおおじ）（祖母の兄）・日高松四郎、近藤の父・近藤武彦、そして著者・近藤久義の三人である。

大伯父・日高松四郎は、一八七二（明治五）年生まれ。愛知県にあった旧田原藩の藩士の四男として誕生した。日清戦争に従軍した後、いくつかの職を経て、一九〇一（明治三四）年に天津に渡り、天津では、義成洋行という貿易会社を設立している。以後長らく、天津日本人社会の名士として活躍した人物である。

父・近藤武彦は一九〇〇（明治三三）年、愛知県生まれ。家の借金返済を助けるために、伯父の日高松四郎を頼って、一九一七（大正六）年に天津に渡り、仕事の傍ら、天津日本青年会の運営する夜学校で英語と中国語を学んだ。天津では、三井洋行天津支店・義昌洋行・三昌洋行等の会社で勤務している。中国語は至って達者で、日本の軍人に中国語を教えていたこともあったという。

そして、この武彦の次男が本書の著者・近藤久義である。天津第二小学校や天津日本中学校で学んだ。天津日本租界の開拓者を親族に持ち、天津で生まれ天津で育った、生粋の天津っ子である久義の天津愛は強烈なものであったようだ。「それほど天津に住んだ人たちは国籍、居住年数を問わず天津を愛しているのであります。近藤恒弘、久義、倬司の三兄弟も共に天津で生まれ、天津に愛着を持っていますが、何か他の人たちよりもそれが強いようです。それはＤＮＡによるものかもしれません」（七～八頁）と、久義は他の天津居住者より強い、自身の天津愛を語っている。

かかる天津愛の産物とでも言うべきなのだろう。近藤久義には、本書の他に、近代天津の歴史を紹介した『昔日天津、今日天津』（新生出版、二〇〇六年一一月）という著作がある。

以上、本節では、八木哲郎・豊田勢子・近藤久義という三人の無名の日本人の天津体験を彼らが晩年（一九九〇年代後半～二〇〇〇年代／六六～七三歳）に記した回想録を通して辿ってきた。これらの著者は皆、天津で生まれ天津で育った生粋の天津っ子で、比較的裕福な父母のもとに生まれ育った子どもたちである。彼らは、仕事や家庭に一段落がついた老年に至って、幼少期の思い出を回顧すべく筆を執り、時に自家の家族写真を織り交ぜながら、おそらく自費出版かそれに近いかたちで著書を出版していた。

前節で紹介した文学者・知識人とは異なり、これらの人物はいずれも社会的には無名の人物であるため、その著書があまたの読者を獲得することはないだろう。また、彼らの多くはプロの文筆家ではないため、その文章は必ずしも洗練されているとは言えない。しかし、それでも彼らの回想録には、現実の天津を生きた人間ならではの具体性（ディテール）と天津への深い愛、そして今はなき天津租界（外地）の歴史を後世に伝えたいという強い使命感のようなものが濃厚である。

紙幅の都合上、本稿では三作のみの紹介にとどまったが、天津にルーツを持つ無名の日本人の著作には、この他、西村正邦『天津日本租界物語』（衞邦信走悠関、限定非売品、一九九七年九月）、同『天津租界故事記』（私家版、二〇〇七年七月）、森崎雄児『ふるさと天津　少年時代の自分史』（森崎雄児、二〇〇一年一二月）、田中良平『天津今昔招待席　租界、にんげん模様』（眺、二〇〇五年九月）、同『続・天津今昔招待席　租界、にんげん模様』（眺、二〇〇八年五月）等がある。出版社（発行所）名から推測できるように、こちらもおそらく、純然たる商業出版の本ではない——著者が一定程度身銭を切って作った本——だろう。

ところで筆者は、これらの本の多くをインターネット上の古書取引を経由して購入したのだが、筆者が入手したある本（田中良平『天津今昔招待席　租界、にんげん模様』）の奥付に、「〇〇〇〇様〔私人なので名前は伏す〕　故郷は遠くなりました。　田中良平　〇五年九月」という著者自筆の一文があった。私的な献本が古書市場に流出したものと思われる。

「故郷は遠くなりました」——八木哲郎・豊田勢子・近藤久義ら、天津で生まれ育った日本人は、戦後の日本社会を故郷喪失者として生きていたのであり、侵略者の子弟として止むを得ないことであるとは言え、彼・彼女らの心底には決して拭うことのできない悲しみが堆積していたに相違ない。

※本書は、日本学術振興会特別研究員奨励費（課題番号：22J00284）による研究成果の一部である。

解　題

増井真琴

・佐藤佐傳治 編『天津港』（天津海員倶楽部、一九二七年一〇月）

渤海湾の沿岸に位置し、北京ともほど近い場所にある天津港は、国内外の様々な貨物が行き交う華北貿易の拠点であった。本書は、今日においてなお、中国有数の港湾として名高い、この天津港に関する論稿がまとめられた書物（全一〇三頁）である。収録されているのは、「天津港の現在と将来」「天津港と邦人」「天津港々則と其注釈」「天津港冬季航行心得の告示と其注釈」「天津港の設備と汽船の諸費用」の計五編。この他、巻頭や本文中には、「大沽バー満潮干潮時間表」「大潮時の各地潮汐昇降曲線図」「天津に於ける平均満干表」等の天津港に関する図表が計九点挿入されている。なお、天津居留民団編『天津居留民団二十周年記念誌』（天津居留民団、一九三〇年六月）によれば、本書の発行所となっている天津海員倶楽部は、「総領事を会長とし天津に於ける海事関係者出入船舶職員及有志を以て組織され」た団体（一九二六年二月設立）である。

・武田守信『天津案内　名勝写真解説』（日光堂書店、一九三四年一〇月）

本書は、天津の土地や文化を写真とともに解説した写真集・観光案内書である。内容は、本編（五二頁）と附録

（一二頁）の二部構成になっており、本編には、「天津はどんな所か」「天津東站」「日本租界」「天津神社」「大和公園」等の天津に関する小見出しが、附録には、「北平」「万里の長城」「承徳」「唐山」「山海関」等の周辺地域に関する小見出しが、それぞれ立項されている。また、本編には、天津に停車する北寧鉄道や津浦鉄道の時刻表も収録されている。巻末の奥付によれば、本書の一冊あたりの価格は「定価銀六十仙」。版元の日光堂書店は、天津日本租界寿街に店を構える書店で、本書の他に、浅野護『抗日運動と天津事変』（一九三二年三月）等の出版物がある。

・天津居留民団『天津居留民団行政概要』（天津居留民団、一九三七年七月）

一九〇七（明治四〇）年九月、天津における日本人の自治組織として天津居留民団が創設されるが、本書は、同団体が自らの組織的概要や天津の日本人社会についてまとめた書物である。内容は、本編（一五頁）と附表（七八頁）の二部構成。本編は、「（一）沿革」「（二）行政機構」「（三）職制概要及職員」「（四）財政」「（五）事業」「（六）共益会分離ニ関スル事情並ニ其事業概要」の計六節で構成されている。対して、本編の五倍以上の分量のある附表には、「一、日本租界所有者別面積調査表」「二、天津在留邦人人口並世帯数統計表」「三、天津市各国人別人口調査表」等、資料的有用性のある各種の表が計九点収録されている。

・在天津日本総領事館通商経済課『営業出願ニ関スル心得』（在天津日本総領事館通商経済課、一九三九年八月）

日中戦争を契機に、天津の在留邦人の数は激増するが、これらの日本人が天津で商売をする際は、現地の総領事館に営業出願をし、許可を得なければならなかった。本冊子は、天津の日本総領事館が、かかる出願についての要領をまとめた全一三頁の小冊子である。この冊子によれば、申請者は、事業のあらましを記した「営業（又ハ事業）目論見書」並びに自身の履歴書・資格免許証等の「附属書類」を各二通作成し、提出する必要があった。なお、巻末には、本営業出願に関する館令「営業及特殊行為取締規則」（館令第七号、一九一七年一二月）が附録として収録されている。

・在天津日本総領事館経済部『最近の北支金融事情』（在天津日本総領事館経済部、一九四〇年六月）

本冊子は、天津日本総領事館経済部の玉利嘱託が、天津を含む日中戦争期の北支（華北）の金融事情についてまとめた全九九頁の冊子である。内容は、本編と附録の二部構成。本編は、「第一編　金融通貨」「第二編　為替」「第三編　天津金融事情」「第四編　地方金融」の計四編で構成されている。対して、附録には、「一、中国聯合準備銀行条例」「二、通貨外国通貨輸移出入取締辦法」の計二点の条例・法律が収録されている。冒頭に序文を寄せているのは、天津総領事の武藤義雄で、彼は「本冊子は事変進行中に於ける北支の金融、通貨及為替事情に就て其概要を記述せるものであつて」云々と本冊子の梗概を説明している。

・在天津日本総領事館経済部『天津主要商品相場及指数表』（在天津日本総領事館経済部、一九四一年八月）

太平洋戦争（大東亜戦争）開戦約半年前の一九四一（昭和一六）年七月二五・二六日、アメリカとイギリスの両国は、在米・在英の日本資産を凍結した。本冊子は、かかる資産凍結を受けて、天津の商品相場がどのように変化したかを、天津日本総領事館経済部が計一二の表（イ表～ヲ表）にまとめたものである。すなわち、同年七月一五日から八月七日にかけての、①砂糖、②合成染料、③雑穀、④麺粉、⑤紙、⑥繊維製品、⑦洋灰、⑧ガソリン及び石油、⑨工業薬品、⑩塗料、⑪生ゴム、⑫第三国向け土産品の計一二の商品に関する相場表が掲載されているのである。巻末には、これらの情報を一覧化した「資金凍結ノ影響ニ依ル天津商品市況変動図表」が収録されている。

・在天津日本総領事館経済部『最高販売価格許可品目一覧表』（在天津日本総領事館経済部、一九四一年一〇月）

日中戦争開戦以降、日本政府は物価の騰貴を抑えるために、「価格等統制令」（一九三九年一〇月）等により、商品に対する公定価格（最高販売価格）の設定を試みるが、天津においても事情は同様であった。本小冊子（全一一頁）は、天津の行政当局が適切な価格と認め、販売を許可した商品の一覧を天津日本総領事館経済部が表にまとめたものである。表は、「化学工業品及医薬品」（計九六一五点）、「燃料品」（計六六点）、「飲食料品」（計一四五〇点）、「雑品」（計二一一二点）、「繊維品」（計三点）の順に構成されており、一九四一（昭和一六）年九月末時点で、計一万三二四六点の商品が発売を許可されている。

・赤崎茂信 述『工業より観たる天津』（天津日本商工会議所、一九四一年一一月）

本冊子は、日本工業新聞北支総局長・天津日本工業組合聯合会顧問の肩書きを持つ赤崎茂信が、天津の工業事情について語った全二一頁の小冊子である。本文は、「一、序」「二、立地的条件」「三、沿革」「四、邦人工業進出状況」「五、現況」「六、結語」の計六節で構成されている。巻末では、「聖戦を戦ひつゝある皇軍将士の忠誠を吾等の心とし如何なる困苦欠乏にも耐え此の大陸に牢固抜くべからざる生産陣を布くことこそ上御一人〔天皇〕の聖恩に応へ奉」る道であると説かれる等、日中戦争下の戦時色が強い。なお、天津日本商工会議所理事・坂根準三が寄せた冒頭の序文によれば、「本冊子は先般本所に於て開催致しました第一回時局経済常識講座の内容概略」をまとめたもので、表紙や奥付には、「第一回時局経済常識講座・2」という叢書（シリーズ）名が記されている。

・在天津日本総領事館経済部物価課・天津物資対策委員会物価分科会事務局 共編『最高販売価格申請の手引』（天津日本商工会議所、一九四二年二月）

本小冊子（全三四頁）は、天津日本総領事館経済部物価課等が、天津で商いをする各事業者に対し、商品の公定価格（最高販売価格）の意義や申請の手順を示した手引書である。内容は、本編と附録の二部構成。本編には、「物価統制は何故必要か」「天津に於ける物価統制」「在留邦人は如何に協力すべきか」等の見出しが立項されている。対して、附録には、「暴利行為等取締ニ関スル規則」（館令第八号、一九四〇年八月）等、本物価規制に関わる館令や告示が収録されている。序文を寄せたのは、天津日本商工会議所理事の坂根準三。本文では、「未だに自由主義経済時代の夢を追ひ国家の利益を忘れ自分の利益にのみ眼を奪はれてゐる業者が一部にある事は甚だ遺憾な事である。今日の時代は既に昔のやうに利潤追求一点張りを許さず「公益優先」「滅私奉公」の心掛が何よりも先づ要請される」（一一頁）と「公益優先」「滅私奉公」が説かれている。

・『天津写真帖』（中裕洋行、刊行年月不記載）

本書は、その表題通り、天津の様子を写した写真集である。一頁につき一枚、計七〇枚の写真が、日本語と英語のキャプションを付されて収録されている。写真には、天津の日本租界・イギリス租界・フランス租界・ドイツ租界といった各国租界の他、中国人街の様子が写し出されている。万国橋のような定番の名所のみならず、「行商ノ理髪師　A Barber」「盲人　A Blind-man」「葬式ノ行列　Funeral Procession」といった天津の市井の人々の生活が記録されている点が興味深い。なお、本書に奥付はなく、写真を撮った写真家の氏名や刊行年月は不明である。中裕洋行は、本書の他に、『北支那大観　駐屯記念』（一九一七年三月）、『北支那写真帖』（刊行年月不明）といった写真集も出版している。

・雑誌掲載記事（＊一部単行本の文章を含む）

①曾根俊虎「天津港」（『太陽』第一巻第三号、一八九五年三月）635ページ

曾根俊虎は、米沢藩士・海軍軍人を経て、在野に移った人物で、孫文と宮崎滔天の出会いのきっかけを作ったことで知られるアジア主義者である。『北支那紀行』前・後篇（海軍省、一八七九年四・八月）、『清国漫遊誌』（績文舎、一八八三年二月）等の著作を持つ。本論は、かかる中国通の曾根が、日清戦争下、天津港の概要を解説したもので、同港の歴史的経緯や輸出入の状況等が記録されている。「本港は京師〔北京〕の咽喉にして政略上最要の衝」であり、「兵備に至ては其整頓せること蓋し清国各要衝中本港の右に出る者無からん」というのが、曾根の見立てだ。

②内藤湖南「其二　天津。憑弔。嚴王二子と語る。」（『支那漫遊　燕山楚水』博文館、一九〇〇年六月）641ページ

内藤湖南は東洋史学者。『支那論』（文会堂書店、一九一四年三月）、『支那史学史』（弘文堂、一九四九年五月）等の著書を持つ碩学である。湖南は、一八九九（明治三二）年九月から一一月にかけて、中国各地（天津・北京・上海・蘇州・武漢等）を旅し、その見聞の成果を『支那漫遊　燕山楚水』という旅行記にまとめた。天津では、日清戦争期、同地で処刑された郷友の石川伍一（小説家・石川達三の伯父）を弔う他、啓蒙思想家の嚴復らと会談した。湖南は、天津について、「天津居留地は所謂紫竹林なるが、洋館並び峙（そばだ）ちて、思ひしよりは立派なり」と、その印象を書き残している。

③坪谷善四郎「経済時評　盛に天津に往け」（『太陽』第七巻第九号、一九〇一年八月）659ページ

坪谷善四郎（水哉）は出版人・政治家。博文館取締役・東京市会議員・大橋図書館（現、三康図書館）館長・日本

図書館協会会長等を歴任した人物である。坪谷は、義和団事件（北清事変）後、天津に移住した日本人が「無頼漢にあらずんば醜業婦のみ」である点を問題視し、普通の日本人が天津に移り住むべきであると考えた。「若し夫れ此等の事業を調査し、資本を携へて渡航し、永住の計画を為さば、天津に日本人の勢力を扶植すること今日より好きは無し。彼の六十万坪の専管居留地は、一に日本人の来り住むを待つ」と坪谷は呼び掛けている。

④坪谷水哉（善四郎）「宇品港と北清韓国行路」（『太陽』第八巻第八号、一九〇二年六月）663ページ

坪谷水哉（善四郎）は、前述した経歴を持つ出版人・政治家である。また、『大橋佐平翁伝』（博文館、一九三二年三月）、『博文館五十年史』（同、一九三七年六月）等の著書を持つ文筆家でもあった。そんな坪谷は、一九〇〇（明治三三）年九月、義和団事件の戦地を視察するために、中国を訪れている。広島の宇品港から陸軍の御用船に乗船したのである。坪谷が天津に到着した時、天津には戦乱の爪痕が、まだ生々しく残っていた。「一たび天津に達すれば、停車場は数十日間の激戦を経て、建築は尽とく（ママ）焼け若くは破壊せられて」云々と坪谷は記録している。

⑤吉野作造「支那観光録」（『新人』第七巻第四号、一九〇六年四月）678ページ

吉野作造は政治学者。「憲政の本義を説いて其有終の美を済すの途を論ず」（『中央公論』一九一六年一月）、『支那革命小史』（萬朶書房、一九一七年八月）等の著作を持つ「大正デモクラシー」の代表的論客である。吉野は、一九〇六（明治三九）年二月から一九〇九（明治四二）年一月の間の約三年間、天津の地に滞在した。直隷総督・袁世凱の長男・袁克定の家庭教師を勤めるためである。「天津（其外の地方でも同様であらうと思ふが）に於て外国人の勢力は非常である。外国人のする事は支那人の間には無理でも通るのである」と吉野は天津の半植民地性を指摘している。

⑥坂本箕山「天津日本租界地の繁栄」（『太陽』第一三巻第二号、一九〇七年二月）684ページ
坂本箕山（辰之助）は著作家。『水戸黄門』（如山堂書店、一九一〇年四月）、『公爵桂太郎』（大江書房、一九一三年一〇月）、『歴史より見たる日本と満洲』（日比谷出版社、一九四二年九月）等、多数の著書がある。「在天津　坂本箕山」と署名された本論では、天津日本租界の歴史が概観されるとともに、近年の同地の繁栄振りが具体的に報告されている。そして、「今や日本人を収容すべく設けられたる租界地は、八十万坪の多きありて、諸般の設備をなして、日本人の来り住むを迎へつゝあり。吾人は日本内地に在りて、不景気の歎声を放つ人々の速に来らんを望むものなり」と天津への移住を呼び掛けている。

⑦吉野作造「天津に於ける自治制施行の現況」（『国家学会雑誌』第二一巻第六号、一九〇七年六月）689ページ
清朝の末期、天津では、袁世凱によって自治運動（行政改革）が展開されたが、本論はその表題通り、かかる天津の自治運動のあらましを報告した論文である。吉野作造は、自らを子（長男・袁克定）の家庭教師として招いた雇い主でもある袁世凱について、「袁氏は元と近世の実学を学びし人に非るも、能く識者の説を聴容するの雅量と又之を能く理解するの智力あり、加ふるに博聞強記励精不倦、孜々（しし）として善政を布かんとするの熱心あるが故に、自ら政治上に於て卓抜の見識を有する者ならん」と述べ、その政治家としての才覚を褒め讃えている。

⑧巖谷小波「満鮮の小国民」（『三越』第四巻第一号、一九一四年一月）708ページ
巖谷小波は児童文学者。日本近代児童文学の幕開けを告げる『こがね丸』（博文館、一八九一年一月）の他、『日本昔噺』全二四編（同、一八九四～九六年）、『日本お伽噺』全二四編（同、一八九六～九九年）、『世界お伽噺』全

一〇〇編（同、一八九九～一九〇八年）等の著作で知られる日本児童文学の第一人者である。一九一三（大正二）年九～一〇月、満洲・朝鮮旅行に出向いた小波は、その道すがら、弟と義母の住む天津を訪れた。本論は、その際の見聞録で、「天津では有名な白河など見ましたが、これは白河で無くて、黄河と言つた方が宜い。非常に濁つて居る」等と書き残している。

⑨巖谷小波「満鮮いろは噺」（『少年世界』第二〇巻第五号、一九一四年四月）731ページ
巖谷小波は、その生涯において、ドイツやアメリカといった西洋諸国、あるいは日清戦争以後、日本の植民地・租借地となった台湾・朝鮮・満洲・樺太に相次いで訪れた無類の旅好きであった。そんな旅巧者の小波が天津で目にしたのは、日本や欧米列強が割拠する租界地の繁栄振りである。「中でも一番立派なのは、仏蘭西と独逸だが、日本も此所ではなか〳〵発展して居て、其の旭街などと云ふ所は、内地で一寸見られない程、ハイカラ式の発展をして居る」と彼は書き記している。

⑩谷崎潤一郎「支那劇を観る記」（『中央公論』第三四年第六号、一九一九年六月）735ページ
谷崎潤一郎は小説家。『痴人の愛』（改造社、一九二五年七月）、『細雪』上中下巻（中央公論社、一九四六年六月～一九四八年一二月）等の作品で著名な文豪である。かかる文豪「大谷崎」は、生涯において二度、中国の地を訪れている。一度目は一九一八（大正七）年一〇～一二月、二度目は一九二六（大正一五）年一～二月で、本文章は、前者の一度目の中国訪問の際のことを綴った随筆である。谷崎はかねてより、中国の演劇に強い興味関心を抱いており、「天津でも到る処の芝居小屋を覗いて見た」。しかし、「美人だの色男だのに扮して居る役者までが、舞台へペツト痰を吐いたり手鼻をかんだりする」その不潔さに不快を感じたようだ。

⑪石田秀二「白河の天津」(『日華公論』第六巻第一・二・三号、一九一九年八・九・一〇月) 739ページ

石田秀二は三井洋行の関係者。本論は、天津と渤海湾を結ぶ河川である白河（海河）の役割や現況について論じた論文である。内容は、「第一章　緒言」「第二章　天津と白河の地理的関係」「第三章　天津貿易と白河」「第四章　白河改修工事の沿革及現状」「第五章　支那政府の白河上流治水計画の天津に及ぼす影響」「第六章　海河工程局の白河改修計画」「第七章　結論」の全七章で、『日華公論』誌に計三回にわたって、分割掲載されている。「天津今日の盛況を来したるは、白河の航運自由にして、巨船の遡江を可能ならしめたればなり」と述べる等、著者の白河に対する評価は高い。なお、石田には本論の他に、『天津輸入英国棉布ニ就イテ』(三井物産株式会社天津棉花支部、一九一九年七月) 等の著作がある。

⑫谷崎潤一郎「或る漂泊者の俤（A Sketch)」(『新小説』第二四年第一一号、一九一九年一一月) 761ページ

一九一八（大正七）年一〇月、谷崎潤一郎は、山海関から鉄道で天津に入り、フランス租界のインペリアルホテル（裕中飯店）に宿を取った。本文章は、この谷崎の天津体験を踏まえて創作された小説である。主人公の「私」は、谷崎同様、「天津の仏租界にあるインピリアル、ホテルに泊つて居た」が、この外国租界、すなわち、「天津の市中でも一番立派な、まるで欧洲の都会へでも来たやうな感じのする、美しく整頓した街」で、ひとりのみすぼらしい男と遭遇する。本小説は、「蘇州紀行」(『中央公論』一九一九年二・三月) や「西湖の月（原題は「青磁色の女」)」(『改造』同六月) 等と並び、同時期に複数書かれた、谷崎の「支那趣味」物のひとつである。

⑬藤江眞文「天津をして北支那に於ける大工業地たらしめよ」（『日華公論』第七巻第一号、一九二〇年一月）769ページ

本論は、「日支親善」を実現するために、日本の援助・指導によって、天津を北支（華北）の大工業地帯たらしめよ、と説く評論である。藤江によれば、工業の最適地は、①原料、②動力、③労力、④交通、⑤敷地の五つの条件を満たす土地だが、天津には、そのすべてが備わっているという。「殊に天津はその最も〔工業への投資に〕適せる地方なり、故に天津をして北支那に於ける大工業地たらしめよ、と論ずる所以なり」と藤江は主張している。なお、本論を収める掲載誌の『日華公論』は一部五〇銭で、発行元の日華公論社は、天津日本租界栄街に住所を置いている。

⑭芥川龍之介「雑信一束」（『支那游記』改造社、一九二五年一一月）774ページ

芥川龍之介は小説家。高校の国語の教科書に掲載されることも多い小説「羅生門」（『帝国文学』一九一五年一一月）でお馴染みの「国民作家」である。芥川は、一九二一（大正一〇）年三～七月、大阪毎日新聞社の海外特派員として、中国の諸都市（上海・杭州・南京・北京・天津等）を訪れた。そしてその見聞の成果を、『支那游記』という旅行記にまとめている。芥川は、悠久の古都・北京には親しみを感じる一方、西洋文明の流入した国際都市・天津には、嫌悪感を抱いていたようだ。「僕――かう言ふ西洋風の町〔天津〕を歩いてゐると、妙に郷愁を感じますね。（中略）いや、日本へぢやありません。北京へ帰りたくなるのですよ」と彼は記している。

⑮蔵重仁一「天津に於ける穀類取引」（『内外商工時報』第一五巻第四号、一九二八年四月）784ページ

本論は、「在天津貿易通信員」の肩書きを持つ蔵重仁一が、「北支那第一の穀類集散市場」である天津の穀類の需給状況について、まとめた論稿である。分析の対象となっているのは、米・小麦・玉蜀黍（トウモロコシ）・粟・高粱（コーリャン）・豆類の六つの穀物だ。この内、例えば高粱に関しては、「特に天津は支那第一の焼酒製造地なれば、酒造用として消費さるるもの

極めて多量なり。移入数量は関東産最も多く、御河物、西河物之れに次ぐ」と論じられている。なお、本論が掲載された『内外商工時報』は、商工省商務局が編纂する雑誌である。蔵重には、本論の他に、「天津地方に於ける毛織物の需給」（『内外商工時報』一九三〇年一一月）といった報告文がある。

⑯岡本誠「専門家の見たる天津港の将来」（『海友』第二三巻三月号、一九三二年三月）　787ページ

一九三一（昭和六）年夏、白河工程局の主任技師・ハーデルは、天津ナショナルグランドホテルにて開催された「支那技術協会天津支部」の晩餐会の席上で、「天津港の将来」と題する講演を行った。本論は、関東庁海務局長を務める岡本誠が、この講演の要旨をまとめたものである。「私が天津に来て現職に就いたのは、今から十三年前即ち、西暦一九二八（ママ）年であるが、著任早々私を驚かせたのは、一体斯様な小河に不相応の大型船が航海して居る事実」であると、ハーデルは語ったという。なお、掲載誌の『海友』は、社団法人大連海務協会が発行する雑誌である。

⑰桑島主計「天津対日貿易の現状竝上海事件の影響」（『海外経済事情』第五年第一六号、一九三二年四月）　790ページ

桑島主計は外交官。早稲田大学を卒業後、外務省に入省し、ホノルル総領事・オランダ公使・ブラジル大使等を歴任した人物である。本論は、当時、在天津日本総領事館の総領事を務めていた桑島が、第一次上海事変の勃発した一九三二（昭和七）年時点の天津の対日貿易の状況についてまとめたもので、「対日貿易の現状」「上海事件の天津市況に及ぼせる影響」「主要輸入品商況」「主要輸出品商況」の四つの小見出しで構成されている。なお、本論が掲載された『海外経済事情』は、外務省通商局が発行する雑誌である。桑島には、本論の他に、『日支交渉経過報告』（日本外交協会、一九三六年一二月）といった報告文がある。

⑱満鉄北平事務所「天津に於ける最近の排日貨運動と日貨輸入状態」(『満鉄調査月報』第一三巻第二号、一九三三年二月) 793ページ

一九三一(昭和六)年の満洲事変、一九三二(昭和七)年の上海事変、「満洲国」建国等、昭和初年代は、日本の中国への侵略が本格化するとともに、それに対する中国民衆の反発が激化していった時期でもある。このような状況下、中国の諸都市では、日本商品の排斥・不買運動、いわゆる「日貨排斥運動」が広まっていった。天津もその例外ではなく、本論は、満鉄北平事務所が天津における日貨排斥運動の現況についてまとめた文章である。本文は、「1 上海の鋤奸団の北上と天津の抵貨運動」「2 排日貨運動の日貨に及ぼせる打撃」の計二節で構成されている。なお、本論が掲載された『満鉄調査月報』は、その名の示す通り、南満洲鉄道株式会社が発行する雑誌である。

⑲山上金男「天津金融経済管見」(『満鉄調査月報』第一四巻第四・五号、一九三四年四・五月) 798ページ

山上金男は満鉄の社員。上海事務所調査課、上海事務所南京支所等で勤めた人物である。本論は、この山上が、天津の金融・経済界の実態を同地の銀行や財閥等に注目することで分析した論文である。内容は、「一 緒論—華北経済圏の構成と天津の地位」「二 天津金融組織の構成関係」「三 天津金融経済の解剖と展望」「四 平津財閥と浙江財閥の資力の一考察」の全四節で、『満鉄調査月報』に計二回にわたって、分割掲載されている。「天津が地理的に華北経済圏の中心点に位置し、且つ帝都に隣接したことは、それが華北主要商業都市としての古き歴史を有するに至る契機とな」ったというのが、山上の評価だ。なお、山上には本論の他に、『浙江財閥論 その基本的考察』(日本評論社、一九三八年六月)等の著作がある。

⑳土井章「天津の商業」（『協和』第一五四号、一九三五年九月）　872ページ

土井章は、大阪外国語学校支那語科を卒業後、大阪市の天津調査所を経て、満鉄に入社した人物である。第二次世界大戦後は、大東文化大学東洋研究所の所長を務めた。本論は、この土井が天津の商業の実態について解説したもので、「銀行」「貿易」「購買力」「金融」という計四つの小見出しが立項されている。例えば、「銀行」の箇所では、「天津は支那では上海に次ぐ大きな都市ではあるが、上海に較べるとマーケットは非常に小さい」と記し、天津と上海の市場規模を比較している。なお、本論が掲載された『協和』は、満鉄社員会が発行する雑誌で、本号は「北支特輯號」と銘打たれている。

㉑前島正道「幣制改革後の天津金融界」（『満鉄調査月報』第一六巻第二号、一九三六年二月）　874ページ

前島正道は、東京帝国大学経済学部を卒業後、中外商業新報社を経て、満鉄に入社した人物である。満鉄では、天津事務所調査課や上海事務所調査課に勤めた。本論は、一九三五（昭和一〇）年一一月に、蔣介石の率いる南京国民政府が断行した通貨制度改革（幣制改革）が天津の金融界にどのような影響を与えたかを論じた論稿である。内容は、「一、支那側銀行の対策」「二、市政府の対策」「三、冀察委員会の対策」「四、外国為替銀行組合の対策」「五、日本側の対策」の計五節で構成されており、利害や思惑を異にする、天津金融界の各セクションの対応が報告されている。

㉒前島秀博「天津電業公司の成立」（『新天地』第一六年第九号、一九三六年九月）　880ページ

本論は、一九三六（昭和一一）年八月に創立総会が挙行された、日中合弁の電力会社である「天津電業公司」の成立経緯や事業内容について解説した論文である。内容は、「第一、はしがき」「第二、天津に於ける電気事業の現状」「第三、本公司設立に至る沿革」「第四、本公司設立の意義」の計四節で構成されている。著者の前島秀博は、「北支

明朗化、日支敦交経済提携の声漸く盛んなるとき、その具体化の第一歩として本公司が生れ出づる事は誠に日支双方の為慶賀に堪へざる次第である」と、本会社の誕生を言祝いでいる。なお、本論が掲載された雑誌『新天地』を発行する新天地社は、大連に住所を置くとともに、新京（長春）にも支社を構えている。

㉓長谷川一郎「太沽砲撃から天津へ」（『改造』第一九巻第九号、一九三七年九月）　886ページ

一九三七（昭和一二）年七月、盧溝橋事件（七・七事変）が起こり、日中戦争が勃発すると、戦火は天津にも広がった。日本軍と中国軍の間の戦闘が天津市内で繰り広げられたのである。「在天津　長谷川一郎」と署名された本論は、かかる天津戦の模様を現地から報告したルポルタージュ（写真五点を含む）である。「駅前もまた驚くばかりの風景である。馬の死骸が幾つも折り重つてゐる。支那正規兵の死体が群をなして転つてゐる。おそらくは我軍の爆撃で倒れたのであらう」と記されているように、長谷川は日本軍との戦いで散った多くの中国兵の死体を目撃した。

㉔阿部勇・荒木章・臼井忠三・尾崎士郎・岸偉一・佐藤観次郎・中島徳次・永瀬三吾・野崎誠近・堀江栄助
「座談会　北支経済を今後どうするか」（『中央公論』第五二年第一一号、一九三七年一〇月）　895ページ

本論は、一九三七（昭和一二）年九月一七日に、天津大和ホテルで開催された座談会の記録である。会には「天津総領事館の領事」「天津共益会の主事」「天津居留民団長」「満鉄天津事務所調査課長」といった肩書きを持つ天津の著名人士の他、作家の尾崎士郎も参加した。京津日日新聞社主幹で、敗戦後に推理作家となった永瀬三吾は、「蔣〔介石〕政権が崩潰した時次に来るものは抗日より恐ろしい赤色支那が力を得るといふことになるのではないでせうか」と発言しているが、慧眼と言うべきか、ことは永瀬の予想した通りになった。

㉕吉屋信子「戦禍危かりし天津に入りて」「天津軍病院に傷兵を見舞ひて」「天津国防婦人会員の献身」（『戦禍の北支上海を行く』新潮社、一九三七年一一月）　910ページ

吉屋信子は小説家。「良人の貞操」（『東京日日新聞』一九三六年一〇月六日～一九三七年四月一五日）、『安宅家の人々』（毎日新聞社、一九五二年三月）等の作品で著名な女性作家である。吉屋は、一九三七（昭和一二）年の八月から九月にかけて、主婦之友社の特派員として、日中戦争下の天津・北京・上海等を訪れた。本書は、この時の訪中の模様を綴ったルポルタージュである。吉屋は、自身の北支（華北）行きの目的について、「今度の私の北支にはる〴〵来た使命は、戦況のニュースを従軍記者と競ふためでもなく、あくまで女性として、皇軍慰問に軍病院をお見舞ひし、現地で踏み止る日本女性のお働き等々――すべて、女性の立場から、女の眼で心で見て感じる記事を、書かせて戴き、読者の皆様へ報告する目的だつた」と記している。なお、同書の巻頭（口絵）には、吉屋が天津を訪ねた際の写真が計二点挿入されている。

㉖村上知行「北京・天津の文化」（『中央公論』第五二年第一四号、一九三七年一二月）　940ページ

村上知行は中国研究者・ジャーナリスト。『支那及び支那人』（中央公論社、一九三八年六月）、『北京十話』（現文社、一九六七年一二月）といった著作の他、「三国志」「水滸伝」「西遊記」「金瓶梅」等の翻訳で知られる中国通である。本論は、この村上が天津および北京の文化の特質について論じた評論である。村上によれば、近代の天津では、人々を堕落させる薬物が蔓延していた。「なかでも著しいのは鴉片（アヘン）、モルヒネ、コカインなどの麻酔性毒薬であらう。〔天津では〕獨逸人も、亜米利加人も、英人も、仏蘭西人も、みなそれをやつた」と村上は語っている。

㉗保田與重郎「旅信」(『コギト』第七七号、一九三八年一〇月)　952ページ
保田與重郎は文芸評論家。『日本の橋』(芝書店、一九三六年一一月)、『後鳥羽院』(思潮社、一九三九年一〇月)等の著作で知られる、日本浪曼派の代表的論客である。保田は、一九三八(昭和一三)年五～六月、作家の佐藤春夫やその甥の竹田龍児とともに朝鮮半島や中国の地を旅行した。天津を訪れたのは五月。保田は、「私ら三人は総領事館にゆき、天津のあちこちを案内してもらつた。天津の町を歩いてゐるとその以前に排日文字の描いてあつたあとへ、もう仁丹や若素、味の素などの広告が進出してゐる。駅の近所は空爆のあとがまだ生々しい(中略)市政府あとは一物ものこさず爆破されてゐる」と日中戦争期の天津について書き残している。なお、本文章は後に「北寧鉄路」と改題の上、著書『蒙疆』(生活社、一九三八年一二月)に収録された。

㉘池田さぶろ「田代天津総領事の肚をたゝく」(『中央公論』第五四年第八号、一九三九年八月)　961ページ
池田さぶろは漫画家。『財界お顔拝見記』(新時代社、一九三〇年六月)、『戦ふ銃後女性譜』(教学館、一九四三年八月)等の作品で知られる。本記事は、漫画漫文を得意とするこの池田が、天津総領事の田代重徳を訪ね、インタビューした際の模様を、挿絵三点を織り交ぜながら記録した訪問記である。折からの天津英仏租界封鎖事件を受け、外国租界に対する田代総領事の認識は厳しい。「上海はテロ続出だが、こゝ〔天津〕は英仏租界に排日共産分子が蠢動してゐる、事変来外国租界は彼等唯一の安全地帯だ」と田代は危惧している。

㉙殿生文男「天津租界問題と事変の性格」(『改造』第二一巻第八号、一九三九年八月)　966ページ
殿生文男は、陸軍の天津特務機関に所属した他、国策会社である北支那開発株式会社の産業課長を務めた経歴を持つ人物である。一九三九(昭和一四)年夏、有田八郎外務大臣とクレーギー駐日イギリス大使の間で天津英仏租界封

鎖問題に関する日英東京会談が開催されるが、本論はかかる政治情勢を踏まえ、天津の租界問題や日中戦争について論評した論稿である。「租界は列強の亜細亜に於ける活動の一大支柱であり、また彼等の現状維持のためには不可欠のものである。それ故支那に租界を持つ一聯の現状維持国は今次の天津租界を繞る東京会談に特別の神経を集中するであらう」と殿生は予想している。

㉚「天津租界の北支治安に及ぼす影響」（『東亜』第一二巻第八号、一九三九年八月）　974ページ

本論は、中国国民党や中国共産党が天津の外国租界を拠点に展開する抗日運動について、分析した論文である。無署名論文のため、執筆者は不明。内容は、「一、天津租界の成立とその意義」「二、天津租界を拠点とする抗日運動」「三、経済ゲリラ戦と天津租界」「四、結論」の計四節で構成されている。天津の各国租界の中でも、とりわけ危険視されているのは、イギリス・フランス租界で、「天津英仏租界は北支匪団の集中点であつて、抗日援蔣の英仏と匪団とは此処に於て具体的に結合されてゐる」と警戒している。なお、本論が掲載された『東亜』は、南満洲鉄道株式会社の調査機関として発足した東亜経済調査局が発行する雑誌である。

㉛「天津猶太人協会の現況」（『情報』第一八号、一九四〇年五月）　1002ページ

天津には、一九〇四（明治三七）年に設立され、約一八〇〇名の会員を擁する「天津猶太人協会」というユダヤ人団体があった。本論は、同団体および同団体の関連組織である「一、天津猶太人避難民同盟「テオ」」「二、パレスチナ猶太人支部」「三、クンスト倶楽部」「四、クンスト倶楽部内金融会」「五、慈善会」「六、猶太人学校」「七、猶太人教会」「八、猶太病院」という八つの組織の現状について、報告したものである。「之等猶太人は如何なる地に移住するも二名以上集まれば第一に協会を設立し、猶太系、ラビー（牧師）を呼び寄せ、人口増加に従つて寺院・学校・

慈善会「クラブ」等を設立し猶太民族向上の途を拓かむとする傾向濃厚なり」と記事には記されている。なお、本論が掲載された『情報』は、興亜院政務部が発行する雑誌で、表紙には「秘」の印が刻まれている。

㉜植田捷雄「天津租界の変遷」（『支那』第三一巻第六号、一九四〇年六月）1008ページ

植田捷雄は政治学者。博士論文の題目は、「支那に於ける租界の研究」（東京帝国大学、法学博士、一九四五年五月）で、『支那租界論』（巌松堂書店、一九三四年九月）等の著作がある。東京大学教授や早稲田大学教授を歴任した。本論は、このような中国租界研究の専門家である植田が、天津における各国租界（フランス・ドイツ・日本・ロシア・イタリア等）の成立経緯や回収の状況について、まとめた論文である。内容は、「（一）緒言」「（二）租界の設定」「（三）租界の回収」の計三節で構成されている。なお、本論が掲載された『支那』は、東亜同文書院を設立した東亜同文会が発行する雑誌である。

㉝新坂狂也「天津に於ける諸外国人の対支文化状況調査」（『調査月報』第一巻第一〇号、一九四〇年一〇月）1033ページ

本論は、「興亜院華北連絡部嘱託天津駐在員」を務める新坂狂也が、天津に在留する外国人（西洋人）の教育・文化・宗教活動の動向について、まとめた論稿である。内容は、「一、一般概況」「二、在留外国人の動向」「三、文化施設状況」の計三節および「附一、学校名簿」「附二、博物館及医院名簿」「附三、宗教（其の他類似団体）名簿」の三つの名簿で構成されている。特に充実しているのは、後者の附属資料で、例えば「附一、学校名簿」には、天津の各学校の情報（校名・生徒数・授業料等）がリスト化されている他、「親日的傾向濃厚なり」（天津露文中学校）、「従来排日学校として相当注意を要す」（工商学校）等、親日・反日の度合いが特記されている。なお、本論が掲載された

『調査月報』は、興亜院政務部が発行する雑誌で、前掲の『情報』と同様、表紙には「秘」の印が付されている。

㉞保田與重郎「天津の灯」（『コギト』第九九号、一九四〇年九月）1072ページ

前述したように、保田與重郎は、一九三八（昭和一三）年五月に佐藤春夫らと天津の地を訪れているが、本文章はその際の記憶に事寄せて綴られた随筆である。保田にとって、天津は、「北京のやうな静かさをもたない、感じの強い国際都市、租界のある町、しかも事変下の町」であった。同地の印象について、彼は、「天津のさう〳〵とした喧騒は、今でもよく覚えてゐる。夜の仏蘭西租界などのざわめきは、大へん異常だつた。気味のわるい感じもしたものだ」と書き記している。なお、保田は、第二次世界大戦敗戦後の一九四六（昭和二一）年三～四月にも、復員のために天津に滞在し、そこから船で長崎の佐世保に向かっている。

㉟「天津に於ける純正国民党」（『情報』第四八号、一九四一年八月）1077ページ

本論は、天津における中国国民党の動向について、まとめた論稿である。表題の「純正国民党」とは、親日派の汪兆銘（精衛）が率いる南京国民政府の一派を指す（蔣介石が束ねる重慶国民政府のことではない）。内容は、「A、天津市党部の創立」「B、天津市党部の活動情況」「C、党部の動向」「D、党員獲得運動」「E、中国々民党天津特別市執行委員会辦事細則」の計五節で構成されている。天津市党部の党員獲得状況について、記事では、「昨年末の党員総数は僅か一〇七名に過ぎざりしものが最近に至り一千名に達するに至れり」と増加の傾向が報告されている。

関連年表

〈凡例〉

・本年表は、一八六八（明治元）年から一九四五（昭和二〇）年の間を対象とする。

・本年表は、事項篇と作品篇で構成されている。

・事項篇の作成に際しては、各種の一次資料の他、天津地域史研究会編『天津史　再生する都市のトポロジー』（東方書店、一九九九年六月）、草田耕次『中国近代史に於ける華北の風雲と天津』（近代文芸社、一九九五年七月）、臼井忠三編『天津居留民団三十周年記念誌』（天津居留民団、一九四一年五月）、大西五郎編著『報国看護婦物語　天津陸軍病院を支えた乙女たち』（報国看護婦物語刊行会、一九八三年一一月）、野口竹次郎編『白河　明治一〇二年（一九七〇年号）』（野口竹次郎、一九七〇年二月）、天津日本尋常高等小学校若葉会編集部編『わかば　1966年度』（非売品、一九六六年八月）、岩波書店編集部編『近代日本総合年表（第四版）』（岩波書店、二〇〇一年一一月）、外務省外交史料館日本外交史辞典編纂委員会編『日本外交史辞典（新版）』（山川出版社、一九九二年五月）等の文献を参照した。

・作品は各年末尾の●印の後に記した。作品篇の作成に際しては、各種の一次資料の他、貴志俊彦・劉海岩・張利民編『天津史文献目録』（東京大学東洋文化研究所附属東洋学文献センター、一九九八年三月）等の文献を参照した。

・本年表の典拠となった右記文献の著作者に心より感謝申し上げる。

一八六八（明治元）年

四月、安徽懐慶会館が設立される。**この年**、天津機器局西局が建築される。

一八六九（明治2）年

一二月、望海楼教堂が竣工する（翌年、焼失する）。**この年**、天津口引水章程が制定される。

一八七〇（明治3）年

二月、大沽引水公司が成立する。**六月**、天津教案（反キリスト教暴動）が起こり、フランス領事が殺害される。**八月**、李鴻章が直隷総督に就任する。**一〇月**、三口通商大臣が廃止され、その権限が直隷総督に委譲される。**この年**、外務権大丞・柳原前光が清国と国交樹立のために来津する。イギリス租界のビクトリア・ロードが完成する。天津海関堂（税関）が設立される。

一八七一（明治4）年

六月、欽差全権大使・伊達宗城が柳原前光・津田眞道を副使として来津する。**七月、**日本と清国の間で日清修好条規が調印される（天津条約）。**この年、**天津で洪水が起こり、多数の被災者が出る。

一八七二（明治5）年

四月、日清修好条規改訂のため、清国に派遣された外務大丞・柳原前光が天津で李鴻章と交渉する。**この年、**華海輪船公司が設立される。

一八七三（明治6）年

三月、輪船招商局天津分局が設置される。**四月、**特命全権大使として清国に派遣された外務卿・副島種臣が日清修好条規の批准書を交換する。

一八七四（明治7）年

五月、西郷従道の率いる日本軍が台湾に出兵する（征台の役）。**一〇月、**台湾問題について、日清両国間互換条款・互換憑単が調印される。**この年、**イギリスの商人が大沽ハシケ船会社を開業する。

一八七五（明治8）年

八月、共同運輸会社による内地—芝罘—天津—牛荘を結ぶ不定期航路が就航する。**九月、**池田寛治が在天津日本領事館の副領事に就任。**この年、**在天津日本領事館が開設される。

一八七六（明治9）年

九月、清国とイギリスの間で芝罘条約（烟台条約）が調印される。

一八七七（明治10）年

四月、清国が海軍建設のために留学生三〇名をイギリス・フランスに派遣する。**この年、**在天津日本領事館の庁舎が紫竹林に新築される。ドイツ人のデトリングが津海関税務司に着任する。

一八七八（明治11）年
三月、天津海関書信館が設置される。**この年、**開平鉱務局が設立される。

一八七九（明治12）年
四月、天津—大沽・北塘海口間に電報線が敷設される。紫竹林貨桟房—大沽埠頭間に電話線が架設される。琉球藩を廃し、沖縄県とする布告が出される。**五月、**清国公使が琉球の廃藩置県に抗議する。**一二月、**天津海関書信館を海関撥駟達局に改称する。**この年、**守望局が設置される。
●四月、曾根俊虎『北支那紀行』前篇（海軍省）。**八月、**曾根俊虎『北支那紀行』後篇（海軍省）。

一八八〇（明治13）年
三月、天津府備済社が設立される。**七月、**竹添進一郎が在天津日本領事館の領事に就任。**九月、**津滬電報総局が設立される。**一〇月、**北洋電報学堂が設立される。**一一月、**北洋水師大沽ドックが完成する。

一八八一（明治14）年
一一月、天津—上海間の電報線敷設工事が完了する。**この年、**天津水師学堂が設立される。医学館（後の北洋医学堂）が設置される。滙豊銀行の天津支店、太古洋行の天津支店が設立される。怡和輪船公司が設立される。イギリスの商人・コリンズの率いる高林洋行が梱包工場を開業する。唐山—胥各荘間を結ぶ唐胥鉄道が開通する。

一八八二（明治15）年
七月、開平炭鉱で労働者が賃上げを要求し、ストライキを行う（八月という説もある）。**八月、**清軍が壬午軍乱の関係者である朝鮮の大院君を捕らえ、天津に送る。**一一月、**李鴻章が元天津駐在ドイツ領事代理のフォン・メーレンドルフを朝鮮の外務顧問に推挙する。**この年、**天津電報総局が官督商弁になる。人力車が初めて天津に登場する。

一八八三（明治16）年
三月、清国・朝鮮国在留日本人取締規則（太政官布告）を定め、領事に退去命令権・在留禁止権を付与する。**この年、**工部総局が設置され、街路整備が行われる。南運河に北支最初の開閉橋である新鉄橋が架設される。

一八八四（明治17）年

一月、原敬が在天津日本領事館の領事に就任。**三月**、「電寄檔」「電報檔」が新たに分類される。**四月**、津滬電報総局が天津から上海に移転する。**八月**、清国がフランスに宣戦布告し、清仏戦争が起こる。

一八八五（明治18）年

二月、天津武備学堂が設立される。**四月**、甲申事変の結果、日本と清国（伊藤博文と李鴻章）の間で天津条約が調印される。**六月**、清仏戦争の結果、清国とフランスの間で天津講和条約が結ばれる。**七月**、波多野承五郎が在天津日本領事館の領事に就任。

一八八六（明治19）年

四月、清国とフランスの間で天津協定（中法越南辺界通商章程）が調印される。**五月**、新聞『時報』（『Chinese Times』）が創刊される。**この年**、日本郵船が天津―長崎間の航路を開設する。浙江会館が設立される。中西書院が開校する。

一八八七（明治20）年

三月、開平鉄路公司を天津鉄路公司に改組する。**六月**、イギリス租界にビクトリア公園が開園する。**この年**、江蘇会館が設立される。外商が天津商工会を設置する。独商が瑞興蛋廠（鶏卵工場）を開業する。租界共同音楽隊が作られる。

一八八八（明治21）年

七月、鶴原定吉が在天津日本領事館の領事に就任。**一〇月**、天津―唐山間の鉄道が完成する。天津―盧台間の鉄道が開通する。清国・朝鮮国駐在領事裁判規則が公布される。**一二月**、北洋海軍が成立する。丁汝昌が北洋海軍提督となる。**この年**、天津初の金華橋（後の老鉄橋）が設置される。

一八八九（明治22）年

三月、清国で光緒帝の親政が始まる。**この年**、英商が天津石油会社を開業する。

●五月、「清国天津市場棉花ノ景況」(『聯合紡績月報』)。

一八九〇(明治23)年

五月、イギリス租界でゴードン・ホールの落成式が開催される。ゴードン・ホールは後に工部局の建物となる。七月、北支一帯で大洪水が起こり、天津地方でも多くの被害が出る。九月、清国がイギリス人技師を用いて、南満洲鉄道建設のための現地調査を実施する。

一八九一(明治24)年

三月、ロシアのアレクサンドル三世がシベリア鉄道建設の勅書を発布する。四月、北洋鉄路官局が設置される。一二月、清国の光緒帝が同文館で洋学の学習を始める。

一八九二(明治25)年

五月、清国が排外文書の発行を禁止する。七月、天津の白河と西河が氾濫し、堤防を破壊する。八月、清国とロシアの間で中露辺境陸路接線(電報)条約が締結される。この年、京奉鉄路の関内線が開通し、東駅と貨物場が設置される。

一八九三(明治26)年

一月、清国及朝鮮国在留日本帝国臣民印紙売捌規程が公布される。一一月、荒川巳次が在天津日本領事館の領事に就任。一二月、李鴻章が天津医学堂を開設する。この頃、天津に在住する日本人は五〇名程度。

●四月、「天津綿物貿易景況(領事報告)」(『大日本綿糸紡績同業聯合会報告』)。

一八九四(明治27)年

三月、北支最初の英字新聞である『Peking and Tientsin Times』(『京津泰晤士報』)が創刊される。七月、豊島沖海戦。この海戦中に起きた高陞号事件に激怒した天津の清国人が在留邦人を襲撃する。八月、日本が清国に宣戦布告し、日清戦争が始まる。天津の在留邦人が日本に引き揚げる。九月、黄海海戦。

●六月、「二六年一一月天津分天津港ニ於ケル商況」(『通商彙纂』)。「天津蘆溝橋間鉄道敷設用材ノ入札購買」(『通商彙纂』)。

一八九五（明治28）年

四月、日本と清国が日清講和条約（下関条約・馬関条約）に調印する。遼東半島の返還を求めて、ドイツ・フランス・ロシアが三国干渉を行う。海嘯が大沽を襲い、洪水となり、次いで飢饉が起こる。一〇月、イギリス租界に公共運動場が新設される。天津北洋西学学堂（中西学堂）が開学する。ドイツ租界が設置される。

●三月、曾根俊虎「天津港」（『太陽』）。八月、「天津ニ於ケル日本貨物ノ商況」（『通商彙纂』）。一一月、「天津商況」（『通商彙纂』）。

一八九六（明治29）年

二月、日本と清国の間で通商口岸日本租界専条が調印される。三月、鄭永昌が在天津日本領事館の領事に就任。四月、清国及朝鮮国在留帝国臣民取締法が公布される。六月、清国とロシアの間で露清密約が結ばれ、ロシアに東清鉄道の敷設権が与えられる。七月、日本と清国の間で日清通商航海条約が締結される。一〇月、日本と清国が日本専管居留地設定等に関する議定書に調印する。この年、華俄道勝銀行の天津支店が設立される。桑茂洋行の石鹸工場が開業する。

●一月、「二八年天津商況（二）」（『通商彙纂』）。二月、「本年三月中天津商況」（『通商彙纂』）。「天津航路ノ情状并商況」（『通商彙纂』）。六月、「天津白河泥沙游積ノ為メ船舶交通不便ノ状況」（『通商彙纂』）。七月、「二八年一一月中天津商況」（『通商彙纂』）。「本年四月中天津商況」（『通商彙纂』）。「天津ニ於ケル台湾樟脳及烏龍茶ノ概況」（『通商彙纂』）。八月、「本年五月分天津商況」（『通商彙纂』）。九月、「清国天津・北京間津蘆鉄道ノ架設」（『通商彙纂』）。一〇月、「本年六月中天津商況」（『通商彙纂』）。「本年上半季間天津商況」（『通商彙纂』）。一一月、「本年七月中天津商況」（『通商彙纂』）。一二月、「天津ニ於ケル硫酸外数品ノ商況」（『通商彙纂』）。

一八九七（明治30）年

二月、郵政が国営化され、大清郵政天津分局が創業される。三月、イギリス租界が拡張を行う（第一次拡張）。五月、天津自来水公司が開業する。六月、天津—北京間の鉄道が開通する。九月、天津—永定門間の鉄道が開通する。一〇月、厳復らが天津で新聞『国聞報』を創刊する。この年、海河工程委員会が成立する。天津絨緞廠が開業する。大阪商船会社天津代理店が開設される。千葉初蔵が日本人として初めて天津で質屋を開く。ビクトリア病院が設立される。天津俳句会が生まれる。

●**二月**、「天津ニ於テ紡績織布会社ノ設立」（『通商彙纂』）。「天津紡績会社設立計画」（『大日本綿糸紡績同業聯合会報告』）。**五月**、「海外経済事情　支那（北京天津間に敷設しつゝある鉄道）」（『太陽』）。「二九年一〇・一一月中天津商況」（『通商彙纂』）。**六月**、「本年三月中天津商況」（『通商彙纂』）。「蘆津（北京天津間）鉄道工事ノ状況」（『通商彙纂』）。**七月**、「清国天津白河浚渫工事ノ景況」（『通商彙纂』）。「本年四月中天津商況」（『通商彙纂』）。「天津輸入煙草ノ景況」（『通商彙纂』）。**八月**、「本年五月中天津商況」（『通商彙纂』）。**一〇月**、「商業界（天津の輸出入と我輸出品）」（『太陽』）。「三〇年六月分天津商況」（『通商彙纂』）。**一一月**、「清国天津七月中商況」（『通商彙纂』）。「八月中天津商況」（『通商彙纂』）。**一二月**、「九月中天津商況」（『通商彙纂』）。「本年一〇月中天津商況」（『通商彙纂』）。

一八九八（明治31）年

三月、ドイツが膠州湾の九九年間の租借権と膠済鉄道の敷設権を獲得する。ロシアが旅順港・大連港の二五年間の租借権と南満鉄道の敷設権を獲得する。**六月**、イギリスが九竜の九九年間の租借権を獲得する。光緒帝が変法自強を宣布し、百日維新が始まる。**七月**、イギリスが威海衛の二五年間の租借権を獲得する。**八月**、日本と清国が天津日本居留地取極書に調印し、天津に日本租界が設置される。**九月**、西太后らが戊戌の政変を起こす。**一〇月**、西太后が新聞社の設置を禁止する。**この年**、中国通商銀行天津分行が開行する。小劉荘に日本の埠頭を設定することが許可される。

●**三月**、「三〇年一一月中天津商況」（『通商彙纂』）。**六月**、「本年三月中天津商況」（『通商彙纂』）。「本年四月中天津商況」（『通商彙纂』）。**七月**、「本年五月中天津商況」（『通商彙纂』）。「天津ニ於ケル台湾産砂糖輸入状況」（『通商彙纂』）。**八月**、「工業界（天津に於ける台湾砂糖輸入の状況）」（『太陽』）。「本年六月中天津商況」（『通商彙纂』）。**九月**、「白河浚渫工事ノ為メ天津港輸出入貨物ニ埠頭税ヲ課スル件」（『通商彙纂』）。**一〇月**、「本年七月中天津商況」（『通商彙纂』）。**一一月**、「本年八月中天津商況」（『通商彙纂』）。**一二月**、「本年九月中天津商況」（『通商彙纂』）。「清国蘇州・杭州・沙市・天津・日本居留地取極書」（『通商彙纂』）。

一八九九（明治32）年

三月、山東で義和団が蜂起する。**一一月**、清国とフランスの間で広州湾租借条約が調印され、フランスが広州湾に対する九九年間の租借権を獲得する。**この年**、横浜正金銀行天津支店が開設される。英国自来水公司が設立され、給水を始める。

●**一月**、「天津三一年一〇・一一月商況」（『通商彙纂』）。「清国天津ニ日本商品陳列所設置ノ儀ニ在天津仏国商人「ヒリッポ」ヨリ照会書ヲ接受ス」（『東京商業会議所月報』）。**二月**、「天津三一年一二月在留本邦人人員表」（『通商彙纂』）。**三月**、「天津開河状況」（『通商彙纂』）。**四月**、「天津輸入綿糸商況」（『通商彙纂』）。**五月**、「天津三一年中貿易年報」（『通商彙纂』）。「天津輸入綿糸商況」（『大日本綿糸紡績同業聯合会報告』）。「天津最近三年間樟脳情況」（『通商彙纂』）。「天津港港則創設」（『通商彙纂』）。**六月**、「天津三月商況」（『通商彙纂』）。**七月**、「天津四月商況」（『通商彙纂』）。「天津ニ於ケル汽船会社ト貿易商間ニ起リタル葛藤顛末」（『通商彙纂』）。「天津鉄道局枕木購入広告」（『通商彙纂』）。**八月**、「天津五月商況」（『通商彙纂』）。「天津五・六月商況」（『通商彙纂』）。「天津製茶貿易概況、天津陶磁器貿易概況」（『通商彙纂』）。**九月**、「天津六月商況」（『通商彙纂』）。**一〇月**、「天津七月商況」（『通商彙纂』）。「天津衛生取締規則ノ発布」（『通商彙纂』）。**一一月**、「天津木材商況」（『通商彙纂』）。「天津鉄道局枕木購入契約」（『通商彙纂』）。「天津本年前半期間在留民移動数」（『通商彙纂』）。**一二月**、「清国天津」（『太陽』＊写真）。「天津八・九月商況」（『通商彙纂』）。「天津港輸入紙類概況」（『通商彙纂』）。

一九〇〇（明治33）年

四月、義和団が天津に入城する。**五月**、日本・イギリス・フランス・ロシア・アメリカ・イタリアの軍隊が北京に出兵する（列国第一次出兵）。**六月**、義和団と連合軍が天津郊外で戦闘を行う。京津鉄道が不通になる。京津間の電信が不通になる。二〇〇〇人余りの連合軍が天津より北京に向かう（列国第二次出兵）。連合軍が大沽砲台を占領する。清国が北京に出兵の八国に宣戦布告する。**七月**、李鴻章が直隷総督に就任する。八ヶ国連合軍が天津を攻め落とす。天津都統衙門が成立する。**八月**、天津で列国指揮官会議を開く。**一二月**、清国駐屯軍第五師団陸軍憲兵大尉・隈元実道が日本租界に居住する中国人の子弟教育のための日出学館を創設する。列国の講和条件を清国が受諾する。**この年**、天津にロシア租界が設定される。フランス租界が拡張を強行する。日本が在天津日本領事館警察署を設置する。官営による海底電線の敷設が始まる。ベルギー資本の東方国際公司が成立する。オランダ系の天津電話会社が設立される。日清汽船会社の天津航路が政府の命令航路となる。

●**二月**、「天津一〇・一一月商況」（『通商彙纂』）。「天津貿易」（『通商彙纂』）。**六月**、内藤虎次郎（湖南）『支那漫遊 燕山楚水』（博文館）。「天津初期商況」（『通商彙纂』）。**八月**、「在清国日本外交官（天津駐剳領事鄭永昌君、天津日本郵便局長高木銑次郎君）」（『太陽』＊写真）。「天津風景」（『太陽』＊写真）。「清国風景（天津白河々岸より紫竹林居留地を望む）」（『太陽』＊写真）。「天津初期商況」（『大日本綿糸紡績同業聯合会報告』）。**九月**、鈴木三作撮影「天津戦況」（『太陽』＊写真）。**一〇月**、「戦後の天津」（『太陽』＊写真）。「天津現況」（『通商彙纂』）。**一一月**、「天津港各国聯合民政庁現行課税法」（『通商彙纂』）。

一九〇一（明治34）年

一月、天津日本専管居留地内の土地家屋売買譲渡に関する告示が公布される（館令第一号）。**四月**、伊集院彦吉が在天津日本領事館の領事に就任。**五月**、陸軍中将・大島久直が初代清国駐屯軍司令官に任命される。**七月**、陸軍少将・山根武亮が清国駐屯軍司令官に任命される。天津のドイツ租界が拡張される。**九月**、清国と連合国の間で辛丑条約（北京議定書）が締結される。連合軍の北京撤退が完了する。**一一月**、袁世凱が直隷総督兼北洋大臣代理に就任する。陸軍騎兵大佐・秋山好古が清国駐屯軍司令官に任命される。李鴻章が死去。**一二月**、袁世凱が連合国公使に天津還付を要請する。**この年**、大日本帝国清国駐屯軍が設置され、天津に駐屯する。天津都統衙門が天津の城壁撤去を決定する。天津済安自来水公司が設立される。天津—北京間の長距離電話事業が開始される。日本倶楽部が設立される。ロシア公園ができる。

●**二月、**坪谷善四郎「経済時評（天津の市街鉄道敷設権）」（『太陽』）。**三月、**「在天津各国郵便局員」（『太陽』＊写真）。**五月、**「最近一年事紀（其五）（天津停車場、占領後の天津水師営砲台内部、天津機器局、天津紫竹林海光門）」（『太陽』）。「天津開河後ノ上海市況」（『通商彙纂』）。「上海天津間棉糸運賃」（『大日本棉糸紡績同業聯合会報告』）。「天津三月在留邦人営業表」（『通商彙纂』）。**六月、**「天津輸入名古屋綿毛布商況、天津第一季貿易状況」（『通商彙纂』）。「清国芝罘太沽間電線ノ復設」（『通商彙纂』）。**七月、**「天津都統衙門」（『太陽』＊写真）。**八月、**坪谷善四郎「経済時評　盛に天津に往け」（『太陽』）。「天津輸出鶏卵」（『通商彙纂』）。**九月、**「天津貿易状況」（『通商彙纂』）。**一一月、**「天津五・六・七・八月商況」（『通商彙纂』）。**一二月、**五姓田芳柳・東條鉦太郎「浅草公園内天津総攻撃パノラマ」（『太陽』＊写真）。

一九〇二（明治35）年

一月、天津の日本領事館が総領事館に昇格する。領事の伊集院彦吉が総領事に就任。**二月、**天津在留邦人の居住移転及び転業に関する届出規則が制定・公布される（館令第四号）。天津ベルギー租界契約が調印される。**四月、**天津の行政権が回収される。**五月、**在天津日本総領事館が日本租界第一期埋立工事に着手する。**六月、**天津日本専管居留地規則が制定・公布される。新聞『大公報』が創刊される。袁世凱が直隷総督に正式に就任する。天津イタリア租界章程契約が調印される。**八月、**日本・イギリス・ドイツ・フランス・ロシア・イタリアが天津を清国に還付する。天津都統衙門が撤去され、直隷総督新署が設置される。天津が直隷省の省都になる。**九月、**大日本租界局が設置される。**一一月、**江西会館が落成する。**一二月、**私立天津日本小学校が創立される。『北洋官報』が創刊される。大沽ドックが回収される。アメリカ租界がイギリス租界に編入される。**この年、**天津南段巡警総局が開設される。海河工程局・衛生総局が設置される。先農公司が設立される。ベルギー資本の市内電車が開通する。日本商が天津商談会を結成する。

●**一月、**「天津銀条相場」（『通商彙纂』）。**三月、**「天津に於ける日本棉糸」（『大日本綿糸紡績同業聯合会月報』）。「清国太沽曳船会社ノ運賃改正」（『通商彙纂』）。**四月、**

「天津港開河状況並太沽沖灯台船及浮標再設」（『通商彙纂』）。「清国塘沽ニ於ケル貨物引取方ノ改訂」（『通商彙纂』）。**六月**、坪谷水哉（善四郎）「宇品港と北清韓国行路（太沽と天津、天津港、天津太沽芝罘間）」（『太陽』）。**七月**、「在天津列国指揮官及び参謀長」（『太陽』＊写真）。「天津第一季貿易」（『通商彙纂』）。**一一月**、「天津三十四年貿易年報」（『通商彙纂』）。

一九〇三（明治36）年

二月、天津初の民立小学堂が開学する。官立の中学堂が設立される。袁世凱が河北新市場開発計画十三条を公布する。**四月**、天津官銀号が開業する。中西学堂が北洋大学と改称される。陸軍歩兵大佐・仙波太郎が清国駐屯軍司令官に任命される。**五月**、天津商務公所が成立する（一九一八年に天津商務総会に改組される）。天津日本租界推広条約が調印される。**六月**、天津オーストリア租界章程契約が調印される。**七月**、東清鉄道が開通する。**一〇月**、直隷工芸総局が設置される。**この年**、日本租界・イギリス租界が拡張する。万国橋が完成する。天津日本基督教会が建立される。本願寺別院が開設される。河北に新駅（北站）ができる。

●**一月**、「明治三十五年史　宮廷外交軍事（天津交還問題の決定）」（『太陽』）。「清国上海・杭州・天津需要材木商況」（『通商彙纂』）。「天津三十五年第二季貿易年報」（『通商彙纂』）。**二月**、「天津初航と積荷」（『大日本紡績聯合会月報』）。**五月**、「時事評論（天津の恐慌）」（『太陽』）。「天津及仁川港ニ於ケル本邦産山葵販路情況」（『通商彙纂』）。「天津ニ於ケル金融機関並倉庫数」（『通商彙纂』）。「天津各租界在留邦人数」（『通商彙纂』）。**六月**、「時事評論（天津恐慌の救済）」（『太陽』）。「天津三十五年第三季貿易」（『通商彙纂』）。**七月**、「天津・太沽間仏人曳船業ノ開始」（『通商彙纂』）。**一〇月**、「天津輸入木蝋菜種桐実」（『通商彙纂』）。「天津三十五年中貿易年報」（『通商彙纂』）。「牛荘・天津・福州・厦門・シャトルニ於ケル本邦産薄荷脳販路ノ調査」（『通商彙纂』）。「天津・群山ニ於ケル本邦製鋸鎌刄鎌販路ノ調査」（『通商彙纂』）。**この年**、西村博編『天津都統衙門告諭匯編』（北清印字局、発行月不明）。

一九〇四（明治37）年

二月、日露戦争が開戦する。天津日本婦人会が発足する。**三月**、私立天津小学校が公立となり、天津小学校に改称される。**四月**、日本租界第一期埋立工事が完成する。**五月**、天津在留邦人教育費負担者大会が開催され、第一回公選行政委員選挙が実施される。天津電報学堂が成立する。日本軍が大連を占領する。**七月**、天津犯罪習芸所の開幕式が開かれる。**九月**、天津考工廠・天津官医院が成立する。**一〇月**、敬業中学が開学する。**一二月**、日本軍が旅順の二〇三高地を占領する。**この年**、天津電話局が設置される。天津電車電燈公司が設立される。

●**一月**、「天津第一季貿易」（『通商彙纂』）。**二月**、「天津ニ於ケル本邦製油漬鰮試売状況」（『通商彙纂』）。**三月**、「天津ニ於ケル時局ノ貿易ニ及ホセル影響」（『通商彙纂』）。**四月**、「天津ニ於ケル時局ノ貿易ニ及ホセル影響（二）」（『通商彙纂』）。**六月**、「天津及マニラニ於ケル「セメント」需要状況」（『通商彙纂』）。**一〇月**、「天津地方麻綱販路情況」（『通商彙纂』）。**一一月**、「天津三十六年度貿易年報」（『通商彙纂』）。

一九〇五（明治38）年

三月、居留民団法が公布される。**五月**、日本海軍が日本海海戦でロシアのバルチック艦隊を破る。**六月**、反米ボイコット運動が起こる。**七月**、陸軍少将・神尾光臣が清国駐屯軍司令官に任命される。啓文閲報社が成立する。**八月**、孫文らが東京で中国革命同盟会を結成する。**九月**、天津日本図書館が設立される。日本とロシアの間で日露講和条約（ポーツマス条約）が調印される。**一〇月**、天津戸部銀行が開業する（一九〇八年に天津大清銀行、一九一二年に天津中国銀行に改組される）。**一一月**、蘆漢鉄道が完成する。**この年**、大日本租界局が済安自来水公司と買水契約を交わし、租界内に給水を行う。天津クラブが竣工する。イギリス系の天津英文学堂が創立される。天津商会（商工会議所）経営の『商談』が創刊される。

●**一月**、「天津地方貨物変動ノ状態」（『通商彙纂』）。**二月**、「天津地方木炭需要状況」（『通商彙纂』）。「清国白河ノ氷結並ニ氷結中ノ天津港対海外各港交通状況」（『通商彙纂』）。**五月**、「在天津邦人の奉天戦捷祝賀会（三月十八日挙行）」（『太陽』＊写真）。「天津三十六年第二季貿易、天津三十六年第三季貿易」（『通商彙纂』）。**七月**、

「天津三十七年第一季貿易」（『通商彙纂』）。**九月**、「天津第二季商況」（『通商彙纂』）。「天津本邦産乾鱈試売状況」（『通商彙纂』）。**一〇月**、「天津三十七年第三季（自九月至十二月）貿易」（『通商彙纂』）。

一九〇六（明治39）年

二月、遊民習芸所・商務印書館天津分館が設立される。**七月**、新聞倶楽部の第一回会議が開かれる。**八月**、天津府自治局・自治研究所・唐山セメント有限公司総経理処が成立する。清国が日本への留学生派遣を停止する。**九月**、天津県自治期成会が成立する。**一〇月**、パウルソンの電話回線が回収される。**一一月**、加藤本四郎が在天津日本総領事館の総領事に就任。陸軍少将・中村愛三が清国駐屯軍司令官に任命される。官制改革が行われる。南満洲鉄道株式会社が設立される。**この年**、天津初の街灯が点灯する。中国初の電車が天津で開通する。天津稲荷神社が建立される。三井洋行が東京海上保険会社の代理店となり損害保険事業を始める。ベルギー商が電灯電車会社の送電を開始する。

●**四月**、吉野作造「支那観光録」（『新人』）。**五月**、神戸高等商業学校編『韓国旅行報告書・天津雑貨視察復命書』（神戸高等商業学校）。「天津三十八年第一季貿易」（『通商彙纂』）。「天津税関長更迭」（『通商彙纂』）。**六月**、「清国天津日本居留地の本邦小学校」（『太陽』＊写真）。**七月**、「天津三十七年貿易」（『通商彙纂』）。**一〇月**、「隣邦（天津の自治局開始）」（『太陽』）。

一九〇七（明治40）年

一月、天津教育会が成立する。**二月**、広東会館が落成する。**三月**、天津本願寺別院内に在留邦人共同葬祭場が設けられる。天津初の画報『醒俗画報』が創刊される。**八月**、天津県議事会が成立する。北洋法政学堂が設立される。**九月**、大日本租界局に代わって、天津居留民団が創設される。天津居留民団施行細則が制定・公布される（館令第一号）。清国天津日本図書館が天津居留民団営となり、天津日本図書館と改称する。日本租界に電車が開通する。楊士驤が直隷総督兼北洋大臣に就任する。**一〇月**、山内四郎が在天津日本総領事館の事務代理・領事館補に就任。**この年**、在郷軍人会が設立される。当方汜理銀行天津分行が開業する。儀品公司が設立される。

●**二月**、坂本箕山「天津日本租界地の繁栄」（『太陽』）。

「天津の日本租界地新市街」（『太陽』＊写真）。「清国天津の名優」（『太陽』＊写真）。**六月**、吉野作造「天津に於ける自治制施行の現況」（『国家学会雑誌』）。**九月**、外務省通商局編『清国事情』第一輯（外務省通商局）。

一九〇八（明治41）年

一月、日出学館が附属共立小学堂を設立する。**三月**、小幡酉吉が在天津日本総領事館の総領事代理・領事に就任。**五月**、直隷自治局が成立する。**六月**、直隷図書館が新設される。**一一月**、東京建物会社が租界内の電気供給事業に着手する。清国の光緒帝と西太后が死去する。**一二月**、陸軍少将・阿部貞次郎が清国駐屯軍司令官に任命される。宣統帝・溥儀が即位する。**この年**、天津日本商工会議所が発足する。

●**一月**、「天津日本租界の盛況」（『太陽』＊写真）。**七月**、「天津輸入棉布糸数量」（『大日本紡績聯合会月報』）。**八月**、「天津輸入棉糸布」（『大日本紡績聯合会月報』）。**九月**、「天津輸入棉糸布」（『大日本紡績聯合会月報』）。**一一月**、「四十年中天津棉糸布輸入額」（『大日本紡績聯合会月報』）。**この年**、天津居留民団編『明治四十一年民団事務報告』（天津居留民団、発行月不明）。天津居留民団編『居留民会議事速記録（明治四一年）』（天津居留民団、発行月不明）。

一九〇九（明治42）年

三月、小幡酉吉が在天津日本総領事館の総領事に就任。**四月**、天津初の映画館である新権仙電影茶園が開業する。直隷自治研究総所が成立する。飼犬取締規則が制定・公布される（館令第七〇号）。**六月**、端方が直隷総督兼北洋大臣に就任する。**八月**、天津・北京・東三省で安奉鉄道問題に抗議する日貨ボイコットが始まる。**九月**、平安電影院が開業する。中国地学会が成立する。警察犯処罰令が公布される（館令第一八号）。**一〇月**、順直諮議局第一回会議が開催される。直隷憲政研究所が成立する。伊藤博文がハルビンで暗殺される。**一一月**、陳夔龍が直隷総督兼北洋大臣に就任する。**この年**、日本租界に大和公園が開園する。天津日本人商業会議所が設立される。

●**二月**、「天津輸入棉糸布」（『大日本紡績聯合会月報』）。**三月**、「天津輸入棉糸布」（『大日本紡績聯合会月報』）。**六月**、「北清駐在列国軍将校（天津アストル、ハウスに

て撮影)」(『太陽』*写真)。**九月**、清国駐屯軍司令部編『天津誌』(博文館)。「天津の棉糸布輸入状況(領事報告)」(『大日本紡績聯合会月報』)。**一〇月**、天津居留民団編『大和公園開園記』(天津居留民団)。**この年**、天津居留民団編『明治四十二年民団事務報告』(天津居留民団、発行月不明)。天津居留民団編『居留民会議事速記録(明治四二年)』(天津居留民団、発行月不明)。

一九一〇(明治43)年

一月、国会請願運動が開始される。**九月**、天津交渉署が成立する。**一〇月**、天津県城議事会の開幕式が開かれる。**一二月**、天津体育社が成立する。**この年**、直隷省銀行が成立する。天津で第三次国会開設運動が起こる。雲貴会館が設立される。天津日本幼稚園が創立される。天津フランス電力会社(後のフランス租界電燈房)が設立される。

●**一月**、「天津輸入紙類見本ノ儀ニ付農商務省商工局長ヨリ照会書ヲ接受ス、天津輸入紙類ノ儀ニ付農商務省商工局長へ回報書ヲ発送ス」(『東京商業会議所月報』)。**三月**、「貿易港としての天津」(『天津商工彙報』)。**この年**、天津居留民団編『明治四十三年民団事務報告』(天津居留民団、発行月不明)。天津居留民団編『居留民会議事速記録(明治四三年)』(天津居留民団、発行月不明)。

一九一一(明治44)年

二月、天津県城董事会が成立する。**三月**、直隷水産学堂・直隷高等商業学堂が成立する。**五月**、高橋新吉が在天津日本総領事館の総領事代理に就任。安徽会館が開幕する。塩商の倒産が相次ぐ。**七月**、天津県参議会が成立する。**一〇月**、天津保衛局が成立する。辛亥革命が始まる。**一一月**、天津紅十字会が成立する。**一二月**、京津保同盟会支部・北方革命協会が組織される。邦字紙『北清時報』と『北支那毎日新聞』が合併して、日刊紙『天津日報』が創刊される。孫文が南京の一七省代表会議で中華民国臨時大総統に選出される。**この年**、張鎮芳が直隷総督兼北洋大臣代理に就任する。天津西站が開業する。津浦線が全線開通する。

熱性病患者届出に関する告示が公布される(館令第一号)。天津総領事館の調査によると、この年の天津在留邦人は、戸数六〇七戸、計二〇四九人。

●**この年**、天津居留民団編『明治四十四年民団事務報告』(天津居留民団、発行月不明)。天津居留民団編『居留民会議事速記録（明治四四年）』（天津居留民団、発行月不明）。

一九一二（明治45／大正元）年

一月、中華民国南京臨時政府が成立する。**二月**、溥儀が退位し、清朝が滅亡する。**三月**、袁世凱が北京で臨時大総統に就任する。張錫鑾が直隷省都督兼民政長に就任する。**四月**、陸軍少将・佐藤鋼次郎が支那駐屯軍司令官に任命される。**七月**、天津に開灤礦務局が成立する。**一一月**、馮国璋が直隷省都督兼民政長に就任する。**この年**、清国駐屯軍が支那駐屯軍と改称する。天津教区が設置される。地元実業家の共同出資による天津商工銀行が開設される。日清汽船株式会社が上海—天津間の北支航路を開く。

●**七月**、「天津水害義助金寄付金交付方の義に付き外務省へ依頼の件」（『東京商業会議所月報』）。「支那天津商務総会総理王賢賓君招待に関する件、天津商務総会総理王賢賓君招待会」（『東京商業会議所月報』）。**この年**、在天津日本総領事館『天津ノ商業勢力範圍』（在天津日本総領事館、発行月不明）。天津居留民団編『明治四十五年大正元年民団事務報告』（天津居留民団、発行月不明）。天津居留民団編『居留民会議事速記録（明治四五年）』（天津居留民団、発行月不明）。

一九一三（大正2）年

一月、天津交通部が成立する。日出学館が共立小学堂と天津高等学堂を合併して、天津共立学堂と改称する。**三月**、順直省議会が開幕する。中国鉱業連合会が成立する。**四月**、直隷商会連合会が成立する。**七月**、劉若曾が代理直隷省民政長に就任する。反袁世凱の第二革命が始まる。**八月**、民団庁舎・公会堂・日本図書館が新築される。天津日仏租界巡捕衝突事件が起こる。**九月**、窪田文三が在天津日本総領事館の総領事に就任。第二革命が失敗に終わる。**一〇月**、袁世凱が中華民国の大総統に正式に就任する。日本・イギリス・ドイツ・ロシア等、一三ヶ国が中華民国政府を承認する。**この年**、直隷省省都が天津に移管する。天津国産商品販売所が開業する。大阪商船・大連汽船の天津支店が開設される。

●**四月**、「天津駐在列強武官」（『太陽』*写真）。**六月**、富成一二編『天津案内』（中東石印局）。**一〇月**、小幡酉吉「天津大正元年貿易年報」（『通商公報』）。**一二月**、「天津地方棉花（領事報告）」（『大日本紡績聯合会月報』）。**この年**、在天津日本総領事館『天津地方経済事情』（在天津日本総領事館、発行月不明）。駐天津日本総領事館編『天津ノ商業勢力範囲ヲ論ズ』（出版者・発行月不明）。外務省通商局編『天津貿易概覧』（外務省通商局、発行月不明）。天津居留民団編『大正二年民団事務報告』（天津居留民団、発行月不明）。天津居留民団編『居留民会議事速記録（大正二年）』（天津居留民団、発行月不明）。

一九一四（大正3）年

二月、朱家宝が直隷省都督兼民政長に就任する。趙秉鈞が直隷省民政長代理に就任する。**七月**、吉田東作が在天津日本総領事館の総領事代理・領事館補に就任。フランス天津領事が老西開地区から中国警察を撤収するよう要求する。孫文が東京で中華革命党を結成する。第一次世界大戦が始まる。**八月**、松平恒雄が在天津日本総領事館の総領事に就任。陸軍少将・奈良武次が支那駐屯軍司令官に任命される。**九月**、天津居留民団庁舎が日本租界福島街一八番地に移転する。久大製塩公司が成立する。**一一月**、日本軍が青島を占領する。**この年**、直隷模範紡紗廠が設立される。

●**一月**、巖谷小波「満鮮の小国民」（『三越』）。「天津に於ける列国駐屯軍聯合演習概況」（『太陽』）。**四月**、巖谷小波「満鮮いろは噺」（『少年世界』）。奉天・天津・上海各領事館「氷砂糖需給状況」（『通商公報』）。**五月**、支那駐屯軍司令部『支那経済及資源概覧図表　支那本部・北支那・天津之部』（支那駐屯軍司令部）。**一一月**、「天津に於ける綿製品」（『大日本紡績聯合会月報』）。**この年**、天津居留民団編『大正三年民団事務報告』（天津居留民団、発行月不明）。天津居留民団編『居留民会議事速記録（大正三年）』（天津居留民団、発行月不明）。

一九一五（大正4）年

一月、日本が中国の袁世凱政権に対して、対華二十一カ条の要求を行う。**四月**、射倖行為取締規則が制定・公布される（館令第一号）。**五月**、塩業銀行天津分行が成立する。**七月**、陸軍少将・斎藤季次郎が支那駐屯軍司令官に任命される。天津社会教育弁事処が成立する。**九月**、天津土地埋立組合が設立され、租界内埋立工事に着手する。**一〇月**、新聞『益世報』が創刊される。**一二月**、袁世凱の帝政運動に反対する第三革命が始まる。**この年**、在天津日本総領事館が宮島街に新庁舎を移転する。天津初の公衆電話が設置される。正隆銀行天津支店が開設される。寿星面粉公司・華新紡織公司・裕元紡織公司・中孚銀行本店・中仏実業公司天津支店が開業する。通関代弁業者取締規則が公布される（館令第二号）。

●**四月**、「天津地方に於ける織布機」（『大日本紡績聯合会月報』）。「支那に於ける電燈及電力に付て（長春、吉林、北満洲、営口、瓦房店、済南、天津、蘇州、長沙、上海、広東）」（『通商公報』）。**五月**、松平恒雄「天津地方に於ける日本麦酒」（『通商公報』）。松平恒雄「天津に於ける本邦製石筆の需要」（『通商公報』）。**八月**、松平恒雄「天津貿易概覧」（『通商公報』）。**九月**、「天津輸入綿製品」（『大日本紡績聯合会月報』）。**一〇月**、松平恒雄「天津に於ける蒙古産馬毛の集散状況」（『通商公報』）。**この年**、天津居留民団編『居留民会議事速記録（大正四年）』（天津居留民団、発行月不明）。

一九一六（大正5）年

三月、袁世凱が帝政取消を宣言する。**五月**、陸軍少将・石光眞臣が支那駐屯軍司令官に任命される。**六月**、袁世凱が死去する。**一〇月**、老西開事件が起こる。天津公民大会が開催される。**この年**、王郅隆が新聞『大公報』の経営を始める。華旗銀行天津分行が開業する。天津総領事館の調査によると、この年の天津在留邦人は、戸数九五九戸、計三六三三人。

●**一月**、松平恒雄「天津港に於ける冬季設備」（『通商公報』）。**二月**、天津総領事館「天津税関関税取扱銀行変更」（『通商公報』）。**三月**、「天津に於ける紡織公司新設」（『大日本紡績聯合会月報』）。**五月**、「天津の棉花」（『大日本紡績聯合会月報』）。「天津貿易概況」（『通商公報』）。「天津及漢口に於ける硝子及硝子製品需給状況」（『通商公報』）。**七月**、松平恒雄「天津に於ける石綿産出状況」（『通商公報』）。**八月**、「天津地方棉花作柄」（『大日本紡績聯合会月報』）。「天津に於ける本邦商品需給状況」（『通商公報』）。天津総領事館「天津貿易年報（大正三・四年）」（『通商公報』）。「天津に於ける支那人経営各種工場」（『通商公報』）。「天津に於ける本邦綿糸布状況」（『大日本紡績聯合会月報』）。松平恒雄「天津小麦粉及（麦皮）に付て」（『通商公報』）。天津総領事館「天津輸出品税率及日本向運賃」（『通商公報』）。**九月**、吉田

東作「天津に於ける煙草製造業」（『通商公報』）。吉田東作「天津に於ける硫酸需給状況」（『通商公報』）。**一一月**、「天津棉花綿糸綿布市況（棉花綿糸布商況欄）」（『大日本紡績聯合会月報』）。**一二月**、天津総領事館「天津に於ける塩蔵魚に就て」（『通商公報』）。「塩酸加里及カーバイト需要状況（天津に於ける）」（『通商公報』）。**この年**、石田秀二『白河ノ天津』（出版者・発行月不明）。天津居留民団編『大正五年民団事務報告書（附民団財産明細書）』（天津居留民団、発行月不明）。天津居留民団編『居留民会議事速記録（大正五年）』（天津居留民団、発行月不明）。

一九一七（大正6）年

三月、中国がドイツと断交する。天津のドイツ租界・オーストリア租界が回収される。**五月**、金城銀行本店が設立される。**六月**、徐世昌が天津において中華民国政府の成立を発表する。**七月**、直隷省督軍・曹錕が直隷省長を兼任する。安徽督軍・張勲が紫禁城で清朝復辟を宣言する。**九月**、天津で水害が発生する。物品売買に関する告示が公布される（館令第六号）。孫文が大元帥に就任し、広東軍政府樹立を宣言する。**一一月**、永利製碱股份有限公司が開設される。**一二月**、営業及特殊行為取締規則が制定・公布される（館令第七号）。**この年**、天津日本小学校の新校舎が芙蓉街に落成する。天津フランス公園が開設される。

●**一月**、松平恒雄「銅貨騰貴救済策（天津）」（『通商公報』）。**四月**、天津・済南・蘇州・厦門・汕頭各領事館「醤油醸造業」（『通商公報』）。**七月**、「天津防水布需要」（『東京商業会議所月報』）。**八月**、「天津貿易年報」（『通商公報』）。「天津綿製品貿易、上海輸入織物の北支再輸出」（『大日本紡績聯合会月報』）。松平恒雄「天津出入各汽船航路」（『通商公報』）。**九月**、「天津」（東亜実進社編『支那研究叢書』第一巻、東亜実進社）。「天津地方棉花作柄、天津地方水害後の棉作予想」（『大日本紡績聯合会月報』）。「天津輸出の主要鉱産物」（『支那鉱業時報』）。松平恒雄「天津に於ける麻商況」（『通商公報』）。松平恒雄「天津に於ける麻集散状況」（『通商公報』）。吉田東作「天津新補助銀貨発行に就て」（『通商公報』）。**一一月**、「天津大水災の状況」（『満蒙実業報』）。大連商業会議所「門司・天津間三線哩数及運賃比較表」（『満蒙実業彙報』）。**一二月**、「天津に於ける牛馬羊皮需給状況」（『通商公報』)。松平恒雄「天津に於ける陶磁器需給状況」(『通商公報』)。**この年**、天津居留民団臨時写真班編『天津水害紀念帖』(天津居留民団、発行月不明)。八田良恭『天津両』(横浜正金銀行天津支店、発行月不明)。天津居留民団編『天津民団十週年記念誌』(天津居留民団、発行月不明)。天津居留民団編『大正六年民団事務報告書(附民団財産明細書)』(天津居留民団、発行月不明)。天津居留民団編『居留民会議事速記録(大正六年)』(天津居留民団、発行月不明)。

一九一八(大正7)年

三月、順直水利委員会が成立する。**四月**、裕元紗廠が開業する。**五月**、沼野安太郎が在天津日本総領事館の総領事に就任。孫文が大元帥を辞任し、上海へ逃れる。日華陸軍共同防敵軍事協定が調印される。**六月**、陸軍少将・金谷範三が支那駐屯軍司令官に任命される。**九月**、朝鮮銀行天津支店が開行する。**一一月**、第一次世界大戦が終結する。**この年**、周恩来が南開学校に入学する。『京津日日新聞』が創刊される。世界最長の陸路郵便配達ルートが開設される。正隆銀行天津支店が解散し、その業務を朝鮮銀行天津支店が引き継ぐ。金光教天津教会所が建立される。

●**一月**、松平恒雄「天津に於ける塩酸加里需給状況」(『通商公報』)。**三月**、横浜正金銀行天津支店『商慣習ヨリ見タル天津ノ"Native order"』(横浜正金銀行天津支店)。**五月**、三井物産株式会社天津棉花支部編『天津棉糸布事情』(三井物産株式会社天津棉花支部)。**六月**、支那駐屯軍司令部『山西鉄ノ天津移出状況』(支那駐屯軍司令部)。「天津貿易年報(大正六年)」(『通商公報』)。**七月**、「天津綿製品貿易」(『大日本紡績聯合会月報』)。天津総領事館報告「津浦京漢京綏鉄道県納の通貨に就て」(『通商公報』)。**八月**、横浜正金銀行天津支店『天津ニ於ケル商工業』(横浜正金銀行天津支店)。**九月**、「天津に集散する北支那の棉花」(『山東経済時報』)。**一一月**、支那駐屯軍司令部編『大正六年天津秦皇島ノ貿易』(出版者不明)。「天津の通用貨幣及其為替計算法」(『週報(上海日本商業会議所)』)。**この年**、岡部尤一『天津輸入綿糸布事情』(横浜正金銀行天津支店、発行月不明)。支那駐屯軍司令部『天津に於ける石棉工業』(発行月不明)。天津居留民団編『大正七年民団事務報告書(附民団財産明細書)』(天津居留民団、発行月不明)。天津居留民団編

『居留民会議事速記録（大正七年）』（天津居留民団、発行月不明）。

一九一九（大正8）年

一月、パリ講和会議が始まる。中国が山東の還付を要求する。**二月**、亀井貫一郎が在天津日本総領事館の総領事代理・領事館補に就任。華新紗廠が開業する。荷車取締規則が公布される（館令第九号）。**三月**、天津日本租界で米兵暴行事件が起こる。**四月**、恒源紡紗廠が開業する。天津日本青年会立夜間学校（後の天津日本青年学校）が創立される。**五月**、五・四運動が起こる。天津学生聯合会・天津女界愛国同志会が成立する。**六月**、船津辰一郎が在天津日本総領事館の総領事代理・副領事に就任。天津各界連合会・天津救国一〇人団連合会が成立する。中国各省の代表および北京・天津の学生が講和条約不調印の大請願運動を行う。**七月**、陸軍少将・南次郎が支那駐屯軍司令官に任命される。**八月**、天津居留民団立の病院が設立される。**九月**、私立南開大学が開学する。覚悟社が成立する。**一〇月**、孫文を指導者として中国国民党が結成される。**この年**、北洋商業第一紡織公司・大陸銀行本店・中国実業銀行本店が開設される。天津驥北会（乗馬クラブ）が発足する。

●**一月**、石田幹之助「天津独逸租界譲渡の議」（『国際法外交雑誌』）。**三月**、満鉄総務部調査課編『北京天津ニ於ける新聞ノ系統（大正八年三月調）』（満鉄総務部調査課）。安原美佐雄「天津に於ける羊毛」「天津に於ける製絨業」「天津の麻」「天津を中心とする小麦及製粉業」（同『支那の工業と原料』第一巻下、上海日本人実業協会）。**六月**、横浜正金銀行調査課編『天津棉花及棉工業』（横浜正金銀行）。満鉄総務部調査課『家屋、建築及居住等ニ関スル天津英租界自治区規程草案』（満鉄総務部調査課）。谷崎潤一郎「支那劇を観る記」（『中央公論』）。**七月**、石田秀二『天津輸入英国棉布ニ就イテ』（三井物産株式会社天津棉花支部）。**八月**、石田秀二「白河の天津（上）」（『日華公論』）。「天津の植物油」（『上海日本人雑穀肥料同業組合月報』）。「天津に於ける各国租界課税の種目及標準」（『通商公報』）。**九月**、石田秀二「白河の天津（中）」（『日華公論』）。「天津日貨排斥運動の本邦商品に及ぼせる影響」（『通商公報』）。「天津に於ける主要輸入本邦品と外国品との競争状況」（『通商公報』）。「天津に於ける炭況（直隷省）」（『支那鉱業時報』）。「天津各国租界の行政組織並に財政状態」（『日華公論』）。**一〇月**、石田秀二「白河の天津（下）」（『日華公論』）。「天津に於ける小麦及麦粉事情」（『日華公論』）。「天津に於ける主要輸入本邦支那と外国品との競争状況」（『東京商業会議所所報』）。「天津に於ける本邦品と外国品との競争状況」（『横浜商業会議所機関月報』）。「天津税関に於ける従価税支払輸出貨物標準価格改正」（『通商公報』）。**一一月**、谷崎潤一郎「或る漂泊者の俤（A Sketch）」（『新小説』）。「本年上半期の天津綿糸布貿易」（『通商公報』）。「天津に於ける亜鉛引鉄板及鉄線商況」（『通商公報』）。「天津に於ける氷砂糖商況」（『通商公報』）。**一二月**、「天津に於ける山東産麦稈真田非売同盟現況」（『天津商業会議所週報』）。「天津に於ける日貨排斥運動の経過」（『天津商業会議所週報』）。「天津に集る羊毛」（『天津商業会議所週報』）。「天津に於ける日米衝突事件」（『新支那』）。「天津に於ける牛骨及骨粉集散状況」（『通商公報』）。「天津綿糸布貿易」（『天津商業会議所週報』）。「綿糸輸出制限令の天津地方綿糸界に及ぼせる影響」（『天津商業会議所週報』）。「本邦綿糸輸出制限令の天津地方綿糸界に及ぼせる影響」（『通商公報』）。「白河砕氷船運航計画（天津）」（『通商公報』）。**この年**、石田秀二『天津棉糸貿易半年報大正八年上半期（附最近四ヶ年天津棉糸貿易年報）』（三井物産株式会社天津棉花支部、発行月不明）。天津居留民団編『居留民会議事速記録（大正八年）』（天津居留民団、発行月不明）。

一九二〇（大正9）年

四月、天津下水道規則が公布される（館令第一一号）。天津信託興行株式会社が設立される。**五月**、裕大紗廠工場が建設される。**六月**、北支五省（直隷・河南・山東・山西・陝西）で旱魃による飢饉となり、多数の罹災者が出る。**七月**、安徽派と直隷派による安直戦争（直皖戦争）が起こる。**九月**、新聞『新民意報』が創刊される。**一〇月**、天津神社が竣成する。陳独秀らが上海で中国社会主義青年団を結成する。**一一月**、張太雷が天津社会主義青年団を結成する。**一二月**、総領事館令によって、浪速街・松島街・蓬莱街が天津租界遊廓地に指定される。**この年**、宝成紗廠工場が建設される。天津土地埋立組合が日本租界の埋立を完了する。日本系の天津銀行が設立される。天津防疫医院が設立される。天津興信所が設立される。英国工務局電気部が設立される。大豊面粉公司・福成面粉公司・華義銀行本店が開設される。

●**一月**、清水久行『天津ニ於ケル通貨』（出版者不明）。藤江眞文「天津をして北支那に於ける大工業地たらしめよ」（『日華公論』）。「青島と天津の将来」（『山東経済時報』）。「天津に於ける木材」（『天津商業会議所週報』）。「天津に於ける輸入綿糸布」（『天津商業会議所週報』）。「天津排貨紛擾と北京紙」（『天津商業会議所週報』）。**二月**、「天津事件の反響」（『上海』）。「天津市場に於ける物価」（『通商公報』）。宇野又夫「天津羊毛に就て」（神戸高等商業学校編『大正八年夏期海外旅行調査報告』神戸高等商業学校）。**三月**、「天津航路輻輳」（『青島実業協会月報』）。**四月**、田中晴一「天津市場に出廻る支那棉花に就て」（『東亜経済研究』）。「天津地方支那工業勃興と其現状」（『通商公報』）。「天津日本人商業会議所より低利資金供給に関し請願」（『東京商業会議所所報』）。「伊支合弁銀行設立（天津）」（『東京商業会議所所報』）。**五月**、吉野美弥雄「天津に出廻る棉花（一）」（『内外商工時報』）。「天津地方に於ける食糧肉類の販売竝輸出検査規定」（『通商公報』）。「天津の「ライター」」（『天津商業会議所週報』）。「天津造幣総廠底工人状況」（『新青年』）。**六月**、吉野美弥雄「天津に出廻る棉花（二）」（『内外商工時報』）。「大正七年天津貿易年報」（『通商公報』）。「天津綿糸貿易ノ現状」（『大日本紡績聯合会月報』）。「天津地方に於ける支那綿糸布製造工場の現状」（『日華公論』）。「天津の「ライター」」（『天津商業会議所週報』）。「天津に於ける通貨」（『日華公論』）。青柳徳太郎他「青島済南天津を中心とする牛皮骨調査」（『東亜同文書院一七期生旅行報告』）。松本元次他「天津を中心とする羊毛羊皮調査」（『東亜同文書院一七期生旅行調査』）。「天津を中心とせる金融調査報告」（『東亜同文書院一七期生旅行報告』）。**七月**、吉野美弥雄「天津に出廻る棉花（三）」（『内外商工時報』）。「天津に於ける通貨」（『天津商業会議所週報』）。**九月**、「天津の牛骨」（『天津商業会議所週報』）。**一〇月**、「天津に於ける小麦」（『天津商業会議所週報』）。「天津綿織物」（『大日本紡績聯合会月報』）。**一一月**、「天津煙草行現況」（『通商公報』）。**一二月**、上野太忠編『天津北京案内』（日華公論社）。「天津港対独国貿易概況」（『天津商業会議所週報』）。**この年**、天津駐屯軍編『天津に於ける物資に就いて』（出版者・発行月

不明）。天津居留民団編『大正九年民団事務報告書（附民団財産明細書）』（天津居留民団、発行月不明）。天津居留民団編『居留民会議事速記録（大正九年）』（天津居留民団、発行月不明）。

一九二一（大正10）年

一月、船津辰一郎が在天津日本総領事館の総領事に就任。陸軍少将・鈴木一馬が支那駐屯軍司令官に任命される。**三月**、兵器・弾薬取締令が制定・公布される（館令第一号）。**四月**、天津日本高等女学校・天津同文書院（後に中日学院と改称）が設立される。**五月**、広東新政府が成立し、孫文が非常大総統に就任する。**七月**、北洋政府が市自治制を公布する。中国共産党創立大会が上海で開かれ、毛沢東らが出席する。**八月**、天津地方自治籌備会が成立する。**九月**、北洋紗廠が開業する。**一一月**、ワシントン会議が始まる。**一二月**、八木元八が在天津日本総領事館の総領事代理・公使館三等書記官兼領事に就任。**この年**、大沽口—市内埠頭の砕氷に成功する。フランス系の天津工商大学が創設される。天津庭球協会が設立される。民豊面粉公司が設立される。天津総領事館の調査によると、この年の天津在留邦人は、戸数一四三八戸、計五〇二四人。

●**一月**、「戦後の天津対日本貿易」（『天津商業会議所週報』）。「輸出品評価価格修正（天津）」（『天津商業会議所週報』）。「天津に於ける莫大小品の需給状況」（『通商公報』）。「天津の油業」（『上海週報』）。「結氷季に於ける天津航運」（『天津商業会議所週報』）。**二月**、「天津市場の滞貨」（『天津商業会議所週報』）。「天津の油業に就て」（『天津商業会議所週報』）。「天津地方に於ける莫大小」（『大日本紡績聯合会月報』）。**三月**、脇川壽泉編『北京名所案内　附天津概観』（壽泉堂）。「天津商工誌」（『日華公論』）。譚葆寿「天津植物油業」（『大陸』）。「芝罘及天津地方紙類需要状況」（『通商公報』）。**四月**、「利用すべき天津を中心とせる北支那の物産」（『天津商業会議所週報』）。**五月**、「天津会議の経過」（『外交時報』）。「天津の支那銀行団会議」（『上海週報』）。住田正一「天津港」（同『近海港湾論』巌松堂書店）。**六月**、「天津商工人名録に就いて」（『東京商業会議所所報』）。「天津会議の回顧」（『支那』）。「大正八年天津貿易年報」（『通商公報』）。「天津重要輸出品及其集散状況」（『天津商業会議所週報』）。**八月**、「上海天津及香港に於ける生活費」（『上海

日本商業会議所週報』)。**九月**、「天津地方のセメント需給と啓新洋灰の近況」(『貿易週報』)。「天津の植物油」(『上海日本人雑穀肥料同業組合月報』)。**一〇月**、天津日本図書館編『天津日本図書館図書目録』(天津日本図書館)。「天津に於ける商品検定所設置」(『通商公報』)。「天津日本人商業会議所より依頼に係る商品検定所設置に関する件、天津日本人商業会議所商品検定所設置」(『東京商業会議所所報』)。**一一月**、「結氷期間の航行に関する天津海関港務所告示」(『天津商業会議所週報』)。**一二月**、「天津の植物油」(『上海日本人雑穀肥料同業組合月報』)。

一九二二(大正11)年

二月、大東銀行天津支店が開設される。孫文が第一次北伐を開始する。**三月**、天津居留民団がフランス電力株式会社と電力購入の契約を交わす。**四月**、本野亨三が在天津日本総領事館の総領事代理・領事館補に就任。第一次奉直戦争が起こり、直隷派が天津を統治する。**五月**、吉田茂が在天津日本総領事館の総領事に就任。張作霖が東三省の独立を宣言する。**八月**、黄海化学工業研究所が成立する。北伐が失敗に終わり、孫文は上海に逃れる。**一二月**、社団法人天津日本共立医院が設立される。**この年**、天津に開灤鉱業社本社が竣工する。天津信託会社が設立される。山下汽船株式会社天津出張所が開設される。天津米国人学校が創立される。北京で世界基督教学生同盟大会が開催され、これを機に、天津・北京の学生団が非宗教大同盟を結成する。王承斌が直隷省長に就任する。

●**一月**、参謀本部編『天津商工業調査』(参謀本部)。参謀本部「(天津)度量衡」(『天津商工業調査』)。「天津に於ける貿易」(『天津商工業調査』)。「天津取引及商慣習」(『天津商工業調査』)。「天津税関」(『天津商工業調査』)。「天津青島両港の比較」(『山東経済時報』)。「運輸(天津)」(『天津商工業調査』)。「通信(天津)」(『天津商工業調査』)。**二月**、「天津に於ける家鴨毛竝蜂蜜状況」(『通商公報』)。「天津に於けるインキ需給状況」(『通商公報』)。「天津に於ける紡績業の概況」(『大日本紡績聯合会月報』)。**三月**、「天津に於ける葉煙草需給状況」(『通商公報』)。「天津牛骨の輸出」(『天津商業会議所週報』)。「最近一〇年上海より天津間織物再輸出表」(『上海日本商業

会議所週報』)。「天津輸入重要品市価最近三年間月別対照表」(『天津商業会議所週報』)。「天津に於ける陶磁器及自転車商況」(『貿易週報』)。**四月**、「天津に於ける葉煙草需給状況」(『天津商業会議所週報』)。「天津輸入食料品時価調」(『天津商業会議所週報』)。**五月**、「奉直戦争が天津貿易に及ぼせる影響に就て」(『天津商業会議所週報』)。**六月**、天津日本人商業会議所『天津に於ける排日貨運動』(天津日本人商業会議所)。「時局の天津市況に及ぼせる影響」(『通商公報』)。「奉直戦争の天津市場に及したる影響」(『通商公報』)。「天津に於ける鶏卵状況」(『通商公報』)。「天津に於ける護謨製品の需給状況」(『通商公報』)。「天津に於ける護謨靴工場状況」(『通商公報』)。「支那時局の天津市況に及ぼしたる影響」(『東京商業会議所所報』)。「天津の紡績業」(『内外商工時報』)。**七月**、「時局の天津市況に及ぼしたる影響」(『内外商工時報』)。「天津皮革状況」(『通商公報』)。「天津港に於ける対日貿易の現在及将来」(『東亜経済研究』)。**八月**、「天津に於ける我商業不振と其原因」(『天津商業会議所週報』)。「最近五年天津綿糸布輸入量」(『通商公報』)。**九月**、「大正九年天津貿易年報」(『通商公報』)。**一〇月**、「天津に於ける鴨緑江木材の地位」(『安東経済時報』)。福山醇蔵「天津輸出入貨物通関手続」(『満鉄調査時報』)。**一一月**、「天津に於ける鴨緑江木材の地位」(『天津商業会議所週報』)。「天津と米国木材」(『天津商業会議所週報』)。**一二月**、天津興信所編『天津在留邦人官商録』(天津興信所)。「天津貿易年報(大正一一年)」(『通商公報』)。「天津支那紡績会社」(『天津商業会議所週報』)。「天津のアンペラ」(『天津商業会議所週報』)。

一九二三(大正12)年

二月、孫文が広東に帰り、第三次広東政府の大元帥に就任する。**三月**、中国が二十一カ条条約の廃棄を日本に通告する。**四月**、鄧穎超が女星社を組織する。**六月**、黎元洪が中華民国の大総統職を離れ、天津の日本租界に逃れる。**八月**、陸軍少将・吉岡顕作が支那駐屯軍司令官に任命される。建築取締規則が公布される(館令第一号)。競馬事業取締規則が公布される(館令第二号)。**この年**、南開大学が八里台に拡充・移転する。

●**一月**、三井物産株式会社天津支店『天津に於ける通貨』(三井物産株式会社天津支店)。「天津に於ける海産物

需給状況」（『通商公報』）。「天津に於ける本邦品市況」（『通商公報』）。「天津に於ける紡績業状況」（『通商公報』）。「天津に於ける日本品輸入の消長」（『天津商業会議所週報』）。「天津に於ける本邦品市況」（『東京商業会議所所報』）。「天津に於ける紡績業（領事報告）」（『大日本紡績聯合会月報』）。**三月**、「最近一〇年間上海より天津向織物再輸出表」（『上海週報』）。「天津に於ける新紡績工場設立制限令」（『天津商業会議所週報』）。**四月**、「天津商会排貨実行決議」（『天津商業会議所週報』）。「天津の工業」（『天津商業会議所週報』）。「天津に於ける海産物」（『天津商業会議所週報』）。「天津に於ける新紡績工場設立制限」（『天津商業会議所週報』）。「天津紡績工場設立制限令」（『大日本紡績聯合会月報』）。「天津海関告示」（『天津商業会議所週報』）。「天津電車買戻運動」（『支那時事』）。**五月**、「天津出廻りの羊毛」（『天津商業会議所週報』）。「新関税率の天津綿糸布貿易に及ぼす影響」（『通商公報』）。「天津に於ける日独品競争」（『通商公報』）。**六月**、濱田峯太郎「天津漢口両市場に於ける取引状態」（同『支那に於ける紡績業』日本堂書店）。「天津の工業」（『天津商業会議所週報』）。「天津の工業」（『天津商業会議所月報』）。「天津と紡績工業」（『通商公報』）。「天津に於ける紡績」（『大日本紡績聯合会月報』）。「京津間航空連絡開始」（『支那時事』）。**七月**、「天津に於ける排日運動の経過」（『支那』）。「天津棉花状況」（『大日本紡績聯合会月報』）。「天津市場の駱駝毛」（『通商公報』）。「天津最近四年間各年三ヵ月間各国製綿糸布輸入数量比較表」（『天津商業会議所週報』）。「天津取引所棉花取引所規定」（『鮮銀月刊』）。**八月**、「天津棉花状況」（『大日本紡績聯合会月報』）。「天津棉花状況」（『東京商業会議所所報』）。「天津セメント状況」（『天津商業会議所週報』）。**一一月**、「天津の棉花輸出手続改正」（『満蒙実業彙報』）。**一二月**、「天津に於ける棉花取引紛争」（『大日本紡績聯合会月報』）。**この年**、土屋某『機械工場早解り（青島冷蔵株式会社天津工場）』（出版者・発行月不明）。福山醇蔵『天津輸出入貨物通関手続』（満鉄調査課、発行月不明）。天津居留民団編『大正十二年民団事務報告書（附民団財産明細書）』（天津居留民団、発行月不明）。天津居留民団編『居留民会議事速記録（大正一二年）』（天津居留民団、発行月不明）。

一九二四（大正13）年

一月、第一次国共合作が成立する。北京中華滙華銀行天津支店が開設される。不動産買収に関する規則が制定・公布される（館令第一号）。**四月**、国民党直隷省党部・天津市党部・中国共産党天津地方執行委員会が成立する。**六月**、孫文が黄埔軍官学校を開校する（校長は蔣介石、政治部主任は周恩来）。**九月**、孫文が第二次北伐を宣言する。第二次奉直戦争が始まる。**一一月**、直隷派の呉佩孚が敗北して天津を脱出する。**一二月**、孫文が来津する。国民党天津事務所が設立される。天津警察庁長の楊以徳が直隷省長代理に就任する。**この年**、天津のロシア租界が回収され、特別三区となる。東洋拓殖株式会社天津支店が開設される。天津イタリア公園が開設される。

●**一月**、「大正一二年天津羊毛市況」（『天津商業会議所週報』）。「生牛生肉状況（天津）」（『通商公報』）。「支那天津魯嗣香氏来訪に関し天津商業会議所より斡旋方依頼の件、魯嗣香氏一行歓迎会」（『東京商業会議所所報』）。木具正雄「天津に於ける綿糸布事情」（神戸高等商業学校編『大正十二年夏期海外旅行調査報告』神戸高等商業学校）。**二月**、「天津貿易年報（大正一一年）」（『通商公報』）。「調査天津之綿紗業」（『農商工報』）。「外人企業より見たる天津租界界外」（『支那貿易通報』）。**三月**、在天津日本総領事館編『在天津総領事館管轄区域内事情』（外務省通商局）。満鉄調査課編『天津芝罘及青島主要欧米輸出貨物調査報告書』（出版者不明）。「天津に於ける英国商社」（『天津商業会議所週報』）。**四月**、「天津毛織物輸入状況」（『天津商業会議所週報』）。「天津対朝貿易」（『天津商業会議所週報』）。「天津に於ける燐寸工業」（『満洲経済時報』）。**五月**、「蔬菜竝果実状況（天津）」（『通商公報』）。**六月**、「天津の豚毛」（『通商彙報』）。「骨粉状況（天津）」（『通商公報』）。「天津貿易概況（大正一二年）」（『通商公報』）。「天津之生棉廠状況」（『上海総商会月報』）。**七月**、馬場鍬太郎「天津市場に於ける分類」「天津市場圏内主要棉産地及生産状況」「天津市場圏内棉花市場及輸送径路」「天津に於ける取引慣習」（同『支那の綿業』禹域学会）。西川喜一「天津に於ける綿織業」「天津綿糸布事情」（同『支那経済綜攬　棉工業と綿絲綿布』日本堂書房）。「天津商業界十年以来の進展」（『内外情報』）。「自転車輸入状況（天津）」（『通商公報』）。「一九二二―二三年天津対合衆国輸出品表」（『内外情報』）。**八月**、「最近十年の天津商会」（『天津商業会議所週報』）。「天津対独逸輸出」（『天津商業会議所週報』）。**九月**、「時局の天津経済界に及ぼせる影響」（『天津商業会議所週報』）。「天津日本人商業会議所の支那商標登録代理取引開始」（『東京商業会議所所報』）。**一〇月**、「新棉出廻状況（天津）」（『通商公報』）。「天津新棉出廻状況」（『大日本紡績聯合会月報』）。「天津重要輸出入品に対する時局の影響」（『天津商業会議所週報』）。**一一月**、吉野美彌雄『利用す可き天津を中心とせる北支那の物産』（三島開文堂）。「支那動乱画報（天津総停車場に於ける直隷軍の馬車輸送の光景）」（『太陽』＊写真）。「大正一二年度天津麦粉商況」（『天津商業会議所週報』）。「天津秦皇島石炭コークス輸出統計」（『天津商業会議所週報』）。**一二月**、西川喜一「天津に集散する棉花」「天津市場に於ける出廻数量及経路」「天津市場に於ける取引慣習」「天津市場」（同『支那経済綜攬　鑛産・棉花と上海絲布』日本堂書店）。「石炭輸出額（天津及秦皇島）」（『通商公報』）。「天津に於ける支那銀行」（『上海日本商業会議所週報』）。「在天津支那銀行号の組織」（『上海週報』）。「天津の生綿及綿紗廠状況」（『中外経済週刊』）。**この年**、天津居留民団編『居留民会議事速記録（大正一三年）』（天津居留民団、発行月不明）。

一九二五（大正14）年

一月、天津国民会議促進会が成立する。改正居留民団法施行細則が公布される。**二月**、溥儀が天津の日本租界で暮らし始める。**三月**、第一回天津居留民会議員選挙が実施される（一級二級各三〇名）。孫文が北京で死去。**四月**、天津―奉天間の電話事業が開始される。**五月**、岡本一策が在天津日本総領事館の総領事代理・副領事に就任。陸軍中将・小泉六一が支那駐屯軍司令官に任命される。天津帝国専管居留地土地建物届出規則が公布される（館令第二号）。上海で五・三〇運動が起こる。**六月**、有田八郎が在天津日本総領事館の総領事に就任。直隷総督督軍・李景林が直隷省省長を兼任する。五・三〇運動に呼応して、天津各界で連合会が結成される。**七月**、西河が増水して天津地方に洪水の危機が訪れるが、各国租界局および中国側が協力して食い止める。汪兆銘・蒋介石らからなる広東国民政府が成立する。**八月**、天津総工会が成立する。**一二月**、国民軍が入津する（翌年三月に撤兵）。直隷総督・孫岳が直隷省長を兼任する。天津同文書院が中日学院と改称する。**この年**、溥儀が吉田茂天津総領事とともに日本小学校を参観する。

●**一月**、「大正一三年度天津輸出入品数量（大正一二年比較）」（『天津商業会議所週報』）。「上海青島天津通関組合規約」（『漢口日本商業会議所旬報』）。「天津棉花取引商慣習」（『大日本紡績聯合会月報』）。「天津棉花綿糸布市況（棉花綿糸布商況欄）」（『大日本紡績聯合会月報』）。「天津 French Bund 埠頭料増率」（『神戸海運集会所月報』）。**二月**、「棉花天津港積出年表」（『済南実業協会月報』）。「天津市に於ける華人工場の概況」（『大日本紡績聯合会月報』）。「天津海関関税収入額（一九二四年）」（『海外商報』）。**三月**、「天津洋総商会定期総会」（『天津商業会議所週報』）。「天津雑貨市場の現状と見本市」（『支那貿易通報』）。「天津造幣総廠の整理」（『天津商業会議所週報』）。**四月**、「天津移入の満洲高粱」（『天津商業会議所週報』）。「大正一三年度天津対日貿易」（『天津商業会議所週報』）。「窓硝子商況（天津）」（『海外商報』）。「天津海関輸出品評価表」（『天津商業会議所週報』）。**五月**、「カーペット商況（天津）」（『海外商報』）。**六月**、「天津へ移入せらるる満洲玉蜀黍」（『天津商業会議所週報』）。「廃骨市況（天津）」（『海外商報』）。「シガレットペーパー輸入状況（天津）」（『海外商報』）。「天津対外貿易の近状」（『支那貿易通報』）。「天津紡績業近況、天津裕大紡東拓経営」（『大日本紡績聯合会月報』）。「天津紡績業状況」（『海外商報』）。**七月**、天津日本人旅館業組合『天津旅館業組合規約』（出版者不明）。「時局の天津経済界に及ぼせる影響」（『天津商業会議所週報』）。「天津金融状況」（『海外商報』）。「天津内外銀行調査」（『天津商業会議所週報』）。**八月**、有田八郎「排外運動と天津貿易」（『海外商報』）。「天津半プレス棉花対日本向輸出表」（『天津商業会議所週報』）。「鉛筆需給状況（天津）」（『海外商報』）。「関東州特恵関税と天津」（『天津商業会議所週報』）。「天津に於ける内外銀行調査」（『天津商業会議所週報』）。「天津裕大紡績暴動事件」（『海外時報』）。「天津における紡績罷業」（『調査時報』）。**九月**、「満洲産玉蜀黍移入状況（天津）」（『海外商報』）。「天津に於ける紡績罷業」（『満鉄調査時報』）。**一〇月**、「天津裕大紡績暴動の裏面と日支交渉」(『満鉄調査時報』)。「天津木材事情」(『天津商業会議所週報』)。「天津に於ける自転車需給状況」(『海外商報』)。「天津石炭界の近況、開灤炭鉱採炭概況」(『支那鉱業時報』)。「天津に於ける貸金利率」(『天津商業会議所週報』)。**一一月**、芥川龍之介「雑信一束」(同『支那游記』改造社)。「一九二五年天津における羊毛及毛皮の貿易状態」(『海外商報』)。「天津燐寸工業の調査」(『上海総商会月報』)。「中国工業天津自製燐寸情形」(『満洲経済時報』)。**一二月**、天津興信所編『京津在留邦人官商録』(天津興信所)。「天津に於ける木材事情」(『安東経済時報』)。「天津金融概況(大正一五年)」(『海外商報』)。「上海天津間長距離電話線及列車内ラヂオ架設計画」(『満鉄調査時報』)。**この年**、天津居留民団編『大正十四年民団事務報告書(附民団財産明細書・天津日本租界上水道図・天津日本租界下水道図)』(天津居留民団、発行月不明)。天津居留民団編『居留民会議事速記録(大正一四年)』(天津居留民団、発行月不明)。

一九二六(大正15/昭和元)年

三月、陸軍中将・高田豊樹が支那駐屯軍司令官に任命される。**四月**、褚玉璞が保安司令になる。段祺瑞が天津に逃れる。**六月**、新聞『庸報』が創刊される(翌年、上海の『申報』傘下に入る)。**七月**、蔣介石が国民革命軍総司令に就任し、北伐を開始する。**九月**、新記公司が新聞『大公報』を復刊する。北伐軍が漢陽・漢口を占領する。**一一月**、第二回天津居留民会議員選挙が実施される(一級二級各三〇名)。**この年**、大阪市貿易調査所が設置される(以後、各県の貿易斡旋所が設置されるようになる)。天津総領事館の調査によると、この年の天津在留邦人は、戸数一五五七戸、計五六六四人。

●**一月**、支那駐屯軍司令部『天津地理資料』(出版者不明)。「天津対米国輸出貿易」(『天津商業会議所週報』)。**二月**、「天津対米輸出状況(大正一四年)」(『海外商報』)。「天津貿易年報(大正一三年)」(『海外商報』)。「一九二五年度天津貿易概況」(『天津商業会議所週報』)。「天津米人絨毯工場の罷業勃発」(『東洋貿易時報』)。**三月**、「天津国民大会対日本国民宣言」(『満鉄調査時報』)。「北京・天津に於ける日貨排斥運動」(『東洋貿易時報』)。「天津貿易と海関出入船舶状況(大正一四年)」(『海外商報』)。「天津海関輸出品の評価変更」(『東洋貿易時報』)。「天津海関収入額（一九二五年）」（『海外商報』）。「天津海関収入」（『天津商業会議所週報』）。**四月**、「時局の天津に及ぼせる影響」（『東洋貿易時報』）。「天津に於ける甘草の近況」（『東洋貿易時報』）。「天津栗の朝鮮移植計画」（『東洋貿易時報』）。「昨年中天津製油原料対日輸出高天津製油原料輸出鑑定人の設置計画」（『東洋貿易時報』）。「天津華新紡績工場の閉鎖」（『東洋貿易時報』）。**五月**、「国民軍の天津引揚げ」（『満鉄調査時報』）。「天津の棉花買付方法」（『東洋貿易時報』）。「天津に於ける煙草製造業」（『天津商業会議所週報』）。**六月**、「天津に於ける本邦綿糸逆輸原因に就て」（『大日本紡績聯合会月報』）。「天津重要輸出入品統計」（『天津商業会議所月報』）。**八月**、「張園内外に於ける支那の廃帝」（『太陽』 *写真）。「下半期の天津貿易観」（『東洋貿易時報』）。**九月**、支那駐屯軍司令部『天津を中心とする北支那の綿花』（出版者不明）。支那駐屯軍司令部『天津を中心とする北支那の羊毛』（出版者不明）。支那駐屯軍司令部『天津を中心とする北支那の落花生』（出版者不明）。「天津の羊毛紡織業」（『天津経済新報』）。「天津輸入板硝子徴税方変更」（『海外商報』）。「天津に於ける回教徒の紛擾事件」（『満鉄調査時報』）。**一〇月**、草刈省吾「天津在住貿易商の現状と鉄路運輸恢復及低貸下請願」（『天津商業会議所週報』）。「天津地方鉄路輸送障碍竝其影響」（『天津商業会議所週報』）。「天津在留邦人経済難の一考察」（『天津経済新報』）。**一一月**、「棉花市況（天津）秋季」（『海外商報』）。**一二月**、「天津会議の経過と安国軍の組織」（『支那』）。「天津会議を中心として 支那内乱の総決算期迫る」（『支那時報』）。「天津港の対外貿易竝に大連港との移出入状況」（『満鉄調査時報』）。「天津に於ける労働調査」（『上海日本商業会議所週報』）。**この年**、支那駐屯軍司令『天津地理資源』（出版者・発行月不明）。天津居留民団編『大正十五年民団事務報告書（附民団財産明細書・天津日本租界上水道工事一覧図・天津日本租界下水道工事一覧図・天津日本租界道路工事一覧図）』（天津居留民団、発行月不明）。天津居留民団編『居留民会議事速記録（大正一五年）』（天津居留民団、発行月不明）。

一九二七（昭和2）年

二月、天津無線電報学堂が設立される。汪兆銘が武漢国民政府を樹立する。**四月**、加藤外松が在天津日本総領事館の総領事に就任。天津にて日本汽船・長安丸の狙撃停船問題が起こる。天津居留民団が日本租界内の地番戸を決定し、課金や人口統計等の基本調査を行う。私立天津女学校が居留民団営となり、天津日本高等女学校と改称する。蔣介石が上海クーデター（四・一二クーデター）を起こす。蔣介石が南京国民政府を樹立する。**五月**、天津無線電広播電大が放送を開始する。日本が第一次山東出兵を行う。**七月**、国民党天津市指導委員会が成立する。天津日本埠頭が竣工する。陸軍中将・新井亀太郎が支那駐屯軍司令官に任命される。**八月**、中国共産党順直省委員会が成立する。天津地方委員会を天津市委員会と改称する。中国共産党が南昌で武装蜂起する。**九月**、崔廷献が天津市長になる。南開大学経済研究所が設置される。天津体育協進会が成立する。中国共産党が中央・北方局を天津に設立する。**一〇月**、最初の自動電話局（東局）が開通する。新万国橋（現在の解放橋）が完成する。毛沢東が井岡山に革命根拠地を建設する。**この年**、直隷省を河北省と改め、天津が省都になる。京津鉄道が全線開通する。日本租界内に義勇隊が設立される。在天津日本系各船会社により天津海運懇話会が設置される。天津居留民団立避病院が天津療病院と改称される。中原公司が旭街にオープンする。

●**一月**、志和四郎太「天津会議を中心とする支那時局」（『読書会雑誌』）。「天津に於ける帆布製造業」（『天津日本商業会議所週報』）。「天津に於ける銭商公会」（『上海』）。「天津に於ける銭商公会」（『経済月報』）。「白支条約と天津租界問題」（『上海』）。**二月**、天津要覧発行所編『北支那案内天津要覧』（天津要覧発行所）。支那駐屯軍司令部『天津・遵化間長途自動車計画』（出版者不明）。「天津貿易年報（大正一四年）」（『海外商報』）。「天津貿易年報（大正一四年）」（『日刊海外商報』）。「天津在留日本人戸口累計比較表」（『天津日本商業会議所週報』）。**三月**、「大正一五年・昭和元年天津貿易統計（一）」（『天津商業会議所時報』）。「天津に於ける支那の質屋業に就て」（『満鉄調査時報』）。**四月**、「天津商況不振原因に対する一考察」（『満鉄調査時報』）。「開灤鉱務局営業成績、天津石炭界の近況、天津に於ける石綿工業の概況」（『支那鉱業時報』）。**五月**、「白河の泥塞と天津港」（『満鉄調査時報』）。「天津商況（三月）」（『海外商報』）。「北京天津の主要なる支那銀行」（『天津商業会議所時報』）。**六月**、支那駐屯軍司令部『支那擾乱の天津貿易に及ぼせる

影響』（出版者不明）。「塘沽地方に於ける産業」（『天津日本商業会議所週報』）。「天津に於ける豚毛輸出状況」（『東洋貿易研究』）。横浜正金銀行「天津に於ける紙幣の状況」（『重要記事集録』）。**七月、**「天津に於ける染料事業」（『天津商業会議所時報』）。「天津に於ける質店」（『経済月報』）。**八月、**「天津貿易概況（大正一五年）」（『海外商報』）。「天津来多会社」（『京奉沿線軍需品工業竝事業調査』）。「天津に於ける煉瓦及瓦工場」（『満鉄調査時報』）。**九月、**「天津に於ける本邦綿糸布事情」（『東洋貿易研究』）。「駐津棉商公会の成立」（『天津商業会議所時報』）。**一〇月、**佐藤佐傳治編『天津港』（天津海員倶楽部）。支那駐屯軍司令部『白河と天津の将来』（出版者不明）。「天津の近況と埠頭築造工事の大要」（『満洲経済状況報告』）。**一一月、**天津日本人商業会議所編『天津概観（附天津商工名録）』（天津日本人商業会議所）。「天津綿花の対米輸出激増」（『大日本紡績聯合会月報』）。「天津に於ける硝子製造業」（『経済月報』）。「天津金融市場の中堅」（『天津経済新報』）。**一二月、**曲殿元『天津金融市場の組織』（盛京時報社）。「天津に於ける林檎需給状況」（『東洋貿易時報』）。「天津金融市場の組織」（『支那研究彙録』）。**この年、**河村常蔵編『天津視察遊覧の栞』（北支那風物写真頒布会、発行月不明）。大阪市役所産業部調査課編『上海天津貿易統計（民国一五年）』（大阪市役所産業部調査課、発行月不明）。福長光蔵『天津絨氈事情』（井沢洋行、発行月不明）。天津海員倶楽部編『天津港港則』（出版者・発行月不明）。天津居留民団編『居留民会議事速記録（昭和二年）』（天津居留民団、発行月不明）。

一九二八（昭和3）年

四月、天津日本青年会立夜学校が天津実業専修学校と改称する。汚物掃除規則が公布される（館令第一号）。**五月、**山東出兵の日本軍と北伐軍が衝突する済南事件が起こる。**六月、**奉系軍が天津を退去する。閻錫山軍が天津に進駐する。新聞『商報』が創刊される。国民政府直轄の天津特別市が成立する。関東軍の謀略により張作霖が爆殺される。北伐軍が北京に入城し、北伐が終わる。**七月、**河北省政府が天津に成立する（一〇月に北平に遷都）。国民党天津市指導委員会が成立する。**一〇月、**海河整理委員会が成立する。蔣介石が国民政府主席に就任する。**一一月、**第三回天津居留民会議員選挙が実施される（一級二級各三〇名）。**一二月**、天津居留民団学校及幼稚園職員の職務並に服務に関する規程が公布される（館令第四号）。同規程細則が公布される（館令第五号）。フランス租界に設立された勧業場が開業する。**この年**、冬に街村自治制が試行される。大東銀行天津支店・北京中華滙業銀行・天津信託会社が解散する。山下汽船株式会社天津出張所が閉鎖される。天津市公安局が初めての市勢調査を行う。この調査によると、この年の天津市の総戸数は一五万九五六七戸、人口は八三万二二〇二人。

●**一月**、商工省商務局貿易課編『天津地方輸出入に対する諸課税』（出版者不明）。「天津に於ける石炭特税」（『満鉄調査時報』）。「天津地方輸出入品に対する諸税増徴と其影響」（『大連商工会議所月報』）。**二月**、『児童衛生展覧会要録』（天津居留民団）。「塘沽繁昌記」（『天津経済新報』）。「天津英国商の日本棉布取扱開始」（『大日本紡績聯合会月報』）。「天津地方の諸税と輸出入品への影響」（『天津経済新報』）。**三月**、「天津輸移出入鉱産物」（『支那鉱業時報』）。「昭和二年度天津貿易統計」（『天津商業会議所時報』）。「天津及満洲に於ける大尺布の需給状況」（『大日本紡績聯合会月報』）。「天津に於ける化粧品及石鹸製造業」（『天津商業会議所時報』）。**四月**、天津居留民団編『改正現行法規類聚』（天津居留民団）。蔵重仁一「天津に於ける穀類取引」（『内外商工時報』）。「天津硝子製造業の概況」（『台湾時報』）。**六月**、「天津輸移出の薬材」（『東洋貿易研究』）。「天津港輸入積荷目録手続並に揚不足貨物に対する戻税発給に関する海関告示」（『内外商工時報』）。「天津通信」（『東洋貿易時報』）。**七月**、支那駐屯軍司令部編『民国一六年（昭和二年）度天津及秦皇島海関報告』（出版者不明）。国際運輸株式会社天津出張所編『天津港ノ港費』（国際運輸株式会社天津出張所）。清水泰次「明末に於ける天津地方の開墾」（『文学思想研究』）。「時局の天津貿易に及ぼせる影響（一）」（『天津商業会議所時報』）。「天津の支那酒製造業」（『商工会議所月報』）。「天津の命脈に関する隴海鉄道とは如何なる鉄道か」（『天津経済新報』）。「天津工業界に於ける婦女労働の研究」（『経済月報』）。**八月**、天津居留民団編『天津居留民団行政概観』（天津居留民団）。「一九二七年度天津貿易概況（一）」（『天津商業会議所時報』）。「天津に於ける各種工人会の設立」（『東洋貿易時報』）。**九月**、支那

駐屯軍司令部『天津に於ける女工労働事情』（出版者不明）。「天津に於ける獣骨及び骨粉」（『東洋貿易研究』）。「天津に於ける蝋燭需要状況」（『東洋貿易時報』）。「支那（天津に於ける）の婦女労働者」（『上海週報』）。**一〇月**、郡菊之助「天津南開大学の卸売物価指数に就て」（『統計学雑誌』）。郡菊之助「天津南開大学の外国為替相場指数に就て」（『統計集誌』）。田中秀一「天津港の現在と将来」（『海友』）。**一一月**、「天津に於ける輸入亜鉛華」（『東洋貿易時報』）。「天津に於ける電気器具」（『東洋貿易研究』）。**この年**、天津日本義勇隊編『天津日本義勇隊年報』（出版者・発行月不明）。天津居留民団編『北支那駐屯記念』（天津居留民団、発行月不明）。天津居留民団編『昭和三年民団事務報告書（附民団財産明細書・天津日本租界上水道工事一覧図・天津日本租界下水道工事一覧図・天津日本租界道路工事一覧図）』（天津居留民団、発行月不明）。天津居留民団編『居留民会議事速記録（昭和三年）』（天津居留民団、発行月不明）。

一九二九（昭和４）年

三月、嚴修が死去する。陸軍中将・植田謙吉が支那駐屯軍司令官に任命される。**五月**、岡本武三が在天津日本総領事館の総領事に就任。**六月**、日本が中国国民政府を正式に承認する。南京で全国反日会臨時代表大会が開催される。**八月**、豪雨のために天津の川が増水し、天津郊外は一部水中に没する。**一〇月**、仁立紡毛公司が成立する。**一一月**、天津記者連合会が成立する。**この年**、街村自治管理処が発足する。秋に山東旅津同郷会館が設立される。ベルギーが天津租界の還付を表明する。

●**一月**、天津排貨対策実行会編『天津に於ける排日運動の真相』（天津排貨対策実行会）。「天津に於ける排日貨運動と商民」（『満鉄調査時報』）。「昭和三年度の天津貿易概況」（『天津商業会議所時報』）。**二月**、「天津市党部の解散」（『国際時報』）。「天津反日会救国基金保管委員会収支報告表」（『天津商業会議所時報』）。「天津に於ける陶磁器」（『東洋貿易研究』）。**三月**、「昭和三年度天津金融概況並に為替状況　横浜正金銀行天津支店調査」（『天津商業会議所時報』）。**四月**、「昭和三年度天津貿易統計（二）」（『天津商業会議所時報』）。**五月**、「天津のカーペット製造業」（『天津商業会議所時報』）。**六月**、「天津の羊毛集散」（『東洋貿易研究』）。**七月**、天津居留民団編『現行法規類聚』（天津居留民団）。黄瀛「唐沽から天津へ」（『学校』）。**八月**、支那駐屯軍司令部『天津各工人会調査報告』（出版者不明）。「一九二八年度天津貿易概況」（『天津商業会議所時報』）。**九月**、支那駐屯軍司令部『天津の麦粉市場と製粉市場』（出版者不明）。「天津に於ける工場調査」（『経済月報』）。「天津の白耳義租界還付決定」（『上海週報』）。**一〇月**、支那駐屯軍司令部編『天津に於ける工場及工賃の調査』（出版者不明）。「英国の対天津経済発展」（『天津商業会議所時報』）。「天津の針織工業」（『天津商業会議所時報』）。**一一月**、支那駐屯軍司令部編『天津商工業の危機』（出版者不明）。商工省商務局貿易課編『最近三年間上半期天津主要輸出入統計』（商工省商務局貿易課）。「天津栗」（『天津商業会議所時報』）。「一九二八年天津貿易概況」（『東洋貿易研究』）。「天津輸出検査局の棉花検験細則」（『内外商工時報』）。「天津に於ける化学工業実況（続）」（『天津経済新報』）。「天津に於ける琺瑯鉄器」（『東洋貿易研究』）。**一二月**、「天津輸移入砂糖状況」（『天津商業会議所時報』）。支那駐屯軍司令部『大沽采多会社（英人経営）使用支那人罷工』（出版者不明）。**この年**、天津居留民団『天津邦人実業復興資金低利貸下請願書』（出版者・発行月不明）。天津居留民団編『天津居留民団行政概観』（天津居留民団、発行月不明）。天津居留民団編『昭和四年民団事務報告書（附民団財産明細書・天津日租界水道配水管敷設一覧図と天津日本租界下水本管敷設一覧図）』（天津居留民団、発行月不明）。天津居留民団編『居留民会議事速記録（昭和四年）』（天津居留民団、発行月不明）。

一九三〇（昭和5）年

一月、氷取締規則が公布される（館令第一号）。**三月**、中原大戦が起こる。**四月**、天津交渉署が廃止される。**五月**、天津共益会が設立される（初代理事長は金川潤三）。**八月**、運河が氾濫して天津の日本租界が浸水する（被害家屋六八〇戸）。**九月**、汪兆銘・閻錫山・馮玉祥らが北京に反蔣北方政府を樹立する。**一〇月**、天津帝国専管居留地土地建物届出規則に依る手数料規程が公布される（館令第六号）。日本が中国の正式呼称を「支那」から「中華民国」に変更することを決定する。**一一月**、天津が河北省都になる。第四回天津居留民会議員選挙が実施される（一級二級各三〇名）。**一二月**、天津市左翼作家連盟小組が成立する。

陸軍少将・香椎浩平が支那駐屯軍司令官に任命される。蔣介石軍が第一次掃共戦（紅軍包囲攻撃戦）を開始する（翌月失敗に終わる）。**この年**、天津市立師範学校が創立される。

●**二月**、支那駐屯軍司令部『天津の機械工業』（出版者不明）。大島譲次「棉花中心に見た天津経済事情（続）」（『北京週報』）。「天津に於ける硝子製品」（『東洋貿易研究』）。「天津に於ける製油業」（『天津商業会議所時報』）。「天津に於ける酒造業」（『天津商業会議所時報』）。「天津のブラシ業、天津に於ける製莚業」（『天津商業会議所時報』）。**三月**、支那駐屯軍司令部『天津に於ける工会及労働争議の概況』（出版者不明）。支那駐屯軍司令部『天津に於ける八時間労働制の創始』（出版者不明）。「支那天津鶏卵輸出と外国商の進出状況」（『海外経済事情』）。「天津に於ける紡績業（一）」（『天津商業会議所時報』）。「天津に於ける機械業」（『天津商業会議所時報』）。「一九二八年天津労働争議一覧表」（『天津商業会議所時報』）。**四月**、支那駐屯軍司令部『天津労働争議一覧表』（出版者不明）。**五月**、支那駐屯軍司令部『天津の地毯（絨氈）業』（出版者不明）。「天津に於ける邦商の復興策」（『北京週報』）。「天津の工場統計（一九二七年度）」（『天津商業会議所時報』）。「天津海関税収差押へに就て」（『天津商業会議所時報』）。**六月**、天津居留民団編『天津居留民団二十周年記念誌』（天津居留民団）。「本年上四半期の天津貿易概況」（『東洋貿易時報』）。「天津の落花生及同製油業」（『東洋貿易時報』）。「天津に於ける洋式貨物及糖類税」（『大連商工月報』）。**七月**、支那駐屯軍司令部編『天津海関の強奪と二重課税問題』（出版者不明）。中濱某「天津海関強制接収問題」（『満蒙事情』）。「上半期天津港より日本向輸出の半プレス棉花店別数量表」（『天津商業会議所時報』）。「天津海関の接収経過大要」（『東洋貿易時報』）。「天津海関乗取事件」（『外交時報』）。「天津海関と二重課税問題」（『外交時報』）。「天津外国為替銀行組合の決議」（『天津商業会議所時報』）。**八月**、大島譲次『天津棉花と物資集散事情』（中東石印局）。「天津の徴税機関」（『東洋貿易時報』）。**一一月**、天津日本人商業会議所編『天津概観（附天津商工名録）』（天津日本人商業会議所）。蔵重任一「天津地方に於ける毛織物の需給」（『内外商工時報』）。「天津に於ける日本産林檎」（『天津商業会議所時報』）。「昭和四年度天津貿易」

(『天津商業会議所時報』)。「天津に於ける製革業」(『天津商業会議所時報』)。**一二月、**満鉄調査課資料係『天津ニ於ケル北方前後協議』(出版者不明)。「天津に於ける刷子の需給」(『東洋貿易研究』)。**この年、**天津日本人商業会議所『天津商工人名録』(出版者・発行月不明)。上田雅郎『昭和五年天津情報』(出版者・発行月不明)。中野彌一編『天津邦人商工案内』(天津邦人商工案内社、発行月不明)。天津居留民団『財団法人天津共益会設立許可願関係書類』(出版者・発行月不明)。天津共益会編『昭和五年度共益会事務報告書(附共益会財産明細書)』(天津共益会、発行月不明)。天津居留民団編『昭和五年民団事務報告書(附民団財産明細書・天津日本租界道路築造一覧図と天津日本租界上水道一覧表)』(天津居留民団、発行月不明)。天津居留民団編『居留民会議事速記録(昭和五年)』(天津居留民団、発行月不明)。

一九三一(昭和6)年

二月、桑島主計が在天津日本総領事館の総領事に就任。中国共産党河北臨時省委員会が成立する。**三月、**天津のベルギー租界が回収され、特別第四区となる。**五月、**蔣介石軍が第二次掃共戦を開始するが、紅軍に撃退される。**七月、**蔣介石軍が第三次掃共戦を開始する(翌月失敗に終わる)。**九月、**関東軍の謀略により満洲事変が始まる。**一一月、**天津で日中両軍が衝突する天津事件が起こる。溥儀が天津の日本租界を脱出し、関東州大連に向かう。毛沢東を主席とする中華ソビエト共和国臨時政府(瑞金政府)が樹立される。**この年、**新聞『商報』が停刊する。フレンチ・クラブが竣工する。北寧公園が開設される。天津居留民団の調査によると、この年の天津在留邦人は、戸数一九二〇戸、計六五一九人。

●**一月、**「暗雲低迷の裡に越年せし天津会議」(『満蒙事情』)。「中国工業化に於ける現段階の観察　天津に於ける製革業状況」(『天津経済新報』)。何育禧「天津金融概略」(『銭業月報』)。**二月、**「天津最近五年間貿易明細比較表」(『天津商業会議所時報』)。「天津最近一一年間輸出入額比較表」(『天津商業会議所時報』)。「天津駱駝毛貿易概況」(『天津商業会議所時報』)。「天津紡績工場の製造現状」(『東洋貿易時報』)。「天津及太沽入出港汽船国別隻数及噸数五年間比較表」(『天津商業会議所時報』)。**三月、**「輸入税率に就て財政部長へ請願　天津連合商業会議所より」（『天津商業会議所時報』）。「天津白国租界還付式」（『支那時報』）。山中英二「天津を中心として見たる北支那市場」（神戸商業大学商業研究所編『昭和五年夏期海外旅行調査報告』神戸商業大学商業研究所）。**四月**、商工省貿易局通報課編『昭和五年度ノ天津貿易概況』（商工省貿易局通報課）。「実業部天津商品検験局倉庫保管棉花検査規則」（『天津商業会議所時報』）。「天津に於ける人絹」（『東洋貿易研究』）。**五月**、大島譲次『山西陝西河南地方の現状と天津市場の関係』（出版者不明）。「昭和五年天津港国別輸出入額表」（『天津商業会議所時報』）。「天津に於ける護謨底靴」（『貿易週報』）。「天津海関輸出品評価表」（『貿易週報』）。**八月**、「天津通信　天津の排日貨運動」（『東洋貿易時報』）。「天津に於ける駱駝毛」（『東洋貿易時報』）。「天津海関の税金払戻方法変更」（『貿易週報』）。**九月**、「天津紡績工場設立禁止令」（『上海』）。**一〇月**、橋川時雄『天津・済南及長江地方学事視察報告書』（外務省文化事業部）。「天津港輸出額統計（昭和六年一月至六月）」（『海外経済事情』）。「天津輸入品額統計（昭和六年一月至六月）」（『海外経済事情』）。「天津海関に於ける諸規則変更」（『貿易週報』）。**一二月**、陸軍省調査班編『天津事件に就て』（陸軍省調査班）。「天津事変の勃発」（『外交時報』）。「天津事変の真相」（『支那時報』）。「天津事変と革命支那」（『満鉄調査月報』）。山田保治「天津生活費指数の作成」（『統計集誌』）。**この年**、天津海関編・天津居留民団訳『天津港港則』（天津居留民団、発行月不明）。天津共益会編『昭和六年度共益会事務報告書（附共益会財産明細書）』（天津共益会、発行月不明）。天津居留民団編『天津居留民団行政概観』（天津居留民団、発行月不明）。天津居留民団編『昭和六年民団事務報告書（附民団財産明細書・天津日本租界道路築造一覧図）』（天津居留民団、発行月不明）。天津居留民団編『居留民会議事速記録（昭和六年）』（天津居留民団、発行月不明）。

一九三二（昭和7）年

一月、上海事変が起こる。**二月**、陸軍少将・中村孝太郎が支那駐屯軍司令官に任命される。**三月**、溥儀を執政に戴く満洲国が成立する。**四月**、瑞金の中華ソビエト政府が対日宣戦布告を行う。**六月**、蔣介石軍が第四次掃共戦を開始する。**一一月**、第五回天津居留民会議員選挙が実施される

（一級二級各三〇名）。**この年**、天津左翼作家連盟・左翼文化総同盟が成立する。ペストが流行する。天津工商大学附属博物館が設立される。

●**一月**、「天津事件」（『国際知識』）。「天津事変の再燃顛末」（『支那時報』）。「昭和六年度天津棉花概況」（『天津商業会議所時報』）。**二月**、京津日日新聞社編『天津事変記念写真帖』（京津日日新聞社）。天津日本小学校編『慰問文集』（天津日本小学校）。「天津に於ける日貨排斥の影響」（『貿易週報』）。「一九三一年度天津港貿易統計」（『天津商業会議所時報』）。「昭和六年天津輸入主要品数量月別前年比較表」（『天津商業会議所時報』）。「昭和六年度の天津貿易概況」（『貿易週報』）。「天津に於ける貿易及海運に及ぼせる排日運動の影響」（『海外経済事情』）。「専門家の見た天津港」（『天津商業会議所時報』）。**三月**、浅野護『抗日運動と天津事変』（日光堂書店）。天津居留民団編『現行法規類聚』（天津居留民団）。岡本誠「専門家の見たる天津港の将来」（『海友』）。「昭和六年度天津国別直接貿易額表」（『貿易週報』）。「天津に於ける石鹸需給状況」（『貿易週報』）。「天津の護謨製品」（『天津商業会議所時報』）。「天津海関内に排日貨気分抬頭」（『東洋貿易時報』）。「天津海関港務庁の筏運送並に取扱に関する新規則」（『貿易週報』）。**四月**、桑島主計「天津対日貿易の現状竝上海事件の影響」（『海外経済事情』）。**五月**、「最近の天津排日情勢」（『東洋貿易時報』）。桑島主計「天津貿易年報（其一）」（『海外経済事情』）。桑島主計「天津港輸出入状況（昭和七年二月）」（『海外経済事情』）。桑島主計「天津対日貿易状況（昭和五年）」（『海外経済事情』）。蔵重任一「天津に於ける石鹸需給状況」（『内外商工時報』）。**六月**、「天津貿易年報（昭和五年）其二」（『海外経済事情』）。**七月**、「一九三二年上半期天津棉花輸出統計」（『貿易週報』）。「天津棉作柄情報」（『天津商業会議所時報』）。「天津に於ける綿布・敷布・タオル」（『東洋貿易研究』）。**八月**、「天津市現行課税一覧表、河北省現行課税一覧表」（『天津商業会議所時報』）。「歳入付加税に関する天津海関告示」（『貿易週報』）。**九月**、「天津排貨運動」（『貿易週報』）。「天津排貨運動状況」（『貿易週報』）。山田保治「天津生活費指数の改正と最近支那生活費指数」（『統計集誌』）。**一〇月**、「天津貿易の増進と背後地の物資及其流動状況」（『海外経済事情』）。「天津各国主要輸入高の毛織物輸入税華商負担協議決定」（『貿易週報』）。**一一月**、「天津輸入毛織物の輸入税は華商の負担」（『商工月報』）。**一二月**、天津日本尋常高等小学校編『天津小学校郷土誌トシテノ天津誌』（天津日本尋常高等小学校）。「天津の排日貨情勢」（『東洋貿易時報』）。「天津に於ける海産物」（『東洋貿易研究』）。「天津生活費指数」（『東亜』）。**この年**、天津共益会編『昭和七年度共益会事務報告書（附共益会財産明細書）』（天津共益会、発行月不明）。天津居留民団編『昭和七年民団事務報告書（附民団財産明細書・天津日本租界道路築造一覧図と天津日本租界一覧図）』（天津居留民団、発行月不明）。天津居留民団編『居留民会議事速記録（昭和七年）』（天津居留民団、発行月不明）。

一九三三（昭和8）年

四月、天津市新聞検査委員会が成立する。天津商業学校が創立される。天津実業専修学校が天津日本商業補習学校と改称され、同時に青年訓練所が併設される。**五月**、日本軍と中国国民政府軍との間で塘沽停戦協定が調印される。天津で反蒋自衛軍の暴動が起こる。**八月**、電気工作物取締規則が公布される（館令第一号）。屋内電気工作物規則が公布される（館令第二号）。天津市政府特別一区自来水籌備処が設置される。**九月**、栗原正が在天津日本総領事館の総領事に就任。ソ連総領事館が天津に設立される。上海で極東反戦反ファシズム大会が開催される。**一〇月**、蔣介石が第五次掃共戦を開始する。**この年**、中国航空公司が設立され、上海—海州—青島—天津—北京間を結ぶ滬平線が開通する。

●**一月**、北平事務所長・満鉄総務部資料課長『天津ニ於ケル最近ノ排日運動ト日貨輸入状態ニ就イテ』（出版者不明）。「天津排日貨運動の経過」（『東洋貿易時報』）。「天津排日貨運動状況」（『貿易週報』）。「天津に於ける製粉業」（『天津商業会議所時報』）。**二月**、満鉄北平事務所「天津に於ける最近の排日貨運動と日貨輸入状態」（『満鉄調査月報』）。「昨年度天津輸移出入額及出入港汽船統計」（『天津商業会議所時報』）。「昨年度天津輸移出入額及出入港汽船統計」（『天津商業会議所時報』）。「天津に於ける華商組織（上）　漢字紙より」（『天津経済新報』）。**三月**、満鉄平京事務所「満洲国税関接収後の対満関税策と天津対満貿易」（『満鉄調査月報』）。「天津港（上）」（『海友』）。**四月**、「天津に於ける釦」（『東洋貿易研究』）。

「天津銀行公会の廃両改元実施方法に関する件」(『経済月報』)。**五月**、天津短歌会編『歌集　紫竹林』(早川印刷局)。「天津紡績工場の現状」(『東洋貿易研究』)。「天津に於ける文房具」(『東洋貿易研究』)。**六月**、「天津・青島・上海三港の貿易額竝対日貿易額(昭和四・五・六年度)」(『海外経済事情』)。**七月**、「天津日本人綿糸布組合約款改正」(『大日本紡績聯合会月報』)。「天津紡績工場の近況」(『東洋貿易研究』)。「天津の支那側各種同業公会」(『海外経済事情』)。**八月**、「天津の鶏卵輸出状況」(『上海』)。「天津に於ける皮革製品」(『東洋貿易研究』)。**九月**、「天津露国領事館開設」(『外交時報』)。「天津商況」(『東洋貿易時報』)。「最近の天津対露貿易」(『貿易週報』)。「危機に立てる天津の華紗」(『天津経済新報』)。**一一月**、「天津に於ける名古屋見本市」(『貿易週報』)。**この年**、松田昌寿『天津に於ける小切手の法律関係と商習慣』(横浜正金銀行頭取席調査課、発行月不明)。天津共益会編『昭和八年度共益会事務報告書(附共益会財産明細書)』(天津共益会、発行月不明)。天津居留民団編『昭和八年民団事務報告書(附民団財産明細書・天津日租界道路築造一覧図と天津日本租界水道一覧図)』(天津居留民団、発行月不明)。天津居留民団編『居留民会議事速記録(昭和八年)』(天津居留民団、発行月不明)。

一九三四(昭和9)年

一月、天津で市・県の境界および市区の管轄範囲が改められ、郷区は天津県の管理・帰属になる。**三月**、陸軍少将・梅津美治郎が支那駐屯軍司令官に任命される。満洲国が帝政を実施し、執政・溥儀が皇帝となる。**四月**、日本租界で煙館制度が実施される(一九三八年まで)。**五月**、大東・大北両公司の海底電報線が回収される。天津日本人商業会議所が天津日本商工会議所と改称する。**一〇月**、川越茂が在天津日本総領事館の総領事に就任。居留民団法施行細則が改正・公布される(館令第二号)。中国紅軍が長征を開始する。**一一月**、南開大学広播電台が放送を開始する。第六回天津居留民会議員選挙が実施される(一級二級各三〇名)。**この年**、ひとのみち教団天津支部が設立される。民団プールが宮島街に開設される。天津特別市公安局が初めて人口登録制を設ける。同調査によると、天津の総戸数は二六万三九四八戸、人口は一三九万九一四六人、在留邦人の戸数は二一一一戸、人口は六〇七一人。

●二月、「天津の輸入機械油需給状況」(『東洋貿易時報』)。「天津に於ける喫煙用具の需給」(『通商彙報』)。三月、「天津日本人の経済状態」(『天津経済新報』)。「天津大英煙草工場」(『天津経済新報』)。四月、天津居留民団編『現行法規類聚』(天津居留民団)。山上金男「天津金融経済管見」(『満鉄調査月報』)。五月、天津共益会『財団法人天津共益会事業一覧』(天津共益会)。「天津に於ける縞三綾・綿ネル・綿縮」(『貿易週報』)。山上金男「天津金融経済管見(続)」(『満鉄調査月報』)。六月、山上金男『天津金融経済管見』(南満洲鉄道株式会社)。「天津の麺粉業概況」(『天津経済新報』)。七月、「天津の貿易及工業概要」(『貿易週報』)。「天津紡績業の衰退と其の救済」(『満鉄調査月報』)。八月、「天津の燐寸工業」(『東洋貿易時報』)。「天津の化学製品工場」(『東洋貿易時報』)。一〇月、武田守信『天津案内　名勝写真解説』(日光堂書店)。天津共益会『天津共益会規程類集』(出版者不明)。一一月、「天津近傍に於ける棉花栽培」(『満鉄調査月報』)。「天津地方に於ける毛織物の需要状況」(『貿易週報』)。「天津鶏卵及其加工品に関する調査(転出諸経費計算)」(『貿易週報』)。一二月、「天津ニ於ケル電球及ゴム製品製造近況」(蔵重任一編『支那ニ於ケル雑貨工業勃興ノ傾向』支那駐屯軍司令部)。この年、八木忠良『天津の銭鈔取引』(横浜正金銀行頭取席調査課、発行月不明)。天津共益会編『昭和九年度共益会事務報告書(附共益会財産明細書)』(天津共益会、発行月不明)。天津居留民団編『天津居留民団行政概観』(天津居留民団、発行月不明)。天津居留民団編『昭和九年民団事務報告書(附民団財産明細書・天津日租界道路築造一覧図と天津日本租界水道一覧図)』(天津居留民団、発行月不明)。天津居留民団編『居留民会議事速記録(昭和九年)』(天津居留民団、発行月不明)。

一九三五(昭和10)年

五月、天津日本租界にて親日派の新聞社社長・胡思溥と白逾桓が便衣隊に暗殺される。六月、河北省都が保定に移転し、天津は特別市となる。梅津・何応欽協定が締結される。天津日本図書館の新築が開館する。天津市長・程克を中心として日中経済ブロックの結成を目標とする東亜経済協会が設置される。八月、陸軍少将・多田駿が支那駐屯軍司令官に任命される。中国共産党が抗日救国統一戦線の結成を提唱する（八・一宣言）。**九月**、多田駿が華北五省の特殊地域化を旨とする多田声明を発する。天津総領事の川越茂が天津市長・程克、河北省主席・商震に対し、天津一帯の抗日満団体の活動を指摘の上、厳重抗議する。**一〇月**、華北五省自治運動が展開される。在中国総領事会議を天津で開催し、日中関係の専門的協議を行う。在外青年学校令が公布され、天津日本商業補習学校および天津日本青年訓練所は、五年制の天津日本青年学校に改組・合併される。**一一月**、通県で殷汝耕を首班とする冀東防共自治委員会が設立される（翌月に冀東防共自治政府と改称）。天津で華北民衆自衛団・農民自救団がデモ行進を行う。河北省主席・商震、平津衛戍司令・宋哲元、天津市長・程克らが国民政府敦睦令に基き、党部藍衣社系秘密結社の弾圧を開始する。天津市長・程克が天津自治を宣言する。**一二月**、北京で学生一万人余りが抗日・華北自治反対のデモを行う（一二・九運動）。宋哲元を委員長とする冀察政務委員会が成立する。**この年**、興中公司が設立される。日本の特務機関が新聞『庸報』を買収する。イタリア租界の回力球場が開業する。この年の国勢調査によると、天津在留邦人は戸数二一九〇戸、計七八三六人。

●**一月**、安藤茂『天津を中心としたる支那及満洲国羊毛に就て』（横浜正金銀行頭取席調査課）。野村政光「天津教案に就いて」（『史林』）。**二月**、枝村栄「天津輸入商品市場の直系配給組織」（『満鉄調査月報』）。**三月**、満鉄経済調査会『天津地方の硫化染料生産近況と独逸染料加工工場新設』（出版者不明）。「天津港輸入木材状況」（『満鉄調査月報』）。「天津地方に於ける硫化染料工場概況」（『満鉄調査月報』）。**四月**、金子友敬『天津に於ける銅元事情』（横浜正金銀行頭取席調査課）。**五月**、「最近天津貿易概況」（『天津商業会議所時報』）。「天津海関に於ける諸規則変更」（『貿易週報』）。**六月**、長野勲・加藤正義『天津諸紡績ノ窮状』（満鉄天津事務所）。支那駐屯軍司令部編『天津ノ銀号』（支那駐屯軍司令部）。天津居留民団編『現行法規類聚』（天津居留民団）。「天津の対外貿易及工業概要」（『貿易週報』）。**七月**、支那駐屯軍司令部編『天津ニ於ケル日本輸入品ノ奥地流動状況』（支那駐屯軍司令部）。**八月**、方顯廷『天津ノ棉花市場ニ就テ』（東亜産業協会）。呉右城「民国二三年の天津貿易回顧」（『天津経済新報』）。「天津製紙の現状」（『紙業雑誌』）。**九月**、土井章「天津の商業」（『協和』）。長野勲「天津の工業」（『協和』）。**一〇月**、和田喜一郎『天津ニ於ケル金票統制案（附属書天津ニ於ケル金票調査）』（支那駐屯軍満鉄経済調査会内嘱託班）。**一一月**、支那駐屯軍乙嘱託総務班『天津在留外人ノ河北事変ニ対スル輿論ノ実調報告』（満鉄経済調査会）。朝鮮銀行東京総裁席外国為替課編『天津に於ける金融機関に就て』（朝鮮銀行東京総裁席外国為替課）。「天津市場に於ける棉花及び綿糸布」（『東洋貿易研究』）。**この年**、支那駐屯軍司令部編『在津外商の商勢衰退状況』（出版者・発行月不明）。蔵重任一編『天津ノ対外貿易及工業概況（昭和九年度）』（支那駐屯軍司令部、発行月不明）。天津日本商工会議所『天津外国貿易統計一覧表』（天津日本商工会議所、発行月不明）。満鉄天津事務所『天津港的駁船業』（出版者・発行月不明）。天津日本高等女学校編『各学科教授の実際』（天津日本高等女学校、発行月不明）。天津共益会編『昭和十年度共益会事務報告書（附共益会財産明細書）』（天津共益会、発行月不明）。天津居留民団編『昭和十年民団事務報告書（附民団財産明細書・天津日本租界道路築造一覧図と天津日本租界水道一覧図）』（天津居留民団、発行月不明）。天津居留民団編『居留民会議事速記録（昭和一〇年）』（天津居留民団、発行月不明）。

一九三六（昭和11）年

一月、北支駐屯軍・北支駐在武官・関東軍代表らによる天津会議が開かれる。**二月**、中華民族解放先鋒隊が成立する。**三月**、天津仏教聯合会が設立される。天津第二日本尋常小学校が設立される（校長は山城静徳）。同時に天津尋常高等小学校は天津第一日本尋常小学校と改称される。**四月**、鐘紡が裕元紗廠を買収する。天津日本商業が新校舎に移転する。**五月**、天津にて二〇〇〇人余りの学生・民衆らが天津市政府に押し寄せ、支那駐屯軍増派反対の決議文を手交する。また、反日デモを行う。支那駐屯軍が支那駐屯歩兵団と改称し、軍備を増強する。同軍の第二連隊が海光寺に駐屯する。上海で全国各界救国連合会成立大会が開催される。**六月**、天津—東京間の直通無線電線が開通する。渤海沿岸にて天津海関の監視船が日本の貿易船・大栄丸と茂益丸に発砲し、船を抑留する。**七月**、天津居留民団が日本租界住吉街にて居留民団営住宅の建設に着手する。**八月**、鐘紡が華新紗廠を買収する。河北保安隊員が天津模範日語学校を襲撃し、日本人教師を拉致する。天津総領事館が厳重抗議の上、連れ戻す。**九月**、堀内干城が在天津日本総領事館の総領事に就任。**一〇月**、宝成紗厰が日本商人に転売され、天津紡織公司と改名する。天津居留民団法施行細則が改正され、民会議員数が三二名となる（館令第一号）。魯迅が死去。**一一月**、第七回天津居留民会議員選挙が実施される（一級二級各一六名）。**一二月**、天津居留民団長・助役条例が制定され、初代民団長に臼井忠三が、助役に前田鉞雄が、それぞれ就任する。蔣介石が張学良らに監禁される西安事件が起こる。**この年**、金城銀行本店が上海に移転し、天津店は支店になる。恵通航空公司が天津—大連—奉天間を結ぶ航空路を開通する。天津電業有限公司が設立される。

●**二月**、満鉄経済調査会編『支那幣制改革ニ対スル天津外人意見蒐録』（満鉄経済調査会）。前島正道「幣制改革後の天津金融界」（『満鉄調査月報』）。**四月**、北支那社編『最近の天津』（北支那社）。天津共益会『天津共益会事業概況』（出版者不明）。「天津華人工業の近状」（『東洋貿易研究』）。黒田殷充「天津の紡績業」（『綿業春秋』）。**五月**、樋口義麿編『北平天津旅行案内』（日光堂書店）。三品頼忠『天津地方に於ける製造工業　附天津市工業統計』（南満洲鉄道株式会社天津事務所）。満鉄経済調査会『天津ニ於ケル地価（特別三区及伊租界）』（満鉄経済調査会）。**七月**、鄭瑞麟『天津ニ於ケル東洋荘ノ調査』（満鉄天津事務所調査課）。満鉄天津事務所調査課編『天津主要華商調査』（満鉄天津事務所調査課）。「天津の産業」（『資源』）。**九月**、辻一二三『第二回天津—石家荘間鉄道技術調査報告要旨』（支那駐屯軍乙嘱託鉄道班）。辻一二三『第二回天津—石家荘間鉄道技術調査報告書』（満鉄産業部交通課）。前島秀博「天津電業公司の成立」（『新天地』）。「天津地方の羊毛状況」（『内外商工時報』）。「天津に於ける人絹糸布事情」（『会報（満洲輸入組合聯合会）』）。**一一月**、満鉄営口地方事務所『国内産業より見たる営口安平と天津安平との採算比較』（満鉄営口地方事務所）。満鉄経済調査委員会『塘沽運輸公司設立案参考資料』（満鉄経済調査委員会）。**一二月**、中村英男『天津ヲ中心トスル海運事情（沿岸航路ノ部）』（満鉄天津事務所調査課）。満鉄経済調査委員会『塘沽運輸公司設立案』（満鉄経済調査委員会）。満鉄天津事務所調査課『天津市同業公会調査』（満鉄天津事務所調査課）。**この年**、三品頼忠『天津ニ於ケル邦人工場現況調査』（満鉄天津事務所調査課、発行月不明）。支那駐屯軍乙嘱託工業班『天津紡績業ニ関スル方策案』（満鉄経済調査会、発行月不明）。満鉄天津事務所調査課『天津ニ於ケル邦人紡績進出ノ現状』（出版者・発行月不明）。天津国際運輸株式会社船舶係編『天津港の事情港費并に海関告示類集』（国際運輸株式会社、発行月不明）。満鉄天津事務所調査課『天津港ニ於ケル英国海運ノ現勢』（満鉄天津事務所、発行月不明）。石田芳雄『天津港的駁船業的現状及企業方針』（出版者・発行月不明）。石川主計『天津市ノ人力車営業調査』（支那駐屯軍司令部、発行月不明）。天津居留民団編『昭和十一年民団事務報告書（附民団財産明細書・天津日租界道路築造一覧図と天津日本租界水道一覧図）』（天津居留民団、発行月不明）。天津居留民団編『居留民会議事速記録（昭和一一年）』（天津居留民団、発行月不明）。

一九三七（昭和12）年

一月、天津麺粉交易所が成立する。天津中国国民党が組織される。中国共産党や藍衣社等が連絡して抗日宣伝を行う。済安自来水公司が英国法人組織を中国法人に改組し、中国済安自来水公司と改称する。**二月**、殷汝耕が天津で防共委員会を組織する。天津居留民団営のアパートが日本租界住吉街に竣工する。**三月**、裕大紗廠が日系の天津紡織公司に経営を委託する。中国共産党系の通俗劇団が天津市郊外の千家荘にて抗日野外劇を挙行する。**四月**、天津市長・張自忠を団長とする冀察訪日視察団一七名が渡日する。ひとのみち教団天津支部が解散する。**五月**、北支領事館会議が開催される。支那駐屯軍が天津にて幕僚会議を開く。天津学生聯合会が学生抗日緝私隊を組織し、活動を行う。天津市基督教女子青年団が抗日歌を募集し、ラジオ放送をする。天津学生救国会が救国国貨同盟会を組織し、天津北洋学院に本部を設置する。**六月**、恵通公司が天津―大連―東京間を結ぶ航路を開業する。天津市外にある日本人経営の農園が中国人によって襲撃・放火される。天津学生聯合会が天津郊外八箇所に業余学園を開設し、民衆に抗日思想を広める。天津居留民団会計主任規程が制定され、小瀬嚴が初代会計主任に就任する。天津居留民団が機構を改革し、五部一七課を設ける。天津学生団約一〇〇〇名が法商学院および韓家墅兵営にて強制軍事教練を開始する。**七月**、盧溝橋事件が起こり、日中戦争が始まる。天津において日本軍と中国軍の間の戦闘が起こり、日本軍が天津を占領する。天津広播電台の放送が開始される。浄土宗知恩院天津寺が建立される。天津愛国婦人会が生まれる。中国共産党が対日全面抗戦を呼びかける。**八月**、天津治安維持会・天津新聞管理処が成立する。天津日本憲兵隊が海光寺に設立される。天津居留民団に職業紹介所が設置される。陸軍大将・寺内寿一が北支那方面軍司令官に任命される。在外指定学校職員俸給規程が制定・公布される（館令第一号）。在外指定学校職員年功加俸規程が制定・公布される（館令第二号）。**九月**、宿屋営業取締規則が公布される（館令第三号）。料理店飲食店「カフエー」「ダンスホール」芸妓置屋特殊婦女取締規則が公布される。講会取締規則が公布される。質屋営業取締規則が公布される。平津治安維持会が成立する。長沙臨時大学が成立する。第二次国共合作が成立する。**一二月**、天津特別市公署が成立する。日本軍が南京を占領し、虐殺事件を起こす。中華民国臨時政府（王克敏行政委員長）が成立する。**この年**、平津通信総局が成立する。天津居留民団の調査によると、この年の天津在留邦人は、戸数四六一〇戸、計一万六二一五人。

●**一月**、大泰司諭『奉天・錦県・天津ニ於ケル毛皮及革ノ鞣製調査報告』（満鉄産業部農林課畜産係）。**二月**、傅嶽著・江口康隆訳『天津市ノ造酒業』（支那駐屯軍司令部）。「天津紡績界の現状と将来」（『支那問題研究所所報』）。**三月**、「最近五箇年の天津棉花市況」（『支那問題研究所所報』）。「在華日本紡績同業会天津支部設置」（『大日本紡績聯合会月報』）。**四月**、西岡淳・奥山正行編『天津経済事情』（南満洲鉄道株式会社天津事務所）。松島栄美雄『天津曹達股份有限公司設立案』（満鉄産業部商工課工業係）。大上末広蒐集『北支事件以後天津へ投下サレタル日本資金調査（天津総領事館資料）』（満鉄産業部庶務課業務係）。天津共益会『天津共益会事業概況』（出版者不明）。「邦人紡織業の天津進出」（『経済満洲』）。**五月**、「最近六ヶ年の天津棉花市況」（姫野徳一編『最新対華経済資料』第三輯、日支問題研究会）。**六月**、満鉄大陸経済会議準備小委員会『塘沽築港計画案』（出版者不明）。**七月**、天津居留民団『天津居留民団行政概要』（天津居留民団）。山口勇・千田英二『天津市場ヲ中心トスル羊毛ニ関スル資料』（満鉄天津事務所調査課）。満鉄天津事務所調査室『北支事変ト天津ノ商況（第二集）』（出版者不明）。**八月**、満鉄天津事務所『天津物資対策ニ関スル資料』（出版者不明）。満鉄天津事務所『天津商品検験局民国二五年統計』（出版者不明）。満鉄天津事務所調査課編『天津及青島ニ於ケル紡績業ニ関スル統計』（満鉄天津事務所調査課）。満鉄天津事務所『天津・秦皇島関税収入使途ノ分析』（出版者不明）。**九月**、満鉄北支事務局調査班『元天津事務所調査課調査報告書目録』（出版者不明）。長谷川一郎「太沽砲撃から天津へ」（『改造』）。**一〇月**、満鉄産業部農林課畜産係『天津ニ於ケル水産物販路事情調査報告』（満鉄産業部）。茨木潔『天津金融事情』（満鉄北支事務局調査班）。五井萬里「SHANGHAI & TIENSIN」（『改造』）、阿部勇・荒木章・臼井忠三・尾崎士郎・岸偉一・佐藤観次郎・中島徳次・永瀬三吾・野崎誠近・堀江栄助「座談会　北支経済を今後どうするか」（『中央公論』）。**一一月**、吉屋信子「戦禍危かりし天津に入りて」「天津軍病院に傷兵を見舞ひて」「天津国防婦人会員の献身」（同『戦禍の北支上海を行く』新潮社）。「事変と天津邦人紡績」（『支那問題研究所所報』）。**一二月**、満鉄北支事務局『天津棉花需給統計』（出版者不明）。南満洲鉄道株式会社北支事務局調査班編『天津綿花運銷概況　附天津棉花統計』（南満洲鉄道株式会社北支事務局）。満鉄産業部商工課編『天津電気事業統制方策竝調査資料』（満鉄調査部）。村上知行「北京・天津の文化」（『中央公論』）。福島三好「北京天津に於ける外国人借地借家法」（『支那土地問題に関する調査資料』南満洲鉄道株式会社調査部）。**この年**、天津日本青年学校『北支事変に参加せし生徒感想文集』（天津日本青年学校、発行月不明）。満鉄天津事務所調査課編『天津ニ於ケル生鮮食料品市場概況』（満鉄天津事務所調査課、発行月不明）。満鉄北支事務局調査班編『天津ニ於ケル糧穀集市場調査』（満鉄北支事務局調査班、発行月不明）。天津特別市公署警察局編『家畜防疫関係法規』（天津特別市公署警察局、発行月不明）。天津居留民団編『天津居留民団行政概観』（天津居留民団、発行月不明）。天津居留民団編『昭和十二年事務報告書（附民団財産明細書）』（天津居留民団、発行月不明）。天津居留民団編『居留民会議事速記録（昭和一二年）』（天津居留民団、発行月不明）。

一九三八（昭和13）年

一月、支那駐屯軍が廃止され、北支派遣軍が編成される。北支那方面軍司令官・寺内寿一が天津から北京に移駐する。平津通信総局が華北電政総局に改組される（八月に華北電電に再改組）。近衛文麿内閣が「帝国政府は爾後国民政府を対手とせず」との対華声明を発表する（第一次近衛声明）。**二月**、天津―済寧間（津浦線）および膠済全線が開通する。天津総領事館と天津居留民団が共同で準国勢調査を行う。冀東防共自治政府が中華民国臨時政府に合流する。**三月**、河東に天津発電所が設置される。西北連合大学が成立する。**五月**、天津居留民団が内地標準時間を採用・実施する。**六月**、密輸取締規則が制定・公布される（館令第二号）。**七月**、北京―東京間の直通無線回路が開設される。**八月**、財団法人天津共益会が解散する。一九三四年以来、天津共益会において軍官民で協議していた専管居留地管外地買収問題は買収を決定する。同問題協議のために設置された民団共益会聯合会（老西開土地買収委員会・管外地土地買収委員会・租界開発委員会）が解散する。天津日本商業学校が第二四回甲子園野球大会に出場する。**九月**、天津居留民団三〇周年祝賀会が開催される。フランス租界万国橋にてフランス租界巡捕による日本軍人殴打事件が発生する。大和公園にて居留民大会が開催される。**一〇月**、華北開発公司が成立する。居留民団グラウンドにて国民精神総動員天津地方大会が開催される。日本軍が広東と武漢三鎮を占領する。**一一月**、北支那開発株式会社が設立される。天津居留民会議員の定数が三二名から四〇名に改正される（館令第一〇号）。天津居留民会議員選挙運動及び選挙運動費用に関する取締規則が制定・公布される（館令第一一号）。第八回天津居留民会議員選挙が実施される（一級二級各二〇名）。物価取締に関する規則が制定・公布される（館令第一二号）。近衛文麿首相が東亜新秩序建設を声明する（第二次近衛声明）。**一二月**、日華経済聯盟が天津にて発会式を挙行する。陸軍大将・杉山元が北支那方面軍司令官に任命される。天津外国租界のすべてが聯銀券を承認する。北支―満洲間の航空郵便が開始される。自動車取締規則が制定・公布される（館令第一三号）。長芦鹽務管理会長・商務総会総理の王賢賓がフランス租界にて狙撃され即死する。**この年**、日本が大沽引水公司を買収する。白河に日本橋が架橋される。日本橋音頭・天津小唄のレコードが発売される。天津総領事館と天津居留民団の共同調査によると、この年の天津在留邦人は、戸数四五一九戸、計二万一九六人。

●**一月**、「天津邦人紡操業継続」（『大日本紡績聯合会月報』）。**三月**、天津居留民団・天津共益会・天津日本商工会議所編『鳥瞰の天津』（出版者不明）。**四月**、「天津棉花出廻数量、高関税に阻まれるス・フ混織品の北支進出」（『大日本紡績聯合会月報』）。「在天津各社紡績工場操業状況」（『大日本紡績聯合会月報』）。**五月**、ジャパン・ツーリスト・ビューロー編『天津から南京へ』（ジャパン・ツーリスト・ビューロー）。岸田國士『北支物情』（白水社）。「天津棉花出廻状況」（『大日本紡績聯合会月報』）。**六月**、満鉄北支事務局調査所『津浦北段（天津～済南）沿線地区ニ於ケル農村現況』（出版者不明）。「北支棉花収穫高、北支棉昂騰、天津棉花状況」（『大日本紡績聯合会月報』）。「天津滞貨山積」（『大日本紡績聯合会月報』）。**七月**、真鍋藤治『塘沽及天津ニ於ケル水産事業状況調査』（満鉄北支事務局調査室農産係）。**八月**、鳴海四郎「支那民衆を把握せよ」（『中央公論』）。「北支に於ける棉作の概要、北支棉収穫減少見込、天津綿花出廻量、天津蒲団綿相場」（『大日本紡績聯合会月報』）。「天津商品市況、天津取引所問題」（『大日本紡績聯合会月報』）。**九月**、早川録鋭編『北支‼天津事情』（天津出版社）。**一〇月**、保田與重郎「旅信」（『コギト』）。「北支棉十年計画成る、河北棉買付困難カ、天津棉花出廻状況、天津綿花綿糸布市況」（『大日本紡績聯合会月報』）。「天津機械染色工廠概況」（『大日本紡績聯合会月報』）。**一一月**、「天津棉花出廻情況、天津綿糸布・棉花商況」（『大日本紡績聯合会月報』）。**一二月**、日本優良物産協会編『天津主要国別輸移出入数量価額明細表　昭和十二年度』（日本優良物産協会）。保田與重郎「北寧鉄路」（同『蒙疆』生活社）。「北支棉花買付代行機関設立、北支棉花の対満割当、天津棉花出廻状況、天津綿糸布・棉花商況」（『大日本紡績聯合会月報』）。「天津雑棉組合創立」（『大日本紡績聯合会月報』）。**この年**、高木翔之助『北京と天津』（出版者・発行月不明）。生岡春江『天津事変史』（油印本、発行月不明）。在天津日本総領事館編『産業上より見たる天津と北支の経済情勢』（出版者・発行月不明）。満鉄北支事務局天津調査分室『天津を中心とする各種重要資源調査』（出版者・発行月不明）。内田藤吉『津浦沿線地帯（済南～天津）ニ於ケル農村並宣撫班状況』（満鉄北支事務局調査室、発行月不明）。千田英二『天津ニ於ケル屠場並牛肉輸出概況』（満鉄北支事務局調査室、発行月不明）。川村順『青島・済南・天津竝北京ニ於ケル最近ノ木材需給概況』（満鉄北支事務局調査室、発行月不明)。北支事務局調査室編『天津港輸入貨物数量預想表』(出版者・発行月不明)。『北支天津市場』(天津出版社、発行月不明)。三昌洋行『天津地方の紡績の現状と将来(昭和一三年五月調)』(出版者・発行月不明)。石橋東洋雄訳編『天津特別市公署市政計画大綱』(出版者・発行月不明)。天津居留民団編『昭和拾貳年居留民団歳入出決算書』(天津居留民団、発行月不明)。天津日本高等女学校編『各学科教授の実際』(天津日本高等女学校、発行月不明)。天津居留民団編『行政概要』(天津居留民団、発行月不明)。天津居留民団編『昭和十三年事務報告書(附民団財産明細書)』(天津居留民団、発行月不明)。天津居留民団編『居留民会議事速記録(昭和一三年)』(天津居留民団、発行月不明)。

一九三九(昭和14)年

一月、居留民団金庫制度が採用・設置される。**三月**、興亜院華北連絡部が設立される。**四月**、華北交通株式会社が設立される。天津日本中学校が創立される。天津三笠日本尋常高等小学校が創立される。津浦線が全通し、北京—南京間が結ばれる。聯銀天津分行経理兼天津海関監督の程錫庚が天津のイギリス租界で狙撃され、死亡する。北支派遣軍が安民佈告を発する。北支開発会社シンジケートが結成される。**五月**、程錫庚の暗殺に関し、犯人の引き渡しを日本が天津のイギリス総領事に要求する(翌月イギリスが拒否)。ノモンハン事件が起こる。**六月**、日本軍が天津のイギリス租界・フランス租界を封鎖(一九四〇年六月まで)する(イギリス租界に居住する日本人は一一六戸三五一人、フランス租界に居住する日本人は二八二戸一一一三人)。居留民団の収支を従来の銀弗から円に改める。**七月**、中華民国臨時政府が天津租界問題に対する声明を発表する。外相・有田八郎と駐日イギリス大使・クレーギーの間で天津租界問題等に関する日英東京会談が開催される。天津在留邦人による反英仏示威運動大会が開催される。天津租界問題に関する対支同志会主催の英国排撃市民大会が東京の日比谷公会堂で開催される。武藤義雄が在天津日本総領事館の総領事に就任。居留民団施行規則が改正され、民団参事会員数が七名から九名になる。**八月**、豪雨により天津で水害が発生し、日本租界も被害を受ける。日本華北塩業公司が成立する。天津租界問題に関する日英東京会談が決裂する。天津日本商業学校が第二五回甲子園野球大会に出場する。**九月、**支那派遣軍総司令部が設置される。陸軍中将・多田駿が北支那方面軍司令官に任命される。第二次世界大戦が始まる。**一〇月、**塘沽新港の着工式が催される。天津居留民団が共益会の事務継承に伴う機構改革を行い、六部一八課となる。**一一月、**天津吉野日本尋常高等小学校・天津大和日本尋常高等小学校が創立される。天津で米の切符制が実施される。駐日イギリス大使より華北駐屯英軍を引き揚げる旨、野村吉三郎外相に通告がある（一二月に撤退開始）。**一二月、**王克敏が新民会会長に就任する。呉佩孚が死去。**この年、**新聞『庸報』が日本軍後援の国策新聞になる。天津―東京・ソウル間の電信回線が架設される。

●**一月、**満鉄北支事務局調査室工業係『天津主要工場一覧表』（出版者不明）。**二月、**「天津に於ける華人工場の概況」（『大日本紡績聯合会月報』）。**三月、**小林陽之介編『天津商工案内』（天津日本商工会議所）。茨木潔・長島盛造『天津為替相場表』（満鉄北支事務局調査部）。**四月、**安田欣一「天津に於ける倉庫業」（神戸商業大学商業研究所編『第二十四回海外旅行調査報告（昭和十三年夏期）』神戸商業大学商業研究所）。**五月、**小林陽之介編『天津経済事情』（天津日本商工会議所）。天津日本商工会議所編『天津物価調査表』（出版者不明）。吉田美之『天津ノ毛織工業』（満鉄北支経済調査所第五係）。天津経済記者倶楽部編『天津外国租界問題座談会』（天津経済記者倶楽部）。「天津英仏租界へ綿糸布不売」（『大日本紡績聯合会月報』）。**六月、**ジャパン・ツーリスト・ビューロー編『天津』（ジャパン・ツーリスト・ビューロー）。「天津租界治安維持問題」（『支那時報』）。**七月、**「天津英租界封鎖決行」（『支那時報』）。**八月、**在天津日本総領事館通商経済課『営業出願ニ関スル心得』（在天津日本総領事館通商経済課）。池田さぶろ「田代天津総領事の肚をたゝく」（『中央公論』）。殿生文男「天津租界問題と事変の性格」（『改造』）。吉田美之「天津の毛織工業」（『満鉄調査月報』）。「天津租界の北支治安に及ぼす影響」（『東亜』）。**九月、**調査部資料課『天津商況』（出版者不明）。**一〇月、**「天津英租界内の抗日団体」（『情報』）。「欧戦と天津英仏租界」（『情報』）。**一一月、**満鉄北支経済調査所編『北支那工場実態調査報告書　天津之部』（満鉄調査部）。**一二月、**阿鳥羽信『てんしん　附・北支旅行の手引き』（京津ガイド社）。仁木傳之助『北

支（天津、北京及青島）ニ於ケル猶太人ノ現勢』（満鉄調査部特別調査班）。**この年**、開発忍編『北京・天津の大観』（発行月不明）。小林陽之介編『天津商工案内附録』（天津日本商工会議所、発行月不明）。安部丈吉・若林圭次他『北支主要都市ニ於ケル商品流通事情　第六編　天津』（満鉄北支事務局調査部、発行月不明）。満鉄北支経済調査所天津調査分室『天津英仏租界内主要工場一覧表』（出版者・発行月不明）。川田重文編『天津港輸入貨物の通関手続』（北支通信社、発行月不明）。天津居留民団編『昭和拾四年度天津居留民団歳入出総決算書』（天津居留民団、発行月不明）。天津居留民団編『昭和拾四年度天津居留民団歳入出総予算書』（天津居留民団、発行月不明）。天津居留民団編『昭和十四年事務報告書（附民団財産明細書）』（天津居留民団、発行月不明）。

一九四〇（昭和15）年

一月、天津市建設工程局が設置される。**二月**、華北電業股份有限公司が成立する。天津在留邦人によって天津興亜奉公会が結成される。建設総署天津建設工程局が天津都市計画を発表する。建設総署天津工程局が天津を水害から守るための築堤工事を始める。**三月**、汪兆銘の南京中央政府が成立する。王克敏の華北政務委員会が成立する。土地家屋の売買・賃借周旋及管理に関する取締規則が公布される（館令第三号）。天津第一日本尋常高等小学校は天津芙蓉日本尋常高等小学校に、天津第二日本尋常高等小学校は天津淡路日本尋常高等小学校に、それぞれ改称される。**四月**、新民会天津総会が成立する。天津三笠日本青年学校が創立される。天津大和日本青年学校が創立される。天津婦人病院が開設される。天津商工金融組合が解散し、新たに天津金融組合が誕生する。**五月**、天津で砂糖の切符制が実施される。天津で第三回全支居留民団聯合会議が開催される。天津防衛司令部が不良邦人一掃のための当局談を発表する。**六月**、天津のイギリス租界問題に関し、日英間で仮協定が成立し、公文を交換する。天津のイギリス租界・フランス租界の封鎖が解除される。天津のイギリス・フランス両工務局が各租界内の物価取締令を発動する。王克敏が華北政務委員会委員長を辞任し、後任に王揖唐が就任する。放送無線電話受信機登記規則が公布される（館令第五号）。天津収回租界同盟会が租界回収を呼び掛ける檄文を各租界に撒く。**七月**、大東亜共栄圏構想が発表される。北支新港臨時建設事物局が塘沽に移転する。居留民団法施行細則が改正され、居留民会議員数が四〇名から五〇名になる（館令第六号）。天津居留民団が行政区画改備のために町内会を解消し、租界外の特別区を一八区に分けて区制を実施する。**八月**、天津駐屯英軍が撤兵する。天津宮島日本高等女学校の建築に着手する。天津総領事の告諭によって外国租界の歓楽場に日本人が夜一二時以降出入りすることが禁止される。二千六百年記念綜合グラウンドの埋立工事が開始される。印刷物取締規則が制定・公布される（館令第七号）。暴利行為等取締ニ関スル規則が公布される（館令第八号）。中国共産党の八路軍が華北で大規模な遊撃戦・百団大戦を開始する。**九月**、天津の電話局抗日闘争が終結する。居留民団始政三十周年記念行政功労者表彰式・物故者慰霊祭・永勤続吏員表彰式典が開催される。北支全般に物価取締令が下る。天津総領事館警察署に経済警察が設置される。防護団と義勇隊を統合して天津警防団が設置される。**一〇月**、天津日本租界に吉野街郵便局が開設される。天津張貴荘飛行場が開設される。華北電話公司がイギリス・フランス租界管理の電話を接収し、全天津電話の一元化が実現する。恩賜児童遊園地の建設工事が始まる。華北政務委員会が奨券（彩票）を売り出す。大丸百貨店天津支店が開店する。**一一月**、天津で日独伊三国結成国民大会が開催される。居留民団施行細則中、居留民会議員定数五〇名の内、二五名を選挙によって選出する議員、二五名を選挙によらない議員とすることが制定・公布される（館令第一二号）。皇紀二千六百年天津在留邦人式典奉祝大会が開催される。天津国防婦人会と天津愛国婦人会が合併し、大天津国防婦人会が設立される。天津日本体育協会が設立される。天津在留のアメリカ人が引き揚げを開始する。天津日本高等女学校が天津松島日本高等女学校と改称される。加藤三郎が在天津日本総領事館の総領事に就任。**一二月**、第九回天津居留民会議員選挙が実施される（級別なく二五名）。新民会全体聯合協議会が北京で開催される。天津第一回防空演習が行われる。臼井忠三が天津居留民団長に再選される。**この年**、天津―東京間の電話回線が開設される。この年の国勢調査によると、この年の天津在留邦人は戸数一万一六一五戸、計四万九八六一人。

●**一月**、土方定一『上海、天津両租界に於ける重慶政府及び列国の文化活動』（興亜院政務部）。**二月**、満鉄調査部資料課編『天津工業ノ企業条件』（満鉄調査部資料課）。

四月、「天津に於ける社会事業調査」（『調査月報』）。**五月**、天津出版社編『天津邦人芳名録（昭和一四年）』（天津出版社）。中国聯合準備銀行顧問室臨時物価調査室編『天津匯申調査』（中国聯合準備銀行顧問室臨時物価調査室）。「天津猶太人協会の現況」（『情報』）。**六月**、在天津日本総領事館経済部『最近の北支金融事情』（在天津日本総領事館経済部）。植田捷雄「天津租界の変遷」（『支那』）。「天津市に於ける小麦粉需給状況」（『調査月報』）。**七月**、林田豊『北支紡績業立地条件調査（三）天津ノ部』（満鉄北支経済調査所）。「天津租界問題解決す」（『支那時報』）。**八月**、本間部隊本部編『昭和十四年天津水災誌』（本間部隊本部）。岡安正夫『天津ニ於ケル商品統制状況』（満鉄北支経済調査所）。山口正吾「天津租界問題」（『支那経済年報』）。**九月**、臼井忠三編『天津水災記念写真帖』（天津居留民団）。保田與重郎「天津の灯」（『コギト』）。**一〇月**、新坂狂也「天津に於ける諸外国人の対支文化状況調査」（『調査月報』）。**一一月**、「天津に於ける純正国民党」（『情報』）。**一二月**、渡邊安政『天津ニ於ケル木炭需給概況』（満鉄北支経済調査所天津調査分室）。**この年**、三品頼忠・森川守三『北支製粉工業立地条件調査（四）天津』（満鉄北支経済調査所、発行月不明）。天津日本商業学校中国事情研究第二班編『天津を中心とする為替概況』（天津日本商業学校中国事情研究第二班、発行月不明）。建設総署都市局編『（天津）特別計画要図』（出版者・発行月不明）。佐藤俊久編『天津ニ海洋港ヲ設ケルノ可否並ニ石炭及鉄石ノ積出ヲ何地ニ於テ行フヲ可トスルカニ付キ研究』（興亜院、発行月不明）。天津居留民団編『居留民会議員選挙有権者名簿写』（天津居留民団、発行月不明）。天津日本中学校編『学校要覧』（出版者・発行月不明）。天津居留民団編『昭和拾五年度天津居留民団歳入出総予算書』（天津居留民団、発行月不明）。天津居留民団編『行政概要』（天津居留民団、発行月不明）。天津居留民団編『昭和十五年事務報告書（附民団財産明細書）』（天津居留民団、発行月不明）。天津居留民団編『居留民会議事速記録（昭和一五年）』（天津居留民団、発行月不明）。天津居留民団団友会編『団友』（出版者・発行月不明）。

一九四一（昭和16）年

二月、天津警察局が居民証制度を実施する。短波放送の受信が禁止される。**三月**、天津治安維持強化運動が実施される。天津宮島日本高等女学校が設立される。**八月**、華北防共委員会が成立する。**一一月**、穀物配給制度が始まる。**一二月**、太平洋戦争（大東亜戦争）が始まる。香港のイギリス軍が日本に降伏する。重慶で英中軍事同盟が調印される。**この年**、日本軍がイギリス租界を接収し、特別管理区とする。華北墾業公司が設立される。武徳殿が竣工する。

●**一月**、満鉄調査部『天津港（含塘沽）経営現状の概要』（出版者不明）。臼井忠三『重任の挨拶に代えて』（天津居留民団）。**二月**、「天津白耳義人経営電車・電燈公司に関する資料」（『調査月報』）。**三月**、天津商況日報社編『館令告示集』（天津商況日報社）。興亜院華北連絡部編『天津塘沽都市計画概要』（興亜院）。仁平弘夫「天津を中心とせる衛生問題種々相（一）」（『日本公衆保健協会雑誌』）。**四月**、興亜院華北連絡部編『天津租界ニ於ケル第三国人ノ活動状況』（興亜院華北連絡部）。「北京・天津思想団体調査（上）」（『調査月報』）。仁平弘夫「天津を中心とせる衛生問題種々相（二）」（『日本公衆保健協会雑誌』）。**五月**、臼井忠三編『天津居留民団三十周年記念誌』（天津居留民団）。「北京・天津思想団体調査（中）」（『調査月報』）。**六月**、「北京・天津思想団体調査（下）」（『調査月報』）。「天津繊維市況」（『大日本紡績聯合会月報』）。**七月**、華北交通株式会社天津航運営業所『天津航運営業所概況』（華北交通株式会社天津航運営業所）。**八月**、在天津日本総領事館経済部『天津主要商品相場及指数表』（在天津日本総領事館経済部）。天津日本商工会議所編『天津外国商社一覧』（天津日本商工会議所）。「天津に於ける純正国民党」（『情報』）。**九月**、川添勝太郎編『警防団実務要領』（天津租界警防団本部）。「天津・青島・香港・上海（貿易概況・商品市況）」（『大日本紡績聯合会月報』）。「天津繊維週報」（『大日本紡績聯合会月報』）。**一〇月**、在天津日本総領事館経済部『最高販売価格許可品目一覧表』（在天津日本総領事館経済部）。「天津繊維類週報」（『大日本紡績聯合会月報』）。**一一月**、赤崎茂信述『工業より観たる天津』（天津日本商工会議所）。「華北棉の増産目標作付面積五割を拡張、天津（棉花市況）」（『大日本紡績聯合会月報』）。**一二月**、濱岡福松・大木正夫『天津ニ関スル第一次報告書』（満鉄調査部）。興亜院華北連絡部編『天津磨房業の概況』（興亜院華北連絡部）。**この年**、天津日本経済会議所工業部編『会員及役員名簿』（出版者・発行月不明）。天津鉄路局資料課編『天津埘近第三国主要商工業社調』（出版者・発行月不明）。王子建・趙履謙著、渡邊安政訳『天津之銀号』（満鉄北支経済調査所、発行月不明）。天津居留民団編『昭和十六年度天津居留民団歳入出総予算書』（天津居留民団、発行月不明）。天津居留民団編『行政概要』（天津居留民団、発行月不明）。天津居留民団編『昭和十六年事務報告書』（天津居留民団、発行月不明）。天津居留民団編『居留民会議事速記録（昭和一六年）』（天津居留民団、発行月不明）。満鉄上海事務所調査部『天津ニ関スル第二次報告書』（満鉄調査部、発行月不明）。

一九四二（昭和17）年

一〇月、華北基督教団が成立する。**この年**、天津—大阪間の電信線が開設される。天津安清帮道義総会が設立される。接収されたイギリスのグラマースクールに天津宮島日本高等女学校が移転する。

●**一月**、松沢俊太郎編『天津市中国側銀号営業現況調査』（興亜院華北連絡部）。森次勲編訳「天津に於ける貸棧業」（『満鉄調査月報』）。**二月**、在天津日本総領事館経済部物価課・天津物資対策委員会物価分科会事務局共編『最高販売価格申請の手引』（天津日本商工会議所）。「天津経済週報」（『大日本紡績聯合会月報』）。**三月**、天津居留民団『天津居留民団税賦課徴収条例、天津居留民団普通税税率条例』（天津居留民団）。「北支の紡績工場等軍管理解除に決定、天津・済南（棉糸布市況）」（『大日本紡績聯合会月報』）。渡辺安政訳編「天津の銀号」（『満鉄調査月報』）。**四月**、「上海・天津・済南（市況）」（『大日本紡績聯合会月報』）。渡辺安政訳編「天津の銀号」（『満鉄調査月報』）。**五月**、濱岡福松・大木正夫『天津ニ関スル第三次報告書』（満鉄調査部）。「棉糸布のみ高値示現〝天津経済週報〟」（『大日本紡績聯合会月報』）。**六月**、天津松島日本高等女学校編『記念誌　創立二十周年』（天津松島日本高等女学校）。「綿糸布昂騰対策成る、華北繊維協会天津支部で決定」（『大日本紡績聯合会月報』）。**七月**、「端午節を週央に挟み天津綿糸布市場平穏、天津綿糸布市況平静、天津綿糸布市場—総じて協調を持続」（『大日本紡績聯合会月報』）。**八月**、「華北土産綿糸布配給一元化、協会綿糸布部組合配給開始、収売組合の活動開始で天津の綿布闇相場低落」（『大日本紡績聯合会月報』)。「天津市支那側銀行営業現況調査」(『調査月報』)。**九月**、山本斌・満鉄北支経済調査所『河北省天津県第七区小站郷』(満鉄北支経済調査所)。板根準三編『天津華商公会名鑑　上巻（生活必需品之部）』（天津日本商工会議所)。「麺粉の急落目立つ　天津商品週報」(『大日本紡績聯合会月報』)。**一〇月**、板根準三編『天津華商公会名鑑　中巻（礦工業金融運輸之部）』（天津日本商工会議所)。濱岡福松・大木正夫『塘沽ニ関スル報告書』(満鉄調査部)。満鉄北支経済調査所天津分室編『天津米業実態調査概括表』(満鉄北支経済調査所天津分室)。満鉄北支経済調査所天津分室編『天津粮桟実態調査総括表』(満鉄北支経済調査所天津分室)。「人絹糸布適正価格発表、他は公定価格一本に釘付　天津商品週報」(『大日本紡績聯合会月報』)。**一一月**、北支経済調査所『天津ノ斗店　青島ノ戎克貿易』(出版者不明)。満鉄北支経済調査所天津調査分室「天津を中心とする北支穀物市場　斗店に関する調査報告書（上）」(『満鉄調査月報』)。**一二月**、満鉄北支経済調査所天津調査分室「天津を中心とする北支穀物市場　斗店に関する調査報告書（下）」(『満鉄調査月報』)。「天津綿糸布・人絹週報、綿糸布の思惑活発・綿糸布人絹等強調—天津商品週報」(『東亜繊維工業』)。**この年**、天津日本図書館編『天津日本図書館図書分類目録』(出版者・発行月不明)。天津陸軍特務機関『水稲作ニ関スル調査報告』(天津陸軍特務機関、発行月不明)。満鉄北支経済調査所編『天津の銀号』(南満洲鉄道株式会社調査部、発行月不明)。柳沢米吉述『天津講演集(第六集)港』(出版者・発行月不明)。天津居留民団編『昭和十七年度天津居留民団歳入出総決算書』(天津居留民団、発行月不明)。天津居留民団編『居留民会議員選挙有権者名簿写』(天津居留民団、発行月不明)。天津日本中学校編『学校要覧』(出版者・発行月不明)。天津居留民団編『昭和十七年度天津居留民団歳入出総予算書』(天津居留民団、発行月不明)。天津居留民団編『行政概要』(天津居留民団、発行月不明)。

一九四三（昭和18）年

一月、イギリス租界が中国に返還される。**六月**、日本軍がフランス租界を接収する。**八月**、華北電業株式会社が設立される。**九月**、日本租界・フランス租界が汪兆銘政権に返還される。イタリアが連合国に対し、無条件降伏する。日本軍がイタリア租界の兵営を接収する。**一〇月**、日本と中国・汪兆銘政権の間で日華同盟条約が締結される。**一一月**、華北政務委員会によって天津特別市政府が成立する。日本や中国・汪兆銘政権の代表らが参加する大東亜会議が開催される。**この年**、華北労工協会の塘沽事務所が設置される。太田知庸が在天津日本総領事館の総領事に就任。天津日本租界が興亜第一区と改称される。飛行機献納運動により天津号六二機分が献納される。天津の人口が一七七万人に達し、北平を超えて華北で最多人口の都市となる。

●**一月**、満鉄北支経済調査所天津分処編『天津市斗店米荘糧桟内容調査表』(中国聯合準備銀行天津分行)。**二月**、北支経済調査所編『天津を中心とする北支穀物市場　斗店に関する調査報告書』(南満洲鉄道株式会社)。**三月**、「天津特別市教育宗教の現況」(『調査月報』)。**五月**、天津日本商工会議所編『天津輸出入配給組合聯合会名簿(附所属会員参与組合名簿)』(天津日本商工会議所)。**六月**、天津興亜奉公会編『昭和十七年実績報告書』(天津興亜奉公会)。近藤東「天津」(『蠟人形』)。森次勲「天津を中心とする北支穀物取引市場(一)」(『満鉄調査月報』)。**七月**、森次勲「天津を中心とする北支穀物取引市場(二)」(『満鉄調査月報』)。**九月**、北支経済調査所編『天津を中心とする北支穀物市場　米荘に関する調査報告書』(南満洲鉄道株式会社)。**一一月**、華北食糧平衡倉庫編『天津を中心とする北支穀物市場　糧桟に関する調査報告』(華北食糧平衡倉庫)。**この年**、天津日本商工会議所『各種輸出入竝配給組合員名簿』(出版者・発行月不明)。天津日本商工会議所編『天津日本商業統制組合聯合会会員名簿』(出版者・発行月不明)。東亜経済懇談会華北本部天津地方委員会編『東亜経済懇談会華北本部天津地方委員会成立大会曁天津特別市第一次官民経済懇談会報告書』(出版者・発行月不明)。天津居留民団編『行政概要』(天津居留民団、発行月不明)。天津居留民団編『昭和十八年事務報告書』(天津居留民団、発行月不明)。天津居留民団編『居留民会議事速記録(昭和一八年)』(天津居留民団、発行月不明)。

一九四四(昭和19)年

三月、天津日本工業学校が設立される。**四月**、新聞『庸報』が停刊し、『華北新報』に改名される。**一一月**、汪兆銘が名古屋で死去。**この年**、日本陸軍が大陸打通作戦を開始する。

●**九月**、臼井忠三述『天津居留民団最近十年史』（北支那社）。**一一月**、華北綜合調査研究所編『太古洋行天津支店調査報告書』（華北綜合調査研究所）。**この年**、大黒富治『天津地区に於ける水稲耕種改善と大要綱』（出版者・発行月不明）。伊藤願編『事変下ノ天津貿易ニ就テ』（出版者・発行月不明）。華北交通株式会社編『天津を中心とせる内河川における民船並民船業者の実態調査報告』（華北交通、発行月不明）。フレドリック・ブラウン『天津の宗教』（出版者・発行月不明）。天津居留民団編『昭和十九年事務報告書』（天津居留民団、発行月不明）。天津居留民団編『居留民会議事速記録（昭和一九年）』（天津居留民団、発行月不明）。

一九四五（昭和20）年

五月、ドイツが連合国に対し、無条件降伏する。**八月**、日本がポツダム宣言を受諾し、第二次世界大戦が終結する。国民党が北平・天津の治安維持のために河北先遣軍を派遣する。**一〇月**、米軍が天津に進駐する。天津で日本軍の降伏儀式が挙行される。国民党天津市政府が成立する。天津党政接収委員会が成立し、日本人資産の接収に着手する。日本人の内地引き揚げが始まる。**一二月**、新聞『大公報』が復刊される。**この年**、天津各学校の教員・学生が反審査委員会を組織し、反審査闘争を展開する。

●**この年**、『天津日本総領事館移行書』（油印本、発行月不明）。

（増井真琴＝編）

主要参考文献

清国駐屯軍司令部 編『天津誌』（博文館、一九〇九年九月）
在天津日本総領事館 編『在天津総領事館管轄区域内事情』（外務省通商局、一九二四年三月）
臼井忠三 編『天津居留民団三十周年記念誌』（天津居留民団、一九四一年五月）
天津日本尋常高等小学校若葉会編集部 編『わかば　１９６６年度』（非売品、一九六六年八月）
野口竹次郎 編『白河　明治一〇二年（一九七〇年号）』（野口竹次郎、一九七〇年二月）
柿崎進『「天津監獄」１５３２日　日本人・父と娘の手記』（現代企画室、一九七六年七月）
愛新覚羅溥儀 著、小野忍 他訳『わが半生　「満州国」皇帝の自伝』上下巻（筑摩書房、一九七七年一二月）
講談社・中国人民美術出版社 編『中国の旅２　天津と華北・東北』（講談社、一九七九年一二月）
片岡一忠『天津五四運動小史』（同朋舎出版、一九八二年三月）
大西五郎 編著『報国看護婦物語　天津陸軍病院を支えた乙女たち』（報国看護婦物語刊行会、一九八三年一一月）
山口淑子・藤原作弥『李香蘭　私の半生』（新潮社、一九八七年七月）
古野直也『天津軍司令部　１９０１―１９３７』（国書刊行会、一九八九年一〇月）
池上正治『天津　天子への津にあふれる活気』（平河出版社、一九九五年一月）
草田耕次『中国近代史に於ける華北の風雲と天津』（近代文芸社、一九九五年七月）
平田澄子『砲声は聞こえない　北京・天津あの日あの時』（皓心社、一九九七年六月）
田中伸一・泉真紀 編『天津の歴史と文化　天子の津文物資料展　市制１００周年記念特別展（図録）』（四日市市市立博物館、一九九七年七月）
西村正邦『天津日本租界物語』（衛邦信走悠関、限定非売品、一九九七年九月）
八木哲郎『天津の日本少年』（草思社、一九九七年一二月）
貴志俊彦・劉海岩・張利民 編『天津史文献目録』（東

京大学東洋文化研究所附属東洋学文献センター、一九九八年三月）
天津地域史研究会 編『天津史　再生する都市のトポロジー』（東方書店、一九九九年六月）
李家璘 主編『天津舊影　天津の昔日の面影』（人民美術出版社、二〇〇〇年二月）
森崎雄兒『ふるさと天津　少年時代の自分史』（森崎雄兒、二〇〇一年一二月）
吉澤誠一郎『天津の近代　清末都市における政治文化と社会統合』（名古屋大学出版会、二〇〇二年二月）
西村正邦『天津的柳絮』（私家版、非売品、二〇〇二年九月）
豊田勢子『天津租界の思い出』（文芸社、二〇〇四年一二月）
近藤久義『天津を愛して百年　そして子々孫々』（新生出版、二〇〇五年五月）
田中良平『天津今昔招待席　租界、にんげん模様』（眺、二〇〇五年九月）
西村正邦『天津租界こぼれ話』（私家版、二〇〇六年二月）
近藤久義『昔日天津、今日天津』（新生出版、二〇〇六年一一月）
西村正邦『天津租界故事記』（私家版、二〇〇七年七月）
田中良平『続・天津今昔招待席　租界、にんげん模様』（眺、二〇〇八年五月）
戸部健『近代天津の「社会教育」　教育と宣伝のあいだ』（汲古書院、二〇一五年三月）
石射猪太郎『外交官の一生』（中央公論新社、中公文庫、二〇一五年八月）
桑嶋淳『天津租界の繁栄と黄昏　楊翠喜、秀峰の生涯』（文芸社、二〇一七年四月）※小説
和田博文・王志松・高潔 編『中国の都市の歴史的記憶　一九世紀後半〜二〇世紀前半の日本語表象』（勉誠出版、二〇二二年九月）
櫻井想『天津の鬼市　路上古物市場をめぐる〈空間〉と〈場所〉の人類学』（風響社、二〇二三年三月）

【中国語文献　王志松 編】

天津市歴史博物館他 編『近代天津图志』（天津古籍出版社、一九九二年一二月）

罗澍伟 主編『近代天津城市史』（中国社会科学出版社、一九九三年七月）

中国人民政治協商会議天津市委員会文史資料研究委員会編『天津文史資料選輯第七五輯 天津租界談往』（天津人民出版社、一九九七年一〇月）

中国人民政治協商会議天津市委員会文史資料研究委員会編『天津文史資料選輯第七六輯 天津老城憶旧』（天津人民出版社、一九九七年一二月）

周俊旗 編『民国天津社会生活史』（天津社会科学院出版社、二〇〇二年七月）

宋美云『近代天津商会』（天津社会学院出版社、二〇〇二年八月）

高艶林『天津人口研究（一四〇四—一九四九）』（天津人民出版社、二〇〇二年一〇月）

天津市歴史博物館『近代天津図志』（天津古籍出版社、二〇〇四年一月）

龐玉潔『开埠通商与近代天津商人』（天津古籍出版社、二〇〇四年八月）

天津圖書館 編・陸行素 主編『天津日本租界居留民團資料』（广西師範大学出版社、二〇〇六年四月）

龔关『近代天津金融業研究（一八六一—一九三六）』（天津人民出版社、二〇〇七年一二月）

尚克強『九国租界与近代天津』（天津教育出版社、二〇〇八年九月）

雷穆森（O.D.Rasmussen）著、许逸凡・赵地 訳『天津租界史（插图本）』（天津人民出版社、二〇〇九年一月）

姚洪卓『近代天津対外貿易研究』（天津古籍出版社、二〇一一年二月）

天津市委党史研究室 編『天津市抗日戦争時期人口傷亡和財産損失』（中共党史出版社、二〇一四年八月）

張利民、劉鳳華『抗戦時期日本対天津的経済統制与掠奪』（社会科学文献出版社、二〇一六年九月）

閻立飛 編『抗戦時期的天津文学』（社会科学文献出版社、二〇一六年一二月）

邵紅『風雨飄揺中的堅守　民国時期天津郷賢与文廟』（学苑出版社、二〇一七年八月）

天津市檔案館 編『天津租界檔案』（天津古籍出版社、二〇一七年八月）

王興昀『報里乾坤　「北洋画報」中的天津城市文化』（天津人民出版社、二〇一七年九月）

劉海岩 編『近代外国人記述的天津』（天津人民出版社、

二〇一八年四月）
王慧等『天津近代教育制度史』（中国社会科学出版社、二〇一八年五月）
楊莉『民国時期天津文廟研究』（社会科学文献出版社、二〇一九年七月）
王麗『近代天津城市文化特質的形成研究　以功能城区的拓展為視角』（天津社会科学院出版社、二〇一九年八月）
万新平 編『北洋官報　天津史料輯録』（天津社会科学院出版社、二〇一九年一二月）
侯杰等『女性与近代天津』（人民出版社、二〇二〇年六月）
高潮『近代天津海関制度研究』（天津社会科学院出版社、二〇二一年二月）
王静『近代天津律師群体研究』（社会科学文献出版社、二〇二一年一〇月）
侯福志『老天津的旧報旧刊』（天津社会科学院出版社、二〇二一年一二月）
曲振明『天津老商業』（天津社会科学院出版社、二〇二一年一二月）
万魯建『近代天津日本租界研究』（天津社会科学院出版社、二〇二二年一月）
鄭秀琴『京津冀近代戯曲発展流変研究　以天津戯曲為中心』（天津社会科学院出版社、二〇二二年八月）
宋永紅『近代天津租界的文化空間』（中国建筑工業出版社、二〇二二年八月）
杜希英『近代天津貨践桟業研究　一八六〇―一九四九』（天津古籍出版社、二〇二三年一月）
劉海岩『空間与社会　近代天津城市的演変』（天津社会科学院出版社、二〇二五年二月）

編者紹介

増井真琴（ますい・まこと）

1987年、茨城県生まれ。法政大学文学部哲学科中退、東洋大学文学部（通信教育課程）卒業、北海道大学大学院文学研究科博士後期課程早期修了。博士（文学）。日本学術振興会特別研究員（PD）、上海外国語大学講師、明治大学兼任講師等を経て、現在、湘潭大学講師。著書に『転向者・小川未明――「日本児童文学の父」の影』（北海道大学出版会、2020年12月）。

コレクション・近代日本の中国都市体験

第9巻　天津

2025年4月15日　印刷
2025年4月25日　第1版第1刷発行

[編集]　増井真琴

[監修]　東京女子大学比較文化研究所・上海外国語大学日本研究センター

[全体編集]　和田博文・高潔

[発行者]　鈴木一行

[発行所]　株式会社ゆまに書房
〒101-0047　東京都千代田区内神田2-7-6
tel. 03-5296-0491 / fax. 03-5296-0493
https://www.yumani.co.jp

[印刷]　株式会社平河工業社

[製本]　東和製本株式会社

落丁・乱丁本はお取り替えいたします。　Printed in Japan

定価：本体25,000円＋税　ISBN978-4-8433-6717-9 C3325